U0709777

国家社科基金
后期资助项目
GUOJIA SHEKE JIJIN HOUQI ZIZHU XIANGMU

# 陇南金石题壁萃编

## A Compilation of the Stone Wall with Writing Inscriptions in Longnan Reigon of Gansu Province

蔡副全 著

中华书局
ZHONGHUA BOOK COMPANY

**图书在版编目(CIP)数据**

陇南金石题壁萃编/蔡副全著. —北京:中华书局,2021.7
(国家社科基金后期资助项目)
ISBN 978-7-101-15183-1

Ⅰ.陇⋯　Ⅱ.蔡⋯　Ⅲ.金石-汇编-陇南　Ⅳ.K877.22

中国版本图书馆 CIP 数据核字(2021)第 087891 号

书　　　名　陇南金石题壁萃编
著　　　者　蔡副全
丛　书　名　国家社科基金后期资助项目
责任编辑　吴爱兰
出版发行　中华书局
　　　　　　(北京市丰台区太平桥西里 38 号　100073)
　　　　　　http://www.zhbc.com.cn
　　　　　　E-mail:zhbc@zhbc.com.cn
印　　　刷　北京市白帆印务有限公司
版　　　次　2021 年 7 月北京第 1 版
　　　　　　2021 年 7 月北京第 1 次印刷
规　　　格　开本/787×1092 毫米　1/16
　　　　　　印张 51¾　插页 3　字数 973 千字
国际书号　ISBN 978-7-101-15183-1
定　　　价　208.00 元

作者简介
————

　　**蔡副全**，1970 年生，字子山，号柳园，甘肃文县人。先后任陇南师专、西北师大美术学院教授，系甘肃省领军人才、中国书协会员、甘肃省文艺评论家协会副主席、甘肃书协学术委员会副主任。主持完成国家社科基金后期资助项目 1 项、甘肃省教育厅科研项目 1 项，参与教育部项目 2 项。教学成果获甘肃省教学成果省级二等奖；科研成果获甘肃省社科成果二等奖、陇南市社科成果一等奖。在《世界宗教研究》《中国边疆史地研究》《敦煌研究》《考古与文物》《民族艺术》《中国书法》等发表学术论文 60 余篇。

# 国家社科基金后期资助项目出版说明

后期资助项目是国家社科基金设立的一类重要项目,旨在鼓励广大社科研究者潜心治学,支持基础研究多出优秀成果。它是经过严格评审,从接近完成的科研成果中遴选立项的。为扩大后期资助项目的影响,更好地推动学术发展,促进成果转化,全国哲学社会科学工作办公室按照"统一设计、统一标识、统一版式、形成系列"的总体要求,组织出版国家社科基金后期资助项目成果。

全国哲学社会科学工作办公室

# 凡 例

一、题壁，是指题写在山崖、洞窟、粉壁、门障等建筑实体或天然壁面上的书迹。

二、本书内容以金石、题壁为大宗，旁及部分代表性砖铭、简牍、瓦当、钱币、玺印、封泥、兵器等。

三、录文起于商代，止于清代（清代仅选录部分），分列九编；存目起于商代，止于民国，置于末编，名为"附录"。

四、编次以年代早晚为序，不拘类别。其中内容相关、年代相近篇目即相接而录，不拘年月。有年月者，以年月为次；无年月而可推定年代者，即以推定年代为次；无年月而可推定朝代者，即附其朝之末。

五、收录范围以陇南八县一区为主，地域适当向周边扩展，个别篇目旁及陇南邻县——陕西凤县、略阳，甘南舟曲，四川九寨等。

六、标题形式。吉金：序号＋朝代＋名称＋出土地、收藏地，如"（一）商·亚父辛鼎（礼县城关出土，礼县秦文化博物馆藏）"，有明确年代者，亦注明。金石、题壁：序号＋出土地（收藏地）＋朝代＋名称＋年代，如"（一一）成县·东汉《西狭颂》（建宁四年，171）"，年号后阿拉伯数字系公元纪年。

七、名称拟定以通俗、简洁、准确为原则。或采用原题，如《阶州福津广严院记》；或取其题额，如《世功保蜀忠德之碑》；或延用俗名，如《西狭颂》，不以题额"惠安西表"为名；或重新命名，如《杨政母程氏墓志铭》，原题《宋故感义郡太夫人程氏墓志铭并序》，舍而新命；或从题额、题名中选定，如《大明重建梓潼文昌帝君庙记》以题额为名，原题《梓潼文昌君庙记》，则过于简略。

八、金石录文依实物与拓本对照而辨释，附拓本于旁；题壁录文依实物与照片对照而辨释，附照片于旁。无条件椎拓者则附实物照片。原物已佚，无拓本者，即据前人著录之本；若并此而无者，则列名于"附录"，以俟好事者访拓。

九、铭文录入忠实于原物。原篆书、隶书、行草书等，皆以楷书释录；原繁体者，部分转化为对应现行简化字或按公认的偏旁简化规律录入，而有时代特色、特定含义或简化后易产生歧义者，包括一些异体、碑别体、俗体、数字无对应简化字者，则按原字形录入；原书、刻之错讹字，皆依原字录入，其中尤明显者，于其后加〔 〕注明；原物空格待补姓字、年月而未补者，依样空格；原物平阙提行、空格、抬头者，录文连接，不再明确标示。铭文微泐可试释者加"（ ）"标示；文字剥蚀不可辨者，以"□"标示；多字剥蚀不明字数者，以"……"标示。

十、一般于标题下退格直接录入铭文，其次为注释（文字辨释，采用列表形式），再次为文物说明及简明论述，包括重要引文。

十一、行文（铭文、引文除外）年号后加"（ ）"注明公元纪年，同页同年或近年多次出现，仅在首次中标明。

十二、标题采用宋体加粗，铭文及引文采用仿宋体，注释采用楷体，正文叙述采用宋体。

十三、礼县吉金拓本图片转载于《秦西垂陵区》（文物出版社），徽县首阳洞题壁照片由张承荣先生提供。其他拓本、照片系别人提供或有同行协助椎拓者皆于附图下注明，其余未注明者，皆为著者椎拓、拍摄。

# 目　录

# 陇南金石概况

## （代前言）

### 一、陇南史况

陇南，有广义和狭义之分。广义陇南，是比较宽泛的地域概念，主要指陇山以南，渭水上游，嘉陵江上游及其支流西汉水、白龙江、白水江流域，大致上包括今陕甘川交界的天水市南部、陇南市全境及定西岷县、甘南舟曲、陕西略阳、凤县、川北边境等地。狭义陇南即陇南市，其东接陕西，南控巴蜀，北邻天水，西连定西、甘南。介于北纬 32° 38′ —34° 38′、东经 104° 10′ —106° 33′ 之间。2004 年 1 月，经国务院批准，由"陇南地区"更名"陇南市"。辖八县一区：武都区（市治）、文县、宕昌、康县、成县、徽县、两当、西和、礼县。

陇南地处西秦岭与岷山之间，历史悠久，文化积淀深厚。早在七千多年以前，先民就在这里生息繁衍了，大地湾文化在这里孕育，马家窑文化、齐家文化、寺洼文化在这里广泛而密集分布。这一带是我国远古神话人物伏羲、女娲、黄帝、刑天等有关传说的流行区，又是五帝后期部落联盟的测日、祭日所在地，更是引领西北社会发展的嬴秦崛起之域。周、秦时期，有戎、氐、羌与秦人活动于陇南，秦先祖大骆、非子曾牧马于"汧渭之间"，嬴秦几代先王都葬于西垂（礼县大堡山一带）。秦时于陇南境内设西县。汉武帝元鼎初年分置天水郡、武都郡。武都郡辖武都（西和洛峪境）、上禄（西和北）、故道（两当、凤县境）、河池（徽县）、平乐道（康县平洛境）、沮（略阳）、嘉陵道、循成道、下辨道（成县）。《续汉书·郡国志五》云"凡县主蛮夷曰道"。武都郡县多以道名之，可见两汉前后陇南已是氐、羌活动中心。东汉徙治下辨，辖下辨、武都道、上禄、故道、河池、沮、羌道。武都太守虞诩，"增灶"示强平羌寇，烧石剪木开漕运。阳嘉初，马融于成县广化绛帐受徒。建宁中，李翕修阁架桥，广施仁政，下辨仇靖书文颂德，摩崖刊石，遂成千古贞珉。三国蜀魏相争，诸葛亮六出祁山、邓艾偷渡阴平、姜维屯田沓中，遗迹斑斑可考。南北朝时期，陇南境内先后建立起前仇池国、后仇池国、武都国、武兴国、阴平国等五个氐人政权和宕昌国羌人政权，与南北朝相始终。唐肃宗以来，陇南多次受吐蕃侵扰，百姓流散，兵革未清。乾元中，杜甫流寓同谷，居不盈月，取道入蜀。邑人思其高风，立祠以祀。宋神宗时，王韶拓边熙河，于陇南广设茶马互市，自此西马闻名天下。宋室南渡，陇南为川蜀门户，系金兵出入之枢，其利害得失非他郡可比。危难之时，吴家将（吴玠、吴璘、吴挺）百战保蜀，恩威益张，独立撑起南宋半壁江山。开禧北伐失利，吴曦叛宋降金，拱手相让"关外四州"（西和州、阶州、成州、凤州），幸有安丙、杨巨源、李好义等合谋诛曦，收复失地。元太宗窝阔台八年（1236），按竺迩破宕昌、残阶州，继而攻占文州，以功封为元帅。次年置礼店文州蒙古汉军西蕃元帅府。雍古氏家族，四世为将，耀兵西垂，威震陇蜀。明清之际，陇南特殊的地理位置仍不容忽视，几乎所有大的社会动荡都波及陇南。洪武初，傅友德率兵出秦陇南下，直捣阶文。洪武十五年（1382），羌戎起事，岷州卫军民指挥马烨奉旨征讨，番乱遂平。万历初，陇右诸番侵扰河、洮、岷、阶、文等郡，掠杀百姓，劫持守备。朝廷命副宪刘伯燮、参议李维桢等兴师问罪，力扫群凶，民赖以安。崇祯年间，李自成率部出入陇蜀，数经陇南。清嘉庆中，白莲教起义军曾进入武都；赖文光、梁成富等先后数次由关中入陇南，攻占两当、徽县、成县、武都。在民主革命时期，中国工农红军一、二、四方面军及红二十五军四支主力长征部队都曾经过陇南，足迹遍及全市一百多个村镇。

　　历史变迁，兴废无常。陇南壤接川汉，系秦蜀锁钥。古代县邑争城割据，分合改易，建置沿革迭变，名随代易，制与地殊。现据旧志所载，略述陇南各县区建置沿革。

## （一）礼县

　　礼县，古为雍州，周为秦亭，秦属陇西郡，于此置天嘉县。汉置羌道县（今礼县有此镇名）、西县，属陇西郡。王莽改西县曰"西治"。东汉属汉阳郡，羌道改属武都郡。三国归蜀，诸葛出师屡在其地。晋为始昌县，属天水郡。元魏置黄瓜县，属汉阳郡，又置石门县属武都郡。西魏置潭水郡，北周郡废。隋改潭水县，又置长道县，皆属汉阳郡。唐长道县属成州同谷郡，天宝末废，咸通十三年（872），复改属秦州天水郡，又置大潭县。宋为大潭、长道两县地，属秦州，后属岷州。元太祖窝阔台九年（1237），置礼店文州蒙古汉军西蕃元帅府。明初置礼店千户所，成化九年（1473）置礼县，清初因之，雍正六年（1728）改属秦州 [1]。

　　礼县，"虽僻居陇右西南一隅，然山川形胜，颇甲于秦属诸郡，嶓山包其灵，汉水衍其秀"（明吴绍业《重建桥寺碑记》）。群山拱峙，众水环流，虽弹丸之地，实五达

---

[1] 雷文渊：《礼县新志》，载《中国地方志集成》（甘肃府县志辑 22），凤凰出版社，2008 年，第 70 页。

之冲①。

### （二）西和

西和，古羌氏地，自秦惠文王伐蜀褒斜，陇右诸道悉通蜀，并入于秦，为临洮地。汉武帝元鼎六年（前111）置武都郡，为上禄县属。晋有武都而无上禄，疑废，苻秦置仇池郡。隋大业初置汉阳郡，统上禄、潭水、长道三县。上禄，《隋书》注云："旧置仇池郡，后魏置仓泉县，后周废……开皇初郡废，大业初置汉阳郡，改县曰上禄。"唐武德元年（618）置成州，天宝元年（742）改为同谷郡，乾元元年（758）复为成州，曾改上禄为汉源。宋属岷州和政郡，为长道县。《宋史》注云："熙宁七年自秦州来隶，南渡后属利州路改为西和州，寻分利州为东西路，又名和州。"元初长道县并入西和州。明洪武十年（1377）降为县，属巩昌府，旧治在西北白石镇，洪武中移于今治，清因之②。

西和，内则屏翰蜀门，西连青海之塞，南直白马之氐。仇池峙于前，祁山拥于后（《明一统志》）。孔明师出于祁山，子美诗成于寒峡。民俗悍劲，地少田瘠（《方舆胜览》）。青封峡封锁东北，铁索桥控制西南。依西则三城鼎峙，迤东则三峡珠联。祁山利于进攻，汉武侯两出伐魏；仇池便于退守，晋杨氏六世称雄。石堡城咽喉中扼，形同负隅之虎；西汉水首尾俱应，势如常山之蛇③。

### （三）成县

成县，《禹贡》雍州之地，夏商地弃西戎，周文王时为南国化疆，后孝王封非子于秦，养马汧渭，即今秦州，地属秦。战国为氐羌国，始皇分郡，属陇西。汉为武都郡下辨道地。东汉、晋皆为武都郡治。元魏为南秦州，置仇池镇。西魏改为成州，梁仍为南秦州，隋改为汉阳郡。唐初置西康州，后复改为成州，天宝初改同谷郡，乾元初复为成州，后没于吐蕃，咸通中仍置成州，徙治同谷县。五代后梁改为汶州，后唐复为成州。宋因之，明初改州为县，属巩昌府。清仍称成县，雍正六年（1728）直隶阶州④。

成县，境内峰峦耸翠，溪水环流。左枕瀑布泉，右倚仙人岬；凤岭插前，鸡山峙后。仇池远眺于西北，云栈遥望于东南。旧《同谷志》云："成郡介秦、陇间，古为用武之国。"石洵直云："城郭之胜，背山面池。襟带秦陇，其田沃壤，杂以原隰。"《仙岩亭记》称："成之俗邻羌戎，据山谷，易于动，难以安，可以恩惠临，不可以刑法制。"张行成

① 许容监修、李迪等纂：《甘肃通志》，乾隆元年（1736）刻本。
② 邱大英：《西和县志》，载《中国方志丛书》（华北地方·第三三一号），台北成文出版社，1970年，第47页。
③ 朱绣梓：《重修西和县志》，载西和县志办公室校点《西和县志》（内部资料），2006年，第40页。
④ 黄泳：《成县新志》，载《中国方志丛书》（华北地方·第三三二号），台北成文出版社，1970年，第93页。

《双梧堂记》谓："川原平衍而褊隘，生生之具足自给，不能波及于人，上下以俭约自持，若陋而甚朴，有古桃源风。"①

### （四）徽县

徽县，《禹贡》雍梁之交，殷商无考，春秋时氐羌侵之。徽县、两当秦时在汉中、陇西二郡之间，史未详何属。汉置河池县（王莽改乐平亭），属武都郡。东汉因之。三国时属蜀汉。晋，武都郡河池县，永嘉后没于氐羌，元魏置广化县，于县置广化郡。西魏置思安县。北周改南岐州曰凤州。隋改凤州为河池郡，开皇初废郡改县。唐仍河池县，属山南西道凤州河池郡，五代因之。宋开宝五年（972）移治固镇，属凤州。建炎、绍兴间宋金交争，吴玠兄弟凭以固蜀。元置南凤州于河池，后又升永宁乡为县，与两当同为属邑，至元元年（1264）改为徽州，七年并河池、永宁二县入州，领县两当，属巩昌路。明洪武十年（1377）降为县，后复升为州，仍领两当而属巩昌府，清初因之。雍正七年（1729）复降为县，直隶秦州②。

徽县，诸山环峙，两水合流，东接连云，西达仇池，北倚紫金，南通白水。关陇之襟喉，巴蜀之门户（《徽郡志》）。关隘扼喉，溪谷张翼。西控天水，南连汉中。秦陇屏障，巴蜀要冲。陇蜀有事，河池在所必争③。

### （五）两当

两当，《禹贡》雍梁之交，周合梁于雍，为雍州地。春秋战国羌戎所居，秦时属地不明。汉故道县（王莽改曰善治），属武都郡。三国为汉魏之界，晋郡邑皆如汉，永嘉后陷氐羌。元魏有固道郡领梁泉县与广化，同属南岐州，又立两当县、两当郡，北周废固道郡。隋初废两当郡，县如故，属河池郡。唐梁泉、两当皆属山南西道凤州河池郡。宋乾德元年（963）降凤州河池郡防御为团练，仍有梁泉、两当二县。元以凤州治梁泉，别置南凤州治于河池，寻改为徽州领两当而总属巩昌元帅府。明洪武十年省入徽县，清初因之。雍正七年升秦州为直隶州，移县属之④。

两当，群山错立，万壑分流。左倚凤原之雄，右挹徽山之峭。秦岭横前，陵江带后，盖陇秦之捍蔽，巴蜀之襟喉⑤。

---

① 祝穆：《方舆胜览》，中华书局，2003 年，第 1223 页。

② 费廷珍：《直隶秦州新志》，载《中国方志丛书》（华北地方·第五六三号），台北成文出版社，1970 年，第 156 页。

③ 许容监修，李迪等纂：《甘肃通志》，乾隆元年（1736）刻本。

④ 德俊：《两当县志》，载《中国方志丛书》（华北地方·第三四二号），台北成文出版社，1970 年，第 23 页。

⑤ 纪元：《巩昌府志》，载《中国地方志集成》（甘肃府县志辑 2），凤凰出版社，2008 年，第 258 页。

## （六）康县

康县，自汉以来即属阶州（武都）地。至清雍正七年（1729）设州判一员，乾隆元年（1736）分治白马关，为阶州直隶州右堂。民国三年（1914）改分州为警察所，十八年（1929）改为县治。其建置沿革自秦汉魏晋唐宋元明清以来变更靡常，名称亦异，考古几为茫然[①]。西北重镇平洛，介于成县、武都之间，西汉置平乐道，后汉废。北魏太和四年（480）置平落县，属修武郡[②]。

## （七）武都

武都，《禹贡》雍、梁之域，古西戎之地，战国时白马氐羌据地。汉初置武都道，后汉徙治下辨（成县）。三国武都郡，魏文帝分陇右，为秦州统之，蜀汉分武都郡为凉州统之。晋初属秦州，东晋元帝建武元年（317），杨难敌屯下辨，郡县遂废。咸安中即以为南秦州，置刺史，领四县：下辨、沮、沮水、武都。后魏太平真君九年（448），于仙陵山（今武都区旧城山）东置武都镇，寻于镇城（今旧城山）置郡。又置石门、白水、东平、孔提等县，又改为武阶郡，领北部、南五部、赤万（郡治）等县。后改为修武郡，领平落、和树、下辨、广长（郡治）四县，南秦州统之。西魏废帝改武都郡为武州，改石门县曰安育（州治），领安育、东平二县，属武阶，西迁后并改属。隋开皇初，郡废，大业三年（607）复为武都郡（西魏武州），领县七：将利、建威、覆津（福津）、盘提、长松、曲水、正西；唐武德元年（618），置武州，属陇右道，领将利、建威、覆津、盘提四县。天宝元年（742），改为武都郡；乾元元年（758），复为武州。宋为阶州武都郡，熙宁后分隶秦凤路，领福津、将利二县。元世祖至元七年（1270），废福津、将利二县，置州，属巩昌总帅府。明洪武四年（1371）降为县，十年复为州，领文县。清顺治十二年（1655），裁西固守御所入州。雍正七年改阶州为直隶州，领文、成二县[③]。

武都，东联汉沔，西接洮岷，南界梓潼，北通天水。盘提、角弓，东西张翼；米仓、太石，前后列屏。赤砂流于北溪，嘉陵接于犀牛。边陲雄藩，扼羌要镇[④]。

### 附：西固（今甘南舟曲）

西固，又称故城镇，即今甘南舟曲县。春秋战国时为白马氐羌所居。汉为羌

---

① 王士敏修，吕钟祥纂：《新纂康县县志》，载《中国方志丛书》（华北地方·第五五三号），台北成文出版社，1976年，第85页。

② 吴鹏翱：《武阶备志》，载《中国地方志集成》（甘肃府县志辑10），凤凰出版社，2008年，第38页。

③ 叶恩沛修，吕震南纂：《阶州直隶州续志》，曾礼校点，兰州大学出版社，1987年，第51页。

④ 许容监修，李迪等纂：《甘肃通志》，乾隆元年（1736）刻本。

道县地，属陇西郡。东汉属武都郡。三国县废，为蜀地，邓艾伐蜀，与其子忠，从宕州连桥而渡即此。后魏为武都石门县地。唐为福津县地。宋为福津故城镇，武平、沙滩二寨在南，峰贴峡寨居西。元世祖至元三年（1266）置西固城番汉军民上下千户所。明洪武十五年（1382），改隶岷州卫军民指挥使司。清顺治十二年（1655）归并阶州，雍正七年（1729），设抚彝同知，后隶阶州直隶州。[①]

西固，虽当万山之丛，为绝塞之境。番夷昼啸于户外，虎豹夜号于窗前。阁路偏桥，羊肠鸟道。四面积雪，山藏万季之水；三面受敌，仅通一线之路。[②]

## （八）文县

文县，《禹贡》梁州之域，战国时氐、羌据。汉高祖置阴平道，属广汉郡，后汉因之。三国初属魏，蜀汉建兴七年（229），诸葛亮改为阴平郡，属梁州，蜀亡归魏，属秦州。晋永嘉末，太守王鉴以郡降李雄，自后氐、羌据之，至后魏平蜀，始于此置文州，理阴平郡。隋大业二年（606）罢州，县属武都郡，隋末又陷寇贼。唐武德元年（618）陇、蜀平，复为文州。宋太祖乾德三年（965）灭蜀，复文州；高宗绍兴十四年（1144），改隶利州路；理宗端平三年（1236），没入蒙古，郡县俱废。元世祖至元九年（1272），复置州，省县。明洪武初，改置文县，设守御千户。清雍正七年，改属直隶阶州[③]。

文县，南邻摩天岭，西接柴门关，北逾临江，可达武都；东过玉垒关，以通蜀汉（光绪《文县志》）。《慈𩃴庙记》："自城闉四出，苍崖绝壁，屹为巨限。"《古今记》云："今天下根本在蜀，蜀屏翳在文州。"《寰宇记》："先主都蜀，此地为边陲要阨，其后钟会伐蜀，姜维请备阴平桥，后主不从，故败。又邓艾自阴平景谷道悬兵束马，经江油出绵竹以灭蜀，即此路。"[④]

## （九）宕昌

宕昌，《禹贡》梁州之域，古西羌地。自秦汉至魏晋，皆为羌戎所据。后魏招抚西戎，始有其地。宕昌羌梁弥忽者，其先羌豪祖勤自称宕昌王，其后递相传袭，称藩于魏。北周天和元年（566），改藩置宕州。隋大业三年（607）罢州，置宕昌郡。唐武德元年（618）复宕州，管怀道、良恭二县；天宝元年（742）改为怀道郡；乾元元年（758）复为宕州，因宕昌山为名[⑤]。广德元年（763），宕州陷于吐蕃。北宋神宗熙宁六

① 叶恩沛修，吕震南纂：《阶州直隶州续志》，曾礼校点，兰州大学出版社，1987年，第57页。

② 舟曲县志编纂委员会：《舟曲县志》，生活·读书·新知三联书店，1996年，第729页。

③ 长赟：《文县志》，载《中国地方志集成》（甘肃府县志辑38），凤凰出版社，2008年，第68页。

④ 祝穆：《方舆胜览》，中华书局，2003年，第1227页。

⑤ 李吉甫：《元和郡县图志》，中华书局，1983年，第1001页。

年（1073）收复岷、宕二州，南宋理宗瑞平三年（1236）降蒙古。元世祖至元二十六年（1289），设西固城军民千户所，旋改西固番汉军民千户所，隶阶州。明洪武十一年（1378），设岷州卫指挥所，属巩昌府；十四年，设西固城军民守御千户所。清顺治十二年（1655）撤千户所，归并阶州①。

宕昌，一线通路，三面临番。居洮、岷、文、阶之间，为左控右犄之地（《甘肃通志》）。

## 二、陇南金石分布及类别

### （一）金石学简述

王国维《简牍检署考》云："书契之用，自刻画始。金石也，甲骨也，竹木也，三者不知孰为后先，而以竹木之用为最广。"②朱剑心先生评论道："竹木之用，至南北朝之终而全废；甲骨之用，仅限于殷商一朝。且竹木岁久腐朽，甲骨只用于贞卜。惟金石之用，自上古以讫现代，无时而或间，其用特著，其寿特永，且被学者所注意为最早，故遗存于今日之器物为独多。而'金石'二字，所以为吾人所熟知也。"③金石学是中国古代传统文化中的一类考古学，主要由"金"（吉金）和"石"（石刻）两大支柱构成。近代考古学传入中国前，其主要研究对象为前朝的铜器和碑石，特别是文字铭刻及拓片。广义上还包括甲骨、砖瓦、封泥、兵符、明器等一般文物。马衡《中国金石学概要》给金石学的定义是："金石者，往古人类之遗文，或一切有意识之作品，赖金石或其他物质以直接流传至于今日者，皆是也。以此种材料作客观的研究以贡献于史学者，谓之金石学。"就研究范围看，它又经历了"古器物学"向"金石文字学"的演进：

　　宋以来之为此学者，大致分为二类，其一可名为古器物之学，不论其为金为玉，不论其有无文字，凡属三代、秦、汉之器物，皆供赏玩者是也。其一可名为金石文字之学，不论其物质为何，苟有镌刻之文字，皆见采录者是也。故此二者之范围，最初仅限于器物及碑碣，其后乃渐及于瓦当砖甓之属。至于今日，古物出土之种类，日益滋多，殷虚之甲骨，燕齐之陶器，齐鲁之封泥，西域之简牍，河洛之明器等，皆前人著录所未及者。物质名称虽不足以赅之，而确为此学范围以内所当研究者。④

① 宕昌县志编纂委员会：《宕昌县志》，甘肃文化出版社，1995年，第16—19页。
② 王国维：《简牍检署考》，胡平生校注，上海古籍出版社，2004年，第1页。
③ 朱剑心：《金石学》，文物出版社，1981年，第1页。
④ 马衡：《中国金石学概要》，载《凡将斋金石丛稿》，中华书局，1977年，第1—3页。

金石学肇始于汉,演进于魏晋至唐,于北宋成专门之学。阮元《商周铜器说·下篇》云:"北宋以后,高原古冢搜获甚多,始不以古器为神奇祥瑞,而或以玩赏加之,学者考古释文,日益精核。"①王国维《宋代金文著录表》称:"赵宋以后,古器愈出,秘阁太常,既多藏器,士大夫如刘原父、欧阳永叔辈,亦复搜罗古器,征求墨本,复有杨南仲辈为之考释,古文之学,勃然中兴。"②欧阳修《集古录》、赵明诚《金石录》、洪适《隶释》《隶续》等金石著录的刊行,将金石研究推向兴盛。元代八十余年,不重实学,金石著作寥落。明代稍有振起,但与宋代相差甚远。入清以后,受乾嘉学派影响,金石学进入鼎盛。金石著作增多,研究范围扩大,鉴别和考释水平明显提高。梁启超《清代学术概论》云:"金石学之在清代又彪然成一科学也。自顾炎武著《金石文字记》,实为斯学滥觞。继此有钱大昕之《潜研堂金石文跋尾》,武亿之《金石三跋》,洪颐煊之《平津馆读碑记》,严可均之《铁桥金石跋》,陈介祺之《金石文字释》,皆考证精彻。而王昶之《金石萃编》,荟录众说,颇似类书。其专举目录者,则孙星衍、邢澍之《寰宇访碑录》。其后碑版出土日多,故《萃编》《访碑录》等再三续补而不能尽。"③金石学入民国后,余韵尚存,再后来,由于种种原因,开始分化、瓦解,以至衰落。

### (二)陇南金石分布

陇南有着深厚的文化积淀和悠久的文化传统,文化遗存呈现出独特的地域特征:文化的始发性决定了积淀的深厚性,民族的交汇性决定了遗存的丰富性,区域的差异性决定了文化的多元性,开放的迟缓性决定了保存的完整性。金石题壁文化遗存是陇南文化的重要组成部分。由于历史变迁和地域环境的不同,各县区金石遗存分布多寡不一,形态各异(见下页图1)。

礼县,地处陇南北部、西汉水上游,是秦先祖发迹之所。早在1919年即出土了著名的秦公簋(今藏中国国家博物馆)。20世纪90年代初,大堡子山、圆顶山秦西垂陵区的发现,使光彩夺目的秦西垂文明呈现于世人面前。西垂陵区出土的大量精美青铜器及相关器物,填补了早秦历史研究的一段空白。礼县人五代王仁裕,西江浣肠,位登二品,负文章大名,有《西江集》百卷,今有《周故少师王公神道碑》《王仁裕墓志铭》等存世。元初置礼店文州西番军民元帅府,使经济、文化之重心再次转向礼县。该县除《雍古氏家庙碑》而外,尚有多通道教碑碣遗存。

---

① 阮元:《积古斋钟鼎彝器款识》,商务印书馆,1937年,第4页。

② 王国维:《宋代金文著录表》,载《北平北海图书馆月刊》(第一卷·第五号),1928年,第259页。

③ 梁启超:《清代学术概论》,上海古籍出版社,1998年,第58页。

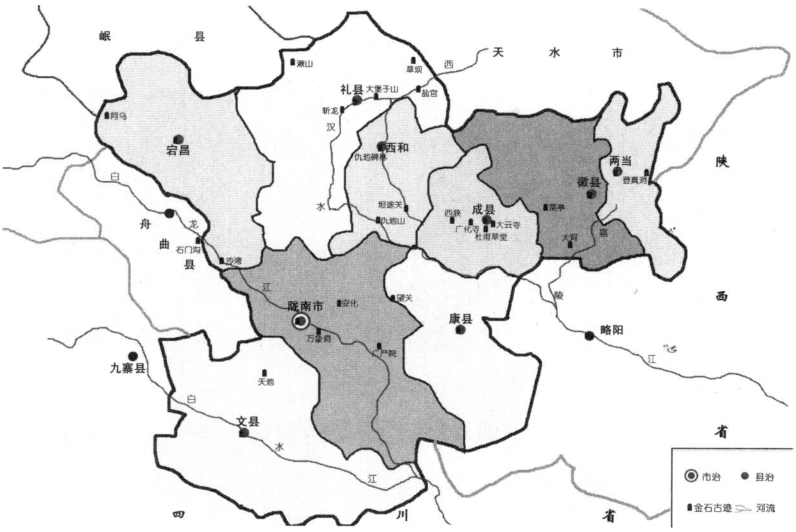

图 1　陇南市政区及金石古迹分布

西和，毗连礼县，亦为秦人发祥地。骆峪城、建安城屡屡成为西汉以降至唐中期的武都郡、成州治所。仇池山峭绝险固，壁立万仞，上有良田百顷，有土可以煮盐。汉代即为白马氐所据，魏晋以来，氐族杨氏累世凭险而据。可惜氐族无文字流传，所以，西和所遗金石与历史积淀不成比例，且较为零散，又屡遭毁坏。其有影响者有"晋归义羌侯"金印、唐《新路颂并序》摩崖及宋《王公仪神道碑》等。

成县，位于陇南中心地带。东汉武都郡徙治于此。西狭汉摩崖石刻群——《汉将题刻》《西狭颂》《天井道记》《耿勋表》等是考察这一时期经济、交通、文化的重要实物史料。晚唐以来，成县成为西北重镇。逾成州，窥蜀之路愈多。因此，成县金石遗存亦显得格外突出，无论是时代的连续性还是保存的完整性，也无论形制的多样性还是内容的丰富性，都是首屈一指的。不仅有新发现的黄渚关古岩画，还有裸露 1200 余年的唐人墨书《李叔政题壁》。南宋吴挺《世功保蜀忠德之碑》，洋洋洒洒，近八千字，是考察吴家将西北抗金的重要史料。宋代宦游学人濡毫岁月，名山洞壑不乏留题。

徽县毗邻两当、成县。南宋吴家将凭以守蜀，每为战场，其军事、交通地位十分重要。徽县的金石遗存也主要表现在军事和交通两方面。交通类如北宋雷简夫《新修白水路记》、明《虞关巡检许清题记》《新刊修路碑记》、清杨昌浚《大河店修路碑》等；军事类相关的有南宋《宋故开府吴公墓志铭》《宋忠烈吴公祠记》《杨政母程氏墓志铭》等。

两当，东与陕西凤县相邻，为汉故道地。邑东鸑鷟山为"八仙"之一的张果隐居之所，北宋《鲁公题登真洞诗》、南宋《宋故崔公墓志铭》、元《重修三清阁记》是其历史见证。县南云屏乡是连接两当、徽县的交通古道，西姑峡有道教塔铭、石幢遗存。

康县，东接陕西略阳，北连成县，设县较晚。石刻遗存有影响者，有北宋《留题独石山院》《黄公题独石寺》诗碑、《仁济院赐额牒》和明代《茶马古道条示碑》。

武都，地处陇南南部。隋唐以后，渐为陇南经济、文化中心。金石题壁遗存主要集中在万象洞、三河广严院、安化、马街和武都城区，以宋代宗教碑碣为大宗。尤其是万象洞古代题壁、题刻，始于北周建德二年（573），迄于民国。数量可观，内容丰富，具有极高的史料价值。如北周《贺娄慈题壁》；唐《刘暄题诗》；宋《石待问题壁》；南宋《高英万象洞题记》，毌丘恪、宇文景仁《万象洞题诗并跋》摩崖；明《胡濙题诗》等。

文县，位于陇南最南端，东南西三面与四川省接壤，受巴蜀文化影响明显。石刻遗存最早仅见南宋《太守鲁公祠堂记》《重修慈霂庙记》，明代墓志出土较多，尤其萧籍家族系列墓志铭，算是文县金石的一大亮点。县西与四川九寨县交界的柴门关有清代《秦蜀交界摩崖》《秦川锁钥暨德政流芳摩崖》、《开新路记》摩崖等，是重要的交通碑铭。

宕昌，西与岷县紧接。秦汉至魏晋南北朝为羌人所据，梁羌于此建宕昌国。所见金石，除魏受爵印"魏率善羌仟长"外，只见到几通明清宗教、交通类石刻。如明《大明重建梓潼文昌帝君庙记》《张善墓志铭》《通北口题壁》，清《重修杀贼桥碑记》等。

### （三）陇南金石类别

A. 吉金

吉金，以钟鼎彝器为大宗，旁及兵器、符玺、钱币、镜鉴等物，凡金属古器有铭识或无铭识者，均属此类。钟鼎彝器以青铜器为主，种类繁多。马衡先生约分六目："一曰礼乐器，二曰度量衡，三曰钱币，四曰符玺，五曰服御器，六曰古兵。"[①] 朱剑心先生分类略有小异，分为乐器、礼器、兵器、度量衡器及杂器五大类[②]。陇南吉金主要集中于礼县秦西垂陵区，其他县区如西和、成县、文县等地亦有古器出土。主要类别有：

1. 礼器，如礼县秦公鼎、秦公簋、秦公壶。

2. 乐器，如礼县秦子编钟、秦子编镈。

3. 兵器，如礼县右库工师戈、秦子戈，西和弩机。

4. 服御器，如礼县鸷鸟形金饰片、蟠虺纹车形器，成县规矩铜镜。

5. 度量衡器，如礼县天水家马鼎。

---

① 马衡：《中国金石学概要》，载《凡将斋金石丛稿》，中华书局，1997年。

② 朱剑心：《金石学》，文物出版社，1981年，第71页。

6. 钱币，如武都"一刀平五千"刀币、礼县"一珠重一两"圜钱。

7. 玺印封泥，如下辨令印、"晋归义羌侯"金印、"西盐"封泥。

B. 石刻

石刻，以碑碣墓志为大宗，旁及摩崖、造像、经幢、石阙等物，凡古石刻有文字者，皆属此类。古代石刻的分类，不同学者划分标准不同，故类别各异。叶昌炽《语石》列三十九类[1]。马衡《中国金石学概要》分为七类二十八种[2]。朱剑心《金石学》有两种分类形式。按名义制度分为十九种；按文字图像分为二十六种[3]。黄永年《碑刻学》舍"摩崖"而分为八类。黄永年先生认为："前人或本石刻形制，或视文字性质，互有得失，迄无定式。窃以为形制与文字性质实不能分离，某种文字必用某种形制之石刻。其中惟造像、题名本多摩崖，而碑、石经亦间有改用摩崖形式者，故前人所列摩崖一类似可省却，以免抵牾重复。"[4] 根据陇南石刻遗存形制特点，为叙述方便，简要别类如下：

1. 石刻画像，如成县《黄渚关太山岩画》《五瑞图画像》《吴道子画观音像碑》、宕昌《寺佛崖观音画像》、两当《圆钵塔造像》。

2. 纪事石刻

（1）交通类：摩崖，如成县《西狭颂》、徽县《新修白水路记》；碑碣，如徽县《大河店修路碑》、宕昌《重修杀贼桥碑记》。

（2）德治类：摩崖，如成县《耿勋表》《王子直甘露颂》；碑碣，如徽县《程俊札子碑》、武都《田公刺虎记》。

（3）宗教类：摩崖，如成县《重修北极宫记》《重修佛洞寺碑记》；碑碣，如文县《重修慈霈庙记》、两当《重修三清阁记》。

（4）军事类：摩崖，如成县《库彦威题记》、礼县《嘉定题刻》；碑碣，如成县《田成墓志铭》、西和《仇池碑记》。

（5）教育类：如成县《成州学记》、徽县《徽州重修庙学之记》、武都《重修庙学记》。

3. 题记、题名：如成县西狭题记题名石刻群、成县狮子洞题记题名石刻群、成县大云寺题记题名石刻群、武都万象洞题记题名石刻群。

4. 诗文题刻：如成县杜甫草堂诗文题刻、武都万象洞诗文题刻、礼县武侯祠诗文

① 叶昌炽：《语石·语石异同评》，柯昌泗评，中华书局，1994 年。

② 马衡：《中国金石学概要》，载《凡将斋金石丛稿》，中华书局，1997 年。

③ 朱剑心：《金石学》，文物出版社，1981 年。

④ 黄永年：《碑刻学》，《新美术》1999 年第 3 期。

题刻。

5. 神道碑、墓志铭、祠堂记：如礼县《芦苌墓志砖》《周故少师王公神道碑》、西和《王公仪神道碑》《张从墓志铭》、成县《田成墓志铭》《世功保蜀忠德之碑》、徽县《宋故开府吴公墓志铭》《重建杜少陵先生祠堂记》、两当《宋故崔公墓志铭》、武都《荣公和尚墓记》、文县《萧籍墓志铭》、宕昌《张善墓志铭》。

6. 刻经、塔铭：如礼县《胜相塔石刻》《大悲心陁罗尼经》石幢，成县《华严经摩崖》、《佛顶尊胜陁罗尼经》残幢，武都《普通塔记》。

7. 敕牒刻石：如礼县《妙胜院敕碑》、成县《孚泽庙赐额牒》、武都《广严院赐额牒》。

C. 题壁

题壁，又称"壁书""题壁书"，是指题写在山崖、洞窟、粉壁、门障等建筑实体或天然壁面上的书迹（包括墨书、朱书、粉书等色书）。

从目前遗存的古代题壁及文献记载看，题壁可分为以实用性为主的传媒型题壁和以艺术性为主的表现型题壁两大类。按其书写内容和性质的不同又可分为律令题壁、款识题壁、纪事题壁、诗文题壁和书艺题壁五大类。陇南题壁遗存主要集中在成县、武都二地，类型包括纪事题壁和诗文题壁等。如成县大云寺《李叔政题壁》、武都万象洞《石待问题壁》《高宝臣题诗》。

# 三、陇南金石题壁学术价值

金石、题壁之学，与经史相表里。载一方文献，叙古今兴废之迹。可补史传之阙，可证志乘之误，奇文妙墨，足垂永久。陇南金石、题壁留存形式多样、时间久远、地域广阔，其内容涉及政治、经济、军事、文化、民族、宗教诸领域，学术价值主要体现在以下几方面。

## （一）历史、文化研究价值

礼县大堡子山秦公陵区的发现与相关青铜器的出土（大堡子山 M2、M3 两座并列大墓所出青铜器有"秦公""秦子"铭文），证实了秦第一陵园在礼县大堡子山，从而填补了早秦历史研究的空白。秦第一陵园和"西犬丘"两大千古谜团的解开，为研究秦早期的政治、经济、军事、文化、冶金、铸造、陵寝制等，了解秦人如何由偏居西垂的牧马族到建国立公提供了丰富的研究资料，使秦人四大陵园区得以完整地展现在世人面前，秦人由西垂到雍城再而咸阳的发祥、发展壮大、统一全国的历史渊源流变得到系统可靠的解释①。

　　汉代天水郡因"天水湖"得名。今存礼县红河镇草坝村的南宋《妙胜院敕碑》明确记载"天水湖"在"天水县茅城谷"，并言"其水冬夏无增减"，此与南朝郭仲产《秦州地记》所载完全相同，由此可以纠正《水经注》关于"漾水"水系的误归。《妙胜院敕碑》的发现，证实了《水经注》所载"旧天水郡治""上邽县故城""西城"皆在邽水河谷。这为揭开"天水""昧谷""西""邽"之地望和探讨古地名文化内涵提供了重要依据②。

　　《西狭颂》摩崖"十二行题名"第十一行云："下辨道长广汉汁邡任诗字幼起。"而《续汉书》志第二十三《郡国五》载：武都郡辖七县——下辨、武都道、上禄、故道、河池、沮、羌道。由"题名"悉知，东汉时"下辨"仍称"下辨道"，《续汉书》脱一"道"字。

　　此外，西和唐代《汉源县令厅壁记》、《新路颂并序》摩崖③，南宋《仇池碑记》；成县清代《重修泥功山云梯岩全寺全观略序》④、《刘埖刘墫诗碑》⑤等石刻不仅是考察杜甫在陇南行踪的重要史料，而且为探讨杜甫与赞上人的交游地点提供了参考依据⑥。

　　题壁文化作为一种通俗文化形态，贯穿于中国古代社会数千年。尤其在印刷、造纸等传媒手段尚不完备的相当长的时间内，承担了社会传播的主要功能。其突出的展观效果、独特的艺术魅力以及书写的便捷性，使之成为中国古代文字（书法）重要的表现形式。由于题壁书常年裸露，其承载面又十分脆弱，常因屋倒壁毁或风雨浸蚀而湮灭无存，因此，题壁这一特殊的文化现象及书法表现形式往往被史学家和书法研究者忽略。然而，陇南特殊的地理环境和气候特征，使得题壁这一易逝的古代文化形式较为完整地保存下来。陇南题壁遗存多达二百余帧，最早者为武都万象洞北周建德三年（574）的《贺娄慈题壁》。成县大云寺唐元和九年（814）的《李叔政题壁》墨迹，书写于粘附在岩层的粉壁之上，裸露一千二百余年而神采依旧。陇南题壁遗存是研究题壁类型、寿命以及题壁书与"飞白书""刻石书"关系的实证，既有史料价值又有文物价值⑦。

---

① 礼县博物馆、礼县秦西垂文化研究会编：《秦西垂陵区》，文物出版社，2004 年，第 2 页。

② 蔡副全：《〈妙胜院敕碑〉释考——兼论天水、昧谷、西、邽之地望》，《中国边疆史地研究》2016 年第 4 期。

③ 蔡副全：《唐〈新路颂并序〉摩崖释考》，《天水师范学院学报》2011 年第 6 期。

④ 蔡副全：《杜甫陇右诗两地名考辨》，《天水师范学院学报》2010 年第 3 期。

⑤ 蔡副全：《成县杜甫草堂刘埖刘墫诗碑考》，《丝绸之路》2009 年第 10 期。

⑥ 蔡副全：《杜甫与赞上人交游在同谷考》，《前沿》2009 年第 7 期。

⑦ 蔡副全：《论题壁书》，《中国书法》2010 年第 5 期。

### （二）文学、艺术研究价值

朱剑心《金石学》载：

> 被于碑者，皆文也。传志箴铭颂赞之类，文之中有事在，不徒以其文也……诗之刻石，滥觞于北魏郑道昭之云峰山诗，以前无闻也。唐宋以下，登高纪游之作，或摩崖，或刻于碑之阴侧，皆与题名杂然并列，有不胜录者。大抵石刻诗篇，颇有世所不恒见，可以补历朝诗选之缺。[①]

诗圣杜甫曾于唐乾元二年（759）十月发秦州（天水市）赴同谷（成县）纪行，途经礼县、西和，结茅成县飞龙峡口，居不盈月，取道栗亭入蜀。早在唐咸通中，成州刺史赵鸿便将杜甫同谷诗篇镂刻贞珉。周采泉《杜集书录》卷七称："有文献可征者则应自赵鸿始。但赵刻同谷诗无题识。"[②]此后有北宋栗亭令赵洋建"名嘉亭"、王知彰作《祠堂记》，成州知州晁说之筑"发兴阁"，撰《成州同谷县杜工部祠堂记》。至南宋绍兴四年（1134），又有曹居贤于西和仇池山"复起白云亭，重构招提，绘杜苏二大老像，刻诗于琬琰"（《仇池碑记》）。今成县杜甫草堂遗存南宋至民国间酬唱纪游诗文颇多[③]。

武都万象洞、成县大云寺、两当登真洞、礼县武侯祠、康县独石山院等地保留了大量的古代诗文题刻。如唐《刘暄题诗》，北宋柴元瑾《留题凤凰寺》、《鲁公登真洞诗》、《黄公题独石寺》，南宋万钟《游万象洞天长短句》，明郑国仕《登祁山谒武侯祠漫赋》等。

陇南金石、题壁中保留着大量的古代书画艺术珍品。成县《西狭颂》摩崖是我国东汉时期杰出的摩崖巨构，其文体优美，遣词精彩，集篆额、正文、题名、题记及刻图为一体。其气韵高古的书法艺术和宏朴简劲的汉画风格为中外书画家称赞不已。《西狭颂》书法，康有为称之"疏宕"，杨守敬赞其"方整雄伟"，梁启超评其"雄迈而静穆，汉隶正则"。《五瑞图》画像，造型准确，布局合理，线条简劲。杨守敬谓："画法飞动，尤殊观也。"叶昌炽称："八分自得天然妙，五瑞相传地效灵。黄龙白鹿木连理，五梁祠画有先型。"成县西狭新发现镌刻于东汉元和二年（85）的《汉将题刻》摩崖，早《西狭颂》摩崖八十六年。其字法简古严正，笔画细劲质朴，更好地彰显了古隶的雄强奔放和摩崖刻石的姿肆野逸[④]。唐《李叔政题壁》墨迹，书体由楷而行，时带草意，

① 朱剑心：《金石学》，文物出版社，1981 年，第 195 页。
② 周采泉：《杜集书录》，上海古籍出版社，1986 年，第 445 页。
③ 蔡副全：《成县杜甫草堂历代诗碑考述》，《杜甫研究学刊》2009 年第 1 期。
④ 蔡副全：《西狭〈汉将题刻〉摩崖略考》，《天水师范学院学报》2012 年第 3 期。

洋洋洒洒，率性而为。其行笔自如，线条优雅，节奏鲜明，风规自远①。南宋隶书向来不为世人所重，但陇南所存的南宋隶书刻石面目繁多，风格各异。直接师法"汉三颂"及当地摩崖汉刻，或宽博静穆，或奇逸恣肆，或古拙质朴，或庄重典雅，充分反映了南宋隶书实践的觉醒②。今存礼县城郊南关村的元《雍古氏家庙碑》，由程钜夫撰文，赵孟頫书并篆额，但此碑镌立时撰、书者及立碑人皆已去世，碑刻必是摹书赵孟頫《赵氏先庙碑》纸本，其书法与以往赵体清和妍丽的书风迥异，反映了赵孟頫平淡端庄的另类书风③。

**（三）民族、宗教研究价值**

秦汉以来，陇南便是氐、羌民族活动的中心。南北朝时期，陇南境内先后建立起前仇池国、后仇池国、武都国、武兴国、阴平国五个氐人政权和宕昌国羌人政权，这几个政权前后持续近四百年，后被北周所灭。新出土武兴国主杨文弘与姜太妃夫妇墓志，是迄今发现氐族杨氏建立武兴国的原始凭证。杨文弘是武兴国的创建者，其妻姜太妃见证了武兴国前期发展的兴衰历程④。西和仇池山境内出土的"晋归义氐王""晋归义羌侯""魏归义氐侯"金印、宕昌化马乡出土的"魏率善羌仟长"铜印等，都是氐、羌民族在陇南活动的历史遗存。

宗教类金石、题壁主要集中在佛教、道教和伊斯兰教三方面。

佛教方面。陇南碑刻大多数为寺庙重修碑记。陇南佛教刻经、塔铭尤显珍贵。如成县大云寺魏晋风格的《华严经》摩崖、唐代《佛顶尊胜陀罗尼经》残幢、礼县宋《胜相塔石刻》《大悲心陀罗尼经》石幢等。据王象之《舆地碑记目》载："《大云寺石碑》在凤凰山上，去州七里，创始莫考。殿后崖上有刻字云：'汉永平十二年'；又经阁上刻云：'梁大同九年'。"⑤如果王氏所言不虚，则可以证明，陇南是我国佛教传播最早的地区之一。

道教方面。唐代道教丹道大师张果，曾隐居两当鸑鷟山。北宋游师雄于此建"集休观"，乞封"登真洞"（《宋故崔公墓志铭》）。南宋时，世传公孙氏五子尝于五仙洞"学轻举之术"（《五仙洞记》）。元代道教大兴，元世祖至元十二年（1275）逢溪县谢先生，以自然子为师，于成县南山仙人崖修建玉皇殿、北极宫（《重修北极宫记》）。大德初，刘道通、罗道隐于徽、成二县交界的泥阳金莲洞洒扫修行（《感应金石莲洞

---

① 蔡副全：《唐〈李叔政题壁〉墨迹考略》，《敦煌研究》2009 年第 2 期。

② 蔡副全：《南宋隶书的觉醒——以陇南、陕南遗存的刻石隶书为例》，《中国书法》2011 年第 4 期。

③ 蔡副全：《赵孟頫书〈雍古氏家庙碑〉释考》，《中国书法》2018 年第 5 期。

④ 蔡副全：《新发现武兴国主杨文弘与姜太妃夫妇墓志考》，《考古与文物》2014 年第 2 期。

⑤ 王象之：《舆地碑记目》，商务印书馆，1939 年，第 118 页。

记》)。雍古氏赵世延家族,本来信仰基督教东方教派之景教,自按竺迩开始转学道教,并将川蜀道士请至礼店(礼县)焚修传道。今存礼县崖城乡东岳庙刊于元顺帝至元五年(1339)的《大元崖石镇东岳庙之记》云:"(按竺迩)戊戌经理川蜀,得昌州天庆观道士母混先者,道行高洁,以祝被御患为心,喜而纳诸祠,命掌其事。唯时母混先承命,焚修甚谨。"按竺迩孙赵世延更是独钟黄老,不仅"能诵《易》",而且"诸阴阳家书,皆能通之"。受其影响,子女亦信奉道教。在礼县仅赵世延子野峻台书篆的道教碑刻就有三通,分别为《大元崖石镇东岳庙之记》《湫山观音圣境之碑》《东山长生观碑记》。明永乐初,都给事中胡濙奉旨遍访三丰于秦陇蜀地。今陇南武都万象洞、成县金莲洞保留着几通(帧)与张三丰、胡濙行踪相关的明代碑刻、题壁,其中包括武都万象洞胡濙题诗墨书真迹和成县金莲洞张三丰题诗碑。这对考察张三丰、胡濙关陇行踪具有重要的参考价值[1]。

伊斯兰教方面。位于武都城关西南的清真大寺保存有八种石刻、文书档案资料。除《朱夫子治家格言》外,均与武都清真寺修建沿革及伊斯兰教的弘扬与传播有关。武都清真寺大约始建于明嘉靖十四年(1535),其中书于清嘉庆十三年(1808)的《嘉庆建寺始末文书》云:

> 吾教自唐代入中国,名曰"清真教",凡有吾教之地莫不有礼拜寺。郡城南巷旧有礼拜寺,不知始于何年,或谓在明之初,或谓在明之盛。纷纷人口,迄无定论。愚独据大清嘉庆十三年拆毁时得古瓦一片,上载"嘉靖十四年"年号,知其鼎盛建于是年无疑云。[2]

徽县回民则于明成化间(1465—1487)自陕西迁来。今存徽县东关清真寺由回民进士马负图撰文并书丹于明万历十四年(1586)的《重修礼拜寺碑记》载:"我皇朝金陵有三山街寺,长安有花靴巷寺,皆奉命以为敦礼地也。寺遍寰宇,惟徽未之建耳。成化年间,有何楚英、舍容、马伦、马聪辈,关陕人也,商贩于徽。为山水之美,遂家焉。"

### (四)经济、社会研究价值

1919 年出土于礼县红河境内的秦公簋,除原铸铭文外,器、盖各有秦汉时凿字一行,器云:"西元器一斗七升八,奉簋。"盖云:"西一斗七升太半升,盖。"这说明,秦公簋本为秦故都西垂陵庙祭器,秦亡后遂成西汉之官物,常用作容器。1971 年,在礼县永兴乡蒙张村出土的天水家马鼎,盖、腹并有铭文曰:"天水家马鼎,容三斗,并重

---

① 蔡副全:《张三丰、胡濙陇南踪迹考》,《世界宗教研究》2016 年第 1 期。
② 吴景山:《武都清真寺中现存的碑石文书档案资料》,《回族研究》1993 年第 4 期。

十九斤。"近年，在距蒙张村三四里的文家村又出土一铜鼎，盖表铭文曰："天水家马鼎，容三斗，并重十斤。"这些器物的出土，不仅是早期秦人活动于陇南的实物见证，也是研究古代度量衡的重要容器。

西安出土的"西盐"半通封泥、"西采金印"封泥等反映出战国时期的秦人在陇南的冶金、盐业存在状况。近年在成县黄渚镇太山一峡谷废弃的矿洞口发现一处岩画和开凿于"V"型溜漕上的七十多个马蹄形圆孔。从岩画中近似甲骨、金文的字体符号判断，岩画大约刻凿于春秋以前。岩画及相关遗迹极有可能与嬴秦采冶黄金有关[①]。《西狭颂》摩崖载："年谷屡登，仓庾惟亿，百姓有蓄，粟麦五钱。"《耿勋表》摩崖言："开故道铜官，铸作钱器，兴利无极。"此则反映了东汉末年西北边陲的经济社会状况。

南宋西和州即古岷州，辖长道、大潭、祐川三县。绍兴十三年（1142），处于宋金缓冲带的祐川县已名存实亡。由于州府胥吏徇私窃权，倚势作威，致使地方赋役征收与管理出现混乱。今存甘肃礼县白关乡太塘村（大潭县故治）的南宋庆元二年（1196）的《两县二八分科后记》碑刻，真实记录了大潭、长道两县赋役分配的是是非非[②]。

1879 年 7 月 1 日（清光绪五年五月十二日）凌晨，在陇南武都、文县之间发生了8 级强震。因震发区地质构造复杂、交通不便，缺少历史资料的系统收集和整理，此次地震被认为是中国 19 个 8 级地震中地震与活动断裂关系仍不明了的三大地震之一。然而，陇南境内遗存有二十余通（帧）碑刻、题记从不同的侧面记录了此次地震。这对重新认识和评价该次地震具有很高的实用价值和学术意义[③]。

### （五）军事、交通研究价值

陇南地处秦、陇、蜀三地之交通要冲，襟秦陇而望巴蜀，自古为兵家必争之地。

《史记·秦本纪》云："（中衍）玄孙中潏，在西戎，保西垂。"可见，商末时秦人已居西垂，其几代先王或"死于戎"，或"为戎所虏"。不其簋铭文有"王命我羞追于西"，"西"即西垂。汉武帝元鼎六年（前111）置武都郡，应劭注《汉书·地理志》称"故白马氐、羌"住地。东汉时徙治下辨（成县）。这一带屡有氐、羌作乱，正所谓"中兴以后，边难渐大"。武都太守一职，往往以武将兼任。成县西狭新发现《汉将题刻》即云"汉将武都太守"。《西狭颂》摩崖曰："属县趋教，无对会之事；傲外来庭，面缚二千余人……威恩并隆，远人宾服。"《耿勋表》摩崖谓："压难和戎……廷陈惠康安边之谋。""外羌且（氐）若等，怖威悔恶，重译乞降。"南宋《仇池碑记》记录了

---

① 蔡副全：《黄渚关太山岩画及相关遗迹考证——兼论嬴秦黄金来源》，《民族艺术》2016 年第 5 期。

② 蔡副全：《南宋赋役碑刻〈两县二八分科后记〉释考》，《农业考古》2015 年第 3 期。

③ 蔡副全：《1879 年武都南 8 级地震新资料的发现与应用》，《地震工程学报》2013 年第 2 期。

魏晋时期仇池政权与中央王朝之间发生的重大战争。成县新出土《田成墓志铭》,记录了北宋末至南宋初大小战争十余次,涉及姚雄经略河外、平定方腊、姚古河东遏寇、张遇之乱、丁进侵扰淮甸、苗刘之变等重大历史事件。南宋时期,陇南是西部防线的战略要地。吴家将吴玠、吴璘、吴挺,世居陇右,威震西蜀,给南宋历史造成了深远影响。孔祥熙曾说:"南渡之际,君臣荒嬉,韩岳短气,惟西北一隅,奋起抵抗,未尽陵沉,若吴玠、吴璘、曲端诸将之崛起陇上,或保据蜀口,或扬威泾原,均为史乘光荣。"[①]徽县《宋故开府吴公墓志铭》、成县《世功保蜀忠德之碑》详细记录了南宋西北抗金的所有重大战役,如和尚原之战、饶风关之战、仙人关之战、秦陇之战、德顺之战等。成县西狭南宋《库彦威题记》明确记载:"时金人方盗有两河及秦魏,成纪在北,同谷居南,每为战场。"礼县盐官镇的《重修真武殿记》谓:"乾道乙酉……敌人判盟,意欲长驱而下蜀,至此而为官军所败。"礼县石桥乡《嘉定题刻》称:"丙寅开禧二年十一月二十八日,有金贼侵犯关外四州。至丁卯开禧三年三月十八日复收了当。"这些都是珍贵的抗金史料。

　　早在商周时期,就已开通了中原至巴蜀的故道。秦惠文王定巴蜀,修建了八百里连云栈,使秦国故地天水及礼县、西和、成县与四川的联系更加紧密。楚汉相争,"明修栈道,暗度陈仓"的故事就发生在这里。东汉时期,虞诩、李翕两任太守致力于陇南交通的改善,致使下辨至沮县(略阳)的道路便捷通畅。《西狭颂》和《郙阁颂》便是其历史见证。《三国志·魏书》卷二八载:"艾自阴平道,行无人之地七百余里。凿山通道,造作桥阁,山高谷深,至为艰险。"南北朝时氐人杨氏建立了以仇池山为中心的割据政权,开辟了众多的支线道路。史书中频频出现的白水、西县、葭萌、沓中等地名都是境内交通线上的重要关隘。宋、元以来,这一带因为茶马运输、军事征战等原因,道路变得愈加繁忙。

　　陇南境内与交通相关的石刻碑铭非常丰富。除上述东汉《西狭颂》《郙阁颂》摩崖外,还有祁山道上的《新路颂并序》摩崖(唐开元间),嘉陵道上的《新修白水路记》(宋嘉祐二年,1057)、《虞关巡检许清题记》(明成化三年,1467)、《白水石路记》(明万历十七年,1589)、《新刊修路碑记》(万历二十九年,1601)、《虞关石硖路摩崖》(万历四十三年,1615)、《徽县大河店修路碑》(清光绪二十年,1894)。阴平道上的《朱处仁题记》(宋皇祐四年,1052)、《通北口题壁》(明嘉靖二十四年,1545)、《重修火烧关栈道摩崖》(明万历十四年)、《邓邓桥摩崖题记》(明崇祯九年,1636)、《重修杀贼桥碑记》(清光绪七年)等等。

---

① 孔祥熙:《西北文化》,《说文月刊》1943 年第三卷第十期。

# 四、陇南金石著录与研究状况

## （一）宋代金石学者对陇南金石的载录与研究

宋代是金石学的兴盛期。朱剑心先生认为："（宋代金石）研究方法，大约不出于著录、摹写、考释、评述四端。有存其目者，有录其文者，有图其形者，有摹其字者，有分地纪载者，有分类编纂者，或考其时代，或述其制度，或释其文字，或评其书迹，至为详备。"[1] 宋代金石著述影响最广者，当推欧阳修、赵明诚、洪适、王象之等人。陇南东汉摩崖《西狭颂》《郙阁颂》《耿勋表》等已在宋代金石著作中频频出现。欧阳修《集古录》"跋后汉析里桥郙阁颂"择录《郙阁颂》部分铭文，但释文谬误颇多："恒"避讳作"常"，"李翕"误作"李会"，"衡官掾"误作"俾府掾"，"今"误为"尔"[2]。由此可见，《郙阁颂》摩崖在北宋时已泐损极甚。曾巩《元丰题跋》首次著录并详考《西狭颂》及《五瑞图》。题跋辨正欧阳永叔关于"李翕"的误识，其中还论及《西狭颂》《郙阁颂》拓本的流传[3]。赵明诚《金石录》三十卷，凡跋尾五百零二篇。其中录及陇南金石者仅《西狭颂》一品。赵氏择录《西狭颂》部分铭文，对其内容进行了粗略分割，并未作深入研究[4]。南宋洪适《隶释》《隶续》对陇南汉摩崖录考最为详备[5]。不仅全文释录《西狭颂》《郙阁颂》《耿勋表》，并且著录《五瑞图》前后题记、题名。尤其对已佚《天井道记》的录文与考证弥足珍贵。王象之《舆地碑记目》对陇南碑刻的著录，除录及东汉摩崖外，还论及隋唐碑刻和宋人题记等，所收碑目达十七品[6]。王氏所录至今完整保留者仅《西狭颂》《耿勋表》《王仁裕墓碑》三品，《郙阁颂》已碎裂数块，粘合于略阳灵岩寺。其余诸刻，或佚或毁，不知所在。除上述各家外，其他宋人金石著作，如无名氏《天下碑录》、董逌《广川书跋》、娄机《汉隶字源》、郑樵《金石略》等也曾著录陇南汉碑。

## （二）明清金石学者对陇南金石的载录与研究

金石之学，至元明而中衰。元代金石著作，屈指可数。明代稍有振起，但不能与宋代同日而语。明人收录陇南金石者有孙承泽《庚子消夏记》、赵崡《石墨镌华》、杨

---

① 朱剑心：《金石学》，文物出版社，1981 年，第 20 页。

② 欧阳修：《集古录跋尾》，载《石刻史料新编》（第一辑第 24 册），台北新文丰出版公司，1982 年，第 17854 页。

③ 曾巩：《元丰题跋》，载《石刻史料新编》（第一辑第 24 册），台北新文丰出版公司，1982 年，第 18014 页。

④ 赵明诚：《金石录校证》，金文明校证，上海书画出版社，1985 年，第 295 页。

⑤ 洪适：《隶释·隶续》，中华书局，1986 年。

⑥ 王象之：《舆地碑记目》，商务印书馆，1939 年。

慎《金石古文》等。

清代金石学再次崛起，达到鼎盛。清人金石著述虽丰，但所收陇南金石碑目亦不出欧、赵、洪三家左右。著录西狭诸汉刻者多达数十种，而其他碑刻却极少提及。乾嘉间，阶州（武都）邢澍，宦游江浙，博学洽闻，精研金石，与孙星衍辑成《寰宇访碑录》十二卷①，石刻碑目浩如烟海，翻检诸卷，仅觅得陇南碑目8品，是为遗憾。邢澍著《金石文字辨异》十二卷，全书收录自汉至宋元单字2498个。《西狭》《郙阁》《耿勋》各刻俗字异体均有收录，但辨例多取洪氏《隶释》《隶续》所举。如释"苦"之异体时，引《郙阁颂》云"行理所苦"②，而碑文实作："行理咨嗟，郡县所苦。"由此可见，邢澍对《郙阁颂》铭文并不熟稔。从邢澍两部传世金石著作看，先生对陇南金石的关注十分有限，这与其长期宦游江浙有关。钱大昕《潜研堂金石文跋尾》尤其注重以金石碑刻补正经史文献。在《西狭颂》跋尾中，将石刻所述李翕与《后汉书·皇甫规传》所载比较，认为"后来治行或减于前"，石刻有"溢美"成分；跋《耿勋表》辨翁方纲"莫"字之误；跋《郙阁颂》则提出《郙阁颂》前亦曾有"五瑞图"画像，此说显然缺乏依据，钱氏所见拓本极有可能为南宋田克仁《郙阁颂》仿刻本，左上有明人申如勋妄意补刻，故有"书法太丑"之说。钱大昕《潜研堂金石文跋尾》还收入陇南阶州二宋刻——《福津县广严院敕牒》〔嘉祐七年（1062）十二月〕、《万寿山修观音祠记》〔庆元五年（1199）六月〕。其拓本当来自邢澍。跋《观音祠记》云："碑在阶州，金石家未有著录者，今长兴宰邢君佺山捐以贻予。甘肃少南宋刻，而（张）震书法颇似唐人，尤难得也。"③翁方纲《两汉金石记》是一部难得的两汉金石专著。先生在编著此书时仅以亲眼所见为记，依地依事编次。是书记载翔实可靠，立论极有独见。王昶有"几欲驾洪文惠而上之"的赞誉。《两汉金石记》收录《西狭》《郙阁》《耿勋》三刻。录文精准，考订入微。尤其《耿勋表》摩崖有十数字经后人重刻，今已面目全非。翁阁学通过研究自藏《耿勋表》拓本，从而辨识"洪录原阙而今无从别识者四字""洪有而今阙者二十二字"、"洪阙而今辨出者"七字、"洪氏误而今正者"五字④。晚清杨守敬《评碑记》，虽然言简，却字字珠玑。评《五瑞图》："黄龙、白鹿、嘉禾、甘露、木连理。画法飞动，尤殊观也。"评《西狭颂》："方整雄伟，首尾无一字缺失，尤可宝重。"评《耿勋表》："与《西狭颂》《郙阁颂》相似，而稍带奇气。"评《郙阁颂》："与《西狭颂》相似，而选石

① 孙星衍、邢澍：《寰宇访碑录》，商务印书馆，1937年。
② 邢澍：《金石文字辨异》，载《石刻史料新编》（第一辑第29册），台北新文丰出版公司，1982年，第21700页。
③ 钱大昕：《潜研堂金石文跋尾》，载《石刻史料新编》（第一辑第25册），台北新文丰出版公司，1982年，第18939页。
④ 翁方纲：《两汉金石记》，载《石刻史料新编》（第一辑第10册），台北新文丰出版公司，1982年。

不甚精，故锋颖皆杀。"① 方朔《枕石堂金石题跋》亦足重视，沈兆沄称其"考证详明，评骘精确，远追欧赵，近亦希踪兰泉"。方朔评《西狭颂》："宽博遒古，足称高严立壁。"评《郙阁颂》"书法方古，有西京篆初变隶遗意"，"遒朴淳厚之气盎然"。非知书之人不能语。

著名金石学家吴大澂于清同治十二年（1873）出任陕甘学政，吴君按学之余，不遗余力搜拓鉴藏秦陇金石古器。同治十三年孟冬，吴大澂视学陕南汉中，道出褒城，亲访石门汉魏刻石，著《石门访碑记》，手校《石门铭》。次年岁末，补试阶州，途经成县鱼窍峡，亲访《西狭颂》《五瑞图》石刻。此后委派褒城张茂功至西狭椎拓《西狭颂》《五瑞图》《耿勋表》，并分赠师友②。清光绪二十八年（1902），叶昌炽任甘肃学政。任职四年中，先生足迹涉及陇右州县，光绪二十九年、三十一年两度至阶州按学，途经西和、礼县、成县、康县，搜集了大量金石碑拓，并托季子衡搜访文县碑刻、岳世英搜拓成县碑刻。今成县南山仙人崖尚存《岳世英题记》云："督学叶昌炽命成县训导岳世英访古于此。光绪癸卯闰夏记。"翻检叶昌炽《缘督庐日记》③，叶君所见或椎拓的陇南碑刻主要有：《西狭颂》《五瑞图》《茶马古道条告碑》《古洪化县碑》《祥渊庙碑》《重修赤砂祥渊庙碑》《祥渊庙惠泽昭应侯加封碑》《王子直题名》《重修利泽庙碑》《孚泽庙赐额碑》《世功保蜀忠德之碑》《龙池湫潭庙碑》《新开白水路记》《重修真武殿记》《万寿山观音祠记》《田公刺虎碑》《吴道子画观音像》《广化寺记》等等。

### （三）民国时期对陇南金石的载录与研究

1. 张维《陇右金石录》，甘肃省文献征集委员会 1943 年校印

张维（1890—1950），字维之，号鸿汀，甘肃临洮人。先生于史学、金石学、方志学、地方文献学等领域造诣颇深，著述达数十种，载誉学林。张维《陇右金石录》"考校异同，订正舛误，次第其年代先后，而旁证以史事"成十二卷，计《目》一卷，《录》十卷，后又修订原稿，增录碑碣 35 通，别为《校补》一卷，附于原稿之后。陇右金石向无专书著录，以往金石书籍仅列西狭汉刻几例，对于甘肃其他金石载录尤为简略。张维在《陇右金石录·序》中写道：

> 秦中为金石渊薮，陇右河西密迩关辅，吉金贞石随地而有，顾以僻在边隅，未有专录，古今金石书所载率多简略。《集古录》只载一碑，《通志金石略》四碑，《舆地碑记目》十五碑，《天下金石志》二十五碑，明嘉靖《陕西通志》二十

---

① 杨守敬：《杨守敬评碑评帖记》，文物出版社，1990 年。

② 蔡副全：《吴大澂石门、西狭访碑始末》，《书法》2015 年第 6 期。

③ 叶昌炽：《缘督庐日记》，江苏古籍出版社，2002 年。

碑,《金石萃编》四碑,《金石索》《关中金石记》《寰宇寻碑录》《西陲石刻录》
《寰宇寻碑录补》,少者五六,多亦不过十余,惟《金石萃编补》合金石都四十五
事,《缘督庐日记》五十余事,而所录皆限于元代以前。明王应遴〔麟〕著《墨
华通考》,省为一卷,陕西一卷,九边一卷,载碑刻至明而止,而其书陇中未见传
本,至宣统《甘肃通志》始兼录前明,凡总目一百有六,视诸书为最博。十数年前,
续修《通志》,桂林廖进之主编金石,乃撮录至二百七十有奇,以视旧籍,盖已皇
皇巨编。①

　　《陇右金石录》是陇右金石文献力作,前无古人。顾颉刚先生赞其"博大精深,确
后学之所必须"②。此著收录上古至明代石刻(包括摩崖、碑、碣、墓志、经幢、石磬、瓦
当、砖铭、造像、石塔等)十二类;青铜铁器(包括钱币、玺印、兵符、权量、香炉、金
属人马、金属造像、礼器、食器、兵器、乐器等)24类,另还收录玉台等器物。计上古
14、秦2、汉47、魏2、晋12、南朝宋2、北魏13、北周9、南朝梁2、隋15、唐75、五代5、
宋158、西夏15、金20、元89、明772;《校补》收录51件,共计1303件③。

　　《陇右金石录》共收录陇南金石157品。其中吉金7品(先秦1品,汉印3品,汉
弩1品,明钟2品),其余150件均为石刻。文县17品(录文6品)、礼县15品(录
文8品)、成县51品(录文31品)、西和18品(录文9品)、两当5品(录文2品)、
武都21品(录文12品)、康县4品(录文4品)、徽县26品(录文13品),宕昌金石
未收录。崔阶先生曾对此作过统计④,不过,崔君所列数据略有偏差。如秦公敦(即秦
公簋,今藏中国国家博物馆)本出自礼县,因器物出土时礼县尚隶属天水,故称"天水
南"。另外,崔阶谓:"明代,令人遗憾的是西和、宕昌、康县等三个县竟没有一篇记录。"
此语亦不确,《陇右金石录》所录明代西和金石共5品:《西和千岩寺碑》《石佛山佛相》
《千佛洞碑》、"佛孔寺钟""添喜寺钟"(见下页表1)。

① 张维:《陇右金石录》,载《石刻史料新编》(第一辑第21册),台北新文丰出版公司,1979年,第15925页。
② 张令煊:《〈甘肃新通志稿〉校读记》,《西北史地》1986年第2期。
③ 唐晓军:《甘肃古代石刻艺术》,民族出版社,2007年。
④ 崔阶:《陇南金石的调查与研究》,硕士学位论文,西北师范大学文学院,2007年。

**表1　《陇右金石录》收录陇南金石统计表**

| 朝代＼县数目 | 文县 存目 | 文县 录文 | 礼县 存目 | 礼县 录文 | 成县 存目 | 成县 录文 | 西和 存目 | 西和 录文 | 两当 存目 | 两当 录文 | 宕昌 存目 | 宕昌 录文 | 武都 存目 | 武都 录文 | 康县 存目 | 康县 录文 | 徽县 存目 | 徽县 录文 | 合计 存目 | 合计 录文 |
|---|---|---|---|---|---|---|---|---|---|---|---|---|---|---|---|---|---|---|---|---|
| 先秦 | | | 1 | | | | | | | | | | | | | | | | 1 | |
| 汉 | | | | | 1 | 3 | 1 | | | 1 | | | 1 | 2 | | | | | 9 | |
| 梁 | | | | | 1 | | | | | | | | | | | | | | 1 | |
| 隋 | | | | | 1 | | | | | | | | | | | | | | 1 | |
| 唐 | 3 | | | | 5 | | | 1 | | | | | | | | | 2 | | 11 | |
| 五代 | 1 | | | | | | | | | | | | | | | | | | 1 | |
| 北宋 | 1 | 2 | | 1 | 3 | 7 | 2 | 3 | 1 | | | | | 2 | | 3 | 1 | 1 | 27 | |
| 南宋 | | | | 2 | 1 | 1 | 3 | 16 | 2 | | | | 3 | 7 | | 1 | 1 | 1 | 47 | |
| 元 | | | 1 | 5 | 1 | | | | | | | | | | | | 1 | | 8 | |
| 明 | 6 | 2 | 4 | 1 | 6 | 4 | 4 | 1 | 2 | | | | 5 | 1 | | | 9 | 6 | 51 | |
| 合计 | 11 | 6 | 7 | 8 | 20 | 31 | 18 | | | | | | 9 | 12 | 0 | 4 | 13 | 13 | 72 | 85 |
| | 17 | | 15 | | 51 | | 18 | | 5 | | 0 | | 21 | | 4 | | 26 | | 157 | |

《陇右金石录》所录陇右金石，均著录名称、出土地点、收藏处、存佚状况，明代以前所存金石，大多录入铭文，于文后录前人跋语，后加按语，考证历史，辨正谬误。不过，张维金石所据有拓片，有抄件，也有转录。而且外地（包括陇南）金石多为友人代集。录文遗漏、舛误在所难免。

2. 冯国瑞《天水出土秦器汇考》，陇南丛书编印社 1944 年石印出版

1944 年，冯国瑞对天水出土秦器，如秦公簋、秦公钟、秦车辖等详加考证，又汇集王国维、商承祚、郭沫若、刘文炳、吴其昌等文章共 10 篇，胡受谦作序。1944 年 12 月由陇南丛书编印社石印出版。《天水出土秦器汇考》对秦公簋考证最详。主要文章有：胡受谦《天水出土秦器汇考序》，王国维《秦公敦跋》，商承祚《秦公敦跋》，郭沫若《秦公敦韵读》，刘文炳《十有二公后之秦公说》《秦公敦及秦盅和钟两铭为韵文说》《与冯仲翔论秦公敦书》，冯国瑞《秦公敦器铭考释》《秦车辖图说》《秦公钟器铭考释》。

**（四）1949 年以来陇南金石相关著述与研究**

1. 礼县博物馆、礼县秦西垂文化研究会《秦西垂陵区》，文物出版社 2004 年出版

《秦西垂陵区》图录收入图版 113 组，共收录礼县境内出土的金器、青铜器、石器、陶器等 221 件。其中礼县博物馆藏大堡子山秦公陵区器物 10 件；圆顶山贵族墓地器物 128 件；流失海外的秦西垂陵区器物 10 件；礼县境内与秦文化相关器物 56 件。李

学勤先生作序,祝中熹主编并作"导读"文。该书图文并茂,融资料性、学术性、观赏性为一体。图片资料十分珍贵。

2. 礼县秦西垂文化研究会、礼县博物馆《秦西垂文化论集》,文物出版社 2005 年出版

《秦西垂文化论集》由康世荣主编,是一部秦西垂文化研究资料集,《论集》由两部分构成,一部分为历史文献(共收 6 篇),一部分为论文(共收 93 篇)。分为族源争鸣、西垂发祥、都陵研究、器铭考释、发掘纪实五大类。其中主要作者有:王国维(2篇)、郭沫若、商承祚、刘文炳(3 篇)、冯国瑞(3 篇)、蒙文通、林剑鸣(3 篇)、何光岳、李学勤(4 篇)、陈昭容(3 篇)、祝中熹(3 篇)、戴春阳(2 篇)、徐日辉(4 篇)、李朝远(3 篇)、王辉、史党社(2 篇)等等。

3. 祝中熹、李永平《甘肃考古文化丛书——青铜器》,敦煌文艺出版社 2004 年出版

《甘肃考古文化丛书——青铜器》第三部分——重新审视秦国青铜器,有"大堡子山秦陵所出青铜器""圆顶山秦早期国人墓地所出青铜器"二节专论礼县青铜器。另外第三节"散出陇原各地的秦国青铜器"也论及礼县散出青铜器,如秦公簋、四纽盖圆壶、羊侯剑、右库工师戈等。

4. 祝中熹《甘肃考古文化丛书——早期秦史》,敦煌文艺出版社 2004 年出版

《甘肃考古文化丛书——早期秦史》涉及陇南礼县青铜器、石刻、陶器的章节很多。主要有:都邑篇——西垂地望详考;遗存篇——重要器物及铭文述评;遗存篇——礼县大堡子山秦公陵园;遗存篇——礼县圆顶山秦国人墓地。

5. 方若著,王壮弘增补《增补校碑随笔》,上海书画出版社 1981 年出版

《增补校碑随笔》收录《惠安西表摩崖》《五瑞图题记》《郙阁颂》和《耿勋碑》四通摩崖。

6. 高文《汉碑集释》,河南大学出版社 1997 年出版

《汉碑集释》释注《西狭颂》、《天井道题名》(实为《西狭颂》"十二人题名")、《郙阁颂》《耿勋碑》。

7. 吴景山《丝绸之路交通碑铭》,民族出版社 1995 年出版

《丝绸之路交通碑铭》收录东汉至今有关丝绸之路交通类碑铭拓片 76 件,其中东汉 2,唐、宋、西夏、元各 1,明 9,清 46,民国 14,现代 1,其中甘肃境内石刻占 85%。而陇南碑刻数量多,达 34 品,约占半数(见下页表 2)。

### 表2 《丝绸之路交通碑铭》收录陇南碑刻名录

| 县区 | 数量 | 碑　目 |
|---|---|---|
| 西和 | 3 | 新路颂摩崖、新修山路记碑、铁索桥碑 |
| 成县 | 5 | 西狭颂摩崖、官店筑路碑、重修飞龙峡栈道碑记、重修飞龙峡栈道募化布施姓名碑 |
| 徽县 | 16 | 新修白水路记、明诗题壁摩崖、虞关修路摩崖、新刊修路碑记、虞关石硖路摩崖、远通吴楚碑、修路碑记、严坪石关硖筑路碑、大河店修路碑、严坪修补桥梁碑、严坪重修世德桥碑、徽州调停驿站碑、虞关义渡记碑 |
| 武都 | 3 | 石桥惠远碑、重修杀贼桥碑记、透坊峪栈道碑 |
| 文县 | 3 | 文县中寨拐筏岩修路碑、尚德龙津桥碑记、碧口南帮药船板主新会塑像碑 |
| 礼县 | 3 | 龙鳞桥重建桥寺记、龙鳞桥重建牌坊记、高桥记碑 |
| 略阳 | 1 | 钟公路摩崖 |

8. 唐晓军《甘肃古代石刻艺术》，民族出版社2007年出版

《甘肃古代石刻艺术》著录陇南石刻32品。其中东汉3品（《西狭颂》《五瑞图》《耿勋表》）；宋14品（《刘思道题记》《智诠题记》《马博题记》《王子直题记》《马义夫题记》《单（卑）牧题记》《王正嗣题记》《淳熙□□题记》《新修白水路记》《王仁裕神道碑》《礼县陁罗尼石经幢》《西和尊胜陁罗尼经石幢》《世功保蜀忠德之碑》《宇文子震诗碑》）；元1品（《敕赐雍古氏家庙碑》）；明5品（《甄敬题记》《应公题记》《登祁山武侯祠漫赋》《徐作霖谒祁山武侯祠》《胡明善谒祁山武侯祠》）；清9品（《宋琬谒祁山武侯祠》《王化南谒祁山武侯祠》《李甲壁题记》《黄沛题记》《黄泳题记》《钟运兴题记》《雷替〔赞〕化题记》《李鸾题记》《刘世安题记》）。

9. 成县风物英华编辑委员会《成县风物英华》，兴界图书出版公司1997年出版

《成县风物英华》原大展示《西狭颂》《郙阁颂》《耿勋表》等汉摩崖今拓图片。注释相关铭文，考证李翕、耿勋事迹。兼收成县境内唐宋以来部分题壁、石刻资料。

10. 胡祥庆主编《西狭颂》，工人出版社1993年出版

该书铜版纸印刷今拓本《西狭颂》图版，附注释及部分古代金石著作有关《西狭颂》的载录。字口清晰，中日文对照。

11. 高天佑《西狭摩崖石刻群研究》，兰州大学出版社1999年出版

《西狭摩崖石刻群研究》，是一部全面系统介绍和研究西狭摩崖石刻群的专著。研究对象为《西狭颂》《五瑞图》《天井道记》《耿勋表》《郙阁颂》及西狭历代题记。研究内容涉及文本释注、异释考辨、作者研究、文学艺术特色、临本版本赏析、著录评注等诸多方面。

12. 高天佑编译《西狭颂研究在日本》，兰州大学出版社2000年出版

该书译集日本学者西林昭一、田中东竹、大桥修一、古田康子、牛丸好一、野口白

汀等人关于"汉三颂"及西狭摩崖石刻的研究文章。

13. 魏礼、金作砺主编《礼县金石集锦》（内部资料），天水新华印刷厂 2000 年印刷

《礼县金石集锦》收录礼县境内金石文物 81 品，著录包括图录、释文、说明（部分未附图）。其中先秦青铜器 13 品〔商亚父辛鼎、秦公鼎（5 件）、秦公簋（3 件）、秦公壶（2 件）、右库工师戈、秦币〕，汉代 7 品〔天水家马鼎、汉印（4 枚），瓦当（2 通）〕，北魏墓志砖 2 品，宋代石刻 10 品，元代石刻 11 品，明代石刻 15 品，清代碑刻 18 品，民国碑记 1 品，当代碑刻 4 品。

14. 樊军《吴挺碑校注》，兰州大学出版社 1993 年出版

《吴挺碑校注》重点注解《世功保蜀忠德之碑》，并在"附录"中收录了吴曦《感恩表记》校注、吴挺陵园记、《宋史》吴氏三代传等。是书发行之后，兰州大学吴景山教授曾撰文《甘肃成县〈世功保蜀忠德碑〉校读记》谈到该书存在的若干问题。

15. 樊军《西狭颂研究》，兰州大学出版社 2007 年出版

《西狭颂研究》重点释注"汉三颂"及《耿勋表》《天井道碑》，铭文"今译"，在方便初学者理解碑文的同时不免渗入了更多主观因素。其中"下辨古城考"是此书一大亮点。

16. 李龙文主编《兰州碑林藏甘肃古代碑刻拓片菁华》，甘肃人民美术出版社 2010 年出版

《兰州碑林藏甘肃古代碑刻拓片菁华》收录汉代至民国遗存于甘肃境内的 100 种摩崖、碑碣、墓志拓片，分为"汉唐""宋元""明清""民国"四部分。其中陇南境内 12 通，分别是《汉武都太守汉阳阿阳李翕西狭颂》《王仁裕神道碑》《新修白水路记》《广严院赐额牒》《宋故崔公墓志铭》《南宋高英游万象洞题记》《万象洞偶成诗碑》《大元敕赐雍古氏家庙碑》《游万象洞碑》《谒祁山武侯祠刻石》《大河店修路碑》《祁山武侯庙诗碑》。此书为 787×1092 毫米开本，拓本精良，印刷清晰，是对甘肃古代碑刻的一次很好的展示。

17. 赵逵夫主编《陇南金石校录》，社会科学文献出版社 2018 年出版

《陇南金石校录》由赵逵夫主编，赵逵夫、崔阶编纂。全书共 4 册，收录陇南九县区金石铭文 1182 篇，时间起于商代，止于 1949 年 9 月。第 1 册，为"前言"及"拓片照片"附图；第 2 册，收录九县区"金器铭文"112 篇和礼县、西和二县"碑碣摩崖"284 篇；第 3 册，收录两当、成县、徽县三县"碑碣摩崖"378 篇；第 4 册，收录武都、宕昌、康县、文县四县区"碑碣摩崖"408 篇。

### （五）地方史志对陇南金石的载录与研究

地方志书，包举深广，沾溉宏富，可与历代国史媲美。其材料可信，又可与国史互证，并补其不足。自宋代以来，地方志书往往专列"艺文志"载录当地金石文献，使不少已佚金石铭文得以流传，并为后来的研究整理提供了重要依据。陇右地方志书，宋志已不可见，明志亦如晨曦星斗。

清宣统《甘肃新通志》艺文志附设"碑记"，收录陇右金石160余品，民国杨思、张维等纂修《民国甘肃通志稿》时，廖元佶主编《艺文志》，他改易旧目，编订新目，收录陇右金石270余品。根据相关文献，移录碑文，详加按语，并注明出土时间、地点、存佚及收藏地，考证有关史实，与王昶《金石萃编》相类。

地方郡县志载录金石铭文，往往只重文录，不言年月及碑碣所在，题记跋语常常略去，甚至无法确定是否为碑文。清吴鹏翱《武阶备志》收录武都、文县、成县三地碑刻82品（汉5，南朝梁1，隋1，唐7，五代1，宋32，元1，明34），或存其目，或录其文，或考其源流。清吕震南《阶州直隶州续志》收录武都、文县、成县三地碑刻72品，其中武都20品（宋3，明2，清15）、文县28品（宋2，明7，清19）、成县24品（汉3，唐1，宋8，元1，明3，清8）。明郭从道《徽郡志》收录碑文14篇，清张伯魁《徽县志》收录碑文18篇。清黄泳《成县新志》全文录碑约40篇（部分为杜甫草堂诗碑，另一部分是否为碑文不可知）。清雷文渊《礼县新志》收录碑文录18篇。清德俊《两当县志》收录碑文23篇。清长赟《文县新志》收录碑文52篇。民国朱绣梓《重修西和县志》收录碑文43篇。民国王士敏《新纂康县县志》收录碑文13篇。其他古今县志亦有收录，不再一一赘述。

拙著《陇南金石题壁萃编》，全书共分十编。前九编为"释录"部分，共载录陇南境内金石、题壁576品。第一编：先秦·秦，载录33品；第二编：汉代，载录26品；第三编：魏晋南北朝，载录11品；第四编：隋唐五代，载录16品；第五编：北宋，载录87品；第六编：南宋，载录127品；第七编：元代，载录28品；第八编：明代，载录172品；第九编：清代，载录76品；第十编（附录）：陇南金石题壁存目，载录陇南金石、题壁信息1112品（商周2，春秋战国·秦40，汉55，魏晋南北朝19，隋4，唐25，五代3，北宋98，南宋149，元26，明274，清355，民国62）。

# 第一编　先秦·秦

## （一）商·亚父辛鼎（礼县城关出土，礼县秦文化博物馆藏）

保父辛□。

亚父辛鼎（图1-1），又称"亚"徽保父辛鼎，为商代晚期鼎，出土于礼县城关镇西山雷神庙遗址。器高19厘米，耳距18.6厘米，口稍敛，小折沿，平唇，双立耳较小，略外撇，直壁深腹微垂，圆底，三直柱足，足、耳呈五点式配置。鼎底有烟炱，为实用器。颈下有一周纹带，以浮雕圆涡纹（囧纹）和四瓣雷纹相间，纹饰已十分模糊。腹内壁近口处有"亚"字形外框，内有"保父辛□"4字（图1-2），左下一字似动物形象，不可识。此器铭文或为"亚"字族徽，有祈求先祖保佑器主"父辛"之意[1]。甘肃地区商鼎极少，这也是迄今所知甘肃出土唯一一件有铭文的商鼎。

图1-1　亚父辛鼎

图1-2　亚父辛鼎铭文

## （二）西周·乳丁纹无耳簋（礼县出土，礼县秦文化博物馆藏）

乳丁纹无耳簋（图1-3），出土于礼县境内，是西周早期簋。器高19厘米，口径24.5厘米。盆形，敞口，平折沿，方唇，无耳。直壁深腹，底部略圆。高圈足，外侈。沿下突起三个等距的倒梯形中棱式小兽面，间隔三组对夔纹。簋腹通饰斜方格雷乳纹，乳丁突起，雷纹为地。这一形制和纹饰的簋，在商代晚期和西周早期非常流行。此器夔纹辅饰于颈部，线条粗犷，有图案化倾向。

图1-3　乳丁纹无耳簋

---

[1] 祝中熹、李永平：《甘肃考古文化丛书——青铜器》，敦煌文艺出版社，2004年，第35页。

## （三）成县黄渚关太山岩画

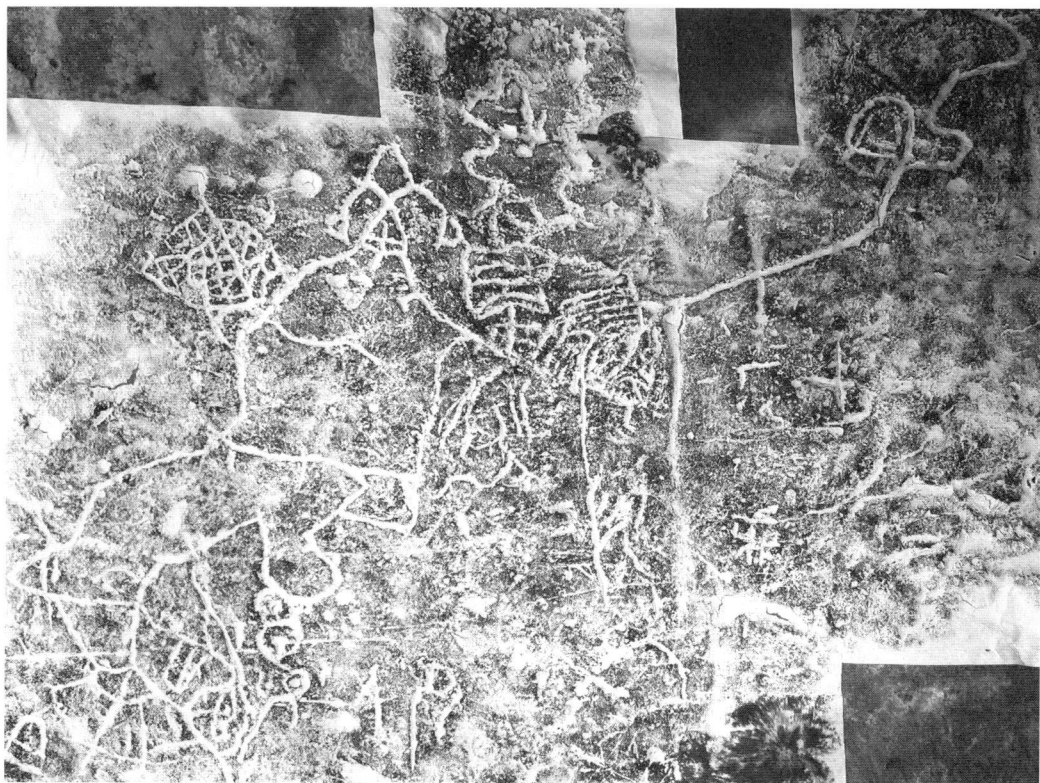

图 1-4　太山岩画

甘肃岩画多分布在河西走廊西部的祁连山、马鬃山、嘉峪关黑山、永昌杨家大山、牛娃山等地。成县黄渚关太山岩画是在陇南境内首次发现的古岩画。岩画位于黄渚镇太山村双窑峡名为大崖洞的洞穴口（图 1-4）。纵 250 厘米，横 300 厘米，占地面积约 10 平方米。岩画线条质朴、简劲，刻画较深，有多次磨刻的痕迹。岩画内容抽象，主体刻绘一人形，无明显面部特征，头部如甲骨文之"文"字，右臂持网状物，左臂与其他刻画符号相接。右腿前伸，左腿稍曲，作行走状。人物神态诡异，所示不明（图 1-5）。岩画空白处加杂多处刻画符号，似"白""仰"等字形（图 1-6）。其刻画手法约有两种，有些是以利器一次刻成，有些则是双线磨刻。主体岩画左上 1 米处，刻有"告禹"二字（图 1-7），字径约 20 厘米，线条宽 1 厘米，其中"禹"字下部折画由七个小圆点组成，"禹"顶部横画处又有细线图案与之相连，或另有寓意。

太山岩画地处甘肃成县、西和、徽县、天水四县区交汇地带。这一带是中国远古神话人物伏羲、刑天、大禹相关传说的流行区，又是羌戎部族的活动区，更是嬴秦崛起之域。因羌戎民族无文字流传，而黄渚太山距礼县大堡子山秦公大墓直线距离不足 100 公里，从岩画明显的文字特征判断，此岩画极有可能是秦先祖所为。

岩画"告禹"二字，字形较长，"告"字笔画圆转，"禹"字笔画方折，二字均有装饰符。秦系文字直承西周正体文字而来，王国维曾指出："秦居宗周故地，其文字犹有丰镐之遗。"俞樾《儿笘录》载："告者，诰之古文也……今宜以告字改隶口部，而附录言部之诰。"高田忠周《古籀篇》谓："告字本义，当为祭告。""禹"通"禹"。因此"告禹"意即祭告大禹。《史记·秦本纪》称"大费与禹平水土"，《尚书·禹贡》说"嶓冢导漾，东流为汉"。出土于"天水西南乡"（今甘肃礼县红河乡）的秦公簋铭文篇首即云："不显朕皇且，受天命，鼏宅禹迹。"王国维依秦公敦（簋）铭文"鼏宅禹迹"和齐侯镈钟铭文"处禹之堵"，都提及禹事，断定"春秋之世，东西二大国，无不信禹为古之帝王"[1]。综上所述，祭告大禹当为太山岩画的主题[2]。

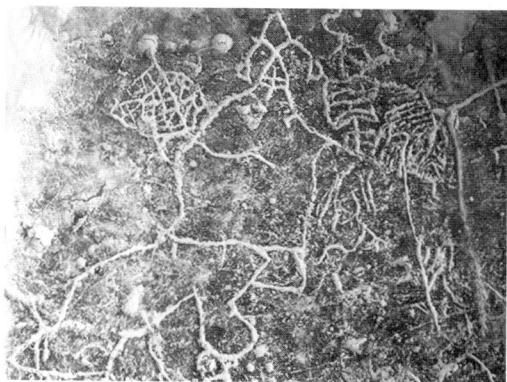

图 1-5　太山岩画局部

图 1-6　刻画符号与文字

图 1-7　告禹

### （四）春秋·窃曲纹秦公鼎（列鼎 4 件）（礼县大堡子山出土，上海博物馆藏）

上海博物馆藏有大堡子山秦公陵所出列鼎 4 件，最大鼎高 47 厘米，口径 42.3 厘米，最小鼎高 24.2 厘米，口径 24.2 厘米。四鼎形制、纹饰基本相同，皆为宽体，浅垂腹，平底微圜，三蹄足，平唇，宽厚耳，略外撇。沿下和腹部均饰有目窃曲纹，耳外廓

① 王国维：《古史新证》，清华大学出版社，1994 年，第 6 页。
② 蔡副全：《黄渚关太山岩画及相关遗迹考证——兼论嬴秦黄金来源》，《民族艺术》2016 年第 5 期。

饰鳞纹，足上部饰兽面纹。四鼎腹内皆有铸铭，其中，二鼎铭"秦公作铸用鼎"，二鼎铭"秦公作宝用鼎"。

1. 窃曲文秦公鼎一，高47厘米，口径42.3厘米，器内腹铸有铭文2行6字（图1-8）：

　　　　秦公作铸用鼎。

2. 窃曲文秦公鼎二，高38.5厘米，口径37.8厘米，器内腹亦铸有铭文2行6字（图1-9）：

　　　　秦公作铸用鼎。

3. 窃曲文秦公鼎三，高25.9厘米，口径26厘米，器内腹铸有右行铭文2行6字（图1-10）：

　　　　秦公作宝用鼎。

4. 窃曲文秦公鼎四，高24.2厘米，口径24.2厘米，器内腹有铭文3行6字（图1-11）：

　　　　秦公作宝用鼎。

此四鼎通体饰窃曲纹，突出鸟首形象。大量使用凤鸟形窃曲纹，是大堡子山秦公青铜器纹饰的显著特色。四鼎铭文规整隽秀，笔画匀称，线条细劲，结体修长对称，承袭了西周晚期虢季子白盘铭文的气韵。

图1-8　秦公鼎一铭文　　　　　　　　　图1-9　秦公鼎二及铭文

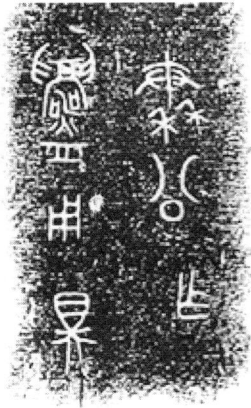

图 1-10　秦公鼎三铭文　　　　　　　图 1-11　秦公鼎四及铭文

## （五）春秋·垂鳞文秦公鼎（3件）（礼县大堡子山出土，甘肃省博物馆藏）

秦公作铸用鼎。

垂鳞文秦公鼎（图 1-12），此为甘肃省博物馆所藏秦陵三鼎最大者。鼎通高 41 厘米，口径 40 厘米。外折沿，平唇，浅腹下垂，耳宽厚外撇，敛口，平底微圜，三蹄足。口沿下饰一周含目窃曲纹，腹部饰垂式重鳞纹。器内壁两行 6 字铭："秦公作铸用鼎。"

图 1-12　垂鳞文秦公鼎及铭文

此鼎铭文为錾刻而成，笔画匀细工整，流畅无滞，结构紧凑，与上海博物馆藏器铭文同具整齐劲秀之风，而字形略异。两馆所藏秦公鼎在器型和纹饰等方面，也有着明显的差别（见下表）。

| 收藏地 | 器型特征 | 纹饰特征 | 铭文 | 结论 |
|---|---|---|---|---|
| 上海博物馆 | 宽体，浅垂腹，平底微圜。鼎垂腹略呈回缓，足腹连接处外移。表面光洁。 | 以凤鸟形窃曲纹为主体纹饰。 | 铸铭 | "秦"字之"臼"部有省有留。笔画浑圆，苍劲。结字自由。 | 后者在材质、铸造工艺诸方面均落后于前者。 |
| 甘肃省博物馆 | 外折沿，平唇，浅腹下垂，敛口，平底微圜足。垂腹较深，足腹连接处靠内。表面粗糙。 | 以垂式重鳞纹为主体纹饰。 | 刻铭 | "秦"字之"臼"部省。笔画纤细，工稳，重心上移。 | |

## （六）春秋·瓦棱纹秦公簋（列簋3件）（礼县大堡子山出土，上海博物馆藏）

上海博物馆藏有大堡子山秦公陵所出瓦棱纹秦公簋3件，形制、纹饰完全相同，大小略有差异，其中两件有铭。簋龙首双耳，足呈虎爪，盖顶圆握饰变形兽纹，盖坡及器口饰有目窃曲纹，足饰垂式重鳞纹。盖、器对铭："秦公作宝簋。"

1. 瓦棱纹秦公簋一（图1-13），高23.5厘米，口径18.8厘米，两耳间宽36.7厘米，器、盖对铭，各有2行5字：

秦公作宝簋。

2. 瓦棱纹秦公簋二（图1-14），字体、行款均与前簋同。高23.9厘米，口径18.6厘米，两耳间宽37.4厘米，器、盖对铭云：

秦公作宝簋。

图1-13　秦公簋一及铭文

李朝远《新出秦公器铭文与籀文》云："秦公诸器文字较为简单却颇有价值，它使人联想到秦系文字与籀文的问题。"[1] 李先生曾对秦公器之间铭文及秦公器与相关青铜器铭文作过详细比较[2]。

图1-14　秦公簋二及铭文

根据原有的文字资料研究秦系文字，一般认为其发展的脉络是：虢季子白盘—太公庙秦器—天水所出秦公簋—石鼓文—诅楚文。从虢季子白盘到太公庙秦器之间有130年左右的缺环，而这正是籀文形成和推广的时期，也是秦系文字

[1] 李朝远：《新出秦公器铭文与籀文》，《考古与文物》1997年第5期。
[2] 李朝远：《上海博物馆新获秦公器研究》，《上海博物馆集刊》1996年第7期。

的字形和书写风格趋于固定的时期。礼县大堡子山的秦公诸器正好填补了这一空白[1]。

## （七）春秋·秦公鼎（列鼎 3 件）（礼县大堡子山出土，范季融捐赠）

范季融，祖籍宁波，1936 年生于上海，是美国著名的文物收藏家。2009 年，范季融及夫人胡盈莹向中国捐赠了一批珍贵文物，其中 9 件青铜器悉出自甘肃礼县秦公墓和山西晋侯墓。秦公墓出土青铜器中秦公鼎 3 件，秦公簋 2 件，均有"秦公"铭文，是研究秦国早期历史的珍贵文物。

1. 秦公鼎五（图 1–15），高 30.5 厘米，口径 31 厘米，重 11.25 千克，器内壁铸铭 2 行 6 字：

秦公作宝用鼎。

2. 秦公鼎六（图 1–16），高 32.4 厘米，口径 33 厘米，重 12.92 千克，器内壁铸铭 2 行 6 字：

秦公作宝用鼎。

3. 秦公鼎七（图 1–17），高 35.2 厘米，口径 35.5 厘米，重 15.2 千克。器内壁铸铭 2 行 6 字：

秦公作宝用鼎。

三件秦公鼎形制、纹饰相同，大小相次。口沿外折，上设宽厚大耳，上厚下薄，略微外侈。束颈，宽体，器腹外垂，浅腹平底，蹄形足。器型颇具西周晚期的气度。立耳的外侧饰鳞纹。颈部和腹部饰不同的兽目交连纹，结构有秦国地域特点。足上部饰兽面纹，有鼻准出脊。整个纹饰风格粗犷、简约。从这 3 件鼎的形制、纹饰、铭

图 1–15　秦公鼎五（范季融　捐）

图 1–16　秦公鼎六（范季融　捐）

图 1–17　秦公鼎七（范季融　捐）

---

[1] 李朝远：《新出秦公器铭文与籀文》，《考古与文物》1997 年第 5 期。

文看，属于同一套列鼎①。

### （八）春秋·秦公簋（2件）（礼县大堡子山出土，范季融捐赠）

1. 秦公簋三（图1-18），高16.2厘米，口径18.9厘米，重4.471千克，器内底铸铭2行6字：

秦公作铸用簋。

2. 秦公簋四（图1-19），高16.4厘米，口径18.7厘米，重5.2千克，器内底铸铭2行6字：

秦公作铸用簋。

图1-18　秦公簋三（范季融　捐）　　　　　　　图1-19　秦公簋四（范季融　捐）

两件秦公簋形制、纹饰基本相同。失盖，敛口，体宽鼓腹，圈足上有三兽首，下连短状兽爪形矮扁足。腹部两侧设兽首形耳，造型宏伟，耳端龙首宽厚，卷身，下有垂珥呈卷尾状。口沿下饰兽目交连纹，腹部饰三层交错的垂鳞纹，圈足上饰一周鳞纹。

### （九）春秋·秦公壶（对壶）（礼县西垂陵区出土，曾展于美国纽约）

秦公作铸尊壶。

秦公壶曾于1998年夏天展出于美国纽约，器高52厘米，横截面呈圆角长方形。盖上设捉手，饰窃曲纹。器长颈，饰波带纹，两侧有耳，饰兽首，垂环。腹下膨出，饰大蟠龙纹。低圈足，饰窃曲纹。器口内壁铭文2行6字："秦公作铸尊壶。"（图1-20）

李学勤、艾兰撰《最新出现的秦公壶》一文，对其作了简略考述。文章说："秦公壶的字体则已向后来秦器趋近。"②

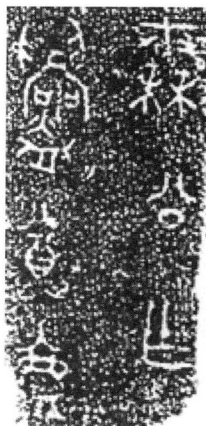

图1-20　秦公壶铭文

———————

① 方维甫：《范季融及其捐赠的九件青铜器》，《收藏家》2010年第2期。

② 李学勤、艾兰：《最新出现的秦公壶》，1994年10月30日《中国文物报》。

## （一〇）春秋·秦子戈（澳门珍秦斋萧春源藏）

秦子作造，左辟元用，左右市鲑，用逸宜。

秦子戈（图1-21），澳门珍秦斋萧春源藏。戈中胡三穿，通长20.7厘米，胡高9.6厘米。援锋作三角形，长13.3厘米。有栏，栏上侧铸两翼。内长方形，长7.4厘米，宽3厘米，中有一穿，近穿有耳形凹槽，下端末有一缺口。胡部铸铭文2行15字云："秦子作造，左辟元用，左右市鲑，用逸宜。"

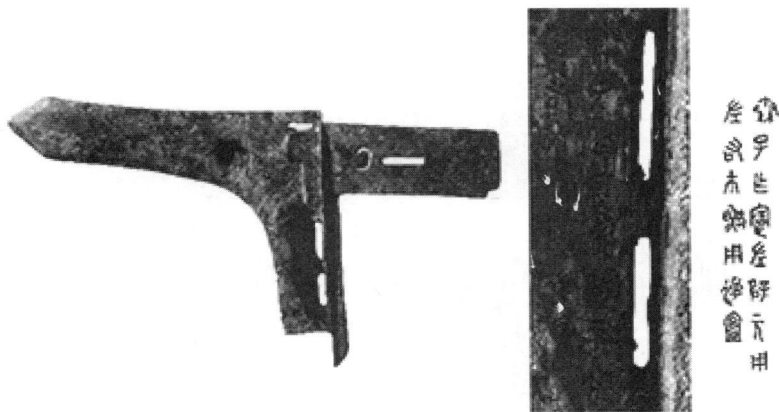

图1-21　秦子戈（萧春源藏）

此前传世秦子器有3件，两件秦子戈。一件藏故宫博物院，铭文："秦子作造中辟元用，左右市鲑，用逸宜。"（图1-22）一件为山东陈介祺故物，现藏广州市博物馆，铭文："秦子作造，公族元用，左右市鲑，用逸宜。"一件秦子矛，曾由容庚先生收藏，铭文："秦子作造，公族元用，左右市鲑，用逸宜。"①2006年张光裕又报道香港某人收藏了两件秦子戈，铭文一作："秦子作造，左辟元用，左右市鲑，用逸宜。"（图1-23）一作："秦子作造，公族元用，左右市鲑，用逸宜。"②

---

① 吴镇烽：《秦子与秦子墓考辨》，《文博》2012年第1期。
② 张光裕：《新见秦子戈二器跋》，载《屈万里先生百岁诞辰国际学术研讨会论文集》，台北市"行政院"建会，2006年。

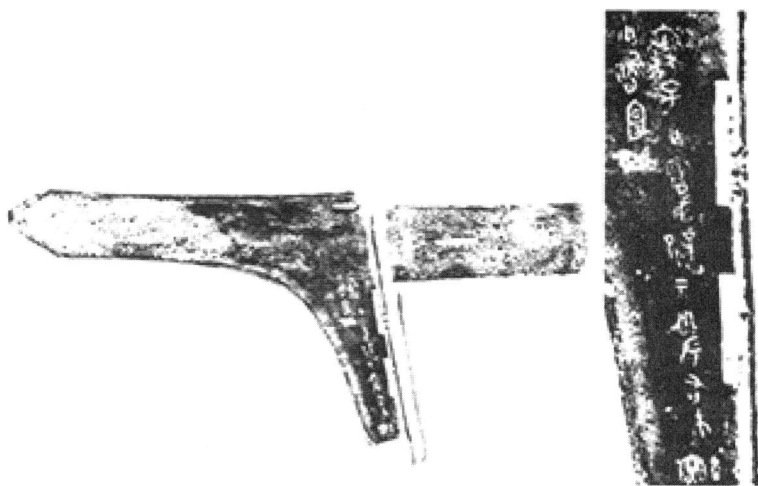

图 1-22 秦子戈（故宫博物院藏）

图 1-23 秦子戈（香港私人藏）

　　王辉先生在考察萧春源藏秦子戈时将其定为春秋早期秦器，谓秦子"可能性最大的是出子"[1]。关于"秦子"是何人，学术界意见颇不统一，或谓非子[2]，或谓襄公[3]，或谓出子[4]，或谓宣公[5]。李学勤以为"把'秦子'理解为秦的太子，就能知道我们讨论的秦子应该是文公太子，即静公"[6]。吴镇烽先生在述及秦子戈、矛时就曾提出秦子

---

① 王辉、萧春源：《新见铜器铭文考跋二则》，《考古与文物》2003 年第 2 期。

② 陈泽：《秦子钟与西垂嘉陵》，《天水日报》2000 年 10 月 9 日。

③ 李学勤：《"秦子"新释》，《文博》2003 年第 5 期。

④ 吴镇烽：《金文人名汇编》，中华书局，1987 年，第 186 页。

⑤ 陈平：《〈秦子戈、矛考〉补议》，《考古与文物》1990 年第 1 期。

⑥ 李学勤：《论秦子簋盖及其意义》，《故宫博物院院刊》2005 年第 6 期。

"很可能是秦公及王姬钟铭中的静公，秦文公的长子"①。史党社等人从称谓角度也赞同静公说②。

### （一一）春秋·秦子元用戈（陕西历史博物馆藏）

秦子元用。

秦子元用戈，陕西历史博物馆藏。1994年西安市公安局公交分局打击走私的文物中缉获，据说出土于甘肃省某地，均为春秋早期秦器。秦子元用戈，通长22.2厘米，援长15厘米，内长7.1厘米，阑高10.5厘米，援和内均宽3.2厘米。锋呈等腰三角形，援上刃微向下曲，呈弧线形，中胡，胡上二穿，上刃下部近阑处有一小方穿，内上有一长横穿。脊的后部正反面各嵌一颗绿松石，内后部正反面用绿松石镶嵌出简化蟠虺纹。胡部铸"秦子元用"4字。铭文笔道纤细，端庄秀美，字迹十分清晰③。此秦子戈与传世秦子戈形制完全相同，铭文风格也一致，但"秦子元用"四字装饰华美，在春秋早期有铭兵器中尚不多见。

### （一二）春秋·秦子簋盖（澳门珍秦斋萧春源藏）

時。有夒孔嘉，保其官外。显龚□（穆？），秉（德？）受命屯鲁，义其士女。秦子之光，邵于□四方。子子孙孙，秦子姬□（用？）享。

秦子簋盖（图1-24），澳门珍秦斋萧春源藏。已残，仅余圆形捉手及周围部分盖顶。捉手内有相对的夒纹，盖面饰瓦纹，铭文系铸成，带有明显的秦文字风格，共8行，前7行各5字，末行3字，计41字（含重文）。

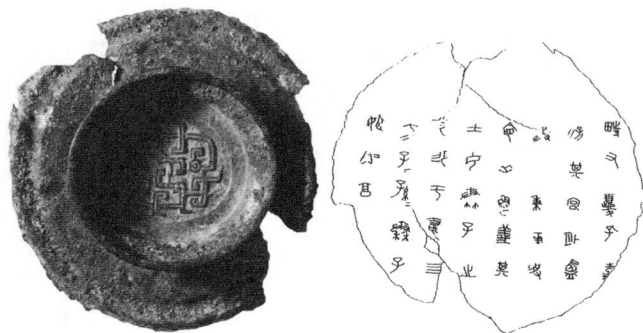

图1-24　秦子簋盖及铭文（摹）

---

① 吴镇烽：《秦兵新发现》，载《容庚先生百年诞辰纪念文集》，广东人民出版社，1998年，第563页。
② 史党社、田静：《从称谓角度说"秦子"》，《中国历史文物》2010年第4期。
③ 王辉、萧春源：《新见铜器铭文考跋二则》，《考古与文物》2003年第2期。

此簋夔纹突出几何线条化,与流散于美国的秦公壶有相似处,尤其与大堡子山 M2 出土的漆匣纹饰如出一辙。据此,李学勤先生初步判断:"秦子簋盖有可能是大堡子山的出土品。如果这是真实的,簋盖和那件不易保存的漆匣一样,应当在随葬器物中是制作最晚的。"①

### (一三)春秋·秦子镈(礼县大堡子山出土,礼县秦文化博物馆藏)

> 秦子作宝和钟,以其三镈,厥音鏽鏽雍雍,秦子畯命在位,眉寿万人无疆。

2006 年 9 月,早期秦文化联合考古队在礼县大堡子山中字形大墓(M2)西南侧,发现秦陵乐器祭祀坑。出土编磬两组,共 10 件,青铜编钟 8 件(皆为甬钟),编镈 3 件(图 1-25),旁置铜虎 3 只。三镈形制、纹饰相同,规格递减。其中最大镈通高 65.2 厘米,通宽 49.3 厘米。透雕龙纹繁纽,镈身附饰 4 条透雕蟠曲飞龙纹脊棱,饰组合龙纹图案。大镈鼓部铸铭 6 行 28 字②(图 1-26)。

图 1-25　秦子编镈、编钟

图 1-26　秦子镈及铭文

这是迄今所知唯一有明确出土及伴出物的铭文有"秦子"的发掘品。秦子镈铭文与日本 MIHO 博物馆所藏秦子钟铭文"秦子作宝和钟,厥音鏽鏽雍雍,秦子畯命在位,眉寿万年无疆"大致相同,仅溢出"以其三镈"而已。另据徐天进先生讲,日本滋

① 李学勤:《论秦子簋盖及其意义》,《故宫博物院院刊》2005 年第 6 期。
② 早期秦文化联合考古队:《2006 年甘肃礼县大堡子山祭祀遗迹发掘简报》,《文物》2008 年第 11 期。

贺县 MIHO 博物馆从英国买了两套共 8 枚传出甘肃礼县的编钟。一套最大钟高达 76 厘米，铭曰"秦公作铸和钟"；另一套规格小一些，最大钟高 40 厘米，铭曰"秦子作铸……"，余字模糊不清[①]。

### （一四）春秋·秦子盉（礼县大堡子山出土，美国藏）

秦子作铸用享其万寿子子孙孙永保用。

秦子盉（图 1-27），现藏于美国。盉小口扁体式，四阿顶式盖。盖前后坡面开有小窗，窗中有"十"字形棂格，盖脊带扉棱，顶部为方形圈足状捉手，捉手正中有一蹲踞状大鸟，大鸟背上伏一小鸟。盖后铸一公熊，熊后连一回首虎，虎前爪与熊尾、后爪与耳部共用一轴，可连接并开启盉盖；镂空兽首形耳，其下爬一仰身上行卷尾虎。盖前肩部卧 2 公牛，其下又有一回首虎，兽形曲流。盉体前后各以一道宽凹弦纹成内、外圈纹饰，外圈饰以斜三角夔龙纹，内圈饰间以重环纹的横鳞纹，内圈中心尖状凸出。底有 4 个兽形支足。盉体后缘铸 2 行 16 字（重文 2 字）铭文："秦子作铸用享其万寿子子孙孙永保用。"

秦子盉器形华美繁缛，极尽巧思，代表了当时秦国青铜艺术的最高水平[②]。

图 1-27　秦子盉

### （一五）春秋·秦公簋（中国国家博物馆藏）

**器铭**

秦公曰：丕显朕皇祖，受天命。鼏宅禹迹，十又二公，在帝之坯，严恭寅天命，保业厥秦，虩事蛮夏。余虽小子，穆穆帅秉明德，剌剌桓桓，万民是敕。

**盖铭**

咸畜胤士，趫趫文武，镇静丕廷，虔敬朕祀，作□宗彝，以邵皇祖，其严□格。以受纯鲁多厘，眉寿无疆，畯疐在天，高弘有庆，灶圉四方，宜。

到目前为止，甘肃出土青铜器在文化领域影响最大者当首推 1919 年出土于"天水西南乡的"秦公簋。秦公簋曾误称"秦公敦"。器高 19.8 厘米，口径 18 厘米，腹径

---

[①] 祝中熹、李永平：《甘肃考古文化丛书——青铜器》，敦煌文艺出版社，2004 年，第 116 页。

[②] 梁云：《"秦子"诸器的年代及有关问题》，载《古代文明》卷五，文物出版社，2006 年，第 301 页。

23厘米。弇口，盖呈圆弧状，盖顶突起小圆握、鼓腹、圈足、兽耳。盖坡与腹上部饰蟠虺纹，盖面与腹下饰瓦垄纹，圈足饰波带纹。器、盖联铭，合105字（图1-28）。

秦公簋的流传颇具戏剧性，冯国瑞《天水出土秦器汇考》载：

> 民国八年，天水西南乡出土铜器颇多，旋即散失。今传世秦公敦（簋）初流传至兰州商肆，置府中盛残浆。有贾客以数百金购之，其名乃大著。后为合肥张氏（张广建）所得，携往北平。十二年，王静安先生即为之跋矣，于是，举世皆知。[①]

图1-28　秦公簋铭文及凿字

冯氏称出土于"天水西南乡"。可当时天水无西南乡的实际建制，"西南乡"只能理解为天水西南某乡村。礼县学者赵文汇先生撰文记述秦公簋出土于礼县红河王家东台。天水师范学院雍际春教授认为出自礼县红河的费家庄和六八图一带。天水学者马汉江先生认定今天水市秦州区的秦岭、杨家寺二乡与礼县红河乡交界处的庙山是秦公簋的真正出土地。其实，赵文汇先生的记述与马汉江先生的考证结果是一致的。王家东台正好就是红河乡六八图与秦岭、杨家寺二乡的梨树坡、董集寨交界的庙山一带，是同一个地方两个相邻地域的不同称谓。这一带正好位于天水的正西南方向，地理方位与冯国瑞先生记述完全吻合。

秦公簋本为秦故都西垂陵庙祭器，秦亡后遂成西汉之官物，常用作容器，其器外另有两处凿字。

器铭："西元器一斗七升八，奉簋。"盖铭："西一斗七升太半升，盖。"

王国维指出，"西"指汉代西县，即"西犬邱"，故址在"今秦州东南百廿里"。器外凿字系秦汉间所为：

> 器盖又各有秦汉间凿字一行，器云："西元器一斗七升八，奉敦（簋）"，盖云"西一斗七升太半升，盖"。西者，汉陇西县名，即《史记·秦本纪》之西垂，乃西犬邱。秦自非子至文公，陵庙皆在西垂。此敦之作，虽在徙雍以后，然实以奉西

---

[①] 冯国瑞：《天水出土秦器汇考》，陇南丛书编印社，1944年。

垂陵庙，直至秦汉犹为西县官物，乃凿款于其上。[①]

秦公簋铭文有"十有二公"，对"十有二公"所指，古今极不统一。关于秦公簋铭文字体及铸造方式，各家也多论及。王国维云："字迹雅近石鼓文。金文中与石鼓相似者，惟虢季子白盘及此敦耳。"[②]商承祚《秦公簋跋》称："其制尤异它器，铭文刻于一版，然后施范。此则逐字单刻，个别印之范上，故行款倚斜不整，印迹显露，为活字版之鼻祖。"[③]郭沫若指出，"东周以后，书史之性质变为文饰"。铭文字体已改西周后期多见的圆浑丰满、用笔随意不求规整的风格，字体整饬严谨，方整瘦劲，笔画匀称，清丽潇洒。

### （一六）春秋·西祠豆（礼县石桥镇出土，马建营藏）

西祠器□十，重一斤三两。

西祠豆（图1-29），青铜质，1997年出土于礼县石桥镇瑶峪村西山。豆素面，高9厘米，口径10厘米，空心粗柄，束腰，喇叭口，重0.5千克。柄上部有两条长条形镂空方孔，腰部横刻铭文10字："西祠器□十，重一斤三两。"（图1-30）

马建营先生撰文说："铜豆外表平整光滑，少有附着锈迹，加之器身柄部及浅盘口有铜补丁，显示长期使用之特质。从豆的浅盘、粗柄及柄上长条形镂空的演变规律看，始铸时代为春秋晚期。"[④]

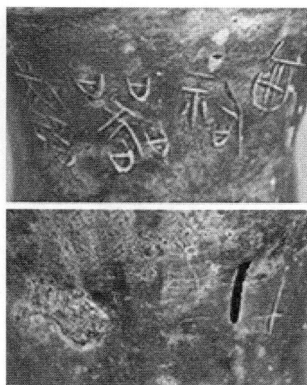

图1-29　西祠豆　　　　　　　图1-30　西祠豆铭文

① 王国维：《观堂集林》，河北教育出版社，2003年，第447页。
② 王国维：《观堂集林》，河北教育出版社，2003年，第447页。
③ 商承祚：《秦公簋跋》，载礼县秦西垂文化研究会、礼县博物馆《秦西垂文化论集》，文物出版社，2005年，第457页。
④ 马建营：《秦西垂都邑故址考述》，《天水师范学院学报》2009年第6期。

## （一七）战国·秦·右库工师戈（礼县红河乡出土，礼县秦文化博物馆藏）

　　□令宾文右库工师启虒冶西工造。

图 1-31　右库工师戈及铭文

　　右库工师戈（图 1-31），1957 年出土于礼县红河乡同心村。戈长 21 厘米，阑长 11 厘米，前锋呈弧形尖削，中胡有三短穿。胡部穿旁有 14 字刻铭，可识者约 10 字。从铭文看，秦都东移关中后，其故都西垂仍为重要的武器铸造中心。此戈制作精良，至今锋刃税利，其援、胡部有镀锡工艺，为战国秦戈中的代表性作品。

## （一八）战国·秦"一珠重一两"圜钱（礼县秦文化博物馆藏）

　　一珠重一两，十二。

　　"一珠重一两"圜钱（图 1-32），今存礼县秦文化博物馆，铜质，圆形圆妃，无廓背平。径 3.7 厘米，正面顺时针环铸篆书阳文："一珠重一两，十二。"

　　钱文高挺，笔画方中寓圆，结字古朴厚重。此秦币旧误读为"重一两十三珠"，或"珠重一两，十三"。其实"十二"和"一珠重一两"不连，此与赵币圆首圆足布的背文一样，是纪发行次第。李学勤先生认为，秦朝的货币是"半两"。"半两"的创始年代恐怕不能早到始皇帝以前。陈直先生所编的《关中秦汉陶录》卷四著录有"一珠重一两，十四"残青石范，系西安马仲良所藏，可以证明"一珠重一两"圜钱的确是秦国的货币[1]。一珠圜钱，发现甚少，说明铸造不多，

图 1-32　"一珠重一两"圜钱

---

[1] 李学勤：《战国时代的秦国铜器》，《文物参考资料》1957 年第 8 期。

流通时间极短。秦人发祥地出现秦币,其意义特殊。

### (一九)秦"西盐"封泥(陕西历史博物馆藏)

西盐。

"西盐"封泥(图1-33),秦代,纵1.6厘米,横0.9厘米,西安秦章台遗址(今西安西北郊刘寨村)出土,今藏陕西历史博物馆。图版首见于周晓陆等《秦代封泥的重大发现》一文①。《汉书》卷二八《地理志》载:陇西郡,秦置。有铁官、盐官。西县,"《禹贡》嶓冢山,西汉(水)所出,南入广汉白水,东南至江州入江"②。《史记·绛侯周勃世家》:"围章邯废丘。破西丞。"《集解》徐广曰"天水有西县"。《正义》引《括地志》云:"西县故城在秦州上邽县西南九十里,本汉西县地。""西盐"即"西县盐官"省文,当是处于西县的司盐衙署。秦文字资料中与盐有关者为数不多,却是来自西县,可见到秦统一前后,西盐对秦帝国仍很重要。《水经注》卷二〇《漾水》载:"西汉水又西南,

图1-33　"西盐"封泥

径严备戍南,左则严备水自东南,西北注之。右则盐官水南入焉。水北有盐官,在嶓冢西五十许里,相承营煮不辍,味与海盐同。故《地理志》云:西县有盐官是也。"③

"西盐"二字,在秦封泥中显得很别致。笔画圆中带方,很难在秦代玺印、封泥中找到它的同类者。"西"字与西周金文中的"西"字一脉相承,"盐"字则残留着古体写法④。

### (二〇)秦"西采金印"封泥(陕西历史博物馆藏)

西采金印。

"西采金印"封泥(图1-34),秦代,西安出土。见录于周晓陆等《西安出土秦

---

① 周晓陆、路东之、庞睿:《秦代封泥的重大发现》,《考古与文物》1997年第1期。

② 班固:《汉书》,中华书局,1962年,第1609页。

③ 郦道元注:《水经注疏》,杨守敬、熊会贞疏,江苏古籍出版社,1989年,第1688页。

④ 刘正成主编:《中国书法全集92·先秦玺印》,荣宝斋出版社,2003年,第249页。

封泥补读》一文①。"西"上部与边栏相连，有"田"字界格，线条规整，骨力劲健。《睡虎地秦简》有"左采铁，右采铁"，另有"齐采铁印""楚采铜""临淄采铁"等封泥。是时铜、铁二字的使用已表义严格，故"西采金印"之"金"即指黄金。

图1-34 "西采金印"封泥

### （二一）秦"西共"封泥（陕西历史博物馆藏）

西共。

"西共"封泥（图1-35），秦代，西安相家巷遗址出土。灰色，椭圆形，有"日"字界格。径2.7厘米，厚0.9厘米。侧面有指纹痕迹，背面有封缄遗痕②。"西共"即秦西县共厨之省文，西共器当系祭祀西畤时所用的膳食器具。汉代铜器铭文"共厨"多省称"共"。陈直《汉书新证·百官表上》"雍厨"条云："右扶风雍厨长，在各县所设之共厨甚多。由右扶风雍厨长丞统一管理，遇有巡幸时，供给厨食所用。"③《秦本纪·索隐》："西，县名，故作西畤，祠白帝。畤，止也，言神灵之所依止也。谓为坛以祭天也。"

图1-35 "西共"封泥

图1-36 "西共丞印"封泥

### （二二）秦"西共丞印"封泥（陕西历史博物馆藏）

西共丞印。

"西共丞印"封泥（图1-36），秦代，西安相家巷遗址出土。褐色，有"田"字界格，纵2.3厘米，横2.2厘米，厚0.8厘米。侧面有指纹痕迹，背面有封缄遗痕④。"西共丞印"

---

① 周晓陆、路东之、庞睿：《西安出土秦封泥补读》，《考古与文物》1998年第2期。
② 中国社会科学院考古研究所汉长安城工作队：《西安相家巷遗址秦封泥的发掘》，《考古学报》2001年第4期。
③ 陈直：《汉书新证》，天津人民出版社，1959年，第121页。
④ 中国社会科学院考古研究所汉长安城工作队：《西安相家巷遗址秦封泥的发掘》，《考古学报》2001年第4期。

即为西县共厨丞印之省称[1]。

### （二三）秦"西丞之印"封泥（陕西历史博物馆藏）

西丞之印。

"西丞之印"封泥（图1-37），秦代，西安相家巷遗址出土。灰色，右残，有"田"字界格，径2厘米，厚0.5厘米[2]。背面有封缄遗痕。

图1-37　西丞之印

---

[1] 刘庆柱、李毓芳：《西安相家巷遗址秦封泥考略》，《考古学报》2001年第4期。

[2] 中国社会科学院考古研究所汉长安城工作队：《西安相家巷遗址秦封泥的发掘》，《考古学报》2001年第4期。

# 第二编　汉代

## （一）西汉·天水家马鼎一（礼县永兴乡出土，礼县秦文化博物馆藏）

天水[一]家马[二]鼎，容三斗[三]，并重十九斤。（盖铭）

天水家马鼎，容三斗，并重十九斤。（器铭）

[一]天水，《汉书》卷二八《地理志》载："天水郡，武帝元鼎三年置。莽曰填戎。明帝改曰汉阳。"颜师古注曰："《秦州地记》云：'郡前湖水冬夏无增减，因以名焉。'"[1] 今存礼县红河镇草坝村刊于南宋庆元二年（1196）的《妙胜院敕碑》载："秦州南山妙胜院，敕额古迹。唐朝贞观二十三年赐额'昭玄院''天水湖'，至本朝太祖皇帝登位，于建隆元年将'昭玄院'赐敕皇改'妙胜院'，'天水湖'改'天水池'。其水冬夏无增减。"

[二]家马，《汉书》卷一九《百官公卿表》载："太仆，秦官。掌舆马，有两丞，属官有大厩、未央、家马三令，各五丞一尉……武帝太初元年更名家马为挏马。"颜师古注云："家马者，主供天子私用，非大祀、戎事军国所须。故谓之家马也。"[2] 据此知鼎铸造当在武帝太初元年（前104）之前。

[三]斗，旧释作"升"[3]，晏波、雍际春撰文正之[4]。

图 2-1　天水家马鼎一及铭文

天水家马鼎一（图2-1），出土于礼县永兴乡蒙张村，今藏礼县秦文化博物馆。鼎铜质，器高22.5厘米，口径22厘米。器腹近口及盖表分别凿刻铭文13字："天水家马鼎，容三斗，并重十九斤。"铭文书体介于篆隶之间，方折简劲，率意自然。

---

① 班固：《汉书》，中华书局，1962年，第1611页。

② 班固：《汉书》，中华书局，1962年，第729页。

③ 赵文汇：《天水家马鼎释考》，《礼县文史资料》第三辑（内部资料），1997年，第69—80页。

④ 晏波、雍际春：《天水家马鼎的年代及其用途》，《文物世界》2013年第2期。

## （二）西汉·天水家马鼎二（礼县永兴乡出土，马建营藏）

天水家马鼎，容三斗，并重十斤。（盖铭）

天水家马鼎，容三斗，并重十斤。（器铭）

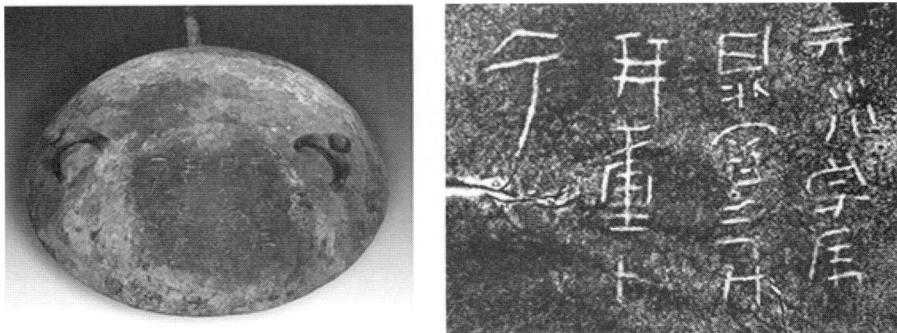

图2-2　天水家马鼎二盖及铭文

天水家马鼎二（图2-2），礼县永兴乡文家村出土，礼县马建营先生收藏。鼎铜质，器高17.5厘米，口径14厘米，鼎、盖表各凿12字铭："天水家马鼎，容三斗，并重十斤。"

## （三）西汉·武都汉简（武都区琵琶乡出土，阳朔元年，前24）

前[一]年本受县官□□□少五石五☑（下残）（第1简，16.6×0.8厘米）

（上残）尹宗叩头（下残）（第2简，3×1.4厘米）

（上残）□丞终想谓略秩候前建言遣候（第3简，10.55×0.8厘米）

□前候史周起走（下残）（第4简，8.9×0.8厘米）

（上残）□赏长□吴（下残）（第5简，3.5×1.1厘米）

（上残）二月丁未入东门即时出（第6简，15.4×0.8厘米）

（上残）二千石治所五谷庸王广等（下残）（第7简，13×0.8厘米）

敦煌玉门士吏效谷寿异里公乘虞相秩百石年卅五（下残）（第8简，11.5×0.8厘米）

应募士长陵长秋里薛通和从者长陵□家里萧□□（第9简，23.1×0.8厘米）

玉门大煎都士吏龙勒右门里公乘项忠年卅秩百石　　阳朔元年十一月丙午除（第10简，22.9×0.85厘米）

（上残）壴廿枚直廿（第11简，7.3×0.8厘米）

（上残）□□□□□□□□□☑

四百六十七石二

妻子从者百九十九人用粟二百卅石四

妻子从者百七十八人用粟二百七十四石五斗☐（第 12 简 A，5.2×2 厘米）

（上残）一十八人（第 12 简 B，5.2×2 厘米）

[一]前，简作 𩇕，王子今先生释作"万"，愚以为字形与额济纳居延汉简《死驹劾状简》之 𩇕（前）字相似，宜释作"前"。

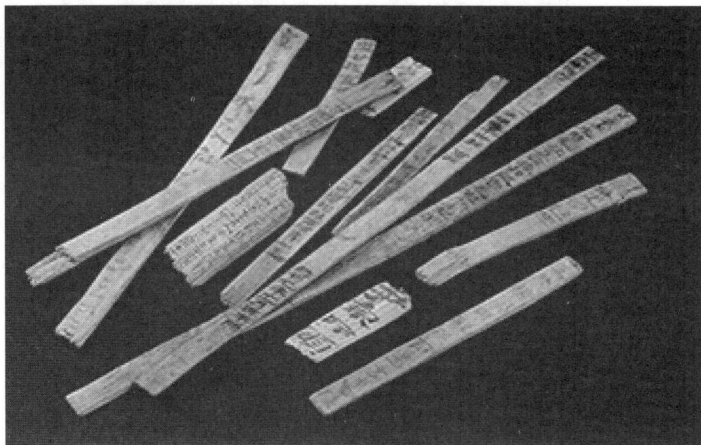

图 2-3　武都汉简

武都汉简（图 2-3），据传 2000 年 5 月出土于武都区琵琶乡赵坪村。周天游主编《寻觅散落的瑰宝——陕西历史博物馆征集文物精萃》曾有图版及简要介绍[①]。王子今、申秦雁二位先生又对简文进行了释读和考证。简均为木质，厚度均在 0.2 厘米以下，从内容上看不出相互间明显的联系。其中 2 枚简完整，分别为第 9 简，长 23.1 厘米，第 10 简，长 22.9 厘米。第 12 简两面书字。第 10 简是唯一一枚纪年简："阳朔元年十一月丙午除。"阳朔元年即公元前 24 年。这也是陇南境内首次出土汉简。王子今先生文章说："陕西历史博物馆藏这批汉简的内容所涉及的'敦煌玉门大煎都'与发现地点武都相距甚远，其间关系尚不明朗，但是资料的可靠性是大致可以肯定的。陕西历史博物馆藏武都汉简数量不多，且多有残断，但是依然可以为我们理解汉代历史文化补充若干信息。"[②]

## （四）西汉·曹氏铫（礼县出土，孟小为藏）

曹氏铫，容三斗，重六斤。

---

① 周天游主编：《寻觅散落的瑰宝——陕西历史博物馆征集文物精萃》，三秦出版社，2001 年，第 126 页。

② 王子今、申秦雁：《陕西历史博物馆藏武都汉简》，《文物》2003 年第 4 期。

图 2-4　曹氏铹及铭文

曹氏铹（图 2-4），礼县出土，孟小为先生收藏。铹铜质，已残。口径 29 厘米，底径 19 厘米，通高 11.5 厘米。铹腹微鼓，小平底，腹壁外有凸起的带饰，左右有铺首衔环一对，外腹带饰下凿刻铭文 1 行 9 字云："曹氏铹，容三斗，重六斤。"此与陕西宝鸡市博物馆藏 "梅菱氏" 铜铹[①] 相似，当为西汉用器。

### （五）西汉瓦当（礼县鸾亭山出土，礼县秦文化博物馆藏）

#### 1. 礼县·西汉·卷云纹网格瓦当

卷云纹网格瓦当（图 2-5），西汉，今藏礼县秦文化博物馆。瓦当圆形，下半残损，直径 16.4 厘米，厚 3 厘米。周边饰四组羊角形云纹，中心圆钮，饰菱形网格纹。云纹瓦当是西汉瓦当中数量最多的一类，此瓦当古朴流丽，装饰意趣浓厚。

图 2-5　卷云纹网格瓦当

#### 2. 礼县·西汉·"长乐未央"瓦当

长乐未央。

A 型　　　　　　　　B 型　　　　　　　　C 型
图 2-6　"长乐未央"瓦当

---

① 阎宏斌：《陕西宝鸡县博物馆拣选一件汉代铜铹》，《文物》1991 年第 8 期。

　　"长乐未央"瓦当，西汉，面径 17.5 厘米，礼县鸾亭山遗址出土，今存礼县秦文化博物馆。鸾亭山遗址出土"长乐未央"瓦当共有 9 件，分三种类型。A 型，当心有圆饼，饼外一道阳线圆圈，圈外用四股阳线纹将当面分为四个区间，分置"长乐未央"4字篆文，逆时针方向旋读；每股阳纹由三道线条组成，中间一道直线，两旁顶端弯曲成羊角云纹状；当面外缘亦有一道大圆圈，再外为较宽凸出边轮（图 2-6 A 型）。这种瓦当往往有涂朱现象。B 型，当心有圆饼，饼外一道阳线圆圈，圈外用单道阳线将当面分为 4 个区间，分置"长乐未央"4字篆文；当面外缘亦有一道阳线圆圈，再外为较宽凸出边轮（图 2-6 B 型）。C 型，当心有圆饼，饼外一道阳线圆圈，圈外用双道阳线将当面分为四个区间，分置"长乐未央"4字篆文，当面外缘亦有一道阳线圆圈，再外为较宽凸出边轮（图 2-6 C 型）。

　　"长乐未央"为吉语瓦当，在西汉早期已经出现。"长乐未央"瓦当在西汉中晚期很流行，西汉中期或稍早的文字瓦当大多数在当心仅饰圆饼。鸾亭山遗址所出的瓦当当心仅饰圆饼，说明其年代较杜陵所出略早，应在武帝时期[1]。

### （六）新莽"一刀平五千"刀币（刘可通藏）

　　　　一刀平五千。

　　"一刀平五千"刀币（图 2-7），武都刘可通家藏。此刀币是王莽居摄二年（7）始铸，俗称"金错刀"，因币身嵌黄金"一刀"二字而得名。币铜质，通长 7.5 厘米，由"刀环"与"刀身"两部分组成，刀身铸"平五千"三个阳文篆字。

### （七）新莽"大布黄千"布币（2 枚，刘可通藏）

　　　　大布黄千。

　　"大布黄千"布币（图 2-8），武都刘可通家藏。此币为王莽始建国二年（10）实行第三次货币改制时所铸。币铜质，通长 5.7 厘米，平首平肩平足，腰身略收。首部穿孔，用以系绳。币身阳文篆书"大布黄千"4 字，字体修长，细劲匀称，线条流畅。清代学者认为，"黄"为"横"之省文，即"衡""等于"之意。赵平安先生则读作"大黄布千"[2]。

---

① 早期秦文化联合考古队：《2004 年甘肃礼县鸾亭山遗址发掘主要收获》，《中国历史文物》2005 年第 5 期。
② 赵平安：《"大布黄千"的读法及其蕴义》，《华夏考古》2006 年第 4 期。

图 2-7　"一刀平五千"刀币　　　　　　图 2-8　"大布黄千"布币（刘可通　藏）
　　　　　（刘可通　藏）

## （八）成县·东汉《汉将题刻》（元和二年，85）

元和二年，汉将武都太守□（济）阴万……

　　《汉将题刻》（图 2-9），摩崖刻石，位于甘肃成县西狭中段，距《西狭颂》摩崖约 1 公里处的南侧崖壁上。东汉章帝刘炟元和二年（85）镌刻，早同地的《西狭颂》摩崖 86 年。摩崖纵 100 厘米，横 27 厘米，隶书阴刻两行，字径 7—15 厘米不等。《汉将题刻》摩崖距地面近 12 米之高，不易被人发觉，笔者与石贵平先生在搜寻汉刻《天井道记》摩崖时无意中访得。其崖面粗糙，周围无古栈道痕迹，沿壁下一斜插裂缝，可攀岩而上，接近《题刻》。摩崖处上下壁立，空间狭小，所以摩崖书丹、凿刻及椎拓都十分困难。从《题刻》现状看，像是未经书丹即兴刻就，又似未完成之作，或因石面粗劣而中途弃置，但附近并无重刊字迹。建初、元和去西汉不远，故其字法简古严正，无明显波挑，属古隶书体；字形广狭不拘，小大随意，率性而为；笔画细劲，质朴味醇，字随石势，散逸自然。

　　《汉将题刻》虽处西狭，但位置高险，与同地的《西狭颂》《耿勋表》等东汉成熟的"八分书"不同，更多地彰显了古隶的雄强奔放和摩崖刻石的恣肆野逸。它与陕南石门的《开通褒斜道》《石门颂》《杨淮表纪》及四川荥经近年重现的《何君尊楗阁》等

图 2-9　汉将题刻摩崖

汉代摩崖古茂豪迈相近。

《题刻》"漢（汉）"字作"㵎"，右从"熏"不从"莫"，这在汉隶中极为少见。《说文·水部》云："漢，漾也，东为沧浪水，从水難省声。"段玉裁疑为"浅人所改"而非许氏原文[1]。战国楚怀王六年（前323）所铸的《鄂君启舟节》是迄今所见最早铸有"漢"字的实物遗存，其铭文"漢"作"㵎、㵎"，"从水難省声"与《说文》合。此刻"漢"字正是《说文》所谓"从水難省声"，字形与鄂君启舟节"漢"字同出一辙，可再证《说文》不诬。其字形另见于善铜镜铭文[2]。《题刻》中"将、守"等字结体与《何君尊楗阁》一脉相承；"和、武都、守"等字的处理，较"隶中之草"的《石门颂》更为恣肆疏宕（表1）。

### 表1　《汉将题刻》与其他汉代刻石字形比较

| 例字 | 元 | 和 | 二 | 年 | 汉 | 将 |
|---|---|---|---|---|---|---|
| 汉将题刻 | | | | | | |
| 其他汉刻 | <br>大吉买山 | <br>元和三年砖 | <br>莱子侯 | <br>莱子侯 | <br>大开通 | <br>何君尊楗阁 |
| | <br>元和三年砖 | <br>元和三年砖 | <br>杨淮表纪 | <br>何君尊楗阁 | <br>大开通 | <br>杨淮表纪 |
| | <br>杨淮表纪 | <br>石门颂 | <br>张迁碑 | <br>大吉买山 | <br>曹全碑阴 | <br>杨淮表纪 |

---

[1] 许慎：《说文解字注》，段玉裁注，上海古籍出版社，1988年，第522页。

[2] 徐中舒：《秦汉魏晋篆隶字形表》，四川辞书出版社，1985年，第777页。

| 例字 | 元 | 和 | 二 | 年 | 汉 | 将 |
|---|---|---|---|---|---|---|
| 汉将题刻 | | | | | | |
| 其他汉刻 | | | | | | |
| | 三老讳忌日 | 石门颂 | 何君尊楗阁 | 何君尊楗阁 | 汉残碑 | 大开通 |
| | 何君尊楗阁 | 李禹通阁道 | 大开通 | 大开通 | 石门颂 | 大吉买山 |
| | 石门颂 | 耿勋表 | 杨淮表纪 | 石门颂 | 张迁碑额 | 郙阁颂 |

在《汉将题刻》左下 20 余米的路旁崖壁上又有零散试刻题字数处，内容多为"元和"字样（表2），除右2图之"元"（未刻完）似后人随意刻画的楷书外，其余均为汉隶字体，与《汉将题刻》之"元和"结体接近。从字迹及摩崖现状观察，这几处刻字是《汉将题刻》前的选石、试刻行为。

**表2　与《汉将题刻》相关的试刻**

| 位置 | 左1 | 左2 | 右4 | 右3 | 右2 | 右1 |
|---|---|---|---|---|---|---|
| 例字 | | | | | | |
| 释文 | ？ | 元（和） | 正月 | 元和 | （元） | 元（和） |

《汉将题刻》摩崖虽然仅有十余字，但其年代久远，此前无任何书籍载录，书法风格独特，意义非常。王象之《舆地碑记目》卷四载："《大云寺石碑》，在（成县）凤凰山上，去州七里，创始莫考。殿后崖上有刻字云：'汉永平十二年'。"[1] 此摩崖至今下落不明。《汉将题刻》是迄今甘肃境内发现最早的摩崖刻石[2]。

## （九）东汉·永元十五年铜铣（文县铁楼乡出土，永元十五年，103）

永元十五年造作。

永元十五年铜铣（图 2-10）。一说从文县铁楼乡小沟桥村二社陈永平家责任田塄坎掘出；一说在铁楼乡强曲村出土[3]。东汉永元十五年（103）铸造，今存文县博物馆。铣铜质，口径 34 厘米，腹径 31 厘米，高 15 厘米，重 2.6 千克。敞口，唇外卷，外腹有两铺首，原系环，今已佚，一耳有使用痕迹，有 4 道平行弦纹。外壁底部与壁相接处有两线圈饰线和直径弦纹线。铣内底铸

图 2-10 永元十五年铜铣

阳文篆书铭文 1 行 7 字："永元十五年造作"。铭文为缪篆字体，字法工整，线条圆劲，极具装饰性。

## （一〇）东汉·西和弩机（永寿二年，156，西和县博物馆藏）

命诏书铸锻，郭工李，史祈相㧑斲，牧丞艳，令简虎贲常，安师伯。永寿二年□月书。

西和弩机，东汉永寿二年（156）造，今藏西和县博物馆。弩机银质，1973 年于西和洛峪乡出土，弩机面镌刻隶书铭文，4 行凡 31 字[4]。

## （一一）成县·东汉《西狭颂》（建宁四年，171）

惠安西表[一]（篆额）

---

① 王象之：《舆地碑记目》，商务印书馆，1939 年，第 118 页。

② 蔡副全：《西狭〈汉将题刻〉摩崖略考》，《天水师范学院学报》2012 年第 3 期。

③ 甘肃省武都地区文化教育局：《武都地区文物概况》（内部资料），西安市第三印刷厂，1982 年，第 44 页。

④ 西和县志编纂委员会：《西和县志》，陕西人民出版社，1997 年，第 839 页。

汉武都太守汉阳阿阳李君，讳翕，字伯都[二]。天姿明敏，敦诗悦礼，膺禄美厚，继世郎吏。幼而宿卫，弱冠典城，有阿郑之化。是以三剖符守，致黄龙、嘉禾、木连、甘露之瑞[三]。动顺经古，先之以博爱，陈之以德义，示之以好恶。不肃而成，不严而治。朝中惟静，威仪抑抑。督邮部职，不出府门，政约令行。强不暴寡，知不诈愚。属县趋教，无对会之事，儌外来庭，面缚二千余人。年谷屡登，仓庾惟亿。百姓有蓄，粟麦五钱。郡西狭中道，危难阻峻，缘崖俾阁，两山壁立，隆崇造云，下有不测之溪。阨窄促迫，财容车骑，进不能济，息不得驻，数有颠覆霣隧之害，过者创楚，悁悁其慄。君践其险，若涉渊水，叹曰："《诗》所谓'如集于木，如临于谷'，斯其殆哉，困其事，则为设备，今不图之，为患无已。"敕衡官有秩李瑾，掾仇审，因常繇道徒，镌烧破析，刻白礛嵬。减高就埤，平夷正曲。栈致土石，坚固广大。可以夜涉，四方无壅。行人欢悀，民歌德惠，穆如清风。乃刊斯石，曰：

赫赫明后，柔嘉惟则。克长克君，牧守三国。三国清平，咏歌懿德。瑞降丰稔，民以货稙。威恩并隆，远人宾服。镌山浚渎，路以安直。继禹之迹，亦世赖福。

建宁四年六月十三日壬寅造。

时府[四]丞右扶风陈仓吕国，字文宝。门下掾下辨李虔，字子行。故从事议曹掾下辨李旻，字仲齐。故从事主薄下辨李遂，字子华。故从事主薄上禄石祥，字元祺。五官掾上禄张亢，字惠叔。故从事功曹下辨姜纳，字元嗣。故从事尉曹史武都王尼，字孔光。衡官有秩下辨李瑾，字玮甫。从史位下辨仇靖，字汉德，书文[五]。下辨道长[六]广汉汁邡任诗，字幼起。下辨丞安定朝那皇甫彦，字子才。

（五瑞图）

黄龙（图）、白鹿（图）、嘉禾（图）、木连理（图）、甘露降（图）、承露人（图）。

君昔在黾池，修崤嵚之道，德治精通，致黄龙、白鹿之瑞，故图画其像[七]。

五官掾上禄上官正，字君选。□□□□上禄杨嗣，字文明。□□□掾下辨李京字，长都。记[八]。

[一]惠安西表，四字篆额，高出正文60厘米，古代流传《西狭颂》拓本多遗篆额，致使众多学者不知《西狭颂》本名为"惠安西表"。曾巩《元丰题跋》称《汉武都太守汉阳阿阳李翕西狭颂》，赵明诚《金石录》谓《汉武都大守李翕碑》，洪适《隶释》称《武都太守李翕西狭颂》，直到清代孙星衍之门人洪颐煊在《平津读碑记》中才说

"碑额有'惠安西表'四字"①，洪颐煊所见《西狭》拓片大约是阶州邢澍赠孙星衍故物。方若《校碑随笔》始称正名"《惠安西表》摩崖"。

［二］摩崖云："汉武都太守汉阳阿阳李君，讳翕，字伯都。"《后汉书》卷六五《皇甫规传》载："属国都尉李翕、督军御史张禀多杀降羌……皆倚恃权贵，不遵法度。规到州界，悉条奏其罪，或免或诛。"欧阳辅《集古求真》卷三载："李翕见于《后汉书·皇甫规传》云：有属国都尉李翕多杀降羌，为规所奏免。以时考之，殆即此人。而为武都太守则治西狭、郙阁、天井三道以利民，可谓能矣。殆盛年时，恶羌人之顽悍、反复而严诛之，及为规所奏免后，再膺官职，遂专为民，不为威猛矣。《五瑞图》下有小字云：'君昔在渑池，修崤嵚之道，德治精通。'尤足征其勤于民事矣。"②1981年在武昌葛店清理的一座东汉男女合葬墓中，出土了两面汉镜，其中一镜背面刻有"王府吏李翕镜，广四寸八分，重十两"14字③，此与碑文合。邵博《邵氏闻见后录》云："观汉李翕、王稚子、高贯方墓碑，多刻山林人物，乃知顾恺之、陆探微、宗处士辈有其遗法，至吴道玄，绝艺入神，然始用巧思，而古意少减矣。"④可见李翕墓在宋代已掘出。

［三］致黄龙、嘉禾、木连、甘露之瑞：此省"白鹿"瑞。《后汉书》卷三《章帝纪》载："（元和二年）九月壬辰诏：凤凰、黄龙所见亭部，无出二年租赋。加赐男子二级；先见者帛二十四，近者三匹，太守三十四，令、长十五匹，丞、尉半之。"⑤

［四］时府：字形与正文等大，紧接第二十行"建宁四年六月十三日壬寅造"，但文意上只能与"十二行小字题名"连读，即："时，府丞右扶风陈仓吕国，字文宝。"此二字结字、运笔、镌刻也与《西狭颂》通篇碑文有较大差距。"时"字"日"旁下横画有明显改刻痕迹，"寺"旁竖勾转折生硬。"府"，字形小而紧促，与《西狭颂》宽博、疏宕书风相悖，而且其撇画起伏不定，显然是镌刻时"跑刀"所致。因此，我怀疑"时府"二字为摩崖刻竣后复校碑文时补刊⑥。

［五］洪适《隶续》卷一一"武都丞吕国已下题名"条云："其十'仇靖字汉德书文'者，挥翰遣词皆斯人也。"⑦

［六］下辨道长：《汉书》卷一九《百官公卿表》："县有蛮夷曰道。"《续汉书》

① 洪颐煊：《平津读碑记》，载《石刻史料新编》（第一辑第26册），台北新文丰出版公司，1982年，第19355页。
② 欧阳辅：《集古求真》，载《石刻史料新编》（第一辑第11册），台北新文丰出版公司，1982年，第8677页。
③ 武汉地方志编纂委员会：《武汉市志·文物志》，武汉大学出版社，1990年，第164页。
④ 邵博：《邵氏闻见后录》，中华书局，1983年，第214页。
⑤ 范晔：《后汉书》，中华书局，1965年，第153页。
⑥ 蔡副全：《〈西狭颂〉摩崖现状考》，《文博》2009年第4期。
⑦ 洪适：《隶释·隶续》，中华书局，1986年，第396页。

志二三《郡国五》：武都郡，辖七城：下辨、武都道、上禄、故道、河池、沮、羌道①。据摩崖知《后汉书》缺一"道"字。

［七］此二十六字题记位于"五瑞图"与"正文"之间。曾巩《元丰题跋》云："又称翁尝令渑池，治崤嵚之道，有黄龙、白鹿之瑞。其后治武都，又有嘉禾、甘露、木连理之祥，皆图画其像，刻石在侧……近世士大夫喜藏画，自晋以来名能画者，其笔迹有存于尺帛幅纸，盖莫知其真伪，往往皆传而贵之。而汉画则未有能得之者，及得此图所画龙、鹿、承露人、嘉禾、连理之木，然后汉画始见于人。又皆出于石刻，可知其非伪也。"②

［八］此题名位于"木连理"图下。翁方纲《两汉金石记》卷一三："赵晋斋云：《五瑞图》下有'下禄上辨云云'题名三行，予所未见，俟更访之。"③王昶《金石萃编》卷一四录文为："上官掾上禄上官正字君选□□□□上禄杨嗣字文明□□□□下辨李京字长都。"④冯云鹏、冯云鹓《金石索》云："此段在《五瑞图》下一层近左。下临深潭，艰于毡椎，故自来无道及者。覃谿先生亦闻而未见，惟《萃编》收此三行；而首行'衡官掾'误作'上官掾'……二行、三行俱缺上四字，今于次行又识一'左'字，一'丞'字；三行识出一'长'字，四行得一'记'字，皆可补前人之缺。"⑤以上各家载录，对第一行首字辨识分歧较大，王昶称"上官掾"，冯氏辨为"衡官掾"，但从摩崖残留笔画看，亦非"衡"字，高天佑先生释作"五官掾"极有理⑥。另外，第四行"记"字，今作楷体，显然是重刻或改刻。《金石图说》《两汉金石记》《金石萃编》均载"题名三行"，《平津读碑记》又云"三行后尚有'龙'字隐隐可辨"，《金石索》则明确指出第四行为"记"字，其图录与摩崖现状完全相同。由此可以看出，第四行曾刻有字，但字迹模糊，"记"与"龍"字形相近，所以洪颐煊误释作"龙"，至道光初年冯氏著《金石索》时所见拓本已重刻为今存之楷书"记"。这就充分说明，"记"字重刻时间在《平津读碑记》与《金石索》成书之间，亦即嘉庆十七年（1812）至道光二年（1822）间。

《西狭颂》全称《汉武都太守汉阳阿阳李翕西狭颂》，正名《惠安西表》，又称《李翕碑》《李翕颂》，俗称《黄龙碑》。摩崖刻石，八分书，东汉灵帝建宁四年（171）六

① 范晔：《后汉书》，中华书局，1965 年，第 3518 页。
② 曾巩：《元丰题跋》，载《石刻史料新编》（第一辑第 24 册），台北新文丰出版公司，1982 年，第 18014 页。
③ 翁方纲：《两汉金石记》，载《石刻史料新编》（第一辑第 10 册），台北新文丰出版公司，1982 年，第 7384 页。
④ 王昶：《金石萃编》卷一四，陕西人民美术出版社，1921 年影印扫叶山房本。
⑤ 冯云鹏、冯云鹓：《金石索》，载《续修四库全书》（第 894 册），上海古籍出版社，2002 年，第 355 页。
⑥ 高天佑：《西狭摩崖石刻群研究》，兰州大学出版社，1999 年，第 242 页。

月十三日镌刻于甘肃成县西狭中段青龙头（南侧，距谷底约 10 米）。摩崖纵 220 厘米，横 320 厘米，共计隶书阴刻 608 字，图像单线阴刻 6 幅。《西狭颂》摩崖由四部分构成（图 2-11）。

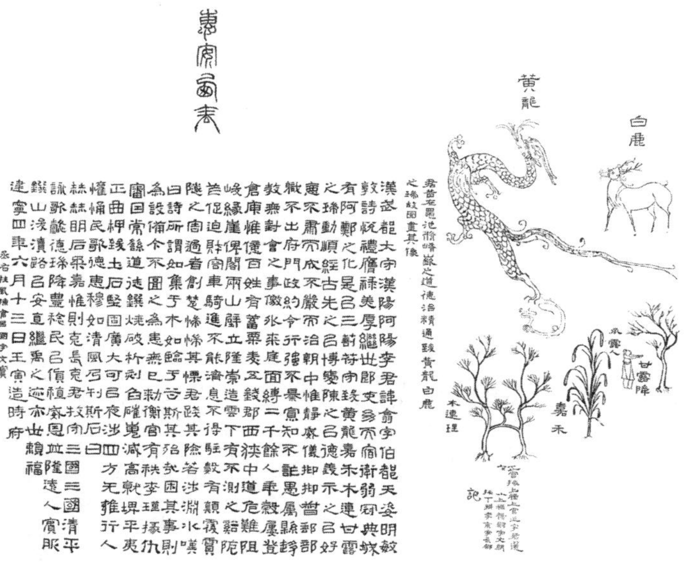

图 2-11　西狭颂全貌（摹本）

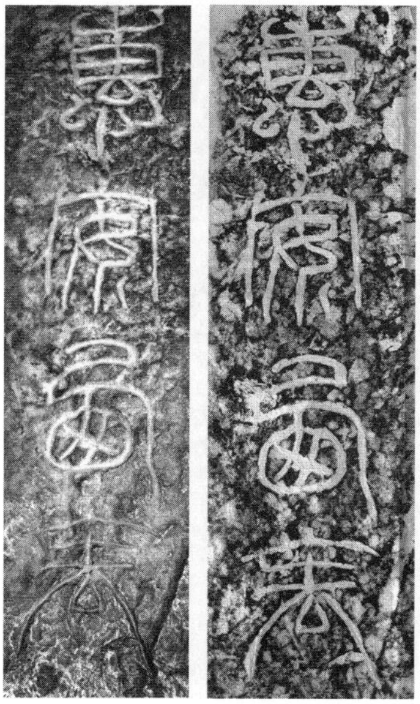

图 2-12　西狭颂篆额

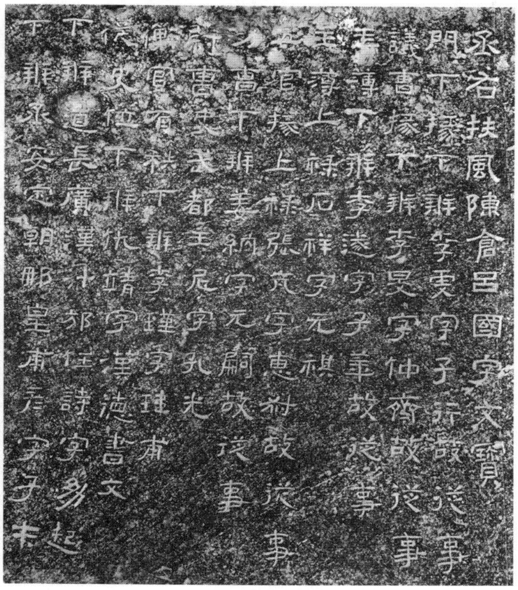

图 2-14　西狭颂文后题名

图 2-13　西狭颂正文及篆额

图 2-15 五瑞图画像

第一，篆额（图2-12），"惠安西表"4字小篆一列在上，顶端高出正文70厘米，字长方，纵13厘米，横9厘米（"惠"字略长）。

第二，正文（图2-13），为标准正方形，纵横各145厘米，20行，满行20字，字径6.5厘米，计385字。正文内容主要记述武都太守李翕的出身、家世，以及修治西狭阁道造福于民的政绩。

第三，文后题名（图2-14），十二行，低正文四字许。纵60厘米，横54厘米，12行，满行13字，字径3.5厘米，字形略扁，计142字。

第四，《五瑞图》（图2-15），位于正文前拐角处，纵210厘米，横100厘米，分别刻有"黄龙""白鹿""木连理""嘉禾""甘露降"及"承露人"图像6幅和对应榜题6处15字。

《五瑞图》画像采用汉画常见的散点式构图和分层式构图。五瑞分居两层，黄龙、白鹿居上，二者穿插呼应，动静结合，错落有致。木连理、嘉禾、甘露降、承露人一列在下，四者高低起伏，疏密有度。

黄龙，主体居左上方，纵70厘米，通宽85厘米，约占画像三分之一，呈"S"形，蛇头豹身，身布鳞纹，昂首舞爪，作腾跃状。在黄龙后足部另刻"C"形云纹（一说为"小龙像"），线条简约，依稀可辨。黄龙上方榜题刻"黄龙"2字，纵15厘米，横10厘米。白鹿，立于黄龙右侧长尾上方，纵30厘米，横28厘米。体态丰健，扬首前视，神态安详。白鹿正上方7厘米处刊"白鹿"2字，纵12厘米，横6.5厘米。木连理，位于《五瑞图》左下方，纵50厘米，横38厘米，并排刻绘树木二株，枝干虬曲而上，较低处，二枝相向而生，合为一体，形成"连理枝"，图左榜题"木连理"3字，纵14厘米，横7厘米。嘉禾，居于"木连理"右侧稍高处，纵45厘米，横19厘米，刻绘一禾九穗，分垂两侧，果实累累，富有弹性。图左下榜题"嘉禾"2字，纵13厘米，横6厘米。甘露降，位于白鹿下30厘米处，左下与嘉禾为邻，纵35厘米，横25厘米，绘一树形，树枝盘曲而生，露珠欲滴。树左下即承露人，纵15厘米，横6厘米，低头伸臂作接露状。承露人前榜题"甘露降"3字，纵15厘米，横6厘米。承露人左上榜题"承露人"3

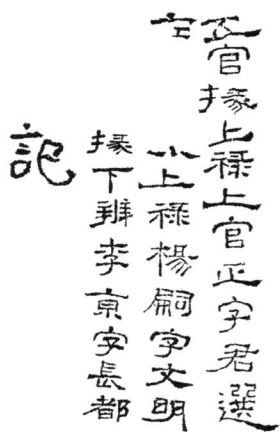

图2-16　"木连理"画像下题名

字，纵 11 厘米，横 5 厘米。

　　在《五瑞图》与正文间，刻有 2 行题记："君昔在黾池，修崤嵚之道，德治精通，致黄龙、白鹿之瑞，故图画其像。"计 26 字，字径 5 厘米。另外，在木连理图下 10 厘米处尚有 4 行小字题名，纵 36 厘米，横 21 厘米，可辨文字 34 字："五官掾上禄上官正，字君选。□□□□上禄杨嗣，字文明。□□□掾下辨李京，字长都。记。"（图 2-16）

　　《西狭颂》与《石门颂》《郙阁颂》并称为"汉三颂"。它是我国东汉时期杰出的摩崖巨构，其文体典雅，遣词精彩，集篆额、正文、题名、题记及刻图为一体。其气韵高古的书法艺术和宏朴简劲的汉画风格为中外书画家称赞不已。

**附：清·黄泳《磨崖碑赋》（乾隆三至六年，1738—1741）**

　　何云栈之崒嵂兮，凌穹窿而屼岌。眩峭壁之嶙峋兮，蠹蕊宫而霞叠。列锋戟乎崭岩兮，恍燕然之石碣尔。乃下瞰夫洞漸兮，俨鲸川之欲吸。径巉屼而砟礁兮，步羊肠而股慄。埒剑阁之天险兮，拟蚕丛之崚嶒。鸟惊飞而不下兮，兽停儦以敛歇。猿猱莫升其巅兮，隼鹰度而眼疾。贾人自崖而返兮，樵苏攀藤而眩绝。羌娲石其未补兮，混沌斧凿而莫及。怅窘足如登天兮，五丁亦难逞其力。惟天眷夫汉炎兮，诞武都之贤侯。公氏李而名翕兮，传伯都于千秋。宰黾池而治崤兮，辟西狭之巉崤。建阁道而达蜀滇兮，爰协恭于掾倚。运神斧而缵禹兮，亦梯险以通幽。瞩两岸以悬榷兮，跨一衡如浮舟。公乃乘橇檊，陟崟嶭。遴匠石，购松虬。镵魂礧，辟嵚嵝。辇连抱，架深沟。创云對于鸟道，回玉垒于神洲。上超百丈之长虹兮，下临千仞之巨流。岢峰转而如砥兮，崛突平而成邱。始临崖而彳亍兮，兹翔步而遨游。纵昏暮其若旦兮，忘阴覆之杞忧。于是，山灵感焉，地平堎垍，天瑞联翩。山挺菁英，泽出醴泉。民安仁寿，宝道聿宣。鹿皑皑而友麏麇兮，龙金容其见田。惟德化之春盎兮，知有感之必先。爰简循吏，武都借贤。嗣虞范而济美兮，膺廉石之二千。既而双岐麦秀，五穗禾鲜。木连理而并肩兮，蕉含露而甘妍。民争守夫两邦兮，惟郙阁之功绵。棠跋舍乎西坂兮，石能言夫清廉。乃勒绩于磐阿兮，召刽工而椠镌。绘遗像其森发兮，图潞仪于三边。阅汉魏而六朝兮，垂唐李而长沿。考"二颂"之竞美兮，志千载之功专。乃颙勋以丹珉兮，竣建宁之二年。历悠久而弥彰兮，稽牙碑而残编。崫中郎其未至兮，鲜黄绢之八研。陟悬崖而摹迹兮，惊子瞻之愕然。嗟史册之偶遗兮，寄荒碑于暮烟。惧鲁豕之失真兮，恐得鱼而忘筌。藉南丰之珥笔兮，继中玉之传篇。考核无讹，姓氏彰笺。旧迹新志，国门高悬。碎金散市，勋绩弥坚。今圣主其御宇兮，履荡平之王路。值金瓯之天保兮，恢版图于率土。瞻长城之兀兀兮，咸屏藩而疏附。披广舆于无外兮，恒搜文而稽古。《三都》不能擅其雄,《两京》亦难罄其赋。惟有功于民社兮,附明禋乎樽俎。若李侯之建绩兮,洵捍疆而保围。史荒而遗珠兮,颂悬崖而共睹。卓哉李公与日月同长兮,偕河山而并固。爰率士民而赓曰:"同谷之阳,周道孔长。实惟李侯,爰建其梁。西峡扩土,利赖无疆。勒珉悬石,继序不忘。"载赓曰:"悬崖之壁高峨峨,悬碑之迹手难摩,惟李公之勋绩,堪砺山而带河。编诸国志兮,万民永赖,亘千载而不磨。"

《磨崖碑赋》,清乾隆成县知县黄泳撰文,见录于《成县新志》卷四[1]。黄泳,字弘济,四川射洪举人。乾隆三年(1738)知成县事,乾隆七年解任。《成县新志》刊于乾隆六年,《磨崖碑赋》撰文当在乾隆三至六年(1738—1741)间。

### (一二)成县·东汉《天井道记》(建宁五年,172)

盖除患蠲难为惠,鲜能行之。斯道狭阻,有坂危峻,天井临深之阨,冬雪则冻渝,夏雨滑汰,顿踬伤害。民苦拘驾推排之役,勤劳无已,过者戦戦,以为大感。太守汉阳阿阳李君履之,若辟风雨。西部道桥掾李裋□镤锤西坂,天井山止□,入丈四尺。坚无臽溃,安无倾覆。四方赖之,民悦无疆。君德惠也,刊勒纪述,以示万载。

建宁五年四月廿五日己酉讫成。

《天井道记》,又称《武都太守李翕天井道碑》,或称《天井道碑》,摩崖刻石,东汉建宁五年镌刻,今佚。铭文据南宋洪适《隶续》收录。洪适"跋语"云:

《武都太守李翕天井道碑》,今在成州。灵帝建宁五年造。碑云:"斯道狭阻,有坂危峻,天井临深之阨,冬雪则冻,夏雨滑达。过者战战,以为大惐。李君履之,若辟风雨。西部道桥掾李裋,锤镤西坂。安无倾覆。四方赖之。"李君以建宁三年到部,明年治西狭,又明年治郙阁、治天井。可谓"除患蠲难",心乎惠民者。碑以"彊"为"疆","汰"即"汰"字,"戦"即"战"字,"臽"即"陷"字。[2]

洪适著述《隶释》时已论及《天井道记》,不过此仅为推测:

李君治武都桥道前后三处磨崖,栈险架桥则《郙阁》;凿崖治路则《西狭》《天井》。此碑灵帝建宁四年刻,彼两碑皆次年刻者,欧得其一,赵得其二。《天井》一碑是时未出……今集古之家,惟有"壬寅"一碑。"李雯定策",碑中不见。《天

---

① 黄泳:《成县新志》,载《中国方志丛书》(华北地方·第三三二号),台北成文出版社,1970年,第442—446页。
② 洪适:《隶释·隶续》,中华书局,1986年,第396页。

井》吏属却有李旻姓名。始知南丰非轻信异闻，必是西狭第二碑所载。近岁武都樵人斩刈藤蔓，始见石上有"天井"刻字，倚崖缚架，椎拓甚艰，寺僧或以恶木蔽晦，日后碑恐有此患。[①]

上文所谓"《天井》吏属"，实指《西狭颂》文后题名，而洪适以为另是他碑题名，故云。《天井道记》存在的另一个依据是王象之《舆地碑记目》引《同谷志》的记载：

《同谷志》云：后汉建宁四年，《武都太守李翕修道记》并《黄龙白鹿嘉禾甘露木连理石刻》；建宁五年《天井山修道记》；熹平三年《太守耿勋政绩记》并《题名记》。并在封泉保鱼窍峡。

《舆地碑记目》又云：

汉《天井山记》亦汉阳太守李翕建宁五年造。今藏碑之家惟有前一碑，四年所立者。后三碑，五年所立者少有之。又老农云："往年雷震，崖石仆地。"此碑不知所在，可惜也。[②]

## （一三）陕西略阳·东汉《郙阁颂》（建宁五年，172）

析里桥郙阁颂[一]（隶额）

惟斯析里，处汉之右，溪源漂疾，横柱于道。涉秋霖漉，盆溢滔[二]涌，涛波滂沛，激扬绝道。汉水逆让，稽滞商旅，路当二州，经用袊沮。沮县士民，或给州府，休谒往还，恒失日暮。行理咨嗟，郡县所苦。斯溪既然，郙阁[三]尤甚。缘崖凿石，处隐定柱，临深长渊，三百余丈。接木相连，号为万柱，过者慄慄，载乘为下。常车迎布，岁数千两，遭遇陨纳，人物俱陨。沉没洪渊。酷烈为祸，自古迄今，莫不创楚。于是，太守汉阳阿阳李君讳翕字伯都，以建宁三年二月辛巳到官，思惟惠利，有以绥济。闻此为难，其日久矣。嘉念高帝之开石门，元功不朽，乃俾衡官掾下辨仇审，改解危殆，即便求隐。析里大桥，于今乃造。校致攻坚，□□[四]工巧。虽昔鲁斑，亦莫儗象。又醳散关之嶔漂，从朝阳之平燿，减西□□[五]高阁，就安宁之石道。禹导江河，以靖四海。经记厥续，艾康万里。臣□□□[六]，勒石示后，乃作颂曰：

□□□□[七]，降兹惠君。克明俊德，允武允文。躬俭尚约，化流若神。爱民如□，□□[八]平均。精通皓穹，三纳苻银。所历垂勋，香风有邻。仍致瑞应，

---

① 洪适：《隶释·隶续》，中华书局，1986年，第53页。
② 王象之：《舆地碑记目》，商务印书馆，1939年，第118页。

丰稔□□。□□□<sup>[九]</sup>乐，行人夷欣。慕君靡已，乃咏新诗。

　　□□□□<sup>[一〇]</sup>兮，坤兑之间。高山崔嵬兮，水流荡荡。地既堵确兮，与寇为邻。□□□□□□<sup>[一一]</sup>以析分。或失绪业兮，至于困贫，危危累卵兮，圣朝闵怜。髦艾究□兮，幼□□□□<sup>[一二]</sup>救倾兮，全育子遗。劬劳日稷兮，惟惠勤勤。黄邵朱龚兮，盖不□□□□<sup>[一三]</sup>充赢兮，百姓欢欣。佥曰太平兮，文翁复存。

　　建宁五□□<sup>[一四]</sup>月十八日癸□<sup>[一五]</sup>。

　　时衡官□□□<sup>[一六]</sup>仇审字孔信。从史位□□□□<sup>[一七]</sup>字汉德为此颂。故吏下辨□□□<sup>[一八]</sup>子长书此颂。时石师南□□□□<sup>[一九]</sup>威明。

［一］析里桥郙阁颂：隶额。洪适《隶续》卷七："《郙阁颂》隶额二行，文十九行，行二十七字，太守汉阳李翕平阙，颂后又有诗并别行。"[1]

［二］滔：洪适《隶释》卷四作"缺"[2]。翁方纲《两汉金石记》作"氵"[3]。

［三］郙阁：明嘉靖《略阳县志》载："郙阁，县西二十里，崖高数十丈，俗名'白崖'，一名'析里'。其崖临白水江，凡水溢，上下不通，汉时泰〔太〕守李会（蔡按，'会'为'翕'之误。源于欧阳修《集古录》）凿石架木建阁，以济行人，名曰'郙阁'，今废崖址犹存。"[4]包山楚简中有"郙"字。如145简有"郙客"，同"东周之客""燕客""秦客""魏客""越客"并列。足以证明"郙"乃地名且能同燕、秦、魏、越排在一个层次上的诸侯国。李学勤先生考证认为，"包山楚简'郙'即巴国"[5]。

［四］□□：《两汉金石记》："此二字洪（蔡按，即洪适《隶释》）所阙，今重刻本作'结构'。"日本·古田康子《〈西狭颂〉和〈郙阁颂〉》[6]作"穷极"。

［五］□□：《两汉金石记》："此二字洪阙，今重刻本作'浚之'。"古田康子作"狭之"。

［六］□□□：《两汉金石记》："三字洪阙，今重刻本作'蔡鸿功'。"古田康子作"吏纪功"。

［七］□□□□：《两汉金石记》："四字洪阙，今重刻本作'上帝经臣'。"古田康子作"上帝禹仁"。

① 洪适：《隶释·隶续》，中华书局，1986年，第368页。

② 洪适：《隶释·隶续》，中华书局，1986年，第53页。

③ 翁方纲：《两汉金石记》，载《石刻史料新编》（第一辑第10册），台北新文丰出版公司，1982年，第7385—7386页。

④ 李遇春：《略阳县志》卷一，上海古籍书店据宁波天一阁藏明嘉靖刻本影印，1963年。

⑤ 李学勤：《包山楚简"郙"即巴国说》，《四川师范大学学报》2006年第11期。

⑥ 古田康子：《〈西狭颂〉和〈郙阁颂〉》，载高天佑编译《西狭颂研究在日本》，兰州大学出版社，2000年，第70—71页。

　　［八］□□□:《两汉金石记》:"三字洪阙,今重刻本作'子遐迩'。"古田康子作"子布政"。

　　［九］□□□□□:《两汉金石记》:"五字洪阙,今重刻本作'年登居民忭'。"古田康子作"洧臻居安欢"。

　　［一○］□□□□:《两汉金石记》:"四字洪阙,今重刻本作'曰析里之'。"古田康子作"惟斯析里"。

　　［一一］□□□□□□:《两汉金石记》:"六字洪阙,今重刻本作'西陇鼎峙分东'。"古田康子作"民生不草分遂"。

　　［一二］□□□□□□:《两汉金石记》:"此十一字据洪如此,今重刻本云'分符析壤分乃命是君扶危'。"是实,洪适《隶释》作"缺五字"。古田康子作"稚□□振敝"。

　　［一三］□□□□:《两汉金石记》:"此十一字据洪如此,今重刻本作'拯常享屯分疮痍始起启门'。"是实,洪适《隶释》作"缺四字"。申如埙补刻作"拯溺享屯分疮痍始起间□",高天佑先生认为申补文当释作"间阎"①。古田康子作"远人仓庾"。

　　［一四］□□:洪适《隶释》作"缺二字",《两汉金石记》:"'月'上阙字,而赵湖洲《金石录》作'二月',据此则二月是丙戌。"所缺二字为"年二"。

　　［一五］癸□:洪适《隶释》作"下缺",《两汉金石记》:"其(二月)十八日是癸卯也。"

　　［一六］衡官□□□:洪适《隶释》作"缺三字"。《两汉金石记》:"'衡官'下阙据本碑当是'掾下辨'三字。"

　　［一七］从史位□□□□:洪适《隶释》作"缺四字"。据《西狭颂》"文后题名"第十行考之,"从史位"下所缺为"下辨仇靖"四字。

　　［一八］故吏下辨□□□:《两汉金石记》:"顾南原云:'故吏下辨'下缺三字,《天下碑录》以为'仇子长名绋',未知何据?岂作碑录时其三字犹未阙耶?愚按,小欧阳《集古录目》郙阁颂条下云:'不著撰人名氏,汉仇绋隶书。'此以子长为即仇绋,又一证矣。然题名固云汉德为颂,子长书颂,而小欧乃云'不著撰人名氏',则欧阳氏藏本想已缺其后题五行者耶?至赵子函援马伯循说,以为蔡中郎书,则又并小欧阳之说,亦未之见者矣。"

　　［一九］南□□□□:高天佑《西狭摩崖石刻群研究》试释为"南郑□□字"。

---

① 高天佑:《西狭摩崖石刻群研究》,兰州大学出版社,1999年,第283页。

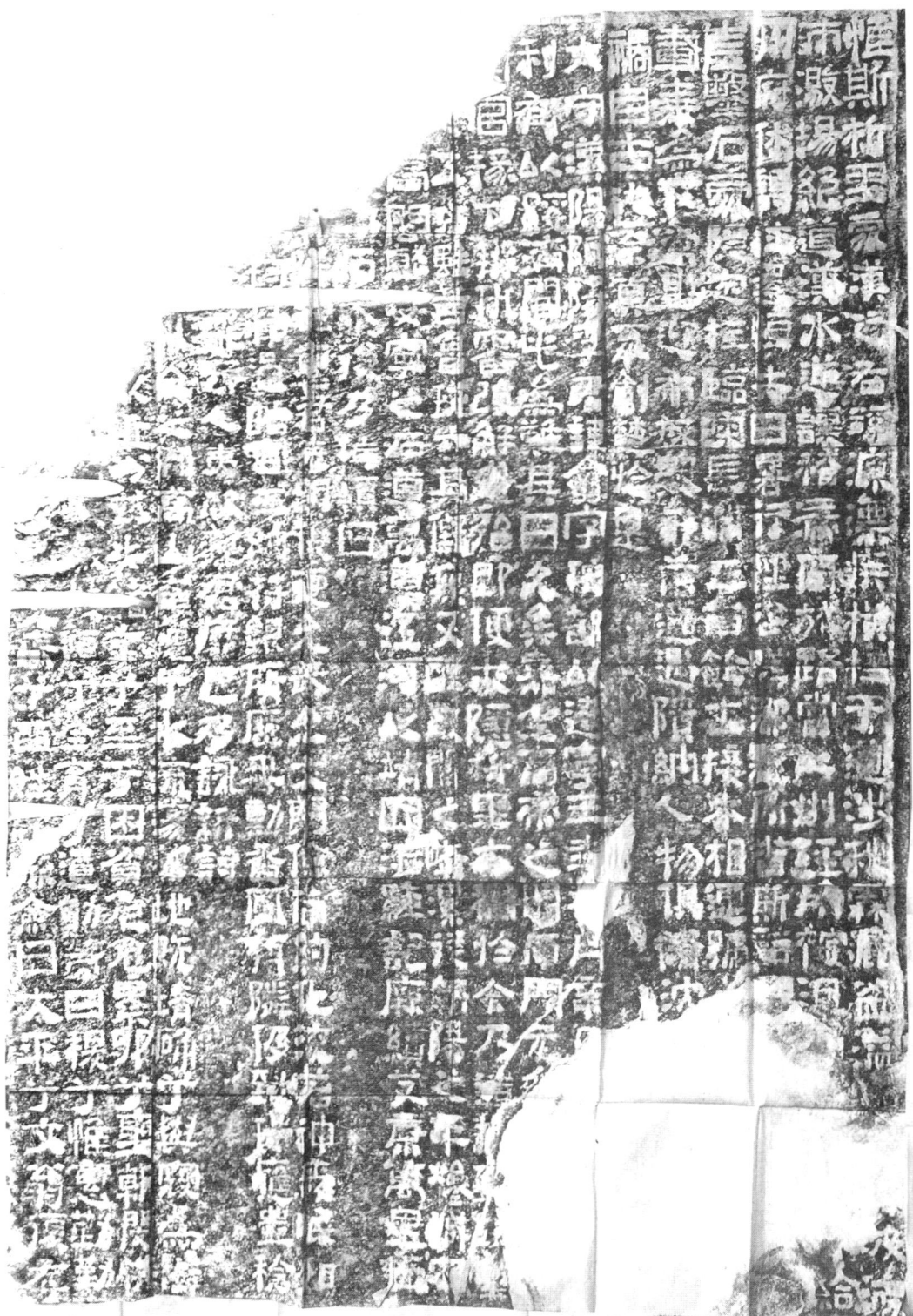

图 2-17 郙阁颂（李新平　藏拓）

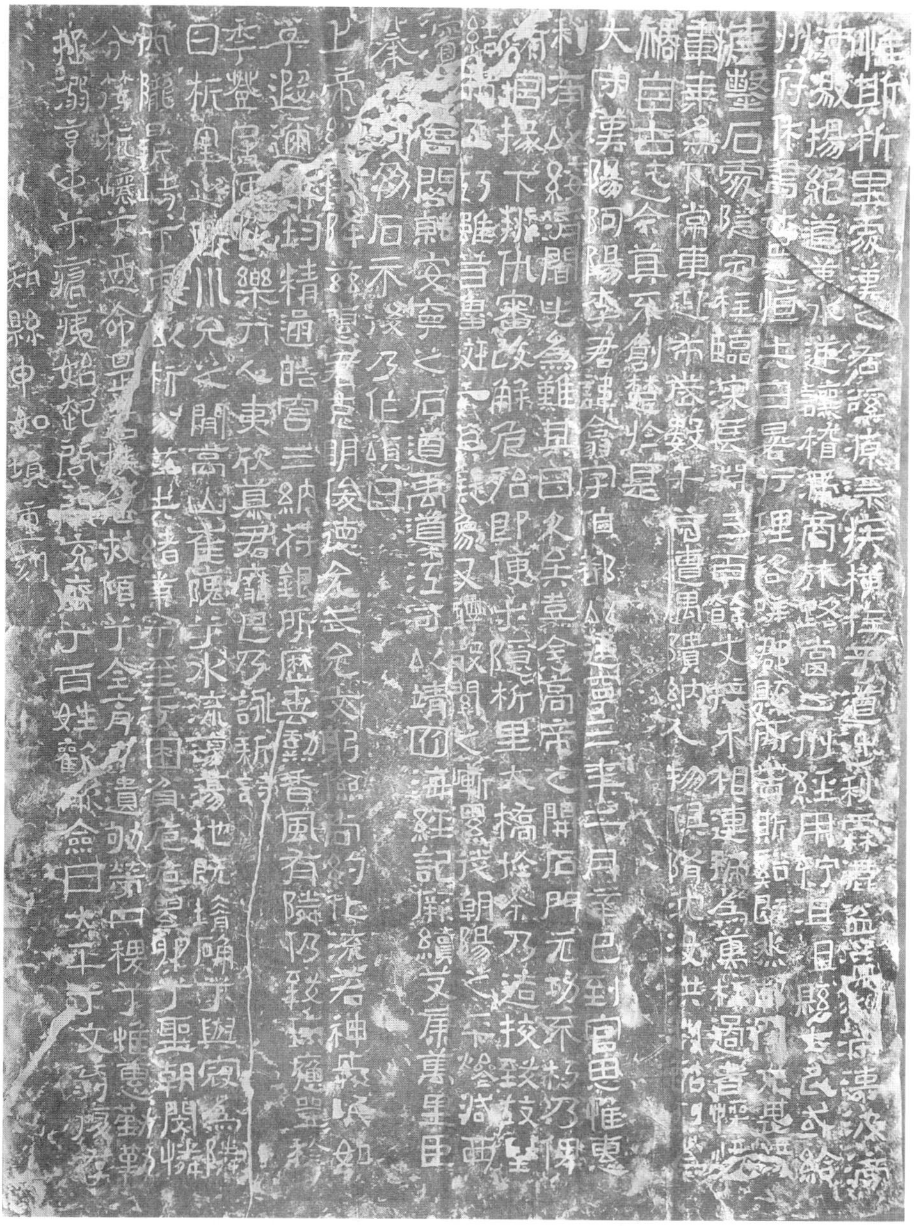

图 2-18 田克仁郙阁颂仿刻

《郙阁颂》（图 2-17），全称《汉武都太守李翕析里桥郙阁颂》，东汉灵帝建宁五年（172）镌石，原在陕西省略阳县徐家坪乡宜口村嘉陵江西岸山崖间。1977 年 11 月，因修筑沿江公路，凿迁时摩崖被炸成 170 余块，残石复合后置于略阳城南灵岩寺。摩崖通高 164 厘米，宽 116 厘米。隶额阴刻"析里桥郙阁颂"2 行 6 字。正文 19 行，满行 27 字，共计 472 字。正文后尚有五行小字，用以纪年、题名。《郙阁颂》摩崖宋代时已极残泐，以上铭文据洪适《隶释》录入。

南宋理宗绍定三年（1230），沔州（今略阳）太守田克仁见《郙阁颂》原刻露处江边，受风雨侵蚀，剥落日甚，恐久而绝迹，便仿原石形制大小，摹刻于灵岩寺（2-18）。在仿刻近旁，有一方楷书题刻记录《郙阁颂》仿刻始末：

> 汉武都太守李翕修析里郙阁碑，在今沔州西二十里之金堂阁。岁久昏蚀，殆不可读。克仁开禧间得旧墨本于京口，勘之欧阳公《集古录》、洪氏《隶释》及郡志所载，亡缺差少。来守是邦，因勒诸灵岩寺之石壁，以永其传。

> 绍定三年五月既望，临沂田克仁书。（图 2-19）

田氏《郙阁颂仿刻》之形制、大小和章法布白与原刻基本相似，但字画光洁，转折生硬，收笔处多尖利（或为刻工粗劣所致），时出楷意，古意甚微（图 2-20）。

在田克仁《郙阁颂仿刻》末行有"知县申如埙重刻"字样。申如埙，明代略阳知县。仿刻左上角本田氏尊重原刻残缺处，申氏又另增刻五十二字。申氏补刻，书法丑陋，字迹庸俗，谬误极多。翁方纲《两汉金石记》称：

> 以重刻本（田克仁仿刻）谛审之……虽刻手殊拙，然规模粗存。至其后所补上方五十二字者，则益加丑恶，不复成字，且此五十二字者与洪氏所存无一字合。[1]

李慈铭《汉析里郙阁颂题跋》批评道：

> 申如埙补刻，本洪文惠《隶释》所阙字。如"溢"下为"滔"，"巛"上为"陬"，皆尚隐隐可辨，"育"下为"子"则不可识矣。如埙所补者，虽描摹字画，意在逼真，而散弱无结构，视原本之浑逸相判天渊，其造语亦浅拙，明是以意为之，或疑其别得旧拓，不知文惠之好古在南宋时尚不得见，况如埙乎？惟此实是补刻，非重刻，陈子文辨之是也！《析里》《西狭》摩崖至今完好，而此遭窜乱，甚可愊恨！明人之妄，往往如是。[2]

---

① 翁方纲：《两汉金石记》，载《石刻史料新编》（第一辑第 10 册），台北新文丰出版公司，1982 年，第 7386 页。
② 李慈铭：《越缦堂文集》，载《近代中国史料丛刊续编》（第十七辑），台北文海出版社，1982 年，第 205 页。

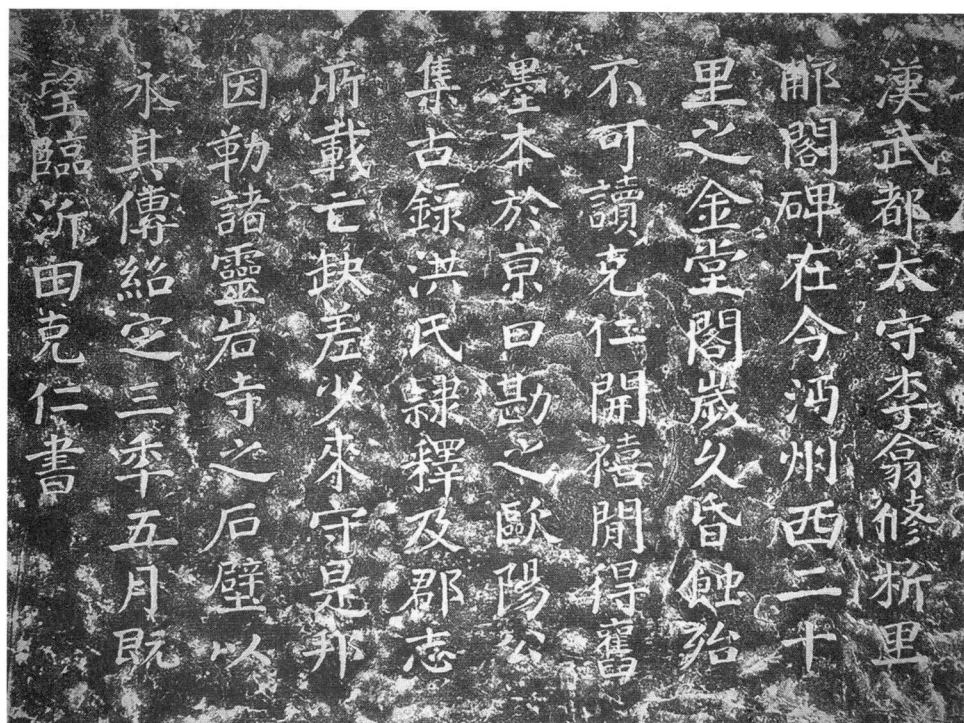

图 2-19　田克仁题记

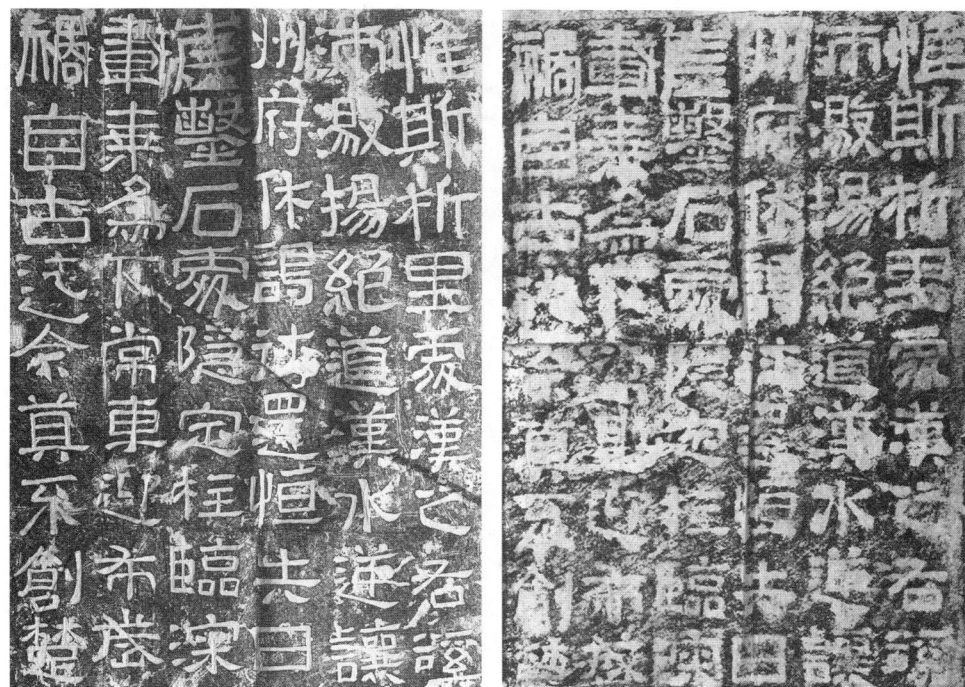

图 2-20　田克仁郙阁颂仿刻与原刻比较

近期,我在网上购得一件清人《郙阁颂》仿刻拓本,形制较小(纵 32 厘米,横 30 厘米),.录文准确,摹刻精细,其书法明显优于田克仁仿刻。虽然笔法未脱离清人作隶之习气,但字形却与《郙阁颂》原刻颇有几分相似(图 2–21)。

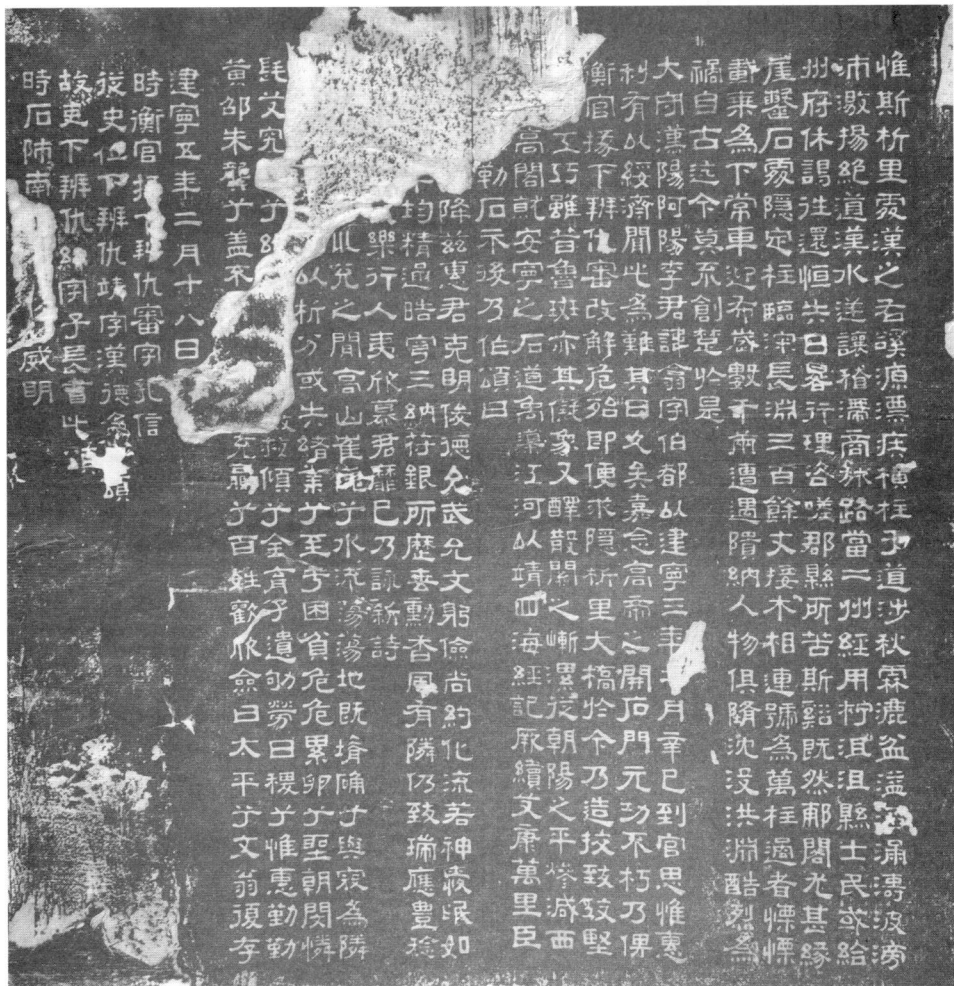

图 2–21　郙阁颂仿刻(清代)

## (一四)成县·东汉《耿勋表》(熹平三年,174)

汉武都太守耿君表[一](隶额)

汉武都太[二]守[三]右扶风茂陵耿君,讳勋,字伯玮。其先[四]本自钜[五]鹿,世有令名。为汉建功,俾侯三国。卿[六]守将帅,爵[七]位相承,以迄于君。君敦诗说礼,家仍典军;压[八]难和戎,武虑[九]慷慨。以得[一〇]奉贡上计,廷陈惠康安边之谋[一一]。上纳其谟,拜郎[一二]、上党府丞。掌令考绩有成,苻英乃胙[一三]。熹平二年三月癸酉到官[一四]，奉[一五]宣诏[一六]书，哀闵垂恩。猛[一七]不残义，宽不宥奸，喜不纵愿，威不戮仁。赏恭罚否，异奥□[一八]流。其于统系[一九]，宠存赠亡，笃之至也。岁在癸丑，厥运淫[二〇]雨，伤害稼穑。率土普议[二一]，开[二二]仓振澹。身冒炎赫火星之热，至属县巡行穷[二三]匮。陟降山谷[二四]，经营拔涉，草止露宿，扶活□餐[二五]，千有余人[二六]。出奉钱市[二七]，□□作[二八]衣赐给贫乏，发荒田耕种。赋与[二九]寡独王佳小男杨孝等三百余[三〇]户。减省贪[三一]吏二百八十人。劝勉趋时，百姓乐业[三二]。老者得终其寿，幼者得以全育。甘棠之爱，不是[三三]过矣。又开故道铜官，铸[三四]作钱器[三五]，兴利无极。外羌氏若[三六]等，怖威悔恶[三七]，重译[三八]乞降，修治狭道。分子效力，□如农[三九]，得众兆之欢心，可谓印[四〇]之若明[四一]神者已。夫美政[四二]不纪，人无述焉。国人金[四三]叹，刊勒斯石，表示无穷。其辞曰：

泰华惟岳，神曜吐精[四四]。育兹令德[四五]，既喆且明。寔谓耿君，天[四六]胙[四七]显荣。司牧莅政，布化惟成。柔嘉惟则，穆如风清。勤恤民隐[四八]，拯阨扶倾。匪[四九]皇启处[五〇]，东抚西征。赤子遗慈，以活以生。山[五一]灵挺宝，匈灾乃平[五二]。恺悌父母，民赖以宁。

熹平三年四月廿日壬戌。西部道桥掾下辨李禔造。

[一]汉武都太守耿君表，隶额一行今存。关于《耿勋表》题额，洪适《隶续》未载，翁方纲《两汉金石记》云："《汉武都太守耿勋碑》，今所见拓本无额，此据洪氏《隶续》标目云尔。"[1]高天佑《西狭摩崖石刻群研究》称："题额为隶书阴刻，竖排一行，位于摩崖文正中上方，与《西狭颂》篆额不同。近年始有拓本传世，计'汉武都太守耿勋表'八字。"[2]高君误将"君"字释作"勋"。

[二]汉武都太：《两汉金石记》："此四字今已经重凿。"

[三]守：《两汉金石记》："此字今阙，据洪录之。"今石"守"可辨，似重凿。

[四]其先：《两汉金石记》："此二字今重凿。"

[五]钜：《两汉金石记》："此字据洪。"

[六]卿：《两汉金石记》："此字据洪。"

[七]爵：《两汉金石记》："此字据洪。"

[八]军压：《两汉金石记》："此二字据洪。"

[九]虑：《两汉金石记》："此字据洪。"

① 翁方纲：《两汉金石记》，载《石刻史料新编》（第一辑第10册），台北新文丰出版公司，1982年，第7387页。
② 高天佑：《西狭摩崖石刻群研究》，兰州大学出版社，1999年，第314页。

［一〇］得：《两汉金石记》："此字据洪。"

［一一］安边之谋：洪适《隶续》作"安遏之谋"①，高天佑言："考之原刻，复验之清仿刻本，应为'安边之谋'。"②以今拓观之，高君所言甚是，"边"（邉）字上部"自"旁清晰。

［一二］郎：今拓可辨。吴鹏翱《武阶备志》卷一七误作"节"③。

［一三］符荚乃胙：今拓如此。洪适《隶续》作"符荚□胙"，《两汉金石记》作"符英乃胙"。钱大昕《潜研堂金石文跋尾》云："翁阁学《金石记》中辨之审矣，唯'符荚乃胙'一句，洪氏《隶续》阙'乃'字，而'荚'字未误，翁谓洪误释为'英'，此刊本之讹。予家藏钞本犹未作'英'也。'荚'与'筴'同，即'策'字，汉时郡守赐虎符及策书，故有'符荚'之语，翁释为'筭'，恐未然。"④

［一四］癸酉到官：今石作"六日郎官"。洪适《隶续》作"癸酉到官"，《两汉金石记》："'酉到官'此三字今石已经重凿讹作'日郎官'。"未言"癸"重凿为"六"，王昶《金石萃编》将"癸酉到官"释为"六日郎官"⑤。

［一五］奉：今石重凿。

［一六］诏：《两汉金石记》："此字据洪。"

［一七］猛：《两汉金石记》："此字据洪。"

［一八］奥□：《两汉金石记》："奥，此字据洪。□，洪阙，今仅辨下半如。"

［一九］系：洪氏《隶续》阙，《两汉金石记》释"系"。

［二〇］运淫：《两汉金石记》："此二字据洪。"

［二一］议：《两汉金石记》："此字据洪。"

［二二］开：今石重凿。

［二三］穷：《两汉金石记》："此字据洪。"

［二四］山谷：此二字今石重凿。

［二五］□餐：《两汉金石记》："此字洪阙，今仅辨下半如'食'。"洪颐煊《平津读碑记》卷一："'扶活'下《隶续》作'□餐'，谛审此碑是'餍餈'二字，内则注似今膏餍矣。《说文》：餈，小儿懒餈。"⑥

---

① 洪适：《隶释·隶续》，中华书局，1986年，第392页。

② 高天佑：《西狭摩崖石刻群研究》，兰州大学出版社，1999年，第316页。

③ 吴鹏翱：《武阶备志》，载《中国地方志集成》（甘肃府县志辑10），凤凰出版社，2008年，第174页。

④ 钱大昕：《潜研堂金石文跋尾》，载《石刻史料新编》（第一辑第25册），台北新文丰出版公司，1982年，第18744页。

⑤ 王昶：《金石萃编》卷一五，陕西人民美术出版社，1921年影印扫叶山房本。

⑥ 洪颐煊：《平津读碑记》，载《石刻史料新编》（第一辑第26册），台北新文丰出版公司，1982年，第19356页。

［二六］余人，此二字今石重凿。

［二七］市：洪氏《隶续》作"两"，《两汉金石记》作"市"，从之。

［二八］作：洪氏《隶续》作"振"，《两汉金石记》释"作"，从之。

［二九］与：洪氏《隶续》阙，今石作"与"，《两汉金石记》已增补。

［三〇］余：《两汉金石记》："此字据洪。"

［三一］贪：《两汉金石记》："此字据洪。"

［三二］劝勉趋时，百姓乐业：此八字今石重凿，"勉"作"课"。《两汉金石记》："勉，此字今石上重凿是'课'字，据洪氏作'勉'字。"

［三三］是：此字今石重凿。

［三四］铸：《两汉金石记》："此字据洪。"

［三五］器：《两汉金石记》："此字据洪。"

［三六］外羌氏若：洪氏《隶续》作"外羌且□"，所谓"且"者，今石重凿，谛审之似"氏"字，隶法与篆字近，诸家释作"且"。若，洪颐煊释作"居"："'外羌且'下《隶续》作'□'，谛审此碑是'居'字。"① 高天佑以原石辨为"若"②。

［三七］怖威悔恶："怖""悔"二字今石重凿。

［三八］译：《两汉金石记》："此字今石重凿作'都'，而右半'睪'字尚可见，据洪作'译'也。"

［三九］□如农：《两汉金石记》："此三字今石重凿作'大小民'三字，止占下二格，其上一字洪氏所阙处，则隐隐似是'后'字，今仍依洪书之。"

［四〇］印：高天佑先生释作"抑"，异于原石。

［四一］明：《两汉金石记》："此字今石重凿。"

［四二］政：《两汉金石记》："此字据洪。"

［四三］㑈：今石作"㑈"，清晰可辨。洪氏《隶续》误作"命"，《两汉金石记》已辨。

［四四］精：此字重凿。

［四五］兹令德："兹"今石讹凿作"能"；"令德"重凿。

［四六］耿君天：此三字今石重凿。

［四七］胙：《两汉金石记》："此字据洪。"

［四八］如风清勤恤民隐：此七字今石重凿。

---

① 洪颐煊：《平津读碑记》，载《石刻史料新编》（第一辑第26册），台北新文丰出版公司，1982年，第19356页。
② 高天佑：《西狭摩崖石刻群研究》，兰州大学出版社，1999年，第332页。

［四九］匪：《隶续》阙，《两汉金石记》释作"匪"，从之。

［五〇］启处：《隶续》阙，《两汉金石记》释作"启处"，从之。

［五一］以活以生山：此五字今石重凿。

［五二］匈宄乃平：《隶续》作"匈□字平"，据《两汉金石记》补。

《耿勋表》（图2-22），全称《汉武都太守耿君表》，又称《耿勋碑》《汉武都太守耿勋碑》。摩崖刻石，东汉灵帝熹平三年（174）造，今存甘肃成县西狭东段峡谷（距《西狭颂》约1.5公里）北侧岩壁上。摩崖通高260厘米，正文纵150厘米、横145厘米，隶书22行，满行22字，凡455字，字径6厘米。隶额"武都太守耿君表"1行8字，居正文正上方，纵90厘米，横12厘米，字径约11厘米。

武都太守耿勋，字伯玮，右扶风茂陵人（今陕西兴平东北）。耿勋是李翕的继任者，于熹平二年（173）三月到任。崖壁所在石面凹凸不平，石质恶劣，又常年裸露，风吹日晒，雨水冲刷，铭文已漫漶难识。自清代以降，屡经浅人剜刻，近十字与洪适《隶续》录文不合。

《耿勋表》书法体质古朴，结字舒阔，运笔稳健。娄机《汉隶字源》称其"字与《郙阁颂》相类"[1]；翁方纲《两汉金石记》评价说"碑字径一寸五分，虽与《郙阁》大小相埒，而疏泐之中仍具劲逸之势"[2]；杨守敬《评碑评帖记》谓"与《西狭颂》《郙阁颂》相似，而稍带奇气"[3]；康有为《广艺舟双楫》则云"《耿勋》《郙阁》古茂亦相类"[4]。高天佑先生曾对《耿勋表》与《西狭颂》文本进行过比较：

> 《耿勋表》与《西狭颂》二者之间，无论从作文的总体构思、行文的写作顺序，还是词语的复现使用及其配置方面，的的确确存在着非同一般的相似性。而这一相似性，本质上正是作者在文学创作中立意、构思等形象思维方式上的相似性在文章中的无意识显现，是作者作为特定个体的特定思维模式通过主体创作之时潜意识的自然表露。[5]

高君从两块摩崖文风的一致性，进而推论出《耿勋表》之撰文者就是仇靖。当然，《耿勋表》与《西狭颂》的书法风格也存在某些相似性。因此，其书丹者抑或为下辨仇靖。《耿勋表》较《西狭颂》笔画稍粗，结字稍紧，依然杂有篆书及楷书笔法。篆意

① 娄机：《汉隶字源》卷一，光绪三年（1877）思进斋刻本。

② 翁方纲：《两汉金石记》，载《石刻史料新编》（第一辑第10册），台北新文丰出版公司，1982年，第7388页。

③ 杨守敬：《杨守敬评碑评帖记》，文物出版社，1990年，第34页。

④ 康有为：《艺广舟双楫注》，崔尔平校注，上海书画出版社，2006年，第88页。

⑤ 高天佑：《西狭摩崖石刻群研究》，兰州大学出版社，1999年，第338页。

图 2-22　耿勋表

者如"以、爱"等,楷意者如"人、天"等。总之,二者书法风格上的相似性显而易见(见下表)。

| 例字 | 耿勋表 | 西狭颂 | | 例字 | 耿勋表 | 西狭颂 |
|---|---|---|---|---|---|---|
| 君 | | | | 时 | | |
| 德 | | | | 爱 | | |
| 人 | | | | 趋 | | |
| 以 | | | | 是 | | |
| 不 | | | | 山 | | |
| 李 | | | | 过 | | |
| 穆如清风（穆如风清） | | | | 民 | | |
| | | | | 得 | | |
| | | | | 百 | | |
| | | | | 姓 | | |

### （一五）汉"武都太守章"封泥

武都太守章。

"武都太守章"封泥，汉代，出土、尺寸不详，印迹见于吴幼潜《封泥汇编·郡国官印封泥》[1]，《封泥考略》卷四共收录"武都太守章"封泥六枚（图2-23）（吴式芬、陈介祺各藏三枚，其中两枚下半残缺），另外卷七还收录"阴平道长"封泥一枚（陈介祺藏），记录说："封泥四字印文曰：'阴平道印'，按《汉书·地理志》：阴平道属广汉郡。不著官号，与新丰之印诸印同。"[2]

图2-23　"武都太守章"封泥

### （一六）汉"下辨令印"

下辨令印。

"下辨令印"（图2-24），汉代，出处不详，载录于《古印集萃》（秦汉魏晋南北朝卷一）[3]，白文，边长2.2厘米，材质、钮制不详。

图2-24　下辨令印

### （一七）东汉·鎏金棺饰（成县博物馆藏）

天门。

鎏金棺饰（图2-25），东汉，1976年成县城关北石碑坝汉墓出土[4]，今存成县文化馆。棺饰为黄铜圆形薄片，直径38厘米，图案鎏金，饰双阙门，上部有神云兽，右立一鸟。圆心有孔，近圆心上方书"天门"2字。中下有垂拱趺坐者，神态安详，图案空隙间饰以灵芝。此棺饰纹饰精细，庄重典雅。

① 吴幼潜编：《封泥汇编》，上海古籍书店，1984年，第54页。
② 吴式芬、陈介祺：《封泥考略》，载《续修四库全书》（第1109册），上海古籍出版社，2002年，第631、21页。
③ 来一石编：《古印集萃·秦汉魏晋南北朝卷一》，荣宝斋出版社，2000年，第10页。
④ 甘肃省武都地区文化教育局编：《武都地区文物概况》（内部资料），西安市第三印刷厂，1982年，第44页。

图 2-25　鎏金棺饰

## （一八）东汉·双鱼铜铣（成县博物馆藏）

宜二千石。

双鱼铜铣（图 2-26），东汉，1976 年成县城关北石碑坝汉墓出土，今存成县文化馆。铜铣高 16 厘米，平底鼓腹，腹径 33 厘米，底径 20 厘米；外腹起线，左右有兽形耳；器底部铭文"宜二千石"4 字，隶书，字径约 3 厘米；两侧饰双鱼图案，首尾交错。

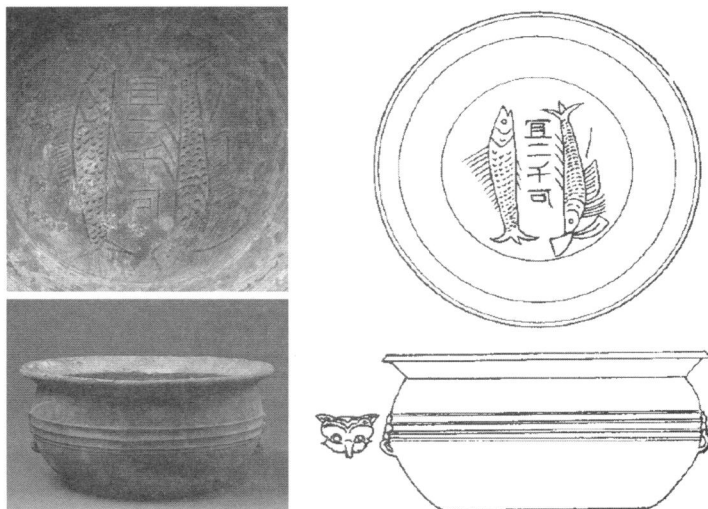

图 2-26　双鱼铜铣

### （一九）东汉·规矩铜镜（成县博物馆藏）

#### 1. 规矩铜镜一

子丑寅卯辰巳午未申酉戌亥。

尚方作竟（镜）真大好，上有仙人不知老，渴饮玉泉饥食枣，浮□（由）天下亲四海，寿如金石。

规矩铜镜一（图 2–27），1979 年出土于成县西高桥之景峰。直径 21 厘米，中心圆钮，周饰柿蒂纹。内区、中区以矩形双线间隔，线内外饰乳钉图案。矩形内乳钉间铸"十二地支"铭文为"子丑寅卯辰巳午未申酉戌亥"12 字，三字一组，分列四方。中区有"T、L"形图案，间绘"十二生肖"

图 2–27  规矩铜镜一

之八种。中区与外区以圆形双线间隔，二线间铸铭文 32 字云："尚方作竟（镜）真大好，上有仙人不知老，渴饮玉泉饥食枣，浮□（由）天下亲四海，寿如金石。"（末 4 字密集排列）边区饰以三角形锯齿纹。矩形四方所对边区左右饰"五珠"钱形图案，上下则铸二动物图案。整个铜镜细密精巧，图文并茂。铭文字体介于篆隶之间，意味隽永。

#### 2. 规矩铜镜二

尚方作竟（镜）真大好，上有山（仙）人不知老，渴饮玉泉饥食枣，浮由天下。

规矩铜镜二（图 2–28），与规矩铜镜一同时同地出土。形制相似，较其简略。铭文环列 25 字："尚方作竟（镜）真大好，上有山（仙）人不知老，渴饮玉泉饥食枣，浮由天下。"

图 2–28  规矩铜镜二

## （二〇）东汉"长宜子孙"铜镜（成县博物馆藏）

长宜子孙。

图 2-29　"长宜子孙"铜镜

"长宜子孙"铜镜（图 2-29），东汉，1979 年成县西高桥出土。凡大小两面，图案铭文仿佛，一径 22.3 厘米，一径 15.5 厘米。半球钮，内区铭文 4 字篆书云"长宜子孙"。外区为半弧纹，素边宽沿。

## （二一）汉"陶盖朱书"（文县赵广田白马民俗馆藏）

荔实五升，黄卷三升。

"陶盖朱书"（图 2-30），汉代，2009 年出土于文县尚德乡王家坪村，现藏赵广田白马民俗馆。朱文书于陶器盖上，陶盖直径 14.3 厘米，朱书 2 行，隶书。相关图文信息由文县文化馆罗愚频馆长提供。荔实、黄卷皆为中药材，疑原器为药材储存罐。

图 2-30　陶盖朱书

### （二二）成县·汉《善不得取砖铭》（无纪年）

善。不得取。庸襄自食，平哀□□怀。三丈之下却得累柏之棺……

《善不得取砖铭》（图2-31），无纪年，今存成县博物馆。从文字看，有古隶之风，当为汉砖。砖纵35厘米，横16厘米，厚6.5厘米。铭文铸于左侧，阳文2行，约30字，字径2厘米，有单线边栏。内容在其他汉魏砖文中未见。

图2-31　善不得取砖铭（宋涛　拓）

图2-32　寿万年吉语砖

### （二三）礼县·汉《寿万年吉语砖》（无纪年）

寿万年，宜子孙；家大富，宜多田；牛百头，羊满千。

《寿万年吉语砖》（图2-32），无纪年，礼县境内出土，今由西安岳奇先生收藏。砖纵36厘米，横18厘米，厚6.5厘米。砖文汉隶18字，共3行，行6字，系湿刻而成，结字粗犷，笔法拙朴，古厚可爱，必是汉家遗物。

## （二四）西和·汉《李夏墓室题记》（无纪年）

　　此李君夏舍也……二年二月九日……

　　此群羊也。

　　此群牛也。

　　此人如也。

图 2-33　李夏墓室题记

　　李夏墓葬，1990 年发现于西和县大桥乡马家集村。墓葬由墓道与单墓室组成，墓室长 200 厘米，高 150 厘米，呈南北走向。墓室四周及顶部均有彩绘壁画，其中最右侧绘一直立成年男子，着红褐色直裾，双手前伸。壁上朱书题记："此李君夏舍也……二年二月九日……"（图 2-33）隶书 2 行，书写随意。壁画另有"斗鸡图""骑射图"等，榜题"此群羊也""此群牛也"等。新版《西和县志》① 定为东汉墓，张一弛、张士伟二先生考证为曹魏使者李夏舍墓，约葬于魏太和二年（228）②。甘谷张驰先生告知笔者，以为"舍"即墓地，非人名，墓主当为"李夏"，非"李夏舍"。

---

① 西和县志编纂委员会：《西和县志》，甘肃文化出版社，2014 年，第 544 页。

② 张一弛、张士伟：《曹魏使者李夏舍墓及其壁画研究》，《西北美术》2016 年第 1 期。

# 第三编　魏晋南北朝

### （一）西和"晋归义羌侯"印

晋归义羌侯。

"晋归义羌侯"印（图3-1），晋代，金质，双峰跪式驼钮，通高3厘米，边长2.3厘米，1961年西和县西高山出土。当时还出土另一枚金印，印文为："晋归义氐王"。后来又出土一枚"魏归义氐侯"金印，此三印现均藏甘肃省博物馆。甘肃省博物馆还藏有一枚宕昌县化马乡出土的"魏率善羌仟长"铜印，形制与西和所出金印相近。

据《汉官仪》记载："天子玺，皆白玉，螭虎钮。""王公侯，金；二千石，银；千石以下，铜印。"[①]陈松长《玺印鉴赏》写道："魏晋南北朝时

图3-1　晋归义羌侯印

期颁给少数民族官印的钮制也与两汉颁给少数民族官印的钮制大体相同。多以驼钮为主，驼的造型多取跪式，或一驼峰，或二驼峰具现，有的则简略驼峰的造型，仅以二层背脊线表示，其造像多取外轮廓而不追求细部刻画，显得粗率而随意。"[②]

### （二）北魏《仇池镇封道珍铭》（承明元年，476）

承明[一]元年十一月廿四日，仇池镇[二]乞万真[三]封道珍铭。

[一]承明，北魏孝文帝元宏的第二个年号，此年号仅存在半年（476年6月至12月），随后改元太和。

[二]仇池镇，在今甘肃省西和县境内。原为"仇池郡"，北魏太平真君七年（446）改名"仇池镇"。天水麦积山石窟第78窟有"仇池镇经生王□□供养十方诸佛"的墨书题记[③]。

[三]乞万真，《南齐书·魏虏传》："国中呼内左右为'直真'，外左右为'乌矮真'……通事人为'乞万真'。"[④]所谓通事人就是我们现在所说的"翻译官"，所以"乞万真"是鲜卑人的职官号[⑤]。

---

① 应劭：《汉官仪》，商务印书馆，1939年，第48页。

② 陈松长：《玺印鉴赏》，漓江出版社，1993年，第44页。

③ 张学荣：《麦积山石窟的新通洞窟》，《文物》1972年第12期。

④ 萧子显：《南齐书》，中华书局，1972年，第985页。

⑤ 乌其拉图：《〈南齐书〉中部分拓跋鲜卑语名词的复原考释》，《内蒙古社会科学》2002年第6期。

《仇池镇封道珍铭》（图 3-2），出土地不明，北魏承明元年（476）砖刻。今由高天佑先生收藏。砖纵 36 厘米，横 18 厘米，厚 5 厘米。铭文楷书 2 行，行 10 字，字径约 4 厘米。铭文也可以自左向右释读。

### （三）陕西略阳·南朝齐《杨文弘墓志》（约建元四年，482）

图 3-2　仇池镇封道珍铭

　　祖寿[一]，尚书侍中、安东……父伯宜[二]，镇
□将军，谥……宋（故）使持节都（督）……尉、北
（秦）州刺史、武……王，讳黍，字文弘[三]，其先……
蕃王。君少丁酷罚，长（遭）……南亩，尽养内亲，
孝行既著……言温，侠旷终（能）……功金石，祖
祢……□齐建（元）[四]……

[一]寿：即杨寿，为仇池王杨盛弟。由墓志铭知，文弘祖杨寿，父伯宜。而《周书·异域传上·氐》作"盛之苗裔曰集始，魏封为武兴王"①，李祖桓《仇池国志·世系表》标示：杨玄、杨难当与杨伯宜、杨斌同为杨盛之子②。此必有误。《晋书·姚兴载记上》云："（姚）兴遣其将姚硕德、姚敛成、姚寿都等率众三万，伐杨盛于仇池。寿都等入自宕昌，敛成从下辩而进。盛遣其弟寿距成，从子斌距都。"③可证杨斌、杨伯宜为杨寿子。

[二]伯宜：即杨伯宜，杨文弘父。《元和郡县图志》载："难当弟伯宜为茹卢王。伯宜孙鼠分王武兴。"④此亦多有谬误，正确的描述应为："难当从弟伯宜为葭卢王。伯宜子分王武兴。"

[三]文弘：即杨文弘，名黍，字文弘。"黍"即"黍"，史籍皆称"杨鼠"，疑为同音讹变。《魏书·氐传》云："文度弟弘，小名鼠，犯显祖庙讳，以小名称。鼠自为武兴王，遣使奉表谢罪，贡其方物，高祖纳之。鼠遣子苟奴入侍，拜鼠都督、南秦州刺史、征西将军、西戎校尉、武都王。鼠死，从子后起统任。"⑤杨文弘也曾得到刘宋王朝的封爵："以文弘督北秦州诸军事，平羌校尉、北秦州刺史，袭封武都王，（辅国）将军如

---

① 令狐德棻等：《周书》，中华书局，1971 年，第 895 页。

② 李祖桓编著：《仇池国志》，书目文献出版社，1986 年，第 208 页。

③ 房玄龄等：《晋书》，中华书局，2005 年，第 2984 页。

④ 李吉甫：《元和郡县图志》，中华书局，1983 年，第 569 页。

⑤ 魏收：《魏书》，中华书局，1974 年，第 2232 页。

故。"①据此可补《杨文弘墓志》缺泐:"宋故使持节都督、平羌校尉、北秦州刺史、武兴(都?)王。"

［四］齐建元:"元"字隐约可见。据《资治通鉴》,杨文弘卒于南齐高帝建元四年(482):"(九月丁巳)氐王杨文弘卒。诸子皆幼,乃以兄子后起为嗣。九月,辛酉,魏以后起为武都王,文弘子集始为白水太守。既而集始自立为王,后起击破之。"②

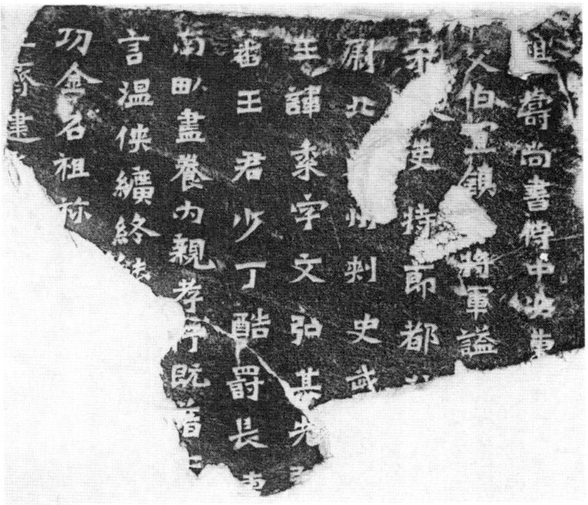

图3-3　杨文弘墓志(冯岁平　藏拓)

《杨文弘墓志》(图3-3),2010年8月6日,于陕西省略阳县西10余里的横现河镇毛坝村藩家湾(309国道北侧)出土。下部被挖掘机致残,碎块下落不明,墓志今藏略阳县江神庙。以杨文弘去世时间推算,墓志大约镌刻于南齐高帝建元四年(482)九月稍后。墓志铭文约10行,残石纵33厘米,横38厘米,字径2.8厘米。墓志铭文采用散体传记式,行文简略,首先直述祖、父名字、封谥,继而对墓主文弘讳字、职官、赠拜及生平事迹作概要介绍。末行似有卒享年月,但石刻泐损,无从辨识。其书法淳朴雄强,结字方正,行笔从容,在隶楷之间,笔力遒劲,体势多变,与康有为誉为"神品第一"的《爨龙颜碑》有几分肖似。这是迄今发现氐族杨氏建立武兴国的原始凭证,它对研究武兴国历史具有极其重要的文物价值和史料价值。

**(四)陕西略阳·北魏《姜太妃之墓志颂》(正始元年,504)**

□□□□□□□(秦)州诸军事、征西将军、平羌□□□□□□□□□王

---

① 沈约:《宋书》,中华书局,1974年,第2411页。
② 司马光编著:《资治通鉴》,中华书局,1956年,第4250页。

夫人姜太妃<sup>[一]</sup>之墓志颂

　　□□□□，□□□津。常羊启圣<sup>[二]</sup>，龙首降神。未耨其德，□□□□。□□
所应，实钟夫人。邦家之宝，乡国所珍。□□□□，□从能遵。功显中谷，义照河洲。
窈窕淑女，□□□□。声如黄鸟，行若尸鸠。蘋蘩朝荐，杼柚夕修。□□□□，如
有殷忧。烦姬赞楚，任似翼周<sup>[三]</sup>。考绩我后，□□加□。其恩如日，其泽如流。
天步将臻，盛业方乱。太山摧（峰），邓林霣干。既丧所天，复离国难。抚育孤
弱，僶俛朝旦。频经汤火，屡遭冰炭。内敏灵谟，外运神笇。灭景重晖，颓基复观。
专政九龄，洪业斯赞。百福云集，千灾雾散。乃修母仪，委重遗体。言则宣经，行
必由礼。五庙肃肃，二朝济济。柔风远覃，惠泽退洗。方辞朱堂，永宾玄邸。宝
器空陈，玉镜徒皎。鹄开苔绿，勗灯衣缥。哀恸人神，痛感禽鸟。金石有期，音晖
无剿。

　　维大魏正始元年岁次甲申十一月甲辰朔十八日辛酉合葬三徂<sup>[四]</sup>永安陵。

　　石工□。

　　志音人。（逆向刻）

[一] 姜太妃：即杨文弘妻，杨集始母。《南齐书·氐杨氏传》载："（永明）五年，
有司奏集始驱狐剪棘，仰化边服。母以子贵，宜加荣宠。除集始母姜氏为太夫人，假银
印。"① 据《杨文弘墓志》及相关文献，可补墓志前两行所缺十八字："宋故使持节都督北
秦州诸军事、征西将军、平羌校尉、北秦州刺史、武兴王夫人姜太妃之墓志颂。"

[二] 常羊启圣：常羊，或作"常阳"，山名，首见于《山海经》。《山海经·海外
西经》："形天与帝至此争神，帝断其首，葬之常羊之山"；《山海经·大荒西经》："大
荒之中，有山名曰常阳之山，日月所入。"《山海经·大荒西经》："有金之山，西南大荒
之中隅有偏句、常羊之山。"② 赵子贤先生早在1936年就提出，形天是氐人的祖先，"常
羊之山，即今西和仇池山"③。

[三] 烦姬赞楚，任似翼周：烦姬，即樊姬，楚庄王之妾，事见《韩诗外传》④。任
似，"似"通"姒"，即周文王之母"太任"及周武王母"太姒"之合称。

[四] 三徂：徂，通"殂"，即死亡。刘熙《释名·释丧制》谓："徂落，徂祚也，
福祚，殒落也。徂，亦言往也，往，去落也。"⑤ 戴侗《六书故·人九》："徂，人死因谓之

① 萧子显：《南齐书》，中华书局，1972年，第1030页。

② 袁珂校译：《山海经校注》，上海古籍出版社，1985年。

③ 赵子贤：《形天葬首仇池山说》，《甘肃民族研究》1988年第1期。

④ 韩婴：《韩诗外传集释》，许维遹校释，中华书局，2009年，第35页。

⑤ 刘熙：《释名》，中华书局，1985年，第130页。

祖。生者来而死者往也。"①姜太妃去世时，杨文弘与杨集始已亡故，故合称"三祖"。

《姜太妃之墓志颂》（图3-4），与《杨文弘墓志》同时出土于陕西省略阳县横现河镇毛坝村藩家湾。北魏宣武帝正始元年（504）刊石，今存略阳县江神庙。墓志纵84厘米，横86厘米，厚14厘米，铭文19行，满行20字，字径3.2厘米。《姜太妃之墓志颂》由首题、志铭和尾记三部分构成，其主体为"志铭"。志铭皆为四言韵文，五次转韵，内容也随之分作五层。墓志文辞古雅，对偶精工，事典博赡，声韵和谐。书法挺拔竣整，骨力洞达；结字纵方，疏密有致；行笔爽利，方圆兼施；神采超然，随遇而安。与同出氏族杨氏且年代相近的书法名品《杨大眼造像》笔意时有暗合之处，而竣整过之。相关研究见拙文《新发现武兴国主杨文弘与姜太妃夫妇墓志考》②。

图3-4　姜太妃之墓志颂（冯岁平　藏拓）

## （五）礼县·北魏《郭奴墓志砖铭》（太和十九年，495）

大魏太和十九年岁次乙亥，荡逆将军[一]、固道[二]镇将、赵兴郡[三]郭奴之墓。

[一] 荡逆将军：北魏将军戎号。据《魏书》卷一一三《官氏志》，"荡逆将军"

---

① 戴侗：《六书故》，载《文渊阁四库全书》（第226册），台湾商务印书馆，1986年，第301页。
② 蔡副全：《新发现武兴国主杨文弘与姜太妃夫妇墓志考》，《考古与文物》2014年第2期。

对应品级为"第七品下"①。

[二]固道:《魏书》卷一〇六《地形志》:南岐州,领郡三。固道郡,延兴四年置②。

[三]赵兴郡:《魏书》卷一〇六《地形志》:龢州,领郡三。赵兴郡,真君二年置③。《读史方舆纪要》卷五七载:"宁州,(北魏)皇兴二年置华州,太和十一年改班州,十四年改邠州,二十年又改龢州,兼置赵兴等郡。西魏始曰宁州,后周亦置赵兴郡。"④

《郭奴墓志砖铭》(图3-5),北魏孝文帝太和十九年(495)镌刻。出土地不明,见录于《礼县古陶器鉴赏》⑤。墓志砖纵31厘米,横14厘米,厚5厘米。

图3-5　郭奴墓志砖铭

## (六)礼县·北魏《卢苌墓志砖铭》(正始元年,504)

魏梁州府[一]中郎[二]卢苌,范阳[三]人也。葬于壬地。毁坏者灭亡,修覆者吉昌。

正始元年岁次甲申闰月十九日葬。

[一]梁州:《魏书》载:"梁州,萧衍梁、秦二州,正始初改置。"⑥《元和郡县图志》:"兴元府,汉中。《禹贡》:'华阳、黑水惟梁州。'秦惠文王取汉中地六百里,以为汉中郡。后汉末,钟会克蜀,又置梁州。兴元元年,因德宗迁幸,改为兴元府。"⑦即今陕西汉中市。

[二]中郎:官名,秦置,汉沿用,担任宫中护卫、侍从,属郎中令。东晋、南北朝时,皆置从事中郎,是将帅的幕僚。隋以后废。

[三]范阳:约在今北京市和河北省保定市北部。《魏书》卷一〇六《地形志》:幽州,领郡三,县十八。范阳郡,汉高帝置涿郡,后汉章帝改。范阳县,二汉属涿,晋

---

① 魏收:《魏书》,中华书局,1974年,第2990页。
② 魏收:《魏书》,中华书局,1974年,第2612页。
③ 魏收:《魏书》,中华书局,1974年,第2628页。
④ 顾祖禹:《读史方舆纪要》,中华书局,2005年,第2768页。
⑤ 礼县文物局、礼县收藏家协会编:《礼县古陶器鉴赏》,甘肃人民出版社,2008年,第95页。
⑥ 魏收:《魏书》,中华书局,1974年,第2616页。
⑦ 李吉甫:《元和郡县图志》,中华书局,1983年,第557页。

属[①]。北朝范阳卢氏为名门望族。

《卢苌墓志砖铭》（图3-6），北魏宣武帝正始元年（504）镌刻，1998年出土于礼县永兴乡永兴村北山，今藏礼县秦文化博物馆。墓志砖纵19厘米，横13厘米，厚4厘米。楷书4行，凡40字，行间有阴线界格。砖铭书法用笔方整，笔力雄健清峻，转折分明，奇正相生，与稍晚的北魏名品《张猛龙碑》体势相近。

图3-6　卢苌墓志砖铭

## （七）礼县·北魏《薛广智墓志砖铭》（正光二年，521）

正光二年岁次辛丑四月戊戌朔廿四日辛酉，兰仓[一]县令、汉阳[二]太守故薛广智铭记。

［一］兰仓：《礼县新志》载："礼县，在秦州西南一百六十里，旧称兰仓，莫考所自。"[②]

① 魏收：《魏书》，中华书局，1974年，第2476页。

② 雷文渊：《礼县新志》，载《中国地方志集成》（甘肃府县志辑22），凤凰出版社，2008年，第70页。

[二] 汉阳：《魏书》卷一〇六《地形志》："汉阳郡，真君五年置。领县二：谷泉；兰仓（郡治），真君三年置，有雷牛山、黄帝洞。"[1]

《薛广智墓志砖铭》（图3-7），北魏孝明帝正光二年（521）砖刻，1998年出土于礼县石桥乡辕门村，今藏礼县秦文化博物馆。墓志砖纵38厘米，横19厘米，厚8厘米。楷书3行，共32字。

图3-7　薛广智墓志砖铭

## （八）河南洛阳·北魏《杨大眼造像记》（约景明元年至正始三年，500—506）

邑子像（楷额）

邑主仇池[一]杨大眼[二]为孝文皇帝造……夫灵光弗曜，大千怀永夜之悲；玄踪不遘，叶生含靡导之忏。是以如来应群缘以显迹，爰暨□□□像遂著，降及后王，兹功厥作。辅国将军、直閤将军、□□□□[三]、梁州大中正[四]、安戎县[五]开国子仇池杨大眼，诞承龙曜之资，远踵应符之胤，禀英奇于弱年，挺超群于始冠。其将也，垂仁声于未闻；挥光也，擢百万于一掌。震英勇则九宇咸骇，存侍纳则朝野必附。彭王衢于三纷，扫云鲸于天路。南秽既澄，震旅归阙，军次□行，路径石窟，览先皇之明踪，睹盛圣之丽迹。瞩目彻霄，泫然流感。遂为孝文皇帝造石像一区，凡及众形，罔不备列。刊石记功，示之云尔。武。

[一] 仇池：《后汉书》卷八六《白马氐传》："仇池，方百顷，四面斗绝。"注云："仇

---

池山，在今成州上禄县南。《三秦记》曰：
'仇池县界，本名仇维，山上有池，故曰仇
池。山在仓洛二谷之间，常为水所冲激，
故下石而上土，形似覆壶。'《仇池记》
曰：'仇池百顷，周回九千四十步，天形四
方，壁立千仞。自然楼橹却敌，分置调均，
竦起数丈，有逾人功。仇池凡二十一道，
可攀缘而上。东西二门，盘道下至上，凡
有七里。上则冈阜低昂，泉流交灌。'"①
《水经注》云："羊肠蟠道三十六回，《开
山图》谓之'仇夷'，所谓'积石峨嵯，
嵚岑隐阿'者也。上有平田百顷，煮土成
盐，因以百顷为号也。"②

　　[二]杨大眼：《魏书》卷七三《杨
大眼传》载："杨大眼，武都氐难当之孙
也。少有胆气，跳走如飞。然侧出，不为
其宗亲顾待，颇有饥寒之切。太和中，起
家奉朝请。时高祖自代将南伐，令尚书
李冲典选征官，大眼往求焉。冲弗许，大
眼曰：'尚书不见知，听下官出一技。'便
出长绳三丈许，系髻而走，绳直如矢，马
驰不及，见者莫不惊叹。冲曰：'自千载
以来，未有逸材若此者也！'遂用为军
主。"③杨大眼神奇的奔跑速度，被誉为古
代"飞人"④。

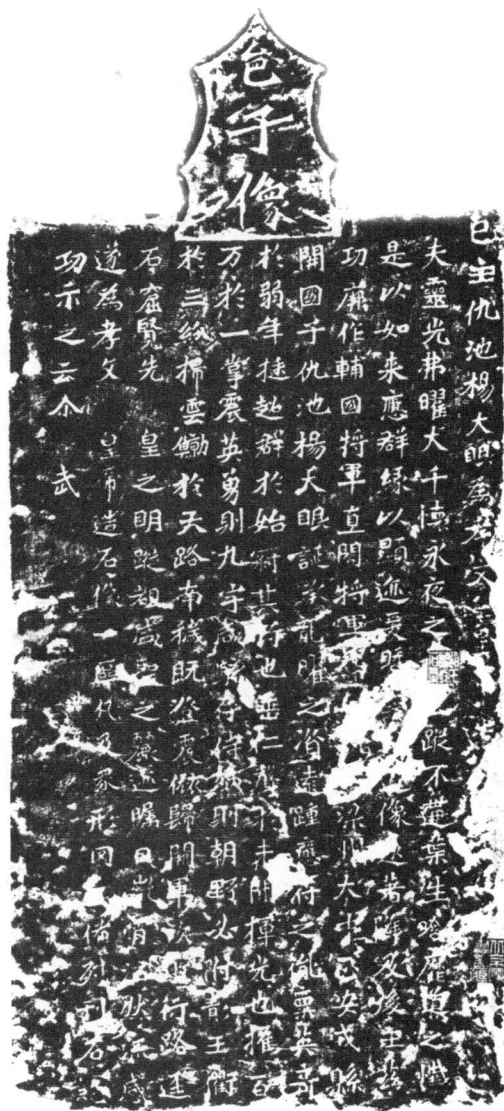

图 3-8　杨大眼造像记

　　[三]原石泐缺，据《魏书·杨大眼传》，所缺似为"游击将军"。

　　[四]"梁州大中正"一职，《魏书·杨大眼传》未载。

　　[五]安戎县：《魏书·杨大眼传》作"安成县"，误。《魏书》卷一〇六《地形志》：

①范晔：《后汉书》，中华书局，1965年，第2859页。
②郦道元注：《水经注疏》，杨守敬、熊会贞疏，江苏古籍出版社，1989年，第1695页。
③魏收：《魏书》，中华书局，1974年，第1633页。
④蔡副全：《北魏"飞人"杨大眼速度考证》，《丝绸之路》2009年第12期。

"（秦州）略阳郡，领县五。安戎，前汉曰戎邑，属天水；后汉、晋罢，后改属。"①

杨大眼造像龛位于河南龙门古阳洞北壁第二层大龛东起第三龛，右邻魏灵藏造像。造像龛纵 253 厘米，横 142 厘米。龛内释迦结跏趺坐，两侧菩萨侍立。《杨大眼造像记》（图 3-8），位于杨大眼造像龛右侧，纵 126 厘米，横 42 厘米。其开凿时间约在北魏景明元年至正始三年（500—506）。康有为《广艺舟双楫》将其列为"峻健丰伟之宗"，称赞此碑"若少年偏将，气雄力健"。

### （九）武都·北周《贺娄慈题壁》（建德三年，574）

大周建德三年五月廿六日，大使、武定公贺娄慈[一]行境至此。

[一]贺娄慈（542—575），复姓贺娄，讳慈，字元达，清河东武城（今山东武城）人，本姓张，受爵武定公。官至车骑大将军、开府仪同三司、散骑常侍、武定县开国公。保定四年(564)，随北周武帝宇文邕北伐，下宜阳，登函谷，焚烧白马之城，屡建奇功。生前主要战斗于甘肃武威、临洮及陇南一带。足智多谋，骁勇善战，著有《兵书》七卷，《射法》三篇。建德四年（575）病故，年仅三十三岁。同年三月归葬河州苑川郡（今甘肃榆中境），谥赠河州刺史。事见庾信《周车骑大将军贺娄公神道碑》②。

图 3-9　贺娄慈题壁

《贺娄慈题壁》（图 3-9），北周建德三年（574）墨书题壁，今存武都万象洞天宫西壁，纵 35 厘米，横 28 厘米，楷书 4 行。这也是武都万象洞留存最早的墨书题壁③。

### （一〇）成县《华严经摩崖》（无年月）

哒□哩。

唵嘛呢哒咪吽，唵嘛呢叭咪吽，唵哑吽。大方广佛华严经，唵萨临。南无阿弥陀佛，唵部临（王）。

① 魏收：《魏书》，中华书局，1974 年，第 2610 页。

② 庾信：《庾开府集》卷一〇，载《六朝四家全集》，永康胡氏退补斋 1915 年刻本，第 10—13 页。

③ 蔡副全：《论题壁书》，《中国书法》2010 年第 5 期。

唵哑吽。

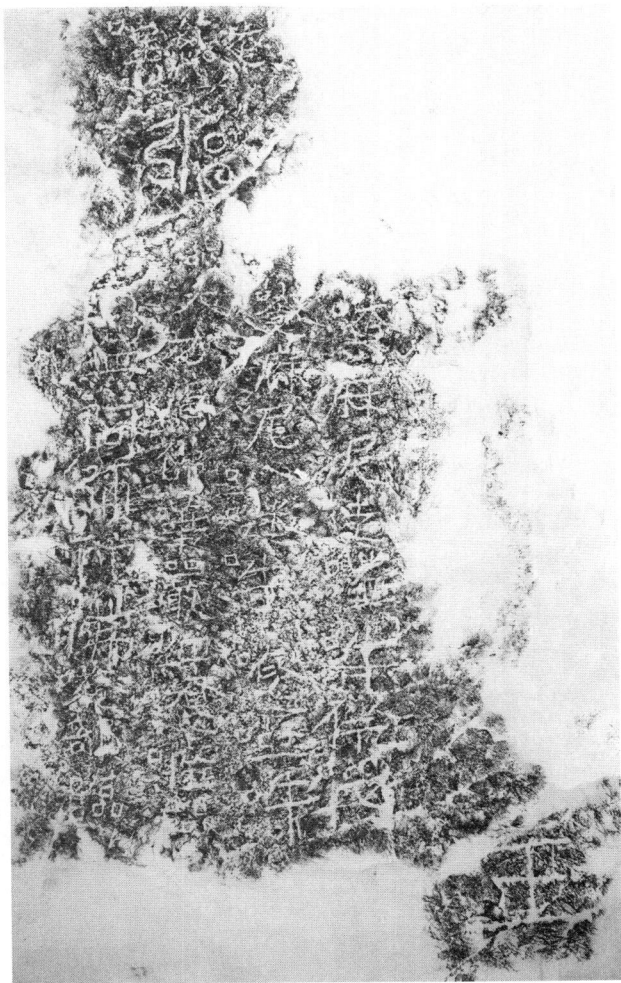

图3-10　华严经摩崖（满正人　协拓）

《华严经摩崖》（图3-10），位于成县东南大云寺大殿西南转角处，距地面约10米。摩崖纵170厘米，横90厘米，今存文字4行，行8—10字，字径8—12厘米。顶端横镌"哒□哩"3字，下有一刻符，不可识。另外，在摩崖右下约1.5米处，还有"唵哑吽"等题刻，内容也是《华严经》咒语，当是同时所刊。

摩崖刻经，笔势迭宕起伏，结字开张，行笔圆劲，篆隶意味十足，体势与北魏名品《石门铭》相近，似为魏晋南北朝时镌石。王象之《舆地碑记目》载："大云寺石碑在凤凰山上，去州七里，创始莫考。殿后崖上有刻字云：汉永平十二年；以经阁上刻云：梁大同九年。"①"梁大同九年"题刻今不知所在，从《华严经摩崖》书法风格判断，其镌刻年代抑或在大同九年（543）前后。

《华严经》全称"大方广佛华严经"。佛教史记载："自晋至梁，南方固少有研华严者。同时北方此经习者则尤罕闻……北魏熙平元年（516），即南朝梁武帝天监十五年，自《六十华严》译成至此时，约将百年。其中北方《华严》研究几无记载。"②不过在敦煌出土的文书中，有题记显示出大魏正光元年（520），华严经已在僧众中有信仰和流行。华严经题记表明许多经卷均系信徒为修功德而造。由此可见，北方的《华严经》流传比我们原先认为的要早一些。大云寺《华严经摩崖》无纪年，也有人认为"六字真言"系藏传佛教遗留，其镌刻年代约在唐以后。

### （一一）成县《凤山题刻》（无年月）

凤山，凤凰山。

图 3-11　凤山题刻

《凤山题刻》（图 3-11），摩崖刻石，今存成县东南大云寺西门南壁。摩崖纵 15 厘米，横 32 厘米。右竖题"凤山"2 字，字径约 10 厘米，双勾而成。左距 15 厘米处，竖题"凤凰山"3 字，单线阴刻。从书法风格判断，似为魏晋南北朝作品，故暂录于此。

---

① 王象之：《舆地碑记目》，商务印书馆，1939 年，第 118 页。
② 汤用彤：《汉魏两晋南北朝佛教史》（增订本），昆仑出版社，2006 年，第 748 页。

# 第四编　隋唐五代

### （一）武都·隋《张晓题壁》（开皇十年，590）

开皇十年四月廿三日，利县[一]令张晓，主薄杨侯到此。长史。

[一]利县：即将利县。《元和郡县图志》载："将利县，本汉羌道县地，后魏于此置石门县。周闵帝改为将利县，属武都郡。隋开皇三年罢郡，县属武州。"[1]

《张晓题壁》（图4-1），隋开皇十年（590）碳笔题壁，位于武都万象洞天庭东壁，纵58厘米，横70厘米，行书6行。

图4-1　张晓题壁

### （二）武都·隋《开皇题字》（开皇十八年，598）

开皇戊午二月廿七日。

《开皇题字》（图4-2），隋开皇十八年（598）碳笔题壁，位于武都万象洞天庭东壁，纵30厘米，横14厘米，行书2行。

### （三）武都·隋《田长钦题壁》（开皇二十年，600）

开皇廿年三月十二日，文州□博士田长钦，司法佐赵仲卿[一]、（长）史梁士才，司法参军刘圆。初者□观不得，至此回还。

[一]赵仲卿：《隋书》有同名者，将其列为酷吏，《隋书》卷七四《赵仲卿传》载：赵仲卿，天水陇西人也……仲卿性粗暴，有膂力……以功授大都督，寻典宿卫……入为畿伯中大夫，进位大将军，封长垣县公。开皇三年，突厥犯塞，以行军总管从河间王弘出贺兰山。仲卿别道俱进，无虏而还。复镇平凉，寻拜石州刺史。法令严猛，纤微之失，无所容舍，鞭笞长史，辄至二百。官人战慄，无敢违犯，盗贼屏息，皆称其能。迁兖州刺史，未之官，拜朔州总管。于时塞北盛兴屯田，仲卿总统之。微有不理者，仲卿辄召主掌，挞其胸背，或解衣倒曳于荆棘中。时人谓之猛兽……时有表言仲卿酷暴者，上令御史王伟按之，并实，惜其功不罪也……仲卿益恣，由是免官……炀帝嗣位，判兵部、工部二曹尚书事。其年，卒，时年六十四。谥曰肃。[2]

---

[1] 李吉甫：《元和郡县图志》，中华书局，1983年，第985页。
[2] 魏徵、令狐德棻：《隋书》，中华书局，1973年，第1696页。

《田长钦题壁》（图4-3），墨书题壁，位于武都万象洞南天门下西壁，纵25厘米，横37厘米，行书6行。

图4-2　开皇题字

图4-3　田长钦题壁

## （四）西和·唐《新路颂并序》摩崖（开元年间）

新路颂并序[一]

路之[二]垫隘者，即[三]郡南阳衡輈[四]。蜀门北之陬[五]，控仇池之险[六]。爰[七]自开凿，十年于兹[八]。阻国之要津[九]，为人之艰途也[一〇]。曲磴[一一]临空，连白云[一二]而斜亘[一三]；危梁跨道[一四]，倚青□（山）而直悬。劳驲骑[一五]，弊征轩[一六]。凄伤路隅，叹息江边[一七]。我太守赵公□□□（劳），上闻天聪，启乎[一八]新路。邮堂清闲[一九]，对朱岩[二〇]以延敞，牧野□□□□而傍接[二一]。于是[二二]，询询黄发[二三]，金[二四]鼓足以蹈之；蠢蠢黎人[二五]，皆咏[二六]歌以乐之[二七]。恭成颂云，式[二八]旌其事[二九]。颂曰：

我太守兮，化融融[三〇]。坐[三一]甘棠兮，易旧风[三二]。列郡苍生（兮，叹）来暮[三三]。越水登山兮，辟新路。时不弊于艰危，人不[三四]劳于转输。冰壶挺操[三五]，霜镜凝心[三六]。刻石雕文兮……万岁兮，扬□德音[三七]。

时开元……近张乎梁齐[三八]……

《新路颂并序》摩崖（图4-4），原在西和县石峡乡坦途关双石寺西崖南壁，后因修建高速公路，原址被毁，摩崖下落不明。铭文字口较浅，左下多泐损，可识文字不足

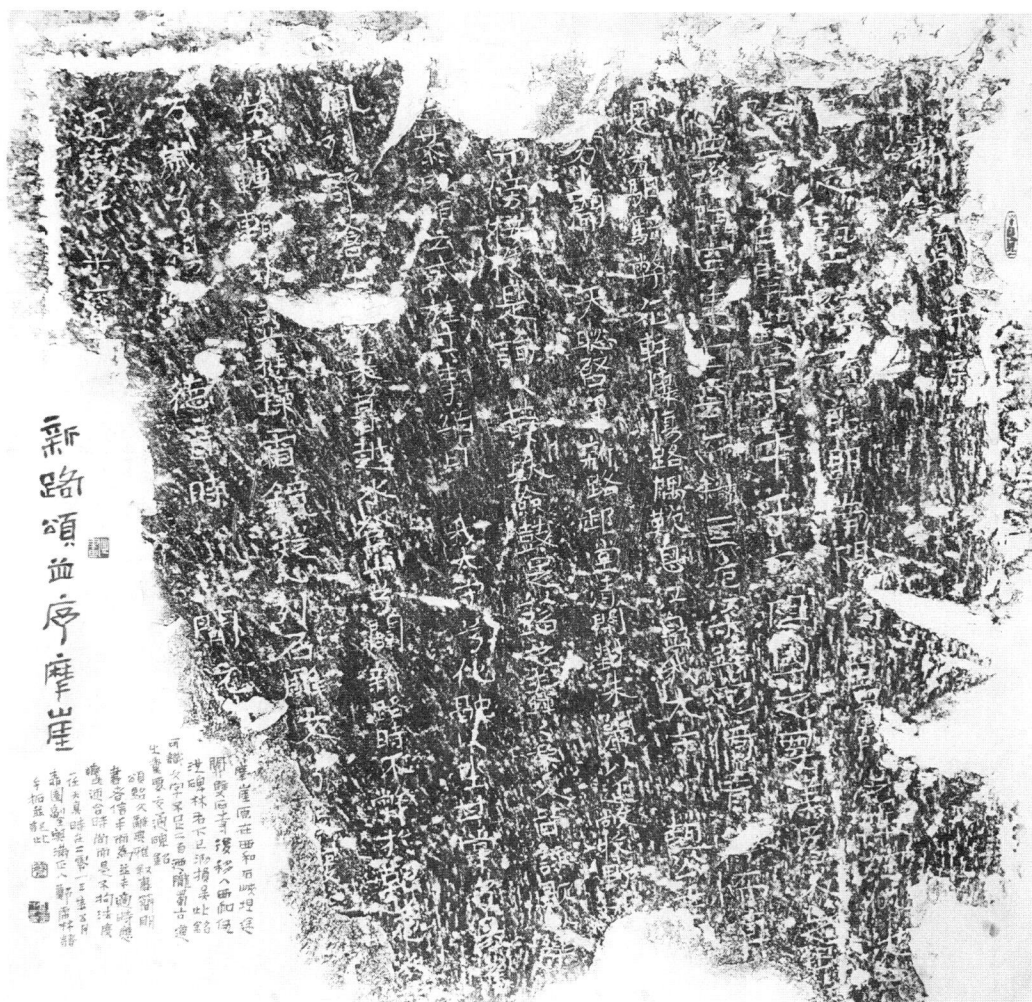

图4-4　新路颂并序（郑虎林、满正人　协拓）

200 字。摩崖纵 65 厘米，横 62 厘米，四周凿有边栏。楷书 12 行，行 5—23 字不等，字径 2—3 厘米。《西和县志》[①]、吴景山《丝绸之路交通碑铭》（以下简称"吴文"）[②]均有录文，但释文脱误、意增颇多，今以拓本校释如下：

① 西和县志编纂委员会：《西和县志》，陕西人民出版社，1997 年，第 839 页。
② 吴景山：《丝绸之路交通碑铭》，民族出版社，1995 年，第 90 页。

| 位置 | 原碑 | 西和县志 | 吴文 |
|---|---|---|---|
| [一] | 新路颂并序 | 脱 5 字 | 新路颂并序 |
| [二] | 路之 | 路泛 | □之 |
| [三] | 者即 | 吞湮 | □□ |
| [四] | 衡輶 | 冲 | 街 |
| [五] | 蜀门北之陬 | 蜀门之陬 | 脱 5 字 |
| [六] | 控仇池之险 | 控仇池之险 | □□□□险 |
| [七] | 爰 | 要 | □ |
| [八] | 于兹 | 方无 | 工□ |
| [九] | 阻国之要津 | 阻国之要津 | □□之要隘 |
| [一〇] | 人之艰途也 | 人之□□ | □之□□ |
| [一一] | 曲磴 | □登 | 乃磴 |
| [一二] | 连白云 | 连白云 | □白云 |
| [一三] | 斜亘 | 悬垂 | 斜□ |
| [一四] | 危梁跨道 | 危梁跨道 | 危深跨□ |
| [一五] | 驲骑 | 驷骑 | □骑 |
| [一六] | 弊征轩 | 弊征轩 | 弊征□ |
| [一七] | 叹息江边 | 叹息江岛 | □息泣□ |
| [一八] | 启乎 | 启乎 | 启□ |
| [一九] | 清闲 | 清闲 | 清□ |
| [二〇] | 对朱岩 | 朱崖 | 对朱□ |
| [二一] | 傍接 | 傍按 | 傍接 |
| [二二] | 于是 | 于是 | □是 |
| [二三] | 询询黄发 | 询□黄□ | 询以□□ |
| [二四] | 金 | 俭 | 佥 |
| [二五] | 蠢蠢黎人 | 蠢蠢黎人 | □□黎人 |
| [二六] | 皆咏 | 以采 | 皆咏 |
| [二七] | 乐之 | 乐之 | □□ |
| [二八] | 云式 | 云或 | □或 |
| [二九] | 其事 | 社事 | 其事 |
| [三〇] | 融融 | 融 | 融以 |
| [三一] | 坐 | 坐 | □ |
| [三二] | 旧风 | 旧布 | 旧□风 |
| [三三] | 来暮 | □暮 | 来暮 |
| [三四] | 人不 | 人□ | 兮 |
| [三五] | 冰壶挺操 | 冰壶挺操 | □□挺操 |
| [三六] | 霜镜凝心 | 霜镜凝似 | □□□心 |
| [三七] | 扬□德音 | 奉扬德音 | 桥□德□ |
| [三八] | 近张乎梁齐 | □□□齐梁 | 近来□□□ |

《新路颂并序》摩崖"开元"下年月泐损。王象之《舆地碑记目》卷四载:"唐《汉阳太守赵承碑》,秦府法曹杨景撰,开元十二年建。"① 成州,曾于隋大业三年(607)改为汉阳郡②。唐开元中无"汉阳州"的实际建置,故"汉阳太守"实为成州刺史之别称。又《大唐故正议大夫易州遂城县令上柱国康公墓志铭并序》云:

> (康固)夫人赵氏,成州刺史之长女也。充国之贵族,元淑之家孙。闺范克彰,邕和早著。适人以礼,俯就于初笄之年;结偶有期,克展于乘龙之誉。春秋卅有七。去垂拱三年(687)三月廿一日,终于西州之官舍。③

《康公墓志铭》撰于唐开元九年(721),文中"成州刺史"与摩崖铭文中"太守赵公"姓氏亦合。由此可见,碑主"太守赵公"即赵元淑之子赵承,摩崖刊凿大约在开元九年前后。

摩崖所在地称"双石寺",因二巨石而得名,岩顶建筑遗迹尚存。"双石"北崖古栈道方孔清晰可辨(图4-5),正所谓"曲磴临空"。《新路颂并序》摩崖是考察陇蜀古道的重要交通碑铭,也是研究杜甫自秦州南入同谷行踪的实物史料。颂铭文辞典醇,叙事简明。书写信手而为,并未适时应变,迎合时尚。而是不拘法度,天真烂漫,在山水清幽间平添了几分野逸之趣④。

图4-5 古栈道遗迹     图4-6 开元题壁

---

① 王象之:《舆地碑记目》,商务印书馆,1939年,第118页。
② 李吉甫:《元和郡县图志》,中华书局,1983年,第571页。
③ 毛阳光:《洛阳新出土唐代粟特人墓志考释》,《考古与文物》2009年第5期。
④ 蔡副全:《唐〈新路颂并序〉摩崖释考》,《天水师范学院学报》2011年第6期。

## （五）武都·唐《开元题壁》（开元十二年，724）

开元十二年闰十二月，七十□掾到乳……

《开元题壁》（图4-6），唐开元十二年（724）碳笔题壁，位于武都万象洞南天门下东乳柱，纵70厘米，横15厘米，行书2行。

## （六）西和·唐《汉源县令厅壁记》（乾元三年，760）

周克殷，列爵惟五，实分子男之位。洎秦汉以降，或令或长，虽小有差，其揆一也，皆铜印黑绶，秩六百石。非理道之君，爱人[一]如子，则不能为官择人矣。国家坐进此道，至于忧勤，爰增禄秩[二]，以劝能者。

皇帝观兵朔方之岁，始[三]上禄县[四]更名[五]汉源，将复禹旧绩，以从人欲。其山川形势、土地风俗，近镐千里，华风不间，多乎哉！盖小国以聚大国之义也。且夫南呀[六]蜀门，东豁雍畤[七]，西走连碛，北逾大漠，四郊憧憧者，于是乎终。故有狱市之烦，供亿[八]之费，上咨[九]郡府，下用临恤，非贞固不足以干事，非廉慎不足以率人。清净则可乎不扰，忠恕则可乎求瘼。时谓京兆韦子，当公府之选，推而有之，至于今，人易受赐，邑则称理。闻之见之，政参乎前。从事虽疲于改易，用举自多于脱颖。我则无贰[一〇]，不其难乎？嗟乎！绊骥已久，及瓜将代。顾此屋壁，何其寥寂！前芳无闻，后进奚睹？记者，史家之流也，亦所以发挥厅事，启迪人物。又如韦公授受之始，其或继之者，从而记之，前后相映，光采洽人。

乾元三年孟夏之月记。

《汉源县令厅壁记》，唐乾元三年（760）孟夏于邵撰文。题壁已佚，上文据《全唐文》①录入。《阶州直隶州续志》（以下简称"阶州续志"）②和张维《陇右金石录》③亦有录文，但偶有误录，校释见下表。

---

① 董诰等编：《全唐文》，中华书局，1983年，第4367页。

② 叶恩沛修，吕震南纂：《阶州直隶州续志》，曾礼校点，兰州大学出版社，1987年，第411页。

③ 张维：《陇右金石录》，载《石刻史料新编》（第一辑第21册），台北新文丰出版公司，1979年，第16000页。

| 位置 | 全唐文 | 阶州续志 | 陇右金石录 |
|---|---|---|---|
| [一] | 爱人 | 爱民 | 爱人 |
| [二] | 禄秩 | 六秩 | 六秩 |
| [三] | 始 | 始以 | 始以 |
| [四] | 上禄县 | 上录 | 上禄 |
| [五] | 更名 | 改名 | 改名 |
| [六] | 呀 | 呀 | 牙 |
| [七] | 峕 | 峕 | 峕 |
| [八] | 供亿 | 夫亿 | 夫亿 |
| [九] | 上咨 | 上资 | 上资 |
| [一〇] | 无贰 | 无式 | 无式 |

于邵，字相门，京兆万年（今西安市）人，天宝末进士，工书画。以书判超绝，补崇文校书郎。授兵部郎中，进礼部侍郎。"朝有大典册，必出其手"[1]。

### （七）武都·唐《刘暄题诗》（兴元元年，784）

偕友同来到洞天，奇奇幻幻无际边。十二元魁造仙府，仙人去此几何年。

甲子兴元，仝砚刘暄等写。

《刘暄题诗》（图4-7），唐兴元元年（784）墨书题壁，今存武都万象洞天庭西壁，纵22厘米，横15厘米，楷书6行，字径不足2厘米。兴元，唐德宗李适年号，甲子，即兴元元年（784）。

《刘暄题诗》，书体受欧阳询影响，结字修长，行笔爽利，意味隽永。《刘暄题诗》是极其珍贵的唐代题壁诗原迹，具有重要的文物价值。

图4-7　刘暄题诗墨迹

[1] 欧阳修、宋祁：《新唐书》，中华书局，1975年，第5783页。

## （八）徽县·唐《兴州江运记》（永贞元年，805）

御史大夫严公<sup>[一]</sup>牧于梁<sup>[二]</sup>五年<sup>[三]</sup>。嗣天子<sup>[四]</sup>举周汉进律增秩之典<sup>[五]</sup>，以亲诸侯。谓公有功德理行，就加礼部尚书<sup>[六]</sup>。是年四月，使中谒者<sup>[七]</sup>来锡公命<sup>[八]</sup>，宾僚吏属，将校卒士，黧老童孺，填溢公门<sup>[九]</sup>，舞跃欢呼。愿建碑纪德，垂亿万祀。公固不许。而相与怨咨<sup>[一〇]</sup>，遑遑如不饮食。于是西鄙之人<sup>[一一]</sup>，密以公刊山导江之事<sup>[一二]</sup>愿刻岩石。曰：维梁之西，其蔽曰某山，其守曰兴州。兴州之西为戎居，岁备亭障，实以精卒。以道之险隘，兵困于食，守用不固。公患之<sup>[一三]</sup>曰："吾尝为兴州，凡其土人之故<sup>[一四]</sup>，吾能知之。自长举北至于青泥山，又西抵于成州，过栗亭川，逾宝井堡，崖谷峻隘，十里百折，负重而上，若蹈利刃。盛秋水潦<sup>[一五]</sup>，穷冬雨雪<sup>[一六]</sup>，深泥积水，相辅为害。颠踣腾藉<sup>[一七]</sup>，血流栈道，糇粮刍藁，填谷委山，马牛群畜，相藉物故<sup>[一八]</sup>。馈夫毕力<sup>[一九]</sup>，守卒延颈，嗷嗷之声，其可哀也。若是者绵三百里而余。自长举之西<sup>[二〇]</sup>，可以导江而下，二百里而至，昔之人莫得知也。吾受命于君，而育斯人，其可已乎！"乃出军府之币，以备器用，即山僦功<sup>[二一]</sup>，由是转巨石，仆大木，焚以炎火，沃以食醯<sup>[二二]</sup>，摧其坚刚，化为灰烬。畚锸之下<sup>[二三]</sup>，易甚朽坏<sup>[二四]</sup>，乃辟乃垦，乃宣乃理，随山之曲直以休人力，顺地之高下以杀湍悍<sup>[二五]</sup>。厥功既成，咸如其素。于是决去壅土，疏导江涛，万夫呼抃，莫不如志。雷腾云奔，百里一瞬，既会既远，澹为安流<sup>[二六]</sup>。烝徒讴歌<sup>[二七]</sup>，枕卧而至；戍人无虞，专力待寇。惟我公之功畴可侔也。而无以酬德，致其大愿，又不可得命<sup>[二八]</sup>。矧公之始来，属当恶岁，府庾甚虚，器备甚殚<sup>[二九]</sup>，馑饥昏札<sup>[三〇]</sup>，死徙充路。赖公节用爱人，克安而生，老穷有养，幼乳以遂，不问不使，咸得其志。公命鼓<sup>[三一]</sup>铸，库有利兵；公命屯田，师有余粮<sup>[三二]</sup>。选徒练旅，有众孔武；平刑议狱，有众不黩<sup>[三三]</sup>。增石为防，膏我稻粱；岁无凶灾，家有积仓。传馆是饰<sup>[三四]</sup>，旅忘其归；杠梁以成<sup>[三五]</sup>，人不履危。若是者，皆以戎隙帅士而为之。不出四方之力<sup>[三六]</sup>，而百役已就，且我西鄙之职官<sup>[三七]</sup>，故不能具举。惟公和恒直方，廉毅信让，敦尚儒学。揖损贵位，率忠与仁<sup>[三八]</sup>，以厚其诚。有可以安利于人者，行之坚勇，不俟终日。其兴功济物，宜如此其大也。昔之为国者，惟水事为重，故有障大泽<sup>[三九]</sup>。勤其官而受封国者矣<sup>[四〇]</sup>。西门遗利，史起兴叹<sup>[四一]</sup>。白圭壅邻，孟子不与<sup>[四二]</sup>。公能夷险休劳，以惠万代，其功烈尤章章焉不可盖也。是用假辞谒工，勒而存之，用永宪于后祀。

《兴州江运记》，唐柳宗元撰文。原在长举县（今徽县南、陕西省略阳县北）江边岩石上。李遇春《略阳县志·古迹》卷一云："《江运记》，在长举县绝壁。唐柳子厚撰。"①今石刻不知所在。以上碑文据《柳河东集》②录入，又有"宋世彩堂本"校注一并附于此。

〔一〕"宋世彩堂本"注（以下简称"宋注"）：贞元十五年（799）。以兴州刺史严砺兼御史大夫，为山南西道节度使。砺，本梓州盐亭县人。

〔二〕"宋注"：《书》："华阳、黑水惟梁州。"梁，唐山南西道。

〔三〕"宋注"：自贞元十六年至二十一年，为五年。

〔四〕"宋注"：贞元二十一年，顺宗即位，改元永贞。

〔五〕"宋注"：举，一作"用"（蔡按，《徽郡志》③亦作"用"）。《王制》："诸有功于民者加地进律。"《汉书·循吏传》："二千石有治理效，辄以玺书勉励，增秩赐金。"

〔六〕"宋注"：新旧传皆不载"加礼部尚书"。

〔七〕"宋注"：《汉书·百官表》："谒者，掌宾赞受事。灌婴为中谒者。后常以阉人为之。"

〔八〕"宋注"：《左传·文公元年》："天王使毛伯来锡公命。"

〔九〕"宋注"：公，一作"于"。

〔一〇〕"宋注"："而"字上有"退"字。

〔一一〕"宋注"：西，一作"四"。

〔一二〕"宋注"：密，一作"私"，或无"公"字。

〔一三〕"宋注"：一无"患之"二字。

〔一四〕"宋注"：一无"土"字。

〔一五〕"宋注"：潦，郎到切。

〔一六〕"宋注"：一作"水潦于秋，雨雪于冬"。

〔一七〕"宋注"：踣，音蔔，僵也。藉，慈夜切。《汉书》："相枕藉死。"在下曰藉。

〔一八〕"宋注"：藉，一作"枕"。

〔一九〕"宋注"：饟，音运，野馈也。

〔二〇〕"宋注"：之，一作"而"（蔡按，《徽郡志》亦作"而"）。

〔二一〕"宋注"：傲，即又切。

〔二二〕"宋注"：醽，馨分切。

① 李遇春：《略阳县志》卷一，上海古籍书店，1963年。
② 柳宗元：《柳河东集》，上海人民出版社，1974年，第446—448页。
③ 孟鹏年修，郭从道纂：《徽郡志》，载《中国方志丛书》（华北地方·第三二九号），台北成文出版社，1970年，第171—175页。

［二三］"宋注"：畚，音本；锸，侧洽切。

［二四］"宋注"：新史《地理志》：兴州长举县，元和中，节度使严砺自县西疏嘉陵江二百里，焚巨石，沃醯以碎之，通沟一馈成州戍兵。

［二五］"宋注"：杀，所界切，衰小之也。

［二六］"宋注"：澹，一作"淡"。

［二七］"宋注"：《诗》："烝徒楫之。"烝，众也。

［二八］"宋注"：一无"可"字。

［二九］"宋注"：殚，音单。

［三○］"宋注"：《左传·昭十九年》："札瘥夭昏。"注："夭死曰札，小疫曰瘥，短折曰夭，未名曰昏。"

［三一］鼓：《徽郡志》作"鼔"。

［三二］"宋注"：一本自"师有余粮"下无四十字，便与"杠梁以成"相接。

［三三］"宋注"：黩，音渎。

［三四］"宋注"：传，直恋切。

［三五］"宋注"：杠，一作"虹"。

［三六］"宋注"：方，一作"人"（蔡按，《徽郡志》亦作"人"）。

［三七］"宋注"："且"字下一有"非"字。

［三八］与仁：《徽郡志》作"以仁"。

［三九］"宋注"：《左传·昭元年》：台骀宣汾、洮，障大泽。颛帝嘉之，封诸汾州。

［四○］"宋注"：矣，一作"焉"。《礼记》："冥勤其官而水死。"

［四一］"宋注"：《史记》："西门豹为邺令，发民凿十二渠，引河水灌民田，田皆溉，名闻天下，泽流后世。"《汉书·沟洫志》：魏文侯时，西门豹为邺令，有令名。文侯曾孙襄王，时与群臣饮酒，王祝曰："今吾臣皆如西门豹之为人臣也。"史起进曰："魏氏之行田也以百亩，邺独二百亩，是田恶也。漳水在其旁，西门豹不知用，是不智也。"于是以起为邺令。

［四二］"宋注"：《孟子》：白圭曰："丹之治水也愈于禹。"孟子曰："子过矣。禹之治水，水之道也。是故禹以四海为壑，今吾子以邻国为壑。吾子过矣。"

柳宗元（773—819），字子厚，祖籍河东（今山西永济）人，世称柳河东、柳柳州，唐代著名文学家、哲学家，"唐宋八大家"之一。苏东坡云："子厚之文，发纤浓于古简，寄至味于淡泊，非余子所及。""诗在陶渊明下、韦苏州上。退之豪放奇险则过之，而温丽靖深不及也。"

严公即严砺，字元明，梓州盐亭县人。历职山南道节度都虞侯、兴州刺史兼监察御使。贞元十五年（799）授兴元尹兼御使大夫、山南西道节度、支度营田观察使。元和四年（809）卒，赠司空。

以行文审之，《兴州江运记》撰于柳宗元被贬之前、严砺"就加礼部尚书"之后。柳宗元于永贞元年（805）八月被贬为邵州刺史，铭文谓"是年四月使中谒者来锡公命"，则《兴州江运记》作于永贞元年四月至八月间。

### （九）武都·唐《王进兴题字》（元和八年，813）

　　　王进兴元和八年六月□日。

《王进兴题字》（图4-8），唐元和八年（813）碳笔题写，今存武都万象洞南天门下东乳柱，纵58厘米，横10厘米，行书2行。

### （一〇）武都·唐《元和八年题字》（元和八年，813）

　　　元和八年，魏二部郎。

《元和八年题字》（图4-9），唐元和八年（813）碳笔题写，今存武都万象洞南天门下东乳柱。纵57厘米，横7厘米，行书1行。

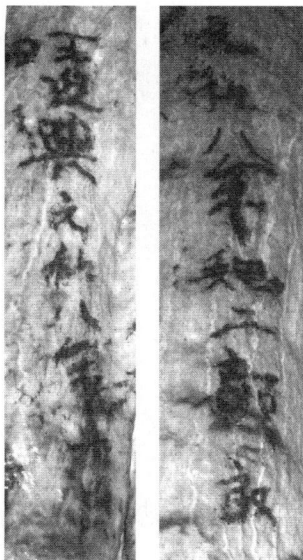

图4-8　王　　图4-9　元和
进兴题字　　　八年题字

### （一一）成县·唐《李叔政题壁》（元和九年，814）

　　　元和八年六月十五日，敕授成州刺史、开府兼侍御史李叔政到任。其本州残破已经数载，谷麦不收，又泛水惟沫，管界百姓饥惶，□便袯祷。至九年，一境春夏大丰，仓廪盈溢，以其年八月八日，设清斋□□以答前愿，兼圣像坏者，而报餐□□。其寺自挽抢之后，道路荒秽，藤草绵密，废束久矣，遂并功开斫，创□通行。其月七日，送供到此寺宿，经雨夜晴天，忽云雾斗暗。遂真心稽告，瞬息之间，云行雾卷，当时晴明，其应如答其期也。有一蛇出，长十八尺，锦绮文成，从……盘下，有□□此必龙像□而□□，道场之人悉皆见也。时元和……开府仪同三司、使持节成州诸（军事）、成州刺史、充本州守捉使、上（柱国）……记之。节度□□押衙……检校……

图 4-10　李叔政题壁

　　《李叔政题壁》（图 4-10），唐元和九年（814）墨书题壁，今存成县大云寺大殿东侧。墨迹题写在粘附于天然岩崖的泥质石灰粉壁之上，距地面约 3.5 米，粉壁左下残缺，左低右高，与地面约成 25 度角倾斜。现存粉壁横 78 厘米，纵 50 厘米，行楷书 20 行，行 2—15 字不等，可识文字约 216 字。字径 1.5—4 厘米。

　　《李叔政题壁》，书体由楷而行，时带草意，洋洋洒洒，率性而为。通篇布白自然有序，大小参差，浑然一体。运笔中、侧锋交替，使转、盘带自如，收放有度；点画遒美，线条优雅，节奏鲜明，真可谓笔随意转，不激不厉，而风规自远。细察之，其取法在二王及褚、颜诸家，又自成面目（见表 1）。特别是"而、答、本、遂"等字的几处重见，在作者笔下，或行或楷，或欹或正，变化自然，又各尽其妙（见表 2）。反复品读，如见笔者立架悬肘、面壁挥洒的身姿。

　　李叔政，正史无载，由题壁悉知，李叔政于元和八年（813）六月十五日出任成州刺史，其官阶至"开府仪同三司"，并"使持节成州诸军事"。在《题壁》末有"开府仪同三司（使）持节成州诸（军事）成州刺史充本州守捉使上（柱国）……记之"字样。对照《题壁》第二行有"敕授成州刺史、开府兼侍御史李叔政"，可知"捉使上（柱国）"下必是"李叔政"无疑。《题壁》行文叙述也符合刺史李叔政的语气。另外，《题壁》第二行末"李叔政"三字，与题壁通篇风格略有差异，其中"叔政"二字紧结，且靠拢，

### 表1　《李叔政题壁》与褚、颜诸家比较

| 例字 | 年 | 而 | 而 | 者 | 遂 | 九 | 功（切） | 谷 |
|---|---|---|---|---|---|---|---|---|
| 李叔政题壁 | | | | | | | | |
| 位置 | 4/1 | 11/14 | 10/7 | 9/7 | 5/11 | 5/5 | 9/9 | 12/3 |
| 历代大家 | | | | | | | | |
| 名称 | 王羲之·兰亭序 | 怀仁·集王圣教序 | 虞世南·孔子庙堂 | 褚遂良·阴符经 | 王羲之·都下帖 | 颜真卿·祭侄稿 | 颜真卿·祭侄稿 | 颜真卿·祭侄稿 |

### 表2　《李叔政题壁》中的同字异形

| 例字 | 成 | 而 | 答 | 本 | 其 | 遂 | 元 | 史 |
|---|---|---|---|---|---|---|---|---|
| 图例 | | | | | | | | |
| 位置 | 11/13 | 11/14 | 1/7 | 4/3 | 3/3 | 7/9 | 1/1 | 12/2 |
| 图例 | | | | | | | | |
| 位置 | 10/16 | 10/7 | 11/12 | 6/17 | 8/12 | 5/11 | 10/15 | 6/2 |

更像是"签名"，这是书写惯性造成的。由此推断，此《题壁》的书写者就是成州刺史李叔政[①]。

### （一二）成县·唐《尊胜陁罗尼经残幢》（约元和九年，814）

　　急苦难……信善恶业。失正道众生等……此陁罗尼，亦为一切诸天子故，说此陁罗尼印，付嘱……畜生、阎罗王界、阿修罗身，夜叉、罗刹、鬼神、布单那、羯……生补处菩萨同会处生，或得大姓婆罗门家生，或得大刹利……提道场最胜之处，皆由赞美此陁罗尼功德。如是，天帝，此陁罗尼名吉祥……此陁罗尼，亦复如是。亦如阎浮檀金，明净柔软，令人喜见，不为秽恶之所染著……诵、听闻、供养，能如是者，一切恶道皆得清净，一切地狱苦悉皆消灭。佛告天……婆塞、优婆夷、族姓男、族姓女，于幢等上，或见，或与相近，其影映身；或风吹陁罗尼……

---

① 蔡副全：《唐〈李叔政题壁〉墨迹考略》，《敦煌研究》2009 年第 2 期。

皆悉不受，亦不为罪垢染污。天帝，此等众生，为一切诸佛之所授记，皆得不退转，于……四衢道造窣堵波，安置陁罗尼，合掌恭敬，旋绕行道，归依礼拜。天帝，彼人能……夜分，来诣佛所。到已，以种种天衣、妙华、涂香庄严，供养佛已，绕佛七匝，顶礼佛足……而护念之。尔时，护世四天王，绕佛三匝白佛言："世尊！唯愿如来为我，广说持陁罗尼……圆满十五日时，持斋诵此陁罗尼，满其千遍，令短命众生还得增寿，永离病苦，一切业……佛言："若人遇大恶病，闻此陁罗尼，即得永离；一切诸病，亦得消灭；应堕恶道，亦得除断；即……佛言："若人先造一切极重罪业，遂即命终，乘斯恶业应堕地狱，或堕畜生、阎罗……尼二十一遍，散亡者骨上，即得生天。"佛言："若人能日日诵此陁罗尼二十一遍，应消一切世间……诸（佛刹土），常与诸俱会一处，一切如来恒为演说微妙之义，一切世尊即受其记，身……烧众名香；右膝着地胡跪，心常念佛；作慕陁罗尼印，屈其头

图4-11　尊胜陁罗尼经残幢（满正人　协拓）

指，以大母指押，合掌……咸共赞言："善哉！希有！真是佛子！"即得无障碍智三（昧，得）大菩提心，庄严三昧，持此陁……益寿命。天帝，汝去将我陁罗尼，授与善（住）天子，满其七日，汝与善住，俱来见我。"……依法受持，一切愿满，应受一切恶道等苦。（即）得（解脱，住）菩提道，增寿无量，甚大……子，将诸天众，严持华鬘、涂香、（末香、宝）幢幡盖、天衣、璎珞，微妙庄严，往诣佛所……色臂，摩善住天子顶，而为说法，授菩提记。佛言："此经名净除一切恶道佛顶……

　　使持节成州诸军事兼成州刺史、侍御史充本州捉史、上柱……德并盖幢亭子等于成州凤凰山寺，创……官衙前……

　　《尊胜陁罗尼经残幢》（图4-11），今存成县大云寺院内。原为八棱（面），现残存四面，存经文楷书27行，行3—35字不等，可识文字约670字，字径1.2—1.5厘米。幢末有记，但刻幢年月及主修者姓名俱损。

　　此残幢书法隽秀端庄，意气平和，运笔稳健，点画润雅圆腴，结字劲健峻整。书法风格与"遒丽处似虞，端劲处似欧"（李宗瀚语）的褚书《孟法师碑》相近，只是刻工略显粗率。叶昌炽云："天宝以前，（经幢）皆棋子方格，雕写精严。"[①]成县大云寺残幢无界格痕迹，可知此《石幢》必在唐天宝（742）之后镌立。在《经幢》末残存镌刻主修者官衔："……使持节成州诸军事兼成州刺史、侍御史充本州守捉使，上柱（国）……"这一称谓与书于唐元和九年（814）的《李叔政题壁》墨迹中李叔政官衔几乎完全相同（图4-12）。比较《题壁》与《石幢》的书法风格，考察《佛顶尊胜陁罗尼经》盛行的时间、大云寺《陁罗尼经残幢》的形制特点及主修者官职，

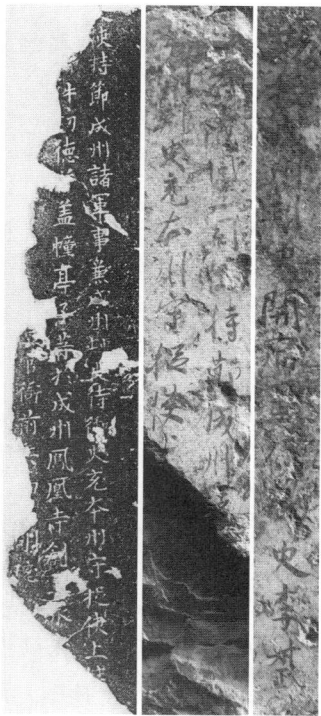

图4-12　经幢与李叔政题壁职官称谓比较

可以推测，此石幢大约雕凿于唐元和九年前后，其书丹者与《李叔政题壁》书写者抑或同为成州刺史李叔政。

### （一三）成县·唐《同谷残碑》（无年月）

　　《同谷残碑》，今佚。《武阶备志》卷一七载：

　　唐残碑，今成县姚五峰氏掘土所得，同得两块，其一大者工人不识，已埋墙

------

① 叶昌炽：《语石·语石异同评》，柯昌泗评，中华书局，1994年，第273页。

下。五峰至获睹此块，亟异归，扪拭得三十余字。一行：半存"太康"；次行："王右军"；三行："帝极精妙"；四行："遂亮记之旧"；五行："是也其屋宏"；六行："也其壁间所"；七行："子下及魏晋"；八行："宝获之非"；九行："今官于同"；十行：半存"以荀"。字大一寸六分，笔力雄劲，绝类颜欧，必非宋元以后所为。惜未睹全豹也。[1]

## （一四）成县·唐《吴道子画观音像碑》（无年月）

《吴道子画观音像碑》，原在成县抛沙镇广化村广化寺中，传为唐吴道子画。原碑已毁，今有明人摹刻本存世。黄泳《成县新志·古迹》卷三载：

> 《观音像碑》，县西十五里广化寺中，唐吴道子画。碑断两截，中伤其手。自前明传来，仅存上截。国初，有儒童肄业于寺，乃从砌石中寻出下截，今存。[2]

《成县新志·寺观》卷三又云：

> 广化寺，县西二十里，即汉马融绛帐台址，因名。中有《唐吴道子画观音像》。宋元丰间建。[3]

叶昌炽《语石·画像五则》卷五载：

> 《吴道子画观音象》，长安有二本（元祐六年吕中赞）；甘肃成县有一本（光绪癸卯按试甘南新访得）。[4]

叶昌炽访得《吴道子画观音像》拓本的时间是清光绪三十一年（1905），其《缘督庐日记》写道："（四月初五日），李估在小川，拓得《吴道子画像》，弟子谢镛摹，无年月。"[5]叶君所得拓本，即为明成县知县谢镛摹刻本。张维《陇右金石录》"摹刻吴道子画观音相碑"条云："此碑为谢镛摹刻，为崇祯末年成县知县，其刻于崇祯时无疑，旧志谓建于元丰，似为失考。"[6]

《吴道子画观音像》摹本（图4-13），右书"唐吴道子画"五字，"弟子谢镛"隐隐可见。人物神态安详，面有胡须。用线自然错落，疏密有度，以"莼菜描"法画成，

---

① 吴鹏翱：《武阶备志》，载《中国地方志集成》（甘肃府县志辑10），凤凰出版社，2008年，第178页。

② 黄泳：《成县新志》，载《中国方志丛书》（华北地方·第三三二号），台北成文出版社，1970年，第371页。

③ 黄泳：《成县新志》，载《中国方志丛书》（华北地方·第三三二号），台北成文出版社，1970年，第362页。

④ 叶昌炽：《语石·语石异同评》，柯昌泗评，中华书局，1994年，第332页。

⑤ 叶昌炽：《缘督庐日记》，江苏古籍出版社，2002年，第4803页。

⑥ 张维：《陇右金石录》，载《石刻史料新编》（第一辑第21册），台北新文丰出版公司，1979年，第16226页。

从中可以窥测"吴带当风"的绘画特点。

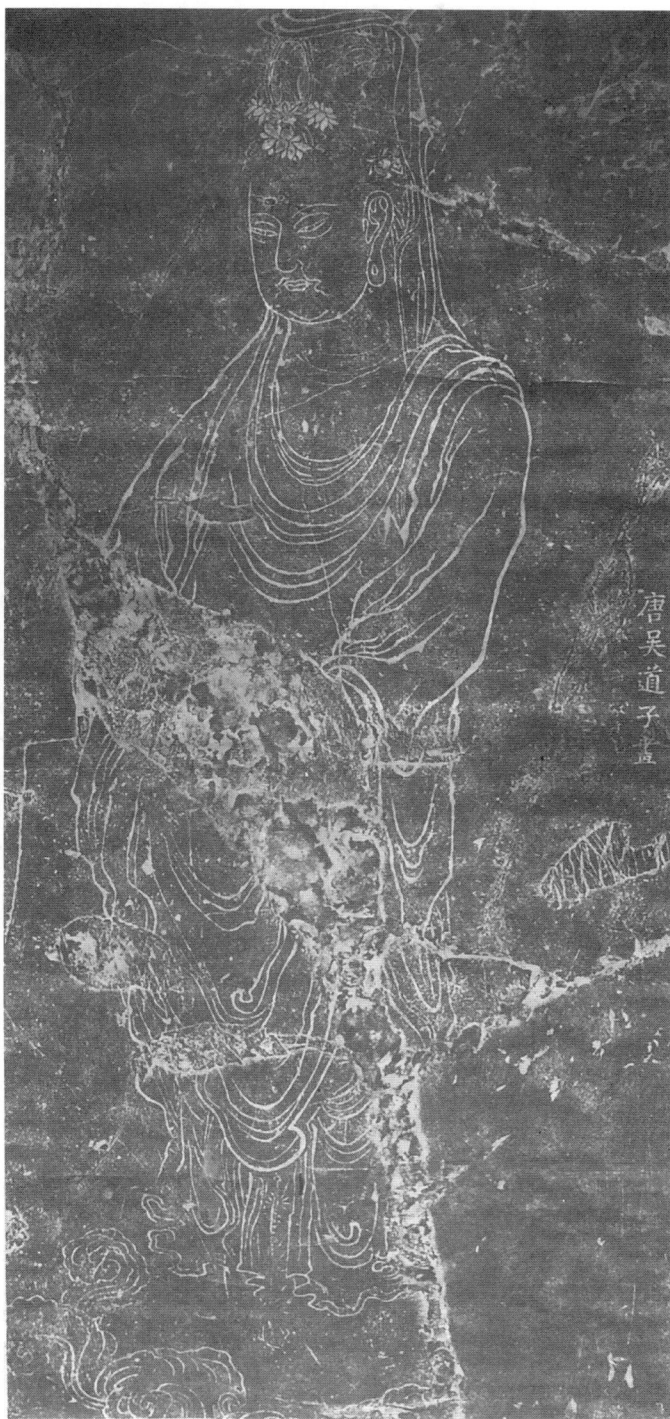

图 4-13  吴道子画观音像拓本

## （一五）武都·后唐《沙州僧题壁》（天成四年，929）

天成四年二月五日，四人同行，沙州僧定遏、僧俗□、知漾、杨。

《沙州僧题壁》（图4-14），五代·后唐天成四年（929）墨书题壁，今存武都万象洞天庭东壁，纵44厘米，横37厘米，行书3行。

## （一六）武都·后唐《应顺元年题壁》（应顺元年，934）

应顺元年二月廿五日，僧三人同游乳峒。宪均、鸿幽、志岩。他移再来记游。

《应顺元年题壁》（图4-15），五代·后唐应顺元年（934）墨书题壁，今存武都万象洞天庭东壁，纵45厘米，横19厘米，行书4行。

图4-14 沙州僧题壁　　　　　图4-15 应顺元年题壁

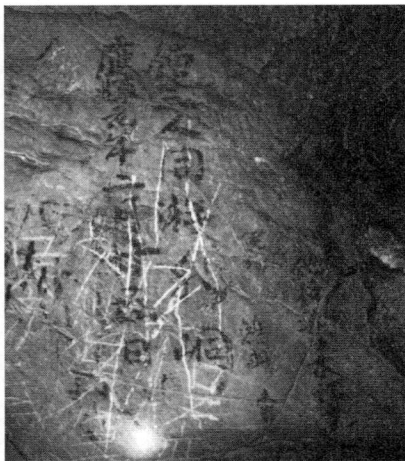

# 第五编　北宋

## （一）成县·宋·龙门寺《尊胜陁罗尼经》石幢（开宝二年，969）

成县龙门寺《尊胜陁罗尼经》石幢，又称《龙门寺碣》，原在成县府城镇。石幢八棱，正书，镌于宋开宝二年（969），今佚。《武阶备志》卷一七载：

> 《龙门寺碣》，在今成县西府城龙门寺二门，高三尺余，径一尺二寸。正书，"保□尊□陁罗尼经"，字大八分，八面皆满，多磨灭，不可识。末书："大宋开宝二年岁次己巳正月丙寅朔十八日丙申兴建。"①

《甘肃新通志稿》称"八卦碑"："在西和县府城里龙门寺，高四尺，宽一尺有二寸，清顺治六年出土，宋开宝二年刻石，文字漶漫不易识辨。"张维《陇右金石录》载："石幢'陁罗尼'上当是'佛顶尊胜'四字，《武阶备志》微误。'丙寅'既为月，'朔十八日'自非'丙申'，亦有误字。"②

龙门寺在今成县西纸坊镇府城村。《成县新志》卷三《古迹》云："龙门镇，县西七十里。杜工部诗'石门云雪隘，古镇峰峦集'即此，后改府城镇。"③清光绪四年（1878），当地秀才李茂秀曾撰藏头联于龙门寺楹柱："龙喷玉泉，甘露遍洒三千界；门设金地，祥云普护十八村。寺壮雄观，名地不遗邱令志；院依故址，胜迹犹忆杜公题。"④

## （二）礼县·宋《王仁裕神道碑》（雍熙三年，986）

周故少师王公神道碑[一]（篆额）

周故通奉[二]大夫、守太子少保、上柱国、太原县开国伯、食邑七百户、赐紫金鱼袋、赠[三]太子少师王公神道碑铭并序。

门生推忠协谋佐理功臣、金紫光禄大夫、中书侍郎兼工部尚书同中书门下平章事、监修国史、上柱国、陇西郡开国侯、食邑一千一百户、食实封肆百[四]户李昉撰。

雄武军节度推官、将仕郎、试秘书省校书郎张贺书并篆额。

皇宋之启昌运二十有五年，应运统天睿文英武大圣至明广孝皇帝嗣位之九载，三行郊祀之次月，故赠太子少师、太原王公之孙、秘书郎永锡，赍列祖行状，哀诉于赵郡李昉曰："伊我王父，世称哲人，仕历累朝，官登二品。耸搢绅[五]之重望[六]，留台阁之懿范。奄忽明代，垂三十年。虽马鬣之坟，已封于故里；而龟

① 吴鹏翱：《武阶备志》，载《中国地方志集成》（甘肃府县志辑10），凤凰出版社，2008年，第178页。
② 张维：《陇右金石录》，载《石刻史料新编》（第一辑第21册），台北新文丰出版公司，1979年，第16022页。
③ 黄泳：《成县新志》，载《中国方志丛书》（华北地方·第三三二号），台北成文出版社，1970年，第367页。
④ 张忠：《成州春秋》，甘肃文化出版社，2007年，第72页。

图 5-1　王仁裕神道碑（李怡、任晓辉　协拓）

跃之制，未表于长阡[七]。虑陵谷之变更，致声尘之销歇。奉先之道，是所阙焉。愿实录其芳猷，永垂名于终古。"昉辱蓬丘[八]之见托，感绛帐之旧恩，属文诚异于好词，颂德岂宜于多让。谨稽首抽毫而叙曰：王氏之宗，其来远矣。秉缑山之秀异，如[九]淮水之灵长，或以儒雅称，或以门阀显。世济其美，代不乏贤。挺生我公，郁为人瑞。公讳仁裕，字德辇，其先太原人，后世徙家秦陇，今为天水人也。当童幼之年，失怙恃之爱，兄嫂所鞠，至于成人。唐季乱离，关右斯甚，俎豆之事，蔑无闻焉。既乏师友之规，但以畋游[一○]为事，二十有五，略未知书。因梦开腹浣肠，复睹西江碎石，皆有文字，梦中取而吞之，及觉，心识开悟。因慷慨自励，请授经于季父，诗书一览，有如宿习；凡诸义理，洞究玄微；下笔成章，不加点窜。岁余，著赋二十余首，甚得体物之妙，繇是乡里远近悉推重之。秦帅陇西公继崇闻之，以书币之礼，辟为从事。寻属王氏僭窃，奄有两川，陇右封疆，遂成暌隔。公因兹入蜀，连佐大藩。历伪尚书、比部郎中、中书舍人、翰林学士。蜀后主衍，好文攻诗，偏所亲狎，宴游和答，殆无虚日。后主昏酒日甚，政教大隳。公屡陈谠言，颇尽忠节，既刮席[一一]以难救，竟舁棺而纳降。

　　蜀亡入朝，授雄武军节度判官。桑梓故里，罇俎[一二]上列，归与之乐，适我愿兮。职罢，归汉阳别墅，有终焉之志。著《归山集》五百首，以见其志。无何，南梁主帅王公思同，以旧知之故，逼而起之，密奏授兴元节度判官，不获，已而应命，非其志也。洎居守镐京，复参赞留务。时岐帅潞王，据[一三]有坚城，将图义举，阴遣间使会兵于王公，王公依违之间，可否未决，犹与[一四]方甚，召公谋之。公曰："事君尽忠，事父尽孝，忠孝[一五]之道，奈何弃之？"王公勃然而起曰："吾其效死于王室矣！"于是戮岐阳之使，驰驿上奏，忠规正论，闻者义之。俄而王师[一六]倒戈，奉潞王为主，王公果死于难，寮吏悉罹其祸。潞王下命军中曰："获王某者无得杀。"遂生致于麾下。潞王素闻公名，喜见公面，文翰之职，一以委之。公自陈曰："府主渝盟，臣所赞也，请就鼎镬，速死为幸。"词直色厉。潞王壮之，载以后车，俾随戎辂[一七]，教令诏诰，咸出于手。安慰京邑，先行榜谕，倚马吮笔，顷刻而成。潞王览之，大称厥旨。及即帝位，方将升玉堂之深严，备宣室之顾问。旋为近臣排斥，出为魏博支使，改汴州观察判官。数月，征拜尚书都官郎中，召入翰林，充学士，旌前劳也。

　　晋祚初启，以本官归班，稍迁左司郎中，历左谏议大夫、给事中、左散骑常侍。晋室之季也，权臣用事，朝政多门，既荒歉以相仍，复干戈之莫戢。山河土地，遂强据于诸侯，礼乐征伐，故不出于天子。公痛纪纲之隳紊，抗章疏以指陈，屡扣[一八]天阁，极言时事。洪河方溃，非捧土之能堙；大树既颠，岂一绳之可制？

以至胡兵孔炽，晋鼎寻移。怀直道而无所施张，览遗疏而诚堪叹息[一九]。

汉高祖顺三灵之睠命，救四海之倒悬。大宝才登，中原亚定。有天下之逾月，拜公尚书、户部侍郎、充学士承旨。明年，带内署之职知贡举。制下之日，时论翕然。咸谓："俊造孤平，将得路矣。"举罢，转户部尚书，承旨如故。明年，以疾解职，授兵部尚书。

周太祖即位，进位太子少保，尊名贤而宠旧德也。以显德三年七月十九日寝疾，终于东京宝积坊私第，享年七十有七。辍朝赙赠，悉从优礼，诏赠太子少师。卜其年八月一日，权窆于开封县持中村。以大宋开宝七年三月十八日，秘书力护神柩，归葬于秦州长道县，祔于先茔，成凤志也。

洋州录事参军讳约，公之曾祖也。成州军事判官、赠尚书屯田员外郎讳义甫，公之皇祖也。阶州军事判官、赠太子少傅讳实，公之皇考也；追封河南郡太夫人元氏，公之皇姒也。恒农[二〇]杨氏，公之前夫人也；渤海郡夫人欧阳氏，公之后夫人也，并先公而殁。秦州观察推官仁温、秦州仓曹参军仁鲁，公之二兄也。成州军事判官传珪、秦州长道县令传璞，公之二子也。适校书郎党崇俊，适殿中丞刘湘，适河东薛升，公之三女也。绵州西昌令全禧，秘书郎永锡，公之二孙也。

公秉天地和气，负文章大名。信义著于交朋，仁孝被于姻族，闺门卒岁无闻诟詈之声，僮仆终身不知鞭挞之苦，可以见其为人也。每遇良辰美景则[二一]必携生徒[二二]，命侍侣，前管弦而后琴筑，左笔砚而右壶觞，怡怡然，陶陶然，曾不以家事为意。旷达高怀，世无与比，篇章赋咏，尤是所长，行路深闺，靡不讽诵。妙于音律，精于历象，又不可得而伦[二三]矣。

昔公之掌贡闱也，中进士第者凡二十有三人，时则有故官师相国王公溥，今左谏议大夫、判度支许公仲宣，大司农李公恽，俱振美名，并升殊级。唯[二四]官师王公，迥高时望，擢处首科，五年之中，位至丞相。小子固陋，亦预搜罗。玉堂冠于词臣，黄阁陪于元辅。逢时偶圣，何幸会以逾涯；自卯化翼[二五]，岂生成之可报！其余陟乌台、登雄省，内游谏署、外佐侯府者，皆一时之名士也。

平生所著《秦亭编》《锦江集》《入洛记》《归山集》《南行记》《东南行》《紫泥集》《华夷百题》《西江集》，共六百八十五卷。又撰《周易说卦验》三卷，《转轮回纹金鉴铭》二十二样，诗、赋、图并行于世。著述之多，流传之广，近代已来，乐天而已。

呜呼！位列三孤，名闻四海。享磻溪之寿考，绍阙里之风猷。高朗令终，可谓全福。然而生逢叔世，莫偶盛时，胸襟空贮于经纶，生灵不受于康济，非公之遗恨，乃时之不幸也。

昉，门阑发迹，丘岳[二六]在身，备位岩廊，讵敢忘于所自；垂文琬琰，理不在于他人。英魂凛凛以何归，宿草离离而永茂！洒涕挥翰，谨作铭云：

猗欤少师，生禀[二七]灵气。二十有五，方游于艺。浣肠得梦，吞石[二八]表异。先圣之书，一览而记。唐祚衰歇，广明播越。四海乱离，四海乱离[二九]，九州分裂。礼乐崩坏，文章断绝。若巛（坤）[三〇]无梁，若舟无楫。谁能起之，唯[三一]我少师。鸿笔丽藻，独步当时。纶言贡籍，是掌是司。搢绅[三二]领袖，儒学耆龟。一代雄才，七朝令誉。步骤九流，徊翔[三三]三署。以文骏位，非为不遇。以德藩身，动有阴助。诚信笃外，温润积中。行己以正，事君唯忠[三四]。廉让[三五]是敦，礼教是崇。台阁之内，蔼然清风。

呜呼！明时不幸兮，哲人云逝！惊波不返兮，令名谁继。有蹯溪之寿兮，无蹯溪之位！德空高于古人兮，功不施乎当世。茫茫长夜兮，古垄[三六]玄堂。离离宿草兮，夜月寒霜。任桑田之变海兮，播休问之[三七]无疆！

雍熙三年岁次丙戌七月丁卯朔十六日壬午建立[三八]。泾州荔非隐镌字[三九]。

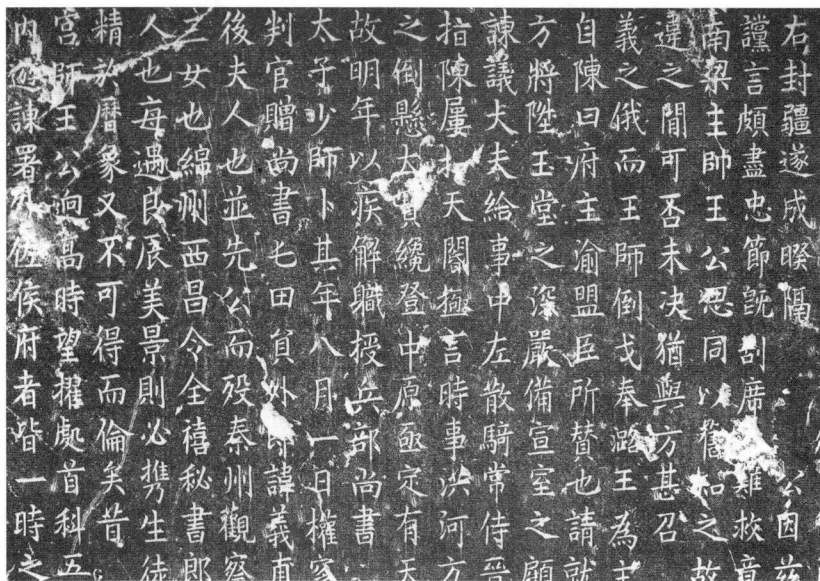

图 5-2　王仁裕神道碑局部

《王仁裕神道碑》，又称《周故少师王公神道碑》（图 5-1、图 5-2），全称"周故通奉大夫守太子少保上柱国太原县开国伯食邑七百户赠紫金鱼袋赠太子少师王公神道碑铭并序"，今存礼县石桥乡斩龙村，宋雍熙三年（986）立。神道碑由碑首、碑身、碑趺三部分组成。碑首和碑身用一整块巨石雕成，通高 305 厘米。碑身纵 225 厘米，横 114 厘米，厚 40 厘米，楷书 36 行，行 71 字，字径 3 厘米。碑趺纵 130 厘米，横 118 厘米。碑首拱形，上覆六龙盘踞，威丽壮观。额篆"周故少师王公神道碑"9 字。碑边饰缠枝牡丹与石榴花纹。李昉撰文，张贺书并篆额。此碑书法遒丽、端劲，意在欧、虞之间。

碑文见录于张维《陇右金石录》[①]、雷文渊《礼县新志》及蒲向明《玉堂闲话评注》[②] 等。然释文偶有误录，现依据拓本校释如下：

| 位置 | 原碑 | 陇右金石录 | 玉堂闲话评注 |
| --- | --- | --- | --- |
| [一] | 篆额 9 字 | 未录 | 以标题录之 |
| [二] | 通奉 | 未录 | 通议 |
| [三] | 赠 | 未录 | 故 |
| [四] | 肆百 | 未录 | 四百 |
| [五] | 搢绅 | 缙绅 | 缙绅 |
| [六] | 重望 | 重望 | 重塑 |
| [七] | 长阡 | 新阡 | 长阡 |
| [八] | 蓬丘 | 蓬邱 | 蓬丘 |
| [九] | 如 | 沐 | 如 |
| [一〇] | 畋游 | 畋游 | 畋猎 |
| [一一] | 刮席 | 割席 | 割席 |
| [一二] | 罇俎 | 樽俎 | 樽俎 |
| [一三] | 据 | 据 | 具 |
| [一四] | 犹与 | 犹豫 | 犹与 |
| [一五] | 忠孝 | 脱 2 字 | 忠孝 |
| [一六] | 王师 | 王师 | 王氏 |
| [一七] | 戎辂 | 玉辂 | 戎辂 |
| [一八] | 扣 | 叩 | 叩 |
| [一九] | 叹息 | 嗟叹 | 叹息 |
| [二〇] | 恒农 | 弘农 | 恒农 |
| [二一] | 则 | 脱 1 字 | 则 |
| [二二] | 生徒 | 生童 | 生徒 |
| [二三] | 伦 | 论 | 伦 |
| [二四] | 唯 | 惟 | 惟 |
| [二五] | 自卵化翼 | 卵化翼飞 | 自卵化翼 |
| [二六] | 丘岳 | 邱岳 | 丘岳 |
| [二七] | 禀 | 秉 | 秉 |

---

[①] 张维：《陇右金石录》，载《石刻史料新编》（第一辑第 21 册），台北新文丰出版公司，1979 年，第 16023—16025 页。

[②] 蒲向明：《玉堂闲话评注》，中国社会出版社，2007 年，第 349—352 页。

| 位置 | 原碑 | 陇右金石录 | 玉堂闲话评注 |
|---|---|---|---|
| [二八] | 吞石 | 梦石 | 吞石 |
| [二九] | 四海乱离（原文出现两次） | 脱4字 | 脱4字 |
| [三〇] | 巛（坤） | 水 | 川 |
| [三一] | 唯 | 惟 | 唯 |
| [三二] | 摺绅 | 缙绅 | 缙绅 |
| [三三] | 徊翔 | 迥翔 | 德翔 |
| [三四] | 唯忠 | 惟忠 | 惟忠 |
| [三五] | 廉让 | 谦让 | 廉让 |
| [三六] | 古垄 | 古垄 | 古陇 |
| [三七] | 问之 | 闻之 | 问之 |
| [三八] | 以上20字 | 未录 | 已录 |
| [三九] | 泾州荔非隐镌字 | "按语"中有录 | 天水江得山刻 |

王仁裕，字德辇，长道县汉阳（今礼县石桥乡）人，五代著名的文学家、诗人。生于晚唐僖宗广明元年（880），卒于五代后周世宗显德三年（956）。《旧五代史·王仁裕传》说他："有诗万余首，勒成一百卷，目之曰《西江集》，盖以尝梦吞西江文石，遂以为名焉。"[①]王仁裕生活在晚唐和战乱不已的五代时期。秦陇之间屡起战端，军阀混战不停，兵荒马乱，使关陇生灵涂炭，百姓颠沛流离。正如碑文所述："生逢叔世，莫偶盛时，胸襟空贮于经纶，生灵不受于康济，非公之遗恨，乃时之不幸也。"《宣和书谱》称其"幼不羁，唯以狗马弹射为务，中年锐意于学。一夕梦剖其腹肠胃，引西江水浣之，睹水中沙石皆有篆文；及寤，胸中豁然，自是文超敏"。又云："仁裕翰墨，时无闻于时，观其《送张禹偁诗》，正书清劲，自成一家，岂非濯西江水之效欤？"[②]

宋绍圣三年（1096）知岷州姚雄曾拜谒少师祠，并题记于碑阴，文曰：

> 按部过汉阳，恭谒少师祠下。绍圣三年七月十一日，知岷州姚雄题。弟起、男友仲侍行。石州军事推官管勾洮东安抚司文字党钧同至。

《姚雄题记》（图5-3），行书10行，行文自左向右识读。"石州"及以下文字略小，有泐损。

明嘉靖二十八年（1549）伏羌令王调元等人因公途经王公故里，见《神道碑》"为莓苔剥落"，于是建碑亭保护。碑阳末行题刻云："大明嘉靖二十八年二月朔日，文林郎伏羌令蜀人王调元建碑亭。监修吏麻九思。天水江得山刻。"另有题记刊于碑阴。

---

① 薛居正修：《旧五代史新辑会证》，陈尚君辑纂，复旦大学出版社，2005年，第3931页。
② 佚名：《宣和书谱》，云告译注，湖南美术出版社，1997年，第117页。

图 5-3　姚雄题记

## （三）礼县·宋《王仁裕墓志铭》（崇宁三年，1104）

　　周通议大夫、守太子少保、上柱国、太原县开国伯、食邑七百户、赐紫金鱼袋、赠太子少师王公墓志铭并序

　　中散大夫、责授太常少卿、上柱国、赐紫金鱼袋李昉述。

　　公讳仁裕，字德辇，其先太原人，后世徙家秦陇，今为天水人也。洋州录事参军讳约，公之大王父也；成州军事判官、赠尚书屯田员外郎讳义甫，公之王父也。阶州军事判官、赠太子少傅讳实，公之皇考也。追封河南郡太夫人元氏，公之皇妣也。恒农杨氏，公之前夫人也；累封渤海郡夫人欧阳氏，公之后夫人也，并先公而殁。秦州观察推官（仁）温、秦州仓曹参军仁鲁，公之兄也。成州军事判官传珪、秦州长道县令传璞，公之子也。绵州西昌令全禧、秘书郎永锡，公之孙也。校书郎党崇俊、殿中丞刘湘、河东薛继升，公之聟也。

　　噫！王氏之宗，其来远矣！或以门阀显，或以儒雅称，代不乏贤，世济其美。公即少傅第三子也。生属乱离，幼失怙恃，兄婣所鞠，至于成人。既无师友之资，但以畋游为事。二十有五，略未知书。因梦开腹浣肠，复见西江碎石，其上皆有文字，梦中取而吞之，及觉，性遂开悟，因慷慨自励，请授经于叔父。诗书一览，有如宿习；凡诸义理，必究精微；下笔成章，不加点窜。岁余，著赋二十余首，曲尽体物之妙，由是远近所重。秦帅陇西公继崇闻之，自山中辟为从事。寻属王氏僭窃，奄有巴邛土地，山河遂成暌隔。公因兹入蜀，连佐大藩。历比部郎中、中书舍人、枢密直学士。蜀后主好文工诗，偏所亲狎，应制和答，殆无虚日。

蜀亡入朝，特授秦州节度判官，即公之乡里也。良田美宅，适我愿兮。罢职，归汉阳别墅，有终焉之志。著《归山》诗五百首，以见其意。无何，兴元相国王公思同，以旧知之故，逼而起之。洎居守镐京，复赞留务。岐帅潞王之图大举也，潜使人会兵于王公，王公犹豫未决，召公谋之，公曰："事君尽忠，事父尽孝，忠孝之道，奈何弃之？"王公勃然而起曰："吾其效死矣！"于是戮岐阳之使。俄而，王师倒戈，奉潞王为主。王公果死于难，幕吏悉罹其祸。潞王下令军中曰："获王某者，无得杀！"遂生致于麾下。潞王素知公名，喜见公面，公自陈曰："幕府渝盟，臣所赞也。请就鼎镬，速死为幸！"潞王义而舍之，委以文翰之职。诏敕教令，咸出于手。到京为近臣所排，出为魏博支使，改汴州观察判官。数月，召入翰林充学士，旌前劳也。晋祚初启，以本官都官郎中归班，稍迁左司郎中，历谏议大夫、给事中、左散骑常侍。汉祖开基，拜户部侍郎，充学士承旨。明年，带职知贡举。制下之日，时论翕然，咸谓其俊造孤平将得路矣。今官师相国王公溥，观光待试，负艺求伸。虽组绣之文，名已振矣；而廊庙之器，人未知之。公识王佐之才，有人伦之鉴，擢以殊级，置于首科，五年之中，位至辅相。知人则哲，有如是乎？举罢，转户部尚书。明年，以疾解职，授兵部尚书。

周祖即位，除太子少保，尊名贤而宠宿德也。以周显德三年七月十九日寝疾，终于东京宝积坊私第，享年七十有七。辍朝赙赠，悉从优礼，赠太子少师。卜其年八月一日，权窆于开封县持中村。以大宋开宝七年闰十月十七日，归葬于秦州长道县汉阳里，迁二夫人合祔焉。

公禀天地和气，负文章大名。信义著于交朋，仁孝被于姻戚。闺门卒岁无闻诟詈之声；僮仆终身不知鞭挞之苦，有以知其为人也。音律历象，咸尽精妙。每遇良辰美景，命俦啸侣，前管弦而后琴筑，左笔砚而右壶觞，旷然高怀，世无与比。文集百余卷，并行于世，四方之人，相竞传写。篇章赋咏，尤是所长，行路深闺，靡不讽诵。

呜呼！登二品之贵位；享八十之退龄；官□考终，孰可继者？然而不秉大政，不康蒸民，于公之才伸展未尽。裔孙永锡，力护神枢，迁复家园。自梁抵秦，即二千里。英魂凛凛，随逝水以何之；丹旐悠悠，望故乡而长往。昉预生徒之列，受门馆之恩，八花尝缀于□班，四户复叨于真秩。今居退黜，尚玷清华。食禄明庭，心敢忘于所自；勒文贞石，理不在于他人。援毫而功德难周，抆泪而伤怀莫已。铭曰：

　　□淮疏派兮，嶙山降神。星辰孕秀兮，黼黻摛文。垂搢绅之令范兮，蔼台阁之清芬。历事七朝兮，享年八旬。立诚敦信兮，积善累仁。谁之德兮，惟我丘门兮少师府君。流芳图史兮，播誉闺门。母仪妇礼兮，绝世无伦。道著三从兮，光生六姻。事夫尽柔顺之体兮，御下有慈爱之恩。谁之美兮，惟彼恒农与欧阳夫人。少师之德兮，既若彼。夫人之美兮，又如此。万祀千龄，令名无已。启重阡于梁苑之野，遂归葬于汉阳之里。尘路迢迢，輀车靡靡。呜呼哀哉！一代之哲人已矣！

孙永锡自汴京扶护九丧却归乡里，盘缠葬礼，买置墓田，一物已来□□力办，以俟他日粗显孝心。

孙祐，孙聱博陵安平人崔起书，在□□□□□字。

大宋崇宁三年甲申岁四月十八日二代孙进士王□道重迁葬讫。（侧记）

图5-4　王仁裕墓志铭（王刚、任晓辉　协拓）

《王仁裕墓志铭》（图5-4），宋崇宁三年（1104）王仁裕孙婿崔起书。1983年5月出土于礼县石桥乡斩龙村王仁裕墓地，今存礼县秦文化博物馆。墓志正方，边长93厘米，厚30厘米，楷书40行，行42字。由《神道碑》与《墓志铭》悉知，王仁裕于后周显德三年（956）七月十九日寿寝，是年八月一日葬于开封县持中村。以宋开宝七年（974）闰十月十七日，归葬于秦州长道县汉阳里（今礼县石桥乡）。宋崇宁三年（1104）四月十八日重迁葬祀。

### （四）礼县·宋《尊胜陁罗尼经》石幢（雍熙三年，986）

图5-5　尊胜陁罗尼经幢局部

（前经文略）

尔时世尊知帝释意心之所念。乐闻佛说具足陁罗尼法。即说咒曰：

曩谟婆去誐嚩帝（一）怛喇二合路引枳野二合钵啰二合底（二）尾始瑟吒二合野（三）没驮引野（四）婆去誐缚帝（五）怛你也二合他引（六）唵引（七）尾戍引驮野（八）娑么三满多（九）嚩婆娑娑颇二合啰拏（十）誐帝誐贺曩（十一）娑嚩二合婆嚩秫第（十二）阿上鼻说左轮上引（十三）素蘖多（十四）嚩啰嚩左引曩（十五）阿引去蜜喋二合多引鼻曬罚（十六）阿贺啰阿贺啰（十七）阿欲散驮引啰柅（十八）戍驮野戍驮野（十九）誐誐曩尾秫第（廿）邬瑟柅二合洒（廿一）尾惹野尾秫第娑贺娑啰二合啰湿铭二合散祖去你帝（廿二）萨嚩怛他引萨多（廿三）地瑟妮二合曩引（廿四）地瑟耻二合多引□旦余二合（廿五）嚩日啰二合迦野（廿六）僧贺多曩尾秫第（廿七）萨嚩二合嚩啰拏引尾秫第二合钵啰（廿八）底颇□多野阿引去欲秫弟（廿九）三么野引地瑟耻二合帝（卅）么柅么柅（卅一）怛闼多引部多句　曩波哩秫第（卅二）尾娑普二合吒没地驮秫第（卅三）惹野惹野（卅四）尾惹野尾惹野（卅五）娑么啰娑么啰　萨嚩没驮引地瑟耻（卅六）多秫第（卅七）嚩日余二合嚩日啰二合蘖陛（卅八）嚩日览二合婆嚩睹么么（卅九）萨嚩萨怛嚩二合难上左迦野尾秫第　萨嚩蘖底跛哩秫弟　萨嚩怛他蘖多三么湿嚩二合娑　地瑟耻二合帝（四三）没地野没地野二合（四四）冒驮野冒驮野（四五）三满哆跛哩秫第（四六）萨嚩怛他引蘖多（四七）□地瑟姹二合曩引（四八）地瑟耻二合哆（四九）么贺母怛余二合娑嚩二合贺（五十）。

礼县《尊胜陁罗尼经》石幢（图5-5），八棱幢，纵139厘米，棱宽17厘米，正书，约2800字，字径2厘米。此幢为王仁裕之孙王永锡扶护王公灵柩，从河南开封归葬故里后，于宋雍熙三年（986）买地建寺时镌立。石幢原在礼县石桥乡斩龙村，今存礼县秦文化博物馆。《尊胜陁罗尼经》内容多见于佛教典籍，此幢所录咒语或异于其他经幢，故节录于此。

## （五）两当·宋《长安僧题刻》（咸平元年，998）

咸平元年四月廿三日，有长安僧。天下统。

《长安僧题刻》（图5-6），宋咸平元年（998）摩崖刻石，今存两当县金洞乡观音堂旧址斜对面两当

图5-6　长安僧题刻（李辉　协拓）

河岸。摩崖纵 75 厘米，横 40 厘米，楷书 3 行，满行 9 字，字径 10 厘米。其中"天下统"3
字较小，字径仅 2.5 厘米。摩崖在民国年间即已发现。《陇右金石录》载："《观音堂摩
崖》，在两当县北，今存。'咸平元年四月廿□有长安僧。'按，此刻在两当县北观音堂，
去县约三十里，峻岩临流，深竹丛蔚。第一行七字，二行四字，书法绝峭拔。'廿'字
下似尚有字，'僧'下文义未尽，当是石有剥削。李龙儒拓以相贻，急为录之。"[①] 从摩
崖现状看，"廿"后尚有"三日"2 字；"僧"后文义未尽，但平整无字，亦无"剥削"
之迹。

### （六）武都·宋《卢江子题诗》（无年月）

　　洞深衮衮搏龙蛇，怪石高幢水滴花。此景已非凡俗景，更于何处觅仙家。
　　卢江子作。

　　《卢江子题诗》（图 5-7），墨书题壁，无年月，
今存武都万象洞风洞口西壁，纵 30 厘米，横 24 厘
米，行草 5 行。

　　卢江子，字号无考。宋释智圆《闲居编·帝年
纪序》载：

图 5-7　卢江子题诗

　　卢江子者，氏族名字则未知之。尝撰《帝
年纪》一卷，始天地辟设，降及我宋，大凡百
王禅让之历数，五运相生之正统，建都之所，
纪年之号，以至僭伪偏霸者，皆略载名目于
其间，繇是万古陈迹，不待博阅群史而历历可
见，如指掌焉抑。[②]

　　智圆（976—1022），字无外，号中庸子，或称潜夫，俗姓徐，钱塘（今浙江杭州）
人，是北宋初年佛教天台宗的杰出代表人物。《佛祖统纪》《历代佛祖通载》均有传。
《闲居编》五十一卷，是他的诗文杂著集，其所收篇章，陆续写成于景德三年（1006）
至天禧五年（1021）间。由此可见，《卢江子题诗》不会晚于天禧五年。

---

① 张维：《陇右金石录》，载《石刻史料新编》（第一辑第 21 册），台北新文丰出版公司，1979 年，第 16026 页。
② 智圆：《闲居编》，载《卍续藏经》（第 101 册），台北新文丰出版公司，1994 年，第 89 页。

### （七）武都·宋《曹渐题壁》（景祐五年，1038）

圣宋景祐五年，戊寅岁八月二十四日。武台□士曹渐与终南道士郭宗成及书数李茂同到乳洞。

《曹渐题壁》（图5-8），宋景祐五年（1038）墨书题壁，今存武都万象洞无底洞东，纵40厘米，横27厘米，行书4行。

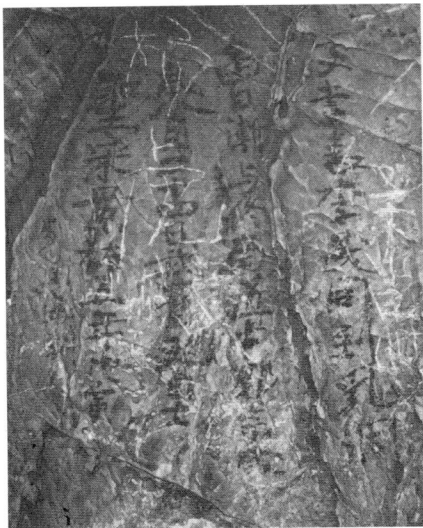

图5-8　曹渐题壁（张惠中　摄）　　　　图5-9　石待问题壁

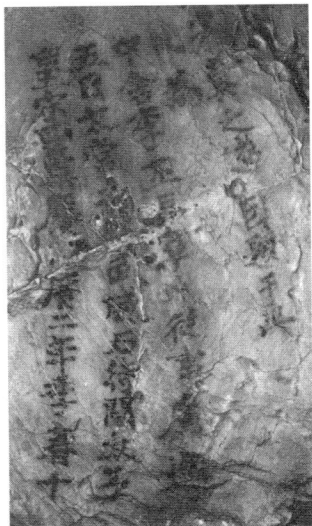

### （八）武都·宋《石待问题壁》（庆历二年，1042）

皇宋四叶庆历二年季春十五日。太常丞武威石待问[一]、太子中舍李丕旦[二]、宁州从事卢造同为元真之游，因题于此。

[一] 石待问（？—1051），字则善，眉山（今四川眉山市）人，咸平中进士第，真宗景德三年（1006），应贤良方正直言极谏科，迁殿中丞。大中祥符三年（1010）为太常博士，因上书得罪真宗，责授滁州团练副使。庆历初以太常丞知阶州。王象之《舆地纪胜》卷一八载：

> 石待问，字则善，蜀之眉人，举进士及制科，进《谏史》百卷，真宗大悦，后谏营昭应宫，坐谪滁州。仁宗即位，召见。知阶州，引年致仕，卜居芜湖县，卒，因葬焉。黄庭坚书其墓曰："有宋贤良方正九谪不悔自下矶上眉山石公之墓"。子禹勤。[①]

① 王象之：《舆地纪胜》，江苏广陵古籍刻印社，1991年，第230页。

[二]李玊旦（1003—1052），字晦之，祖籍陇西成纪，后迁京兆万年（今陕西西安）。延州酒税，以大理寺又监陈州、西华、阶州酒税，迁太子中舍，知京兆府栎阳县，迁殿中丞，知陇州汧源县，迁国子博士。官至虞部员外郎、监凤翔府上清太平宫兼兵马都监护军。皇祐四年（1052）五月二十二日卒，谥赠礼部尚书[①]。

《石待问题壁》（图5-9），宋庆历二年（1042）墨书题壁，今存武都万象洞卧龙坝西壁，纵45厘米，横22厘米，行书5行。

## （九）武都·宋《张景伯题壁》（庆历三年，1043）

张景伯宰南田，承乏秦兴，来权武都。庆历癸未南至后一日，同从事贾既、进士杜伉游此。

《张景伯题壁》（图5-10），宋庆历三年（1043）墨书题壁，今存武都万象洞卧龙坝西壁，纵30厘米，横24厘米，楷书5行。张景伯（？—1063），字元伯，襄邑（河南睢县）人。官至职方员外郎至仕。《宋元学案补遗》有载。

## （一〇）武都·宋《高宝臣题诗一》（庆历五年，1045）

庆历五年孟冬初四日，因游洞过卧龙平，留题四十字，以示来者。

待时蟠蛰洞中春，怒激风雷昼四昏。天命为霖腾跃去，隐然鳞甲此平存。

试秘书郎、知福津县事高宝臣。

图5-10　张景伯题壁

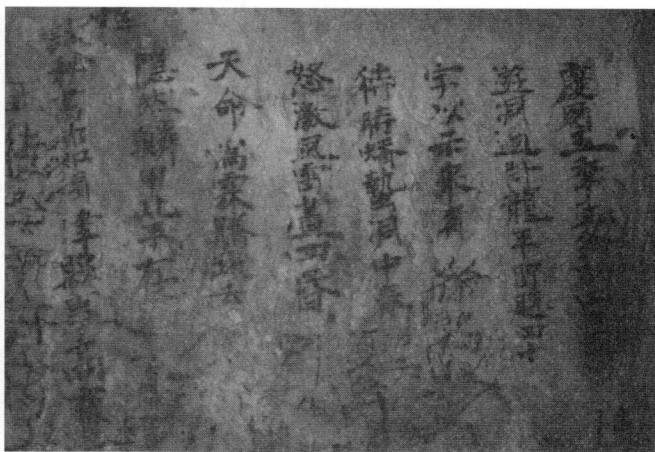

图5-11　高宝臣题诗一（李婷婷　摄）

① 王珪：《华阳集》，载《文渊阁四库全书》（第1093册），台湾商务印书馆，1986年，第371页。

《高宝臣题诗一》（图5-11），庆历五年（1045）墨书题壁，今存武都万象洞卧龙坝西南壁，纵50厘米，横80厘米，楷书8行。

### （一一）武都·宋《高宝臣题诗二》（庆历五年，1045）

庆历五年孟冬初四日，因游洞过卧龙平，留题四十字，以示来者。

待时蟠蛰洞天春，怒激风雷昼四昏。天命为霖腾跃去，隐然鳞甲此平存。

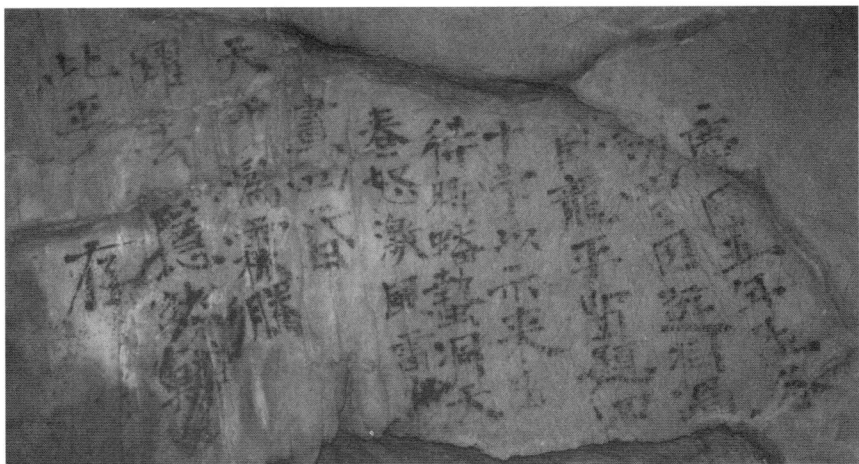

图5-12　高宝臣题诗二

《高宝臣题诗二》（图5-12），宋庆历五年（1045）墨书题壁，今存武都万象洞卧龙坝西壁，纵40厘米，横60厘米，楷书10行。

高宝臣题诗两处，分别位于卧龙坝西南壁与西壁，跋语相同，诗文仅一字之差，题写章法有异，后者未落款，但从书体与内容判断，两帧壁诗均出自福津令高宝臣之手。《方舆胜览》卷七〇载："阶州，领福津、将利二县，治福津。"[1] 此诗书写草率，书法无可观处，但对卧龙坝"鳞甲蟠伏若生"的"伏龙"景象描写入微。

### （一二）西和·宋《王钦若韩琦王拱辰留题》（无年月）

《王钦若韩琦王拱辰留题》，今佚。王象之《舆地碑记目》谓："《王钦若韩琦王拱辰留题》，在皂荚驿。"[2]《陇右金石录》题作"王钦若韩琦刘拱辰题名"，又载："皂荚驿在今天水县南，当陇蜀冲途，宋时盖属西和。钦若于真宗初为西川安抚使，仁宗时益、利岁饥，以韩琦为体量安抚使。此石盖即其先后所题也。"[3] 王钦若（962—1025），字

---

① 祝穆：《方舆胜览》，中华书局，2003年，第1232页。

② 王象之：《舆地碑记目》，商务印书馆，1939年，第118页。

③ 张维：《陇右金石录》，载《石刻史料新编》（第一辑第21册），台北新文丰出版公司，1979年，第16033页。

定国，天禧二年（1018）春，"王钦若等上《天禧大礼记》四十卷。己未，遣使谕京东官吏安抚饥民，又命诸路振以淖糜。"（《宋史·真宗纪》）《秦州直隶州新志》卷六《灾祥》载："（大中祥符）九年夏六月，秦州独谷水出，坏长道县盐官镇城桥及官廨、民舍二百九十五区，溺死六十有七人。"[①] 王钦若留题或即此时。韩琦（1008—1075），字稚圭；王拱辰（1012—1085），字君贶。王钦若留题时韩琦、王拱辰二人皆尚幼，因此，疑题刻并非一处，亦非同时所刊。庆历元年（1041）四月，韩琦因好水川兵败被降官右司谏，降知秦州。《秦州直隶州新志》有《韩琦传》并载："旧志言：秦州东西关城皆琦所筑，至今称'韩公城'，而本传不著。"[②] 韩琦题刻大约在其知秦州时。

### （一三）成县·宋《成州学记》（庆历五年，1045）

　　皇帝二十三年有诏，州县立学馆，署讲员，以进乡彦。士不受业无所就。宏奖教育，必道成而官优。莘莘乎弦诵万方，与邹鲁俱。仓泉剧州，背山面池，且武圌观几稀，斯民变风，良守是赖。于斯之时，长乐冯宗圣假节来舍，拜诏戚颂，倡谋吏寀，曰："天子尚文，书轨混并，豪英端居，翘企望明，蔚为王国光华，犹病夫学不纯、教不明如是。兹邦华部羌，守岍之余，诗礼蘱繁，艺圃郊黉，晓以新书，亦缘饎之一术。"言顾令孚，下罔弗饬。乃审地胜，式规程，协辰僝工，捄筑并兴。前□鼓箧响臻，罗书笈于东序，盍宾簪于右庠。后筵重庑，列为斋堂、驿迊。东西为经师、硕生、善友、博谕、切约藏修之所。南端子亭有壁池，芹藻、锦鲤、祥鳣、芳葩、峭石，亦游息佳处矣。饎著有庖，课廪有储，泛扫罗护，干隶肃给，肇谋考成，緊冯君能，盖其制宏丽而不侈也。宗圣名彭阳，苑特起海峤而闻京师，赡辞大策，殿柱前选；材谞试边，障而不丑，氏憬勤勤，施为首善响方，资利长世。序故于记事宜实。执讯重跰，丐文示后，姑为捃摭构之，伐琢坚石，咨西州君子，上学逊敏，发舒翘英，思以称贤二千石，心以仰副圣天子，寿考作人，至意明年。

　　庆历乙酉闰夏乙巳记。

《成州学记》，镌刻于宋庆历五年（1045），原碑已佚。吴鹏翔《武阶备志》、黄泳《成县新志》、张维《陇右金石录》皆有录文。上文据《武阶备志》[③] 并参考《成县新志》而录入。《陇右金石录》载："《成县志》：《成州学记》，碑在学宫，阙名，正书。《新通志稿》：《成州学记》，碑在成县旧学宫，去县治西七十步。按，碑文县志颇有阙遗，今

① 费廷珍：《直隶秦州新志》，载《中国方志丛书》（华北地方·第五六三号），台北成文出版社，1970年，第550页。
② 费廷珍：《直隶秦州新志》，载《中国方志丛书》（华北地方·第五六三号），台北成文出版社，1970年，第892页。
③ 吴鹏翔：《武阶备志》，载《中国地方志集成》（甘肃府县志辑10），凤凰出版社，2008年，第178页。

依《武阶备志》录之。"[①]

### （一四）成县·宋《吕蕡题名》（皇祐三年，1051）

辛卯十二月初四日，同谷令吕蕡[一]游此。

[一]吕蕡，汲郡（河南卫辉市）人，五代后周户部侍郎吕咸休曾孙，父通，仕为太常博士。蕡为比部郎中，后知巴西县致仕。因葬通京兆蓝田，遂家焉。蕡六子，五子登科。大忠、大防、大钧、大临皆其子也。[②]

《吕蕡题名》（图5-13），宋皇祐三年（1051）摩崖刻石，今存成县西狭东口鱼窟岩南壁。纵32厘米，横27厘米，楷书3行，字径4—9厘米。

图5-13　吕蕡题名（王志杰　协拓）　　　　图5-14　吕大忠题记

### （一五）成县·宋《吕大忠题记》（熙宁三年，1070）

家府郎中[一]皇祐中为令兹邑，尝题名于鱼窟岩，小子著作佐郎[二]、前郡从事大忠[三]，罢权秦凤机奏，亦过此，伏读久之。熙宁庚戌七月十二日。周君阜、张君震、阎君鼎同游。

[一]家府郎中：即吕蕡，比部郎中，皇祐中任同谷令。

[二]著作佐郎：职事官名，隶秘书省。宋初为文臣寄禄官名，无职事。元丰

---

① 张维：《陇右金石录》，载《石刻史料新编》（第一辑第21册），台北新文丰出版公司，1979年，第16034页。
② 贾汉复修，沈荃编纂：《河南通志》卷二六，顺治十七年（1660）刻本。

改制后著作佐郎主掌开修时政记、起居、注修纂日历、祭祀、祝辞的撰写等。(《宋会要·职官·十八·二》)。

[三]大忠：即吕大忠(约1025—1100)，字进伯，亦作晋伯，吕蕡长子。宋皇祐五年(1053)进士(晚《吕蕡题名》二年)，为华阴尉、晋城令。其任陕西转运副使期间，于元祐二年(1087)移《石台孝经》等唐宋名碑于"府学之北墉"，即今西安碑林，为西安碑林之创始者。绍圣三年(1096)，吕大忠为《王公仪神道碑》题书篆额"宋故左中散大夫王公神道碑"12字。晚年由于其弟大防被新党排挤而遭受牵连，从知同州(今陕西大荔县)降为待制后病故，大忠死后以学士官职葬于蓝田。

《吕大忠题记》(图5-14)，宋熙宁三年(1070)摩崖刻石，今存成县西狭东口鱼窟岩南壁，右邻《吕蕡题名》。纵36厘米，横22厘米，楷书6行，行11字，字径2—5厘米。《吕大忠题记》行笔爽朗，字迹温润，取势仿佛颜鲁公、杨少师，神韵直追钟繇、王逸少，笔意纵横，气韵生动，虽是摩崖刻石，却又书卷气十足[①]。

## (一六)舟曲·宋《朱处仁题记》(皇祐四年，1052)

> 圣宋皇祐四年孟冬，尚书屯田员外郎(通)判[一]阶州事朱处仁[二]，自十六日西之本州故城(镇)[三]、峰贴城[四]、平定关点检城寨后，廿三日过此，又巡历至武平、沙滩诸寨回，廿五日题记河口镇西石门硖东壁上。左班(殿直买)马向宣、右班殿直巡检李士宗、福津县尉王□侍行。

[一]通判：初置于宋庆历元年(1041)，宋初设通判之时，职权几与知州无异，名为佐官，实际是共同负责，并握有连署州府公事和监察官吏的实权，号称"察州"。

[二]朱处仁：字表臣，营丘(山东昌乐县营丘镇)人，少从苏舜钦游，景祐元年(1034)进士。初任泗州判官、夷陵推官，嘉祐二年(1057)任泗州知州，嘉祐五年"以淮南、江、浙、荆湖、福建等路提举运盐公事、职方员外郎朱处仁为屯田郎中"(《续资治通鉴长编·嘉祐五年》卷一九一)。朱处仁皇祐初通判阶州一职，史籍文献失载。

[三]故城镇：或谓"西故城镇"，即西固城(今甘南舟曲县治)。

[四]峰贴城：即今舟曲县峰迭，古城寨遗址尚存。

《朱处仁题记》(图5-15)，宋皇祐四年(1052)摩崖刻石，今存甘南藏族自治州舟曲县大川镇石门沟栈道遗迹西崖东壁。纵120厘米，横45厘米，楷书5行，字径约5厘米。石门沟(图5-16)栈道是阴平道西段要隘，它不仅是连接武都至舟曲、宕

---

① 蔡副全：《西狭〈吕蕡题名〉〈吕大忠题记〉考》，《兰州文理学院学报》2014年第5期。

昌的主干道，也是通往武平、沙滩诸寨的重要入口。今存栈道遗迹东西长约200米，遗存古栈道孔近190孔（图5-17）。《朱处仁题记》所言故城镇、峰贴城、平定关、武平、沙滩等皆为宋代茶马交易名镇。从栈道遗迹看，石门沟栈道极有可能是一组"立交桥"式的立体通道。《朱处仁题记》摩崖与栈道遗迹的发现，为研究阴平道西段交通与宋代熙河、秦凤等路茶马交易与运输提供了珍贵的实物依据，具有重要的文物价值[①]。

图5-15　朱处仁题记

图5-16　石门远景

图5-17　石门沟栈道遗迹

---

① 蔡副全：《石门沟古栈道遗迹与宋代茶马交易》，《农业考古》2014年第2期。

### （一七）武都·宋《朱处仁题壁》（皇祐四年，1052）

田曹外郎、通判郡事朱（处）仁，左班殿直买马向宣，司理参军王宏，福津县令张□，大宋皇祐四年三月九日游此。

《朱处仁题壁》（图5-18），宋皇祐四年（1052）墨书题壁，今存武都万象洞天庭西壁，纵69厘米，横36厘米，楷书4行。

### （一八）武都·宋《向宣题壁》（皇祐四年，1052）

镇戎向宣、河中王宏同游此。皇祐四年（三月）。

《向宣题壁》（图5-19），宋皇祐四年（1052）墨书题壁，今存武都万象洞卧龙坝西北壁，纵45厘米，横40厘米，楷书4行。

图5-18　朱处仁题壁　　　　　　　　　图5-19　向宣题壁

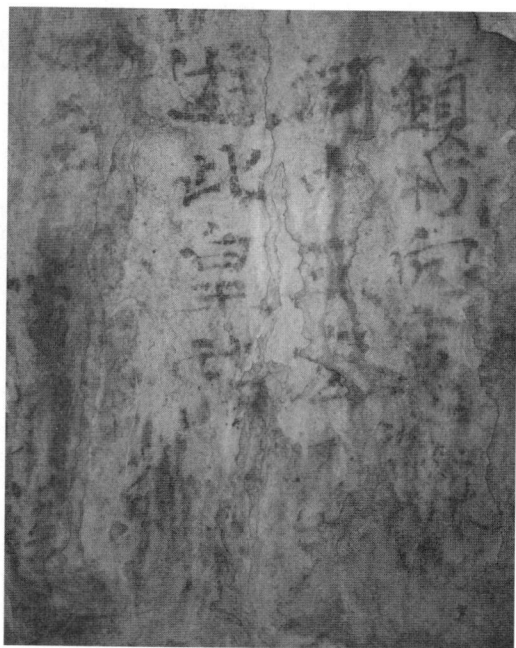

### （一九）武都·宋《王弘莫题壁》（皇祐四年，1052）

皇祐四年正月初六，频阳[一]王弘莫到此系堂雪。

［一］频阳：古县名。秦厉共公二十一年（前456）在频山以南置频阳县，故址在今陕西富平县美原镇古城村一带。秦统一全国后，频阳属内史。北魏宣武帝景明元

年（500），撤频阳县，划归同官县。

《王弘莫题壁》（图5-20），宋皇祐四年（1052）墨书题壁，今存武都万象洞卧龙坝西北壁，纵27厘米，横8厘米，楷书2行。

### （二〇）武都·宋《李化清题壁》（皇祐四年，1052）

皇祐四年三月初九日，龙王勾押到此。本州牢城李化清记。

《李化清题壁》（图5-21），宋皇祐四年（1052）墨书题壁，今存武都万象洞无底洞东，纵40厘米，横25厘米，行书3行。

图5-20　王弘莫题壁　　　　　图5-21　李化清题壁

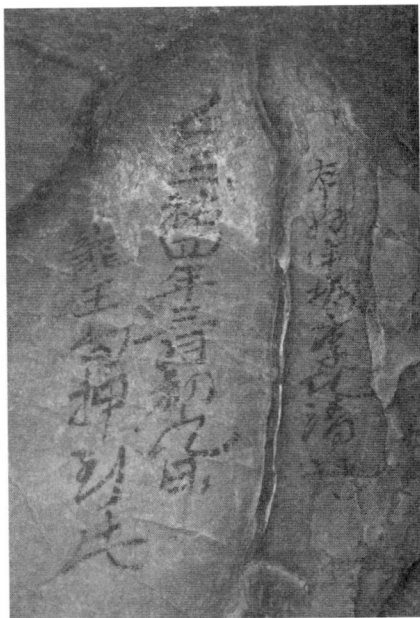

### （二一）文县·宋《石笋铭一》（嘉祐元年，1056）

太极之初，有物浑融。乾坤开辟，万象来钟。巍峨崔嵬，有石其锋。先天而璧，造化为工。散落人间，盘礴苍穹。烟蒙雾潏，时焉未逢。日月重明，遇我梁公。移置左隅，朝夕友从。忠肝义胆，坚刚与同。前乎千古，莫比其隆。后乎万世，孰追其踪。天长地久，永克其终。

《石笋铭一》，碑佚，宋嘉祐改元（1056）南甲题。张维《陇右金石录》引《文县志》云："县有《石笋铭》，宋嘉祐改元，太守梁公门下士南甲题。"其"按语"曰：

　　文州石笋三铭皆见《县志》。一即此铭；一为"何彦齐铭"，崇宁九年所作；一为"张敬伯铭"，无年月。自文州旧城宋末残破，石笋已无可考，惟《明一统志》云："三山堂，在旧文州通判廨内，有石笋最佳。"而《武阶备志》因之，疑亦追记之词也。[①]

## （二二）徽县·宋《新修白水路记》（嘉祐二年，1057）

图 5-22　新修白水路记

新修白水路记（篆额）

大宋兴州新开白水路记

① 张维：《陇右金石录》，载《石刻史料新编》（第一辑第 21 册），台北新文丰出版公司，1979 年，第 16035 页。

宣德郎、守殿中丞知雅州军州兼管内桥道劝农事、管勾驻泊及提举黎州兵甲[一]巡检贼盗公事、骑都尉借绯雷简夫[二]撰并书及篆额。

至和元[三]年冬，利州路转运使、主客郎中李虞卿，以蜀道青泥岭旧路高峻，请开白水路。自凤州河池驿至兴州[四]长举驿五十一里有半，以便公私之行。具上未报，即预画材费，以待其可。明年春，遣[五]兴州巡辖马递铺殿直乔达，领桥阁并邮兵五百余人，因山伐木，积于路处，遂籍其人用讫。是役又请知兴州军州事、虞部员外郎刘拱总护督作，一切仰给，悉令为具。命签署兴州判官厅公事、太子中舍李良祐权知长举县事，顺政县令商应，程度远近，按视险易，同督斯众。知凤州河池县事、殿中丞王令图首建路议。路占县地，且十五余里部属陕西，即移文令图，通干其事。至秋七月始可其奏，然八月行者已走新路矣，十二月诸功告毕，作阁道二千三百九间，邮亭、营屋、纲院三百八十三间，减旧路三十三里，废青泥一驿，除邮兵驿马一百五十六人骑，岁省驿禀[六]铺粮五千石，畜草一万围，放执事役夫三十余人。路未成，会李迁东川路，今转运使、工部郎中、集贤校理田谅至，审其绩状可成，故喜犹己出，事益不懈。于是斯役，实肇于李而遂成于田也。嘉祐二年三月，田以状上，且曰："虞卿以至和二年仲春兴是役，仲夏移去，其经营建树之状，本与令图同。臣虽承乏，在臣何力？愿朝廷旌虞卿、令图之劳，用劝来者。又拱之总役应用，良祐、应之按视修创，达之采造监领，皆有著效，亦乞升擢。至于军士、什长而下，并望赐与，以慰远心。"朝廷议依其请。初，景德元年尝通此路，未几而复废者，盖青泥土豪辈唧唧巧语，以疑行路。且驿废，则客邸、酒垆[七]为弃物矣，浮食游手安所仰邪？小人居尝争半分之利，或眐眦抵死，况坐要路，无有在我，迟行人一切之急，射一日十倍之贵，顾肯默默邪？造作百端，理当然尔。向使愚者不怖其诞说，贤者不惑其风闻，则斯路初亦不废也。大抵蜀道之难，自昔以青泥岭称首。一旦避险即安，宽民省费，斯利害断然易晓，乌用听其悠悠之谈邪？而后之人见已成之易，不念始成之难。苟念其难，则斯路永期不废矣。简夫之文虽磨崖镂石，亦恐不足其传，请附于[八]尚书职方之籍之图，则将久其传也。

嘉祐二年二月六日记。

前利州路诸州水陆计度转运使兼本路劝农使、朝奉郎守尚书主客郎中、上轻车都尉、赐紫金鱼袋李虞卿。

利州路诸州水陆计度转运使兼本路劝农使、朝奉郎守尚书工部郎中、充集贤校理、轻车都尉、赐绯鱼袋借紫田谅。

［一］兵甲：《金石萃编》误作"兵丁"。

［二］雷简夫：字太简，自号"山长"，同州合阳（陕西合阳县雷家洼村）人，《宋史》卷二七八有传①。仁宗康定中召为秘书省校书郎签书秦州观察判官，累迁尚书职方员外郎，知雅州军州兼管内桥道劝农事。朱长文《续书断》将其书法列为"能品"②。雷简夫在《江声帖》自叙学书经历，并听江声，妙悟笔法，遂书艺大进：

> 余少年时，学右军《乐毅论》，钟东亭《贺平贼表》、欧阳率更《九成宫醴泉铭》，褚河南《圣教序》、魏庶子《郭知运碑》、颜太师《家庙碑》，后观颜行书《马病》《乞米》《蔡明远帖》，苦爱重，但自恨未及自然。近刺雅州，昼卧郡阁，因闻平羌江暴涨声，想其波涛翻翻，迅驶掀搕，高下靡逐奔去之状，无物可寄其情，遽起作书，则心中之想尽出笔下矣，噫！鸟迹之始乃书法之宗，皆有状也。唐张颠观飞蓬惊沙、公孙大娘舞剑，怀素观云随风变化，颜公谓竖牵法折钗股不如屋漏痕，斯师之外，皆其自得者也。予听江声亦有所得，乃知斯说不专为草圣，但通论笔法已，钦服前贤之言，果不相欺耳。③

［三］元：原石字已泐，郭从道《徽郡志》④、张伯魁《徽县志》⑤、张维《陇右金石录》⑥等皆作"二"。冯岁平先生以为《金石萃编》作"元"为是，其说极有理：

> 联系原刻下文"明年春，遣兴州巡辖马递铺殿直乔达"领修道路及田谅状上说的"虞卿以至和二年仲春兴是役"来看，至和二年正式修路，而先年冬已筹划。所以，残缺一字应为"元"，《金石萃编》记述为是。⑦

［四］兴州：二字已泐，《徽郡志》《徽县志》《陇右金石录》等皆遗此二字，《金石萃编》作"□州"。考之摩崖，"兴"字上部隐约可见，"州"字亦可识，当为"兴州"。

［五］遣：《徽郡志》作"乃"，《徽县志》《陇右金石录》作"选"，均误。字作"遣"则文义乃通，原刻"遣"字轮廓依然可辨。

［六］禀：《徽郡志》《徽县志》《陇右金石录》等皆作"廪"，误。

［七］垆：《徽郡志》作"炉"，《徽县志》作"鈩"，《陇右金石录》作"鉈"，皆

① 脱脱等：《宋史》，中华书局，1977年，第9464页。
② 朱长文：《续书断》，载《历代书法论文选》，上海书画出版社，2004年，第351页。
③ 朱长文：《墨池编》，载《文渊阁四库全书》（第812册），台湾商务印书馆，1999年，第644页。
④ 孟鹏年修，郭从道纂：《徽郡志》，载《中国方志丛书》（华北地方·第三二九号），台北成文出版社，1970年，第176页。
⑤ 张伯魁：《徽县志》，载《中国方志丛书》（华北地方·第五六二号），台北成文出版社，1976年，第525页。
⑥ 张维：《陇右金石录》，载《石刻史料新编》（第一辑第21册），台北新文丰出版公司，1979年，第16035—16036页。
⑦ 冯岁平：《论〈新修白水路记〉的几个问题——兼与熊国尧先生商榷》，《西北史地》1994年第2期。

异于原石。

[八]传请附：位于第23行"其"字下，今三字皆泐。《徽郡志》《徽县志》《陇右金石录》等皆作"请附"，落"传"字。冯岁平先生认为此泐三字为"传于至"，亦误。

《新修白水路记》（图5-22），摩崖刻石，宋嘉祐二年（1057）雷简夫撰文并书，今存徽县大河店乡王家河行政村白水峡。摩崖背北向南，距地面约5米，通高300厘米，宽170厘米。额篆书"新修白水路记"6字，纵24厘米，横16厘米；正文楷书26行，行37字，字径5厘米。张维《陇右金石录》载：

> 此碑《关中金石记》以为在略阳，而徽县新旧志俱以为是徽县。今考其地，盖在两县之交，山谷僻寂，境域不免歧议。秋帆著《金石记》时正官陕西，当托略阳采访，故因以为在略阳地也。

清·王昶《金石萃编》云：

> 自陕入蜀，栈道之首途。简夫此文，可与汉之《鄐君开通褒斜道》、魏之《李苞通阁道题名》并垂不朽。文纪李虞卿、田谅诸人之功，而李、田二人史无传。《雷简夫传》但载其知雅州，其于开路之事非其所专，故亦不书。《墨池编》称："简夫善真、行书，守雅州，闻江声，悟笔法，迹甚峻快，蜀中珍之。"然不言其工篆书，据此碑则兼及篆额也。[①]

雷简夫《新修白水路记》书法得《颜家庙》真意，方整雄伟，笔力劲健，结字开张，灵动而富于变化，通篇跌宕起伏，疏密有度，可谓雷氏精品。此摩崖也因珍贵的史料价值和独特的艺术魅力而被列为国家重点文物保护单位。

### （二三）武都·宋《李孝先题壁》（嘉祐三年，1058）

> 嘉祐三年七月十一日，本县令李孝先捡尸回游洞，采乳而回。大宋三叶也。

《李孝先题壁》（图5-23），宋嘉祐三年（1058）墨书题壁，今存武都万象洞天庭东壁，纵45厘米，横45厘米，楷书5行。

### （二四）武都·宋《张雍延题壁》（嘉祐四年，1059）

> 张雍延老弟，徐永年嗣福，李咨梦阳，崔□明□。大宋嘉祐四年八月临题。

《张雍延题壁》（图5-24），宋嘉祐四年（1059）墨书题壁，今存武都万象洞卧龙

---

① 王昶：《金石萃编》卷一三四，陕西人民美术出版社，1921年影印扫叶山房本。

坝西壁，纵 102 厘米，横 112 厘米，楷书 5 行。

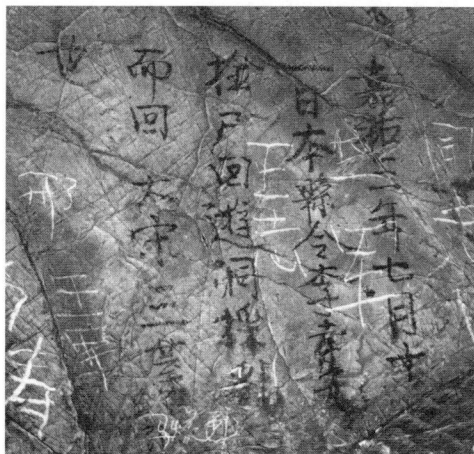

图 5-23 李孝先题壁

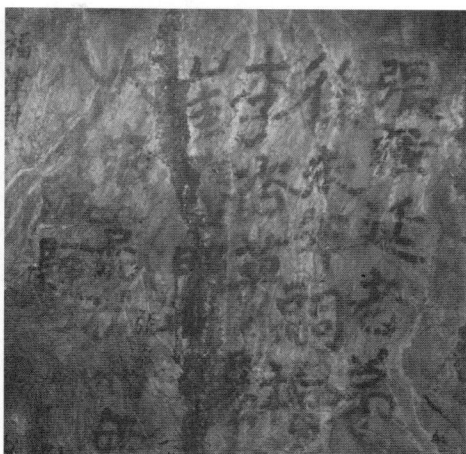

图 5-24 张雍延题壁

### （二五）武都·宋《福津尉题壁》（嘉祐四年，1059）

　　大宋广□□□嘉祐四年三月二日，福津尉马佟正叔，□山李景素，秦亭赵存丁，元游斯仙洞……适正叔题。

《福津尉题壁》（图 5-25），宋嘉祐四年（1059）墨书题壁，今存武都万象洞龙宫西南壁，纵 52 厘米，横 52 厘米，楷书 6 行，字迹模糊。

### （二六）成县·宋·柴元谨《留题凤凰寺》（嘉祐五年，1060）

图 5-25 福津尉题壁

　　留题凤凰寺
　　大理评（事）柴元谨。
　　岩峣高阁迥崖临，下瞰仇池远望心。不见明歧嘉瑞凤，乱山空锁白云深。
　　嘉祐庚子岁仲春清明后一日记。

柴元谨《留题凤凰寺》（图 5-26），宋嘉祐五年（1060）摩崖题诗，今存成县大云寺东口南壁。摩崖纵 30 厘米，横 38 厘米，楷书 9 行，字径约 3.5 厘米，诗文自左向右识读。

图 5-26　柴元谨留题凤凰寺

## （二七）成县·宋·李周《题诗残碑》（嘉祐五年，1060）

……（著）作佐郎、知河池县李周

□□□□穴，空山凝白云。□□□□日，犹认九苞文。□□□□意，叹歌徒尔云。□□□□暗，蝙蝠自成群。

……寺

□□□□仞，危途转入盘。□□□□腹，楼殿出云端。□□□花落，溪风过夏寒。□□□□当，星斗挂栏干。

嘉祐庚子夏六月初三日留题……月九日，同谷县令牛逢原立石。

图 5-27　李周题诗残碑（章海伦　协拓）

李周《题诗残碑》（图 5-27），宋嘉祐五年（1060）河池令李周题，同谷令牛逢原立石。诗碑仅存下半，今存成县大云寺院内。残碑纵 35 厘米，横 60 厘米。《徽郡志》

载："李周，嘉祐五年知河池。公正严毅，沉晦自匿，不以私赂执政。（见《通志》）"[1]

### （二八）康县·宋《留题独石山院》（嘉祐五年，1060）

　　留题独石山院

　　转运使尚书郎陈述古。

　　吏役驱驱[一]石火间，偶逢佳景便偷闲。无人会我登临兴，千万山中独石山。

　　嘉祐庚子仲春十八日[二]，县令宋

炤[三]立石并书。

　　[一]驱驱：《陇右金石录》作"驰驱"。

　　[二]十八日：《陇右金石录》作"八日"。

　　[三]宋炤：《陇右金石录》作"宋招"。

　　《留题独石山院》诗碑（图 5-28），宋嘉祐五年（1060），转运使尚书郎陈某作诗，县令宋炤立石并书。诗碑原在康县平洛镇独石山院，今存康县博物馆。碑纵 67 厘米，横 45 厘米。楷书 7 行，满行 11 字，字径 3.5 厘米。末行"县令宋炤立石并书"8 字较小，字径不足 2 厘米。《陇右金石录》云："此石旧无著录，转运陈公不知何名，'庚子'则嘉祐五年也。"又引《新纂康县县志》："此诗在县北一百一十里中寨大蟒寺残碣。大蟒寺即在独石山，尚有元祐辛未宪使黄公一诗。"[2]

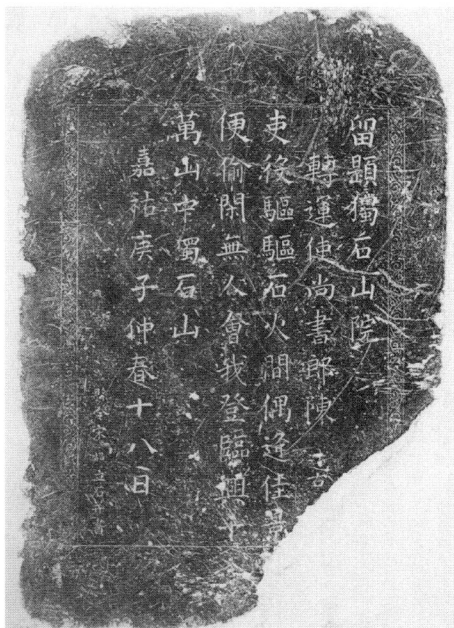

图 5-28　留题独石山院

### （二九）武都·宋《县吏题壁》（治平四年，1067）

　　县吏何（押），治平四年闰三月廿四日到。

　　《县吏题壁》（图 5-29），宋治平四年（1067）墨书题壁，今存武都万象洞天庭南壁，纵 17 厘米，横 13 厘米，行书 3 行。

① 孟鹏年修，郭从道纂：《徽郡志》，载《中国方志丛书》（华北地方·第三二九号），台北成文出版社，1970 年，第 81 页。

② 张维：《陇右金石录》，载《石刻史料新编》（第一辑第 21 册），台北新文丰出版公司，1979 年，第 16035 页。

图 5-29　县吏题壁 　　　　　图 5-30　秉司题壁（张惠中　协拍）

## （三〇）武都·宋《秉司题壁》（熙宁六年，1073）

河南刘执中，癸丑岁六月念五日，因任武都司户[一]，往利亭季点，回游此佳景。熙宁六年，秉司题。

[一] 司户：即司户参军事。北宋州、军、监皆置，主要掌户籍赋税、仓库受纳等。

《秉司题壁》（图 5-30），熙宁六年（1073）墨书题壁，今存武都万象洞天庭西壁，纵 27 厘米，横 35 厘米，行书 6 行。

## （三一）康县·宋《仁济院赐额牒》（熙宁六年，1073）

中书门下牒

阶州将利县仁济院（《武阶备志》：字大二寸）

阶州将利县犀牛江罗汉院（《武阶备志》：字大一寸五分）

牒奉敕：宜赐"仁济院"为额。牒至准敕。故牒。（《武阶备志》：字大四寸）

嘉祐七年十二月一日牒。

礼部侍郎参知政事赵；礼部侍郎参知政事欧阳；吏部侍郎平章事曾；刑部尚书平章事韩。（《武阶备志》：右五行，字大二寸。上截）

将利县帖罗汉院，据状称：去乾宁五年，□故京右街兴圣寺出家后，于天复八年随师到阶州犀牛镇，蒙百姓王师德舍得空闲土田壹段，具界至□□。东至横道，南至乾水沟直下水溪，西至过道垠，北（至）□瑶直上，据王师德舍到□□充，永为常住，修盖殿宇□舍，塑画功德佛像不少。□□使帖竖起省牒准敕，命指挥存留院舍，蒙使州指挥入省帐申奏，管系讫右据状奉判事，须出给文凭帖，罗汉院僧普明奉指挥住持，扫洒焚修，不得有违者。

显德叁年叁月拾伍日帖。

权主簿颜；权县令马坤。

　　右上件院舍自起置相承住持，至大宋癸卯岁嘉祐八年正月二十八日，降到敕黄一道，特赐"仁济院"为额，至癸丑熙宁六年九月八日立石牌记。院主住持……师侄德懿。

　　三班奉职监将利县税务赵；将仕郎、权将利县尉兼主簿事王；商州军事推官、将仕郎、试秘书省校书郎、知将利县事韩。（《武阶备志》：以上下截）

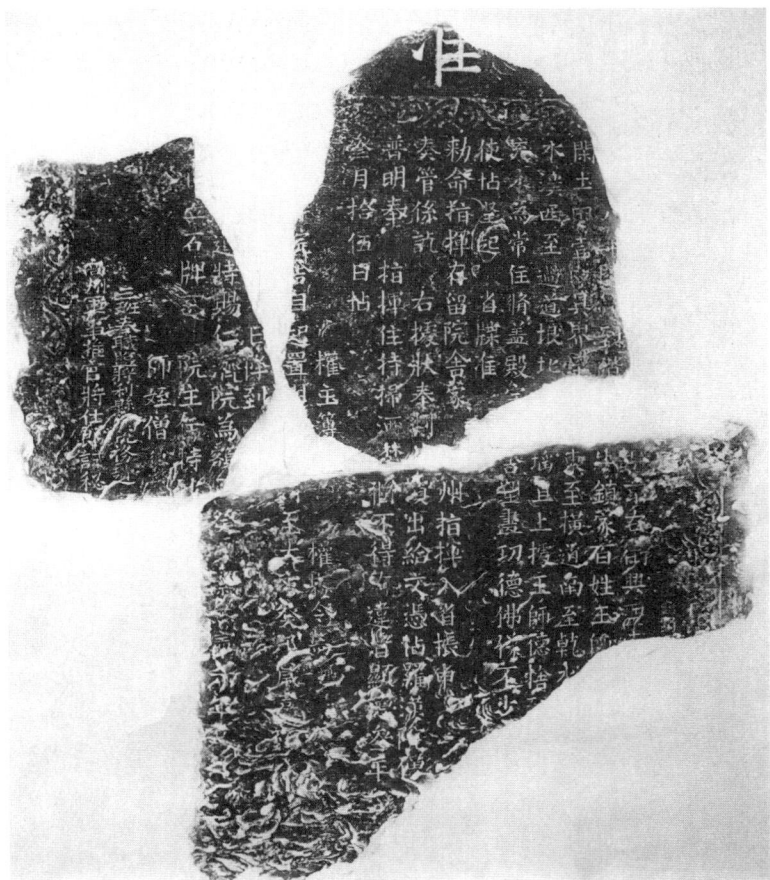

图 5-31　仁济院赐额牒（满正人　协拍）

　　《仁济院赐额牒》（图 5-31），宋熙宁六年（1073）五月立石。2017 年 9 月 29 日出土于康县周家坝镇犀牛村北塬犀牛罗汉院故址。敕碑分上下两截，上截摹刻嘉祐七年十二月一日敕牒，下截刊《阶州将利仁济院记》。原碑约 19 行，横 78 厘米，今仅存敕碑下截，且泐为三块。残碑纵 82 厘米，存文 222 字，字径 3 厘米。右上残存上截敕牒"准"字，字径约 10 厘米。铭文原载《武阶备志》，但录文有脱误，今据拓本补正。

《仁济院赐额牒》未出时，有人怀疑犀牛寺在宋将利县治（甘肃成县镡河乡将利村）境内。《成县志》云："《碑》原在今镡河乡将利村之仁济院，刻中书门下牒将利县仁济院敕，宋神宗熙宁六年（1073）五月立石，文载《武阶备志》。"[1] 其他方志典籍记载亦不甚明确。《武阶备志》作："《犀牛寺碑》，正书，阶州北二百五十里本寺。"[2]《陇右金石录》卷三载："《仁济院赐额牒》，在康县北犀牛寺，今存。"《陇右金石录》又引《阶州志》云："宋《罗汉院牒》，在犀牛江侧，一名犀牛寺。周显德三年牒、宋嘉祐八年敕，熙宁六年泐石。"[3]

### （三二）武都·宋《杨六郎题壁》（熙宁十年，1077）

熙宁十年三月二十五日，保正杨六郎、杨大郎、李二郎同游，尚（押）。

《杨六郎题壁》（图5-32），宋熙宁十年（1077）墨书题壁，今存武都万象洞风洞口东壁，纵22厘米，横17厘米，行书5行。

### （三三）武都·宋《杨式题壁》（熙宁十年，1077）

熙宁十年三月二十五日，同紫依樊大师、尚小大郎、香铺李二郎，同保正杨式题。

《杨式题壁》（图5-33），宋熙宁十年（1077）墨书题壁，今存武都万象洞风洞口南壁，纵37厘米，横40厘米，行书6行。

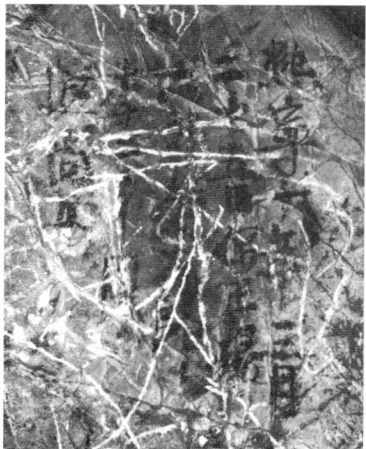

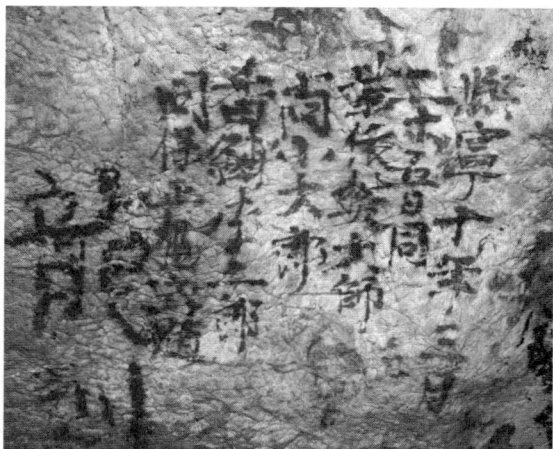

图5-32　杨六郎题壁　　　　　　　图5-33　杨式题壁（李婷婷　协拍）

---

① 成县志编纂委员会：《成县志》，西北大学出版社，1994年，第779页。
② 吴鹏翱：《武阶备志》，载《中国地方志集成》（甘肃府县志辑10），凤凰出版社，2008年，第178页。
③ 张维：《陇右金石录》，载《石刻史料新编》（第一辑第21册），台北新文丰出版公司，1979年，第16037页。

## （三四）武都·宋《广严院赐额牒》（元丰元年，1078）

敕赐广严之院（篆额）

中书门下牒

阶州福津县广严院

阶州福津镇弥陁院牒

奉敕：宜赐"广严院"为额。牒至准敕。故牒。

嘉祐七年十二月一日牒。

礼部侍郎参知政事赵；礼部侍郎参知政事欧阳；吏部侍郎平章事曾；刑部尚书平章事韩。

《广严院赐额牒》（图5-34），宋元丰元年（1078）镌刻宋嘉祐七年（1062）敕牒，今存武都三河乡广严院。碑纵135厘米，横70厘米。石牒另一面刻《阶州福津广严院记》字体与此相同。

阶州邢澍曾将家乡《敕赐广严之院牒》拓片持赠钱大昕。《潜研堂金石文跋尾》卷一三对此牒考证甚详：

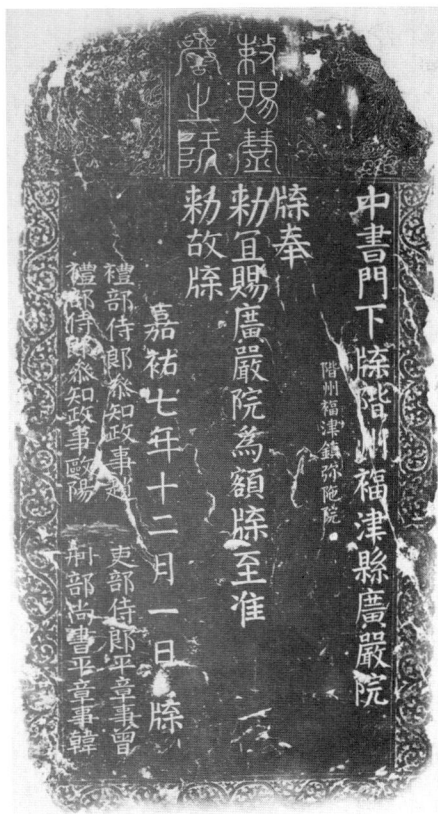

图5-34　广严院赐额牒（张惠中　协拓）

《福津县广严院牒》首行题："中书门下牒，阶州福津县广严院"十三大字，次行细书"阶州福津镇弥陁院"八字。盖本名"弥陁院"至是赐额"广严"也。而上云"福津县"，下云"福津镇"，名目不同。初疑由镇升县，及检《太平寰宇记》则"福津县"唐末已有之，初非嘉祐所改，此疑终不能释。又考《元丰九域志》："阶州，治福津县，县有安化、利亭、石门、角弓、河口、故城六镇。"然后豁然省悟，盖碑所称"福津镇"者即《九域志》之"故城镇"耳。《寰宇记》：魏大统五年于今县东北置覆津县，属武阶郡。隋废武阶郡，县属武都郡。自唐景福元年再置县，却为"福"字。然则"故城"者，西魏及唐初之县，若宋阶州附郭之福津县，则景福所置盖在故城西南，"县"与"镇"判然两地矣。《寰宇记》于阶州下又云："唐武德元年置武州，领将利、建威、复津、盘堤四县。""覆津"即"复津"，当有一误。牒尾署衔四人，"礼部侍郎参知政事赵"者赵概；"礼部侍郎参知政事欧阳"者，欧阳修也；"吏部侍郎平章事曾"者，曾公亮也；"刑部尚书平章事韩"者，韩琦也。①

钱氏所考"福津镇"即为"故城"有误，吴鹏翱《武阶备志》对此辩驳道："福津镇在福津县东北五里，今之柏林寺，钱疑镇为'故城'，非也。宋福津县之'故城'即今西固中隔州，城在福津西二百里，即将利县之故城，亦东北去福津六十五里。未可牵就。"②

### （三五）武都·宋《阶州福津广严院记》（元丰元年，1078）

阶州福津广严院记

罗希道，男文显，书兼刊字。

若夫佛书之为教也，时归活博，功德供大，况有以何有？颐空而不空，前圣之真诠。大乘、小乘之□□流诸沙界，被乎海藏，非至人熟〔孰〕能根〔根〕其渊蕴哉。寺院之所建也，崇严佛寺，居处僧宝汲善之，清境植因之。净土，汉明唐宗递构；白马，开元之盛构。诱化辟生，趋向无得，非宿德不可胜其清凉也。今上皇帝，祗膺景运，恢隆永图，仰宗祖之威灵，以圣贤之扶佑，殊俗款塞，万国欢心。嘉祐八年十二月一日，敕降天下郡县，名蓝胜刹，未有敕额，更赐名额。后于治平四年十二月，获诏天下郡国：佛寺僧舍可三十间，未有名者，特赐之名。山奇而永秀，人系而俗阜，其惟江山迤逦，不三四舍，有镇曰"福津"。骈懁阛阓，难永日要，据关右当冲，感化镇"广严"为额。见僧顗秀修葺住持。噫，有宋开国垂百余年，寺之于院不许创及徙，广严之兴，万口一声，得非千年会遇者哉。加以院主顗秀，性识悟□□颖聪，圆通内典，汪洋外学。能守道以处己，能举善而谕人，左石〔右〕居民，远近檀越，靡不欣仰咸悦。随院旧基，乾德元年闰十二月二十一日起置修造，院主僧智光；自天圣元年重修造，院主僧契澄同修造僧延操。大佛殿三间、文殊殿三间、观音殿三间、斋厅三间，僧堂两间、三门楼三间。东至程行铢地为界，南至大河为界，西至乾沟为界，北至院平为界。□□非住持者多

① 钱大昕：《潜研堂金石文跋尾》，载《石刻史料新编》（第一辑第 25 册），台北新文丰出版公司，1982 年，第 18896 页。

② 吴鹏翱：《武阶备志》，载《中国地方志集成》（甘肃府县志辑 10），凤凰出版社，2008 年，第 180 页。

能，安能致隆盛若是哉。记曰：补
故者获二梵之功德。此不忝尔后之
□者，敢不存诚戒行绪焚修，上答
天恩，永□（延）帝祚者也？

大宋元丰元年戊〔戊〕午岁
八月十二日修造。院主僧颙秀，小
师海普，小师海用，童行海□、海
亮、德信立石。

本州管内都僧正赐紫僧昭隐，
寄住僧意恭。本州长马王□□。

本州长使杨闶，开坼勾端。助
缘弟子黎端，助缘弟子程璋、王承
用。文友蒋安顺。

助缘弟子董厷、安□浦、孟德
和、程文美、何优、杨文吉、杨晟、
勾绫、淡承景。保正程端、刘守吉，
弟子边彦吉，男文□、文昌、文胜。

将仕郎、福津县尉李，将仕
郎、守福津县主薄雷，给事郎、守
福津县令张。

图 5-35　阶州福津广严院记

《阶州福津广严院记》（图 5-35），与《广严院赐额牒》（图 5-34）同为一碑，宋
元丰元年（1078）八月镌立，今存武都三河乡广严院。碑纵 130 厘米，横 70 厘米，楷
书 19 行，满行 50 字，字径 2 厘米。"将仕郎、福津县尉李，将仕郎、守福津县主薄雷，
给事郎、守福津县令张"分列 3 行置碑尾，字径 3 厘米。碑由罗希道、罗文显父子书
兼刊字。碑中误笔甚多，如"福、祚、礼、祐"之"礻"旁皆作"衤"，"橺"（间）之
"木"旁作"扌"，"戊午"误作"成午"，"左右"误作"左石"，"孰能"误作"熟能"等。
由此知此二人仅粗识文字，行文中增字少句亦在所难免。

### （三六）成县·宋《元丰三年题刻》（元丰三年，1080）

元丰三年正月六日□周。

《元丰三年题刻》（图 5-36），摩崖刻石，今存成县大云寺西门南壁。纵 40 厘米，横约 30 厘米, 最后一字似未刻完。

### （三七）成县·宋·蒋之奇《大云寺题名》（元丰四年, 1081）

图 5-36　元丰三年题刻

蒋之奇[一]登大云寺, 辛酉五月二十六日。

[一] 蒋之奇（1031—1104）, 字颖叔, 一作颖叔。北宋常州宜兴（今属江苏）人。宋嘉祐二年（1057）"春秋三传科"进士。官太常博士, 后又考中"贤良方正科", 升为监察御史。宋神宗即位, 转为殿中侍御史。因听信人言上书弹劾欧阳修而成诬告, 贬官为监道州酒税。元祐初年, 蒋之奇晋升为天章阁待制, 谭州知府。后改任集贤殿修撰, 知广州。元丰中为陕西副使。崇宁元年（1102）升为观文殿学士、杭州知府。后又因弃河、湟事被革职。告老回乡后去世, 终年 74 岁, 谥号"文穆"。蒋之奇长于理财, 治漕运, 以干练称[①]。

蒋之奇《大云寺题名》（图 5-37）, 宋元丰四年（1081）摩崖刻石, 今存成县大云寺东门南壁《李叔政题壁》下方, 左邻游师雄《大云寺题名》。"题名"与"年款"分刻于两个平面上, "蒋之奇登大云寺" 7 字居左, 纵 52 厘米, 横 29 厘米, 字径 15 厘米; "辛酉五月二十六日" 8 字处右, 纵 40 厘米, 横 18 厘米, 字径 10 厘米。此摩崖石面极粗, 泐损严重, "寺"字几乎不能辨识。

### （三八）成县·宋·蒋之奇《狮子洞题名》（元丰四年, 1081）

蒋颖叔至师子洞[一], 辛酉五月廿六日。

[一] 师子洞: 即狮子洞, 位于成县东南十里的鹿玉山峡谷、大云寺东三里许。《成县新志》卷一云: "鹿玉山在县东十里, 云径如线。《旧志》所谓'鹿玉环屏'是也。峭壁环拱, 其状如屏。上有狮子洞, 洞口飞泉漱石如玉, 名'玉井'。"又云: "狮子洞在鹿玉山峡。洞中大石如狮盘踞。其脊与尾缀以苔痕碧色, 尤肖狮, 后有石卓立如人形, 历代磨崖纪游甚众。邑人汪莲洲诗云: '吼惊悬涧旧, 毛竖绿苔新, 蹲踞洞门里, 历年不计春。'"[②]

---

① 阮升基修, 宁楷等纂:《宜兴县志》, 载《中国方志丛书》（华中地方·第二二号）, 台北成文出版社, 1970 年, 第 281 页。

② 黄泳:《成县新志》, 载《中国方志丛书》（华北地方·第三三二号）, 台北成文出版社, 1970 年, 第 122、132 页。

蒋之奇《狮子洞题名》（图 5-38），宋元丰四年（1081）摩崖刻石，今存成县狮子洞。摩崖纵 60 厘米，横 22 厘米，字径 9 厘米。张维《陇右金石录》卷三"按语"云："此题名二行，第一行六字稍大，第二行七稍小。'颖叔'即蒋之奇字也，'辛酉'，为元丰四年。《宋史》之奇本传：元丰为陕西副使，经赋入以给用度，公私用足。题名盖即此时也。"[1] 张维称"第一行六字"小误，实则七字为是。

图 5-37　蒋之奇大云寺题名（满正人　协拓）　　图 5-38　蒋之奇狮子洞题名

## （三九）武都·宋《何几题壁》（元丰六年，1083）

元丰癸亥，何几游此。

《何几题壁》（图 5-39），元丰六年（1083）墨书题壁，今存武都万象洞南天门下西壁，纵 30 厘米，横 19 厘米，楷书 2 行。

## （四〇）成县·宋《紫金山人残诗碑》（元祐三年，1088）

幸与跻□□□□□□□断青云梯。□□□□□□句，石壁犹存□□□□□楼台参柏栝，山□□□□□蓬藜。宪公诗笔动惊俗，□□□□下玉瑅。

元祐三年三月十……同谷县……紫金山人……

《紫金山人残诗碑》（图 5-40），宋元祐三年（1088）刻石，今存成县大云寺。诗碑残，仅存左上部，纵 33 厘米，横 40 厘米。疑原诗碑约 11 行，满行 10 字。

---

[1] 张维：《陇右金石录》，载《石刻史料新编》（第一辑第 21 册），台北新文丰出版公司，1979 年，第 16037 页。

图 5-39　何几题壁　　　　　　　图 5-40　紫金山人残诗碑

## （四一）徽县·宋·喻陟《栖真洞题记》（元祐四年，1089）

图 5-41　喻陟栖真洞题记（章海伦　协拓）

郡倅魏广，邑令李恂。

栖真洞。

元祐己巳四月一日，新西蜀宪喻陟[一]书。

[一] 喻陟：字明仲，睦州（浙江建德）人。今存甘肃岷县广福寺的《平洮州诗碑》载其职官为"朝散郎、权发遣秦凤等路提点刑狱公事"。黄泳《成县新志·山川》载："玉绳泉，飞龙峡旁万丈潭上，水自岩窦飞落如玉绳然，杜诗'玉绳迥断绝'即此。宋俞陟诗云：'万丈潭边万丈山，山根一窦落飞泉。玉绳自我题崖石，留作人间美事传。'"①"俞

① 黄泳：《成县新志》，载《中国方志丛书》（华北地方·第三三二号），台北成文出版社，1970年，第138页。

陟"即"喻陟",《阶州直隶州续志》作"喻陟"。

喻陟《栖真洞题记》(图5-41),宋元祐四年(1089)摩崖刻石,今存徽县大河店乡青泥村栖真洞。摩崖纵52厘米,横60厘米,书体介于隶楷之间,笔画多飞白,"栖真洞"3字字径约20厘米,其余小字字径6厘米。喻陟题记左侧另刻一"道"字,结字、运笔皆与北魏郑道昭书《郑文公碑》近。

### (四二)西和·宋·游师雄《普明寺题名》(元祐四年,1089)

图5-42　普明寺题名(赵小岩、南昇钧　协拓)

游师雄[一]正鉴陈令,元祐四年仲冬初四日,同登普明寺。

院主僧志宁摸上,右承奉郎、知岷州[二]长道县[三]事刘公谅立石。

[一]游师雄(1038—1097),字景叔,武功(陕西武功西北)人。宋英宗治平二年(1065)进士。《游师雄墓志》载:"公讳师雄,字景叔,姓游氏,世居京兆之武功。元祐元年,改宣德郎,除宗正寺主簿。二年春,迁军器监丞。遂寝出为陕西转运判官,行郡邑则首与庠序,过田里则亲劝农桑……凿故关山道为坦途,便熙秦之飞辀……五年,移提点秦凤路刑狱公事,迁承议郎加武骑尉。"①

[二]岷州:后魏大统十年(544)置,唐天宝元年(742)改为和政郡,乾元元年(759)复为岷州。宋神宗熙宁七年(1074)二月,割秦州大潭、长道二县隶岷州。

---

① 王昶:《金石萃编》卷一四一,陕西人民美术出版社,1921年影印扫叶山房本。

南宋高宗绍兴元年（1131），金人夺取岷州，改称祐州。绍兴十二年（1142），宋金议和，岷州归宋，以"岷"犯金太祖嫌名，改岷州为西和州①。

　　［三］长道县：朱绣梓《重修西和县志》载："长道故县，在县北六十里，今名长道镇。故城遗址尚在，今西观门有故城西南角敌台一座，高数丈，今改为钟楼，上有洪钟，声闻十余里。"②

　　游师雄《普明寺题名》（图5-42），宋元祐四年（1089）刘公谅立石，今存西和县长道镇普明寺。碑纵44厘米，横55厘米，楷书8行。正文字径5厘米，右款字径2厘米。题名当在游公任陕西转运判官、开凿关山道之时。

### （四三）成县·宋·游师雄《大云寺题名》（元祐六年，1091）

　　元祐六年正月九日，武功游师雄登凤凰山寺。

　　游师雄《大云寺题名》（图5-43），宋元祐六年（1091）摩崖刻石，今存成县大云寺，右邻《蒋之奇题名》，摩崖纵横各20厘米，楷书4行，字径4.5厘米。在《蒋之奇大云寺题名》左侧石质较粗糙，似曾刻字，后泐损。可辨识有"游武功、正月、寺"诸字，疑亦为游师雄所题。

### （四四）成县·宋·游师雄《狮子洞题名》（元祐六年，1091）

　　游师雄景叔尝观师子洞、玉井潭。元祐六年正月九日。

图5-43　游师雄大云寺题名　　　　图5-44　游师雄狮子洞题名

---

① 脱脱等：《宋史》，中华书局，1977年，第2225页。
② 朱绣梓：《重修西和县志》，载西和县志办公室校点《西和县志》（内部资料），2006年，第44页。

游师雄《狮子洞题名》（图 5-44），宋元祐六年（1091）摩崖刻石，今存成县狮子洞。摩崖纵 30 厘米，横 15 厘米，楷书 4 行，字径 2.5—5 厘米。据潘自牧《记纂渊海》记载，游师雄曾于鹿玉山题"玉井响侵狮子洞"诸字[1]。

### （四五）武都·宋·游师雄《杨家崖榜书题名》（元祐六年，1091）

提点秦凤等路刑狱公事游师雄同知阶州郑价登万象洞天，元祐六年正月十七日。

判官崔珙，故城镇监押□谓皆至，京东第三副将段缄（凯）。

游师雄《杨家崖榜书题名》（图 5-45），宋元祐六年（1091）摩崖刻石，今存武都汉王镇杨家崖村东 500 米岩壁上。摩崖前 33 字，榜书 4 行，纵 314 厘米，横 180 厘米，字径约 40 厘米。"判官"及以下题名，楷书 3 行，纵 174 厘米，横 82 厘米。此摩崖总宽度达 262 厘米。此题名气势开张，雄强朴茂，笔画圆劲，神气酣足。

### （四六）武都·宋·游师雄《万象洞题名》（元祐六年，1091）

游师雄、郑价同至。元祐六年正月十九日，崔珙奉命书。

游师雄《万象洞题名》（图 5-46），宋元祐六年（1091）摩崖刻石，崔珙书，今存武都万象洞三星岗。摩崖纵 36 厘米，横 20 厘米，楷书 4 行。

图 5-45　游师雄杨家崖榜书题名局部　　　图 5-46　游师雄万象洞题名

---

[1] 潘自牧：《记纂渊海》，载《文渊阁四库全书》（第 930 册），台湾商务印书馆，1999 年，第 570 页。

## （四七）武都·宋《张尊题壁》（元祐六年，1091）

张尊预之，本郡僧德宣泊恩师，率赤砂恩公陀主，邀西康深大师游此。过大小龙平，适风窗，至石钟看□□□堂，深入小石门，到乳箫引退。元祐六年四月□□日。四童行粥，兄□皆从行。

《张尊题壁》（图 5-47），元祐六年（1091）墨书题壁，今存武都万象洞天地交泰东壁，纵 33 厘米，横 65 厘米，楷书 13 行。

图 5-47　张尊题壁

## （四八）康县·宋《宪使黄公题独石寺》（元祐六年，1091）

（宪）使黄公题独石寺

依山临水好楼台，日照林扉昼不开。只少惠休裁丽句，窗中飞出碧云来。

将利尉兼主簿解安，将利县令刘（晋？），元祐辛未四月十五日立石。

《宪使黄公题独石寺》诗碣（图 5-48），宋元祐六年（1091）宪使黄公题诗，原在康县平洛镇独石山院，今存康县博物馆。碑纵 63 厘米，横 57 厘米，楷书

图 5-48　黄公题独石寺

9行，正文字径5厘米，款识略小，字径2—4厘米。石下部剥落，末行字已不见。诗碑缺文据《新纂康县县志》补入，而"休"字误作"施"，今依拓本正之。《新纂康县县志》"按语"云：

　　此二绝在邑西一百一十里中寨独石山院，残碣得来，惟字迹模糊，恐有帝虎鲁鱼之差……一云："元祐辛未四月十五日宪使黄公题，将利县县尉兼主簿解安，将利县县令刘晋立石。"但"刘晋""晋"字大形相似，究系"音"字抑或"普"字，未知孰是？姑志之，以俟博雅君子详考。①

### （四九）成县·宋·刘思道《狮子洞题记》（元祐六年，1091）

#### 其一

　　太守刘思（道）催钱税……郡从……高湜……王安……子渊……中孚……刘识……辛未……嶰谨……

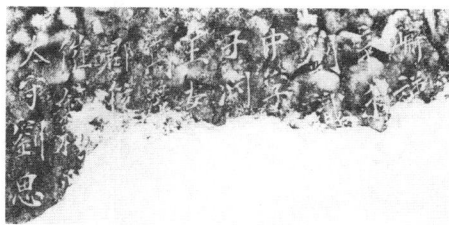

图5-49　刘思道狮子洞题记一

#### 其二

　　太守刘思道再游，崔珙粹之，杨洙圣石、张微之彦先从焉。元祐六年三月念六日，珙书，靖意刊。

刘思道《狮子洞题记》，宋元祐六年（1091）摩崖刻石，今存成县狮子洞。题刻共两处：其一（图5-49），下半残断，纵17厘米，横35厘米，楷书10行；其二（图5-50），纵30厘米，横18厘米，楷书4行，字径4厘米。刘思道，彭城（徐州市）人，元祐五至八年（1090—1093）知成州。铭文"崔珙粹之"，此"崔珙"与游师雄《万象洞题名》书丹者或系同一人，《成州重建学记》（元祐八年）所

图5-50　刘思道狮子洞题记二

---

① 王士敏修，吕钟祥纂：《新纂康县县志》，载《中国方志丛书》（华北地方·第五五三号），台北成文出版社，1976年，第439页。

谓"会宪使游公行部"即指游师雄。

### （五〇）成县·宋·刘思道《西狭题记》（元祐八年，1093）

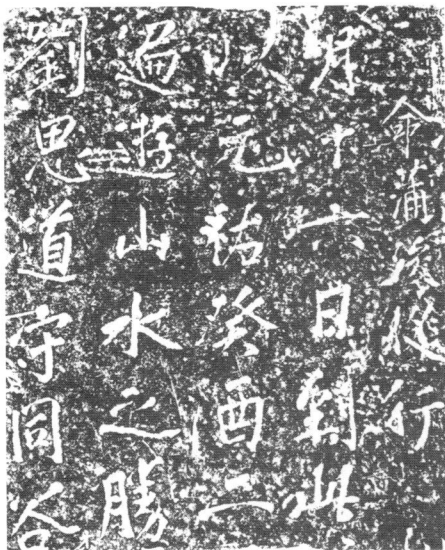

图 5-51　刘思道西狭题记

　　刘思道守同谷，遍游山水之胜。以元祐癸酉二月十六日到此。命蒲浚从行。

　　刘思道《西狭题记》（图 5-51），宋元祐八年（1091）摩崖刻石，今存成县《西狭颂》碑亭下。纵 120 厘米，横 96 厘米，楷书 5 行，字径约 18 厘米。

### （五一）成县·宋《成州重建学记》（元祐八年，1093）

　　岁在庚午季冬，彭城太守刘公临治开府。越明年，春正月一日，见王于庙，礼也。在衣冠之士，莫不相顾而异，即闾巷共目，亦以为鲜观。既而仰视庙貌，丹青晦渝，堂室摧散。俯首感颋，诹询僚吏，以宫墙如是之不振，又何异鞠为菌蔬者耶？慨然思重建之。而有司以无余缗对，匠氏以无余材告。公曰："出纳之吝，法有所守也。安得有慷慨主张吾道者以济吾志？"会宪使游公行部，公以部刺史按一道，所至以谒王庙为先；次之燕乐学官，训诱善士，存问孤老，籍录孝悌，然后纠察簿领，廉视厩库。莫不给羡缗以治黉舍。割闲田以为岁赡，一路之士，率被此赐，成乃居其一焉。先是，彭城公既闻其风，又乐其事，以为吾学校之兴废，正在此举矣！既而果副所欲，得钱十七万，以鸠工庀材；田五百亩，以岁供饘粥。于是，公命浚董正其役，而复朱幡，继日亲临督察。酒食、讯劳、土木之费，无毫末侵渔下民，而人乐为之使。故俾悉增旧址，移治大门于殿前之西。建斋舍于左右序，凡十三间。高明宽敞，大抵可容百余人。公曰："吾以是处吾州之豪杰，亦庶几矣！"面殿建小学两斋，斋之左右列廪舍，贮蓄积，以俟岁用。殿前之东有御碑，亭高其基四尺余。碑置庙颂王诗也。殿立于中，重屋复甍，展庑丈余。于是，可以为春秋释菜行礼之地。殿后重建讲堂，堂左右建两库。堂后置学官位，以为学者常见宴语商角之舍。位之西隅，庖厨在焉。皆告成于九月，实元祐辛未岁也。自殿之外，皆新成者，不侈不陋。邑吏民见而荣之，靡然向风，争欲为学宫弟子。甚乃间阎阛茸之贱，识为善之可贵而知不义之可避，渐摩默化，岂曰小补之哉？

由是学者告图二公之丰规于殿西之祠堂，千载之后，不愈于朱邑、桐乡耶？故诸君一日求浚为记，浚官于学者也，实与二三子居。然乐此道于期间，不假文学，其谁为之？故纪其事如前，以无失建置之始末焉。

元祐八年八月十八日。

《成州重建学记》，宋元祐八年（1093）蒲浚撰文。原碑已佚，今以黄泳《成县新志》为底本录入。

### （五二）礼县·宋《胜相塔石刻》（绍圣元年至三年，1094—1096）

尚书省牒

岷州长道县寿圣院胜相塔，礼部状准，都省付下。岷州奏：据长道县骨谷镇寿圣院住持、赐紫僧道永陈状。患癞疾，遍身脓血，院中不准安下，每日只于街市求乞酒肉，至晚同一黑犬□城内。坐化，其身光洁端严白皙，火化之后，于焰中生紫色蝴蝶无数，舍利万□，像菩萨于塔内常放毫光，及出蝴蝶如燕子大，亦粪舍利不少。每遇水旱及□□□重移于法堂基上，别造地官，内有砖一□，上有字九个："太平出金天塔永明王。"常有毫光及红紫蝴蝶□□□乞一塔名，州司寻牒通判，按验到不虚。及熙河兰岷路第肆将张熙亦到彼□□部勘，当欲依本州所乞事理施行，伏乞指挥□送到熙河兰岷路经略安抚……

大中大夫右丞郑，右光禄大夫左丞邓。

绍圣元年。

以上第一级，敕牒，宋绍圣元年（1094）刻。《陇右金石录》称："第一级石刻半埋土中。"

送□君直弟之官岷州

戍感共孤苦，西岷难与行。荒村冲晓雾，野馆听寒更。霜雪饶穷塞，风沙足古城，黯然空洒涕，临别若为情。

又：

执手相看何忍去，纷纷泪落空无数。百岁浮生能几时，还是三年阻歧路。

赵使君直来榷本镇酒税□□练，有诗伐行，观其词，□道美意，爱敬笃诚，可尚也。余深嘉之，亦因君直之□遂摸诸石。绍圣二年二月望日，梁台俞贲谨识。右侍禁监岷州骨谷镇酒仓税草场赵士埒立石。

以上第二级，内容为梁台俞贲《送□君直弟之官岷州》诗二首，宋绍圣二年

（1095）二月赵士垺立石。杨仲良《皇宋通鉴长编纪事本末》卷一二三《编类元符章疏》<sup>①</sup>中录有俞贲之名。

　　闻玉像大士者，福智俱圆，空有皆依[一]。常于无相之中现莫穷之景[二]界，于此有情得度者众。次重兴大塔已来，于唯成[三]家内数现蝴蝶之像。唯成[三]与妻男议曰："菩萨依几，接引必度，当来同发[四]虔诚，管修第三级塔。"集斯胜利。上祝皇王万岁，文武禄位常居，六亲弃有漏之因，四类受无生之记[五]。

　　绍圣元年五月一日。信士张唯成[三]。

以上第三级，塔铭，宋绍圣元年（1094），信士张唯成撰文。

　　信佛弟子张维政[六]，伏闻玉像者，始以不二相行，化于后人[七]，皆罹业[八]闭障[九]，莫识其真。及见涅盘，方悟圣人。自后，复见种种蝴蝶相，普化一切有情，远近信心，归依甚众[一○]。维政[六]遂发虔心，特舍净财，修塔之第四级，愿收[一一]布施福德，上祝皇帝万岁，臣佐千秋。仍愿维政[六]合家老幼，福德增崇，次及法界众生同沾此善。时绍圣元年岁次甲戌五月壬寅之朔[一二]，信佛弟子张维政[六]记。亡父仁赞，亡母杨氏，妻齐氏，长男恭新，妇舒氏，男敏修，新妇柴氏，男敏忠，孙十三郎，孙税儿。讲佳识因明伦修塔，住持赐紫沙门道永，劝缘岷州广仁禅院住持、赐紫神惠大师海渊，右侍禁监岷州骨谷镇酒税仓草场赵士垺撰[一三]。

以上第四级，塔铭，绍圣元年（1094）赵士垺撰文。

　　舒孝忠，自寿圣院僧永公重兴修胜相砖塔[一四]，发愿主修塔第五级。未几施工，不幸逝去，临终遗祝言于[一五]长子元礼，将所愿修塔早与完毕[一六]。元礼依父命[一七]将净财舍于兹院，今工正修完毕，□此[一八]公德。伏愿亡考四郎及亡妣梁氏，乘斯妙果，永离恶趣，超升净土，然[一九]愿合家长幼咸安[二○]。

　　绍圣二年[二一]岁次乙亥七月十五日志。

　　施主：孤子舒元礼[二二]，妻韩氏，女舒氏，弟元亨、元载、元泽及新妇刘氏、王氏，同缘化共养主沙门悟润，自修塔住持讲经律论赐紫沙门道永，劝缘修塔赐紫神慧大师沙门海渊，右侍禁监岷州骨谷镇酒税仓草场赵士垺撰。

以上第五级，塔铭，镌于绍圣三年（1096）七月十五日，赵士垺撰文。

---

① 杨仲良：《皇宋通鉴长编纪事本末》，黑龙江人民出版社，2006年，第2064页。

夫世[二三]教者,乃宫门[二四]澄淡,化同幽隐[二五],超之三界[二六]于六尘,故为佛教之至理也。今者汉阳北山有圣贤现[二七]于今(一百)二十[二八]余载。首先显化为僧。僧居此[二九],人皆厌而恶视之,遂随[三〇]地迁化。众中亦有好事者取而[三一]焚之,蓦然焰中[三二]有数色蝴蝶,及其焰[三三]散,观骨[三四]殖大半变为舍利。人皆恭礼,葬于此山[三五],为一小浮图,及将所坐石[三六],镌为一罗汉,安置于塔之中。市人常以馨香[三七]而礼待之。后忽天旱,全无润泽,遍历[三八]灵宇,求之罔应[三九]。众中数发心,欲结坛[四〇]而迎罗汉告雨,遂尽悦之。及迎之于坛,一夕,膏泽溥足,人皆转收进[四一]之。自后众结缘而兴建为寺,院宇甚丽。后羽林[四二]行沙门住持,市人与众持[四三]僧共欲发心为大砖浮图。抄掠市民,聚贿作砖,致滞不成。后有斯院游礼僧道永,萍迹[四四]数郡,深封[四五]戒法,归于[四六]是院,葺芽廖[四七]而独处之。持之[四八]时六念之法,澄性行戒[四九],不动六贼,静而持念,日夕敷坐而持课市民,众尝谒之,皆言行之德行,可为浮图之创主[五〇],众请为之。道永遂从而创之,不告众,择地而迁之。及开圣骨,便有雷震,白气现光百里。卜日葬之,夜见数色蝴蝶,僧尼道俗妇女共礼者数千人[五一],以葬于别地,修之浮图。自后有蝴蝶现于[五二]数十家[五三],人皆归礼,舍之财物,如[五四]占其级数。革因一梦[五五],见一僧,形及四尺余,面光射目,在处居后园,言之:“教化汝夫妇。”及揖[五六]入家,苍忙敬恭而[五七]待之。忽惊觉。次日,又蝴蝶飞于佛前,妻张氏发心,与夫革同议,可辍年费占修浮图第六级。今则为文,以石镌之,建立于塔,传[五八]于后世。
铭曰:

佛化生黎,教之敦后[五九]。现异极高,世中罕有。归往方[六〇]人,施财奔辏。朝廷赐额,浮图永久。镌石为文,万年不朽。

舍贿姓名,列之于后。

发心修塔人梁革,妻张氏,女三娘,孙萧□,孙十五,建修宝塔第六级。愿肯已亡,迷识皆获,饶盆眷属,悉保安康[六一]。

绍圣三年[六二]六月十三日建。金台杜徽之撰[六三]。

缘化修塔[六四]:沙门悟润。劝缘修塔住持赐紫沙门道永。都劝缘修塔赐紫沙门神惠大师海渊。右侍禁监岷州骨谷镇酒税仓草场赵士垾。东头供奉官,岷州大潭、长道两县巡检兼巡捉管茶盐事靳德。

**以上第六级,塔铭,约镌于绍圣三年(1096)六月十三日,杜徽之撰文。**

粤若龙宫[六五]胜事,爰籍有□圣[六六]刹,良因实资众力非大檀越其能成乎？我石像菩萨现灵以[六七]示尘劳，运种[六八]通以破聋瞆，闻者见者，皆起信心，或智或愚，悉以[六九]正觉。是以宸极赐名宝购俄寺[七〇]，炭炭华北，巍巍北迹[七一]，不有斯人，孰（兴）[七二]盛迹！此王君所以行奉真教[七三]而能成就宝塔者也。然圆明实相[七四]，非相之可观；清静法身，非行之可谕[七五]。即心返还[七六]，法礼[七七]照然，认境迷声，失之[七八]远矣。盖念修为者证课[七九]，积习者佛因[八〇]。慧怙一明[八一]，万恶日破[八二]；法雨才有[八三]，群疑已亡。如登高山，起于步顷[八四]，步顷[八五]不已，其高可至；如植乔木[八六]，起于毫毛，毫毛不已，其大可期[八七]。菩提之种[八八]，亦复[八九]如是，积而不倦，何所不到〔邪〕[九〇]？而谓（无修）无证[九一]、无果无因，考之[九二]自然亦生[九三]通论。王君[九四]既已学吾圣人之道，而又能仰（遵）[九五]释迦之法。佛（之与儒）[九六]，其名则异[九七]，而其道未始有迹[九八]；其行[九九]则异，而其归未始不同。苟造理以深求，则[一〇〇]仁义者修身之原，修身是为我[一〇一]戒行尽性者悟道[一〇二]之要，悟道是为造理[一〇三]。法本[一〇四]不二，人皆自迷，得[一〇五]诸心，何有诸于[一〇六]邪？

绍圣三年六月十五日记[一〇七]。阶州免解进士尹修撰。

檀越孤子[一〇八]王天辅，妇王氏，妹六七郎所集，谨上祝皇帝万岁，重臣千秋，文武官员常居禄位，干戈永息于四境，稼墙丰登于九域。然愿亡考大郎、亡妣雷氏，灵识早生于净土，阃门清肃，长幼康宁。

缘化修塔沙门悟润。劝缘修塔住持赐紫沙门道永。都劝缘修塔赐沙门神惠大师海渊。

左侍禁监岷州骨谷镇酒税仓草场赵士埒。东头供奉官、岷州大潭长道两县巡检兼巡捉管盐茶公事靳德。

以上"又六级宝塔记"，镌刻于绍圣三年（1096）六月十五日，尹修撰文。

《胜相塔石刻》，又称《广福塔石刻》，原在礼县石桥乡柏林寺。据清鹿永年撰《重建广福碑记》，宋胜相砖塔毁于崇祯七年（1634）地震。张维《陇右金石录》："胜相塔石刻，在礼县郭家坝，今存。"又引《礼县志》云："《广福塔石刻》，在县南二十里大潭镇柏林寺。石刻有'绍圣'年号，'监岷州大潭长道两县酒税仓草场'等字。"张维"按语"云："塔距大潭甚近，故旧志云在'大潭'，题衔亦与旧志稍异，盖石刻微有剥落也，拓本所编塔级亦似有误。"①胜相砖塔共七级，各级刊刻年代及字数不等。各级塔记，分别镌刻于北宋绍圣元年至三年（1094—1096）间。《陇右金石录》卷四载

---

① 张维：《陇右金石录》，载《石刻史料新编》（第一辑第21册），台北新文丰出版公司，1979年，第16045页。

有全部铭文，张氏将"第五级塔记"作"第三级"，漏载"第四级"；将"第三级塔记"作"第七级"。朱绣梓《重修西和县志》载有第三至六级塔记①。二人著述均多出"又第六级"，则第六级有两则塔记。因石刻已佚，又无拓本流传，而二著所录铭文差异甚大，故加以注释，相互参阅（见下表）。

| 注释 | 重修西和县志 | 陇右金石录 | 注释 | 重修西和县志 | 陇右金石录 |
|---|---|---|---|---|---|
| [一] | 依 | 法 | [二] | 景 | 境 |
| [三] | 唯成 | 惟晟 | [四] | 同发 | 同登 |
| [五] | 记 | 托 | [六] | 维政 | 惟政 |
| [七] | 后人 | 彼人 | [八] | 罹业 | 罪业 |
| [九] | 闭障 | 闲障 | [一〇] | 众 | 正 |
| [一一] | 收 | 将 | [一二] | 壬寅之朔 | 庚午朔六日壬寅 |
| [一三] | 亡父……赵士垺撰 | 未录 | [一四] | 僧永公重兴修胜相砖塔 | 永公重新兴修兴相塔 |
| [一五] | 遗祝言于 | 遗言嘱于 | [一六] | 完毕 | 了毕 |
| [一七] | 命 | 之旨 | [一八] | □此 | 将此 |
| [一九] | 然 | 终 | [二〇] | 长幼咸安 | 老幼咸康 |
| [二一] | 误作"三年" | 二年 | [二二] | "舒元礼"以下 | 未录 |
| [二三] | 世 | 释 | [二四] | 宫门 | 空门 |
| [二五] | 化同幽隐 | 通幽 | [二六] | 三界 | 三界之□ |
| [二七] | 现 | 现化 | [二八] | （一百）二十 | 一百廿 |
| [二九] | 僧居此 | 居此 | [三〇] | 随 | 择 |
| [三一] | 取而 | 敬而 | [三二] | 焰中 | 之中 |
| [三三] | 及其焰 | 及□ | [三四] | 观骨 | □□ |
| [三五] | 此山 | □山 | [三六] | 坐石 | 坐 |
| [三七] | 馨香 | □香 | [三八] | 遍历 | 遍诸 |
| [三九] | 罔应 | 无应 | [四〇] | 结坛 | 接坛 |
| [四一] | 收进 | 而敬 | [四二] | 羽林 | 灵感 |
| [四三] | 众持 | 主持 | [四四] | 萍迹 | 萍踪 |
| [四五] | 深封 | 深知 | [四六] | 归于 | 于 |
| [四七] | 芽廖 | 茅庵 | [四八] | 之 | 三 |
| [四九] | 行戒 | 戒行 | [五〇] | 创主 | 创举 |
| [五一] | 数千人 | 数千 | [五二] | 现于 | 脱2字 |
| [五三] | 数十家 | 数十众 | [五四] | 如 | 各 |
| [五五] | 一梦 | 以梦 | [五六] | 及揖 | 入揖 |
| [五七] | 敬恭而 | 欲恭 | [五八] | 传 | □□ |
| [五九] | 敦后 | 敦厚 | [六〇] | 方 | 可 |
| [六一] | 妻张氏……安康 | 未录 | [六二] | 三年 | 二年 |
| [六三] | 撰 | 撰文 | [六四] | "缘化修塔"以下 | 未录 |

---

① 朱绣梓：《重修西和县志》，载西和县志办公室校点《西和县志》（内部资料），2006年，第377页。

| 注释 | 重修西和县志 | 陇右金石录 | 注释 | 重修西和县志 | 陇右金石录 |
|---|---|---|---|---|---|
| [六五] | 龙宫 | 龙官 | [六六] | 爰籍有□圣 | 爰藉□□□ |
| [六七] | 以 | □□ | [六八] | 运种 | 运神 |
| [六九] | 悉以 | 悉依 | [七〇] | 购俄寺 | 构俄峙 |
| [七一] | 岌岌华北，巍巍北迹 | 岌岌华址，巍巍巨基 | [七二] | 孰□ | 孰兴 |
| [七三] | 行奉真教 | 深奉其教 | [七四] | 实相 | 实□ |
| [七五] | 行之可谕 | 形之所谕 | [七六] | 返还 | 返照 |
| [七七] | 法礼 | 法谭 | [七八] | 失之 | 去之 |
| [七九] | 为者证课 | □证之果 | [八〇] | 佛因 | 佛之因 |
| [八一] | 慧怙一明 | 慧灯之明 | [八二] | 日破 | 自破 |
| [八三] | 才有 | 才布 | [八四] | 步顷 | □步 |
| [八五] | 步顷 | 跬步 | [八六] | 如植乔木 | 如为植佳 |
| [八七] | 可期 | □□ | [八八] | 之种 | 之果 |
| [八九] | 亦复 | 并复 | [九〇] | 误作"刊" | 邪 |
| [九一] | 落"无修" | 无修无证 | [九二] | 考之 | 放之 |
| [九三] | 生 | 非 | [九四] | 王君 | □□ |
| [九五] | 落"遵"字 | 仰遵 | [九六] | "佛之与儒"误作"佛者" | 佛之与儒 |
| [九七] | 则异 | □□ | [九八] | 有迹 | 有□ |
| [九九] | 其行 | 脱2字 | [一〇〇] | 深求则 | 深□□□明 |
| [一〇一] | 修身是为我 | □修身是为 | [一〇二] | 悟道 | □□□ |
| [一〇三] | 悟道是为造理 | 悟□是为禅定 | [一〇四] | 法本 | 法□ |
| [一〇五] | 得 | 悦得 | [一〇六] | 诸于 | 诸方□ |
| [一〇七] | 十五日记 | 十□日志 | [一〇八] | "檀越孤子"以下 | 未录 |

## （五三）西和·宋《王公仪神道碑》（绍圣三年，1096）

宋故左中散大夫王公神道碑（篆额）

宋故左中散大夫、知泾州军州事兼管内劝农使、上柱国、清源县开国男、食邑三百户、赐紫金鱼袋王公神道碑铭并序。

员外郎、提举利州路常平等事、飞骑尉借绯王森撰。

朝奉大夫、都大管勾成都府利州陕西等路茶事兼提举陕西等路买马公事、权管勾秦凤路经略安抚使、总管司并秦州公事、上轻车都尉借紫宋构书。

朝奉大夫、充宝文阁待制、泾原路经略安抚使兼马步军都总管兼知渭州军州事及管内劝农使、上柱国、寿张县开国男、食邑三百户、赐紫金鱼袋吕大忠篆额。

天下之达道五：君臣、父子、夫妇、昆弟、朋友是也。天下之达德三：智、仁、勇是也。道之达者，常由之路也。德之达者，所以行之之舆也。智足以知之，非仁无以守也。仁足以守之，非勇不能行也。是三者，盖常相须而成，则不惑不忧，而至于无惧，虽任之有轻重，行之有近远。然各资其道，以尽其分。故载于《中庸》而谓之达德。《中庸》鲜克久矣，盖未之见也，今见于王公。其资道尽公，而近于达德者欤！

公世为岷州长道白石人，生天圣元年二月十五日己酉。曾祖珪，祖维嵩，皆以令善称乡里，盖君子之富也。父振，尤能倾赀待士，以教诸子，故诸子相继而仕于朝，遂累封官至司空而列三公之贵，人以为能知义方者矣，公即司空公之第六子也。幼而颖秀，不为戏弄，长而严整，望之峭直，曾未髫龀，以童子举被召。幼失怙恃，杰然自立，又中庆历六年之词科。调官之初，掌京兆府兴平县之版籍，府史以公尚少而易之。尝试以隐讼，公即与夺，无滞也。府郭之民，生产之厚薄，贫富之次第，久不能□□□□，公定之，遂得大均之法。有妇人者，死而不明，凡欲掩瘗，而公视其发，亲以手捏而得巨钉。人服其神明，而死者可无憾。盖始见其明辨不惑，勤恤物隐，而无势利之惮也。自兹入仕，沛发所蕴，故所至有能名，而荐者亦交于公上矣。移河中之河西令。河西居府城下，库有缣帛之失陷者，长吏讯主库吏，则曰：“府僚上下均有贷数，独河西令不预焉。”众虽忌，而上官嘉之，其清节又始见于河西也。不惟心服于人，名公亦多叩其所以为治之术用。梅公挚七人，荐改著作佐郎，知凤翔府之岐山县。三府之县皆繁邑也，五陵豪侠之风，习染犹在。由公以束吏爱民之故，不劳而政平讼理，民到于今思之。其后子舍有过其邑者，亦欢呼喜曰：“王公之子也！”犹周人之思，爱及甘棠。古人曰：“况其子乎！”正谓是矣。其得民如此。迁秘书丞，就知渝州巴县。蛮族屡为边患，旧每议事，必严武备。公至，则一以常礼会于境上，宣谕朝廷恩信，夷心感服。县多大姓，有杜生者，擅置官刑，笞挞仆隶至死，而郡胥受贿，不直其讼。川峡〔陕〕风俗，大率贫细无赴愬之地。公先擒赃吏，然后白守而推治之，豪右敛迹。非不畏强御，不克至是。迁太常博士，通判耀州，赐绯衣银鱼。

图5-52　王公仪神道碑篆额

图 5-53　王公仪神道碑

州有白渠，岁起利夫以治之，且盗水争竞，或掷瓦砾以害邑官，或至杀伤以起大狱。公董役其众，省丁万计，而后无水讼。英宗皇帝入继大统，旧劳于外，作其即位，庶政励精，遂用公为御史推直官，委决留狱，多称明允。加屯田都官，皆外郎也。神庙登极，再加职方员外郎，迁屯田郎中。谋杀从按问，自阿云谋夫始，会公首当详定，则曰："法无许从之文。"出知商州，州居山，百货丛委。往时为吏者，或多牟渔于下，且圭田无艺，公则一切蠲减之，官吏亦缩手不敢取。自邑至郡，皆兴学校。转都官郎中，求领南都之御史台，改除知池州，转职方郎中，知兴元府。会泸南用师，慎选守臣，乃以公知资州兼梓夔两路兵马事。止造舟之役，以惜民力。供馈不乏，而下不知扰。去有遗爱，咸愿建碑，以纪在民之德。先是，兵马事委武臣，以公之至，乃复带知遂州。迁朝议大夫，赐佩服金紫，封清源县开国男，食邑三百室。今上即位，加中散大夫，除知泾州。用大臣荐，改除夔路转运使。施州幸则杀降，累劾不就，诏公按之，得其情，复疏以有边功，乞薄其罪，朝廷从之。继请便郡，得凤翔府，剸拨繁剧，庭无留讼。加左中散大夫、上柱国。还朝，除知邠州。未期，移知泾州。方议置帅，遽以告老闻。命未下，而以元祐八年十二月二十二日甲子终于官舍，享年七十一。用九年三月十三日甲申，葬于白石之西原。从先司空之兆，礼也。先娶李氏，观察使士衡之犹子，赠金城郡君；次娶刘氏，工部尚书涣之子，赠和议郡君；次娶李氏，中散大夫舜卿之子，今封陇西郡君。男子七人：嘉礼，雄州防御判官；嘉谋，通直郎；嘉猷，宣德郎；嘉锡，太庙斋郎；嘉问、嘉言、嘉瑞皆假承事郎。女子四人：长适承议郎司马元，次适进士黄本道，次适内殿承制姚宏，次适蕲州法曹李敏思。孙男八人，俦假承务郎，焘寿、宗寿、知常，三尚幼。孙女十人，长适主簿张浚，余皆在室。惟王氏，世为王者子孙之后，其姓最著，散之天下，而公家世以赀高于西方。惟西方之强，禀金气之义，人多尚武，而公家伯仲，以文显于朝廷，非积行之后，曷以蕃衍盛大？至公而显耀门户，如此其光，实公识明而济之以学，性厚而充之以仁，忠于国而孝于家，利于人而爱于物；其持身也以俭，其行己也以恭；其勤足以干事，其清足以厉俗。见义可为也，则有不夺之志；临事而惧也，则有不慑之心。然且不竞不绿，孤直少与，虽服赐三易，勋业灿然，莫非按资循格，而恬无躐等之荣，故盘桓郡寄，一为路使而已。复请麾无力，小任重之虞，有器博近用之叹，此又乐天知命、难进易退之高风也。所以夙夜在公，施设注措者，讵可一二为公道，亦见于《志铭》者，此不复书。初，公为商州，方朝廷患天下之事，承平岁久，有偏而不起之处，主上慨然思欲振起而鼎新之，乃尊用儒术，旷然大变，首差役之议，推散敛之术，使者相望，交于道路，责在郡县，专奉新法。公于是时，不比不异，捄偏补弊，归于中道而已。森亦方以属邑主簿事，公而屡委之以数邑之法，故一荐之又荐之，寔受知于门下者为最厚。暨公捐泾州之馆舍，其诸孤以书抵余曰："先子平生事业，君知之为详，不孝无以答昊天，愿假忱词以垂不朽。"余既复书以慰，且勉之曰："古人有云：'孝子之亲没，当求仁者之粟以祀之。'夫祀时思也，尚求粟于仁者，况显扬先烈，刻之坚石，不求诸当世闻人，则何以昭示前烈，取信后世？重为先府君羞，敢以固辞。"又书见诶，且遣其昆弟以来，曰："当世前古，固有名闻之士，载于论撰，然闻诸《礼》曰：'无善而称之，是诬也。'伊欲昭示先烈，取信后世，莫若无愧于泉下，则当求知者以纪其实。故《礼》又曰：'有善而不知，不明也；知而不传，不仁也。'"今以雄州防御推官郭拱状其行事，编次本末，不敢以片言只字厚诬我先子。且于格得之，君盍许我乎？义不获避，则应之曰："诺。"遂序其本事，表于隧而铭之曰："有宋达德君子王公，讳公仪，字子严之碑。"铭曰：

惟西方之镇兮，其山曰岷。惟少皞之气兮，是为萧辰。惟金神则义兮，俗尚多武。惟王氏之子兮，家声富文。惟司空之教兮，能大其后。惟上柱之生兮，克材以秀。第循良之效兮，著见于有勇之仁。无悬叹之声兮，有恺悌之在民。我政兮，如神。我泽兮，如春。道之远兮，任之宜重。器之博兮，止于近用。为上以德兮，为下以恩。不在其身兮，或在子孙。岷之山兮，峻极于天。岷之水兮，渊泉如渊。丰碑道傍兮，聊纪岁年。天渊可平兮，名不愧乎永传。

绍圣三年岁次丙子五月庚寅朔十二日辛丑建。天水王厚镌石。

《王公仪神道碑》（图5-52、图5-53），又称《宋故左中散大夫王公神道碑》，宋绍圣三年（1096）王森撰文，宋构书丹，吕大忠篆额。碑原立于西峪乡王磨村石碑山，今存西和县仇池碑林。碑纵230厘米，横110厘米，楷书38行，满行74字，字径2.5厘米。王公仪（1023—1093），字子严，甘肃西和人，卒于宋元祐八年（1093），享年七十一岁，于元祐九年三月十三日，"葬于白石之西原"。白石镇，在今西和县白水河北崆峒山麓，即汉白石戍故址，因陨星坠地成白石而得名。邱大英《西和县志》卷一载："白石古戍，在县北三里，唐宣宗时筑，以防羌，设戍卒，后废。"[1]宋构，字承之，成都双流人。生于宋康定元年（1040），宋治平三年（1066）进士，元祐时知彭州、密州。绍圣初任成都、利州、陕西等路茶事兼提举买马司兼权陕西路转运使。绍圣四年卒于秦州任所[2]。张维《陇右金石录》收录碑文，偶有脱误，今以拓本补正之。原碑铭"陕"字误作"峡"，关于王公孙男，行文表述亦不够明晰。

---

① 邱大英：《西和县志》，载《中国方志丛书》（华北地方·第三三一号），台北成文出版社，1970年，第89页。
② 李国玲：《北宋宋构宋京父子墓志偶识》，《西南民族大学学报》2003年第6期。

## （五四）礼县·宋《宋故祁君墓志铭》（绍圣四年，1097）

宋故祁君墓志铭

上禄孙操撰。进士孙天成书。翟戬刊。

太原祁君讳赡，祖考世为秦州天水人。曾祖讳政，祖讳用明，考讳英，皆治生不仕，门阀赈富，善延宾客，施济悉能。以此，余力零替，无闻愧赧。逮君之生，性素刚毅，卓然有识。君当冠年，家力有所不给，或人语曰："君之先门，赈富久矣；今何牢索，罕无仅存。"君曰："丈夫生世，不在兹乎，异日复兴无难。"遂奋其志，挈家移居于长道。君又能书算，而典律颇通，故为县之人吏。其临事也谨厚，真所谓佐政之吏，历二十年，远迩推称有时。君念畴昔之语，惟恐不立，已而辞归。经斡良财，质物为库，不苟贪其厚息，周急于人。未逾一纪，聚缗继万，君之力也。君娶卤中李氏，而李氏与君同年，合髻为婚，宜其家室。君以治生之道，贻厥子孙。君乃燕居义所，以惠之之博，殊好知己，日隆棋酒，美誉实腾，可以为嘉。绍圣三年四月十有九日，以寝疾卒于家；是年十月十日，李氏继卒，享年各六十有三。乡人见之，无乎不恻，屑涕而吊。男女五人：长男曰扑，先卒于君；次曰宗裕、宗玠，能毕其事。长女适茹永，次之张适，偕丰富之辈。宗裕、宗玠送终之礼，能

图5-54 宋故祁君墓志铭（赵建牛 藏拓）

尚而已。次年正月十有一日，双窆于汉阳乡万家里。宗裕昆季属余乡闲恳求为铭，自恨不才，奚足以当，辞之固难，以塞勤求尔。铭曰：

君性刚毅，始终无替。义缔于人，施不以细。利不苟贪，复兴家计。结髻之妻，同德同岁。双窆之棺，同年同逝。众皆焦然，呜呼屑涕。二子忱慨，宗裕宗玠。礼尚送终，不之有懈。福及子孙，勿剪勿败。贲于穷泉，永无有坏。

《宋故祁君墓志铭》（图5-54），宋绍圣四年（1097）孙操撰文，孙天成书，今存礼县秦文化博物馆。墓志纵50厘米，横56厘米，厚20厘米，楷书26行，行22字。

## （五五）两当·宋·刘景文《题张真人洞》（绍圣四年之前）

题张真人洞

（鸳鸯）山开古洞深，苍（崖老木）共阴森。游人（看取溪）中水，只此无（尘是道心）。□□□□几春秋，洞□□□□夜流。会得……

刘景文《题张真人洞》（图5-55），诗碑仅残存右下，出土于两当县鸳鸯山登真洞，今存两当县博物馆。残碑纵48厘米，横52厘米，存行楷7行，行1—6字不等，字径2厘米。清·德俊《两当县志》收录此碑第一首诗，题作"登真洞"，作者刘景文，其中"共"字误作"其"，第二首未录，诗碑其他所缺诗文据《两当县志》补入。

刘景文即刘季孙（1033—1097），字景文，祥符（河南开封）人，父刘平。《东都事略》卷一一〇《刘平传》附《刘季孙传》云："（刘）平诸子唯季孙有闻。季孙，字景文，少笃学，能诗文，苏轼知杭州时季孙以左藏库副使为两浙兵马都监，轼荐其才，除知隰州，仕至文思副使以卒。轼时为兵部尚书，哀季孙之死，奏言：季孙笃志好学，博通史传，工诗能文，轻利重义，练达军政，至于忠义勇烈，有平之风，性好异书、古文、石刻，所得禄赐，尽于藏书之费。季孙既死，家无甔石，妻子寒饿，行路伤嗟。"[1]

图5-55　刘景文题张真人洞

---

① 王称：《东都事略》，载《文渊阁四库全书》（第382册），台湾商务印书馆，1999年，第714页。

## （五六）成县·宋《智诠题记》（元符二年，1099）

　　滔山僧思苻仝兰州智诠游此。元符二年二月。

　　《智诠题记》（图5-56），宋元符二年（1099）摩崖刻石，位于成县西狭《西狭颂》摩崖正文下方。纵25厘米，横17厘米，楷书3行，字径5厘米。高天佑《西狭摩崖石刻群研究》释作："元符二年二月，兰州智诠游此，滔山僧思苻仝。"[1]其释读方向有误。

## （五七）西和·宋《张从墓志铭》（元符三年，1100）

图5-56　智诠题记

　　宋故西京左藏库副使飞骑尉致仕张公墓志铭

　　乡贡进士吴陟撰。岷州大潭县尉解侁篆盖。前洋州兴道县主簿王采书。

　　张之为姓尚矣。汉太傅良，晋司空华以降，勋贤轩冕，历代不乏。至五季之乱，迁于四方，世系虽不可考，凡同姓者皆其后也。公讳从，字伯通，世为平凉人，因从窐，遂居于岷之白石。曾祖怀德，祖显，父文政，皆守道不仕。公慨然有自立志，随观文王公托熙河。以武勇累立战功，得登仕路，迁供备库副使，飞骑尉致仕。今上即位，转西京左藏库副使。初任岷州指使，迁邠州管界巡检，皆职事修举而未尝旷败，又监岷州白石镇，次管勾熙州北关堡，迁通远军宁远寨主，皆帅府以才，奏辟所至，为能吏而皆有成绩。公之未仕也，逼于困穷，因以事累而远逃，能舍其少妻，而肩负其老母，窜于岭表。暨归，得居仕籍，而复求旧室与之偕老，此人之所难也。常家山讨荡番贼，有熟户为鬼章胁从者，诸将皆欲诛之，独公言其非辜，所活者三百余人，此公之所积也。又授蜀州兵马都监，年未及于悬车，告老弗往，优游自得，乐乎田里者数年。日饮市肆，酣歌往来，真希夷华胥之人也。凡营造佛事，修设斋供，拯济贫乏，皆先于众人，由是得誉于乡间而以为荣也。父累赠左监门卫将军，母宿氏累赠蓬莱县太君，妻王氏封宜禄县君。一子诚，先公而

---

① 高天佑：《西狭摩崖石刻群研究》，兰州大学出版社，1999年，第356页。

图 5-57　张从墓志铭

卒。孙男一人天经，以公致仕，补充三班差使。孙女一人，许适右班殿直姚友仲。

公，元符三年十一月二十二日疾终于白石之私第，享年六十有九。死之日，一镇之人无老幼皆号于前，其得人也如此。以当年十二月初四日葬于白石之南原，其孙见托追撰铭于墓石。陟亦居白石有年矣，聆公之事甚熟，故作斯文，无隐情，无愧辞焉。铭曰：

　　张氏之先，隐德不仕。惟公之全，自奋其志。负母逃难，复合妻子。有功于时，积德于己。壮享爵禄，老安田里。人之所难，公服其事。白石南原，垂百千祀。

　　僧法会刊。

《张从墓志铭》（图 5-57），全称"宋故西京左藏库副使飞骑尉致仕张公墓志铭"，宋元符三年（1100）吴陟撰文。原在"白石镇南原"，今存西和县仇池碑林。墓志正方，纵横 67 厘米，正文楷书 25 行，满行 30 字，字径 1.5 厘米。张维《陇右金石录》载文脱误甚多，今据拓本一一更正，张维"按语"云：

　　此《志》何时出土已无可考，今存西和观山东岳庙壁间，题衔为："宋故西京左藏库副使飞骑尉致仕张公墓志铭。乡贡进士吴陟撰，岷州大潭县尉解佚篆盖，前洋州兴道县主簿王采书。"而其盖已佚。考《宋史》，巩州初为通远军所属有宁远砦，崇宁三年改县。《志》云"宁远军"必系抄误。[1]

　　《墓志》本作"宁远寨"，而张氏抄件作"宁远军"，故有上述疑问。

## （五八）武都·宋《福津尉题壁》（建中靖国元年，1101）

图 5-58　福津尉题壁

图 5-59　马博题名

福津尉陈复沿幹到此，建中靖国改元二月念二日。

　　《福津尉题壁》（图 5-58），宋建中靖国元年（1101）墨书题壁，今存武都万象洞卧龙坝西南壁，纵 55 厘米，横 36 厘米，楷书 2 列 6 行。

## （五九）成县·宋《马博题名》（崇宁元年，1102）

崇宁元年，马博、王博造刊。

　　《马博题名》（图 5-59），宋崇宁元年（1102）摩崖刻石，位于成县西狭《西狭颂》摩崖正文下方，左与《智诠题记》相接。纵 17 厘米，横 12 厘米，行楷 3 行，字径 4 厘米。高天佑《西狭摩崖石刻群研究》释作"王博、马悴"[2]。"博"通"博"。

---

[1] 张维：《陇右金石录》，载《石刻史料新编》（第一辑第 21 册），台北新文丰出版公司，1979 年，第 16049 页。
[2] 高天佑：《西狭摩崖石刻群研究》，兰州大学出版社，1999 年，第 357 页。

## （六〇）成县·宋《大观己丑题字》（大观三年，1109）

大观己丑岁四月。大……

《大观己丑题字》（图5-60），宋大观三年（1109）摩崖刻石，今存成县大云寺东门外南壁，东与柴元瑾《留题凤凰寺》相邻。摩崖楷书2行，字径约2.5厘米。又"大"字下有一字未完成。

## （六一）文县·宋《石笋铭二》（大观四年，1110）

坚正挺持，久脱砂碛。左右惟命，所守不易。藏锋敛芒，作镇西极。倚天之剑，露颖之锥。湮没既久，拂拭者谁。紫须将军，左提右撕。翦灭妖氛，惟石是资。

图5-60　大观己丑题字

《石笋铭二》，原在文县旧城，今佚。《陇右金石录》引《文县志》云："《石笋铭》，崇宁九年，何彦齐记。"[1]"崇宁"为宋徽宗赵佶年号，共存五年（1102—1107），以此推之，"崇宁九年"实大观四年（1110）。

## （六二）文县·宋《石笋铭三》（无年月）

方其操瘵，其质厉芒。赤倚天碧，鸣匣外嗟。郁抑有此，君相拂拭。

《石笋铭三》，原在文县旧城，今佚，张敬伯题。上文"郁"字据《文县志》补入。张维《陇右金石录》载：

文县石笋凡有三铭，一为"南甲铭"，已录；一为"何彦齐铭"，即"坚正挺持（以下五十六字）"；一为"张敬伯铭"，未载年月，即"方其操（以下二十四字）"，疑敬伯亦宋人也。[2]

---

[1] 张维：《陇右金石录》，载《石刻史料新编》（第一辑第21册），台北新文丰出版公司，1979年，第16051页。
[2] 张维：《陇右金石录》，载《石刻史料新编》（第一辑第21册），台北新文丰出版公司，1979年，第16051页。

## （六三）武都·宋《白云诗碑》（政和元年，1111）

　　白云门对赤沙冈，□□□□□□□。已向西州卷尘土，谁知此地□□□。层台花雨随朝呗，净室天龙护夜香。最好薰修结莲社，补陀岩畔祝君王。

　　政和元年九月　日。

　　……管句学事劝农公事孙冲。

　　……判官张……

图 5-61　白云诗碑（陈正付　协拓）

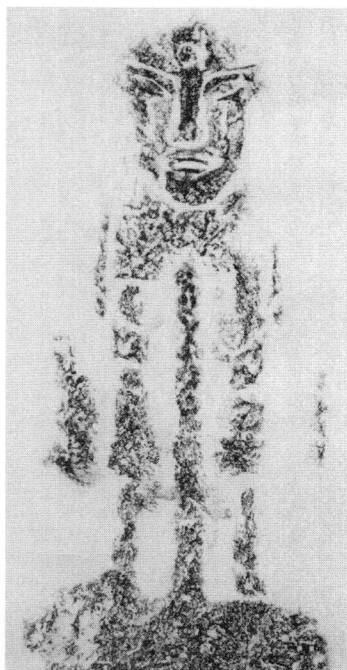

图 5-62　石刻造像

　　《白云诗碑》（图 5-61），宋政和元年（1111）孙冲题，今存武都安化镇清凉寺。碑残，纵 60 厘米，横 32 厘米，存文 7 行。诗文大字，满行 14 字，字径 3 厘米；年款小字，字径 1.5—2 厘米。清凉寺，本名庆寿寺，明嘉靖二十三年（1544）重修（大殿梁题墨书）。《阶州直隶州续志》云："庆寿寺，在州北六十里安化。宋建（本寺碑），州守叶公重修。"[1] 所谓"本寺碑"，不知是否谓此孙冲题《白云诗碑》，尚不肯定，起码可证寺院建于北宋政和以前。另有造像遗迹（图 5-62）亦甚古。

---

[1] 叶恩沛修，吕震南等纂：《阶州直隶州续志》，曾礼校点，兰州大学出版社，1987 年，第 104 页。

## （六四）西和《宋故耿公墓志铭》（政和元年，1111）

宋故耿公墓铭（篆额）

宋故耿公墓志铭

乡贡进士王宾撰，进士张扩[一]书篆，养浩子刊。

公讳遂良，字忠辅，世为岷州长道人。曾祖祥，祖惟宝，父彦文，皆治生不仕。公少孤，母夫人郑氏素贤，教养甚力，俾之业儒。其为人也，孝悌谨信，节用嗜学，有起家志，临事有毅然断。内以刚介自许；外以谦和接人。乡闾之间，翕如以怡。崇宁中，朝廷恢复湟鄯故壤，兄俨从师遘难，困踬鄯善，公乃徒步远迈，备尝艰阻，集厥役事，与兄偕归，识者多之。母夫人屡为求婚媾于高闳，而公方且汲汲于进身昭代为先务，谓斯之未暇议，其志有可尚者。大观间，免临洮文解，不见知于春官，慨然重励初心，游洮庠，补长谕，升入岷序，月试季考，累居高等。俄尔遘疾，归顾母兄，久之殆若知其将终者，易箦安逝，寔政和改元五月二十五日也。享年二十有七，以三年三月二十一日，窆于郭下乡水秋社塔子谷之先兆，礼也。公志操远大，所学未及行而忽奄化，天欤？人欤？孰得而窥欤？吁可悲也！夫有兄二，曰介，曰俨，皆治进士，谓仆与之游，熟公履历，恳求撰述，仆有不获辞者。铭曰：

　　噫嘻忠辅，友兄孝母。内刚外和，志大学富。未发事业，中道夭绝。秀而不实，潸然涕屑。天乎人乎，岂易知欤。归于幽宅，灵其安诸。

[一]张扩（？—1147），字彦实，一字子微，德兴（江西德兴市）人。崇宁五年（1106）进士，累迁秘书省校书郎。南渡后，归中书舍人，擢左史，掌外制。扩始因秦桧得进，假草制以贡媚，然扩所交游，如曾惧、朱翌、吕本中辈，皆一代胜流，切劘有素，故词采清丽，斐然可观。绍兴十七年（1147）卒。有《东窗集》。[①]

《宋故耿公墓志铭》（图5-63），宋政和元年（1111）王宾撰文，张扩书丹篆额，养浩子刊石。西和长道镇郭下村水秋社塔子谷出土。墓志纵83厘米，横50厘米，额篆"宋故耿公墓铭"6字，字径7厘米；正文楷书18行，满行25字，字径2.5厘米。

## （六五）两当·宋《鲁公题登真洞诗》（政和二年，1112）

　　……鲁公题登真洞诗

　　……提举秦凤等路常平等司鲁百能。

----

[①] 昌彼得、王德毅等：《宋人传记资料索引》，台北鼎文书局，1990年，第2330页。

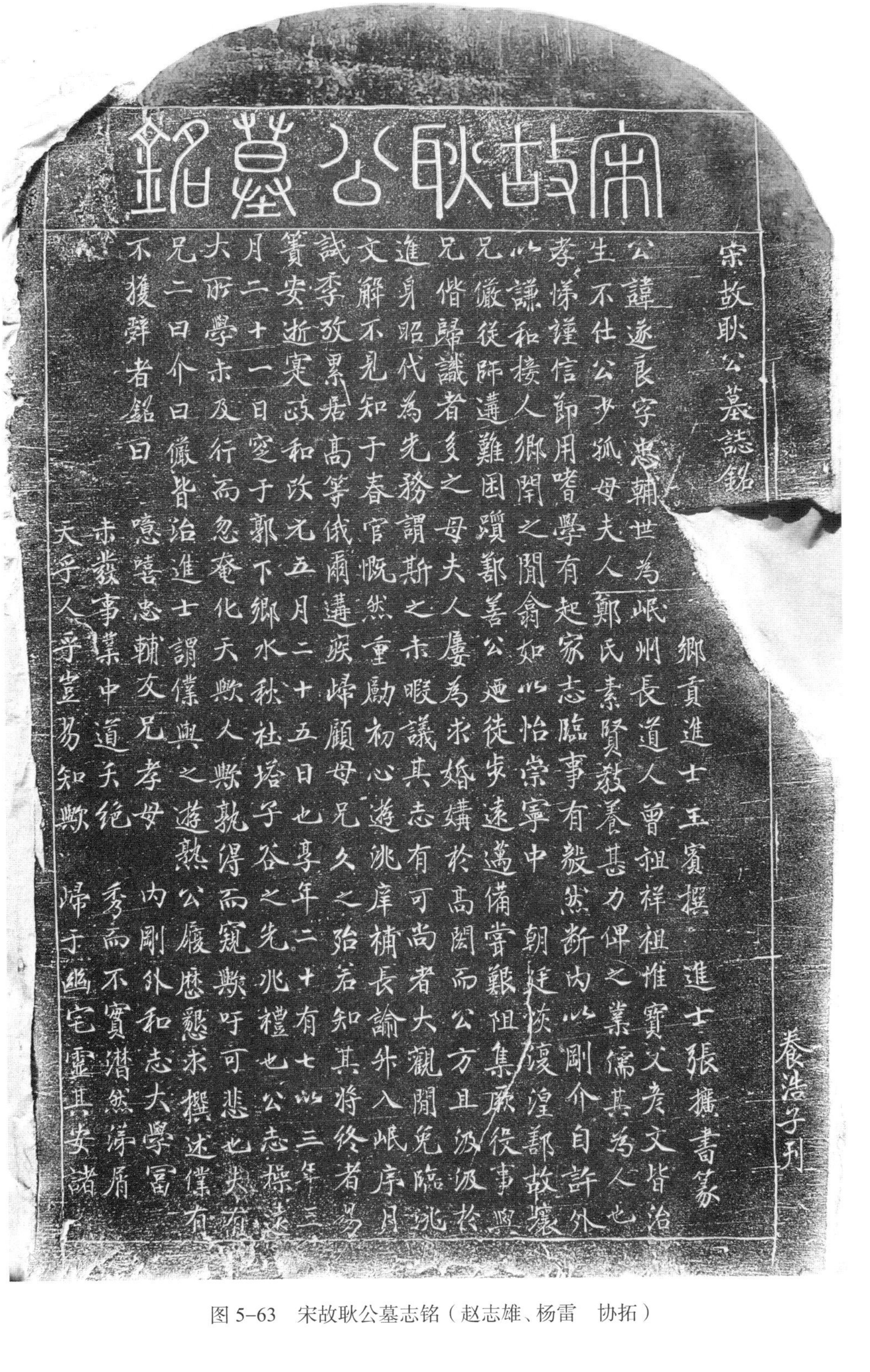

宋故耿公墓誌銘

乡贡进士王寶撰

进士張攏書篆

養浩子刊

公諱逵長字忠輔世為岷州長道人曾祖惟寶祖惟寶父彥文皆治
生不仕公少孤母夫人鄭氏素賢教養甚力俾之業儒其為人也
以孝悌謹信節用嗜學有起家志怡怡愉愉朝廷延納以剛介自許也
兄偕從師者多之先務謂斯人素求婚媾於高閣嘗者大觀聞終岷郡臨於兆
進身不見知于春官俄爾遷疾峰頭顧母兄久之殆若知其將終序月兆
文解昭代知和次无五月二十五日也享年二十有七以三年三
試李去放累歲忽卷化天欻人歟社塔子谷而先兆禮也公志操遠三
簀安逝寒政和于郭下鄉水秋得之窆歟吁可悲也公志大學富有頒
月二十一日及行而急進志輔友典與之遊熟公履歷懇懇求撰述僕遠
大所學末及懇懇善事輔中道夭孝母內剛不實潛然涕涸諸眉有
兄二日个日僕皆志謂兄孝絕秀而和志大賢自幽宅靈其安諸
不獲群者銘曰僕赤歲事業豈易知歟歸于幽宅靈其安諸
天乎人乎豈易知歟

图5-63　宋故耿公墓志铭（赵志雄、杨雷　协拓）

（三千行）满未骖鸾，闲卧空山不记年。(云)锁洞门清叩玉，石流甘液冷飞泉。

青驴去踏红尘里，白鹤来归玉柱前。试看高真栖隐处，此中疑是蔚蓝天。

政和二年十月旦日。

将仕郎、县尉管句学事……将仕郎、主簿管句学事……

通仕郎、凤州两当县令、管句学事、劝农公事王俞立石。

图 5-64　鲁公题登真洞诗

　　《鲁公题登真洞诗》（图 5-64），宋政和二年（1112）提举秦凤等路鲁百能作诗，两当县令王俞立石。诗碑出土于两当县东鹫鸾山登真洞（张果老洞），今存两当县博物馆。诗碑纵 62 厘米，横 60 厘米，楷书 11 行，诗题字径 4 厘米，诗文、年款字径 3 厘米，"将仕郎"以下 3 行小字，字径 2 厘米，碑右上角残泐。德俊《两当县志》收录此诗，题下注云："鲁（阙名），正和二年提举秦凤。"诗碑"鲁百能"及"王俞"之"俞"等字较模糊，精拓之方能辨识。《两当县志》又有宋两当县令王俞《登真洞》诗云："偶因公事便，仙岛亦追游。鹫鸾名犹在，丹砂事已休。雷声惊石鼓，琼乳洴灵湫。便觉尘凡迥，超然物外俦。"[1] 王俞登真洞诗当与鲁百能题登真洞诗刊于同时，可惜王

---

① 德俊：《两当县志》，载《中国方志丛书》（华北地方·第三四二号），台北成文出版社，1970 年，第 222 页。

俞诗碑已不知所在。另有一通残石诗碑，仅辨得"多少干名客，登临到夕曛"两句（图 5-65）。

### （六六）武都·宋《仇池题壁》（政和三年，1113）

仇池赐紫陈若瑛仲宝，武都□原□道高……子章刘□□游此洞，时政和三年三月十五日题之。□□之□未卜何日也。

《仇池题壁》（图 5-66），宋政和三年（1113）墨书题壁，今存武都万象洞卧龙坝西壁，纵 24 厘米，横 29 厘米，行书 7 行。

图 5-65 登真洞残诗碑

图 5-66 仇池题壁

### （六七）徽县·宋《任崇道题壁》（政和七年，1117）

安平任崇道、男和仲、仆添福，政和丁酉同游记之。

《任崇道题壁》（图 5-67），宋政和七年（1117）墨书题壁，今存徽县首阳洞，楷书 4 行，满行 5 字。

### （六八）武都·宋《蒙元功题壁》（宣和二年，1120）

□仲达、蒙元功、杨永年、程邦宪同游。宣和庚子仲春初十日题。

《蒙元功题壁》（图 5-68），宋宣和二年（1120）墨书题壁，今存武都万象洞天庭西壁，纵 30 厘米，横 30 厘米，行书 4 行。

图5-67　任崇道题壁（张承荣　摄）

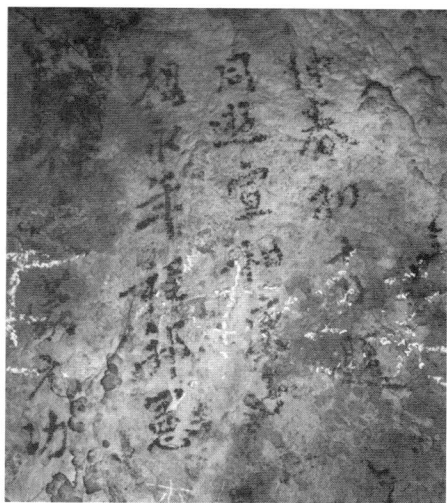

图5-68　蒙元功题壁

## （六九）徽县·宋《李安道题壁》（宣和三年，1121）

图5-69　李安道题壁（张承荣　摄）

　　李安道挈家来此仙洞观胜景。元□、枪继、石可、梁预等。宣和辛丑仲春初
六日记耳。

　　《李安道题壁》（图5-69），宋宣和三年（1121）墨书题壁，今存徽县首阳洞，行
书7行，满行6字。

## （七〇）西和·宋《王知彰妻李氏墓志铭》（宣和五年，1123）

　　故李氏墓铭（楷额）

宋故李氏墓志铭

　　岷州白石进士王知彰妻李氏，故熙河兰廓等路经略使刘公讳法之外孙也。父武功大夫讳孝先，为秦凤路第三将，爱其女，遴选厥配，闻故少师王公讳公仪有孙大夫公讳嘉谋，有子贤者也，遂归之，是为知彰。知彰侍父大夫守邛州，门下士有杨鞏者，州人也。知彰告于鞏曰："哀哉余妻，孝于舅姑，和于娣姒，天弗与龄，年二十以疾卒，实宣和二年九月二十二日也。今以五年八月二十八日葬于白石西原，祔诸祖茔，敢请铭焉？"鞏固辞不获。铭曰：

　　被外氏之光，依吉兆之固。呜呼休哉！

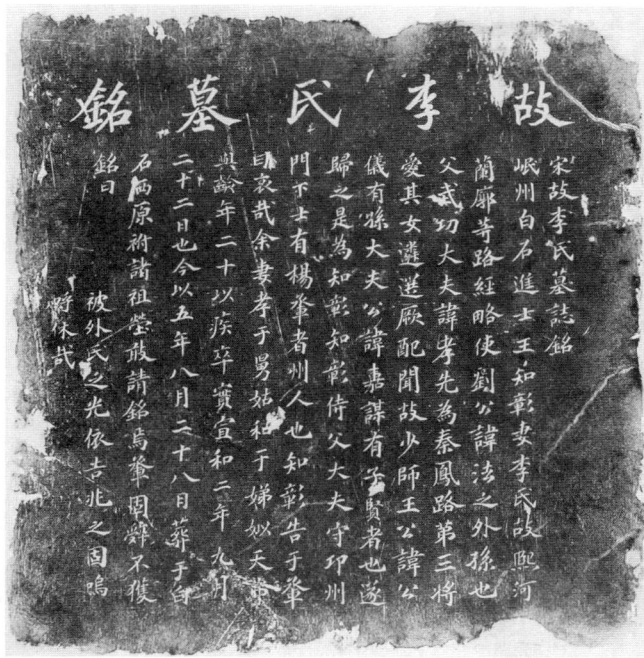

图 5-70　王知彰妻李氏墓志铭（胡询之　协拓）

　　《王知彰妻李氏墓志铭》（图 5-70），宋宣和五年（1123）刊石，今存西和县仇池碑林。墓志纵 55 厘米，横 52 厘米，楷书 14 行，行 15 字，字径 2.5 厘米。由墓志知王知彰乃王公仪曾孙，进士，岷州白石（今西和县）人，宋绍圣间（1094—1098）为栗亭令。祝穆《方舆胜览》卷六九载："东柯谷，在天水县。绍圣间，栗亭令王知彰作《祠堂记》云：'工部弃官，寓东柯侄佐之居。'"[1]

---

[1] 祝穆：《方舆胜览》，中华书局，2003 年，第 1210 页。

## （七一）两当·宋·宋京《游鸳鹭山登真洞二首》（约宣和五年，1123）

运使少卿留题（篆题）

游鸳鹭山登真洞二首

成都宋京仲宏

羽客琳房一水垠，蜀程从（此）□中分。山前岁久无丹凤，洞……

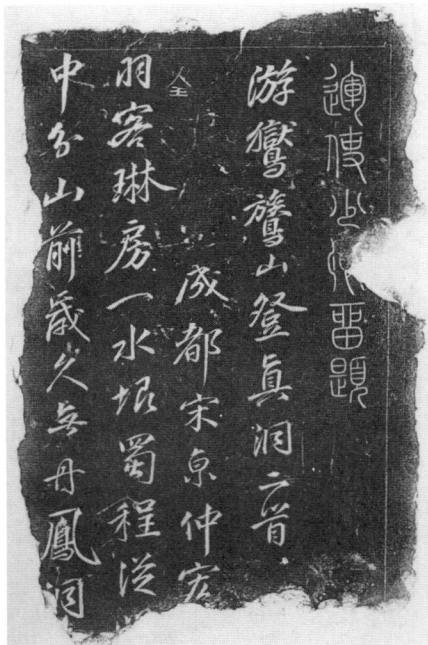

图 5-71　游鸳鹭山登真洞二首

宋京《游鸳鹭山登真洞二首》（图 5-71），诗碑出土于两当鸳鹭山登真洞，左下两侧残断，今存两当县博物馆。残碑纵 38 厘米，横 24 厘米，篆题"运使少卿留题"6 字，字径 3.5 厘米，诗题及诗文行书 4 行，字径 4 厘米。

宋京（1079—1124），字仲宏父，或省称"仲宏""宏父"，号迁翁，成都双流人。生于宋哲宗元丰元年（1078），卒于宋徽宗宣和六年（1124），享年 46 岁。其父宋构，字承之，绍圣四年（1097）卒于都大提举川陕茶马任上，宋京以荫庇入官，后登崇宁丙戌（1106）进士。宣和二年迁至朝散大夫，宣和三年，以太府少卿乞守邠州，不久，"除陕西路转运副使权泾原帅所"[1]，题诗当在此时，大致在宋徽宗宣和五年[2]。

## （七二）两当·佚名《登果老洞有感》（无年月）

……果老洞有感

□□□□□客流，此心识破百□□。□□分泒随明月，石鼓虚□□□□。鸳鹭山头春鸟集，乾□□□□求。登台未问

图 5-72　登果老洞有感

---

[1] 刘隽一：《北宋宋京夫妇墓志铭考释》，《中国典籍与文化》2013 年第 4 期。

[2] 蔡副全：《张果事迹新考》，《世界宗教研究》，2019 年第 4 期。

丹□□，□□□□□□□。

佚名《登果老洞有感》（图 5-72），诗碑已残，纵 37 厘米，横 25 厘米，残存楷书 5 行，字径 4 厘米。两当鸑鷟山登真洞出土，今存两当县博物馆。此诗碑与其他北宋诗碑同时同地出土，从题名看，约刊于登真洞敕封之前。

### （七三）成县·宋·晁说之《狮子洞题名》（宣和四年，1122）

宣和壬寅清明日，知军州晁说之[一]，司录事张有德，司刑曹蒲赟[二]，同谷令郭造[三]，巡检罗世永，尉王世忠。

[一] 晁说之（1059—1129），字以道，一字伯以，号景迁生，世称晁景迁。澶州（河南濮阳）人。元丰五年（1082）进士。晁说之倡举易学，尊孔非孟，反对新学，与司马光、苏轼兄弟等均有交游，平生著述数十种，涉猎广泛，尤通经学。黄宗羲赞为"经学奥衍，不肯苟同，笺疏自成一家"①。晁说之于宣和三年至六年（1121—1124）间知成州。

[二] 蒲赟：四川阆中人，时任成州刑曹。晁说之曾于宣和五年（1123）十一月向转运使呈《荐蒲君刑曹书》举荐蒲赟说："本州刑曹阆中蒲赟，年四十一，经中博士，行中御史方布衣，时有职太学，偶因格改栖迟山郡，众为较其辈流，往往蒙朝廷宠擢良可叹已。"②

[三] 郭造：宣和初任同谷令，晁说之《成州同谷县杜工部祠堂记》"县涑水郭慥始立祠"者即此人。

晁说之《狮子洞题名》（图 5-73），宋宣和四年（1122）摩崖刻石，今存成县东南狮子洞。纵 70 厘米，横 48 厘米，楷书 6 行，字径约 7 厘米。《陇右金石录》卷三："此题名在成县狮子洞崖上，凡六行，行五六字至七八字，旧志均未载，皋兰马紫石知成县，拓同《蒋颖叔题名》相寄，因据录之。"③

图 5-73　晁说之狮子洞题名
（陈亚峰　拓）

---

① 黄宗羲、全祖望：《宋元学案》，世界书局出版社，1936 年，第 519 年。

② 晁说之：《嵩山文集》卷一七，载《四部丛刊续编》，上海书店出版社，1985 年。

③ 张维：《陇右金石录》，载《石刻史料新编》（第一辑第 21 册），台北新文丰出版公司，1979 年，第 16053 页。

## （七四）成县·宋·晁说之《濯凤轩记》（宣和四年，1122）

濯凤轩记

周内史过曰："周之兴也，鸷鸷鸣于岐山。"以故古岐州今为府曰"凤翔"。然得凤之一，则凤过之，得凤之二，则凤翔之。自是而西二百里曰凤州，鸷鸷山则名以大之者。得凤之三，而凤集之欤，故其驿曰"凤集驿"。又西而百有五十里曰成州凤凰山，乃以凤凰之正名名之，则其得凤之四，而凤春秋下之；得凤之五，而凤没身居之者。不然，何以又有潭曰凤凰潭？是其濯羽之所也。若又极乎西，则濯羽弱水矣。然则乾符中，僧休梦于凤凰山得一峰曰鹿玉山者，乃杜工部赋诗之凤凰台也，实有亭亭然，台之状可玩焉。元祐中，王仲至侍郎据郦道元注《水经》，以长举之凤凰台，状如双阙，汉有凤凰降焉者为正，而伪之台并斥乎工部，恐不得以彼汉瑞正吾周仪也。且异时而二地，各以为名，庸何伤乎？天壤间以凤凰名台者尚多矣，何必一之也哉？今成州虽不得居仇池山之胜，而西则鸡头山，东则鸡帻山，以属乎凤凰山，亦国中富乎山者也。鸡帻山或名曰龙堂峡，凤凰潭或名曰万丈潭，若大云潭，杜工部昔日所居之地，新祠而奉之者也。其于守居为最近，守居清心堂之背，丛竹之面，新有轩乃以濯凤名之。近式乎工部之所居，远本乎周内史之所志，则吾州虽小，而裕乎凤翔而集焉者，居守可无自菲陋而乐斯志也已。

宣和四年壬寅二月二十六日乙卯。具官嵩山晁说之记。

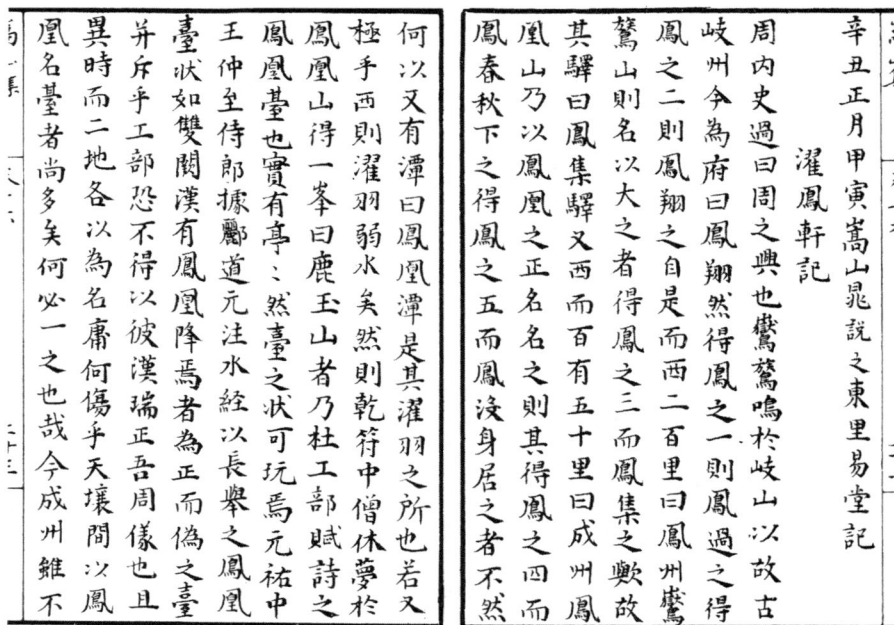

图 5-74　濯凤轩记书影

晁说之《濯凤轩记》，作于宋宣和四年（1122），原碑已佚，文载晁说之《嵩山文集》卷一七（图5-74）。

## （七五）成县·宋·晁说之《成州同谷县杜工部祠堂记》（宣和五年，1123）

成州同谷县杜工部祠堂记

自古王侯将相而庙祀者，皆乘时奋厉，冒败虎狼，死守以身，为天下临冲。或岩廊嚬笑，以治易乱，即危而安，其在鼎彝之外，而人有奉焉。否则，贤守令真为民之父母，斯民谣颂之不足，取其姓以名其子孙，久益不能忘，则一郡之邑祠之。否则，躬德高隐，崇仁笃行。若节妇孝女，有功于风俗者，一乡一社祠之。顾惟老懦士身屯丧乱，羁旅流寓，呻吟饥寒之余，数百年之后，即其故庐而祠焉。如吾同谷之于杜工部者，殆未之或有也。呜呼，盛矣哉！曰名高而得之欤？曰非也，苟不务实而务名。则当时王维之名出杜之上，盖有天子宰相之目，且众方才李白而多之也。是天宝间人物特盛，有如高适、岑参、孟浩然、云卿、崔颢、国辅、薛据、储光羲、綦毋潜、元结、韦应物、王昌龄、常建、陶翰、秦系、严维、畅当、阎防、祖咏、皇甫冉、弟曾、张继、刘（今上御名）虚、王季友、李顾、贺兰进明、崔曙、王湾、张谓、卢象、李巗之诗，灿然振耀于世，未肯少自屈，而人亦莫敢致之也。非湜、籍辈于韩门比，然有良玉必有善贾厚矣。韩文公之德吾工部也！自是而工部巗巗绝去一代颉颃不可揉屈之士而岳立矣。然犹惜也，何庸李白之抗邪！昔夫子录秦诗而不录楚诗，盖秦有周之遗俗，如玉之人在板屋，则伤之也。楚则僭周而王矣，沧浪之水既以濯吾缨，虽浊忍以濯吾足哉！李则楚也，亦不得与杜并矣，况余子哉，彼元微之，谗诐小人也。身不知裴度、李宗闵之邪正，尚何有于李杜之优劣也邪？然前乎韩而诗名之重者钱起，后有李商隐、杜牧、张祜，晚惟司空图，是五子之诗，其源皆出诸杜者也。以故杜之独尊于大夫学士，其论不易矣。而在本朝王元之学白公，杨大年矫之，专尚李义山，欧阳公又矫杨而归韩门，而梅圣俞则法韦苏州者也。实自王原叔始勤于工部之数集，定著一书，悬诸日月矣。然孰为真识者靡靡，徒以名得之欤？唯知其为人，世济忠义，遭时艰难，所感者益深，则真识其诗之所以尊，而宜夫数百年之后，即其流寓之地而祠之不忘也。工部之诗，一发诸忠义之诚，虽取以配《国风》之怨、《大雅》之群可也。或玩其英华而不荐其实，或力索故事之微，而自谓有得者，不亦负乎！祠望凤凰台而临百丈潭，皆公昔日所为诗赋之所也。公去此而汗漫之游远矣哉。而此邦之人思公，因石林之虚徐，溪月之澄霁，则尚曰公之故庐，今公在是也。予当北至鄜时，观公三川之居，爱之矣，而此又其胜也。不知成都浣花之居，复又何如哉？信乎居室可以观士也已，同谷秀才赵惟恭捐地五亩，县涞水郭慥始立祠，而属余为之记。使来者美其山川，而礼其像，忠其文。且知公自其十有一世之祖恕予而来，以忠许国矣。则其所感者既远，人亦远而莫之能忘，与夫王侯将相之祠未知果孰传邪？其像则本之成都之旧云。

宣和五年五月己未。朝请大夫、知成州晁说之记并书。

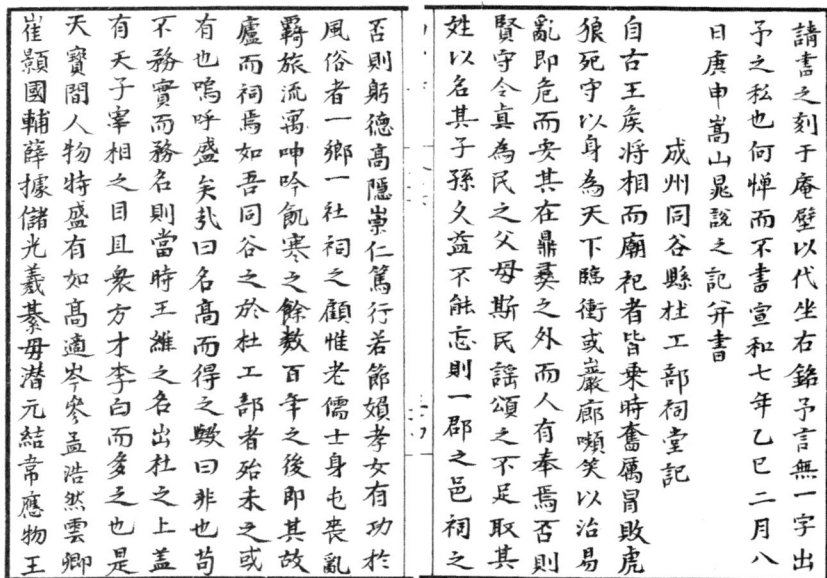

图 5-75　成州同谷县杜工部祠堂记书影

《成州同谷县杜工部祠堂记》，原碑已佚，宋宣和五年（1123）晁说之记并书。文载《嵩山文集》卷一六（图 5-75）。

## （七六）成县·宋·晁说之《清风轩记》（宣和五年，1123）

清风轩记

成州守居之东隅，有轩曰："清风"。叠嶂前后，为之屏几，清风无时不来也。嗟夫，国中若此名者数千百处而多也，实其而称则惟吾郡也何？则吾郡汉武都郡之所领也，有汉武都太守阿阳李翕伯都竟宁四年之碑在鱼窍峡，其辞曰："民歌德惠，穆如清风。"昔人其本诸此而名斯轩欤，它邦安得而与哉。其所谓清风者何在？岂不在太守之德惠乎！且彼为何时，李侯者乃能恭其职如此；今当何时，为之守者苟不能宣布上恩，宜亦愧矣。夫于时清风之生，请言其状，予则不能。然予祖[一]尝倡而作之矣，属而和者六人，曰：杨大年、刘中山、钱司空、李昌武、

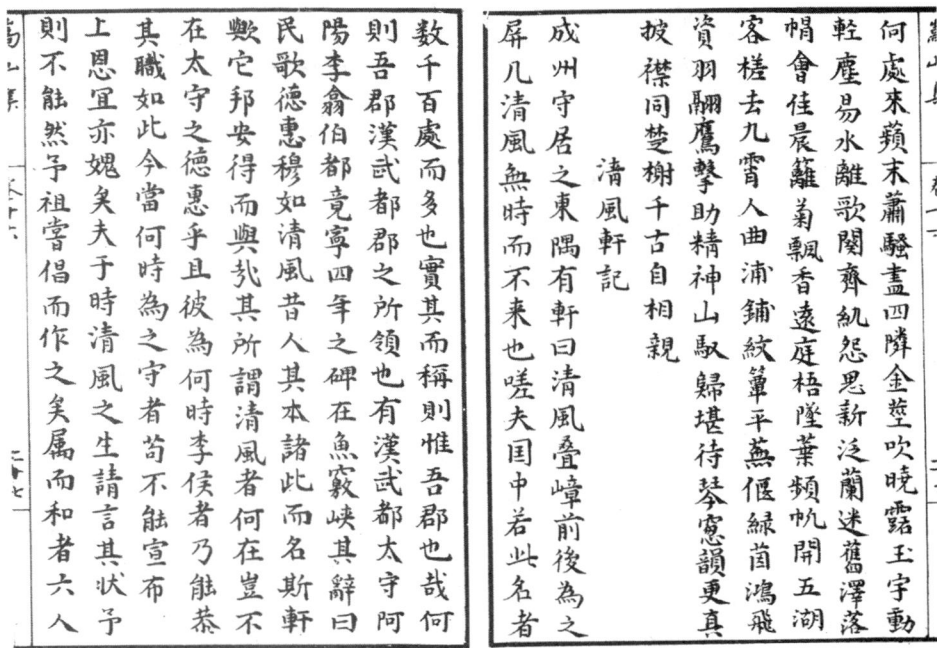

图 5-76　清风轩记书影

薛尚书、张密学。其辞盛行于世，著之《西崑集》[二]。今大夫学士或不得而闻见，谨因是轩而刊于石，亦古之人"藏诸名山"之意也。且其唱和墨迹乃不在吾家，而藏诸杨氏无锡眷中。今两浙不幸，盗贼凶残血变，江水不保，是诗之能存也，未必异日不托此山城深靓无虞而传焉，或评诸公之诗，曷为此郡而作哉。予曰：天下之清风，一也。风之为物，非若云气，各象其山川人民所聚积而变，有楚云、秦云之异也。盖天下之清德，一也。其来居守者，或鞅掌不给，或湮郁无聊，或羁旅去国之恨不自胜，一览诸公之符采，自澄其心思，俄而穆如之风，猎鬈泛襟，而凤凰之山亦为尔歌吉父之诵矣。以御嘉宾，以柔斯民，亦乐哉。诗凡七首如上。

　　宣（和）五年癸卯五月　日戊午，朝请大夫、知成州军州事、嵩山晁说之谨记。

[一]予祖：即晁说之高祖——晁迥（948—1031），字明远，澶州人，居于汴京昭德坊。博通文史，太平兴国进士，为大理评事，累擢右正言，直史馆。真宗时累官工部尚书、礼部尚书、集贤院学士。由太子少保致仕，谥文元。

[二]西崑集：即《西崑酬唱集》，二卷，杨亿（字大年）编集，是杨亿、刘筠、钱惟演等 17 人唱和诗集。其中下卷收录《清风十韵》七首，晁迥、杨亿、刘筠、钱惟演、

李宗谔、薛映、刘秉各一首,而无氏[1]。疑刘秉即张秉,字孟节,官至枢密直学士。此系清人刻本之误。

晁说之《清风轩记》,原碑已佚,撰于宋宣和五年（1123）。文载《嵩山文集》卷一六（图5-76）。

### （七七）成县·宋·晁说之《成州净因院新殿记》（宣和五年,1123）

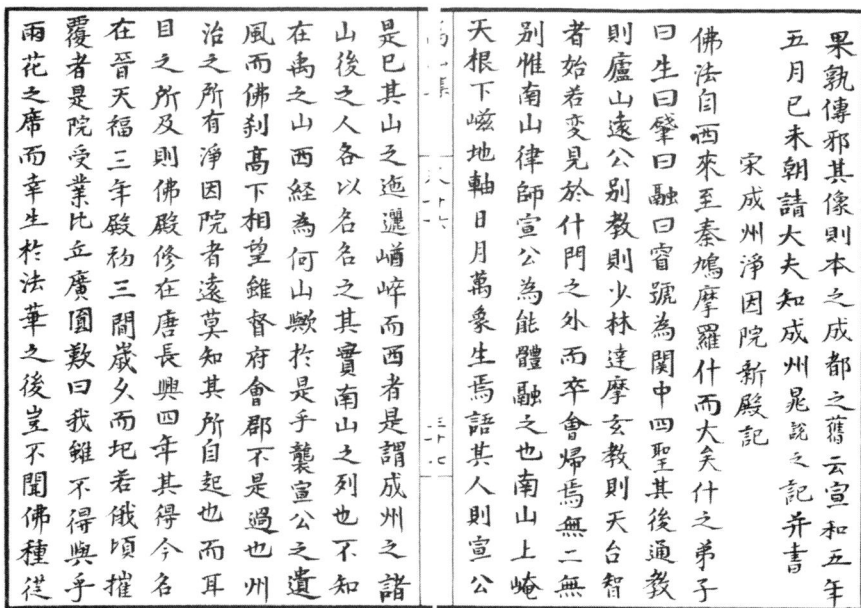

雨花之席而幸生於法華之後豈不聞佛種從　覆者是院受業比丘廣圓歎曰我雖不得與乎　在晉天福三年殿初三間歲久而圮若俄頃摧　目之所及則佛殿修在唐長興四年其得今名　治之所有淨因院者遠莫知其所自起也而耳　風而佛刹高下相望雖督府會郡不是過也州　在禹之山西經為何山歟於是乎襲宣公之遺　山後之人各以名名之其實南山之列也不知　是巳其山之迤邐嶕崪而西者是謂成州之諸　天根下嶸地軸日月萬象生焉語其人則宣公　別惟南山律師宣公為能體融之也南山上崦　者始若變見於什門之外而卒會歸焉無二無　則廬山遠公別教則少林達摩玄教則天台智　曰生曰肇曰融曰睿號為關中四聖其後通教　佛法自西來至秦鳩摩羅什而大矣什之弟子　宋成州淨因院新殿記　五月巳未朝請大夫知成州晁說之記并書　果孰傳邪其像則本之成都之舊云宣和五年

图5-77　成州净因院新殿记书影

宋成州净因院新殿记

佛法自西来,至秦鸠摩罗什而大矣,什之弟子曰生、曰肇、曰融、曰睿,号为"关中四圣"。其后通教则庐山远公,别教则少林达摩,玄教则天台智者,始若变见于什门之外,而卒会归焉,无二无别,惟南山律师宣公为能,体融之也。

南山上崦天根,下嶸地轴,日月万象生焉,语其人则宣公是已。其山之迤逦遒崒而西者是谓成州之诸山,后之人各以名名之。其实南山之列也,不知在禹之山西经为何山欤? 于是乎,袭宣公之遗风,而佛刹高下相望,虽督府会郡不是过也。州治之所,有净因院者,远莫知其所自起也。而耳目之所及,则佛殿修在唐长兴四年。其得今名,在晋天福三年。殿初三间,岁久而圮若俄顷摧覆者。是院受业比丘广圆叹曰:"我虽不得与乎雨花之席,而幸生法华之后,岂不闻佛种从缘

---

[1] 杨亿等:《西崑酬唱集注》,王仲荦注,上海书店出版社,2001年,第276页。

起乎？吾之次第缘若在此；吾之四众所缘，缘若在此；吾佛之增上缘在此。"其易故而新之，增楹三为五，辟门所乡之正位，必有以加被我者，此心既运而语犹未音无。远迩强弱咸愿乐布施者，汲汲竞后先也，初曰："是役也，不三年若四年则不可。"而乃告成于累月之中。山有异材，疑若鬼神之守卫而有待者，众愿纳诸斧斤而岩阻溪拒，无可径术之，縠及其首而举之若一叶。然先是此院之东有大梵寺，制度业然，非此院比，而易为神霄、玉清、万寿宫，则称有三大像，乃仆卧于它寺寒庑败席之下，或者因果者，惨若疾痛之于躬也。广圆乃建饰于新殿，恍如此世界外，东方八百万亿，净光庄严世界，过去诸佛以无相之法身，助今释伽文佛接导群迷，其感之以开，入者几何人耶？广圆先为众披草莽，同建天宁万寿寺，绩已不赀矣。乃复不厌于此则又难也。说之世奉真如法门，为此郡守无状。靡有风教，锱铢夙夜，事惟愧逮。此崇新殿严故佛，则乐从圆之请以记之，庶几善善为邦人之劝也。

宣和五年癸卯十月七日丙戌，朝请大夫、知成州、赐紫金鱼袋嵩山晁说之记并书。

《成州净因院新殿记》，原碑已佚，宋宣和五年（1123）晁说之记并书。文载《嵩山文集》卷一六（图5-77）。

## （七八）成县·宋·晁说之《成州新修大梵寺记》（宣和六年，1124）

成州新修大梵寺记

昔王通谓："佛，西方圣人。"温公斥之曰："圣人岂有方所邪？"盖大夫学士苟知修正者，必期放诸四海而准也。以所地论圣人可乎？中国之有佛，虽自汉明帝始，而传毅者果何自以对帝之所梦，岂不前有所闻哉？汉武帝昆明池，胡人之对向。《神仙传》之所载，哀帝元寿元年，受大月氏王使浮图之书犹信也。但武帝甘泉宫列霍去病所得休屠王祭天金人，与夫张骞使大夏，闻有身毒之俗，特其名物未阐明，若后来所称谓去云尔，而议者指此教断自汉明帝，则浅之其为言也。

今东有五台山之文殊，西而俄眉山之普贤，南而雁荡山之罗汉，北而鼓山之罗汉，亦自汉明帝而始邪。惟以不思议境照不思议心者，可与于此若，其精舍以府寺名之，亦非天竺之本名，盖如出于汉，有司梓匠之后，遂同乎府寺而得名焉。初无祸福奇丽之说也，逮梁武帝自知平生恶德有不可赎者，乃殚竭民力，于土木而适侈心焉，顾岂佛之律哉？宜夫达摩面斥，其无功德，而当时廷臣有正直不阿谀者，亦颇知谏争，岂人人皆与达摩同致邪？又何必以达摩为超绝卓异之论乎？

佛則樂莅圓之請以記之展幾善之為邦人之
勸也宣和五年癸卯十月七日丙戌朝請大夫
知成州賜紫金魚袋嵩山晁說之記并書

成州新修大梵寺記

昔王通謂佛西方聖人溫公所之曰聖人豈有
方所耶蓋大夫學士苟知修正者必期放諸四
海而準也以所地論聖人可乎中國之有佛雖
自漢明帝始而傳毅者果何自以對帝之所嘗
豈不前有所聞乎漢武帝昆明池胡人之對向

神仙傳之所載袁帝元壽元年受大月氏王使
浮圖之書猶信也但武帝甘泉宮列霍去病所
得休屠王祭天金人與夫張騫使大夏聞有身
毒之俗特其名物未聞自漢明若後未所稱謂去云
爾而議者指此教斷自漢明則淺之其為言也
今東有五臺山之文殊西而俄眉山之普賢南
而鳳蕩山之羅漢北而輳山之羅漢亦自漢明
帝而始耶惟以不思議以不思議心者可與
於此若其精舍以府寺名之亦非天竺之本名

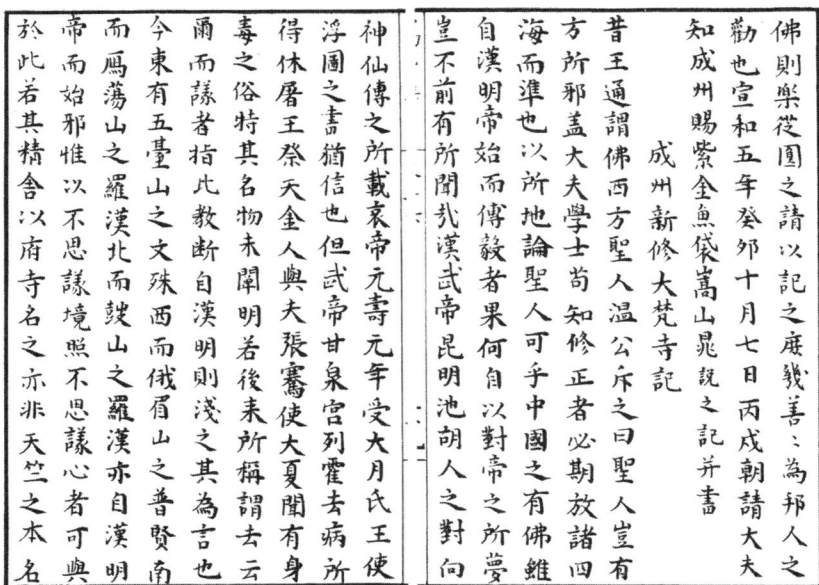

图 5-78　成州新修大梵寺记书影

仆观《洛阳伽蓝记》，见元魏而来，王公将相既得意，必作寺宇以相尚，否则若有屈于人者。九州四裔之珍，随珠和璧，异花怪石毕具矣。无几何其人既自抵法，而所谓危楼杰观者，从而灰烬为瓦砾，则佛言因无常者于是乎著矣，虽然亦尝一日有清净士居于兹也，则其恶果复生善因矣。前日灰烬，兵戈之余，往往复出于故地，此佛一事必具三世，而三世该乎九世，以觉世间者博乎其大者也。传毅之言，梁武之作，尚何观哉？

成州有仁王院，其废已久，不敢亿措其所以废之之因也。何为久而未之复兴乎？其地污潴榛莽，更几姓而不居，有所待邪？属者故大梵寺僧法诠，念其大梵寺建在唐大中二年，今其寺之赐额，荷恩厚不毁也。乃请于州，以仁王之故地复大梵之旧额。凡四分律之所不可阙者，谨以创作。仆适知州事，法诠请文以记之，仆念《华严》之"先照高山"、《净名》之"始坐佛林"、《般若》之"从牛出乳"，逮乎佛藏之相。楞伽之行，地持之教，必待法华之成焉。维尔法诠，尚其勉诸。

宣和六年甲辰三月二十一日己巳，朝请大夫、知成州、嵩山晁说之记并书。

《成州新修大梵寺记》，原碑已佚，宋宣和六年（1124）晁说之记并书。文载《嵩山文集》卷一六（图5-78）。

## （七九）成县·宋·晁说之《成州龙池利泽庙碑》（宣和六年，1124）

龙池利泽庙碑<sup>[一]</sup>（篆额）

成州龙池利泽庙碑<sup>[二]</sup>

朝请大夫、知成州、赐紫金鱼袋、昭德晁说之撰并书。邑子<sup>[三]</sup>刘戢篆额。

成州今治同谷，距所治北十里许<sup>[四]</sup>有池，广可度而深不可测<sup>[五]</sup>也。盖广焉，仅逾寻丈而渊沦窅然，莫有冬夏之异，其深何如？邦人谓："神龙是居。"方其吁雨粒灾而敏速，即无知者亦必曰："神龙之居也。"彼董父所扰嗜睡而多欲者，安得而有此？面群山之嵯峨<sup>[六]</sup>，后丛冈之逶迤，木老而竹秀，云物常异。则旅人过焉，敢不神而式之！然惜也，图史莫之有载。揆观其远，方嬴秦时，池名曰"湫"，礼币行焉，悉投文以诅楚。于时大湫之灵，实与秦共为无道也。今斯名池而不名湫，则丑彼功首之国，而不为之灵也。于是乎王翦、白起不得称其武，而韩非、李斯辈又安在而智哉？实吾池之蛭蟆也欤！或责秦之士，贱且拘者，不知<sup>[七]</sup>当斯时，果有士欤！今往往有死湫据形胜，徒暴其所谓诅楚文者，为人戏侮<sup>[八]</sup>之，孰若吾池今日之荣耶。近在唐之中世，驱西兵以御燕寇，遂弃凤翔之西于吐蕃，未隶此邦于李茂贞，而西则孟知祥有焉，又宜吾池之无闻焉尔也。说之<sup>[九]</sup>假守无状，悼无年以自讼。走祠下蒙神之贶，默与心会，伏念莫有以为神之报，则以菲陋之文略志之。曰：不为乱邦而出，德也；知时以翔，智也；不广其居，俭也；能云以雨，仁也。顾彼残守贪令，可以赖是众美而少宽于刑书，岂不幸甚？若其吏也，竞前而不知危，乾没<sup>[一〇]</sup>而不自勉；崇边幅以侈丽，务为欺谩；不徒避课，而且求宠，则亦宜神之视而心知愧矣，又亦可惧也哉！其庙额锡于崇宁二年，新庙之役，则政和五年，逮宣和六年春。说之再荐之文，并刻于碑阴。系之铭曰：

下民失职频蒙辜，有仁上帝龙角趋。曰民无皋吏可诛，其雨泽之不须臾。龙恭帝命舞莫吁，吏论昭格何其愚！种食艰难仁者储，帝<sup>[一一]</sup>不腹逸而肥谀。龙昔在秦蟠不舒，蛭起蟆斯德何如，我式铭之莫能誉。

同谷杜柔一刻字<sup>[一二]</sup>。

《成州龙池利泽庙碑》，又称《成州龙池湫潭庙碑》，今佚。宋宣和六年（1124）晁说之撰并书。黄泳《成县新志》云："白马湫池，县西北十五里山麓之间，澄澈渊深，不能窥底，久涝不增，大旱不减，古木荫覆，毫无落叶，战国时秦楚交兵，尝投诅楚文于池，宋州牧晁说之碑记其事。"① 张维《陇右金石录》卷三载：

---

① 黄泳：《成县新志》，载《中国方志丛书》（华北地方·第三三二号），台北成文出版社，1970年，第139页。

　　此碑凡二十五行，行三十二字，额篆"龙池利泽庙碑"六字。前题："成州龙池利泽庙碑"，"朝请大夫知成州赐紫金鱼袋昭德晁说之撰并书。邑子刘戬篆额。"末行："同谷杜柔一刻字。"仅第三、四、五行末泐一二字，余俱完好。晁书师平原法，庄严重厚，可以矜式后学，旧志所载碑文微有讹误，今俱依拓本正之，碑阴"再荐之文"则拓时遗漏，亦可惜也。①

《阶州直隶州续志》载："刘戬，同谷人。政和进士，官修职郎，岷州团练判官（《生佛阁记》）。累官统领。绍兴四年正月，金人犯宕昌、临江寨及花石关，戬分兵拒，却之（《宋史·记》）。"②

《成县新志》与《陇右金石录》录文小异，详见下表：

| 注释 | 陇右金石录 | 成县新志 | 注释 | 陇右金石录 | 成县新志 |
| --- | --- | --- | --- | --- | --- |
| [一] | 龙池利泽庙碑 | 未录 | [二] | 成州龙池利泽庙碑 | 作标题 |
| [三] | 邑子 | 邑人 | [四] | 许 | 许而远 |
| [五] | 测 | 规 | [六] | 嵯峨 | 嵳崿 |
| [七] | 不知 | 脱2字 | [八] | 戏侮 | 侮戏 |
| [九] | 说之 | 说 | [一〇] | 乾没 | 乾殁 |
| [一一] | 帝 | 并 | [一二] | 同谷杜柔一刻字 | 未录 |

## （八〇）成县·宋·晁说之《发兴阁记》（宣和六年，1124）

发兴阁记

　　唐成州治上禄县，同谷尤僻左。杜子美来自三川，谓可托死焉。未几土蕃之祸尤炽，子美不得有其居而舍去。予始因子美之故居而祠之。距祠堂而南还十步，有万丈潭，敕利泽庙，惜也陋甚，白日必待烛入，乃能有见。且碑眉触帽，使人俯不得仰。又复有可叹者，屋其山之美，正如据要路而蔽贤掩善，忌人出言而寝默之。予因正其神像南向之位，抗高纳明，使青壁之嵯峨硙硪，直上千仞，木章竹个，皆出以效其峭蒨，若一日来自它方者。而仍旧之三楹，则称地形而全民力也。庙之东有地可建小阁，以尽山川之胜；其南则栈道窈窕，抵凤凰台，望西崖以极白沙渡，实杜子美入蜀之道也。时方恶房琯而并弃杜子美，使终身不复入长安，则此道为可恨者也。北而水碓高下相闻，如笙镛，如鼓钟，不闲昼夜，则邦人安职乐生之具也。远而岗岭星耕，陇亩栖粮，则刺史县令之尤所乐焉者也。四时异态，虎巡鹿守，猿猱腾倚，以植僧居清净之业，盖有不可胜言者。彼四方游子，假

① 张维：《陇右金石录》，载《石刻史料新编》（第一辑第21册），台北新文丰出版公司，1979年，第16053页。
② 叶恩沛修，吕震南等纂：《阶州直隶州续志》，曾礼校点，兰州大学出版社，1987年，第269页。

借须臾之适，各随所语而闻诸远迩，必得顾恺之、宗处士乃可图画，而诗则绝笔于杜子美矣。虽然，陶渊明、谢康乐、韦苏州辈复生焉，则不能自已于斯也。阁今初成，予周览而惘然自失，不觉诵子美《万丈潭》诗曰："造幽无人境，发兴自我辈。"一叹而三致意焉！则以"发兴"名其阁。复念此州自宝应初没土蕃后，三置行州，初在泥功山，再徙宝井堡，卒治同谷，得非有待于此阁之建欤！时方（太上御名）乱也，杜子美无以托庐而阅岁，逮今承平之久，畴人子孙，白首俎豆，有终身不

图 5-79　发兴阁记书影

入城府者，岂不幸哉！予将投劾东归，辄记诸壁间以视来者，使知昔人"此日良可惜"之所感而不惜登临之费云。

宣和六年甲辰三月二十四日壬申。朝请大夫、知成州、赐紫金鱼袋、昭德晁说之记并书。

《发兴阁记》，宋宣和六年（1124）晁说之记并书。从"记诸壁间"看似为题壁书，原迹不存。文载《嵩山文集》卷一六（图 5-79）。

## （八一）徽县·宋《雷夏题壁》（宣和六年，1124）

濮州雷夏、王吉同故道孙殿、任真南、真复游此圣洞，再三观之心忘也。时宣和甲辰三月十九日记耳。

《雷夏题壁》（图 5-80），宋宣和六年（1124）墨书题壁，今存徽县首阳洞，楷书 6 行，满行 7 字。

## （八二）徽县·宋《靖康元年题壁》（靖康元年，1126）

靖康元年丙午岁五月廿八日，宜禄县龙游乡权善母子二人到此洞遂记之耳。

《靖康元年题壁》（图 5-81），宋靖康元年（1126）墨书题壁，今存徽县首阳洞，行书 3 行，满行 12 字。

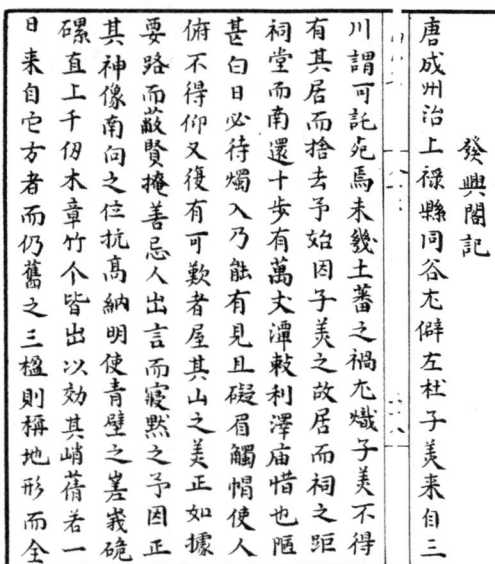

图 5-80　雷夏题壁（张承荣　摄）

图 5-81　靖康元年题壁

## （八三）礼县·宋《大悲心陁罗尼经》石幢（无年月）

### 第一面

大悲心陁罗尼启请

稽首观音大悲主，愿力洪深相好身。千臂庄严普护持，千眼光明遍观照。真实语中宣密语，无为心内起悲心。速令满足诸希求，永使灭除诸罪业。龙天众圣同慈护，百千三昧顿熏修。受持身是光明幢，受持心是神通藏。洗涤尘劳愿济海，超证菩提方便门。我今称诵誓归依，所愿从心悉圆满。南无大悲观世音，愿我速知一切法。南无大悲观世音，愿我早得智慧眼。南无大悲观世音，愿我速度一切众。南无大悲观世音，愿我早得善方便。南无大悲观世音，愿我速乘般若船。南无大悲观世音，

### 第二面

愿我早得越苦海。南无大悲观世音，愿我速得戒定道。南无大悲观世音，愿我早登涅槃山。南无大悲观世音，愿我速会无为舍。南无大悲观世音，愿我早同法性身。我若向刀山，刀山自摧折。我若向火汤，火汤自消灭。我若向地狱，地狱自枯竭。我若向饿鬼，饿鬼自饱满。我若向修罗，恶心自调伏。我若向畜生，自得

大智慧。

发是愿已，悲（至）心称念我之名字，亦应专念我本师无量寿如来，然后即当诵此陁罗尼神咒。千手千眼观世音菩萨广大圆满无碍大悲心陁罗尼。

曩谟上啰怛曩二合怛啰二合夜引野（一）；曩莫

## 第三面

阿上哩也二合引嚩路引枳帝湿嚩二合啰引野（二）；冒引地萨怛嚩二合引地摩贺引萨怛嚩二合引野（三）；摩贺引迦引噜抳迦野（四）；唵引萨嚟嚩二合婆曳引数（六）；怛啰二合引拏啰引野怛写铭曩莫塞讫哩三合怛嚩二合引伊舍引（九）；何二合引嚩路引枳帝湿嚩二合啰怛嚩（十）领攞建姹曩么纥哩二合娜野（十一）；么□□□跢二合以瑟也二合引弭（十二）；萨嚟嚩二合……啰娑么二合嚟纥哩二合娜野（十三）；矩噜福嚟么二合娑引达野娑引达野（二十五）；度噜度噜尾演底摩贺引尾演底……

## 第四面

娜野二合伊醯曳二合呬三合路讨湿嚩二合啰啰引誐尾洒尾曩引舍野（三十四）；你吠二合洒尾洒尾曩引舍野谟引贺左啰尾洒尾曩引舍野护噜护噜么引攞引护噜……娑啰娑啰（四十一）；悉哩悉哩素噜素噜（四十二）；没地野二合没地野（四十三）；冒引驮野冒驮野……哩二合野（四十五）；□啰……贺引悉驮野（五十一）；娑嚩二合引贺引（五十二）……湿……娑嚩二合引贺引……野娑嚩二合引贺引……跢二合野……二合贺引（六十二）；作羯啰驮野娑……

## 第五面

娑嚩二合引贺引（六十九）嚩么娑建引驮何舍□体二合跢（七十）；讫哩二合……嚩二合引贺引……谟引啰怛曩怛啰二合夜引野……

大悲心陁罗尼……为诸众生得安乐故。除一切病故。得寿命故得富饶故。灭除一切恶业重罪故。离障难故。增长一切白法诸功德故。成就一切诸善根故。远离一切诸怖畏故。速能满足一切诸希求故。

## 第六面

若不生诸佛国，我誓不成正觉。若诸人天诵持大悲心咒者，得十五种善生，不受十五种恶死也。其恶死者：一者，不令其饥饿困苦死；二者，不为枷禁杖楚死；三者，不为怨家仇对死；四者，不为军阵相杀死；五者，不为豺狼恶兽残害死；六者，不为毒蛇蚖蝎所中死；七者，不为水火焚漂死；八者，不为毒药所中死；九者，不为蛊毒害死；十者，不为狂乱失念死；十一者，不为山树崖岸坠落死；十二者，不为恶人厌魅死；十三者，不为邪神恶鬼得便死；十四者，不为恶病缠身死；十五者，不为非分自害死。诵持大悲神咒者。不被如是十五种恶死也。得十五种善生者：一者，所生之处常逢善王；

## 第七面

二者，常生善国；三者，常值好时；四者，常逢善友；五者，身根常得具足；六者，道心纯熟；七者，不犯禁戒；八者，所有眷属恩义和顺；九者，资具财食常得丰足；十者，恒得他人恭敬扶接；十一者，所有财宝无他劫夺；十二者，意欲所求皆悉称遂；十三者，龙天善神恒常拥卫；十四者，所生之处见佛闻法；十五者，所闻正法悟甚深义。若诸人天诵持大悲心陁罗尼者，得如是等十五种善生也。若诸人天诵持大悲心陁罗尼者。当知其人即是光明身。一切如来光明照故。当知其人是慈悲藏。恒以陁罗尼救众生故。当知其人是妙法藏。普摄一切诸陁罗尼门故。当知其人是禅定藏。百千三昧常现前故。当知其人是虚空藏……

## 第八面

（如是神咒）有种种名。一名广大圆满；一名无碍大悲；一名救苦陁罗尼；一名延寿陁罗尼；一名灭恶趣陁罗尼；一名破恶业障陁罗尼；一名满愿陁罗尼；一名随心自在陁罗尼；一名速超上地陁罗尼。如是受持。

德无量说□怛曩二合怛啰二合哩也二合湿嚩二合怛囄……

《大悲心陁罗尼经》，全称"千手千眼观世音菩萨广大圆满无碍大悲心陁罗尼经"，或简称"千手经"。《大悲心陁罗尼经》石幢（图5-82），今存礼县阳坡乡阳山村。经幢八棱（面），纵130厘米，周长约125厘米，棱宽15—18厘米，每面刻经文4行，字径2—2.5厘米。《礼县志·碑刻》称此为《阳坡经幢》，并说"北宋大中祥符元年（1008）建造，相传为当地古寺院遗物"[1]。因经幢下部掩埋于田地中，纪年未见，姑且录于此。《大悲心陁罗尼经》译本颇多，均出自唐代高僧，诸如不空、智通、金刚智、菩提流志等。据佛经记载，伽梵达摩所译本为流通本。

---

[1] 礼县志编纂委员会：《礼县志》，陕西人民出版社，1999年，第608页。

图5-82　大悲心陁罗尼经石幢局部（蒲丹　协拓）

### （八四）成县大云寺无纪年残碑

　　成县大云寺位于成县凤凰山东，本名凤凰寺，又称凤山寺、凤凰山寺，唐代始称大云寺，俗名睡佛寺。寺庙所在处为长条形天然石龛，广可容千人，其梵宫横空，掩映茂林，上下悬崖壁立，东西有曲径通达。《成县新志·寺观》卷三载："大云寺，县东南七里，俗名睡佛寺，即杜甫与赞上人相聚处，赠答有诗。明末流寇破城，官寓此治事，后居民避兵多处于此。"[①] 成县大云寺残碑断碣随处可见，多为两宋及之前石刻。因泐损较甚，文不成句，且附于此。

　　1.《千峰洞隐残石》（无年月）

　　　　藜（杖）……千峰……洞隐……夕阳……同游……

　　《千峰洞隐残石》（图5-83），在成县大云寺院内，碑残，无年月。碑存楷书4行，行2字，字径约4厘米。

　　2.《游凤残碑》（无年月）

　　　　人游凤（凰）……郡守通（泉）……突兀插……（有）此自（定）……忽通……

　　《游凤残碑》（图5-84），在成县大云寺院内，碑残，无年月。残碑纵13厘米，横

────────────

① 黄泳：《成县新志》，载《中国方志丛书》（华北地方·第三三二号），台北成文出版社，1970年，第350页。

23 厘米，行书 5 行，字径 3 厘米。字体颇具苏东坡书风。

图 5-83　千峰洞隐残石

图 5-84　游凤残碑

### 3.《心捐舍残碑》（无年月）

心捐舍……佛糺首……栏头何……酒店王……屠户王俊……张彦……里屠户……众人各舍净财……释迦佛施主（糺）……质库钩立贾（公）……都料王仲酒店（王）……户王俊王全税户……共施钱壹伯（陆）……

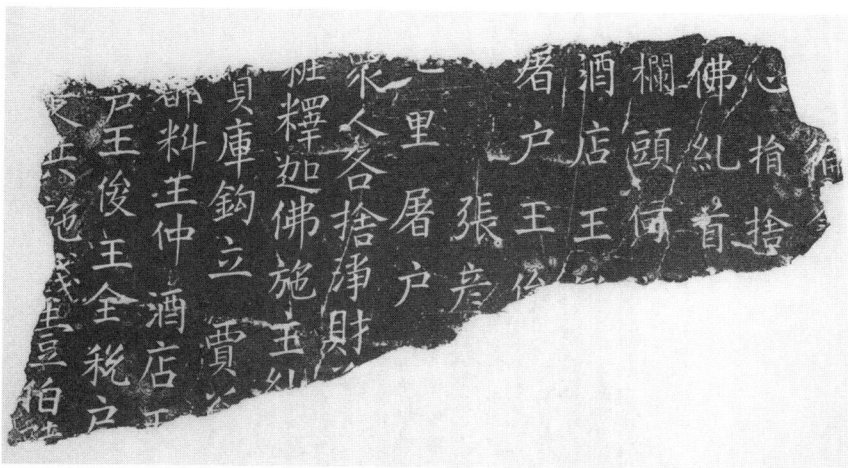

图 5-85　心捐舍残碑

《心捐舍残碑》(5-85)，在成县大云寺院内，碑残，无年月。残碑纵 13 厘米，横 30 厘米，存楷书 13 行，字径 2 厘米。碑文书学柳公权，与《玄秘塔铭》相似，笔法精熟，非宋以下人能为（见下表）。

| 例字 | 张 | 佛 | 施 | 捨 | 钩 |
|---|---|---|---|---|---|
| 玄秘塔铭 | 張 | 佛 | 施 | 捨 | 鈎 |
| 心捐舍残碑 | 張 | 佛 | 施 | 捨 | 鈎 |

残碑中有"质库、屠户、酒店、税户"等词，大云寺古代盛况可见一斑。"质库"即中国古代进行押物放款收息的商铺。亦称质舍、解库、解典铺、解典库等，即后来典当之前身。在南朝时僧寺经营的质库已见于文献记载。唐宋以后，社会经济日益发展，质库亦随之发达。富商大贾、官府、军队、寺院、大地主纷纷经营这种以物品作抵押的放款业务，同时还从事信用放款。

**4.《西陲残碑》（无年月）**

（记）（篆额）

以一代循良分符……西陲世有显人安……既便矣彼黄龙……少须之公……道之盖不必（书）……质库李……

　　《西陲残碑》（图5-86），在成县大云寺院内，碑残，无年月。篆额亦残，隐约可辨"记"字篆文。残碑纵30厘米，横20厘米，存楷书6行，字径2.5厘米。碑文中亦有"质库"一词，"西陲世有显人"，是否指礼县大堡子山一带秦先祖？其"黄龙"是否与《西狭颂》有关？这一切都给大云寺披上了一层神秘面纱。

图5-86　西陲残碑

# 第六编　南宋

## （一）成县·南宋《台宗孟狮子洞题名》（建炎二年，1128）

巡检台宗孟，同谷令孙襄。建炎戊申七月二十五日雨。僧思。

《台宗孟狮子洞题名》（图6-1），南宋建炎二年（1128）摩崖刻石，今存成县狮子洞。纵32厘米，横30厘米，楷书5行，字径5厘米。下侧残留"僧思"二字与西狭《智诠题记》字法相似。

## （二）西和·南宋《段永忠亡父葬记》（建炎二年，1128）

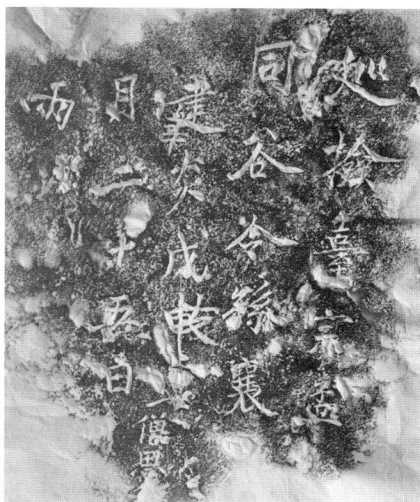

图6-1　台宗孟狮子洞题名

图6-2　段永忠亡父葬记

维南赡部州，大宋国建二年，岁戊申朔壬子日辰癸酉，有岷州长道县崖石镇平泉上社郭下乡男弟子段永忠，奉为先考亡父秀才葬记。卒于二月初六日……月二十二日殡于戊堂安艮山之后。伏愿四时王气，八节无灾。其年金人犯界，讨杀人民，并无存泊，尽走入山。

孝男永忠,孝新妇侯氏,孝孙念九,孝女八娘、九娘。造堂匠人王博。

十月二十二日记之耳否。

《段永忠亡父葬记》（图6-2），泥质陶版，纵、横各30厘米，厚5厘米。铭文楷书11行，行15字。图版见于《礼县古陶器鉴赏》①，从铭文看，陶板当出土于西和县长道镇。行文又有"大宋国建二年岁戊申"及"其年金人犯界，讨杀人民"等语，可知陶铭制作于南宋建炎二年（1128）。

### （三）成县·南宋《辛彦宗飞龙峡题名》（建炎三年，1129）

提点刑狱夷门[一]辛彦宗仲文[二]，转运判官河阳李唐孺[三]安国、河东葛竞唐彦，郡太守丹阳苏坦公易，建炎三年己酉秋七月十有六日同至。

[一]夷门：战国魏都城的东门，后泛指城门，亦成为大梁（开封）的别称。

[二]辛彦宗：字仲文，夷门（河南开封）人。宋钦宗靖康元年（1126）年初，辛彦宗主事移修殿前司，工完后官阶晋升一级。许翰《襄陵文集》卷一有《辛彦宗移修殿前司转一官制》②。靖康二年四月，辛彦宗任先锋统制参与东京保卫战："戊寅，大元帅府命宗泽部将士于长垣、韦城、卫南、南华防托起发，以辛彦宗为先锋统制，丁顺副之。"③建炎三年（1129），辛彦宗任秦凤路提点刑狱公事。绍兴元年（1131）七月末，"降授右武大夫、和州防御使、汉州居住，辛彦宗许自便。彦宗提举承兴秦凤路保甲兼提刑。张浚按其罪，贬秩五等，至是用赦而复之"④。绍兴四年（1134）十月，张俊奏改，"拱卫大夫、明州观察使、提举江州太平观辛彦宗充浙西江东宣抚使干办公事"⑤。

[三]李唐孺：字安国，河阳（河南省焦作市孟州市）人。建炎三年（1129），李唐孺任转运判官。绍兴九年（1139）七月，以"右中奉大夫李唐孺"⑥除直徽猷阁、陕西转运副使⑦。十一月，以"直徽猷阁、新陕西转运副使李唐孺为四川转运副使"⑧。绍兴十一年（1141），"夏四月己巳朔，四川转运副使、左中奉大夫、直徽猷阁李唐孺，特

① 礼县文物局、礼县收藏家协会编：《礼县古陶器鉴赏》，甘肃人民出版社，2008年，第96页。
② 许翰：《襄陵文集》卷一，载《文渊阁四库全书》（第1123册），台湾商务印书馆，1986年，第500页。
③ 杨仲良：《皇宋通鉴长编纪事本末》卷一五〇，李之亮校点，黑龙江人民出版社，2006年，第2504页。
④ 李心传：《建炎以来系年要录》卷四六，中华书局，1956年，第837页。
⑤ 李心传：《建炎以来系年要录》卷八一，中华书局，1956年，第1340页。
⑥ 李心传：《建炎以来系年要录》卷一三〇，中华书局，1956年，第2099页。
⑦ 刘一止：《苕溪集》卷四五，载《文渊阁四库全书》（第1132册），台北商务印书馆，1986年，第218页。
⑧ 李心传：《建炎以来系年要录》卷一三三，中华书局，1956年，第2141页。

进一官。右中散大夫并度直秘阁。录饷军之劳也"①。

《辛彦宗飞龙峡题名》，摩崖刻石，原在成县飞龙峡，今佚。胡祥庆《成县志》题作"飞龙峡苏坦题记"，《武阶备志》题作"飞龙峡题名"，称"字大四寸六分"。《陇右金石录》卷四载：

> 此题名凡八行，每行七字，今俱完好，惟"十六日"，旧作"八日"，以拓本改之。自建炎二年，金人陷秦州，经略使李复降，金人又数犯熙河、泾原。至三年冬，张浚宣抚川陕，治兵兴元，十二月始至秦州。是年宋有苗刘之乱，金骑凭陵江左，高宗仓皇避地，几不复振。彦宗等题名之日，正张浚未至，西事方艰时也，惜诸人事迹俱于史乘无考耳。②

### （四）武都·南宋《席彦儒题壁》（建炎四年，1130）

> 大宋建炎四年二月晦，福津令席彦儒伯愚来游。以火不继，乃还。

《席彦儒题壁》（图6-3），南宋建炎四年（1130）墨书题壁，今存武都万象洞天庭西壁，纵58厘米，横26厘米，楷书3行。此题壁墨迹取意颜柳，楷法精妙，外围有一粗线框。

图6-3　席彦儒题壁

### （五）两当·南宋《宋故崔公墓志铭》（绍兴元年，1131）

> 宋故崔公墓志铭（篆额）
>
> 宋故崔公墓志铭
>
> 康州文学时敏撰，进士仇僖朋书丹。
>
> 公讳熙，字明远，环州方渠人也，三代不仕，以贸迁为业。父先娶张氏早亡，再娶赵氏，别生三男，父寻亦丧。迄熙宁初，公以仲子之故，避居西岐，未久徙南岐，为两当邑书吏，掌刑辟，常哀矜勿喜。克俭起家，有田十顷，屋百间，以给岁

---

① 李心传：《建炎以来系年要录》卷一四〇，中华书局，1956年，第2245页。
② 张维：《陇右金石录》，载《石刻史料新编》（第一辑第21册），台北新文丰出版公司，1979年，第16056页。

图6-4　宋故崔公墓志铭（刘长安　协拓）

用。一朝顾刀笔曰："非我志也。"拂袖归田。他日，母亡于乡，徒步奔丧，哀毁过甚。暨礼终，诸弟以产业为分，公独不取，诸弟疑且畏焉。公语之曰："吾不远千里而来，奚利为念？因感泣而誓，岂以尔辈前日之误，成吾今日之短？"诸弟愧受，乡闾服其廉且义也。遂复两当邑。邑之东有鸳鸯山，一洞嵌深，流水泠然，唐张果先生隐居所也。提刑游师雄建祠洞侧，岁遇雨旸，祷之获应。然洞祠无额，公颇惜之。一日，率众乞于都大郭思，闻奏，朝廷嘉其惠，封其洞曰"登真"，祠曰"集休观"。更数岁，再乞申命先生为"冲妙真人"。敕诰具在，本观掌之，真不忘神惠有如此者。公处田里，悠然自足。以炎宋绍兴元年十一月六日卒于家，享年八十有三。是岁十二月甲申卜葬于螺旋岗，以其室周氏祔焉。周，西岐人也，柔惠治内，先公十有七年终，享年六十一，生子谷。别宅李氏，生子牧。牧长而谷季，牧先公九年卒。公不令二子绍吏业，教以诗书，谷虽未显仕，千里驹也。公性好德义，多藏经史、医药、卜筮之书，通其大义。常诫众曰："孝养和睦，畏法克家，此其裨身之要也。"公春秋高，子孙喜惧，语之曰："吾虽老，犹可享数岁，汝曹勿虑。"至卒岁，果十余载。时以兵火乱离而横夭者亦多，公独以寿终于家，其可验之，术不诬于人，亦信于身也。盖棺之日，其子谷以信士仇傭朋所录行状，请愚为铭，辞之不获，乃铭之曰：

　十步之内，必有茂草。博陵崔公，毓粹边徼。不文而儒，不武而虓。聿来岐凤，刀笔吏调。一朝翻然，谓非贤操。东皋南亩，分甘枯槁。静念神休，力图仰报。畏慎勤俭，德义攸好。勿宿怨怒，和睦友孝。故原财产，独逊诸少。不取一金，器识远到。知命有术，其验亦妙。方此乱离，永终寿考。卜葬高岗，松楸不老。呜呼贤哉！为千古道。

《宋故崔公墓志铭》（图6-4），南宋绍兴元年（1131）时敏撰文，仇傭朋书丹。1991年春在陕西凤县张家窑螺旋岗出土，今存两当县文化馆。墓志纵70厘米，横52厘米，楷书24行，行30字，字径1.8厘米。

## （六）西和·南宋《仇池碑记》（绍兴四年，1134）

　自两仪肇判，混气既分，融而为川渎，结而为山岗。禹别九州，莫高山大川，积石、龙门、彭蠡、震泽、砥柱、析城、太华、衡山之名著，故名山大川，载于记籍，班班可考。

　仇池福地，本名维山[一]。《开山》谓[二]之仇夷。上有池，古号"仇池"。当战国时，汉白马氏所居，晋系胡羌，唐籍成州，逮我宋朝隶同谷。背蜀面秦，以其峭绝险固，襟武都，带西康，相结茅储粟，以为形胜镇戎之地。观其上土下石，屹然特起，界于苍、洛二[三]谷之间，有首有尾，其形如龟，丹岩四面，壁立万仞。天然楼橹，二十四隥；路若羊肠，三十六盘。周围九千四十步，高七里有奇。东西二门，泉九十九，地百顷。农夫野老，耕耘其间。云舒雾惨，常震山腰。朝晖夕阴，气象万千。当其上，群谷环翠，流泉交灌，集而成池，广荫数亩，此世传仇池之盛。且神鱼闻于上古，麒麟瑞于近世，有长江穷谷以为襟带，有群峰翠麓以为黼藻。虽无[四]琼台珠阁，流水桃花，其雄峻之壮，状丽之观，即四明、天台、青城、崆峒亦未过此。非轻世傲物、餐霞茹芝者，似莫能宅之。宜少陵咏送老之诗，坡仙怀请往[五]之梦。由是此山增重，小有天，一点空明，始闻天下。名公巨卿，冠盖相望，争访古人陈迹。然一山之中，古庙独存，榜曰"晋杨将军"，惜无碑碣，莫可稽考，咸以为阙典。绍兴五禩，曹公居贤官于此，庙宇圯坏，公为鼎新，复起白云亭，重构招提，绘苏杜[六]二大老像，刻诗于琬琰，昭示将来，遂成好事，翘楚者属予以纪之。

予尝探讨往牒，观《通鉴》于汉晋南北诸史，参考仇池历代事迹，见公始末。乃知公姓杨，讳难敌。称氏王，讳茂搜者，乃公之考。右贤王讳坚头者，乃公之弟。晋元帝永昌元年，赵主[七]刘曜[八]亲征仇池，公拒之，弗胜，遂[九]退保仇池。会军痢疾，曜[一〇]亦寝疾，惧公蹑[一一]其后，乃遣使说公，封公持节侍中、假黄钺、都督秦梁二州陇上诸军、武都王。大宁、咸和间，执田崧、擒李稚[一二]，抗衡前赵[一三]，控制后蜀，鼎峙三国，雄霸一隅，一时英爽也。至咸和九年卒，其嗣立。厥后，穆帝永和三年，杨初拜仇池公。曰国、曰安、曰盛，皆继为仇池公。南北之际，如玄[一四]、如难当、如保炽。文德以降，家世其地，不可缕举。然杨氏之业，惟难敌始大，则此庙宇，或为难敌建乎？

予跧伏于下，身历目击，亲见其详，数其实以纪之。并取唐宋二公诗，以为仇池光华，冀千百年后考信于今者，亦犹今之考信于古也欤？

宋绍兴甲寅上巳日。忠训郎曹居贤立石。

《仇池碑记》，南宋绍兴四年（1134）曹居贤立石，原在西和县仇池山，今佚。以上铭文依据张维《陇右金石录》①录入。黄泳《成县新志》②、邱大英《西和县志》③亦收录，但三者录文略有差异（见下表）。

| 注释 | 陇右金石录 | 成县新志 | 西和县志 |
| --- | --- | --- | --- |
| [一] | 维山 | 围山 | 围山 |
| [二] | 谓 | 为 | 为 |
| [三] | 二 | 二 | 一 |
| [四] | 虽无 | 虽无 | 虽 |
| [五] | 往 | 註 | 註 |
| [六] | 苏杜 | 杜苏 | 杜苏 |
| [七] | 赵主 | 赵王 | 赵王 |
| [八] | 曜 | 耀 | 曜 |
| [九] | 遂 | 脱1字 | 脱1字 |
| [一〇] | 曜 | 耀 | 曜 |
| [一一] | 蹑 | 摄 | 摄 |

① 张维：《陇右金石录》，载《石刻史料新编》（第一辑第21册），台北新文丰出版公司，1979年，第16056页。
② 黄泳：《成县新志》，载《中国方志丛书》（华北地方·第三三二号），台北成文出版社，1970年，第405—409页。
③ 邱大英：《西和县志》，载《中国方志丛书》（华北地方·第三三一号），台北成文出版社，1970年，第331—335页。

| 注释 | 陇右金石录 | 成县新志 | 西和县志 |
|------|-----------|----------|----------|
| [一二] | 李稚 | 李椎 | 李雄 |
| [一三] | 前赵 | 前越 | 前越 |
| [一四] | 玄 | 元 | 元 |

《仇池碑记》碑末云："绍兴甲寅上巳日，忠训郎曹居贤立石。"甲寅，即绍兴四年（1134），而碑文又云："绍兴五禩，曹公居贤官于此，庙宇圮坏，公为鼎新。"绍兴四年不可能言及五年之事，立石往往在修葺之后。因此，碑文"绍兴五禩"之"五"疑为"三"的抄录之误。《甘肃通志》称"《仇池碑记》在成县"，微误，从碑文内容来看，此碑当立于西和仇池山境内。而绍兴初，仇池隶属成州同谷（成县），碑文亦云仇池"逮我宋朝隶同谷"。

图 6-5　宋故王正吕并妻雍氏墓篆盖

## （七）徽县·南宋《宋故王正吕并妻雍氏墓志》（约绍兴四年，1134）

宋故王正吕并妻雍氏墓（篆盖）

王公讳□，字正吕，兴州长举邑人也。政和丁酉七月六日以病疾薨于邑江南之别墅，享年七十四。妻雍氏先卒于元符丁丑六月念五日。有男一，始名皁，后更凯，卒于绍兴壬子六月七日。凯妇宋氏卒于宣和二年正月五日。有孙男三。（长）深，举进士，六奏礼部。次洪、次汲□应进士举。有孙女

图 6-6　宋故王正吕并妻雍氏墓铭
（曹鹏雁　摄）

一，适进士盛郁，早□。绍兴四年□月四日，命师相地□□水白之东北山，凯并妇宋（氏）……一步有二尺，别墓……之。曾孙三锡书丹。

《宋故王正吕并妻雍氏墓志》，盖（图 6-5）志（图 6-6）一合，约刊于南宋绍兴四年（1134），徽县大河店境内出土，今散落农户家。篆盖 2 行，行 5 字。墓志 13 行，行 13 字。尺寸不详。

## （八）成县·南宋《郭子卿狮子洞题记》（绍兴八年，1138）

三城郭子卿，陇干曲庚，北鬸马焕，以绍兴戊午十二月朔日同游凤山大云寺。约主僧云丕览石堂师子洞、石井，兴尽而返，洋川延福阁梨子通同来。

《郭子卿狮子洞题记》（图6-7），南宋绍兴八年（1138）摩崖刻石，今存成县狮子洞。纵45厘米，横53厘米，楷书8行，字径6厘米。豳，古地名，指陕西彬县、旬邑县一带。

图6-7　郭子卿狮子洞题记（陈亚峰　协拓）

## （九）徽县·南宋《宋故开府吴公墓志铭》（绍兴九年，1139）

宋故开府吴公墓志铭[一]（篆额）

绍兴九年春三月，开府仪同三司吴公以寝疾，奏乞谢事。天子恻然忧之，命四川安抚制置使、成都守臣世将，访善医治疾，又驰国医往视。公以六月己巳薨于军，享年四十有七。七月遗表闻，上震悼，辍朝二日。赠公少师，凡恤典，悉加厚。其弟璘与诸孤，奉丧归葬于德顺军水洛城北原先茔之次。十一月，上念公之已葬，诏有司赐钱三十万，擢璘继神龙卫四厢都指挥使。以慰恤其家，恩义备矣。盖自天下用兵，乘舆省康吴，会公以偏师起西鄙，奋孤忠抑大难，保川陕共百十六州，以重上流之势。屏翰王室，屹如长城。方敌国深侵[二]，叛臣僭窃，道路阻绝，公未尝得一见天子。独其精忠上达，圣主明见万里之外，谓公可属大事，当方面，凡[三]军事不从中御，而[四]赏罚付之不疑，以卒成却敌固围[五]之功者，惟天子之明，而公之忠也。既葬[六]，诸孤以行状请铭，谨序而铭之。

惟吴氏出泰伯之后，以国为姓。至[七]季札避位，其子孙家鲁卫之间，厥后散处四方。虽[八]谱谍遗佚，遂[九]不可尽考，而起守西河，芮国长沙。汉封广平，皆本德义。尚忠勇，为世良将。而公天挺英奇，崛起于数百千[一〇]载之后，赫然功名，与之相望迹，其流风余烈，盖有自焉。公之曾祖讳谦[一一]，赠太子少保[一二]；妣李氏，永宁郡夫人。祖讳遂[一三]，赠太子太傅[一四]，妣齐氏，普宁[一五]郡夫人。考讳宸，赠少保，妣刘氏，嘉国夫人。自少保而上，世居德顺之陇干。以公贵，追荣三世。

公讳玠，字晋卿。少沉毅，有志节，善骑射，知兵[一六]，读书能通大义。未冠，以良家子隶泾原军。政和中，夏人犯边，力战有功，补进义副尉，稍擢队将。从讨浙西贼方腊，破其众，擒酋长一人。及击破河北群盗，累功转忠训郎，权泾原第十一将[一七]。夏人攻怀德军，公以百余骑突击追北，斩首级百四十有六。转秉义郎，擢本路第十二副将，自是威名益震。建炎二年，金人内侵已三载矣。春[一八]，渡河出大庆[一九]关，略秦雍，所过城邑辄下。自巩州至凤翔，陇右都护张严邀战失利，敌势愈张，谋趋泾州。大将曲端拒守[二〇]麻务镇，命公为前锋。公进据青溪岭，逆击，大破之，敌始有惮公意。转武义郎、权泾原路兵马都监、兼知怀德军[二一]。冬，以本道兵[二二]复华州。师入，命将士无杀略，

图6-8　吴玠墓志铭碑亭

图6-9　宋故开府吴公墓志铭篆额

居民按堵，转武功大夫、忠州刺史。三年冬，剧贼[二三]史斌寇兴凤，据长安，谋为不轨。公击斩[二四]之，转右武大夫。四年春，擢泾原路马步军副总管。金人谋取环、庆，大将娄室以众数万[二五]，至麻亭[二六]，公与战[二七]于彭店原[二八]，士殊死斗，杀伤过当[二九]，敌惧引去[三〇]。而曲端劾[三一]公违节度，坐降武显大夫，罢总管，论者不平。未几，复故官，职改[三二]秦凤路马步军副总管、知凤翔府，兼权永兴军路经略安抚司[三三]公事。进复长安，转右武大夫、忠州防御使。宣抚[三四]处置司将合五路兵，与金人决战。公谓宜各守要害，以待其敝[三五]。秋九月，师次富平，都统制会诸将议战，公又曰："兵以利动，今地势不利，何以战？

宜据高阜,先为不可胜者。"众曰:"我师数倍,又前临苇泽[三六],非敌骑所宜。"不听,既而敌骤至,囊土逾泽[三七],以薄吾营,军遂大恐溃[三八],五路悉陷,巴蜀大震。公独整众保散关之东曰[三九]和尚原,积粟缮兵[四〇],列栅其上。或谓公:"宜屯汉中,以安[四一]巴蜀。"公曰:"敌不破我,不敢进[四二]。坚壁重兵以临之,彼惧吾蹑其后,保蜀之道也。"明年改元绍兴,春三月,敌将[四三]没立果率锐兵犯我。期必取而后进,公击败之。真拜[四四]忠州防御使,兼帅泾原。夏五月,没立复会别将[四五]乌鲁折合[四六]众数[四七]万,使大将由阶、成[四八]出散关先至,公与之战三日,大败而去。没立方攻[四九]箭筈关,公复遣麾下击退[五〇],卒不得[五一]与二将合。转明州观察使。丁嘉国忧,起复,寻兼[五二]陕西诸路都统制。敌自破契丹以来,狃于[五三]常胜,至每与公战辄北不胜。其愤,冬十月,其元帅[五四]四太子者会诸道兵

图 6-10　宋故开府吴公墓志铭局部

十余万,造浮梁跨渭水[五五],自宝鸡连营三十里,又垒石为城,夹涧水与官军相拒[五六]。公指授诸将,选劲弓弩号驻队,番休迭射,矢发如雨,贼稍却,则以奇兵旁击,如是者三日,度其困且走,则为覆[五七]于神岔,以待其归,覆发[五八],敌众大乱,俘其[五九]将羊哥孛堇及其酋领三百余人,甲士八百[六〇]六十人。尸填坑谷者[六一]二十余里,获铠仗数万计[六二],拜镇西军[六三]节度使。二年,兼宣抚陕西[六四]处置使司都统制,节制兴、文、龙州。敌久窥蜀,必欲以奇取之。三年春,哀[六五]其兵,又尽发五路叛卒,声言东去,反自[六六]商于出汉阴,捣梁、洋。金州失守,公亟率麾下倍道疾驰,且调兵利、阆,既至,适与敌遇,使人以黄甘[六七]遗其帅撒离喝,敌惊[六八]曰:"吴公来何速邪?"遂

大战饶风关。凡六日，敌[六九]皆败，杀伤不可胜计。撒离喝怒斩其千户孛堇数人，以死犯关，出官军[七〇]后，公徐[七一]结阵趋西县，或曰："蜀危矣！"公曰："敌去国远斗，而死伤大半，吾方全师以制其极[七二]，蜀何忧邪[七三]？"月余，敌果退。加检校少保，充利州路阶、成、凤州节度制置使。四年二月，敌复大入，犯仙人关。公豫为垒关[七四]旁曰[七五]"杀金坪"[七六]，严兵以待。敌据阜战，且攻垒，公命将士更射，又出锐兵击其左右，战五日，皆捷，敌复遁去。上闻之嘉叹，赐以亲扎曰："朕恨不抚卿背也。"是役也，敌决意入蜀，自其元帅以下皆尽室[七七]以来。又以刘豫腹心为四川招抚使。既不得志，度公终不可幸胜，则还据凤翔，授甲士屯田，为久留计，自是不复轻动矣。夏四月，徙镇定[七八]国，除川陕[七九]宣抚副使。秋七月，录仙人关功，进检校少师，奉宁保静军节度使。五年春，攻下秦州。六年，兼营田大使，徙镇保平静难军[八〇]。公与敌对垒且十载，常患远饷劳民，屡汰冗员，节浮费，岁益屯田至十万斛[八一]。又调戍兵，命梁、洋守将治褒城废堰，灌溉民田，复业者数万家。朝廷嘉之，每降玺书褒谕[八二]。七年冬，敌废[八三]刘豫，且益兵[八四]众以为疑，公策其将去。九年春，和议成，上以其功高，复赐亲札进开府仪同三司[八五]，迁四川宣抚使。遣内侍赍告[八六]以赐[八七]，而公已病甚，扶掖听命，自以赏过其劳，固辞，优诏不许。时失地[八八]既复，方依绥附[八九]，而疾不可为矣。天……其岁[九〇]□□终始保蜀，付之安全，若有所待，以是蜀人尤悲而思之[九一]。公娶张氏，故侍中耆之后[九二]，封永宁郡夫人。子男五人[九三]：拱，右武郎；扶、扐，皆承奉郎；扩、搃尚幼。女四人……公能乐善，每观史，前事可师者，必书而识之左右。用兵本孙吴，而能知其变。务远大，不求近效，故能保其必胜。御下严而有恩，视卒之休戚如己，而同其甘苦，故人乐为之用。既贵，而自奉之约，不逾平时。至推以予士不少吝，故家无赀而至，无宅而居。呜呼，虽古名将何加焉[九四]！

《宋故开府吴公墓志铭》，又称《吴玠墓志铭》《吴玠墓碑》。南宋绍兴九年（1139）胡世将撰文，今存徽县吴山（图6-8）。碑纵296厘米，横158厘米，厚31厘米。篆额"宋故开府吴公墓志铭"9字列3行位于正上方（图6-9），纵55厘米，横48厘米，字径16厘米；墓志铭文（图6-10）约35行，满行约70字，字径2厘米。两侧各有3行铭文剥落严重，已不可辨识。以上铭文据新椎拓本，参考张伯魁《徽县志》及张维《陇右金石录》录入。《陇右金石录》录文首尾较完整，并言"俱依拓本改定"，然误录及增改者颇多，故疑张维录文时曾参考过明庭杰《吴武安公功绩记》等史籍。详见下表。

| 注释 | 原石 | 徽县志 | 陇右金石录 | 吴武安公功绩记 |
|---|---|---|---|---|
| [一] | 宋故开府吴公墓志铭 | 未录 | 未录 | |
| [二] | 王室屹如长城方敌国深侵 | 自"圣主明见万里之外"始录 | 以上内容皆录 | |
| [三] | 残泐 | 空缺 | 方面凡 | |
| [四] | 残泐 | 中 | 中御而 | |
| [五] | 残泐 | 以宁……国 | 付之不疑以卒成却敌固圉 | |
| [六] | 既葬 | 既葬 | 脱2字 | |
| [七] | 残泐 | 至 | 自 | |
| [八] | 残泐 | 脱1字 | 虽 | |
| [九] | 残泐 | 遗佚遂 | 遗逸 | |
| [一〇] | 于数百千 | 于数百千 | 数千 | |
| [一一] | 残泐 | □ | 谦 | 谦 |
| [一二] | 少保 | 少保 | 太保 | 太保 |
| [一三] | 遂 | 遂 | □ | 遂 |
| [一四] | 太傅 | 太傅 | 太保 | 太傅 |
| [一五] | 普宁 | 晋宁 | 普宁 | |
| [一六] | 兵 | 兵 | 兵法 | 兵法 |
| [一七] | 第十一将 | 第十一将 | 第十将 | 第十一正将 |
| [一八] | 春 | 春 | 脱1字 | 春 |
| [一九] | 残泐 | 大散 | 大庆 | 大庆 |
| [二〇] | 拒守 | 把守 | 拒守 | 拒守 |
| [二一] | 怀德军 | 怀德军 | 德顺军 | |
| [二二] | 兵 | 兵 | 军 | |
| [二三] | 残泐 | 蜀贼 | 剧贼 | 剧贼 |
| [二四] | 击斩 | 击斩 | 执斩 | 斩首 |
| [二五] | 众数万 | 众数万 | 兵万众 | 众数万 |
| [二六] | 至麻亭 | 至麻亭 | 出麻务镇 | 攻麻亭 |
| [二七] | 与战 | 接战 | 与战 | 逆战 |
| [二八] | 彭店原 | 彭店原 | 彭原店 | 彭店 |
| [二九] | 过当 | 过当 | 过半 | 过当 |
| [三〇] | 敌惧引去 | 敌惧引去 | 敌引去 | |
| [三一] | 劲 | 以 | 劲 | 劲 |
| [三二] | 残泐 | 职 | 职改 | 改 |
| [三三] | 安抚司 | 安抚司 | 安抚 | 安抚使司 |
| [三四] | 宣抚 | 兼安抚 | 宣抚 | |
| [三五] | 敝 | 还 | 敝 | |
| [三六] | 苇泽 | 大泽 | 苇泽 | 苇泽 |
| [三七] | 残泐 | 逾泽 | 逾淖 | 逾泽 |

| 注释 | 原石 | 徽县志 | 陇右金石录 | 吴武安公功绩记 |
|---|---|---|---|---|
| [三八] | 残泐 | 恐溃 | 溃 | 溃 |
| [三九] | 曰 | 曰 | 脱1字 | 曰 |
| [四〇] | 缮兵 | 练兵 | 给兵 | 缮兵 |
| [四一] | 安 | 要 | 安 | 守 |
| [四二] | 不敢进 | 不敢进 | 必不敢进 | 讵敢进 |
| [四三] | 敌将 | 敌酋 | 敌将 | 金国皇侄 |
| [四四] | □拜 | 真拜 | 拜 | 真拜 |
| [四五] | 复会别将 | 果会别将 | 复会 | 复会列将 |
| [四六] | 乌鲁折合 | 孛鲁折合 | 乌鲁折合 | 乌噜贝勒 |
| [四七] | 残泐 | 数 | 敌 | |
| [四八] | 残泐 | □将□将士 | 大将由阶成 | 二将由阶成 |
| [四九] | □□方攻 | 方攻 | 没立方攻 | 没立方攻 |
| [五〇] | □□麾下□退 | 复麾戏下击追 | 复遣击退 | 复遣麾下击退 |
| [五一] | 卒不得 | □□得 | 卒不得 | |
| [五二] | 寻兼 | 亟复 | 寻兼 | 寻兼 |
| [五三] | 狃于 | 敌 | 狃于 | |
| [五四] | 其元帅 | 其 | 元帅 | 其元帅 |
| [五五] | 渭水 | 渭东 | 渭水 | 渭水 |
| [五六] | 官军相拒 | 我军相距 | 官军相拒 | 侯拒战 |
| [五七] | 覆 | 覆 | 伏 | 伏 |
| [五八] | 覆发 | 覆发 | 伏发 | 伏发 |
| [五九] | 其 | 其 | 骑 | 其 |
| [六〇] | 八百 | 八百 | 五百 | 八百 |
| [六一] | 坑谷者 | 坑谷者 | 谷 | 坑谷者 |
| [六二] | 万计 | 万计 | 万 | 万计 |
| [六三] | 镇西军 | 镇西军 | 镇西 | 镇西军 |
| [六四] | 宣抚陕西 | 宣抚陕西 | 宣抚 | 宣抚 |
| [六五] | 哀 | 哀 | 脱1字 | 哀 |
| [六六] | 反自 | 反自 | 反由 | 反自 |
| [六七] | 黄甘 | 黄甘 | 黄柑 | 黄柑 |
| [六八] | 敌惊 | 敌惊 | 惊 | 大惊 |
| [六九] | 敌 | 脱1字 | 敌 | 敌 |
| [七〇] | 残泐 | 公 | 官军 | 官军 |
| [七一] | 公徐 | 公遂 | 公徐 | |
| [七二] | 其极 | 其极 | 脱2字 | 其吭 |
| [七三] | 邪 | 耶 | 耶 | |
| [七四] | 坌关 | 坌关 | 坌 | |

| 注释 | 原石 | 徽县志 | 陇右金石录 | 吴武安公功绩记 |
|---|---|---|---|---|
| [七五] | 旁曰 | 曰 | 榜曰 | |
| [七六] | 残泐 | 胜金平 | 杀金坪 | 杀金坪 |
| [七七] | 室 | 锐 | 室 | |
| [七八] | 镇定 | 镇宁 | 镇定 | 镇定 |
| [七九] | 除川陕 | 除川陕 | 徐州陕 | 除川陕 |
| [八〇] | 保平静难军 | 保宁靖远军 | 保平静难军 | 保平静难军 |
| [八一] | 至十万斛 | 至十万斛 | 五十万斛 | 至十万斛 |
| [八二] | 褒谕 | 宸翰 | 褒谕 | 褒赏 |
| [八三] | 敌废 | □□ | 敌废 | 敌废 |
| [八四] | 益兵 | □兵 | 益兵 | |
| [八五] | 仪同三司 | 仪同 | 仪同三司 | 仪同三司 |
| [八六] | 赍告 | 赍诰 | 赍诰 | |
| [八七] | 以赐 | 以赐 | 赐 | |
| [八八] | 残泐 | 舆地 | 失地 | |
| [八九] | 残泐 | 倚公绥抚 | 方依绥附 | |
| [九〇] | 其岁 | 未录 | 未录 | |
| [九一] | 终始保蜀……悲而思之 | 已录 | 未录 | |
| [九二] | 故侍中耆之后 | 故侍中耆之后 | 未录 | |
| [九三] | 残泐 | 子男五人 | 男五 | 子三 |
| [九四] | 残泐 | 未录 | 公能乐善……将何加焉 | 公性乐善…… |

　　张伯魁《徽县志》与张维《陇右金石录》录文皆谓吴玠"男五：拱，右武郎；扶、执皆承奉郎；扩、揔尚幼"。而明庭杰撰《吴武安公功绩记》称玠有"三子，拱，右武郎；扶、执为文官，承奉郎"[1]。《三朝北盟会编》卷一九六引《林泉野记》所载亦同。又王曮《吴武顺王璘安民保蜀定功同德之碑》云：吴扩、吴揔为吴璘子[2]。今墓志泐损，未知是撰文之误，还是摘录之误。

　　《吴玠墓志铭》于清嘉庆十三年（1808）知县张伯魁在钟楼山访得，时碑临崖欲坠，遂命工前移，筑围墙保护。碑阴有《张伯魁纪事诗》（图6-11）。

　　　　大清嘉庆十三年秋，知县张伯魁（浙江海盐人）因修县志访考遗迹，得碑于
　　钟楼山。读其文，宋吴忠烈墓志碑也。临崖将坠，伯魁虔心默祷，亟令石工前移
　　四十步，筑围墙、立墓门以识之。敬赋五言二首记于碑阴：
　　　　独立高原上，峭然见一碑。阴风号鬼卒，暮雨隐神旗。迟我西来日，怜公北

---

① 杜大珪：《名臣碑传琬琰之集》（上卷一二），台北文海出版社，1969年。
② 杜大珪：《名臣碑传琬琰之集》（上卷一四），台北文海出版社，1969年。

伐时。累朝颁爵赏，枉自数功奇。六百年前墓，艰难百战身。弟兄溥旧泽，南北倚孤臣。哀角秋声乱，奇兵地势屯。宣扬惭德薄，五字欲通神。

《张伯魁纪事诗》，纵50厘米，横69厘米，楷书14行，满行14字，字径3厘米。张伯魁，字春溪，浙江海盐人，清嘉庆初知徽县事。

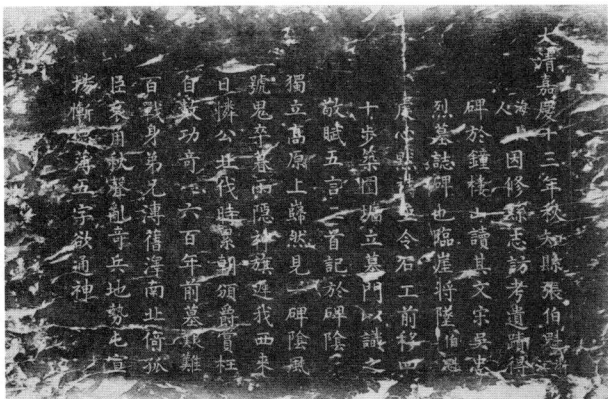

图6-11　张伯魁纪事诗

令人遗憾的是在《吴玠墓志铭》碑阳正中有浅人重刻"宋故将军吴玠之墓"8字楷书（字径15厘米），覆压5行墓志铭文，致使近百余字人为残泐。据知情人士讲，这是民国二十三年（1934）胡宗南部第一旅旅长李铁军所为。

## （一〇）徽县·南宋《宋忠烈吴公祠记》（约绍兴十二年，1142）

仙人关，古用武之地，北控吐番，东连岐、雍，西通蜀、沔。忠烈吴公玠五世世守于此，以备金虏。西土之人免左衽之苦，得安且乐者，咸公所赐也。厚惠深恩，盍若为祠以报，不亦可乎？于是建祠三楹，请诸权宣抚使、宝文阁学士胡世将以记。世将曰：昔东汉张奂破南匈奴，制东电，袭乌元，降鲜卑，使天下之人不沦于左衽，而汉室以安，未闻郡邑以祠之者。既为武威太守，百姓以其平均赋敛，训谕义方，以止杀子之俗，民乃为奂立生祠。夫安天下之功，孰与安一郡之功？止四夷之杀，孰与止一子之杀？然而天下忘其功，而失其所事；一郡思其德，而恭其所祠。其故何哉？大抵存社稷者，天子有不能忘，故鼎彝之所铭、竹帛之所书、太常之所记、云台之所绘者，皆所以旌其功也。至于德及生灵而民心之所爱慕者，必生立其祠，盖祠所以寓其私耳！公之生祠，民建于此，是亦武威之祠奂也。虽然观公之功在社稷，则非奂之比也。金人犯陕，时忠烈公以一旅之众攻百倍之师，所向克敌，公之勇冠三军。富平之役，议格不行，六路尽陷，忠烈公收散卒，保凤翔之西和尚原。敌乘胜急攻，谓可谈笑间破也。是时军皆乌合，上下内外不相信。公为统领，与诸将誓以无忘国家。言出于诚，人人感泣，公知人皆可用，遂与弟璘定计而后战。敌大败，不能返，全军几陷，获杨哥孛堇。后一年，移屯青野原。明年，敌率瀚海契丹之师，虏燕、齐、秦、晋之众，奋势直攻，蜀地大震。忠烈主于内，璘率诸将力战以却之，而蜀遂以安。暨忠烈公捐馆，命璘以都统出兵秦陇，恢复中原。而敌盛兵守秦，璘公亲冒矢石率众攻之，一日而破。敌复会诸屯，阵于刿家湾，乘高击下，意气甚盛。公挥军渡渭，背水而陈。众以为不便，公曰："非尔所知！"夜潜师毕登，出其不意，敌已惊视。是时五军成列，公复令匿其旗帜之物以疑之，敌谓大军在后，愈亦自笑。既战，命发弓弩，先破其骁锐，然后以短兵乘之，鏖战终日，敌不能支，歼夷殆尽。于是虏屯诸垒者，咸狼狈东走。其民亦日望王师之至，公乘势长驱，势若破竹。适朝廷与虏讲好，宣抚司檄诸将班师，公遂振旅而还。呜呼，自古守蜀，或守于汉中，或守涪城，皆弃险处内。弃险则易攻，处内则众摇。所以中原之兵，一涉其境，而国以丧，未有忠烈公守蜀于咽喉之地而安之危也！至公则又复以所部出攻大敌，而连破之，敌始胆落而心惊矣！夫蜀处吴之上流，猿臂势也，保蜀所以保吴。自兵兴以来，有功于社稷，孰与公大？天子以节钺之权赐之，尊礼加宠于公，其于报功至矣。然全蜀之民，离俘虏之震，而遂生养之乐，其何以报其德哉？河池与敌接壤，德公尤甚，乃建立生祠，以见其诚。虽然，奂之功德，具于一方有事之初；公之功德，施于天下多事之际。奂虽不可与公俪，公则无愧于奂也。故为记，以勒其碑云。

《宋忠烈吴公祠记》，今佚，明郭从道《徽郡志》有录文，题下作"宋胡世将学士"[1]，然铭文多叙吴璘事，且与西和米居一《靖共堂碑记》主体相同，颇存疑窦。《徽郡志》卷一云："宋忠烈吴公生祠、宋宣抚安公生祠，俱在仙人关，有碑文。"《甘肃新通志稿》称："《忠烈吴公祠记》在徽县第四区仙人关，胡世将撰。高七尺，横四尺，石又中断，字迹罕存。"张维《陇右金石录》引《徽县志》云："宋忠烈吴公生祠，在北集。宋绍兴十二年，河池人为宣抚吴玠、吴璘建生祠，胡世将有记。玠墓即在祠后山巅。"张维"按语"道：

　　《宋史》吴玠本传："富平之败，秦凤皆陷。金人一意睨蜀，微玠身当其冲，无蜀久矣，故西人至今思之，作庙于仙人关，号忠烈。"是忠烈之庙专以祀玠，而此碑则兼述璘事，自以《徽县志》"建立玠、璘生祠"为近。是顾当时玠已捐馆，

① 孟鹏年修，郭从道纂：《徽郡志》，载《中国方志丛书》（华北地方·第三二九号），台北成文出版社，1970年，第180—185页。

又不可云生祠，疑初祀玠，并兼建璘生祠，或玠亦先有生祠，后遂改以为庙。旧说既歧不可详也。①

## （一一）西和·南宋《靖共堂碑记》（绍兴十九年，1149）

西和侨治白石镇，盖古绵诸道也，北接土蕃，东连岐雍，昔[一]忠烈吴公玠用武之地，故庙食于此。而忠烈[二]公之弟、今都统制、利州西路安抚使璘[三]之像绘于廊庑之下，年远，尘昏雨剥，殆不堪视。一日，百姓王玭、杜寿等周览，蹙额相告，欲[四]鸠工，别建一堂[五]，绘公之像以祀之，请郡学学正[六]米居一以[七]记。居一曰："东汉张奂破南匈奴，制东虏，袭乌桓[八]，降鲜卑，使天下之民不沦于左衽，而汉室以安，未闻郡邑以祀之者。既[九]为武威太守，百姓以其平均赋敛[一〇]，训谕义方，以止杀子之俗，民乃为奂生立其祠。"夫安天下之功，孰与于安一州之功？止四夷之杀，孰与于止一子[一一]之杀？然而天下忘其功而失其所事，一州思[一二]其德而恭其所祠，其故何哉？大抵功存社稷者，天子有不能忘，故鼎彝之所勒[一三]，竹帛之所书，太常之所纪[一四]，云台之所绘，皆所以旌其功也。至于德及生灵，而民心之所爱慕者，必生立其祠。盖祠所以慰[一五]其私耳。公之生祠，民建于斯[一六]，是亦武威之祠奂也。虽然，观公[一七]之功存社稷，则非奂之比也。金人犯陕，时[一八]，公之兄忠烈公，以一旅之众攻百倍之师，所向克敌，公之勇冠三军[一九]。富平之役，忠烈公议格不行，六路尽陷。忠烈公收散卒，保凤翔之西和尚原。敌乘胜急攻，谓可谈笑间破也[二〇]。是时，军乌合[二一]，上下内外不相信。公为统领，与诸将誓以无忘国家。言出于诚，人人感泣。公知人皆可用，遂与忠烈公定计而后战，敌大败不能返，全军几陷，获杨哥孛堇。后一年，移屯清野原[二二]。明年，敌率瀚海契丹之师，虏燕、齐、秦、晋之众，奋势直攻，蜀地大震。忠烈公主于内，公率诸将力战以却之，而蜀遂安[二三]。暨忠烈公之[二四]捐馆，命[二五]公以都统出兵秦陇，恢复中原。而敌盛兵守秦，公亲冒矢石，率众攻之，一日而破。敌复会诸屯，陈于刘家湾，乘高击下，意气甚盛。公挥[二六]军渡渭，背水而阵[二七]，众以为[二八]不便。公曰："非尔所知！"夜潜师毕登，出其不意。敌已警视。是时五军成列，公复令匿其旗帜之特以疑之[二九]，敌谓大军在后，愈亦自失。既战，命发弓弩[三〇]，先破其骁锐，然后以短兵乘之。鏖战终日，敌不能支，歼夷[三一]殆尽。于是虏屯诸垒者咸狼狈东走，其民亦日望王师之至。公乘胜长驱，势如破竹。适朝廷与虏讲好，宣抚司檄班师[三二]，公闻和议，怃然不乐[三三]，遂整旅而还。呜呼！自古守蜀，或守于汉中，或守于涪城，皆弃险处内。夫弃险则易功，处内则众摇，所以中原之兵一涉其境而国已丧[三四]，未有如忠烈公守蜀于咽喉之地，而安之不危[三五]也。至公则又复以所部出攻大敌而连破之，敌始胆落而心詟矣。夫蜀处吴之上流，猿臂势也，保蜀所以保吴。自兵兴以来，有功于社稷孰与公大？天子以节钺之权赐之尊礼[三六]，加宠于公，其于报功至矣。然全蜀之民，离俘虏之忧[三七]，而遂生养之乐，其何以报其德哉？西和与敌壤接，德公尤甚，乃建立生祠，以见其诚。虽然，奂之功德见于一方有事之初，公之功德施于天下多事之际，奂虽不可与公俪。至百姓生立其祠，盖实同也。故居一以奂论公，而铭其堂曰"靖共"，惟"靖"则谋足以成功，惟"共"则忠足以事上[三八]。《诗》曰："靖共尔位，好是正直。"居一于公弟兄之堂益加信矣[三九]。

绍兴十九年九月初一日谨记[四〇]。

《靖共堂碑记》，南宋绍兴十九年（1149）米居一撰文，碑原在西和文庙，今佚。碑文云："忠烈公之弟、今都统制利州西路安抚使璘之像绘于廊庑之下，年远，尘昏雨剥，殆不堪视。"是时吴玠已故去，宋金议和，初无战事。朱绣梓《重修西和县志》云：

> 《靖共堂碑记》，西和州文学米居一记，碑在文庙，明嘉靖时在此。碑背面刻注程子四箴之一，今并保存之。碑文前一行及下边虽镌刓十余字，然犹可读。①

张维《陇右金石录·校补》亦有录文，与朱绣梓《重修西和县志》载文多处不合。《陇右金石录·校补》末尾似有脱文，而《重修西和县志》前段多有未释之字，结尾则文意通畅，且有纪年。详见下表：

| 注释 | 陇右金石录 | 重修西和县志 | 注释 | 陇右金石录 | 重修西和县志 |
|---|---|---|---|---|---|
| [一] | 盖古绵诸道也北接土蕃东连岐雍昔 | □□□□□□□□□□□□□□□□ | [二] | 忠节 | 忠烈 |
| [三] | 璘 | 吴公 | [四] | 相告欲 | 相与 |
| [五] | 一堂 | 一室 | [六] | 郡学学正 | 郡文学 |
| [七] | 以 | 作 | [八] | 制东虏袭乌桓 | 制东□袭元□ |
| [九] | 以祀之者既 | 有祠者暨 | [一〇] | 赋敛 | 赋税 |
| [一一] | 一子 | 养子 | [一二] | 思 | 志 |
| [一三] | 所勒 | 所铭 | [一四] | 所纪 | 所记 |
| [一五] | 祠所以慰 | 斯民所以寓 | [一六] | 斯 | 此 |
| [一七] | 观公 | 公 | [一八] | 时 | 服 |

---

① 朱绣梓：《重修西和县志》，载西和县志办公室校点《西和县志》（内部资料），2006年，第351页。

续表

| 注释 | 陇右金石录 | 重修西和县志 | 注释 | 陇右金石录 | 重修西和县志 |
|---|---|---|---|---|---|
| [一九] | 勇冠三军 | 勇当□军 | [二〇] | 谓可谈笑间破也 | 公以笑间破 |
| [二一] | 军乌合 | 军皆乌合 | [二二] | 清野原 | 清□原 |
| [二三] | 遂安 | 遂以安 | [二四] | 忠烈公之 | 中烈 |
| [二五] | 命 | 舍 | [二六] | 挥 | 麾 |
| [二七] | 阵 | 陈 | [二八] | 以为 | 以谓 |
| [二九] | 之特以疑之 | 之二以诱之 | [三〇] | 发弓弩 | 劲弓强弩 |
| [三一] | 歼夷 | 歼敌 | [三二] | 班师 | 公班师 |
| [三三] | 公闻和议愀然不乐 | 公 | [三四] | 已丧 | 于丧 |
| [三五] | 安之不危 | 安之于垒卵之危 | [三六] | 赐之尊礼 | 师保之尊 |
| [三七] | 之忧 | 之虐 | [三八] | 脱41字 | 至百姓……事上 |
| [三九] | 弟兄之堂益加信矣 | 亦云 | [四〇] | 是为记 | 绍兴……谨记 |

《靖共堂碑记》晚《忠烈吴公祠记》七年，而铭文内容竟如此相近。张维也注意到这一点：

　　徽县仙人关有忠烈吴公祠，绍兴十二年胡世将作记。此碑当立其后，因绍兴十二年始改岷州为西和州也，记文惟"西和侨治白石镇"至"居一日"一段及文末"《诗》云"下数句，与世将文异，余俱大致相同。祠立两地，作文者又属二人，何以如此雷同？殊不可解。①

## （一二）徽县·南宋《杨政母程氏墓志铭》（绍兴十年，1140）

　　宋故感义郡太夫人程氏墓志铭并序

　　宝文阁学士、左朝请大夫、川陕宣抚副使兼营田使、晋陵县开国子、食邑五百户、赐紫金鱼袋胡世将撰。右朝请郎、直徽猷阁、权发遣陕西路计度转运副使公事兼本路劝农使、借紫金鱼袋霍蠡书。左中奉大夫、直秘阁、权永兴军等路提点刑狱公事、建德县开国男、食邑三百户、借紫金鱼袋詹至篆。

　　龙神卫四厢都指挥使、武康军承宣使、利州路经略安抚使、马步军都总管兼知兴元军府事、川陕宣抚使司都统制杨政之母曰"感义郡太夫人程氏"。当建炎中金人作难，政方将兵会岐下，虏遽陷陕右诸道，而夫人适在泾原，遂相与隔阔者十载。政间遣人问遗其母曰："政为人臣，当死王事，愿母自爱，无以政为忧。"夫

① 张维：《陇右金石录》，载《石刻史料新编》（第一辑第21册），台北新文丰出版公司，1979年，第16346页。

图6-12　杨政母程氏墓志铭（王鸿翔　协拓）

人亦间使谓政曰："而为人臣，义当效死，坚尔志、勉尔力，无以吾为忧。"政帅师佐宣抚吴公玠，屡摧大敌，保扞西南六十州，功常弟一。绍兴九年春，虏讲和，归我河南地，始得迎夫人以归。亟请于朝曰："臣不幸与母氏隔阔十载，所不敢言者，念方将兵扞难，义先国家之急。今赖国威灵，虏讲和归地，臣母子如初，愿丐身田里，以尽事亲之日。"天子为之恻然，优诏不许。且念政功高，欲宠异其亲，则又诏以小君之贵，特启今封。政与其兄弟竭力（赡）养，彩衣怡愉，日奉颜色，搢绅荣之。十年夏，虏复渝盟，政时自熙河帅徙镇兴元，奉夫人归河池私第，而宣抚司趣诸帅会兵甚急，夫人偶病，少闲，政以他事白辞去，夫人曰："行矣，吾知其为军事也。勉之，无轻敌，无妄杀，以卒前功。"政去后数日，闻夫人复病，自军中一日驰三百里，至则夫人已不起，享年七十有五，实绍兴十年六月癸丑也。夫人世为原州临泾县人，幼孝谨专静，长适同郡修武郎杨公讳志，以妇道闻于族里。修武扞边战死，夫人年三十九，诸孤皆幼，即励志守义，鞠养其子，而教之甚力，后皆为成人。常语之曰："而忘而父之死于义，而世莫之知乎？扬名显亲，其在尔矣！"政卒以功名自奋，而修武之义节著闻，由夫人之教也。子男四人：长曰元，承节郎；次曰信，承信郎；次政也；次曰仲，武义大夫，阁门宣赞舍人，行营右护军右部正将。女四人，皆适士族。孙男八人：庭，秉义郎；庠，成忠郎；廉、广、度、廑、廲、序尚幼。孙女六人。诸孤以其月壬申，自怀德军灵平寨举修武之丧与夫人合葬于成州栗亭县安仁乡悉罗里。政来请铭，为之铭曰：

> 义莫重于君，恩莫隆于亲。而夫人之命其子也，曰："汝姑尽节于为臣，卒君事之不废。"又志养之获伸，孰主张是而使之然也。曰：吉凶不僭在人。寿且八十，小君锡号，哀荣终始。天其以此为忠孝之报乎？

> 僧海越刊。

《杨政母程氏墓志铭》（图6-12），全称"宋故感义郡太夫人程氏墓志铭并序"，南宋绍兴十年（1140）六月胡世将撰文，霍蠡书丹，墓志出土于徽县栗川镇，今存徽县博物馆。《墓志》又言"詹至篆"，惜墓盖不知所在。墓志纵83厘米，横93厘米，楷书31行，行32字，字径2厘米。

杨政（1098—1157），字直夫，原州临泾（甘肃镇原）人。北宋末从军，南宋初成为吴玠部将，屡建奇功。绍兴十年（1140），任龙神卫四厢都指挥使、武康军承宣使、利州路经略安抚使、马步军都总管兼知兴元军府事、川陕宣抚使司都统制。绍兴二十七年卒，终年六十岁，葬成县。《徽郡志》卷五载："杨政，原州临泾人，仕宋屡官至太尉，左右吴玠兄弟，破兀尤等箭括山，保全蜀。卒，赠襄毅，墓在成县。（见旧志）"[1]《成县新志》卷三载："杨政墓，县东四里，原州临泾人。宋建炎间从吴玠兄弟破金，屡立战功，官至泾原经略安抚使，政在军中事有利于民者，不以军旅废，拜太尉，卒，谥襄毅。"[2]

## （一三）西和·南宋《元涤墓志铭》（绍兴十年，1140）

### 碑阳

> 宋故元公墓志铭
> 男绥撰，孙盖书。

> 公讳涤，世为长道邑人也。父政，早卒，公方三岁，母张氏，坚节守寡，哀怜鞠育。及长，事母至孝。祖母杨氏尝抱久疾，药石不治，公割股以馈之，遂获安愈。公性聪惠，慷慨气豪，善具五常，通经史，明法律，善草、隶书，尤工飞白，至于辨理是非，则刚明果断，面折不能容人之过，以梗谔见称于乡邑，由是县民有讼，往

① 孟鹏年修，郭从道纂：《徽郡志》，载《中国方志丛书》（华北地方·第三二九号），台北成文出版社，1970年，第75页。
② 黄泳：《成县新志》，载《中国方志丛书》（华北地方·第三三二号），台北成文出版社，1970年，第376页。

图6-13　元涤墓志铭（南昇钧　藏石）

往取决于公。及推择为吏，治狱有阴德，每自比于于公。

建炎戊申岁，金人寇秦陇，侵掠上鹿，时选为巡社长，特借补保义郎，统率民兵千余人，保聚县邑，措画捍御，乃于县境高阜处广作虚寨，遇夜，发火以疑贼众，由是居民稍安。及亲率所部，捕获强寇一十余火。是时，功状累奏，俱弗达于行朝，公以识时知命，竟不复叙焉。晚亲释教，通禅律，至于偈颂、小诗皆能为之。呜呼！十室之邑必有忠信，非斯人，尚谁哉？

公娶万氏，生男四人：曰经、曰维、曰绶、曰绩。维早卒，绶举进士。女二人，俱早卒。元孙、曾孙十余人。长曰盖，次曰芝。盖以忠勇从军，芝业于儒术，余皆幼。公世居县之城市，绍兴改元后，金人驻军于熙秦，兹邑为极边，公乃徙家于塔子谷龙泉山之庄而居焉。绍兴十年三月初五日，以疾卒于寝，享年六十有六，次年辛酉十月廿日，归葬于九眼泉庄之先茔，以万氏祔焉，礼也。愚固樗栎，辄录其实而为之铭，以示不朽。铭曰：

公其幼孤，母之守节。侍养无违，孝慈两竭。割股愈疾，美名不灭。善具五常，人中之杰。书工草隶，时号两绝。辨理是非，片言可折。断狱得情，哀矜匪悦。保聚成功，腾口而说。释通禅律，心源澄澈。积善余庆，子孙成列。归葬先茔，万氏同穴。感慨成铭，不胜哽噎。

**碑阴**

宋故元公墓铭,以示不朽,传之后世。

乱离何处觅贤儒,自作碑铭命侄书。狂简斐然莫相笑,且延功德著乡间。

龙泉垸刊,学刊石。

绍兴□年。河南。河南。

《元涤墓志铭》,又名《宋故元公墓志铭》,南宋绍兴十年(1140),墓主元涤次男元绥撰文,孙元盖书。墓志出土于西和县长道镇,今由陇南市收藏协会礼县分会会长南昇钧先生收藏。墓志纵60厘米,横70厘米,厚8厘米。墓志铭刊于碑阳,楷书27行,行23字,字径2厘米(图6-13)。碑阴有多处试刻,或楷或行或草,左下角刻有元绥即兴赋诗一首(图6-14)。

图6-14 元涤墓志铭碑阴题诗

## (一四)徽县·南宋《程俊札子碑》(绍兴十三年,1143)

绍兴十三年三月二十一日,大观尚书省送到礼部,准都督批送下。权主管鄜延经略安抚、都总管司公事兼知成州王彦奏准。绍兴十年三月十三日,敕节文臣寮札子,乞诏诸路州县长吏,精加博访,察举所部内有孝行殊异、实事显著、卓然为众公服、孝行以名闻士人,固可擢用,民庶亦表其门间,厚加赐予,以旌表之。奉圣旨依奏,谒见中宪大夫、康州防御使、权发遣熙河兰巩路兵马钤辖、陇右都护、右部同统制程俊,孝于父母,义于兄弟。自幼岁父母陷于夏国,号泣自致,殆不能活。其后,常捐财数万,以赎父母。其父母未归,日夕北向号泣祈祷,饮食几废。夏人虽夷狄,亦为感动,遂归其母邵氏。既归,程俊日夕侍奉,承顺颜色,实为至孝。又侍族兄恭谨,抚诸弟友爱,奉养之具,必为温厚。每遇大礼,不奏荐诸子。又收养母邵氏族党百余口,服食器用与己一同。缘程俊现统制军马,谋略过人,实可录用。今列程俊孝行,实迹在前。其程俊有别业现在本州,伏望将程俊特赐擢用。仍祈别赐旌表,本部勘会王彦保奏程俊孝行事迹,伏候朝廷指挥。三月二十一日,奉圣旨赐旌表门间,奉敕如右,牒到奉行。前批三月二十三日付礼部施行,仍关合属去处,寻送法案,检准下项,须至指挥公文。大观尚书礼部令诸赐旌表门间者,俱录敕旨,贴付本家。其门台制度,准式下所属,讫于所居之前,安绰楔门，左右建立土台，高一丈二尺，方正，下广上狭，饰以白，间以赤，仍植以所宜之木。旌表建立牌坊，门间一家。照会。

《程俊札子碑》，又称《敕付程俊札子碑》，南宋绍兴十三年（1143）立石，原在徽县泥阳镇郭家塄，今佚。张伯魁《徽县志》："宋《敕付程俊札子碑》在县西郭家塄，今存。"《甘肃新通志》载："《程俊札子石刻》，在徽县泥阳镇之郭家塄，清嘉庆间知县张伯魁修县志尚录其全文。其后原石湮没，至光绪二十三年复出土，乡民惧古刻发见毡拓必烦而生意外之徭役也，乃复瘗诸土中。"[1] 上文据张伯魁《徽县志》录入。

### （一五）成县·南宋《杨岷杰狮子洞题名》（绍兴十六年，1146）

杨岷杰率李仲敏、尧德夫同游。绍兴丙寅三月望日……弟师心田、薛□。

《杨岷杰狮子洞题名》（图6-15），南宋绍兴十六年（1146）摩崖刻石，今存成县狮子洞，位于石狮尾部。纵70厘米，横42厘米，楷书4行，字径10厘米。右侧多磨泐，字迹模糊。

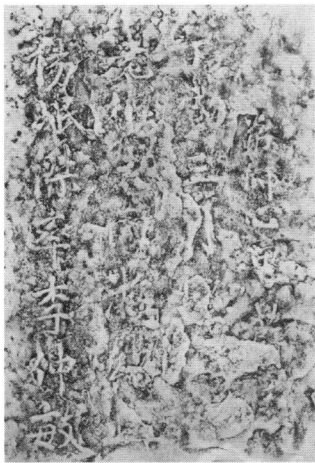

图6-15　杨岷杰狮子洞题名

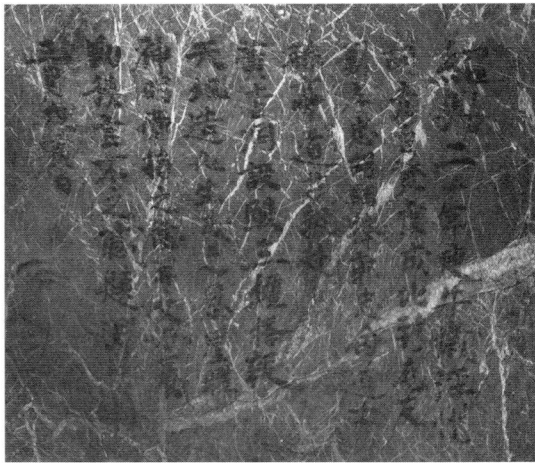

图6-16　胡彦贞题壁（张承荣　摄）

### （一六）徽县·南宋《胡彦贞题壁》（绍兴二十年，1150）

绍兴二十年庚午岁，泾州胡彦贞发虔成比到此。友刘孝忠、胡□捧、郭志沦道士、县亭道等亲赴黄杳洞，设醮三坛，搭报天地造化生成之恩，星曜神明，修持之德，并父母养勤积言不之感题。三月戊寅日。

---

[1] 安维峻纂：《甘肃新通志》卷九二，江苏广陵古籍刻印社，1989年。

《胡彦贞题壁》（图6-16），南宋绍兴二十年（1150）墨书题壁，今存徽县首阳洞。楷书9行，满行11字。

**（一七）徽县·南宋《杨从义射虎摩崖》（约绍兴二十一年，1151）**

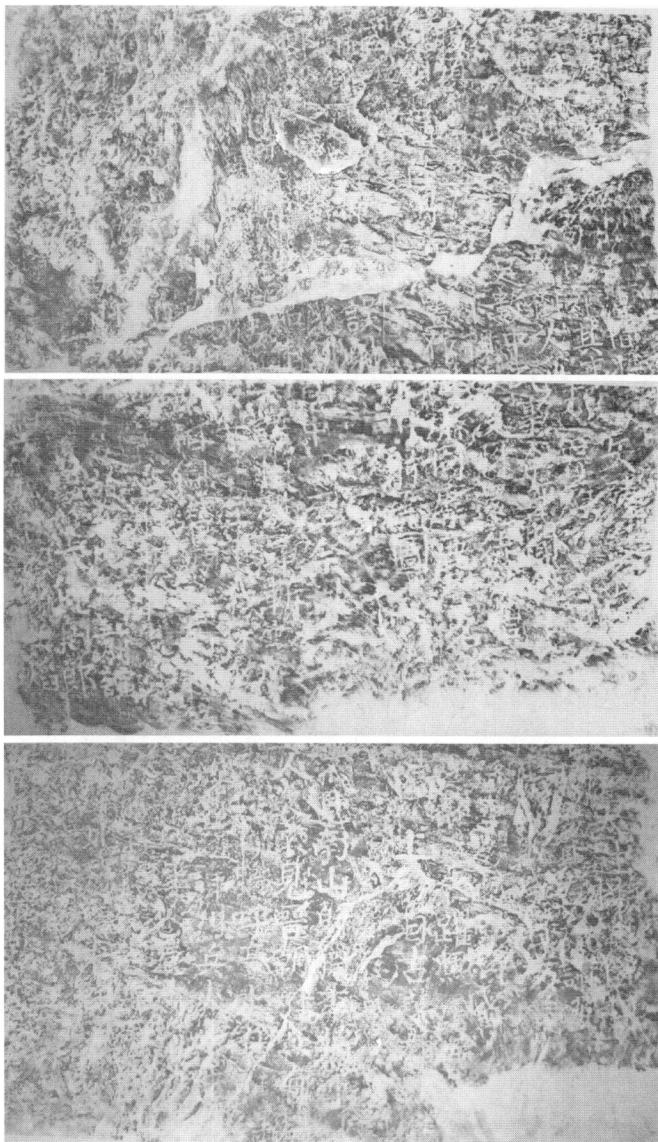

图6-17　杨从义射虎摩崖局部

制总管府观察□处（楷额）

　　制履……总管太尉杨公偕刘参赞行饶峰岭，有虎突出丛薄间，挟一矢殪之。旁观流汗避易，真古所谓英伟豪杰之士欤！因作长句以纪其事。

猛虎耽耽威百步，一矢毙之侯甚武。当时得隽惊倒人，此事今无闻往古。孙郎登车方控弦，千钧竹弩伏道边。终日获彪何足数，中石没羽还徒然。岂如跳哮负林谷，跃马弯弓洞胸腹。须知勇锐敌万人，下视彪虎同糜鹿。声名藉藉喧上都，边头何忧恙与胡。愿凭顾陆丹青手，画作洋州射虎图。

　　□□□□□自古……国王……君不见南山射猎李将军□□□□□碑□□□□□误射草中□至今见人□……冲太……亲斩蛟龙，其人久不见，晋朝郎□□□□□二十又一年□□□□□□□□□我宋朝……呼豪士……

《杨从义射虎摩崖》（图6-17），约镌刻于南宋绍兴二十一年（1154），今存徽县虞关乡吴王城。徽县许占虎、曹鹏雁等人于2013年10月发现。摩崖纵346厘米，横156厘米，左右有竖线边栏。额楷书"制总管府观察□处"8字，字径21厘米。正文楷书16行，满行32字，字径10厘米。《杨从义射虎摩崖》与绍兴十四年（1144）刊于陕西汉中褒谷鸡头关的《洋州射虎图记》石刻[1]"前序"及诗文内容几乎完全相同，只是跋尾不同而已。此摩崖当是杨从义驻守仙人关时镌刻。《杨从义墓志铭》载：

　　（绍兴）十一年……转宣正大夫，迁统制军马……十二年春，诏宣谕使郑刚中分画其地，而移公知凤州，既割和尚原，而杀金平复为要地，其旁则仙人原也。四川兵费边储萃于鱼关，三者相距皆十许里。有司谓：当得人以守。遴选诸帅，无出公右者。十七年，命公以本部兵屯仙人原，公镇守其地垂二十年，保固无虞，转宣州观察使……公善射，发无不中，尝偕王人刘参赞子羽行饶风岭，有虎突出丛薄间，人皆辟易，公跃马而出，以矢毙之，故射虎之名喧达都下。[2]

## （一八）成县·南宋《鸡头山下生佛阁记》（绍兴二十二年，1152）

鸡头山下生佛阁记（篆额）

鸡头山下生佛阁记

左修职郎、前岷州团练判官刘戬篆额。右从政郎、前阶州知录事参军丁彦师撰文，男时升书丹。

　　同谷僻在秦陇之一隅，地连全蜀，富于山水。郡城之西南二十里许，一峰屹然独出，父老相传为鸡头山。旧有罗汉洞，极深邃，不得其底。里洞之左右有佛像，亦不知始于何时。其中有泉，渊源湛净，活活然流出洞外，声满岩谷，水旱不

① 郭荣章编著：《石门石刻大全》，三秦出版社，2001年，第161页。
② 王昶：《金石萃编》卷一四九，陕西人民美术出版社，1921年影印扫叶山房本。

加损益，真斯境之胜绝处也。居民之好事者，亦或时往，以为游观之所。唯从义郎赵清臣笃于好善，奉佛尤谨。政和壬辰春，属以大旱，二麦垂槁，饥歉之患，近在朝夕。君遂同僧□□□率众诣洞请水，至诚所感，越三日大雨，人人欢喜无量，悉心归依。比其迎返也，几数千人。然山巅草莽之间，尊像埋没，风雨剥蚀，岁月滋久，君视之恻然，念念不已。至政和丁酉岁，乃发誓愿、舍财出力，建□生佛阁。与僧□慈惠、谌宝□共为经营，阅数月而工毕。阁成之二年，忽一日，画父母兄嫂身容，背赴峨嵋山，于普贤示现处，力为忏悔，且复默祷，愿于吾州之鸡头山以显灵异。是年七月十四日，设大会于洞前，俄顷，布五色圆光，人所共睹，鸡山佛现，自兹始也。厥后，人益信法，而住持者更五六人，惟善、法义、法证、法用、洪雅之徒，前后相继。仅三十年，次第而普治之，曰殿曰堂，与夫寮舍厨库之属，亦略具矣。然非君倡之于始，则安能成此一段事哉？噫！西方之教，行于中华久矣，其大率以孝慈忠信为本，济时拯弱为心，诱人为善，恐其沦于恶道而不自知也。若究其所以然而不泥于末习，则可谓善学矣。赵氏以孝义著名乡里，是得佛之心法者。来求记于予，遂为之书其本末云。

绍兴十四年正月二十八日，金台丁彦师记。

敕赐旌表门闾从义郎赵清臣长男成州州学正稹，次男武翼郎和，次男穆谨□。

绍兴二十二年十月十五日谨立。石匠杜宏刊字。

《鸡头山下生佛阁记》，南宋绍兴十四年（1144）丁彦师撰文，绍兴二十二年立石。原在成县鸡峰山，今佚。上文据张维《陇右金石录》录入。张维称此碑"在成县鸡头山，今存"。其"按语"云：

此碑高四尺余，宽二尺，凡二十行，行三十四字，额篆与碑首行俱题："鸡头山下生佛阁记。"下为："左修职郎前岷州团练判官刘戬篆额。右从政郎前阶州知录事参军丁彦师撰文。"后题："男时升书丹。"末二行为："敕赐旌表门闾从义郎赵清臣长男成州州学正稹，次男武翼郎和，次男穆谨□。绍兴二十二年十月十五日谨立，石匠杜宏刊字。"《旧志》以碑在今光祥寺，文中叙及祷雨应验，因目为《光祥寺祷雨碑》，殊与石刻违异。考"壬辰"为政和二年，"丁酉"为七年。是时金阿骨打初建元立国，逾年乃有海上"宣和之盟"。越二十八年则为彦师作记之岁。宋已南渡，屈己成和。又八年，彦师之子时升，清臣子稹、和、穆等始为之书丹刻石。盖此荒山片石，曾经彦师、清臣两家父子，仍世经营，而初立时即历朝代沧桑矣。碑文《旧志》失载，新得拓本，乃录而存之。[①]

## （一九）徽县·南宋《唐无隅题壁》（绍兴二十五年，1155）

图 6-18　唐无隅题壁（张承荣　摄）

　　当邑青泥社郎中仝弘农七郎二十余人至古洞宿霄，设醮投简，以祈递年，不替游玩，各冀神仙荫祐者。绍兴乙亥仲春初三日，左绵唐无隅题。

　　《唐无隅题壁》（图 6-18），南宋绍兴二十五年（1155）墨书题壁，今存徽县首阳洞。行书 7 行，满行 9 字。

## （二〇）徽县·南宋《郭念六郎题壁》（绍兴二十五年，1155）

图 6-19　郭念六郎题壁（张承荣　摄）

　　郭念六郎仝何仲济纠集众人至此宿洞设醮　。乙亥仲春初三日题。

　　《郭念六郎题壁》（图 6-19），南宋绍兴二十五年（1155）墨书题壁，今存徽县首阳洞。行书 5 行，满行 6 字。

## （二一）西和·南宋《德政堂记》（绍兴二十六年，1156）

　　窃闻欲政速行，莫先以身率之；欲民达服，莫切以碑记之。德者本也，苟能躬行其德以化民，则民被其泽而褆其福，□□□□立社祠以报其德，刻琬琰以颂其功，如周之召伯，晋之羊祜者焉。西和古之创郡。圣天子总核名实，亲察贤否。绍兴乙亥春，以中卫大夫、泉州观察使、阶成凤西和兵马都铃辖御前左军统制军马邵公，知西和州军事兼管内劝农。邵公，讳俊，躬受简命，来牧斯民。旌旆西引，下车视事，廉能公正，练达治体，而善政及民，斑斑可考也。其宽以容众，仁以爱人，不屑屑于刑威，惟以德礼化民焉耳。旦夕惕励，苦询民瘼。苟有所利，则因而兴之；苟有所害，则革而除之。民有冤讼，则听断如神，其明决有如此者。雨旸

---

① 张维：《陇右金石录》，载《石刻史料新编》（第一辑第 21 册），台北新文丰出版公司，1979 年，第 16061 页。

顺序，百谷用成，其气和协应有如此者。躬诣垄亩，集诸父老，劝以力穑务农，其敦本有如此者。郡民白氏孝善于家，爵而未举，闻诣朝廷旌之，其彰善有如此者。锄击凶顽，而盗不入境，路不拾遗，其瘅恶有如此者。民有梗化，谕以礼义，劝以孝弟，而民率其化有如此者。夏麦熟，将获，夜梦异人告曰："天将大雷雨以风。"公速令民收刈，方卒其事，后果如之，而爱民之心交感神明有如此者。冬秋春夏不易，故寒谷生禾，其动化群物有如此者。推数事，则公为政惠，其先之实效可见矣。于时，士饮其仁风，农乐其耕桑，工悦其技艺，贾安其市肆。所以庶民爱之如父母，敬之如神明。其仁恩固结之深，匪伊朝夕也。以视古之循良何异哉！四民相率欲立祠勒石以纪功德，而告于成忠郎、就差西和州长道、大潭两县巡检皇甫誉保、节善郎、定差西和州长道县酒税大中。二人承命而来，因民心以倡之，创祠堂于祖师殿之东序。于是采石鸠工，经之营之，不逾月而成。为堂三楹，廊庑门庭无有不具。绘像于中，明窗净几，蔽以风檐，饰以丹青，金壁辉煌，起人瞻仰。事竣，皇魏二公，命余笔之以垂不朽。余不文，敬撼其实以书云。

绍兴二十六年，西和州学长何辙撰。

《德政堂记》，南宋绍兴二十六年（1156）何辙撰文，原在西和祖师殿东，今佚。铭文据王殿元《西和县志》[①]录入。

## （二二）康县·南宋《孙志朋买地券砖铭》（绍兴二十七年，1157）

维大宋绍兴二十七年岁次丁丑朔二月丁酉朔。今有殁故孙志朋，于此阶州将（利）县平落上社地名砲平头坝山之下，用钱万万九千九百贯文，□就此皇天父、后土母、社稷，买得墓田一所，周迥□流。东至青龙，南至朱雀，西至白虎，北至玄武，上至天仓，下至黄泉，四至分明。知见人东王公、西王母，证人李定度，书契人石功曹，印契人金主簿。书契人飞上天，收契人入黄泉。急急如律令。二月十八日葬。

图 6-20　孙志朋买地券砖铭

① 王殿元:《西和县志》，载西和县志办公室校点《西和县志》（内部资料），2006年，第483页。

《孙志朋买地券砖铭》（图 6–20），南宋绍兴二十七年（1157）朱砂书，康县平洛镇出土，今由礼县郭建康先生收藏。砖纵 28 厘米，横 18 厘米，厚 5 厘米。楷书 9 行，行约 20 字，字径 1.2 厘米。地券，又称“幽契”“墓莂”，是古代以地契形式置于墓内的随葬明器，也是已故者通往冥间住处的凭证。从东汉到明清，历代皆有。叶昌炽《语石》：“《释名》：莂，别也。大书中央，破别之也。古人造冢，设为买地之词，刻石为券，纳之圹中。”①

### （二三）文县·南宋《太守鲁公观察祠堂记》（绍兴二十八年，1158）

文州普明禅院记

太守鲁公观察祠堂记[一]

太守鲁公观察[二]牧文之三年，报政有期，邦之军民乐□□[三]政。先期半年，分曹[四]请诸台，投牒借留未浃日，而朝廷已报除代矣。人人咨嗟永[五]叹，知[六]其不可挽而驻也！于是，相率谋为久其思而不忘者。驻屯军将任喜等，就普明精舍立生祠，绘公之像以严事之，且嘱炳文请记其事。炳文为之言曰：君子欲有立于斯世，惟不苟而已。不苟则尽心，尽心则尽物，而所立卓尔不磨矣。詹何之于钓，弈秋之于棋，船之于舟，羿之于矢，造父之于驭，伯乐之于马。是皆潜精于中，不以万物易吾之精。比其成也，实凝于神。此技也，尚不可以苟得。推而上之，及事之大，亦莫不然者。子产之为国，管仲之制军，孙吴之谈兵，周孔之立教，虽小大详略之不同，而所谓潜精于中，凝神于外，则未始异也。故凡有苟心者，平居则碌碌亡奇，而[七]久之则湮沦无闻。是虽欲与一技比而不可得，奚暇议其大。文台居千万[八]山中，斗[九]僻一隅，犬牙西夷，其地荒□，其民朴野。鲁公至，不鄙夷之。凡一政一事，必讲究根柢。予其同欲而□其同病。明年亢旱，生物将就槁，公乃约食劝分，并走[一〇]群望，甘雨即沛。岁大祲，嗣岁之春，民饥□食，公声[一一]于外台，大发廪以赈之，所活以千计，就食氓沾丐旁郡。雨旸顺叙，是秋大穰，民蓄谷支数年，军民父老以为未尝有，而一[一二]归之太守之德。则其所以致挽留之勤，而严奉事之不忘者，岂势力之所能驱哉？凡以公之所立，一出于不苟；而民之德公，一出于诚感也。虽然君子之于名，视之为外物，则是绘事之设，亦公之所不屑也必矣。虽公之所不屑，而亦民之所不能自已，则绘事之存，正以见文民[一三]久久不忘之思耳。公讳安仁，字荣叔[一四]，雄州人。忠孝□敏，嗜义如饮食，恶不义如恶臭。观其所欲立，决非苟然者。先是□□骋□命公借步

① 叶昌炽：《语石·语石异同评》，柯昌泗评，中华书局，1994 年，第 360 页。

军都虞[一五]侯、宣州观察使，伴射两发皆破的。□赐金带、彤弓，以旌其之鞍马，赏赉良渥。然则公之持心不苟，已见弧矢之妙，不特立政为然。自是归环卫，备股肱，推而及太尚，将[一六]有所立者必多，实今日为之基本云。

　　绍兴戊寅十月　日[一七]，门生[一八]阆州乡贡进士[一九]何炳文撰。将佐张倬、王靖、李真、于万、李元、薛□、□元、梁仲、吕荣、李卞、郭胜、冯青、贾俊[二〇]。

《太守鲁公观察祠堂记》（图 6-21），南宋绍兴二十八年（1158）何炳文撰文，今存文县博物馆。碑纵 105 厘米，横 115 厘米，楷书 30 行，满行 27 字，字径 3 厘米。长赟《文县志》卷四载：

　　鲁安仁，字荣升〔叔〕雄州人。绍兴时，为文州刺史，莅文三载。岁旱，祷雨辄应；遇饥馑，发廪赈之，存活以千计。报政去，民投牒借留未可。驻屯军将任喜等，就普明精舍建生祠，绘像私祀。阆州贡生何炳文撰文以纪事。后祠废，碑没于水，垂八百年，生员张佶修水凈获碑稾县，前县何冠梧特建鲁公祠以祀，置碑门外，赋诗以纪。①

图 6-21　太守鲁公观察祠堂记

《建炎以来系年要录》卷一七三载：绍兴二十六年六月，"武功大夫侍卫步军司正

① 长赟：《文县志》，载《中国地方志集成》（甘肃府县志辑 38），凤凰出版社，2008 年，第 135 页。

将鲁安仁知文州"①，与碑文合。张维《陇右金石录》卷四收录此碑，疑转录于《文县志》，时有脱谬，今以拓本辨正之（见下表）。

| 注释 | 原碑 | 陇右金石录 | 注释 | 原碑 | 陇右金石录 |
|---|---|---|---|---|---|
| [一] | 文州……祠堂记 | 未录 | [二] | 观察 | 脱2字 |
| [三] | □□ | 漏识 | [四] | 曹 | 贾 |
| [五] | 永 | 咏 | [六] | 知 | 惜 |
| [七] | 而 | 脱1字 | [八] | 千万 | 万 |
| [九] | 斗 | 甘 | [一〇] | 走 | 慰 |
| [一一] | 声 | 请 | [一二] | 一 | □ |
| [一三] | 文民 | 父母 | [一四] | 荣叔 | 荣升 |
| [一五] | 虞 | 脱1字 | [一六] | 将 | 则 |
| [一七] | 日 | 脱1字 | [一八] | 门生 | 脱2 |
| [一九] | 乡贡进士 | 贡生 | [二〇] | 将佐……贾俊 | 28字人名未录 |

## （二四）武都·南宋《绍兴题壁》（绍兴二十九年，1159）

福津县□郭□□、张易……福津尉通判□□同来□讫耳，绍兴二十九年六月廿六日。

《绍兴题壁》（图6-22），南宋绍兴二十九年（1159）墨书题壁，今存武都万象洞风洞东壁，纵25厘米，横19厘米，行书5行。

## （二五）武都·南宋《高英万象洞题记》（绍兴二十九年，1159）

绍兴己卯四月晦，郡守河东高英景先，缘巡按山寨回，自福津谷舍缒渡江，游万象洞，壮其瑰异。越六月十有二日，拉别乘颍昌成伶和甫、将佐济南刘海朝宗、鄜延王立子礼、上邽王仁嗣景山、河东郝通德卿、陇干李庠化源、庆阳姚公轼望之、学官左绵袁观子游、巡检京兆韩希清叔、邑

图6-22　绍兴题壁

---

① 李心传:《建炎以来系年要录》，中华书局，1956年，第2860页。

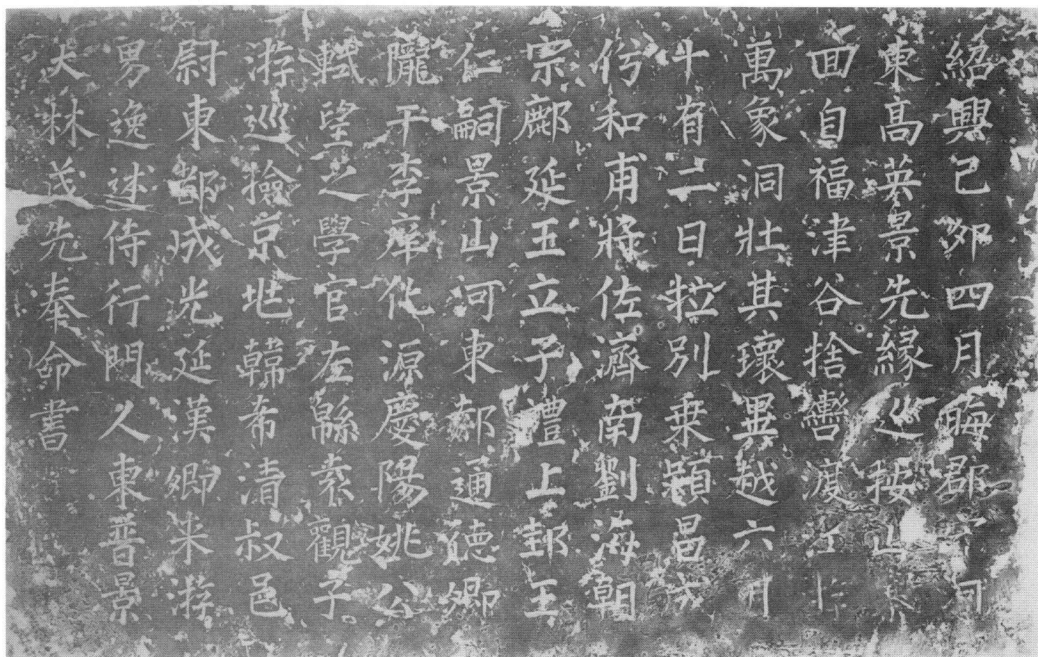

图 6-23　高英万象洞题记（李婷婷　协拓）

尉东都成光延汉卿来游。男逸述侍行。门人东普景大林茂先奉命书。

《高英万象洞题记》（图 6-23），摩崖刻石，南宋绍兴二十九年（1159）景大林书，今存武都万象洞近口西侧。纵 96 厘米，横 143 厘米，楷书 14 行，行 10 字，字径 7 厘米。高英，字景先，河东（今山西）人。《武阶备志》卷一七载："《万象洞题名》，正书，在洞内，磨石刻字，大六寸许，每行十字，共十三行半。书法精劲，类唐人。世鲜榻者，故完好如新。"①

**（二六）武都·南宋《宋故知阶州高公墓志铭》（绍兴三十年，1160）**

宋故知阶州高公墓志铭（篆额）

宋故亲卫大夫、御前同统制军马、知阶州（高公）墓志铭

左朝请大夫、通判阶州军州、主管学事兼管内劝农事成（份）撰。

公讳英，字景先。始高氏岚州宜芳人也。质重倜傥，不拘小节，未冠隶本州宣毅籍。建炎初，金人犯河东，公预城守，累立战功，补都虞候。明年，从统领军□□□□□□属，敌人围城，公代使臣押兵接战，用绛帛束甲，以自标识，虏众蝟攻，具直造城下，守堞者惧，公挟劲弓，发三矢，毙三人，虏遂溃去。岚石路安

---

① 吴鹏翱：《武阶备志》，载《中国地方志集成》（甘肃府县志辑 10），凤凰出版社，2008 年，第 190 页。

图 6-24　宋故知阶州高公墓志铭（刘钊铭　协拓）

抚使、知晋宁（军）□□□路军马徐徽言目睹勇锐，因召绛帛束甲者来前，问公姓名，既慰抚之，录前后寄六资功，以河东经制司空名官扎，自都虞候借补成忠郎，差权河东弟九□□□□河东诸郡多陷虏，晋宁军弓箭手指挥使郭龄、市民韩知常谋叛献城，城失守。公避乱抵鄜州，遇今金州安抚四厢都统王公彦，时为河东第九将，差公兼管押随□□与结为忠义兄弟，升堂拜母，有无通共，母抚公如己生，纫缝食饮；嫂待公同□叔。共誓报国，招集散亡，自成一军，往依府州太守折承宣，时同州为河东陕西冲要，□公檄弟九将王公招抚同州蒲城县，公实从行，至则蒲城已顺虏，虏众驻县，民畏无赴意。二公乃率所部兵，乘夜焚城门以入，斩获虏人与同恶者甚众，救护陷蓄老幼千余口，倡谋归朝。宣抚处置使司嘉其来，真授成忠郎。四年，从收复永兴军，先登，转忠训郎。永兴新复，盗贼旁午，帅司留公知高陵县事，招集逋散数千家，有盗张权者，拥众暴横甚恣，公度招降不可，设伏以待，乘其不意，擒首领姚忙儿、郝立等二十余人，公亦被伤，转秉义郎。绍兴元年，凤州剧贼王太，假金人声势，杀戮守倅已下官吏者六十余家，公从本将会合景衺军马，贾勇士卒，率先陷阵，擒四百九十余人，得贼首二十余人，第功转敦武郎，升充宣抚处置使司选锋部将。二月，从防守秦州，值金人回军熙河，捍御奔冲，把截黎子口无虞，转武翼郎。二年春正月，差权宣抚处置使司选锋正将；三月，从解围方山原，于百查岭杀败金人，汪龙岭杀败泾原叛贼，转武德郎，排充选锋第十一正将。三年，以年劳迁武功郎。四年春三月，金人大入，犯仙人关旁杀金平，公从制置都统吴公玠战御，属当前行，置阵严参，吴公指左右曰："是固，能办贼也。"会连日大军全胜，转武德大夫。是时，公方壮岁矣。五年，从攻下秦州，中流矢而气益振，转武功大夫。九年，议和成。至十年，虏复背盟侵陵陕右，宣抚使司差公充行营右护军前部统领军马兼永兴军路兵马都监，从鄜延路经略王中卫彦，措画收复。夏五月，至醴州城下，黎明破城，擒千户张鹤等三人，百人长九人，牌子头八人，甲军二百四十余人，斩首一百五十余级，抚定□□，市不改肆，功居第一，转行右武大夫、文州刺史。天子锡命曰："武功大夫高英，性资敏锐，材力骁雄，素称韬略之奇，久习封圻之守，操戈迎敌，率众当先，俘馘甚多，酋豪远遁，上功幕府，核实司勋，宠进横班，遥升郡绂。"训词美矣！是年，敌引重兵据青溪岭，欲攻取泾原。夏六月，节制陕西诸路军马郭浩檄公自邠州尾袭，至招贤村，横截虏骑，斩获过当，敌分三队翼而进，公分击之，敌追至麻务屯，复占青溪岭。闰六月，泾州城下，经战获捷，转左武大夫。（十）一年，从今都统少保于丁刘圈、剡家湾，居前鏖战，转拱卫大夫。公与虏确，多立奇功，数授金带、金盂、白金、袍缯之锡，旌其最也。越明年，金人寻盟，正南北疆界，自是休兵矣。

　　公分屯益昌，移苍溪，又移剑山，又移左绵。先自龙阳屯武阶，又屯天水、屯河池、屯同谷、屯大安，凡十驻军，所至州县，交口称誉，兵不犯，民不扰，咸畏爱之。十三年，改差兼权发遣潼川府路兵马都监。都统少保公简曲部将，佐之有器业者，欲稍试以吏事。二十三年，辟公摄龙州，既下车，究知宿弊，尽循律令，劝农桑，省刑罚，时租税，宽逋负，抑强扶弱，惠养疲民，捐俸以修学校，置田以赡生徒，以次施行，人皆悦服。既去，绘公像以奉祠之于今黉舍，为一路冠。二十四年，御前左部同统制、本管军马李兴祖亡，都统制司奏选公为代，天子俞请。都统少保公问曰："公既升统制，将何以报朝廷？"公徐对曰："平时训习将士，使遵军律，视其衣粮，无扰其私。一旦临敌，使性者勇，勇者奋，心力齐一，不敢瞻前顾后。此所以答知已报朝廷之职分也。"二十六年，阶州守臣王彦迁镇金州，有旨委四川制置使萧振，领御前都统制吴璘推择可充前军统制军马兼知阶州者，具名来上两司，以公应选，朝廷从之。公初即事，如治龙州而加循良吏焉，州城左右白江、北谷二水交贯，每至霖潦，二水斗暴，岁为州患。公筑南北堤以防涨怒，工费不取于民，假诸营余力，帑廪余资，不劳而办。夹堤植杨柳，岁伐条枝补葺崩陷，为久远之利。增修雉堞城楼，以壮边藩之势。叠、宕小羌，间出掠民牛羊，公捕酋首十余人，开示祸福，抚以恩信，复遣还部，解佩剑以赐老胡，使诱说诸氏不得犯塞，自是感悦，西边无寇攘之患，民安业也。二十八年，朝廷念全蜀将帅固圉久劳，概举十年之限，例迁一官，转亲卫大夫。公自都虞候十四迁至亲卫大夫，皆以战功，其用年劳转者两阶而已，自十三年郊祀加恩，初封武功县开国子，食邑五百户，又进封开国伯，又进封安康郡开国侯，食邑至一千三百户。凡将相守监司，荐举者二十余员，率期以为名臣才可知也。

　　公性聪敏，少与群儿学，日课诵千百言，至老不忘。虽在兵间，手不释卷。授《左氏春秋》于儒先生；喜读《资治通鉴》，能道历代治乱成败。至于兵书、阵图、杂家、小说、阴阳、律历、卜筮之书，暨浮图、老子之言，无不涉猎。如《尔雅碎金》，句读聱牙，略无音韵，成诵如流，牵引解说，以古证今。儒者病焉，晚耽道家飞升之术，谓金丹可成，凡骨可仙，以尸解为未了。宴居默诵《黄庭经》曰："此登仙之梯！"虽在道途鞍马之间亦不废。天资沉劲，寡戏笑，重然诺，外严内宽。未尝以词色假人，好回折人之过，不掩人所长。抚士卒有恩义，病则躬视医药，婚葬则助其经费。笃于故旧，尊节畏义，少许可，或者疑，自高上其才能云。一日都试，号令明简，坐作进退，肃然无讹，视听鼓旗而分合变化率应师律。既罢，无一受罚者。乃曰："春秋时，子文治兵，终朝而毕，不戮一人；子玉治兵，终日而毕，鞭七人，贯三人耳。优劣可知！诚欲慕古人而效之。"又尝语人曰："人之才智，要当能通不通，能利不利，然后遇盘根错节而利器立辨也。"公居家师俭，不务华饰，谈及贫贱，时粝饭布衣，曰："今过分矣！"不治产业，不畜赀财，曰："无益子孙之过！"好赒人之急，疏属外姻，仰给者众。其于亲族，尤致其厚，至于宾客、祭祀，丰腆甘洁，未尝少吝。既没，家无余留焉！三十年五月十四日，以疾卒于官，享年五十有九。公没之次月，白江暴涨，适与堤平而城无恐，郡人尤思公而德之。

曾祖讳晏、祖讳志，俱不仕；父讳晟，赠武经大夫。初娶崔氏、继室李氏皆先公二十余年卒；今配罗氏，郇王绍威之后，封恭人。男四人，长曰遽，成忠郎，早亡；次曰逸、次曰述、次曰通，并以公荫为保义郎。女一人，方四岁。诸孤卜以是年九月初七日壬午，葬公于阶州东南山之麓，曰药木平。泣来求志其墓，予辞不文，无以显扬先德，再却再请，又泣拜曰："先人起徒步、立功勋，时不肖子尚幼，不能通知本末，久与先生联事，屡道平生艰难，起家之状，舍先生谁知其详？"仅以同僚之义，实闻斯语，不可固辞。既助其凡葬事，乃系而铭之。铭曰：

胡尘蓬勃兵扰攘，叛夫奸人助陆梁。忠臣义士起四方，乘时多难翊兴王。公从徒步志激昂，斩虏戮叛勇莫当。文能辅众威武扬，试守两郡称循良。开示诚信怀氐羌，寇攘不作民乐康。古来水患今则亡，两堤万柳公甘棠。仙灵山高白水长，阶人恩公不能忘。因葬本郡比桐乡，后世考佶视铭章。

门下士普慈景大林书丹盖。匠人惠湘王永刊字。

《宋故知阶州高公墓志铭》（图6-24），全称"宋故亲卫大夫御前同统制军马知阶州高公墓志铭"，简称"高英墓志"，南宋绍兴三十年（1160）阶州通判成份撰文，景大林书丹篆额，王永刊字。2017年出土于甘肃省陇南市武都区东南山麓药木平，今存武都莲湖公园。墓志纵130厘米，横75厘米。篆额"宋故知阶州高公墓志铭"10字置2列，字径9厘米；正文楷书44行，满行64字，字径1.5厘米。高英（1101—1160），字景先，河东岚州宜芳人（山西岚县）。时任阶州太守，享年59岁。墓志记录了建炎三年（1129）"晋宁之战"、绍兴元年"凤州之战"、绍兴四年"仙人关大捷"、绍兴十年"醴州之战""泾州之战"、绍兴十一年"剡家湾大捷"等重大战役。

## （二七）西和·南宋《杨进墓志铭》（绍兴二十九年，1159）

宋故杨公墓铭（篆额）

西方之气，劲禀金行，储孕精秀，必曰间生。公之炳灵，为国虎臣，箕裘之业，束发从戎。公讳进，字德修，巩州安西人也。勇锐果敢，智略过人，于建炎间，因

图 6-25　杨进墓志铭（胡询之　藏石）

讨叛羌，始立奇功。至绍兴初，敌国侵凌，九州鼎沸。

公喟然叹曰："君忧臣辱，君辱臣死。"愕然愤志，竭节勤王。内持刚毅之心，外尽孤忠之节。迎锋破敌，百战于京畿；效死疆场，必争于熙巩。岂谓胡骑长驱？秦陕复陷，公徊徨四顾，势孤难立，遂尔亡家，一身报国。于是神赞元戎，十年控扼，聚忠义于大潭，为四川之屏御，战守无停，艰危万状。公实乐为，方图不世之功，欲复山河之固。奈何敌国请和，忠诚难尽。官至武翼大夫，职任御前正将，屯驻于武兴，地名曰芝渠。公阅练有术，纪纲有法。革除奸弊，悦怿军心。不扰不役，不谄不佞。端然正直，尽循公道。虽有谤议，皆出人之私心。确然不顾，理自归正。公素有伯乐之鉴，屡被檄于宕昌收买进马千百之数，无一不当，人孰可继？每遇休暇，常语客曰："当国步艰危之际，务在军饱民苏，此何难耶？削官吏之贪淫，去士兵之侥幸。和气一同，欢声四布，此乃天下安平之基也！"美哉，是言，求之古人诚无愧矣！公享年五十有四。厥疾是作，危卒不起。左右失声，长星西坠。大宋己卯仲秋二十有二日薨于寝。父清，赠武经郎；母王氏，赠孺人；妻冯氏，封安人。男五人：长曰宗说，次曰宗颜、宗亮、宗奭、宗良。女三人，幼皆未婚。是年季冬十二月二十三日癸酉，葬于西和州长道县，地名祁家平新卜之茔。诸子哀乞其铭，义不当辞。为之铭曰：

精忠贯日，高义格天。德惟存抚，险阻是先。十年控扼，智勇谁肩？纪纲有法，阅练之专。刚柔相济，畏爱兼全。公明赏罚，无谗无偏。廉勤守节，人皆曰贤。其功赫赫，彝鼎争传。英气一收，河岳凄然。烟云黯黯，愁锁原泉。

忝戚吕茂宗谨撰并书。石匠李渊刊。

《杨进墓志铭》（图6-25），南宋绍兴二十九年（1159）吕茂宗撰并书，墓志今由西和县响纸斋主胡询之先生收藏。纵75厘米，横49厘米。篆额"宋故杨公墓铭"6字，列3行，字径9厘米；正文楷书24行，行30字，字径1.2厘米。篆额圆浑婉通，略带稚气，颇耐玩味。正文运笔爽达，斩钉截铁；结体高古，疏朗有致，虚和峻宕。若将其置于魏晋墓志中，无人能辨。

图6-26　袁执中墓志砖铭

## （二八）徽县·南宋《袁执中墓志砖铭》《袁母郭氏墓志砖铭》（约绍兴三十年，1160）

殁故袁执中，于癸酉岁绍兴二十三年四月十二日身化，时年二十三岁。执中舍身虽死，救母再生七年，伤哉！伤哉！

《袁执中墓志砖铭》（图6-26），楷书大字4行，行7字，字径4厘米；小字2行，行8字，字径3厘米。

此是袁宅郭氏一娘子灵及有先亡次（子）执中，亦葬□□□内记。

图6-27　袁母郭氏墓志砖铭

《袁母郭氏墓志砖铭》（图6-27），左上残缺，楷书5行，行5字，字径5厘米。

《袁执中墓志砖铭》《袁母郭氏墓志砖铭》，今存徽县博物馆，二砖等大，正方，边长31厘米，厚6厘米。从铭文悉知，袁执中于南宋绍兴二十三年（1153）为救母而死，七年后母亡，母子同葬一处。砖铭镌刻当在绍兴三十年。

### （二九）武都·南宋《田议题壁》（乾道元年，1165）

太宋乾道元年仲春十有七日，专游万象洞。田议、石宣、李虞□□小□□成廉□王晖等到此回□记。

图6-28　田议题壁

《田议题壁》（图6-28），南宋乾道元年（1165）墨书题壁，今存武都万象洞天庭南壁，纵40厘米，横28厘米，行书5行。

### （三〇）两当·南宋《乾道二年题刻》（乾道二年，1166）

乾道二年。王。

《乾道二年题刻》（图6-29），南宋乾道二年（1166）摩崖刻石，今存两当县金洞乡观音堂旧址斜对面两当河西岸。摩崖纵横各20厘米，"乾道二年"4字，楷、行、草三体相杂，字径3厘米，其中"道"字作草书。右侧15厘米处，刊一"王"字，刀法粗率。题刻由两当一中张辉先生发现并告知。

### （三一）两当·南宋《乾道阆人题刻》（乾道二年，1166）

乾道二（年）……月初一。□此□□阆人□□僧记。安九记。

《乾道阆人题刻》（图6-30），约南宋乾道二年（1166）摩崖刻石，今存两当县金洞乡观音堂旧址斜对面两当河西岸。摩崖纵55厘米，横60厘米，大字楷书3行，字径7厘米。右下侧刊"安

图6-29　乾道二年题刻

九记"3字,字径2厘米。摩崖有石皮脱落,伤及文字。

### (三二)康县·南宋《十方法界偈颂诗》(乾道二年,1166)

> ……戒行六……继永……有乱言山讼一□之颂曰:
>
> 尘世八旬余五春。火风别离此□身。藏中无相□尼现,十方法界太虚真。
>
> 四片香柏荐圻吾,炼成金丹烧药炉。法王弃下孤寒骨,十徂岩穴半点无。
>
> 贫道八十五载,主人顼无星碍。真空常现明珠,遍照十方法界。
>
> 乾道二年丙戌岁立夏毕。

《十方法界偈颂诗》(图6-31),南宋乾道二年(1166)摩崖刻石,今存康县王坝镇鸡山寺。摩崖纵45厘米,横55厘米,楷书11行,满行14字,字径3厘米。摩崖右侧磨泐,字迹模糊,左侧可辨三首偈颂诗作。

图6-30 乾道開人题刻(李辉 协拓)

图6-31 十方法界题诗(宋涛 拓)

### (三三)成县·南宋《同谷礼殿图碑》(乾道三年,1167)

黄泳《成县新志》卷四载:"宋同谷郡学新绘成都礼殿图碑,在县城学宫内。"并录有部分碑文:

> 谨按,益州都督府长史张绪《修府学记》云:"周公礼殿图,东汉献帝时建也。"碑阴曰:"贺遂亮撰,县令颜有意书。"实唐高宗永徽之元年也。耆旧相传,晋太康中,益州刺史张收书。
>
> 匠石者凡三,翼日谒谢,顾谓勋曰:"子与诸生作成斯宫,实壮大宏丽。而民力弗烦,子之功多矣。"勋曰:"此使君与执事生之力,勋何与焉?"皆合词曰:"非子莫能先之!"乾道三年七月既望,左修职郎知成州州学教授唐安王勋

记并书。①

《武阶备志》云："同谷郡学新绘礼殿图，黄中撰，正书，绍兴二十八年。文载《黄志》。"②此与《成县新志》所载相抵牾。张维《陇右金石录》亦转录如上文。

### （三四）礼县·南宋《马真右墓志铭》（乾道四年，1168）

图 6-32　马真右墓志铭（马建营　摄）

故进武校尉、前监西和州祁山寨仓马真右，乾道三年润七月十九日卒巳来，并先亡慈母王氏，命值天限化当，有男马日宣，到乾道四年二月有三日，命山人卜其宅兆，衣衾谨葬之。时乾道四年二月初三日，男马日宣谨记。

《马真右墓志铭》（图 6-32），南宋乾道四年（1168）刊，2011 年春，礼县石桥镇魏家山村出土。墓志大小不明，铭文楷书 11 行，满行 10 字。文载马建营《论祁山古城及其名称的变异》③一文。

### （三五）徽县·南宋《杨白起题壁》（乾道四年，1168）

监青泥路杨白起，同院主潘浚之、韩元□遵训参洞观仙而不思返归。时乾道戊子仲夏上旬题。

《杨白起题壁》（图 6-33），南宋乾道四年（1168）墨书题壁，今存徽县首阳洞。楷书 5 行，满行 8 字。

---

① 黄泳：《成县新志》，载《中国方志丛书》（华北地方·第三三二号），台北成文出版社，1970 年，第 390 页。
② 吴鹏翱：《武阶备志》，载《中国地方志集成》（甘肃府县志辑 10），凤凰出版社，2008 年，第 179 页。
③ 马建营：《论祁山古城及其名称的变异》，《陇南文化研究》（内部资料）2016 年第 5 辑。

图 6-33　杨白起题壁（张承荣　摄）

## （三六）武都·南宋《杨实墓志铭》（乾道四年，1168）

宋故杨公墓铭（篆额）

宋故杨公墓铭

尝闻尧舜之道，孝悌而已。世之人不必高节异行，卓然表见于时。但能以孝悌日用，则百行之源无以加矣。公讳实，字子平，姓杨氏。其先河中府河东人也。曾祖讳隐，祖讳和，父讳成，世以农商为业，晦迹弗耀。爰自王韶学士开拓熙河，天下功名、慷慨之士与富商大贾咸奔凑之。公之曾祖亦自蒲来巩，经营运幹，颇遂其意，因徙家而居巩之永宁，至公已四世焉。公之母赵氏先亡，父既中年，兄宁游荡不检，破坏资产，父由是以气目失明。公竭力奉养，极尽于孝，抚育幼弟，又尽于悌，时为宗族乡党所称。逮建炎庚戌冬，金虏犯熙河，所至人物流散，公携家转徙武阶，而弟宥恋乡闾坟垅，遂至隔绝。公方意念间，凶讣遽传，孤遗失所，公乃厚赂两界商旅，密令偷取到一男一女，鞠育与己子均，男名济，既长成，即与娶妇，量给财本，俾自立门户，女适术士王承用，亦稍优稳。初，公之兄以田产与乡人韩氏，公既在武阶，韩氏之子松，亦挈家来依附，愿以田产归公，公恻然悯之，乃出金币赎还，亦天理彰公之孝义也。公为人谦和谨愿，虽在廛市，泛应事物必怡颜顺色，未尝与人相忤，好结善缘，有义襟，每见灾难困乏之人，必量力赒济，前后使公之财为经商而逋负者数人，公置之不问。公喜教子，从学始终，待师范每尽于礼。公春秋渐高，兰玉诜诜，率皆长立，遂稍谢家事，休闲自适，未几，忽感痰疾，乍安乍作，药饵葆养，以为常事。一日，遽语诸子，以板木砖甓之事，诸子不忍应诺，乃再三督促，势不获已，既知备集，且曰："吾老矣，疾不可理

图 6-34　杨实墓志铭（郭文辉、杨瑞　协拓）

也。"因就卧不出，亲友来问者欣然应接，属以永诀之言，精神不乱，数日之间遂□于正寝。时乾道四年四月初二日癸巳也，享年六十有七。初娶吕氏，子男五人，曰浚、曰源、曰□、曰湄、曰洧，三人习进士业，昆季皆能承家干蛊。女一人，适里人韩迪。公再娶刘氏，善治中壶，致□室辑睦。孙男六人，皆幼稚。以是年十月二十一日己酉葬于郡东十里柏株平之茔，以吕氏先□焉，礼也。葬期有日，浚等以之邵畴昔忝为师席，且与公从游之久，熟知行事，泣血来请碣，□谓□□年纪叙质之幽显，无愧也。呜呼！公自幼历艰难，长遭离乱，而流寓江乡，逾三纪年，生计□□子孙□□它日之盛，特未可量，诚由公孝悌之所致也，是真足书，故铭之曰：

通子□明兮，孝悌□□。□钦杨氏兮，得于自然。和光同尘兮，乐居市廛。一襟风义兮，与物周旋。视履考□兮，吉祐自天。□□增润兮，嗣续联翩。神魂奄忽兮，长夜绵绵。勒铭翠琰兮，永昭九泉。

免解进士临沂马之邵撰。右迪功（郎阶州）司户参军兼司法李朴书并篆额。

《杨实墓志铭》（图6-34），南宋乾道四年（1168）马之邵撰文，李朴书并篆额。2013年3月修建武罐高速公路时出土于武都区东江镇郭家坪村，今存郭家坪村郭强家。墓志纵102厘米，横65厘米，额篆"宋故杨公墓铭"6字3列，字径8厘米；正文楷书26行，行36字，字径1.8厘米。

## （三七）武都·南宋《重修赤沙祥渊庙记》（乾道四年，1168）

重修赤沙祥渊庙记（楷额）

重修赤沙祥渊庙记

门下士左迪功郎、阶州福津县主簿、主管学事、权州学教授、珠江黄侯记。泾原王永刊。

武都之东五十里隶福津县，往安化镇之道中地名曰赤沙。旧有湫甚灵，隐于附近之深山大谷中，其后湫亦潜徙。往时有位者购居民以一岁之租赋，俾极之于所往，竟不得其真，然遗迹尚存，犹能随祷而应。其神则高食于途之滨，屋初数椽，不知几何年矣。此方之人，每遇暵潦，辄祷祠下，以祈雨旸之若，靡不昭答。本朝大观庚寅，太守马公视其屋宇卑陋，不足以侈神之灵，命工鸠材，别建祠宇，绘塑神像。洎成，万口一词，皆谓宜有庙号，以崇其祀。县以邦人之请闻于州，州以闻于监司，监司以请于朝。是年九月二十有一日，奉天子之命，赐以"祥渊"额其庙，自是人益信。向岁久不治，日坏月隳，殆不克完。忽夏秋潦暴，汹涌奔突，几骤迤而胜者数矣。于时岸有深谷之变，田有惎崩之患，或者以谓神实为之也。绍兴庚午,节使姚公初守是邦,因过祠下,叹其几废,给资以辑之,以至于今,祀事有加焉。乾道丁亥十有二月,统制□原王公来领州事,得□倅贰张侯,与之商□,密期享坐啸画,诺之,逸而千里按堵,政平讼理,□祀典之。有益于民者,未尝不尽礼致敬,而神亦应答如响。阶于西北为下州,比旁郡,盖地瘠民贫,然能曰雨而雨,曰旸而旸,人情熙熙,安生乐业。入其疆者,不知为近边之所。虽一方神物之赐,然非□政所感,未易尔也。祥渊去城郭稍远,异时郡有祀事,率以委官。明年春三月,太守具酒殽,躬往致祭,因徘徊瞻礼,顾谓庙自草创,未足以副朝廷之宠而答神之贶,归以语其属,俾度遗材,役冗工,因其基而广之,即其旧而新之,乃

图6-35　重修赤沙祥渊庙记

以孙仲下班董其役，经始于戊子之孟夏，不逾月而新庙落成。塑像严饰，有殿以崇香火之奉，有厨以为享礼之所。环廊庑以至于庙门之内，无虑十数楹。工讫，择附近之寺僧有名行者，主其焚献，得志英，庶几可以久而不废。一日命属吏黄傫曰："子曷为我记之，使观者知神之灵应，而识庙之废兴也。"傫窃谓：神虽默然无际，然精诚所至，彼实临之。是则神之祸福，率因人以为灵也。守倅一郡之主，神血食于其境内，视治否以为重轻。使为郡者营私背公，不以君民为念，神将冥然不顾，可也？今二公忧国爱民，不置诸口，其用心为如何？神享其祀，能无灵乎？公讳中正，河州枹罕人也，忠节暴于功业，孝行见于旌表，约于身、俭于家，其居官以廉，其养民以恩，其御吏以法，与属吏均有无，与士卒同甘苦。张侯，讳俊民，字朝英，汉中人，登绍兴四年进士第，文行政绩，表表在人耳目，素为当途推重。二公左提右挈，同底于治郡。政之余，又求有功德于民者之神，以庙以享，是其所存，未尝一日不在民□。后日，神得所依，永为阶民之庇，而无水旱疾疫之疹，民得以奉公遂私、优游卒岁，而无叹息愁恨之声，必曰："自今日始，然未知他日又废而能振起之者谁也！"傫故乐书其事，而请镵于石，其庶乎不泯！

乾道四年岁在戊子五月旦日。

右从事郎、知阶州军州福津县事、主管学事、劝农公事陈抡书丹。

左承议郎、权通判阶州军州主管学事兼管内劝农事、提辖网马驿程、赐绯鱼袋张俊民。

右武大夫、阶成西和凤州兵马都监、御前中军同统制、游奕军同统制、权知阶州、弹压本州屯驻军马王中正。

《重修赤沙祥渊庙记》（图 6-35），南宋乾道四年（1168）黄傫撰文，陈抡书丹，王永刊字，今存武都安化中学院内。碑纵 87 厘米，横 63 厘米，额楷书 8 字"重修赤沙祥渊庙记"，字径 5 厘米；正文楷书 31 行，行 37 字，字径 1.1 厘米。

### （三八）武都·南宋《王师雄题壁》（乾道四年，1168）

乾道四年四月初六，武都郡守王子直、季子师雄同兵士李仲、杨侁、杜俊等二十人至此而回。

《王师雄题壁》（图 6-36），南宋乾道四年（1168）墨书题壁，今存武都万象洞天庭东壁，纵

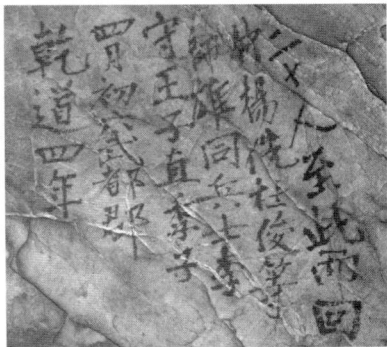

图 6-36 王师雄题壁

40 厘米，横 30 厘米，楷书 6 行。

## （三九）武都·南宋《杜亮题壁》（乾道六年，1170）

　　相台杜亮明父，古雍胡诩□卿，陇干姚良卿舜俞，崆峒□世□威仲，庆阳姚公轼望之，临洮杨伸直夫，金溪王岳伯亭，洛中□□乐道，平冈钱行古达可，以乾道庚寅十有一月二十八日同来。

《杜亮题壁》（图 6-37），南宋乾道六年（1170）墨书题壁，今存武都万象洞风洞东壁，纵 87 厘米，横 53 厘米，楷书 7 行。

图 6-37　杜亮题壁

## （四〇）成县·南宋《王师雄题记》（乾道七年，1171）

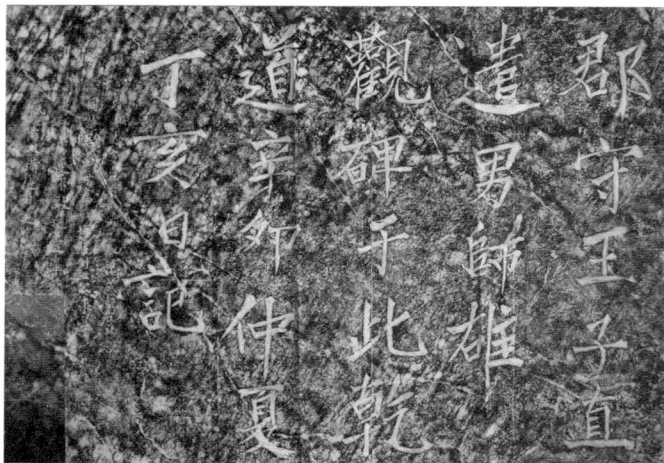

图 6-38　王师雄题记

　　郡守王子直，遣男师雄观碑于此。乾道辛卯仲夏丁亥日记。

《王师雄题记》（图 6-38），南宋乾道七年（1171）摩崖刻石，今存成县西狭《五瑞图》摩崖西壁，纵 53 厘米，横 60 厘米，楷书 5 行，字径约 9 厘米。

## （四一）成县·南宋《库彦威题记》（淳熙间）

　　时金人方盗有两河及秦魏，成纪在北，同谷居南，每为战场。统制王公来守是邦，房更不敢犯边。皋兰库彦威书此，备他日之览焉。

《库彦威题记》（图 6-39），位于成县西狭《王师雄题记》左下，与之紧密相连，纵 30 厘米，横 14 厘米，楷书 4 行，字径 2 厘米。

张维《陇南金石录》录文有四处误释："盗有"误作"盗至"；"秦魏"误作"秦陇"；"居南"误作"在南"；"皋兰"误作"兰皋"[1]。库彦威，皋兰（兰州市）人，淳熙二年（1175）知文州，在"吐蕃寇边战殁"。《库彦威题记》应晚于《王师雄题记》，镌刻时间大约在乾道七年（1171）至淳熙二年（1175）间，是库彦威看到《王师雄题记》后有感而题，《题记》中"统制王公"指王子直无疑，而张维谓"王公"指绍兴十二年前后知成州的王彦。此说大谬[2]。

图 6-39　库彦威题记

### （四二）成县·南宋《王子直甘露颂》摩崖（乾道八年，1172）

有宋乾道八年，岁在壬辰莫春之月，甘露降于成州仙崖之下，野夫来告，邦人聚观。咸曰：太守王公逾年政成，讼无留庭，盗不警野，治尚宽大，神人以和，雨旸弗愆，年谷娄稔。和气发育，嘉祥并臻，龟蛇见于坎宫，瑞露零于仙境，与汉武都守李翕所纪颇同。彼以治崄便民，此以至诚格物。不可无述，昭示方来云。前同谷令普安王康书之。公名中正，字子直，河州枹罕人。

《王子直甘露颂》（图 6-40），南宋乾道八年（1172）摩崖刻石，今存成县南山仙人崖。纵 140 厘米，横 100 厘米，隶书 10 行，行 14 字，计 140 字，前同谷令王康书。另外，正文右上有镌刻《甘露降图》（图 6-41），绘一人托盘承接甘露之欣喜神态，另有龟、蛇小图两幅，小楷题榜 4 处，曰："甘露降""乘露人""初现真象""安奉变象"。

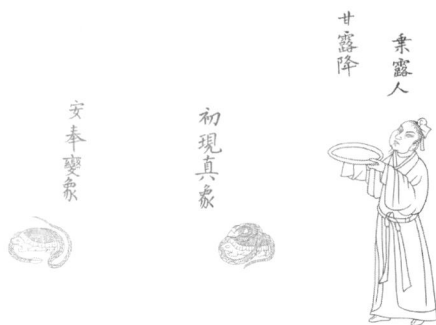

图 6-41　甘露降图（宋涛 绘）

① 张维：《陇右金石录》，载《石刻史料新编》（第一辑第 21 册），台北新文丰出版公司，1979 年，第 16059 页。
② 蔡副全：《西狭〈王师雄题记〉〈库彦威题记〉考辨》，《天水师范学院学报》2013 年第 1 期。

　　《王子直甘露颂》从内容到形式，均模仿汉《西狭颂》体例，其结字方正严整，略带楷形，疏密相济，虚实相生，已初露《西狭》茂密雄强、宽博静穆之气。不过，该摩崖还没有摆脱唐隶的影响，线条光润，运笔时出楷意[①]。

图 6-40　王子直甘露颂

## （四三）礼县·南宋《盐官镇重修真武殿记》（乾道八年，1172）

　　盐官镇重修真武殿记

　　盐官重修真武殿功毕，太守王公光祖，字景先，谓下客米居纯曰："予于乾道乙酉岁捍御敌人至此，而井邑已皆焚荡，惟于灰烬中瞻见真君容像，巍然而坐，所饰丹青不变而鲜洁，所披之发不坏而具存，虽龟蛇之形状亦无所损。予钦仰其灵，

---

① 蔡副全：《南宋隶书的觉醒——以陇南、陕南遗存的刻石隶书为例》，《中国书法》2011 年第 4 期。

已有重修之意，恨力无及。适剖符来此，即计度鸠工。邦人闻之，不约而集，虞者木，陶者瓦，工自献技，匠自献巧，富者以财，贫者以力，不日而成，子可作记。"居纯辞之不获，言曰："尝闻明有礼乐，幽有鬼神，故子产论台骀之事，仲尼详汪芒之守。以祥而称者，五车践牧野之雪；以异而言者，二龙流夏廷之熬。神之格思，理存言像之际，而况真君乃金阙应化之身，容像之所在，宜其显灵之若是中。前敌人叛盟，意欲长驱而下蜀，至此而为官军所败，宁知非阴护之所致耶，敢不敬书？"

　　乾道八年十一月望日，同谷米居纯记，李德刊。

图6-42　盐官镇重修真武殿记（李怡　协拓）

　　石匠尹晖、张子忠,缘化主职医魏奎。巩州天庆观授业道士王修,小师严居厚。云水道人负居显、李冲和。

　　武功大夫、兴州驻扎、御前右军统制军马、知西和州军州兼管内劝农事、边都巡检使、弹压军马王光祖立石。

　　《盐官镇重修真武殿记》(图6-42),南宋乾道八年(1172)米居纯撰文,李德刊,王光祖立石,碑今嵌于礼县盐官镇旧卫生院正殿南侧墙上。纵130厘米,横65厘米,楷书20行,行20字,字径3厘米,碑首有无量祖师线刻画像。

## (四四)徽县·南宋《朱从买地券文》(乾道八年,1172)

图6-43　朱从买地券文(张承荣　摄)

　　维大宋国凤州河池县永宁乡洛河社故亡人朱从状。右件故亡人朱从,用钱万万九千九百九十文,就黄天父、后土母、社稷主边,买得前件墓田,周流一涓,东至青龙,南至朱雀,西至白虎,北至玄武,上至苍天,下至黄泉,四至分明。即日钱财分付,上天地神明了。保人:张佳、李定度;知见人:东王公、西王母;书契人石功曹;读契人金主簿。书契飞上天,读契人入黄泉。急急如律令!葬讫祭后土文。

维乾道八年三月初四日壬申□己巳朔。

孤子朱俊郎□子，后土之神灵，为亡考加定二宅神真，保祐安定云尔。灵水为安镇，谨以□宋□墓荐于后土□□尚飨。

《朱从买地券文》（图6-43），南宋乾道八年（1172）砖刻，朱砂勾填，徽县永宁镇出土，今存徽县博物馆。楷书12行，行约17字，尺寸不详。

## （四五）成县·南宋《广化寺记》（乾道九年，1173）

广化寺记（篆额）

西康人勤，生而啬施。盖其地硗腴皆可耕，丝身谷腹之外，蜜、纸、臬漆、竹箭，材章，旁赡内郡。农桑既尽其力，而发贮鬻材，趋时射利，人弃我取，人取我予者，子孙皆修业而息之。廪藏赤仄，至累世而不发。惟冠婚、丧葬许用之。地既饶而俗习如是，虽欲矫揉磨淬，使之急病逊夷，施一钱以济贫赈乏，且不可得，而况奉佛老者乎！虽然，民知敦本，是亦可嘉也。

广化寺在封泉[一]，距治城二十里，即绛帐台故址，于元丰四年，高氏务成削地[二]捐财以建。门闳雄深，殿庑耽耽，斋庖库庾，钟鼓鱼螺，无不毕具。而高氏之赀中衰。人皆言曰："高氏未奉佛也，富且强；既奉佛也，田且荒。佛之因果岂可信耶？"未几，务成之侄常擢建炎四年进士第，仕至奉议郎，乡人始大感悟，知责报于天，固不爽也。寺始于元丰，至隆兴初犹未赐额，遇中原乱离，泾僧宗奭怀赐书避乱来此，遂请于太守梅公，愿以"广化"之额补亡[三]。自是，高氏之孙德[四]愈念前功，仍像设诸佛，以增广之，巍巍轮轮，宏敞焕丽。一日，德来请曰："吾祖于是寺念之深矣，而八十七年之后，始有名称，若有数焉！愿托令辞，昭示来世。"顾予非佞佛，姑为本其土风，申其可言者宠嘉之。使刻示邦人，其有激也。

乾道九年中秋日。左从政郎、成州州学教授蒲舜举记，进士张抡书丹[五]。

[一]封泉：黄泳《成县新志》①作"丰泉"。

[二]务成削地：黄泳《成县新志》落"削地"2字。

[三]补亡：黄泳《成县新志》作"且存古迹"。

[四]高氏之孙德：黄泳《成县新志》落"德"字。

[五]左从政郎、成州州学教授蒲舜举记，进士张抡书丹：张维《陇右金石录》

① 黄泳：《成县新志》，载《中国方志丛书》（华北地方·第三三二号），台北成文出版社，1970年，第413页。

无此句。

《广化寺记》，南宋乾道九年（1173）蒲舜举撰文，张抡书丹，碑原在成县抛沙镇西广化寺，今佚。碑文据《陇右金石录》录入，末款据《成县新志》补。《陇右金石录》"按语"云："此碑凡十七行，行二十六字，《成县志》有误字、增句，今依拓本正之。"①《甘肃新通志》载："《广化寺记》，在成县，乾道九年立，额篆书。"②

**（四六）两当·南宋《乾道墓砖铭》（约乾道九年，1173）**

图 6-44　乾道墓砖铭

（宋故）凤州两当县币……孝男□伦，谨发诚心……迁葬先考四郎……正夫辛未□二月十……年七十八岁，八月二十……至乾道玖年十一……修建。无……霄设……佛……

《乾道墓砖铭》（图6-44），约镌于南宋乾道九年（1173），今存两当县博物馆。砖残泐，纵20厘米，横25厘米，左下缺损尤多。今存楷书9行，字径2厘米。

---

① 张维：《陇右金石录》，载《石刻史料新编》（第一辑第21册），台北新文丰出版公司，1979年，第16063页。
② 安维峻纂：《甘肃新通志》卷九二，江苏广陵古籍刻印社，1989年。

图 6-45 仲吕首阳洞题诗（张承荣 摄）

## （四七）徽县·南宋《仲吕首阳洞题诗》（乾道年间）

地秀山灵势插天，传闻古洞隐神仙。千年舞鹤时鸣润，五色仪凤已憩田。蓝水远流丹井例，碧云长送玉炉前。我同官友来瞻景，不忍回车意介然。

南阳何道……僧阁……乾道仲吕故题。

《仲吕首阳洞题诗》（图 6-45），南宋乾道年间墨书题壁，今存徽县首阳洞。楷书 13 行，满行 7 字。《徽郡志》卷八收录此诗，题作《首阳洞》，作者"宋，仲吕"，其中"井例"作"井列"，"玉炉"作"玉楼"。《徽郡志》卷一载："首阳洞，南四十里，一名乌龙洞，宋仲吕有诗。"①

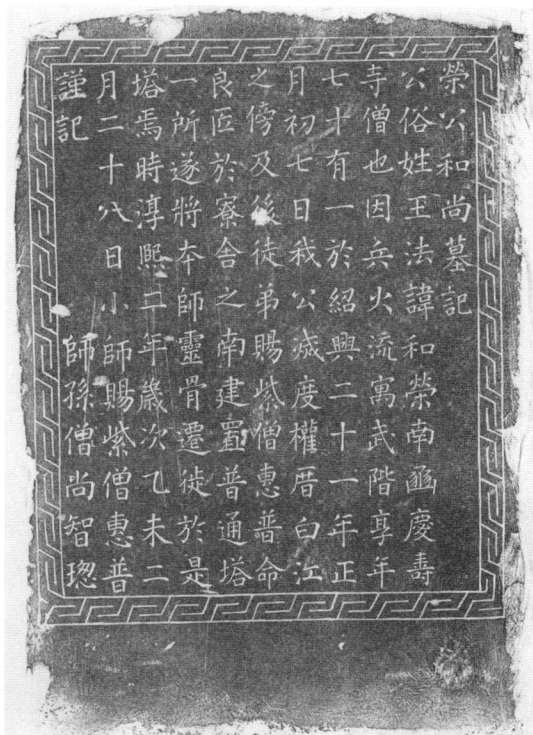

图 6-46 荣公和尚墓记（宋涛 协拓）

---

① 孟鹏年修，郭从道纂：《徽郡志》，载《中国方志丛书》（华北地方·第三二九号），台北成文出版社，1970 年，第 15 页。

### （四八）武都·南宋《荣公和尚墓记》（淳熙二年，1175）

荣公和尚墓记

公俗姓王，法讳和荣，南齝庆寿寺僧也，因兵火流寓武阶，享年七十有一。于绍兴二十一年正月初七日，我公灭度，权厝白江之傍。及后，徒弟赐紫僧惠普命良匠于寮舍之南建置普通塔一所，遂将本师灵骨迁徙于是塔焉。

时淳熙二年岁次乙未二月十八日，小师赐紫僧惠普谨记，师孙僧尚智璁。

《荣公和尚墓记》（图 6-46），宋淳熙二年（1175）镌刻，今存武都区博物馆。墓志纵 50 厘米，横 34 厘米，楷书 11 行，行 12 字，字径 2.5 厘米。

### （四九）武都·南宋《普通塔记》（淳熙二年，1175）

普通塔记（篆额）

石门社白鹤寮普通塔记

瞿昙氏之教，所以获重于中国者，以其色空寂灭，初无预于中国之好恶也，且天地固大矣。彼则以为幻覆载，日月固明矣；彼则以为幻临照，万物固具矣；彼则以为幻荣谢，以至君臣父子夫妇，无适而非幻。其视死生去来之变，岂足为之动怀哉？惟曰：吾之所以起居饮食，尽珍重以养吾一躯者，欲藉此以进吾之教而已。教苟能悟，则是间境界又有大于此身者。纵使火病水腐，弃置道侧，庸何足伤？虽然，此特宗师觉老所以处其身者，如是之薄也。若夫传其灯，继其乳，以为法门之后者，岂直阿从委靡，听其自侩耶？必将想象其形容，整齐其衣衾，旃檀以灼之，塔宇以庥之，然后足以尽其心而无愧。如释迦灭度，垂数千年而灵牙舍利尚为天下之所宝，盖其徒不忘所宗承故也。南齝庆寿寺僧和荣，自绍兴初载，虏人沦陷陕西，师义不屈于腥膻，飞锡来此，有里豪尚清，见其道念醇熟，可为师表，以其第三男舍为门人，既落发披缁，名曰"惠普"。师已灭度，遂于瀙江依岩静辟寮舍，以为焚修之地，祝赞皇基永固，俗阜时康。次念先师未能藏骨，乃命建砖塔一所，寘于堂奥。及后来，法乳或十方云游，偶而仙化，咸冀荼毗而普通于中焉。吾尝熟观佛徒之高传矣，其间微言妙理，固不可拟议。至于临去一着，莫不了然。故有烬灭而骨如常者，烟雾而舌如玉者。或大星殒于方丈，或舍利富于邻里，灵踪异迹，类此者众，吾不能遍举。今普公之塔，既不忘乃师，而又欲与游徒共之。而今而后，吾见此乡之人，笔不暇纪，口不容传矣。公当记之，无以鄙言为诨。

时淳熙二祀二月既望，乡贡进士马继祖记。

小师僧尚智璁，赐紫僧惠普立石，泾原王永刊。

承信郎前就差监角弓镇酒税兼烟火公事王钺篆盖书丹。

图 6-47　普通塔记

　　《普通塔记》（图 6-47），南宋淳熙二年（1175）马继祖撰文，僧尚智璁、惠普立石，王永刊字，今存武都城莲湖公园区博物馆前。碑纵 85 厘米，横 50 厘米。篆额"普通塔记" 4 字，字径 7 厘米；正文楷书 23 行，满行 30 字，字径 2.5 厘米。《普通塔记》碑面光洁如玉，字口如新，与《荣公和尚墓记》同时出土。

## （五〇）成县·南宋《田成墓志铭》（淳熙二年，1175）

宋拱卫大夫康州刺史田公墓（隶额）

（宋拱卫大夫康州刺史）田公墓志铭

□□□□□□月壬申，武阶太守田侯，以其父拱卫之丧，葬之西康之西十里西山之下。先十月，拱卫之丧至自[一]荆南。侯□□□□为定言："吾父帅发从军，小大百战皆隽功[二]，晚为江湖田里之乐，以寿终。其终也，曰：'惟汝克负荷，且吾熙秦人，心怀故乡，死缓葬，不十年[三]，必用兵[四]，先恢复者必吾乡也！尔以一马负吾骸，埋先茔侧，或者美池。吾尝行关外，及汉中，喜其风土，必葬我[五]是间，尚吾乡也。'夫[六]向果如吾父言，秦陇归矣。朝廷尊大信退守，不孝子未克葬，逐食荆吴，乃误恩。乘西边得赤寸地而兆天[七]，盖哀念吾父语也，窀穸有期矣。子为铭诸幽！"公讳成，字希圣，本渭州人。曾祖广；祖明；父吉，赠从义郎。方王观文韶拓边熙河，从义赴狄道，募为寨户，授田家焉[八]。既而得疾废，不能从军，则以其田募人，代家用贫。公时年十五，感慨且泣曰："亲老又疾，而产益落，男儿生何为？"乃白[九]从义请身从戎马，得纾贫，复故业。从义念公幼，泣未欲许。数日，公诣皇城使刘仲坚议[一〇]弓马自承其业。会朝廷命熙河师姚雄经略河外，梁方平监军。师行，仲坚少公，使居寨守。公奋出自言："身年固小，胆实过之，且[一一]国家方事边，立功者也！愿以死请行。"人皆壮而异[一二]之。战还，仲坚望公身朱殷，谓重伤，叹悔已！而挟两级前报，方平不[一三]之信，意如富家儿赂得也。雄从战所核尸，验追斩得实，方平大惭谢，比[一四]公秦武阳，奏升两级。乡间惊[一五]叹曰：田氏有子矣！宣和末，朝廷以陕右共平睦州叛贼方腊，公手斩级三十六，进官升朝。金虏之再至也，公从姚古河东遮寇，会古罢南关亦失利。公与辛兴宗在隆德府围中，府陷，公阴结民豪韩京图[一六]收复，乃以牛车载草，中匿兵[一七]，四门齐入，会通衢，纵火取[一八]兵，斩虏酋之守者并女真三千余人，城遂复。然时二帝北狩矣，公闻[一九]，悲奋感泣，以两旗立左右，率熙河兵及陷散[二〇]数百人，谓曰："我辈受国恩几[二一]二百年，今运中否？能与我[二二]勤王者左，归者右。"左者百余人。公部出济南，说群盗高才、王琪、韩温，合众万余，趋应天，奉今[二三]太上皇帝登极。贼张遇蹂江东，刘光世、苗傅[二四]阵九江、湖口，与战，贼兵盛据地利，主□色沮[二五]，怯。公曰："贼虽众而无律[二六]，若不乘其未定破之，使得顺流[二七]下，恐惊乘舆！愿为公尝之。"湖口潮河广约丈有八，公以□部卒[二八]直趋，策马一跃而渡。贼不觉，失声惊溃，因大捷。光世解佩剑，拊公背，赠曰："今日服公勇矣！"丁进众十余万扰[二九]淮甸，公□□命招安之。单骑赴贼营，进惊曰："公胆何如敢至此耶？"公喻以国家威灵，向背祸福。贼且，可否夜宿公帐中？公解衣□寝[三〇]，傍若无人。贼大折，翌日，望阙罗拜[三一]，以其众赴行在，而公殿之取[一八]，凡[三二]劫虏者纵去。不数日，纵及半，贼势益弱，遂决□□。苗傅[二四]、刘正彦狂悖滔天，召从韩世忠受命讨贼，战于建州浦城。公先陷阵，遂擒正彦。傅[二四]奔亡数日擒。公身被二十余创[三三]，□功第一。公方面美髯，神爽俊拔，疏财乐施。居官以公廉，自任与人推赤心。早履行阵，少于[三四]书，而吏报牍来，方嗫嚅欲言，□□情伪，人服其神。每一饮食，必加额祝君父。所尝事上官，不以知不知苟言，及或闻其名，必加敬。其恭厚，天资也！然直[三五]□尚气，能杀身以明人。在河东时，姚古有使臣直而呼不至，古怒杖之，方寒甚，其人求哀曰："乞减刑。"古误听，谓斩也！遽[三六]驱□欲斩之，左右无敢言，公独进，愿以身同死，理其冤，遂得释。盖后为龙神卫四厢都[三七]指挥使，知荆南。王公君瑞也，世至今贤之□辛兴宗也。兴宗嗜睡，而侧每置灯。公曰："公身系一军安危，敌且谍，宁无矢石忧？"兴宗颔之，而寝如故。公密以兜[三八]牟庇其头□[三九]，而流矢中之。兴宗大惊，谢！愈相重敬。绍兴辛酉，公以旧[四〇]忤权臣，恐中以祸，喟然[四一]叹曰："吾老矣，不能用也。"遂求补外[四二]。居荆南，幅巾深衣，与田夫野老游。或人勉以置产，笑谢曰："吾起身行间，荷恩横列三岁，而一子补官，此生业也。苟子孙贤，不失（箕）裘；不贤，免使以产分争。吾不能为之作马牛矣。"间一日，忽呼今侯言："吾戎马间垂[四三]四十年，誓以身死国，乃今幸死屋□。"称君恩未[四四]报者三再。次日奄然而卒。绍兴癸酉三月弍[四五]十一日也，年六十有八。官拱卫大夫，职康州刺史，食武功开（国）邑三百户，任镇江驻扎御前右军统制，永兴军路兵马都钤辖。娶郭氏，葬其乡，生世林，从义郎，亦继公卒。后夫[六]□周氏祔焉[八]。今刘氏，生世雄，秉义郎、御前右军同统制兼知阶州；世安，秉义郎、知澧州西牛平寨兼兵马监。男孙、男女五人：世林之子闰，修武郎、殿司将；闾，承节郎；世雄之子阆，尚幼；女与世安之女皆[四六]未笄。呜呼[四七]！年十有（五）而战立功，瞑且念报君，不忘忠武矣。铭曰：

烈烈噫公，激孝奋忠。武勇行之，所向为功。世否□倾，天回地复[四八]。神武奠京，中天立极。寇攘既平，孽妖既歼。爰末爰始，公皆[四六]与焉。中原臃臃，明圣奋发。忠武如公，九（原）不作，九原不作。在我后之，人其似之。

门生从政郎、阶州州学教授杜定撰。门生文林郎、知阶州福津县、主管学事劝农（田）事宋懋书。岁在乙未，刻者：任礼[四九]、何宗、杨元广。

　　《田成墓志铭》（图6-48），全称"宋拱卫大夫康州刺史田公墓志铭"，南宋淳熙二年（1175）杜定撰文，宋懋书。2009年5月成县抛沙水泥厂西山出土，今存成县文化馆旧址。墓志纵125厘米，横86厘米。隶题"宋拱卫大夫康州刺史田公墓"4行12字，字径约14厘米；正文隶书37行，行47字，字径2厘米。墓主田成，字希圣，田世雄父，

图6-48　田成墓志铭（满正人、石贲平　协拓）

绍兴二十三年（1153）卒，享年六十八岁，葬于"西康西山"（今成县抛沙水泥厂西）。

《田成墓志铭》记录了北宋末至南宋初，大小战争十余次，涉及姚雄经略河外、平定方腊、姚古河东遮寇、张遇之乱、丁进侵扰淮甸、苗刘之变等重大历史事件。《史学集刊》2013 年第 2 期刊发《新发现〈宋拱卫大夫康州刺史田公墓碑〉及其相关问题考释》（以下简称"崔释"）[①]，今与新椎拓墓志拓片对照发现释文时有谬误，现依据拓本校释如下：

| 注释 | 原碑 | 崔释 | 注释 | 原碑 | 崔释 |
|------|------|------|------|------|------|
| [一] | 至自 | 茔留 | [二] | 皆隽功 | 留笃功 |
| [三] | 十年 | 十季 | [四] | 兵 | 其 |
| [五] | 我 | 坟 | [六] | 夫 | 去 |
| [七] | 兆天 | 地天 | [八] | 焉 | 马 |
| [九] | 白 | 自 | [一〇] | 议 | 识 |
| [一一] | 且 | 旦 | [一二] | 皆壮而异 | 留庄而灵 |
| [一三] | 不 | 来 | [一四] | 比 | 从 |
| [一五] | 惊 | 警 | [一六] | 图 | 圙 |
| [一七] | 匿兵 | 匿其 | [一八] | 取 | 耴 |
| [一九] | 闻 | 悉 | [二〇] | 陷散 | 陷敌 |
| [二一] | 几 | 奖 | [二二] | 我 | 我伐 |
| [二三] | 今 | 令 | [二四] | 傅 | 传 |
| [二五] | 主□色沮 | 王□已沮 | [二六] | 无律 | 无津 |
| [二七] | 顺流 | 顺涿 | [二八] | 部卒 | □卒 |
| [二九] | 扰 | 挠 | [三〇] | 寝 | □ |
| [三一] | 望阙罗拜 | 圣阙罗拜 | [三二] | 凡 | 几 |
| [三三] | 创 | 剑 | [三四] | 少于 | 少拦 |
| [三五] | 然直 | 然□ | [三六] | 遽 | 边 |
| [三七] | 都 | 部 | [三八] | 兜 | 凳 |
| [三九] | 头□ | □□ | [四〇] | 旧 | 警 |
| [四一] | 喟然 | 谓然 | [四二] | 补外 | 补以 |
| [四三] | 垂 | 击 | [四四] | 未 | 来 |
| [四五] | 式 | 二 | [四六] | 皆 | 留 |
| [四七] | 呜呼 | 呜呼 | [四八] | 天回地复 | 天回地德 |
| [四九] | 任礼 | 汪礼 | | | |

---

[①] 崔峰、蔡副全：《新发现〈宋拱卫大夫康州刺史田公墓碑〉及其相关问题考释》，《史学集刊》2013 年第 2 期。

## （五一）武都·南宋《田公刺虎记》（淳熙三年，1176）

### 碑阳（楷书）

　　阶州太守田公刺虎记[一]（隶额）

　　淳熙二年七月，诏以临洮[二]田公守武阶，三年七月以最闻降□□公嘉民安治[三]无害者。一日，民惊言群虎暴州东之三十里，昼夜围不□□□，公惊曰[四]："民害乃出，人事所不及，吾政愧矣！狡兽不足孚于德[五]，亦杀之而已[六]。"□□□军马杨彦雄觇在亡，则乳虎踞穴居，三子并四山行。公即驰马从卒十数人[七]，公皆□跃更[八]伺间，方不知所为，而公从卒，两两舆四虎还矣。男女老幼谨噪[九]，

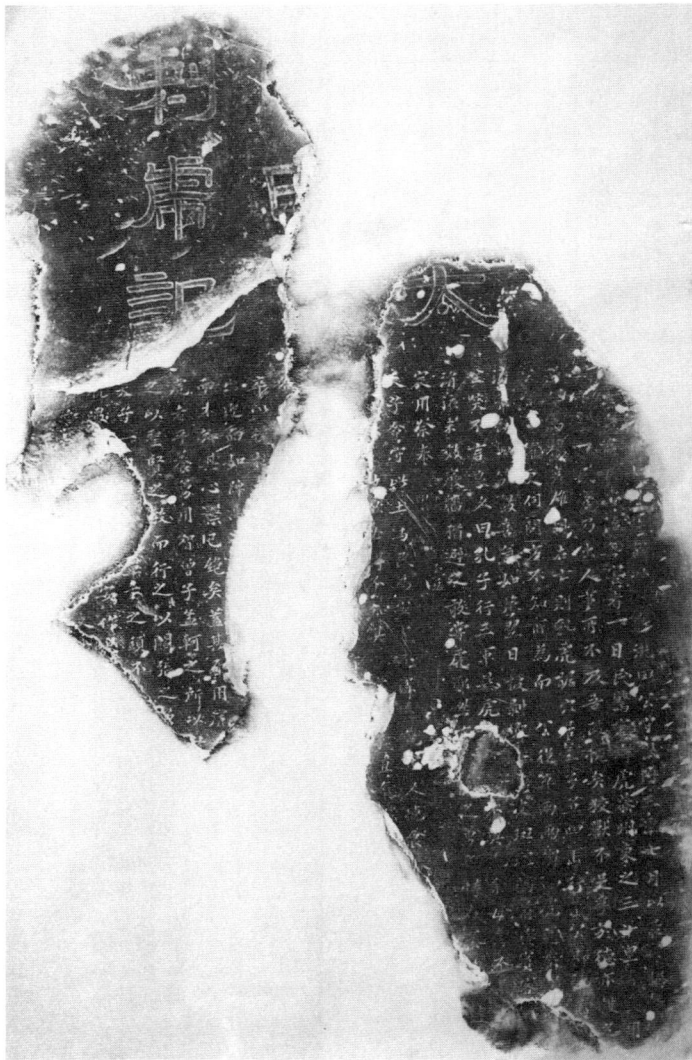

图 6-49　田公刺虎记碑阳

□□助以筜鼓，喜气如蒸。翌日，披剥□□□皮斑斑满前，与宾客置酒观之，有[一〇]公笑不言，良久曰："孔子行三军，暴虎（冯河，吾）不与也。余母老，不武身，誓报国[一一]，涓液[一二]未效，岩墙犹避之，敢尝虎耶？"然亦□□之，勇之恃在气，力之恃在智，气（智）定用，祭奉天子命，守此土，与民为安。虎不深远就□人地，食狐豕以□，而孕乳毓□□视之如身[一三]仇，欲必得。不知其为虎也，我直气胜之，以勇奋无惧，方无惧□□生之，且以力与虎，一虎虽孟贲不能也。今兼四，能之乎？凡凶暴者，皆当以□□而以其力毙。吾视其穴窈然，则栅石锢其门，且击且刺，尸三子以怒之，□谷震动，望者风靡。吾徐徐强弩一发，中其额，愈甚怒，前阚门跃而上其穴，□卒以枪挑之，如□脆弱骨至四五，皆寸断而□己，□其心不顾身矣，遂□□出迎，面如阵马之尘，吾静立持素定，以长戈辷其□□喉血下，十爪指薄□□[一四]而不知其心系已绝矣。盖其死，用虎之力十七[一五]；而用吾力十三也。客曰：文武才□虎者乎？养勇用智，曾子孟轲之所以教人，而所出计则吴起孙武子，所以先胜之以圣贤之教，而行之以关张之勇。天子一日震怒，北单于之头不为虎皮肉乎？请书之以扬武志，而公不许。□朋唉□死亡之忧，以安作息悲喜。聚语□公意者，逾旬不愿遵□教百里□□□事父老之智者，则又谓自公来，凡所以爱我安我者不一，而惠我者□□□虎□亦不一，愿因公以识之。故□□其言，而刻石置惠觉寺。公名世雄□虎以十一月二十有二日，其地□□山距寺二里云。十二月六日[一六]，从政郎阶州州学教授[一七]普慈杜定记并书。

文林郎兴元府录[一八]事参军普慈唐恩舜题额。

## 碑阴（隶书）

舜恩向常[一九]走麾下，窃见吾恩公抚摩边民之余[二〇]，□励兵马[二一]骑射，食顷不置。每念报国，气勃勃欲吞中[二二]原。今观刺虎事，极壮伟。舜恩激昂抚掌曰："公盖因虎[二三]试兵法尔！"或曰："此卞庄子刺虎之法软？"曰："非也！秦闻[二四]韩魏，弋举[二五]获两虎，固[二六]□□使虎不交斗，独无□毙之术乎？"今四虎踞穴□□□□狄□中□□□□公视刺虎如刺夷狄，□□□□□□□□□法为轻而离之，怒而□□□以长戈扼其□□□法为，以治待乱，以静待动者，今日[二七]之小试，他日大举之张本也[二八]。虽然，孙武子谈兵、治气、治心之说，与曾子之守约孟[二九]施舍之无惧，非两法也。充诸中者厚，则发于外者，果[三〇]公涵养妙处，非浅近所能测，独推见兵法[三一]。镵碑阴以[三二]俟效验焉。

淳熙弍年十弍[三三]月念八日，门生文林郎、兴[三四]元府录事参军、提举常平司主管帐司、普慈唐舜恩书[三五]。

图 6-50　田公刺虎记碑阴

[一] 阶州太守田公刺虎记：隶额，今仅辨"太、刺虎记" 4 字，据叶昌炽《缘督庐日记》补入。

[二] 淳熙二年七月：今泐，据《缘督庐日记》补。

[三] 公嘉民安治：《陇右金石录》误作"□嘉公"。

[四] 惊日：《陇右金石录》脱"惊"字。

[五] 于德：《陇右金石录》误作"于人"。

[六] 而已：今泐，据《陇右金石录》补。

[七] 从卒十数人：今泐，据《陇右金石录》补。

[八] 公皆□跃更：《陇右金石录》作"□□□跃□"。

[九] 男女老幼谨噪：今泐，据《陇右金石录》补。

[一〇] 置酒观之有：今泐，据《陇右金石录》补。

[一一] 武身誓报国：今泐，据《陇右金石录》补。

［一二］涓液：《陇右金石录》误作"涓流"。

［一三］狐豕……如身：今泐，据《陇右金石录》补。

［一四］以勇奋无惧……□□：今泐，仅辨"卒以枪挑"4字，据《陇右金石录》补。

［一五］"用虎之力十七"以下至碑阳末，今碑可辨：第十八行"虎者乎养勇用智曾子孟轲之所以"，第十九行"之以圣贤之教而行之以关张之勇"，第二十行"天子一……单于之头不"，第二十一行"安作息"，其余皆泐。铭文据《陇右金石录》补。

［一六］十二月六日：今泐，据《陇右金石录》补。

［一七］阶州州学教授：《陇右金石录》作"□□"，据《田成墓志铭》及《缘督庐日记》补。

［一八］兴元府录：《陇右金石录》作"□□□□"，据《田成墓志铭》及《缘督庐日记》补。

［一九］向常：《陇右金石录》误作"奔"。

［二〇］民之余：今泐，据《陇右金石录》补。

［二一］兵马：《陇右金石录》误作"兵卒"。

［二二］勃欲吞中：今泐，据《陇右金石录》补。

［二三］公盖因虎：今泐，据《陇右金石录》补。

［二四］非也秦闻：今泐，据《陇右金石录》补。

［二五］韩魏弋举：《陇右金石录》误作"挥魏戈举"。

［二六］固：《陇右金石录》作"□"。

［二七］独无……今日：原碑仅辨"术乎今、穴、狄□中"诸字，其余皆泐，据《陇右金石录》补。

［二八］他日大举之张本也：今泐，据《陇右金石录》补。

［二九］说与曾子之守约盂：今泐，据《陇右金石录》补。

［三〇］者厚则发于外者果：今泐，据《陇右金石录》补。

［三一］推见兵法：今泐，据《陇右金石录》补。

［三二］碑阴以：今泐，据《陇右金石录》补。

［三三］弍年十弍：《陇右金石录》作"三年十二"。

［三四］林郎兴：今泐，据《缘督庐日记》补。

［三五］舜恩书：今泐，据《缘督庐日记》补。

《田公刺虎记》，南宋淳熙三年（1176）立，碑存武都区马街镇寺背村卧虎寺。碑文多残泐，纵150厘米，横98厘米。碑阳（图6-49），额隶书"阶州太守田公刺虎记"9

字列三行（仅辨 4 字），字径约 12 厘米，唐舜恩书；正文楷书约 25 行，今存行 27 字，字径 2.5 厘米，杜定撰文并书。碑阴（图 6-50），隶书 14 行，今存行 18 字，字径 4 厘米，唐舜恩书。

清光绪三十一年（1905）三月，甘肃学政叶昌炽至武都按学访得此碑。《缘督庐日记》载：

> 又道经柳林，访得《刺虎碑》两通，一分书，"淳熙三年十二月念八日，门生文林郎兴元府录事参军提举常平司主管帐司普慈唐舜恩撰。"一行书，额分书阳文题"阶州太守田公刺虎记"。首行"二年七月"上纪年泐，后题"十二月十六日从政郎阶州州□□授普慈□定记并书，唐舜恩题额。"以前碑证之，纪年上所缺两字当亦为"淳熙"也。[1]

张维《陇右金石录》卷四载：

> 此碑（碑阳）今存者高三尺余，下多有蚀落，即如"阶州州学教授"数字今亦不存，盖每行下缺三四字不等。广约三尺，尚无剥泐，文首"淳熙"二字犹可识别。其末为"十二月六日"非"十六日"也。碑额高广各尺有五寸。

> 此碑（碑阴）凡十四行，行二十字，字大寸余，即前碑之阴。《缘督庐日记》以为别是一碑，微误。[2]

## （五二）徽县·南宋《杨元礼题记》（淳熙三年，1176）

> 碧玉新岁，岐山杨元礼、临邛计次祖、眉山苏伯茂、成都刘师圣连日载酒交游。

> 淳熙丙申八月初三日题。景云独孤倚刊，僧法缘上石。

《杨元礼题记》（图 6-51），南宋淳熙三年（1176）摩崖刻石，今存徽县虞关乡仙人关西南长丰寺。2012 年 7 月 16 日，徽县文化馆曹鹏雁等人发现并首次椎拓。摩崖纵横各 80 厘米，正文楷书 5 行，行 8 字，字径约 8 厘米，"景云独孤倚刊，僧法缘上石" 11 字较小。长丰寺今属陕西略阳县地。

图 6-51　杨元礼题记

① 叶昌炽：《缘督庐日记》，江苏古籍出版社，2002 年，第 4798 页。
② 张维：《陇右金石录》，载《石刻史料新编》（第一辑第 21 册），台北新文丰出版公司，1979 年，第 16064 页。

**（五三）武都·南宋《淳熙丙申题壁》（淳熙三年，1176）**

京兆□英之□，淳熙丙申三月二九日。

《淳熙丙申题壁》（图6-52），南宋淳熙三年（1176）墨书题壁，今存武都万象洞无底洞东，纵26厘米，横11厘米，行书3行。

**（五四）徽县·南宋《贺炳同题壁》（淳熙四年，1177）**

淳熙四年三月十二日，贺炳同、胡彦同、郭念六郎、何□□、杨一奇、杨小一、杨宽。宿洞一宿记耳。

图6-52 淳熙丙申题壁

《贺炳同题壁》（图6-53），南宋淳熙四年（1177）墨书题壁，今存徽县首阳洞。楷书4行，满行9字。

**（五五）徽县·南宋《杨小一题壁》（淳熙四年，1177）**

淳熙四年三月十二日，杨小一谨记。一行十人□□□。

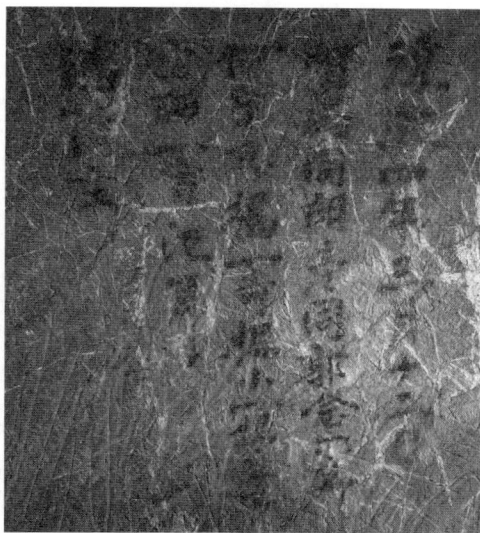

图6-53 贺炳同题壁（张承荣 摄）

图6-54 杨小一题壁（张承荣 摄）

《杨小一题壁》（图6-54），南宋淳熙四年（1177）墨书题壁，今存徽县首阳洞。

行书3行，满行9字。

## （五六）徽县·南宋《彦辅继题壁》（淳熙四年，1177）

凤栖荥阳故道同□□周村黄□□泛洞，时淳熙丁酉夷则下□□谨题。

羽衣……先□庆……彦辅继。

图6-55　彦辅继题壁（张承荣　摄）

《彦辅继题壁》（图6-55），南宋淳熙四年（1177）墨书题壁，今存徽县首阳洞。楷书8行，满行6字。

## （五七）成县·南宋《马义夫题记》（淳熙五年，1178）

郡守马义夫，倅吕义甫，率郡文学椽〔掾〕王德润、客王鼎光、费子渊访古至此。倅之子仿侍行，同谷尉王信之先一日为除道。

淳熙戊戌〔戌〕四月二十日。

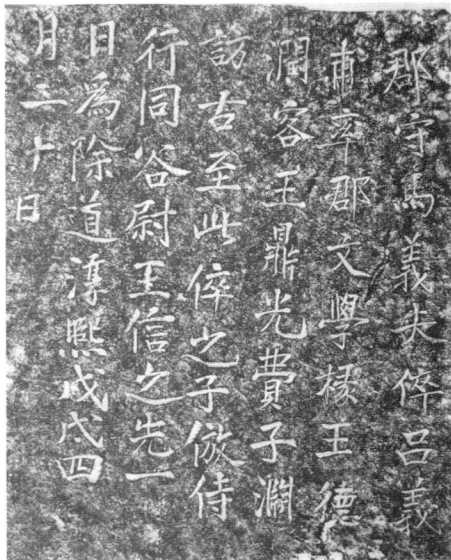

图6-56　马义夫题记

《马义夫题记》（图6-56），南宋淳熙五年（1178）摩崖刻石，今存成县《西狭颂》摩崖东壁。纵84厘米，横70厘米，楷书7行，行8字，字径9厘米。题记"掾"误作"椽"，

"戌" 误作 "戍"。

### （五八）成县·南宋《马琥题名》（淳熙五年，1178）

　　　　崆峒马琥……宜之子仿……渥潬江
王辉，眉山费昌辰、冯翊王彦诚偕来。
　　　　淳熙……二十。

　　《马琥题名》（图 6-57），摩崖刻石，今存
成县西狭《西狭颂》摩崖东侧左下约 15 米之
黄龙潭南壁，纵 110 厘米，横 115 厘米，隶书 6
行，满行 7 字，字径 17 厘米。《新安文献》卷
八五《朱公晞颜行状》载："淳熙四年，知成州
马琥，得罪于宪使。"[1] 对照《马义夫题记》，二
题刻所记人物相同，只是称呼不同而已。由此
知马琥，字义夫，崆峒人，淳熙四年（1177）知
成州。《马琥题名》镌刻亦在淳熙五年。

图 6-57　马琥题名（曾小旺、满正人　协拓）

### （五九）武都·南宋《阶州新建威显宙家庆楼碑》（淳熙五年，1178）

　　　　环阶皆山也。城东岗从西来，突然而高，若伏至北峪河上，蹲踞俯首如饭河
状，是为卧龙山。淳熙四年五月丙寅，祁为此州视事，逾月即整而暇。一日登临
其上，见诸山来朝，势若星拱，奇形异态，绮缛绣错，下瞰城郭，揽不盈掌。因作
而言曰：自有宇宙已有此山，天若冈之，至于今日岂无所待耶？惟昭应公，元勋盛
德，发灵于云居，肇祀于梁洋。今巴蜀间咸修大祠事，而吾州独馆神大军仓内，既
匮且陋，何以□处妥灵？于是即龙首鼎新公祠，邦人大和会，莫不以为宜。既克
成，东南隅又得地五十步，高广坦夷，乃合余材，于家庆楼上作公像，姬媵、子女
列侍于前，宏丽亲深，凭临益高，为一方伟观。明年六月戊辰毕事，命僧德恩主之
度，其徒道一、道辉，三人俾俸香火。庙成之年，雨旸以时，岁则大熟，疫疠不作，
边鄙肃宁。众欢喜，得未尝有归德于公焉！按《降笔碑》：公姓张，名皋，字伯达，
肃宗三年，始授命为云居宰。

　　《阶州新建威显宙家庆楼碑》，南宋淳熙五年（1178）刊，原在武都城北卧龙冈，

---

[1] 谈钥:《朱公晞颜行状》，载《文渊阁四库全书》（第 1376 册），台湾商务印书馆，1986 年，第 347 页。

后移至城隍庙，今佚。铭文据祖肇庆《阶州志》①录入。《武阶备志》题作"威显神君画像碑"：

> 碑高四尺，阔二尺五寸，中为画像，刻工精妙，前正书："皇宋淳熙五年戊戌十月癸亥十三日癸卯。"后书："朝奉大夫知阶州军州事兼管内劝农营田事沿边都巡检使借紫眉山史祁上石。"碑在阶州城北卧龙冈。②

此画像碑至晚清尚在，叶昌炽曾访得残石，其《缘督庐日记》载：

> （李估）从城中城隍庙拓得残石像一通。上截已缺，下截抔甲佩剑，不知为何象。左题"借紫眉山史祁上石"，"借"上泐；右题"次戊戌十月癸亥十"，共存八字，上下皆缺。又一纸题"庆元五年六月初一日，看管人克择官李师正上石"。原为一石？两石？不可考矣。③

威显神君，即张皋，字伯达。祖肇庆《阶州志》收录《威显昭应神君亲降碑文》，文中有"史祁"见于上文，疑此亦于淳熙五年立石。碑文曰：

> 予本南宜州人，年十五游长安为士。玄宗政怠，而杨国忠用事，予甚讽之，王公大人多不许。后为国忠所忌，乃弃行李而走，潜于深山，采薪为事。值禄山兵变，纵豪侠救难，侠又不睦，遂夜杀之。早起，适从太子同行，贼至与战，因补予军中参事。兵罢，众见予年少，不服者多，出为云居。令李泌平南贼，泌誓以一死战，至两日，零凋殆尽，惟有泌数人与予而已，予弃命复击，转战二百里，贼稍却。予同泌坐高陵上，语予曰："贼怠矣，余生尚可脱。"予再赴阵，叱咤转厉，遂得同脱出围。夜至三更，予声呼如钜，手扪其面，如棋局之迹，自言不复取功名。救至，泌曰："誓为粉身！"平南贼果如所欲。因荐予于帝，朝士不喜，复守云居。泌秉政方用予，予夭于官。云居人常相语曰："我公生而明，死必为神。"迨予殁，遂立小宇于山巅，以祀予。泌遣使讯予，见予于空中相语半明，因奏帝封予为神。遭历代之扰，其宇毁而不存，后人不复闻予。虽间有敬予者，亦不知予为何神。后因义忠禅师自关入蜀，予因托之，而至于此。上以予有功于民，而能捍大灾御大难，血食梁洋，将乃百祀。虽蒙有司闻之于朝，布之于民，俾得"威显"之额，而封号未赐，实尔守令之负。会教授史彭永、知县史祁等乃能涓洁，欲求予于助宋。予弗敢隐，挥汗作此。予姓张名皋，字伯达，初尚为吏，肃宗三年，始授命为

---

① 祖肇庆：《阶州志》，载曾礼校注《阶州志集校笺注》，甘肃人民出版社，2013年，第70页。
② 吴鹏翱：《武阶备志》，载《中国地方志集成》（甘肃府县志辑10），凤凰出版社，2008年，第189页。
③ 叶昌炽：《缘督庐日记》，江苏古籍出版社，2002年，第4792页。

云居宰，其饬已详言之矣。因自作赞曰：
"一二三四五，五五二十五，从一至于五，
五复归于一。"乃端午日降生也。

### （六〇）徽县·南宋《刘渌有题壁》（淳熙六年，1179）

彭城刘渌有，六父法篆老原记放此
处。同行三人：李念一、蒲池何池缘、何
念七同到此洞。淳熙六年拾壹月拾八日
记。仲冬。上邽刘涛。

《刘渌有题壁》（图6-58），南宋淳熙六年

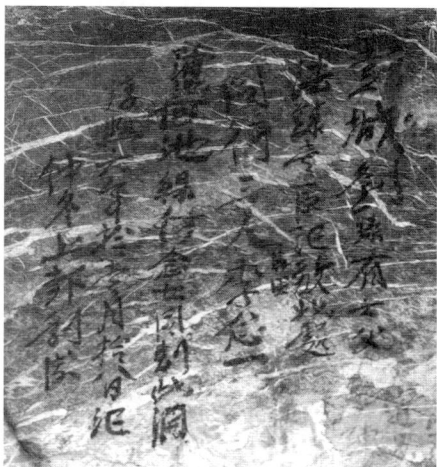

图6-58　刘渌有题壁（张承荣　摄）

（1179）墨书题壁，今存徽县首阳洞。行书6行，满行11字。

### （六一）武都·南宋·万钟《游万象洞天长短句》（淳熙七年，1180）

图6-59　万钟游万象洞天长短句

郡太守万钟，以淳熙庚子仲春之晦日，率同寮来游万象洞天，作此长短句。
骅骝缓策晴江上，沙觜晓痕新涨。春山数叠罗青障，下有琼台玉帐。洞门敲

遍旌旗响,何处森罗万象。凭谁借我青梨杖,唤起蟠龙千丈。

万钟《游万象洞天长短句》石刻(图6-59),南宋淳熙七年(1180)阶州太守万钟题,诗碑位于武都万象洞近口西侧。纵74厘米,横67厘米,楷书7行,行13字,字径3厘米。碑体极厚,似天然石碑。

### (六二)武都·南宋《王庾题壁》(淳熙七年,1180)

淳熙庚子八月,龙邑掾王庾元恭来游。

《王庾题壁》(图6-60)。南宋淳熙七年(1180)墨书题壁,今存武都万象洞风洞东壁,纵87厘米,横53厘米,楷书2行。

图6-60　王庾题壁

图6-61　汉嘉题壁

### (六三)武都·南宋《汉嘉题壁》(淳熙九年,1182)

汉嘉圆不亏□□法师,郡人郭公瑞、郡庠刘公亮、秦人杜清□□福诠山主郡学韩秘正同来于此焉。岁月迁改,故书此大□文耳。时皇宋淳熙九祀孟春□九日杜□秦人……

《汉嘉题壁》(图6-61),南宋淳熙九年(1182)墨书题壁,今存武都万象洞天庭西南壁,纵60厘米,横50厘米,楷书9行。

### (六四)武都·南宋《姚同简题壁》(淳熙九年,1182)

淳熙九年元正三日,进士姚同简□□居□法师到此。

《姚同简题壁》（图 6-62），南宋淳熙九年（1182）墨书题壁，今存武都万象洞卧龙坝西北壁，纵 53 厘米，横 32 厘米，楷书 3 行。

### （六五）武都·南宋《张茂之题壁》（淳熙九年，1182）

道正童德之郡学张茂之，同郡中士庶百有人□来游是洞，以进路崎岖不能造步方还。时大宋淳熙九年岁在壬寅二月二十有八日志。

《张茂之题壁》（图 6-63），南宋淳熙九年（1182）墨书题壁，今存武都万象洞天庭西壁，纵 63 厘米，横 38 厘米，楷书 6 行。

图 6-62　姚同简题壁　　　　图 6-63　张茂之题壁

### （六六）武都·南宋《祥渊庙告敕碑》（淳熙十年，1183）

告敕（楷额）

尚书省牒

阶州福津县祥渊庙。

礼部状陕府西路转运司奏[一]：据阶州福津县管下碑，硅[二]保沙湫龙神[三]自来[四]委有灵异[五]，每[六]遇水旱，州县祈祷，屡获响应，未有封号庙额。乞施行[七]申候指挥。

牒，奉敕：宜赐"祥渊庙"为额。牒至准敕。故牒。

大观四年九月二十一日牒。

通议大夫守右丞邓；中大夫守左丞侯；通奉大夫守右仆射特进左仆射

敕

阶州福津县祥渊庙龙神，朕虑天[八]聪明，作民父母，水旱之变，饥溺之忧，未尝一日不关念虑。明则责之[九]吏，而幽则赖于神，若其有功于民，宠之爵命，亦不以幽明间也。以尔神赫厥灵异，鼓舞一方，雨旸之祈，应答[一〇]如响，宜锡侯封，以光庙祀，以昭示来世。俾斯民祗事，永永毋怠。可特封"惠泽侯"，奉敕如右，牒到奉行。

淳熙十年九月十八[一一]日。

左丞相淮[一二]，右丞相克家[一三]，参知政事[一四]师点，参知政事洽，给事中价，中书舍人蔺。

九月[一五]二十三日午时，都[一六]事李德中[一七]受。左司员外郎王公衮[一八]付吏部。

左丞相淮，右丞相克家，参知政事师点，参知政事洽[一九]，吏部尚书阕[二〇]，权刑[二一]部尚书兼权吏部尚书焕，吏部侍郎（押）[二二]。

告惠泽侯，奉敕如右，符[二三]到奉行。

主[二四]事黄大亨，权[二五]员外郎骙[二六]，令史范忠厚，书令史刘兴祖，主管院监[二七]。

淳熙十年九月二[二八]十三日下。

武经郎、新权发遣金州军州兼管内劝农营田事兼管内安抚司公事臣田世雄立石。

《祥渊庙告敕碑》（图6-64），南宋淳熙十年（1183）田世雄立石，今存武都安化镇安化中学院内。碑纵140厘米，横87厘米。碑额双勾"告敕"2字，其下刻2敕牒。

张维《陇右金石录》收录此碑，其"按语"云：

此碑高四尺六寸，广二尺四寸，刻大观、淳熙二敕。中下二段，乃一敕分刻，非二敕也。额有"告敕"二字。考《宋史》，大观四年，尚书左右丞为侯蒙邓洵武，守右仆射张商英，左仆射则何执中也。淳熙十年，参政为施师点、黄洽，左丞相为王淮，右丞相梁克家俱与碑合。惟牒文宰辅或书姓，或不书姓，而告敕又仅书名，盖当时令式，亦时有变易也。[①]

《陇右金石录》录文脱误较多，崔阶先生曾作《张维〈陇右金石录〉录文校勘

---

① 张维：《陇右金石录》，载《石刻史料新编》（第一辑第21册），台北新文丰出版公司，1979年，第16065页。

图 6-64　祥渊庙告敕碑

二则》（下表简称"崔文"）①，但"崔文"未能全部校正张维脱误，今依据新椎拓本复校如下：

| 注释 | 原碑 | 陇右金石录 | 崔文 | 注释 | 原碑 | 陇右金石录 | 崔文 |
|---|---|---|---|---|---|---|---|
| [一] | 奏 | □ | 奏 | [二] | 碻 | □ | □ |
| [三] | 龙神 | 龙神 | 脱2字 | [四] | 自来 | 自来 | 永 |
| [五] | 异 | 应 | 应 | [六] | 每 | 若 | 若 |
| [七] | 乞施行 | □□ | □施 | [八] | 天 | 乏 | 乏 |
| [九] | 责之 | 责良 | 责之 | [一〇] | 应答 | 应之 | 应答 |
| [一一] | 十八 | 十九 | 十九 | [一二] | 淮 | 脱 | 淮 |
| [一三] | 克家 | 脱2字 | 克家 | [一四] | 参知政事 | 参政 | 参知政事 |
| [一五] | 九月 | 脱2字 | 脱2字 | [一六] | 都 | □ | □ |
| [一七] | 德中 | 德□ | 德中 | [一八] | 王公袞 | □□ | 王袞 |
| [一九] | 洽 | 脱1字 | 洽 | [二〇] | 阙 | 脱 | 阙 |
| [二一] | 刑 | 误作"礼"字 | 刑 | [二二] | （押） | □ | 是 |
| [二三] | 符 | 牒 | 牒 | [二四] | 主 | □ | 主 |
| [二五] | 权 | 脱1字 | 权 | [二六] | 骙 | 揆 | 骙 |
| [二七] | "令史"以下 | 作10"□" | 据碑补 | [二八] | 二 | 二 | 脱1字 |

## （六七）武都·南宋《祥渊庙碑》（约淳熙十年，1183）

祥渊庙碑（篆额）

武阶为州，倚山并江，旧治北山之上，而艰于水，岁有郁回之蓄。五代时移就山□矣，而水患滋焉。盖白江横其前，赤沙翼其左，于是作长堤以为城之护，其来久□矣。堤自西而东七百有七丈，赤沙之限，自北而南二百四十有五丈。岁役两县之□勇军士筑而固之，为工七万四千六□□□□□，上者稍加意焉，益谨其备，□□而不为患。比年以来，在位之士，好名而私□□□□□□事不完决坏堤，阙□□民受敝矣。且天下之事不患于不可为，而常患□□□而不为，作之于前者□□久，而继之后者率多，因循而弗治，□□以来，□□□□□继之者能如作之□，因循之病，则斯民也乌有不蒙其利者哉？况二□□□□□为尤甚。穷其源□□□汤汤浩浩之势，如神龙□□□庙食□□□□□一方，不特水□□□□□庙，故有号曰"祥囷"。淳熙十年□□封神"惠泽侯"，以宠……之……邦属夏

① 崔阶：《张维〈陇右金石录〉录文校勘二则》，《社会纵横》2008年第1期。

潦之淫□□□惠，乃具祷于神，其应如响，于……独不为患，岁则又熟，匪□□之能，为神相之也。按之礼经，则神……亘千万世固宜。赤沙旧有湫，极多变异，一夕徙□□□而□□所穷其……而神者矣。称念无以□□□之□来□篆其事……猗欤龙公，其德而威。神化□功，□□□□。为帝芘民，惠泽旁施。□□□封，□□□□。□□□姿，□□□□。嗟我阶民，眄怀处思。夏□昌□，□□□□。□□于堤，民用兴力。神执其□，剀阖阴阳。驱□□□，□□□□。□□为急，岁复有秋。又答我祈，揭虔妥灵。爰琢我词，以永厥垂。

　　朝请郎、直秘阁权知阶州军州兼管内劝农……

　　武阶赤沙宣授盘顺……都总帅府同知总帅守备（元人刻）。

　　《祥渊庙碑》，原存武都安化镇祥渊庙（安化中学）院内，今佚。武都刘可通先生藏有旧墨拓，额篆书"祥渊庙碑"4字（图6-65），正文隶书（图6-66），惜拓手不工，仅能粗辨文字。铭文以《陇右金石录》为底本，参考拓本录入。碑无镌刻年月，而文叙淳熙加封之事，则立碑在淳熙十年（1183）之后。叶昌炽光绪二十九年（1903）《缘督庐日记》载："（安化）镇西南二里祥渊庙有宋碑四，一额题'祥渊庙碑'，八分书，末行有'朝请郎、直秘阁权知阶州军州兼管内劝农'，字下泐，文内有'淳熙十年'字。"[1]张维《陇右金石录》卷四载：

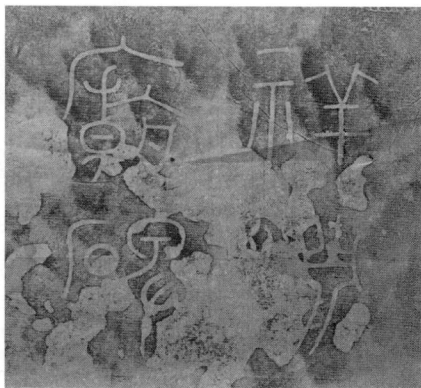

图6-65　祥渊庙碑篆额

　　此碑高六尺，广三尺余，凡二十一行，今存者最多一行三十一字，最少者十字，以下截多磨泐也。文中叙淳熙加封事，立碑必在其后。碑额"祥渊庙碑"大篆四字，殊奇伟；碑隶亦整俊超逸，是宋碑佳品也。文末有寸隶："武阶赤沙宣授盘顺"及"都总帅府同知总帅守备"两行则元人所刻，而其姓名与原立碑人俱佚。[2]

图6-66　祥渊庙碑局部（刘可通　藏拓）

---

① 叶昌炽：《缘督庐日记》，江苏古籍出版社，2002年，第4078页。
② 张维：《陇右金石录》，载《石刻史料新编》（第一辑第21册），台北新文丰出版公司，1979年，第16065页。

## （六八）《王公买地券文》（淳熙十一年，1184）

　　维大宋淳熙十一年岁次甲辰九月丙戌朔十二日丁酉。谨有王公于昔年奄道。龟筮协从，相地超吉。宜于西和州长道县盐官社原安厝宅兆。谨用钱九万九千九佰九十九贯文，兼五彩信币，买地一段。东西计一十三步，南北计一十三步。东至青龙，西至白虎，南至朱雀，北至真武。内方勾陈，分擘掌四域，丘丞墓伯，封步界畔，道路将军，齐整阡陌。千秋万载，永无殃咎。若辄干犯诃禁者，将军亭长收付河伯。今已牲牢酒饭，佰味香新，共为信契。财地交相分付，工匠修营安厝已后，永保休吉。知见人岁月主，保人今日直符，故气邪精，不得干忤。先有居者，永避万里，若违此约，地府主吏自当其祸，（助葬）主人内外存亡，悉皆安吉。急急如五帝使者，女青律令。

图 6-67　王公买地券文

　　《王公买地券文》（图 6-67），南宋淳熙十一年（1184）朱砂书，礼县盐官镇出土，今存陇南师专博物馆。砖纵 32.5 厘米，横 31.5 厘米，楷书 12 行，行约 20 字。

## （六九）成县·南宋《宋太宜人刘氏墓志》（淳熙十二年，1185）

　　宋太宜人刘氏之墓（隶额）

　　夫人姓刘氏，世居东平，为大族。年十六适田族，从皇考刺史族，戎马战伐之间悉预焉。皇考捐馆舍，夫人孀居三十年。齐家教子，继述前烈，弗替弗赙。夫人生三男一女。长曰世雄，武节郎、知金州兼管内安抚，被命改知黎州、管内安抚、节制军马、御前右军统制、提举买马，以夫人年高，抗疏辞其行，未报，丁夫人忧。次二男皆未名而夭。女适呼延氏。夫人生于政和壬辰，终于淳熙乙巳八月二十四日，享年七十有四，是年十一月二十三日，葬于西康西山皇考刺史君茔之侧。以男世雄该恩累封太宜人云。

　　孤哀子世雄泣血书。

　　命孙婿成忠郎、御前马军准备将郭杰书额。

《宋太宜人刘氏墓志》（图6-68），南宋淳熙十二年（1185）田世雄撰并书，郭杰

图6-68　宋太宜人刘氏墓志

书额。墓志出土于成县抛沙镇西山，今存成县文化馆旧址。碑纵115厘米，横85厘米。隶额"宋太宜人刘氏之墓"8字4行横刊于碑首，字径8厘米；碑文楷书18行，满行17字，字径3厘米。墓主为田世雄母刘氏。

### （七〇）武都·南宋《张普题壁》（淳熙十二年，1185）

古雍张普彦涛被檄，捕张小，至石门[一]复回。

淳熙乙巳中冬三日故书。

[一]石门：位于武都西甘南舟曲县大川镇石门沟村北，故址已佚。《武阶备志》载：

石门之名其来最久，始见于《三国志》，姜维请置围守，维之伐魏，如阴平之维城，葭芦之悬鼓，剿五部氐，屯沓中，因过武阶桥头，多由此道，历历可证，以是知武阶之境旧有此名，魏遂因以为县耳。后周宕昌王梁弥定寇石门戍，戍即故县之名，至今未改也。[①]

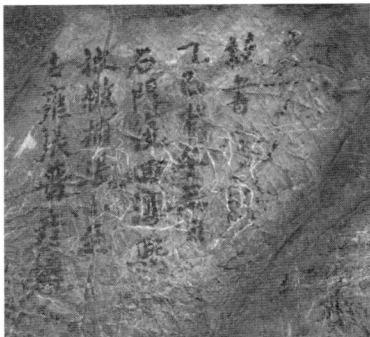

图6-69 张普题壁

《张普题壁》（图6-69），南宋淳熙十二年（1185）墨书题壁，今存武都万象洞无底洞东，纵47厘米，横40厘米，楷书5行。

### （七一）武都·南宋《李显祖题壁》（淳熙十二年，1185）

□□李显祖，秦亭刘敏行，□□充允文，眉山徐仪达，涂南县房浚□□古岷王棫、巴江黄棠，淳熙乙巳正月来。

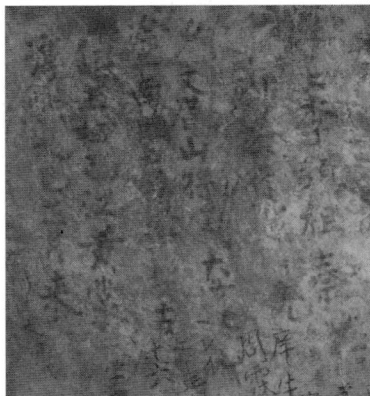

图6-70 李显祖题壁

《李显祖题壁》（图6-70），南宋淳熙十二年（1185）墨书题壁，今存武都万象洞卧龙坝西壁，纵110厘米，横100厘米，楷书6行。

---

① 吴鹏翱：《武阶备志》，载《中国地方志集成》（甘肃府县志辑10），凤凰出版社，2008年，第36页。

## （七二）武都·南宋《杜清题壁》（淳熙十三年，1186）

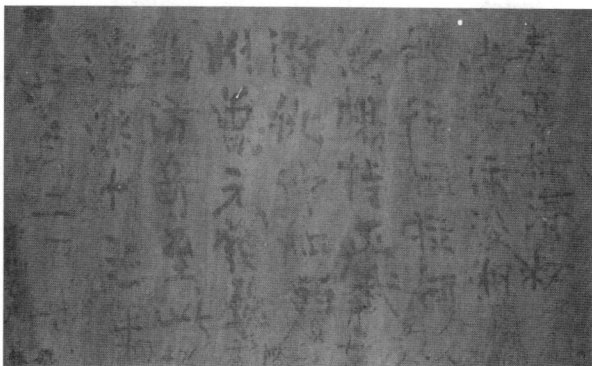

图 6-71　杜清题壁（张惠中、李婷婷　摄）

秦亭杜清淑尚，弟泳、浚、湘偕行，因拉河池杨特正、武阶仇仲和、西州曾元发，寻幽访奇至此。淳熙十三年正月二日也。

《杜清题壁》（图 6-71），南宋淳熙十二年（1185）墨书题壁，今存武都万象洞天庭西壁，纵 120 厘米，横 230 厘米，楷书 9 行。

## （七三）成县·南宋·卑牧《西狭题记》（淳熙十四年，1187）

图 6-72　卑牧西狭题记

汉李翕守西康,黄龙、白鹿、嘉禾、木连理同为一时之瑞。磨崖大刻,至今称之,后之继者无闻也。河间卑牧自牧滥分符竹,因暇日,拉前郡侯田世雄元弼、郡别驾成绘素道,策杖跋险涉水来观。

时淳熙丁未立冬纪。

卑牧《西狭题记》(图6-72),南宋淳熙十四年(1187)摩崖刻石,今存成县西狭《西狭颂》摩崖碑亭西入口处。纵62厘米,横48厘米,隶书8行,行10字,字径5厘米。卑牧《西狭题记》书法雄强朴茂,自然洒脱。其结字宽博,笔画分布匀称,线条深厚凝重;运笔稳健挺拔,已脱尽楷意,直逼汉人。无论章法布白还是结字、运笔都与《西狭颂》暗合[①]。

## (七四)成县·南宋·卑牧《狮子洞题记》(淳熙十四年,1187)

郡守卑牧、郡别驾成绘,拉凤州推官晁子飞、同客林循祖来游,观景迁晁先生题字,拂尘而去。淳熙戊申仲夏二十二日。

卑牧《狮子洞题记》(图6-73),南宋淳熙十五年(1188)摩崖刻石,今存成县狮子洞。纵45厘米,横48厘米,楷书7行,行7字,字径6厘米。《陇右金石录》卷四云:"此题名凡七行,行各七字,景迁即晁说之字,其题字在宣和时,子飞或即说之子孙族姓也。"[②]

图6-73　卑牧狮子洞题记

## (七五)成县·南宋·卑牧《大云寺题诗碑》(无年月)

郡假守卑牧勉次提刑大著游山二诗韵

星轺行乐乐融融,十里旗穿晓日红。访古直寻丹穴外,造幽更指碧潭中。接身幸作卑飞燕,附翼惭非六翮鸿。荣甚载名诗榜上,归时犹喜□汲空。

凤台空双阙,藤苍垂翠绅。岩泉藏胜迹,草木丽芳辰。久废登山屐,谁□□古人。皇华因按部,提挈与□□。□共公余乐,都捐世俗尘。□□□□刻,吟咏

① 蔡副全:《南宋隶书的觉醒——以陇南、陕南遗存的刻石隶书为例》,《中国书法》2011年第4期。
② 张维:《陇右金石录》,载《石刻史料新编》(第一辑第21册),台北新文丰出版公司,1979年,第16066页。

泣山神。酌酒□□□，□□檐可巡。边烽虽退□，□□□□□。整顿乾坤□……
道四……

卑牧《大云寺题诗碑》，原碑残断，其中下段今存成县大云寺院内。笔者有幸访得一块残碑，竟与大云寺所存合而成诗（图6-74）。粘合后拓片纵75厘米，横81厘米，残存隶书15行，行13字，字径4厘米。作者卑牧，淳熙十四年（1187）知成州，是时为"郡假守"，即代理太守，可见此诗碑镌刻当在淳熙十四年之前。

图6-74　卑牧大云寺题诗碑

## （七六）武都·南宋《新修广严院记》（淳熙十五年，1188）

新修广严院记（隶额）

夏四月，别驾吕侯行县，径福津谷，至古兰皋戍，归而语其客魏鲸曰："西距郡城七十里，并□东行两山间，曰福津谷。冈阜联络，若伏若起，约六七里许，突为一峰，蜿蜒而所居旷平夷，可聚百家。众山环合，拱揖先后。有僧庵曰广严院，直峰之趾。竹树蒙密，殿屋崇丽，杰出林杪，宜其地势，堂皇楼阁，广袤相称，像设严备，徒侣繁集，钟鼓梵呗之音，□□以时，如通都□□□浮图之居。因召其主僧普兴，问起废所因。曰院故名弥陀旧庐，谷口□□初□□□□□□始之。至嘉祐中，改赐今名。绍兴末，为涨潦啮坏，无尺椽寸瓦留者。普兴与师道恩，始相今地，哀一方施金，迁而新之。起于绍兴三十一年，落于乾道九年，凡十有二年。为八十□，为□一，为堂二，为寮十，庖廥湢浴，无不咸具；而又以余力，为大钟楼而县之，度弟子十有二人，皆普兴之为之也。其用力之难，且必如此。事之以难，废以不能坚忍，坏者多矣。如普兴者，不亦异欤？吾儒皆宗圣人，而至于尊信其道，力行其说，用力之难，且必未必浮图氏若也，可不为之叹息欤？"明日，普兴果自状其始末，诣太守郭侯白状，又诣吕侯请焉，曰："侯幸辱临于普兴之庐，若有意为普兴记所以迁而新之，故愿卒图之。"于是吕侯以属于鲸，而普兴亦因以请至六七反不倦。遂不辞而为之记，俾之有考焉。浮图氏之学，自后汉入宋□□□千有余年，其经先儒排摈攘斥，亦不知其几矣，而卒不可破。今试取其书而观其学，□□□忽□□推引天地未生四海九州之外，鬼神怪变千态万状，不可穷诘，以至州域之□□，宫室之诡异，多人之所不能睹。殆庄周列御寇之书，寓言类也。齐梁以来其徒因一时好尚，藉以侈□居室，穷极华靡，儌于尊上犹为未足，而若其师之苦空寂灭，则鲜有趋而为之者，岂其行之果不可继欤？抑人情苦难而乐易欤？抑侈靡之易溺而穷寂之难忍欤？然吾诚□感焉。□其师□□言，而其徒尊信力行，千有余年，牢固而不可破。惟圣人之道曰：仁义礼乐者，如丝□五谷之用，不可一日废。而儒者或自谓其迂远而不□□□之难，且必果未必浮图氏若也，何不为之叹息欤？普兴，郡人，本农家子，年十七，祝发为（僧），图有公才吏用□□。绍兴辛巳，我师经略陕西，虏或进□□，郡民半警徙谷中。时普兴新相地，悉募徙民□□□以食之，民喜就募，不旬而功□在家。时□□受□□□出为浮图，资以具。土甕材用既毕，则推以与其侄，其侄不受，复以归普兴，普兴复不受，田废不耕至一岁，卒强以推其侄，是尤可称云。

淳熙十五年八月十四日，从事郎、就差阶州州学教授魏鲸记并书隶额。

文林郎、知阶州福津县、主管劝农营田公事宇文景仁。朝奉郎、通判阶州军州事兼管内劝农营田公事、赐绯鱼袋吕符。武经郎、权发遣阶州军州兼管内劝农营田事、缘边都巡检使郭誅。开山修造住持、开山和尚道恩，小师修造住持、赐紫沙门普兴立，院基地主程□□刊。

《新修广严院记》（图6-75），南宋淳熙十五年（1188）魏鲸撰文并书隶额，今存武都区三河乡广严院。碑纵180厘米，横100厘米。隶额"新修广严院记"6字列2行，字径9厘米；正文楷书29行，行35字，字径2.5厘米。

孙星衍、邢澍《寰宇访碑录》存目："《福津县广严院碑》，魏鲸撰并正书。淳熙十五年八月。甘肃阶州。"[1] 吴鹏翱《武阶备志》卷一七有录文[2]。《陇右金石录》卷四

---

① 孙星衍、邢澍：《寰宇访碑录》，商务印书馆，1937年，第353页。

② 吴鹏翱：《武阶备志》，载《中国地方志集成》（甘肃府县志辑10），凤凰出版社，2008年，第180页。

图 6-75　新修广严院记（张惠中、崔阶　协拓）

云："此碑在武都县东六十里龙拽山，宋时州治福津，故碑云：'西距郡城'有'福津谷'也。"[①] 然《武阶备志》《陇右金石录》皆有脱误，现依据拓本补正。

## （七七）武都·南宋《郭谦万象洞题记》（淳熙十五年，1188）

图 6-76　郭谦万象洞题记

　　武都东行，一舍乱江，陟屟巖回，万象洞乳溜萦结，龙蛇蟠伏，幡幢耸植，千态万状，不可名言，真天下之奇观也。去郡僻左，民俗淳朴，不知为贵，仕于此者亦罕至焉。崆峒郭谦应叔出守二年，时和岁丰，郡以无事，暇日约济阳刘大年寿之、开封吕符伯虎，联辔载酒，终日纵观，酌清泉，扪奇石，杖藜穷源，不知所止。日影既西，退而饮于望仙。同寮集者，宾主合十五人。河朔梁惟几微仲，秦亭何师严公明柳楫，济川宋琛子美、万百绮子愈，陕人焦世从子龙，奉天杨思永仲修，天兴杨祖诜光祖，二江宇文景仁公寿，怀远梁彦辅诲叔，华阳范赏、孙德恭，上邽仇伸信之。

　　淳熙著雍[一]涒滩[二]季冬二日书。

───────────────

① 张维：《陇右金石录》，载《石刻史料新编》（第一辑第 21 册），台北新文丰出版公司，1979 年，第 16066 页。

　　［一］著雍：亦作"著雝"，岁阳戊的别称。《淮南子·天文训》："午在戊曰著雝。"明郎瑛《七修类稿》卷一《岁月阳名》："（太岁）在戊曰著雍。戊在中央，主和养万物也。"

　　［二］涒滩：岁阴申的别称。《尔雅·释天》："（太岁）在申曰涒滩。"明郎瑛《七修类稿》卷一《岁月阳名》："涒，大也；滩，修也。"

　　《郭谦万象洞题记》（图6-76），南宋淳熙十五年（1188）摩崖刻石，今存武都万象洞三星岗东壁。摩崖纵横各130厘米，楷书16行，行16字，字径4厘米。

## （七八）成县·南宋《王正嗣题记》（淳熙十五年，1188）

图6-77　王正嗣题记

　　西和前进士王正嗣、冯翊郭英、正嗣侄芝，自峡蹑石沿溪观《天井》《耿君》二碑至此。因叹："今日瑞芝产于郡之天水，固不减黄龙、嘉禾之应。良二千石，岂独专美于汉耶！"

　　淳熙戊申仲春四日书。

　　《王正嗣题记》（图6-77），南宋淳熙十五年（1188）摩崖刻石，今存成县西狭《西狭颂》摩崖碑亭西入口处，右邻卑牧《西狭题记》。纵36厘米，横52厘米，隶书9行，行8字，字径4厘米。此题记笔画瘦劲，结字平中见奇，错落有致，方圆兼施，随遇而安，于古拙中渗透出一股雄秀之气。民国《重修西和县志》载："王正嗣，宋重和时进士，好学博古，不慕荣利，晚年尤好碑帖，闻有名刻，不惮跋涉。淳熙戊申仲春月，同侄芝偕冯诩郭英往同谷，自峡蹑石沿溪观《天井》《耿君》二碑，徘徊不忍去，因书壁以纪

图 6-78　毌丘恪、宇文景仁万象洞题诗并跋（李婷婷　协拓）

之。时年已老，其好古不厌，为时人所共钦。"①

## （七九）武都·南宋·毌丘恪、宇文景仁《万象洞题诗并跋》（绍熙元年，1190）

　　绍熙改元三月十日，游万象洞，偶成五十六言。阆中毌丘恪厚卿。

　　一筇柱破白云端，来叩灵文访列仙。羽葆珠幢眩凡目，玉芝石髓垂馋涎。直疑高彻虚无顶，岂但潜通小有天。兴尽却归到城郭，问今几世复何年？

　　万象洞奇异瑰怪，甲于此州。前后游者非一，而初未有赋之者。太守毌丘公，暇日领客来游，独首抉其秘，见之于诗。凡天下名山水，未尝不因骚人词客而显，岂非有所待耶？是游也，景仁实以僚吏从公，亲拜重况，谨勒公佳句妙画镵之洞中，为后来唱。门生福津

图 6-79　宇文景仁跋尾

---

① 朱绣梓：《重修西和县志》，载西和县志办公室校点《西和县志》（内部资料），2006 年，第 266 页。

令二江宇文景仁题。

毌丘恪、宇文景仁《万象洞题诗并跋》（图6-78），南宋绍熙元年（1190）摩崖刻石，位于武都万象洞三星岗东壁，纵90厘米，横140厘米。摩崖由两部分构成，前8行为阶州太守毌丘恪题诗并序，行7—12字不等，字径约7厘米。《题诗》书法气势雄健豪迈，笔力排宕绝尘，似与黄庭坚为一路书风。后7行镌福津令宇文景仁跋尾（图6-79），书法隽秀，行8—17字不等，字径约3厘米。毌丘恪，字厚卿，四川阆中人，绍熙初知阶州。《题诗》右侧亦有刻字痕迹，可辨"留、蜀人王调元"等字。

### （八〇）武都·南宋《毌丘厚卿题壁》（绍熙元年，1190）

　　郡守毌丘厚卿、统军刘寿之、事僚四属：魏仲鱼、钩承之、宇文公寿、焦世充、李仲宣、魏叔鱼、□宾父、成德甫、张粹□。绍熙改元三月十日来游。厚卿男裳□至，承之男子虞、侄子及侍行。

《毌丘厚卿题壁》（图6-80），南宋绍熙元年（1190）墨书题壁，今存武都万象洞卧龙坝西壁，纵130厘米，横40厘米，楷书5行。

### （八一）武都·南宋《钩承之题壁》（绍熙元年，1190）

　　绍熙改元季春上瀚，眉山钩承之、成德父，成都宇文公寿[一]来游。承之子子虞、妷子及侍行。

[一]宇文公寿：即宇文景仁，复姓宇文，名景仁，字公寿，成都二江（今成都市）人，是时任福津县令。

《钩承之题壁》（图6-81），南宋绍熙元年（1190）墨书题壁，今存武都万象洞仙人床对面，纵57厘米，横60厘米，楷书6行。

图6-80　毌丘厚卿题壁

图6-81　钩承之题壁

## （八二）成县·南宋·宇文子震《赋龙峡草堂》（绍熙四年，1193）

图 6-82　宇文子震赋龙峡草堂

　　燕寝香残日欲西，来寻陈迹路逶迤。江涛动荡一何壮[一]，石壁崔嵬[二]也自奇。鸡犬[三]便殊尘世事，蛟龙长护老翁诗。草堂歘[四]见垂扁榜，却忆身游濯锦时。

　　右赋龙峡草堂。绍熙癸丑[五]□□十七日，郡守成[六]都宇文子震[七]题。……立石。

[一] 壮：今泐。张维《陇右金石录》作"□"，黄泳《成县新志》作"壮"。

[二] 燕寝……石壁崔嵬：今皆泐，据《成县新志》补。

[三] 鸡犬，今泐：据《成县新志》补。

[四] 歘：《陇右金石录》误作"倏"。

[五] 丑：今泐，据《陇右金石录》补。

[六] 成：今泐，据《陇右金石录》补。

[七] 宇文子震：字子友，成都人，隆兴元年（1163）进士，绍熙间知成州，庆元二年（1196）知潼川府。[①]

　　宇文子震《赋龙峡草堂》诗碑（图 6-82），南宋绍熙四年（1193）镌立，今存成县杜甫草堂后院西北壁。诗碑右 4 行诗文残殁，可辨文字约 50 余字。残碑纵 45 厘米，

---

① 李之亮：《宋川陕大郡守臣易替考》，巴蜀书社，2001 年，第 80 页。

横 78 厘米，诗文字径 5.5 厘米。张维《陇右金石录》卷四云：

> 此刻凡十二行，行七字。后有跋云："右赋龙峡草堂。绍熙癸丑□□十七日，郡守□都宇文子震题。"诗跋共泐四字，行书秀整，《旧志》从未著录。余既得其拓本，亟为录入。石刻于绍熙四年，"都"上缺文当为"成"字也。①

张维所谓"《旧志》从未著录"不实，黄泳《成县新志》卷四录有此碑完整诗文②。

### （八三）成县·南宋·宇文子震《王氏园诗》（绍熙初年）

> 郊垌□□出尘埃，□□幽扉为我开。异□横陈浑住立，飞流瀑注自天来。桃园图里如曾见，灵鹫峰前莫谩猜。增损须凭诗眼巧，好于稳处看楼台。
> 右郡守成都宇文子震题王氏园。

宇文子震《王氏园诗》，摩崖刻石，今佚。吴鹏翱《武阶备志》"按语"云："正书，磨崖刻，在成县东南六里。字大四寸，笔绕纵逸之致，与少陵祠诗出自一手。园久废，崖亦为土所没。但存流泉拳石而已。土人不知为何氏园址也，农人渐耕此崖出。余戚武君晋阶于嘉庆庚午告余，亟往拓归，以资展玩，惜数字蚀阙，然吉光片羽，正不必以多为贵也。"③

### （八四）成县·南宋《将利县志民坊记》（绍熙四年，1193）

> 姚寅恭以计佥寓邑中，目其事，耳其言，喜公于一日之力役，犹不轻用民力。既悯其民，又获其应，以成其志也。因请以"志民"识之。东坡苏公堂成而得雪，以"雪"名；亭成而得雨，以"喜雨"名。坊以"志民"名，以喜雨书也。木石、砖瓦、丁竹之数，工匠、役夫之力，粮食、缗镪之费，不扰于民，又其细也，故不书。
> 绍熙癸丑三月，修职郎、就差兴州司户参军兼发遣四川总领所将利县措置佥买姚寅恭谨记。

《将利县志民坊记》，南宋绍熙四年（1193）姚寅恭记。原在将利故县（今成县镡河乡将利村），今佚。吴鹏翱《武阶备志》"按语"曰："嘉庆间，涨潦坏将利故县堤，得此石。横长丈余，高二尺许，自首至尾书皆满，前半泐阙不可识，疑为沙石淤坏也。

---

① 张维：《陇右金石录》，载《石刻史料新编》（第一辑第 21 册），台北新文丰出版公司，1979 年，第 16067 页。
② 黄泳：《成县新志》，载《中国方志丛书》（华北地方·第三三二号），台北成文出版社，1970 年，第 464 页。
③ 吴鹏翱：《武阶备志》，载《中国地方志集成》（甘肃府县志辑 10），凤凰出版社，2008 年，第 191 页。

后半完好,笔力遒劲。"①以上铭文据《武阶备志》录入。

### (八五)两当·南宋《灵应泉记》(约绍熙五年,1194)

邑境东南隅,遵谷六七里,地名矾水,有泉曰"灵应"。冈阜东来,西向突立一峰,峭壁巉岩,面列神龛。白杨数树,森绕其间,大可合抱如七星然。下有洞穴,水所自出,昼夜不舍,清冽可爱,神实司之,有祷必应,俗传为"旱涝泉"。其来远矣,闻之元丰间,漕使董公文仲修建祠宇,岁久厄于兵火,今独留题诗刻在焉。厥后神之灵异,见于祷雨祈嗣者,如影响形声,应之不差,如度量衡石,使人必信。绍兴庚午,令尹董公乔年,敬神贶之明验,闵庙邈之寝寥,始复一新。加以邑民具列其事于台府,俾闻于朝,期之锡封,以答神庥。后虽不果,然神之所以加惠一方者,则有隆而无替也。乾道己丑,勾龙公师说临宰是邑,念香火不可不严。一夕感神梦,从民之请,命羽衣楚大义领祠事,大义既至,则倾囊橐增葺其所未备,顾规模虽不能盛丽,然殿阁斋馆,无一阙者。嗣师陈久道继之,兴修之念益勤,抑欲大有以建立也。绍熙四年秋,世昌窃禄来此,得闻神之有功于民,历历可考,心虽加敬之,而未尝身履其所以然者。岁在甲寅三月,偶因官事之暇,挈眷属,以嗣续之艰乞灵于神。且知一念精诚,以手掬水,神必赐之以奇石,苟惟不虔则茫无所得。于是祝香洞前,信手一探而得其二三焉。嗣后实谐所愿,因以印证乎前闻,而敬且信矣。呜呼,异哉!久道来乞文以为记,余未能道其详也。姑以所闻神验本末之梗概,与参世昌所以蒙神之休者,信然不诬,故记之,以昭示神之灵显佑助,不可不敬者如此。

《灵应泉记》,原在两当县东南,今佚。碑云"绍熙四年秋,世昌窃禄来此",又云"岁在甲寅","甲寅"即绍熙五年(1194),盖此碑约作于绍熙五年或庆元初。德俊《两当县志》云:"灵应泉,南七里。泉出山坳石眼中,旱涝祈祷辄应,俗名'旱涝泉',宋邑令夏世昌建,有碑记。其碑光莹照物,右有玉皇殿。"铭文并载《两当县志·艺文》②。

### (八六)礼县·南宋《大潭皇觉寺留题》(庆元元年,1195)

大潭皇觉寺留题
□□郎、通判西和州知州事□□□。
鸩毒深怀戒宴安,驱驰王事敢辞艰。玉尘不动式百里,星点骅骝冲晓寒。

---

① 吴鹏翱:《武阶备志》,载《中国地方志集成》(甘肃府县志辑 10),凤凰出版社,2008 年,第 191 页。

② 德俊:《两当县志》,载《中国方志丛书》(华北地方·第三四二号),台北成文出版社,1970 年,第 36、154 页。

图 6-83　大潭皇觉寺留题（任小辉、陈亚峰　协拓）

石韫玉而山辉，水含珠而以独□人，君子之□□□辉发越，色象动悟，虽黄童白叟莫不踊（跃欢呀），□车尘马足间。况夫王事之余，发为咏歌，获闻正好……日星之揭得，不使溪山改观，出……府判中太杨公以墨池英……钧衡未拜，题舆是邦，其爱民如赤子，□政……壹式，弹绍单车出而虏骑士遑走……万口式辞，同呼□□曰：公之有大德于……按临属邑，留诗于皇觉招提，旦以……图邑之士民莫不争睹而讽咏之……而戴公之德也。文炳于先生为门下士，岂敢虚盛美而不……坚珉，以答邦民之公愿。

庆元元年捌月弎日，门生成忠郎、奏辟知西和州大潭县主管劝农营田公事兼兵唐文炳谨跋。

《大潭皇觉寺留题》（图 6-83），南宋庆元元年（1195）题刻，今存礼县白关乡太塘村原乡政府院内。碑纵 56 厘米，横 66 厘米，隶书。前段题诗 4 行，满行 14 字，字径 3 厘米；跋语 14 行，字径 2 厘米。末款 3 行与跋语等大。字迹下部磨灭难辨。

### （八七）礼县·南宋《两县二八分科后记》（庆元二年，1196）

两县二八分科后记（隶额）

大潭长道两县二八分科后碑

乡贡进士县学谕李耆孙撰并书。□中李德刻。

昔夏后氏治降水，别九州，克成厥功，万世永赖。史官纪绩，孔子定书，以

《禹贡》名篇。大禹之功，掀天地，揭日月，巍巍矣！述书者不言功而言过，岂非贡者生民戚休之所系！洪水虽平，贡赋不均，力屈财殚，人之主无日矣！此所以首称"任土作贡"，而以《禹贡》名篇，意以为治洪水，虽曰禹之功，至于任土贡，均民赋，尤为禹功之大也。窃尝查考其书，地则三□，赋分九等。青、徐之贡，不以责之；荆、扬、梁、雍之赋，不以施之；冀、兖既定，为上中下之等矣。于扬州曰厥赋下上上错。豫州曰厥赋错上中。梁州曰厥赋下中三错。夫民赋一也，约天下于同，可矣。今也乃立九等，民赋轻重上下，参差不齐，又于九等之中，错杂间出于上下之际，禹何为□之倥偬区别哉！盖地有广狭之区别，户有多寡之不齐，故因其不一而归之于至一，因其不同而约之于大同，是以唐虞之民，雍熙泰和，乐输其上。秋东作西成之功大，南风民财之阜，而为万世定法也。

　　西和，和政郡，古岷州，绍兴十三年移治白石，取今名。隶县三：长道、大潭、祐川。长道为最，户口繁夥，州治在焉；其次大潭，介于川谷之间；祐川西兼宕昌，尤为蕞尔。邑旧州，州□凡诸赋役□为长道八分，大潭二分，祐川在所不足录焉。自朝廷立市西戎之马于宕昌，马政刍秣之重，首事于潭邑。五驿一监，在其境内曰临江、良恭、牛脊，本县驿麻池□□□□□道止本州一驿，其胥吏于郡者，又皆长道之民，□淫蠹弊，辄□旧坊，遂将马政刍秣不以二八分，均□□□□□县分应副，吾乡之民，盼盼然役于马政，困于赋役，诉于州家及监司者凡数载，第虑虚文未□古□□□□□守西和之始年，大城李公令大潭之二载，邑民王林、张辛等百余人，诣郡再申旧例，而长道之民□□□□□为一辞，牢不可破。□王史宕水监其职，权衡其民，以为茶司委马政之责于州，州□□□之□□□□户口家业商确之，长道县户口见管七千户；大潭县户口见管一千四百户，又长道县家业钱除倚阁外，实管壹拾玖万二千五百捌拾贯捌百三十柒文；大潭县除倚阁外，实管壹拾捌万三千五百□□□□文。以□分□□，长道七分八厘，大潭二分二厘；以户口计之，则长道十分，大潭一分。而长道又为广谷大川，□□□□；大潭山高壑深，地皆险峻。绝长补短，长道八分，大潭二分，实为均一。及将麻池驿分隶长道，则知旧例二八分，深得古之定赋，不同之同，不齐之齐也。州家以其事上诸司，宪史李公判其牒云："本州既将两县户口比较，又将两县家业钱皆□□，□□厚薄，灼然易见，可谓谨密。允当行，下示两县人户，从本州所定分数均科，永为则例，不得妄兴词诉。南山可移，判不可摇。"自此二八分赋役遂定，而长道之民亦帖然心服。今乃不学古前之为，邑之士民感守令之遗爱，复还旧赋之均一也，无以报德，绘史君令□之像于壁，□□西□永为于□县邱之地，士民王楹，取碑材于山，久□立也。今邑宰唐侯为政之初，庆止泮宫，都碑石昔日□□□□□者乎，爰命予为之记，仍将州家、宪司行移公文，并镂坚珉，以传永久。耆孙尝试以为通天地□□□□□□□□□已，鹤长凫短，水舟陆车，万有事物之不齐，而会归于同者，一也。故大禹因九州之贡不同，而成赋中邦，以除四海会同之功。先王之泽犹存，九祷之叙未泯，故宪史守令，因一郡两邑之异，宜而平赋役，为均齐之法，亦归于一而已。今皆位通显历台阁，异时秉均，衡权造化，推一郡两邑不同之同，而致四海之同；维一郡两邑不一之一，而致天下之一可也。宪使李公，大政其名。王使君名朴字之厚。李令君格南寿，其去政之十二年，始刻诸石。

庆元二年正月吉日，秦亭李耆孙谨记。迪功郎、县学长魏彦国篆额。

成忠郎、大潭县尉李璋，将仕郎、大潭县主簿姚荣之，忠训郎、奏辟知西和州大潭县主管劝农营田公事兼兵马监押唐文炳立石。

图 6-84　两县二八分科后记

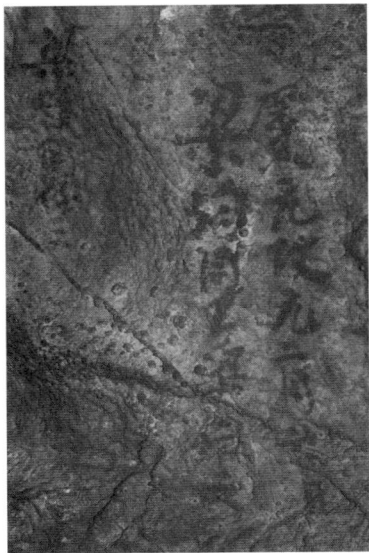

图 6-85　梁均同题壁

《两县二八分科后记》（图 6-84），南宋庆元二年（1196）李耆孙撰并书，魏彦国题额，唐文炳立石，今存礼县白关乡太塘村原乡政府院内。碑纵 128 厘米，横 74 厘米。额隶书"两县二八分科后记"8 字列 4 行，字径 8 厘米；正文楷书 34 行，行 42 字，字径 1.8 厘米。此碑为考察南宋赋役制度的珍贵实物遗存①。

### （八八）武都·南宋《梁均同题壁》（庆元元年，1195）

庆元改元二月七日，梁均同、梁均元。梁均同侄二。

《梁均同题壁》（图 6-85），南宋庆元元年（1195）墨书题壁，今存武都万象洞卧龙坝西壁，纵 50 厘米，横 28 厘米，行书 3 行。

### （八九）武都·南宋《长孙孝先题壁》（庆元二年，1196）

庆元丙辰三月望日，长孙孝先马茂先、尹觉先、杜庆先、郭亨父丁晦夫来，过黄泥池而返。

《长孙孝先题壁》（图 6-86），南宋庆元二年（1196）墨书题壁，今存武都万象洞卧龙坝西壁，纵 72 厘米，横 60 厘米，楷书 5 行。

图 6-86　长孙孝先题壁

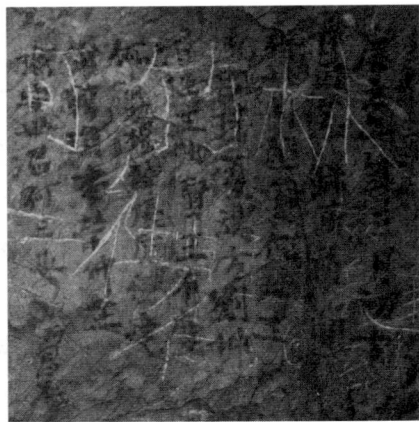

图 6-87　庆元二年题壁

---

① 蔡副全：《南宋赋役碑刻〈两县二八分科后记〉释考》，《农业考古》2015 年第 3 期。

## （九〇）武都·南宋《庆元二年题壁》（庆元二年，1196）

　　庆元二年三月初七日，因□绿所道□到此洞，□□何琦、王□、吕璠、夏端方、刘仲□□、王汝贤、王有庆、何易、杨龚、张□、何庆□、韩琼、李荣仲、王瑜、安世昌、何三□、□昌□。

《庆元二年题壁》（图6-87），南宋庆元二年（1196）墨书题壁，今存武都万象洞风洞口右壁，纵38厘米，横41厘米，行书8行。

## （九一）礼县·南宋《妙胜院敕碑》（庆元二年，1196）

　　大观敕书（楷额）

　　尚书省牒

　　南山妙胜院惠应殿牒

　　奉敕：宜赐"惠应殿"为名。牒至准敕。故牒。

　　中大夫守右丞徐；司空左仆射（蔡）。

　　大观元年九月六日。

　　秦州南山妙胜院，敕额古迹。唐朝贞观二十三年赐额"昭玄院""天水湖"。至本朝太祖皇帝登位，于建隆元年将"昭玄院"赐敕皇改"妙胜院"；"天水湖"改"天水池"。其水冬夏无增减。至乾兴元年真宗皇帝登位，本院铸钟一颗。于元符三年十月二十七日，经略周湋[一]夜梦本院降龙尊者具天水池，特奏朝廷，奉圣旨，每年遇天宁圣节，许度僧一名。至大观元年，秦凤路久愆雨泽，经略陶节夫[二]奏，八月十二日降御封香，令侧近祈祷于天水池，佛殿焚香，翌日，甘泽滂沾三赤有余。本州奏朝廷，九月六日奉圣旨降到，敕皇天水池佛殿，可赐"惠应殿"为名，蠲免诸般税役。间岁，赐紫衣或师号一道。至宣和元年，经略郭思[三]切见本州冬夕久旱，于惠应殿祈祷有感应，特奏朝廷。宣和三年正月十九日奉圣旨，将惠应殿系祖宗昌英郡望之地改"法祥殿"，专令护持"天水灵泉无穷"一面给付，中尚书省牒已将敕先次给付讫，请一依前项圣旨，指挥疾速施行，须专指挥右今帖南山"妙胜院"，仰详此照会。

　　大观元年九月　日给。

　　奉议郎、签书节度判官。奉议郎、通判秦州军州使、龙图阁学士、左忠散大夫、秦州安抚使兼马步军都总管使郭思。

　　南山妙胜廨院在天水县茅城谷，有常住土田。至绍兴十四年，有檀信税户王楫同弟王宁，同男王光祖，孙王焘、王熙等，舍到院基一所，修立妙胜廨院佛殿、

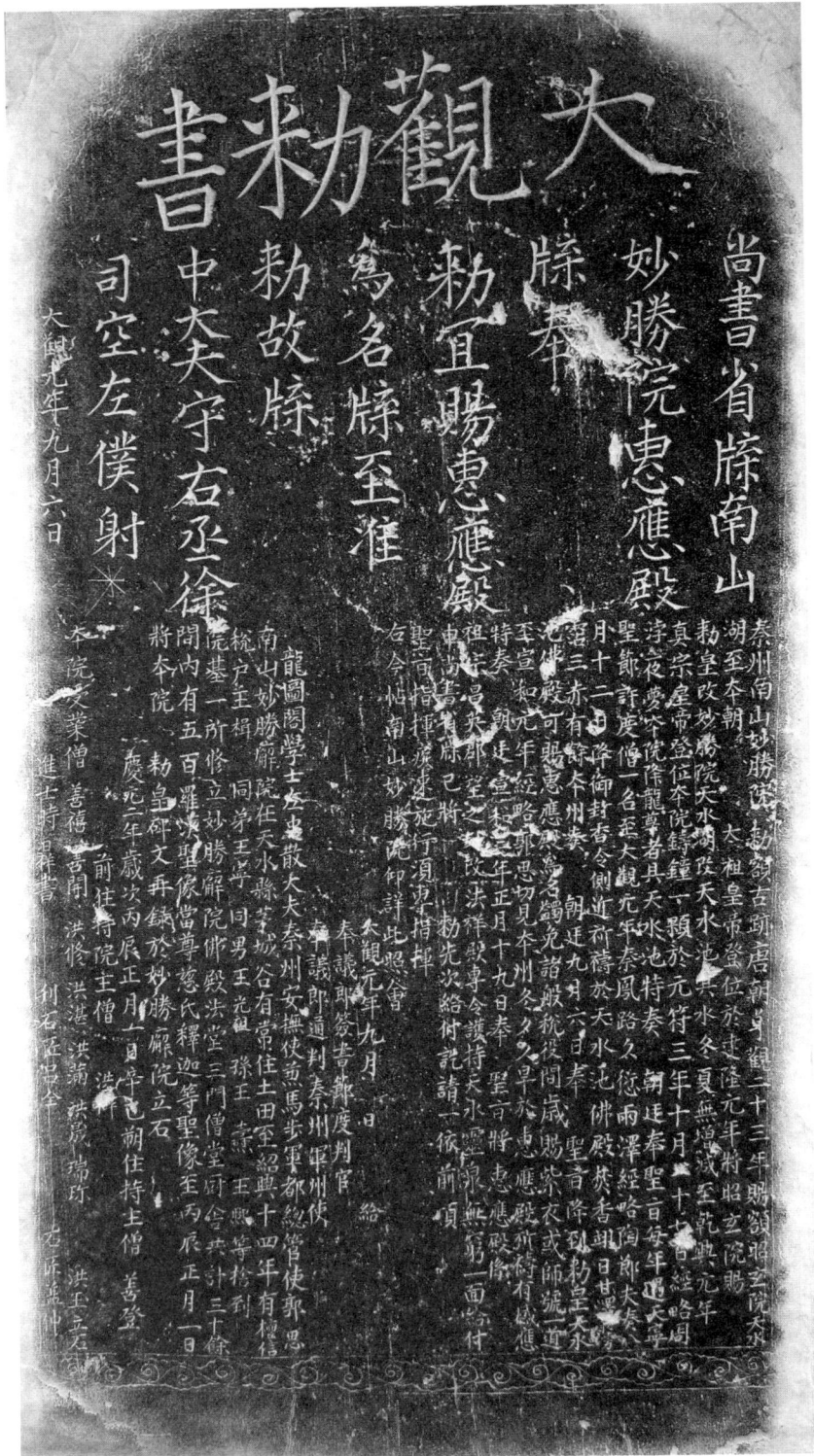

图6-88　妙胜院敕碑（李怡、何玉柏　协拓）

法堂、三门、僧堂、厨舍共计三十余间，内有五百罗汉圣像，当尊慈氏释迦等圣像。至丙辰正月一日，将本院敕皇碑文再录于妙胜廨院立石。

庆元二年岁次丙辰正月一日辛巳朔。

住持主僧善登，前住持院主僧洪祥。本院受业僧：善禧、善开、洪修、洪湛、洪满、洪晟、瑞珍、洪玉立石。

进士时日祥书。刊石匠吕全，石匠盖仲。

［一］周淳：即"周绰"之误。周绰，福建龙溪人，熙宁六年（1073）进士，元符二年（1099）累官广信军通判，迁户部员外郎，出权秦凤路经略司[①]。

［二］陶节夫：字子礼，饶州鄱阳人，第进士。崇宁初，为讲议司检讨官，进虞部员外郎，迁陕西转运副使，徙知延安府。历青、秦二州[②]。

［三］郭思：字得之，河南温县人，郭熙子，元丰五年（1082）进士。宣和元年（1119），以秦凤路经略安抚使"管勾成都府、兰乐、秦凤等路茶事兼提举陕西等路买马监牧"[③]。

《妙胜院敕碑》（图6-88），今存礼县红河乡草坝村，北宋大观元年（1107）九月牒，南宋庆元二年（1196）立石。碑纵95厘米，横51厘米。额楷书"大观敕书"4字，字径10厘米；上层为牒文，楷书9行，满行6字，字径4厘米，左款"大观元年九月六日"略小，字径2厘米；下层为《妙胜院记》，楷书28行，满行26字，字径1.8厘米。碑文多次提到"天水湖""天水池""天水灵泉"等，它是考察天水地望的重要实物遗存[④]。

## （九二）徽县·南宋《庆元三年买地券文》（庆元三年，1197）

维大宋庆元三年岁次丁巳二月乙丑十六日庚辰……岁在……殁……先于乾道年间殁故，龟筮协从，相地袭吉。宜于兴州长举县大河社□□谷□山之阳安厝宅地，谨用钱九万九千九百九十九贯文。就皇天父、后土母、社稷主一边，买得前件墓田一段，周流一倾。东至青龙，南至朱雀，西至白虎，北至玄武，上至苍天，下至黄泉。四至分明，即日钱财分付，天地神明了当。保人张生、李定度，知见人东王公、西王母，书契人石功曹、金主簿，书契人飞上天，读契人入黄泉。急急如五帝使者，女青律令。

① 陆心源：《元祐党人传》，载《续修四库全书》（第517册），上海古籍出版社，1995年，第429页。
② 脱脱等：《宋史》，中华书局，1977年，第11038页。
③ 李成富：《郭思事迹考述》，《南京艺术学院学报》（美术与设计版）2012年第1期。
④ 蔡副全：《〈妙胜院敕碑〉释考——兼论天水、昧谷、西、邽之地望》，《中国边疆史地研究》2016年第4期。

庆元三年二月十六日寅时券文。

《庆元三年买地券文》（图 6-89），南宋庆元三年（1197）朱砂书砖，徽县大河店乡出土，今存徽县博物馆。砖纵 30 厘米，横 17 厘米，厚 6 厘米。楷书 10 行，行约 21 字。

## （九三）武都·南宋《张迪墓志铭》（庆元三年，1197；嘉定十五年，1222）

**碑阳**

图 6-89　庆元三年买地券文
（曹鹏雁　摄）

> 宋故致政承事张公之墓（隶额）
>
> 公讳迪，字彝叔，秦州成纪人。考瑀，妣鲁氏。政和六年四月十八日生。淳熙十三年高宗寿七秩，诏：凡仕者亲，年逮七十，皆封以官。公以子仕，封承务郎。致仕后，累遇覃霈，加承事郎，赐绯衣银鱼。庆元三年二月十八日终。夫人杨氏，同郡处士昌祖之女；妣甘氏。宣和五年八月十三日生，乾道四年十二月六日终。夫人王氏，武经郎玠之女，绍兴十三年三月二十四日终。四子：寅，从事郎、知兴元府襃城县事；宪、察、密，业进士。二女：长适从政郎、兴州录事参军丁楷，次适王天锡。五孙：德渊、德炎、德邵、德耆、德立。孙女四人。以庆元三年十一月二十一日合葬于阶州郡东五里柏平原，从吉卜也。葬之前十日，承直郎、新潼川府……幹办公事勾千龄书。

**碑阴**

> 宋故致政承事张公之墓（篆额）
>
> 外大父始以庆元三年十一月二十一日葬于州东柏平原，后以北溪之水为患，遂于嘉定十五年十二月十三日改葬于栎木平。其如始末，与夫子孙之详，具载于碑阴，兹不再纪，姑以志岁月云。葬之前一月，外孙朝奉大夫、秘阁修撰、知兴元府利州路安抚使、马步军都总管丁熺谨书。

《张迪墓志铭》，全称"宋故致政承事张公墓志"，2013 年 3 月修建武罐高速公路时出土于武都区东江镇郭家坪村，今由武都区收藏协会会长郭文辉先生收藏。墓志纵

90 厘米，横 60 厘米，两面刻字。碑阳（图 6-90），南宋庆元三年（1197）勾千龄书，出土时左侧致残。隶额"宋故致政承事张公墓志"10 字列 5 行，字径 6 厘米；正文楷书 16 行，行 16 字，字径 3 厘米。碑阴（图 6-91），南宋嘉定十五年（1222）丁焴书，出土时右上致残。篆额"宋故致政承事张公墓志"10 字列 5 行，字径 7 厘米；正文楷书 10 行，行 11 字，字径 3 厘米。丁焴，武都人。《武阶备志》有传："丁焴，字晦叔，阶州福津人。官至太常寺丞，迁郎中（《江湖后集》）。宁宗朝，受命使金，直秘阁陈宓饯以诗，有'百年中国岂无人'之句（《宋史·陈宓传》）。嘉定八年正月己卯，复奉诏贺金主生辰（《宋史·本纪》）。迁太府少卿，出为利州西路安抚使，代安丙，兼知兴元府（《宋史·安丙传》）。"[1] 魏了翁《兴元府新作张魏公虞雍公祠堂记》云："先皇帝二十有六年，诏以武阶丁侯焴为梁州牧。其明年，侯居母丧，申诏夺服，不可，服除诏还，侯既镇大城汉中，以坞其民。比再至，慨然曰：'呜呼！昔吾有先正，如魏忠献张公，雍忠肃虞公，不尝经略此土乎？'乃作室于天，申浮屠之居，而肖貌之。以书来曰：'二公立德，勤命在旗，常鼎彝，匪我边陬所敢私也，顾其有绩是邦，则滋不可勿祠，子为我书之。'"[2]

图 6-90　张迪墓志铭碑阳

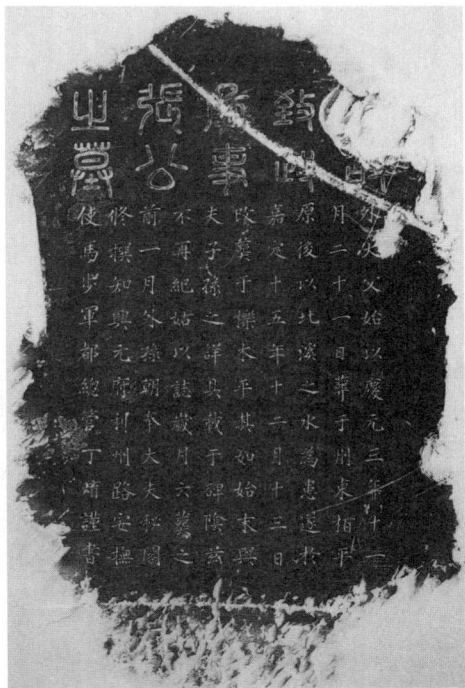

图 6-91　张迪墓志铭碑阴

---

① 吴鹏翱：《武阶备志》，载《中国地方志集成》（甘肃府县志辑 10），凤凰出版社，2008 年，第 136 页。

② 魏了翁：《鹤山集》，载《文渊阁四库全书》（第 1172 册），台湾商务印书馆，1999 年，第 488 页。

图 6-92　丁焴残碑（熊双平、王义　协拓）

## （九四）两当·南宋《丁焴残碑》（约嘉定中）

……丁焴……夫开封……（隆）之景……

《丁焴残碑》（图 6-92），碑残，纵 29 厘米、横 46 厘米，残存楷书 4 行，字径 7 厘米。约立于南宋嘉定年间，今存两当县博物馆。

## （九五）武都·南宋《祥渊庙加封碑》（庆元四年，1198）

祥渊庙惠泽昭应侯加封之碑（楷额）

敕阶州祥渊庙惠泽侯神，江流转徙，盖非人力所能为也。武都当二水之冲，岁岁民被涨溢之害，乃一夕潜徙它道，若有神焉阴相之者，父老请归功于神，且谓一勺之水，泽及千里，肆因爵秩之旧，被以褒嘉之恩，朕之所以报礼于神者亦厚矣。其敬听朕命，俾我民世世奉事无斁，可特封"惠泽昭应侯"。

奉敕如右。牒到奉行。

庆元四年四月十二日。（尚书省印）

右丞相镗；参知政事深甫；参知政事澹；兼给事中及之；中书舍人□□。四月十六日午时□事伍□□受左司员外郎□□付吏部。右丞相镗，参知政事深甫，参知政事澹，吏部尚书及之，吏部侍郎□。

告惠泽昭应侯，奉敕如右。符到奉行。

刑部郎中兼权主事李杰；令史冷允修；书令史杜彬，主管院监。

庆元四年四月十六日下。（尚书省印）

福津惠泽昭应侯加封碑。承直郎、判兴元府观察推官、权阶州录□□□。至治之世，盛德充塞，格于上下，山川之灵，亦莫不宁。故有天下者，祭百神□□□□□□职，物无疵疠，盖自三代以还至于今，兹礼不废。然雩崇之祭，凡有郡国之境□□□□□于天子锡之班爵，名在太常，庙在典礼，然后得以与

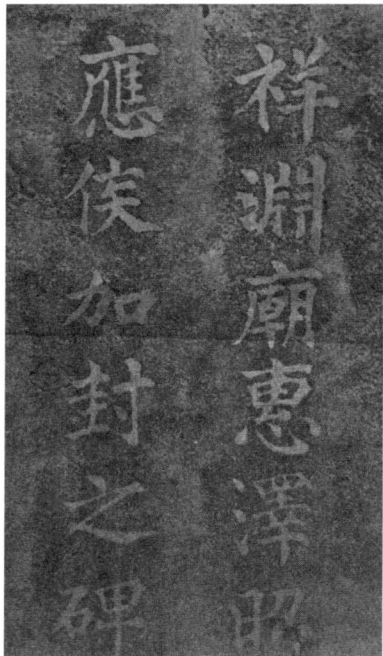

图 6-93　祥渊庙加封碑题额

图 6-94　祥渊庙加封碑局部（刘可通　藏拓）

祭秩。苟惟不然，虽能警动□□□□谓之淫祀可也。昔成周定宅洛邑，咸秩无文之祀，东汉盛时增修，群祀以祈丰年，所□□岁事崇群望，无所不用其至。况丘陵川谷，能出云为雨，有功于民者乎？阶境有龙祠，□迹显应，其所由来尚矣。大观间赐庙额曰"祥渊"。淳熙八年，太守田公又上神之惠利数事，奏乞封爵。十年，诏封"惠泽侯"。先是，郡守史公欲广地以新社稷坛壝，乃迁行祠于州面山之上，秩□庳陋，荐裸弗继，吏往住怠忽，神弗歆顾，时方筑堤捍水，堤成辄坏，居民讹言相惊，僚吏以告，□是复还旧址，载严像设，既而役夫迄事，民听无哗，神人妥安。阶域于溪山之间，民鲜储□，无大川以通漕运。夏秋之交，率多霖潦。白江自徼外氐羌中来，汇于城下，北河发源自（赤）砂，水或暴涨，西南与白江合流，湍悍汹涌，郡郭适当其冲。绍熙五年夏大水，长堤横□，（郡）守宋公忧之，默祷于神，夜半甚雨，北河有声如雷。黎明，登高望之，则狂澜遽回而东□□凿。然自是水行地中，此又有非人力所能至者。宋公于是用父老秀民等言，以闻诸朝，且请加锡爵号，以昭灵贶。庆元三年，太守吴公来守是邦，礼神治民，皆得其叙。未几，（政）平讼理，治绩告成，乃访命祀之在其地者崇饬之，而祥渊之庙为先。至四年，诏加封惠泽昭应侯。命下之日，老稚奔迎，旗旄飞舞，鼓吹谨亮，气色精明，岁比大稔，果实嘉茂，迄□□□□□疫之害。郡人咸请刻诸石以示方来。公命庆延考始末，以纪其事，辞之不获……铭之。旧有龙湫在赤砂谷口，岁有祷焉，辄至其所。一夕疾风震霆，徙于茂林……常人或见一佗日，即其处而求之，亦莫之见也。君子是以知神之异。铭曰：

维古武都，隐然边州。内宁庶民，外抚边陬。地险而硗，高□□□。貔虎云屯，馈饷是忧。神居其间，泽无不周。御灾捍患，千□□□。稽人成功，乐于锄耰。开阖抑扬，繄神之休。挥斥往来，□□□□。仁圣在御，岁祀时修。无间远迩，罔不怀柔。增秩疏封，□□□□。衮衣绣裳，端委垂旒。百灵宗之，于数为优。蕙肴兰□，苹蘩□□。桂酒椒浆，簋餐脤修，物固菲薄，诚通明幽。云旗下□，风驭□□。雨旸若时，仰兹荫庥。民之报事，无替春秋。

武节大夫、权发遣阶州军州兼管内劝农营田事、沿边都巡检……

《祥渊庙加封碑》，全称"祥渊庙惠泽昭应侯加封碑"。约刊于南宋庆元四年（1198），原在武都安化镇祥渊庙，今佚。武都刘可通家有拓本流传（图6-93、图6-94）。《陇右金石录》载："碑高五尺，广二尺八寸，三十行，行三十四字。上敕下碑，碑下多磨泐。碑为正书，敕则行书，缘督庐所记微误。额大楷书十二字曰'祥渊庙惠泽昭应侯加封之碑'。"[1]张维《陇右金石录》录文与刘可通先生藏拓异处，皆据拓本更正。

## （九六）徽县·南宋《张存买地券砖铭》（庆元四年，1198）

图6-95　张存买地券砖铭（郭建康　藏）

---

① 张维：《陇右金石录》，载《石刻史料新编》（第一辑第21册），台北新文丰出版公司，1979年，第16068页。

　　大宋庆元四年岁正月十一日己酉，张存于庆元三年十二月初九日殁故，宜于
利州西路凤州河池县永宁乡爷村社艮山之原安厝宅兆。谨用钱九万九千九百九十
贯文，买地一段。东西十一步，南北阔十一步。东至青龙，西至白虎，南至朱雀，
北至玄武。内方勾陈，分擘明堂四域。丘神墓伯，封部界胖〔畔〕，道路将军，齐
整阡陌，千秋万岁，永无殃咎。若辄干犯诃禁者，将军亭长收付河伯。今以牲牢
酒饭，共为信契，财地交相分付。工匠修营安措已后，永保休吉。知见人，岁月主；
保人，今日直符。故气邪精，不得忏恠。先有居者，永避万里。若违此约，地府主
吏自当其祸。主人内存亡，悉皆安吉。急急如五帝使者，青女律令。

　　《张存买地券砖铭》（图 6-95），南宋庆元四年（1198）镌字朱砂填写，徽县永宁
镇出土，今藏礼县郭建康私人博物馆。砖纵横各 35 厘米。楷书 13 行，满行约 19 字。

## （九七）武都·南宋《万寿山修观音祠记》（庆元五年，1199）

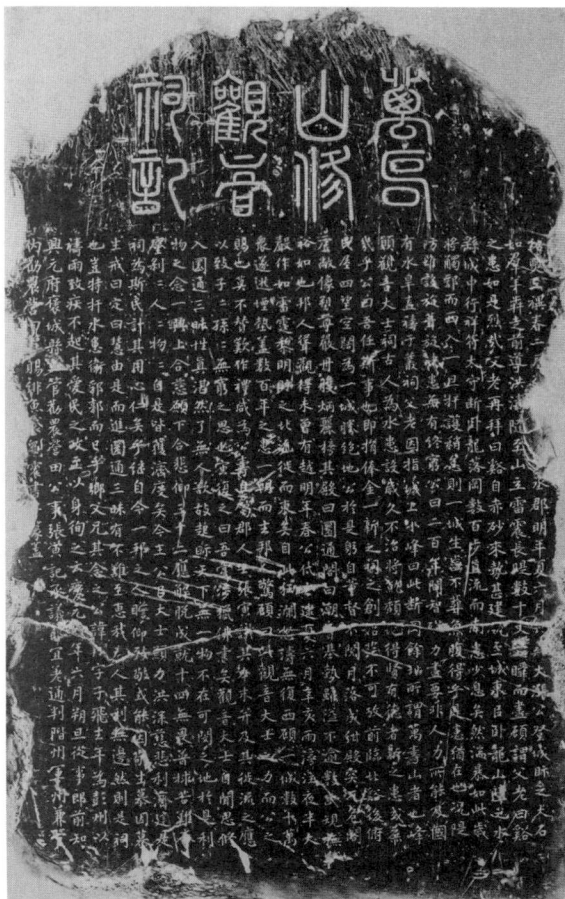

图 6-96　万寿山修观音祠记

万寿山修观音祠记（篆额）

绍熙三禩春二月□□□□□丞郡，明年夏六月，北溪大涨。公登城际之，大石如群羊奔走前导，洪涛随至，山立雷震，长堤数十丈一瞬而尽。顾谓父老曰："溪之患，如是烈哉！"父老再拜曰："溪自赤砂来，势甚建瓴，至城东，以卧龙山障之，水繇城中行。祥符，太守断卧龙落冈数百步，直流而南，患少息矣。然湍暴如此，岁将触郭而西入，一旦扦护稍息，则一城生齿，不葬鱼腹得乎？是患犹在也。况堤防虽设，旋葺旋决，患无有终穷！"公曰："二百年间，智殚力尽，要非人力所能及。国有水旱，盖祷于丛祠？"父老因指城上小峰曰："此断冈余址，所谓万寿山者也。峰颠观音大士祠，古人为水患设。岁久不治，将就颓圮，得贤有德者新之，患或庶几乎。"公曰："吾任斯事也。"即捐俸金一新之。祠之创始，茫不可考。前临北溪，后俯民屋，四望空阔，为一城胜绝地。公于是躬自董督，不阅月落成。绀殿突兀，危阁虚敞，像塑尊严，丹雘炳丽。榜其殿曰"圆通"，阁曰"潮音"，基势虽隘，不逾数武，规抚裕如也。邦人耸观，得未曾有。越明年春，公代去。逮夏六月辛亥，雨滂注，夜半，大声作如雷霆。黎明眎之，北流徙而东矣。自此，狂澜怒涛，无复西顾，一城数十万众，遂逃湮垫。盖数百年之患，一朝而去矣。邦人惊顾曰："此观音大士之力，而公之赐也！"莫不赞叹作礼，咸为公寿，且属郡人士张寅识其本末，并及其徙流之应，以致子子孙孙无穷之思也。寅复之曰："吾尝涉猎佛书矣，观音大士，自闻思修，入圆通三昧，性真湛然，了无人欲。故起眎天下，无一物不在可闵之地。于是利物之念一兴，上合慈愿，下合悲仰，三十二应，解脱成就；十四无畏，普拯苦难，尘尘刹刹，人人物物，自是皆获济度矣！今王公以大士愿力洪深，慈悲利济，建是祠，为斯民计，其用心仁矣乎！继自今，一邦之人，瞻仰致敬，或能因敬生慕，因慕生戒，曰定曰慧，由是而进，圆通三昧，有不难至，惠我乡人，其利无边。然则是祠也，岂特扦水患，卫郛郭而已乎？"乡父兄其念之！公讳翔，字子飞，去年为彭州，以祷雨致疾不起，其爱民之政，至以身殉之云。

庆元五年六月朔旦，从事郎、前知兴元府褒城县主管劝农营田公事张寅记。

承议郎、宜差通判阶州军州兼管内劝农营田事、赐绯鱼袋刘震书并篆盖。

《万寿山修观音祠记》（图6-96），南宋庆元五年（1199）张寅撰文，刘震书并篆额，今存武都城莲湖公园。碑纵115厘米，横73厘米。篆额"万寿山修观音祠记"8字列4行，纵10厘米，横8厘米；正文行楷25行，行30字，字径2.2厘米。张维《陇右金石录》卷四云："此碑高四尺，广二尺，二十五行，行三十字。惟'二月'下空五字,余俱完好。万寿山寺,今名西禅寺,在武都城西门外,宋知州李公瓃所建,《阶州志》云。"① 万历《阶州志·官师》载:"李公瓃,郡北峪河水为患,命工凿卧龙岗,回河势东南入江不为患,郡人德之。今州治既东徙,翻苦水患,仍补筑龙岗处,另筑堤御之。"②

**（九八）武都·南宋《苏皋题壁》（庆元五年，1199）**

图 6-97　苏皋题壁

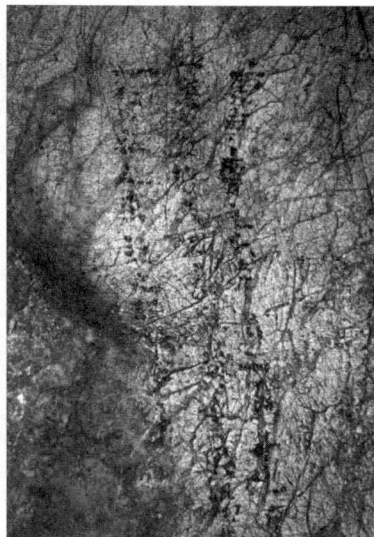

图 6-98　庆元六年题壁

庆元己未季春清明后三日,福津苏皋、尚彦、王沈、韩公范、何钧、姚大受、韩炳、蹇天佑、刘未年来此投简,叶光廷明□□。

《苏皋题壁》（图 6-97）,南宋庆元五年（1199）墨书题壁,今存武都万象洞仙人坝西壁,纵 100 厘米,横 40 厘米,行楷 4 行。

**（九九）武都·南宋《庆元六年题壁》（庆元六年，1200）**

庚申庆元六年闰二月十七日……一行五人来,记之……

《庆元六年题壁》（图 6-98）,南宋庆元六年（1200）墨书题壁,今存武都万象洞天庭东壁,纵 50 厘米,横 20 厘米,行楷 4 行。

---

① 张维:《陇右金石录》,载《石刻史料新编》（第一辑第 21 册）,台北新文丰出版公司,1979 年,第 16069 页。
② 余新民修,蹇逢泰纂:《阶州志》,万历四十四年（1616）抄本。

## （一〇〇）武都·南宋《嘉泰二年题壁》（嘉泰二年，1202）

嘉泰二年三月十（日）□中一行游洞。

《嘉泰二年题壁》（图6-99），南宋嘉泰二年（1202）墨书题壁，今存武都万象洞庭东南壁，纵30厘米，横14厘米，楷书2行。

图6-99　嘉泰二年题壁

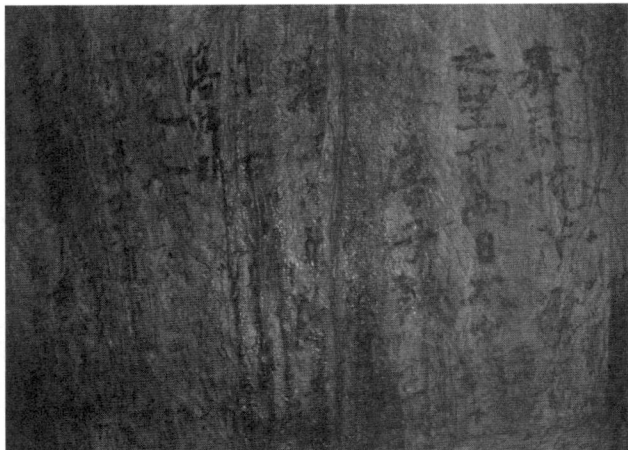

图6-100　嘉泰掩茂题壁

## （一〇一）武都·南宋《嘉泰掩茂题壁》（嘉泰二年，1202）

嘉泰掩茂[一]孟春之望前两日，太少……落子能……落师……

[一]嘉泰掩茂：即嘉泰壬戌。掩茂，岁阴戌的别称。《汉书·天文志》卷二六："（太岁）在戌曰掩茂。"

《嘉泰掩茂题壁》（图6-100），南宋嘉泰二年（1202）墨书题壁，今存武都万象洞卧龙坝西壁，纵108厘米，横70厘米，行书8行，书迹被钙化水遮掩。

## （一〇二）成县·宋南《世功保蜀忠德之碑》（嘉泰三年，1203）

**碑阳**

　　皇帝宸翰（篆书）

　　世功保蜀忠德之碑（大字楷书）

　　修正殿书

　　御书之宝（篆书印文）

　　上惟……宗皇帝以……之以圣之次接……之……卒躬曰大石……之……

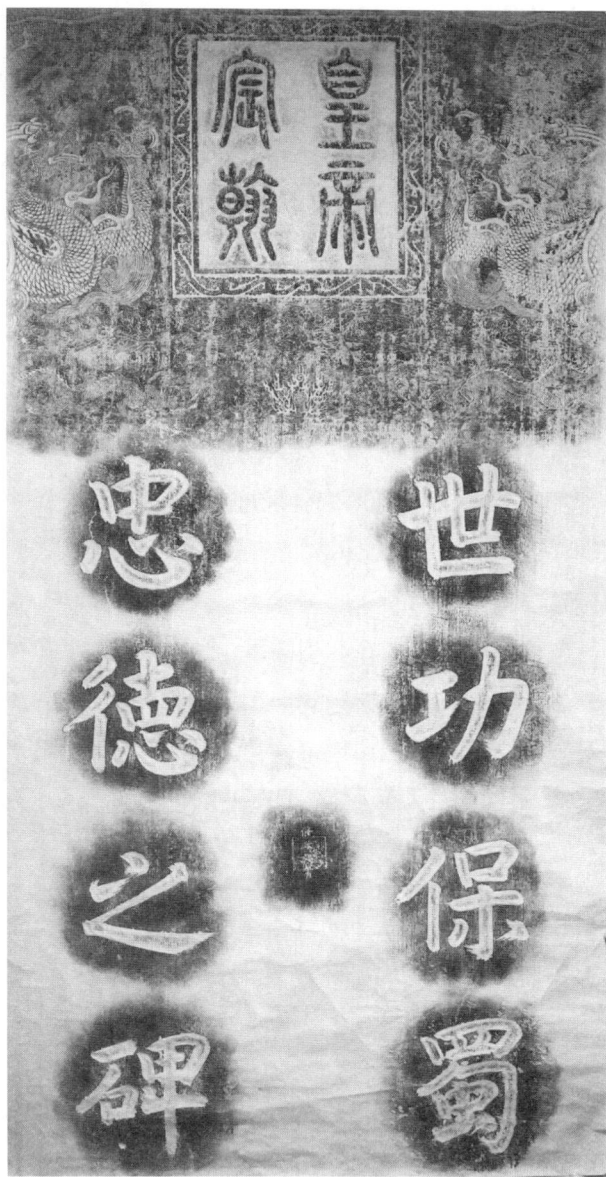

图 6-101　世功保蜀忠德之碑碑阳局部

皇……下光……扈……吴严……轩□何戴……命……雷动风驰……鸿恩汪
秽……嘉臣父世功忠德之懿范，臣□□□□碑之荣……昭赐云碑……亲洒
宸书，臣鞠躬……恩□窥□□□□□□可称载诸□□□□□将□吴之季札，
战国贤人也，身后之名孔圣揭之，且大书曰"延陵季子之墓"。乃使万万世
□□□□□□□□以至小臣，可谓遭逢圣明之朝者矣。再世碑额，大君发挥，
即孔圣之所书，视两朝之心画，相去有间。臣之家门，有此荣宠，庶几季札□天幸

图 6-102　吴曦感恩表局部（满正人　协拓）

欤？臣仰维陛下，无非勉臣以为臣为子之大方，责臣以尽忠尽孝之后效。先臣报
国一念，属纩犹言。臣虽凡庸，当懋先志，是□擎跪顿首，勒诸竖珉，式彰上恩，
永光宰□，宝此棠苅，诏于云仍，亿□斯□，戴皇宋于无极也。

　　嘉泰三年十月十七日，太尉、昭信军节度使、兴州驻扎、御前诸军都统制兼
知兴州军州事兼管内劝农事营田使、充利州西路安抚使、马步军都总管、顺政郡
开国侯、食邑一千八百户、食实封六伯户，臣吴曦拜手稽首谨书。

### 碑阴

世功保蜀忠德之碑（篆额）

　　宋故太尉、定江军节度使、武功郡开国公、食邑六千七百户、食实封
二千四百户致仕，累赠太师卫国公、谥武穆、吴公神道碑[一]。

　　中大夫、守中书舍人兼国子祭酒兼直学士院兼实录院同修撰，臣高文虎奉
敕撰。

　　朝奉大夫、起居舍人兼实录院检讨官兼权直学士院、赐绯鱼袋，臣陈宗召奉

敕书[二]。

庆元三年十二月二十一日，殿前副都指挥使臣曦奏事殿中，泣而言曰："臣祖父璘，际遇高宗皇帝中兴，陈力西陲，赖国威灵，克保全蜀。孝宗皇帝亲洒宸翰[三]，赐之'安民保蜀、定功同德'之碑。先臣挺，获事三朝，备宣忠力。岁在辛巳，逆虏渝盟，瓦亭、德顺至于治平、东山、巩城之勋，显[四]有战捷。虏卒畏遁，蜀赖以安。而提兵中外，世守西边者三十余载，不幸奄弃明世，五年于兹。今隧碑未立，惧无以宣焯前美，敢百拜昧死请。上感怀祖烈，问泽[五]慈训。"维时际会之臣，思极褒表，乃顾谓曦曰："惟汝父为国勋臣，固当有以旌宠之。"既取禁暴定众，布德执义之旨，谥曰"武穆"，又亲御翰墨，以"世功保蜀忠德"名其碑。而诏臣文虎曰："汝以西掖直北门，其为之铭。"臣拜手奉诏。仰维高宗皇帝以明谟赳断，大略雄材；受命于天，中兴复古；总揽文武，信威百夷；四方英豪，以忠义奋；酬功申誓，带砺山河。如高祖白马之盟。孝宗皇帝以圣武聪文，神谋勇智；膺尧之禅，付托得人；内修外攘，志在殄虏；元勋宿将，驾驭有经；激节厉忠，天下风动。如孝宣麒阁之象。太上皇帝以广渊浚哲，睿德英图；嗣缵庆基，增光燕翼；上策明治[六]，居安思危，选将训兵，以饬远备；植模垂范，砥砺方来。如明帝云台之登。公于是时[七]，或以忠勇而建勋，或以智谋而广略，或以精虑而植摹[八]。凡所著宣，可传悠久[九]。故其克敌骋谋，用继乃父勋劳事业，并耀一时，非世功之大欤？保境筹边，兵弭民靖。惠爱仁利[一〇]，洽于坤维。非保蜀之至欤？抗诚厉衷，报国卫上。笃有大节，侈于君亲。非忠德之全欤？皇帝当馈以思，拊髀以感。光洒奎画，揭之丰碑。以一门父子之功，被两朝褒表之异，视诸勋门特盛矣！

谨按[一一]太尉、定江军节度使、累赠太师、卫国公，谥武穆吴公挺，字仲烈，德顺陇干人也。曾大父遂，追封楚国公，累赠太师。大父玠，追封鲁国公，累赠太师。父璘，太傅，奉国军节度使、新安郡王，追封信王，赠太师，谥武顺。姬王氏，吴国夫人；刘氏，庆国夫人。公，信武顺王第五子，庆国夫人所生也。王守武阶日，生于守舍。始生[一二]，目光炯然，顾瞻如成人。长不好嬉弄，举止凝重。王奇之曰："是儿必能绍吾家勋业者。"就学，通《左氏春秋》。至征伐会盟，究极其旨。倜傥尚气节，有大志，以荫补忠训郎。年十七，慨然以功名奋，乃从军，为后部准备将。稍迁中军[一三]第一将，提振军马。会有诏选发西兵，公奉檄，部送阙下。高宗召对便殿，问西边形势、兵力与夫战守之宜，且及二父勋业。公仪度整华，言论激烈，占对如响。高宗惊喜，顾左右曰："真名将家儿。"即日超授右武郎，改差浙西路兵马都监，赐金带。明年，扈带禁庭，复以金束带赐之。公妙年，以材略辩智

图 6-103　世功保蜀忠德之碑碑阴

图 6-104　吴挺神道碑铭局部一（杨雷　协拓）

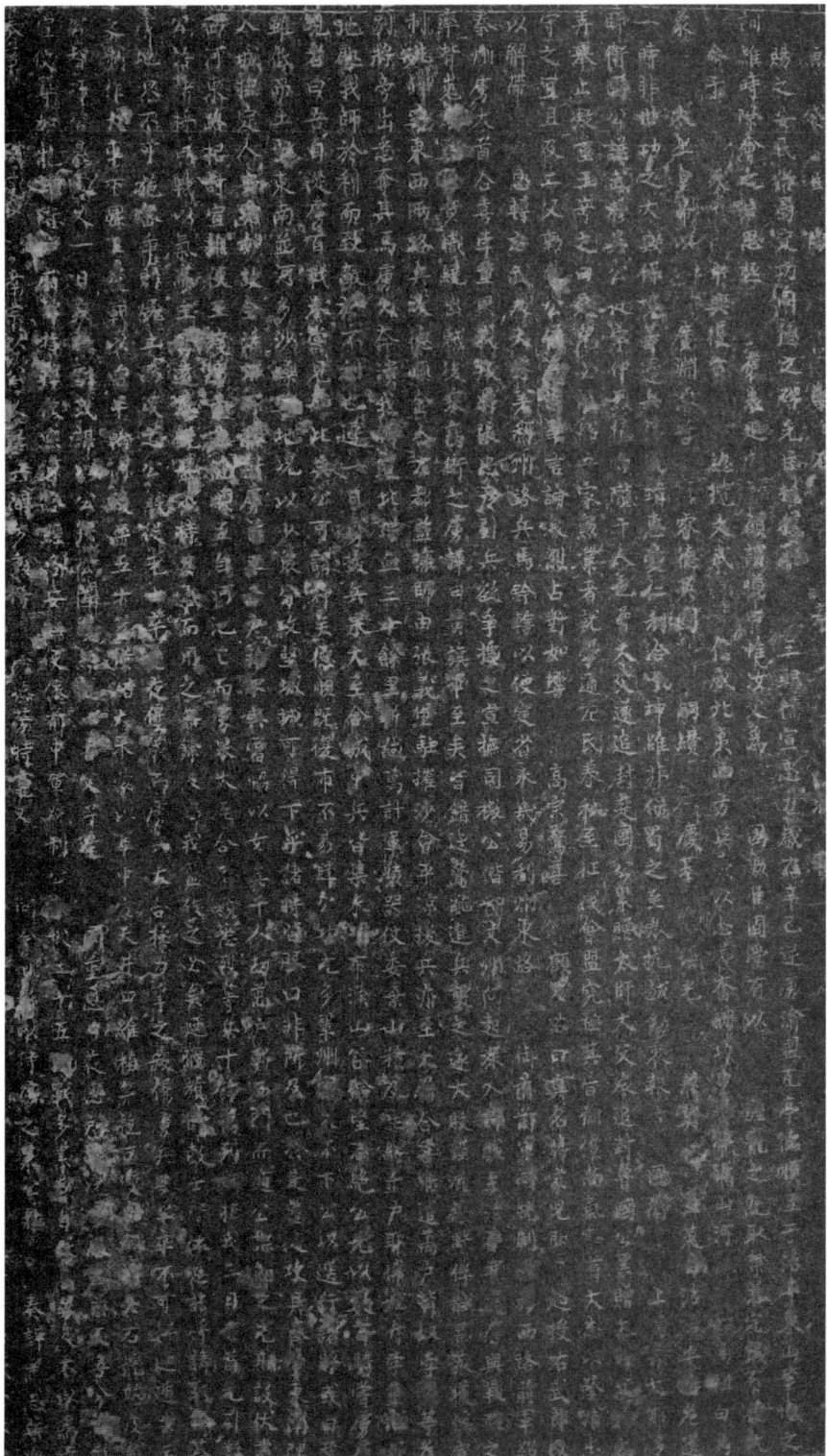

图 6-105　吴挺神道碑铭局部二

克世其家，起自远方，一见寤合，骤膺显拔，由是名声益彰，无不羡吴氏人门之盛者。旋以解带恩，转右武大夫，特差利州路兵马钤辖，以便定省。未几，易利州东路御前前军同统制，继移西路前军。

绍兴三十一年，虏亮渝盟，盛兵渭上，信武顺王以四川宣抚使总三路兵讨之。将以公摄兴州，公固请曰："所愿自试军前，乘时以建功业。"王壮之，即以为中军统制，俾出师经略秦中。初，王师克复秦州，虏大酋合喜孛董与战，我叛将张忠[一四]彦引兵欲争据之。宣抚司檄公偕知文州向起深入探贼，至治平寨，遇虏与战，破之。已而南市城贼来援，战至暮未决。公视虏气惰，语向曰："是可以奇取也。"乃以裨校领所部牙兵，直据城门，众皆莫喻，且惧力不敌。公曰："汝第往无虑，事或不捷，吾与若俱死！"众感泣，皆殊死战，公率背嵬骑，尽易黄帜，绕出贼后，乘高冲之，虏哗曰："黄旗军至矣。"皆错迕惊乱。进兵袭之，遂大败，横尸蔽野，俘馘甚众。获伪宣武将军安宁，斩阿乌孛董、萧千户二级。上功幕府，公推功其下，士益以此多公。宣抚司引嫌亦乞不第赏，朝廷知公异勋，擢荣州刺史，旋拜熙河路经略安抚使。三十二年，公被檄同都统制姚仲，率东西两路兵攻德顺。金人左都监拥师由张义堡驻摧沙，会平凉援兵亦至，大酋合喜继遣万户背奴孛董等益精甲来，自[一五]凤翔与之合。贼怙众自骄，仲营六盘，公独率兵趋瓦亭。虏望公陈军肃整，铠甲戈铤耀日，气已夺，号我军曰"天兵"。公冒矢石，椎[一六]锋陷坚，士皆奋死力。虏窘不支，尽舍骑，操短兵斗。公麾别将旁出，悉夺其马，虏大奔溃。我师追北，蹀血三十余里。斩馘万计，军装器杖，委弃山积。及生缚千户耶律九斤孛董，他戎酋一百[一七]三十七人。当是时，虏几只轮不返，公威名大震。秦陇捷书闻，上嘉叹再三。虏惩前衄，将益兵求胜，悉趋德顺。会信武顺王单骑自秦州昼夜疾驰来视师，预据要为壁，力治夹河战地，处我师于利而致敌于不利也。迟一日，虏援兵果大至，合城中兵皆集。未明，布满山谷，弥望不绝。公先以数百骑尝虏，虏驰之，公[一八]不为动，徐诱虏致所治战地。馘鼓[一九]震天，公率骑士乘利摧坚，莫不一当十，虏折北穷蹙，还走壁。翌日，将出师而虏不敢动。是时，天大风雨雪，虏幸休止而力已穷矣，一夕遁去。时降帅有觇者曰："吾自从虏百战，未尝见如此，吴公可谓神矣！"德顺既复，市不易肆，公功尤多。

巩州围久不下，公以选行。诸将或曰："巩城小而坚，恐有备难下，盍先其易者？"公曰："人臣趋事赴功，宁择难易？况去国远斗，岂问城之坚脆耶？今日之事，视吾旗所向。"即日引兵至城下，按视所攻，皆以西北隅陂阤可攻。公曰："西北虽低而土坚，东南并河多沙砾，善圮，况以少众分攻坚城，城可得下乎？"诸将皆服曰："非所及也。"于是，尽徙攻具，齐击[二〇]东南隅，公谈笑应变，创为攻具，发奇中巧，自出新意。不二日，楼橹俱尽，且遣间其酋，酋皆怀猜无固志。有雷千户者，飞笴[二一]祈降，夜半率其徒数十人，见公罗拜。公与语，明示大信，示以不疑。黎明，城破，公入城抚定，人安堵如故，全活不可胜计。虏酋王千户雅不与雷协，以女真千人劫万户，斩西门而遁。公谍知之，先期设伏，尽歼之城下。以功特除正任团练使，制有曰："陷阵攻城，何止一月而三捷；酬庸锡爵，殆将终岁而九迁。"皆书实也。录瓦亭功，为郢州防御使。

　　六月，孝宗皇帝受内禅，信武顺王兼陕西河东路招讨宣抚使。王度虏志在德顺，至自河池已而。虏果大至，合元颜悉烈等兵十余万，列阵拒我。三日，有酋先引数千[二二]骑睥睨东山，王遣公领精骑邀击之，虏弃曳走壁下。耻不胜，复尽锐索战，公鏖击自旦至晡，虏大败，退入壁自守，不敢轻动。悍酋豁豁万户领兵自凤翔来援，既旦，率万骑猖獗城下，意自溢。公语诸将曰："战以气为主。虏远来锐甚。不持其气而用之无余，彼竭我盈，破之必矣。"乃偃旗息鼓，士皆休息，诸将请战，不答。日既昃，虏气已惰，令诸军忽鸣鼓，若将率兵趣[二三]其营者。虏大骇，亟走壁，袭击之，虏又败。公将以轻兵挑虏战，以奇兵捣其虚，令列阵城下调虏，虏益闭守。王遣公移军筑堡东山，时雨雪，大寒裂肤，地冻不可施畚臿，则烧土而攻之。公躬役先士卒，连夜堡成，而虏兵大合，极力争之。杀伤虏兵几半，卒不可得，乃遁去。王还秦州，留公与诸将守。虏自失三路形胜，粮道梗艰，虽合喜亲提河南、陕西兵而屡败屡北，未尝少得志。又东山据其冲，北岭实其背，三路襟崤，士、马皆我有。虏日愤恨，盛修攻具，规古轒辒车之制，作大车，下虚上覆，载以四卑轮，内蔽卒五十，盖横[二四]错大木，蒙以革，中穴天井，四维植竿，施巨绠为纲御矢石，号"憨皮袋"。填隍而进，自谓无以破之。诸将失色，公曰："是特易与耳。"榆三大木，蒙以铜铁，名曰"将军柱"，中道而植之。车至，碍不得前，亟发机石礌之，车中虏皆毙。酋悆[二五]甚力，欲害柱摧毁，百计不能坏，人皆服公智巧。公暴露久，一日疾颇剧，或谋以公归。公闻，戄然起曰："吾父子受国重恩，日夜思所报，况坚敌在前，死吾分耳，敢为身谋乎？复有言者斩。"翌日，病良愈，公振军深入，介西北二虏间，惟与士同甘苦。凡故壤旧民[二六]，以牛酒馈饟者，悉以食下，而又劳存之不辍，士略无惰志。上以公功绩显异，拜武昌军承宣使，寻加龙神卫四厢都指挥使、熙河路经略安抚使，依前中军统制。公春秋二十五岁，战多累勋，自致高华，人不以为幸。朝廷再用[二七]和议，西师解严。

　　乾道元年，信武顺王入觐行在所，安抚司乞以公权知兴州。又自奏免熙河路安抚使，诏特升本军都统制。三年，王西还，以太傅宣威四川。遣公奏事朝庭，孝宗以公久居[二八]兵间，多勋劳，抚劳特宠。又问今日所以待虏之策，公敷奏详悉，志概激切，至漏下十余刻。大略以为当寓[二九]战于和，益修武备，无忘灭虏。上深然之，即日拜侍卫亲军步军[三〇]都指挥使，节制兴州军马。中道闻信武顺王薨，衔哀星奔，毁顿骨立。诏起复充金州驻扎、御前诸军都统制知金州兼房、均[三一]、开、达州安抚使、马步军都总管。公抗章力辞，优诏不允。时方防秋，公不敢重上忧顾，单骑引道，即之官次，且上章乞终制。未几，易利州东路总管兴元府驻扎，复力伸前请，上从之。服除，召为左卫上将军，依前侍卫亲军步军都指挥使、武昌军承宣使。初，时相建议置神武中军，一军以五千人为籍，选江上诸军子弟，年十五以上，二十以下者位之[三二]。不黥涅，不隶三衙，壹以属御前。上以公为都统制统之，公力陈其不可，且谓不当轻变祖宗军制。上不乐，公曰：“臣不敢爱死，与其它日误国事，伏铁钺，与今日拂圣意死均也。”上徐曰：“卿试思之，为朕条奏。”翌日，入对选德殿，公条具如前，诏寝其事。旋拜主管侍卫步军司公事。公既深达戎政，乃大划宿弊。并将[三三]分以刊冗蠹，程伎能以区勤惰。严拣汰之条，申私占之令，纪明律修，军中悦服。公燕见从容，尝力言：“两淮地势绵袤，为备固不一，然备多则兵分，兵分则势弱，此言兵者流所深讲也。宜择形势，修城池，储糗粮，如诸葛亮所立围守者不过数处，皆以重兵据之，凭籍险阻，抚背扼吭，我固有以制敌。虏万一送死，攻则不克，越我而南又不敢，我乘其弊，以全力破之，鲜不济矣。”又密奏军中事宜不一，上皆嘉纳。

八年，武昌谋帅，上以其地为今重镇，问公：“欲辍卿以行[三四]，可乎？”公即日奉命，为维驻扎诏[三五]□□□□□□公[三六]□□□□□□□，蠹弊百出，剔垢锄荒，如治步军司时。凡冒请刍秣，贸易取赢，私置榷酤，一切革去[三七]。发奸摘伏，略无容贷。悉以闻于上。降诏奖谕，有曰：“卿自膺重任，更革宿弊，杜绝私托，竭忠尽诚。”又曰：“其益懋勉，毋恤浮言。”上又轸念西陲，谓非公莫可付者。一日诏曰：“卿在荆鄂，军务整肃，廉洁自持，朕甚嘉之。今除卿兴州驻扎、御前诸军都统制[三八]，依前侍卫亲军步军都指挥使，其分朕西顾之忧。”又赐公宸翰曰：“卿廉介[三九]自持，临事不苟；屡为军帅，莅政严明，已降麻制，除卿定江军节度使，所以表著公正，率励四方。”是岁，淳熙改元也。公奉诏感涕，以为天子知之，可谓明见万里矣。至武兴□□瘝弊十倍武昌，穷日之力，一一厘治之。族属在籍者，奏徙别路避亲嫌，部曲尝薄礼于公者，置不复问，人服其公而安之。西边地控全秦，平原浅甲[四〇]，风埃千里，实骑兵用长之利。信武顺王时，以金缯诱致叠宕诸羌，使之耕牧并塞之田。自是，益置互市于宕昌，故多得奇骏。辛巳之战，西路骑众[四一]甲天下。自张松典榷牧，始奏绝军中互市，听其给拨，故所得皆下驷，数辄不充。公叹曰：“马者，兵之用也，吾宁罢去，不忍一旦误国重事。"即条奏利害，以谓军中市马，行之三十余年，有骑兵精强之声，而无岁额侵损之害，不宜更变。今军器给□初[四二]非前时比，祈许岁市匹五百，庶其可振矣。时孝宗锐精内治，□远烛微，如恐[四三]弗及，旨从中出，特许市七百匹。西陲骑军于是复盛。

签书枢密院事沈复使蜀，朝廷以公威略谋虑，倚以为重，命参赞军事。公曰："吾以都统制居幕府，得无嫌乎？"累辞不获，命视事，一日即还军，人以公为知体，复亦寻罢。去[四四]始武兴所部五军，合选锋一军凡六，就饷分屯，缭绕以千里，壁垒错[四五]□□□□张，而势不能棉属。幕府出奏，报辄期月。又伍籍将校，众寡不齐，公列其事，乞厘为十军[四六]，因其将校卒乘，均而析之，使无相远。自边头至武兴列五军，曰踏白，曰摧锋，曰选铎，曰策选锋，曰游弈，而武兴所驻为前军、为中军。自是而西至巴西，则为左、右、后军。各□□屯，上易新号，不费一镪，不易一兵。营帟[四七]旌旗，先后相望，辕门号令朝出而夕达矣。上俞其请，盖公精思绝人，虑深画远，皆所[四八]以为无穷计也。

四年，公入觐，中道除兼知兴州，仍趣[四九]诣阙。既对，悉以西边便宜为上历言之，如进人材、绳贪墨、缮原堡、除戎器、贸战马[五〇]、广营田、治强盗、旌死节，凡此之类，累至百牍，上览奏嘉叹，无不行者。除利州西路安抚使，辞，不许。陛辞之日，所以委注之意，尤谆谆也。公洊更重寄，声望益重，伟然为时虎臣。及是，尽领信武顺王旧职，人以曹武、惠武、穆王、武康、武恭方之。还武兴，益思所以报上者。皂郊堡为蜀捍蔽，距虏境三里。辛巳间，虏力攻万陀齿[五一]，和好既成，疆吏惧虏，启次军旅弗支[五二]，公于暇时，密加营度，为□□□四万二千有畸，时补治之。常率戍兵趣成之。合水寨，为堡者三，声势相接。又掘地得泉，为井者十有四。金汤之固，足以瞰秦壤而护蜀门。虽李允则暗拓雄州北城，不是过也。

文州夷数扰塞，多杀掠人民，朝廷时时规画，然利于互市，未尝□讨[五三]，夷情□□，畔伏不常。公曰："蕞尔夷不足顾，□军惟□□。曲水民兵□□器甲弓刀，彼习熟其地，且健捷便于捕逐，又其乡邑自知捍护，夷且戢矣。"又乞增阶州踏白军二百人更戍，从之。公外申威仁，旁达[五四]明信，夷守条敛束，毋敢侵境。自是，边方肃然。靖乂、黑山两界，人素悍忮，无所臣□□□力农[五五]，岁小不登，而为[五六]□依啸山谷间，民不得宁者。□东□□忠政□□□□□马简之[五七]□，皆拥众立麾帜，私建官称。公设方略招捕，皆刺为胜兵，否则诛之。故环、洮、岷畏公威名，无一人敢盗者。公撙裁用度，大治戎器，冶铁取材，日以富羡，为之殳矛、戈盾、弓矢、甲胄、韅鞴、麾旗，至于钲鼓、毡裳、毛弁、跗注、钩膺之属，历历称备[五八]，□时久，积如丘山。乃度地亢爽[五九]，于东西山之□，两□深沉，有

□□□□□□护典司[六〇]，唯谨[六一]，观者悚然，叹公之志常在乎虏，宿兵以来所创见也。

十年冬，上以公整军护塞有劳，进公检校少保。时公子曦以忠谨侍天子左右，至是，令赍宸翰褒谕以告，及金器、香茶，赐□明□。成州、西和岁大祲，公首[六二]□□□□赈民仍檄[六三]二州厚为[六四]备，亟以□□□□□所能论请诸朝，诏计[六五]司发所在军储以济[六六]。公选择能吏，指授方策，分道拯救，全活者不赀计。

十二年春，丁庆国夫人忧，公委节去位[六七]，护葬同谷。诏起复，上表请终丧。上以近防秋，优诏不允，不得已还军。每对同僚[六八]曰："挺不幸并失[六九]怙恃，今未死者，一心报国耳！"闻者□□□□□□□□□□□□□□□□□略既行之，未尝自以为言，世尤称其忠悃。蜀自[七〇]宿师，诸郡士卒廪赐，官籴其三之一，视其贾[七一]之高下给之，名曰折估。于是有潼川、兴元府、兴、成、西和州、阆、绵、剑及其他州，总一十七等之贾是畴，随所屯地出入，相为乘除，士亦安之。岁久移屯，而军僚之请[七二]，不易其旧吏，得高□□□□□□□□□□□□□□□无所诉，公久知其弊，至是为之厘正，哀多益寡，立为中制。上大悦，令枢府传旨，有曰："兹事众久病之，议者多以为言而未得其策。今阅来奏，损多益寡。均使酌中，上无费财，下有定数，非忧国恤士，焉能及此[七三]？"即降□□□□□□戍穈粮[七四]，皆得其平，凡公[七五]所施□□□□□到□□□□□□□□和议久，军中自一命以上，岁益凋落。乃诏内外诸军，射射铁帘，许补转官资。公曰："爵禄厉世[七六]之具，今挽[七七]强中坚，较之冒矢石、争一旦之命，万不侔。尽窒幸路，精求实能人不可以冒得。"

太上皇帝龙飞，熟公召□知礼重[七八]□□，降御札曰："卿世代忠劳，任□□□□□□□□□□□□□□□□□□□卒乘，辑睦军政、边防，无不修饬，凡所倚重，如古长城。它日功名之会，岂惟勋在王室。亦增前人之光，恨无官酬卿耳！"旋降制授太尉，加井赋真食，遣官赐告。又颁御札，以公忠劳稔闻，克绍家世，虽已[七九]进□□切□□□□□□□□府□□□□□□□□□□□□□□□积不治，公曰："葺蠹坏，缀断烂，虽督之无益也，乃大裒工饬材，悉创新之。朝廷方命公下诸郡督治，即上奏分给之，六州无科[八〇]扰之烦，而武备以饬，诏以玺书褒宠。公驭军虽严，纪律不可犯，独察其有无驭□□□□□□□贫窭状[八一]□□□恻然为□□□□□□□□□□□□□降诸军，时其缓急假贷之，毋得取赢。"上从之。于是富民不敢以重息要士卒矣，军中赖之。

兴为郡，介嘉陵大江，江纳东、北谷二水。绍熙二年秋七月，霖雨，江大溢，湍怒汹涌，合二谷水汇为一。夜漏半，水注城，灌[八二]民庐，公[八三]□□□□□□□分遣吏□□□拯民，民□□□□□□□□□□□□□□□□□□居之。水降，井邑尽坏。公为置场聚材瓦，贱售以纾民，业定而受其偿，贫不能者裨之，未几而毕复旧观。先是，公知水之终为民害也，作二堤，西捍城，东捍武库。堤成，复虑水势洄激下顺政，又躬遡[八四]其源，委筑长堤一百三十丈，□□□□□□□自是[八五]□□□怒决[八六]，而州□□□□□□□□□□□□□□□□□乎？又民屋庐据山蚁聚，往往葺茅居之，易致火。公始诱民易以陶瓦，又疏其衢巷之隘者，亦无火灾。武兴之民，家家有公像，饮食必祝焉。公虽居无事日，为有事之备，每念高祖用蜀以成丰功，先主用之垂成辄困者，遗[八七]□以□不继[八八]之分也。会有□□□备边急务，□□□□□□□□□□□□□□□□□□□为言，诏公同结保明来上结去官，朝廷以命杨辅，而公条奏其事愈悉，朝廷即日施行。今[八九]仓廪相望，糇粮粗备[九○]，盖自公发之。四年春，公感疾，上章丐祠甚力。至夏，疾浸作，犹治事不少□。疾革，无一言及家事[九一]。以六月□□薨于州□之□□□□□□□□□□□□□□□□□□市。讣闻，天子震悼，特赠少保，賻银、绢各千，钱五百万。薨之前一日，口授幕客草遗表，无非忧国爱君，备边养民，珍歼戎虏之策。以曦武贵，累赠太师卫国公。公天资隽异，标望峻整，器度智识[九二]，渊深岳峙，莫□□□□□□□于□□□□而独□□□□□□□□□□□□□□□之。英伟俊彦[九三]，以文学材术称者，皆屈己以接之，小官贱吏，与之均礼，平居酬应，端恪少怠。虽席贵显，据重权，公事有檄牒他司者，必躬自裁定，著名细如芒，唯谨。先王旧部曲拜于庭者，辄下避之，即犯法，亦诛治无少贷□□也。□□□□□□别□□□□公玄□□□□□□□□□□□□□□□□□□州。典利除害[九四]，禁暴去苛，捍筑堤防[九五]，省绝纠率，有古贤牧之行。故其纪律精明，号令严肃，士有固志，人无怨心，足以宣劳威灵。申守备御者，必言西师。至于固守封陲，申戒寇警，西南万里，鸡犬相闻，畀之□□□□□□□□方[九六]□□□□□□□□□□□著，久屯德顺，虏[九七]气已慑，朝廷亟从[九八]和议，父子奉诏旋军，功沮于成[九九]，识者为之深太息于斯也。然[一○○]孝宗以英谋远虑，图回斯世，未尝一日忘中原。故岁时遣□问，恩光□□□□□□□□□□□□□□□□□□□□□皆自以美[一○一]及王，亦以吴氏有子矣。孝宗尝命郭升问事于王，王因奏："臣第五子挺忠智可任。"孝宗亦常曰："吴挺是朕千百人中亲选出者。"

则公之才可见矣。

属虏守盟，无以究公，□□□□□□□□□□□□□□□□□□□□为[一〇二]□□□□□□□□□□□□□□□□□□诏之曰："军政刬弊，备形奏陈，每叹究心智虑周密[一〇三]。"又诏之曰："总戎兹久，馨竭忠劳，师律整暇，军声甚振。"又曰："持已甚廉，治军有法。"又曰："莅政严明，临事不苟。"至谓："自被选□，不负拔擢。"□车[一〇四]□□□□□□□□□□□□□□□坚[一〇五]□□□□□□□□□□□□□□□□□间数千里，而祗惕勤劳，如在轩陛。每入觐上所，孝宗必俾侍禁中，待之如家人。及其去国，常问赉不绝。公亦感厉[一〇六]图报，职思其忧，知无不言，言无不尽。是以孝宗尤加[一〇七]□□□□□□□□□□□□□□□六司[一〇八]□□□□□□□□□□□□□国□夫人[一〇九]□衣不解带[一一〇]者累月。及薨[一一一]归葬，过青泥坂，涂淖陷胫，公扶舁[一一二]上下，肩足皆胝，路人瞻望歔欷。娶李氏，右武大夫辉之女，令德淑行，为时闻范，封永嘉郡夫人，追赠卫国夫人，先公二十四年殁。子五人：旴，朝奉郎，直密阁，知金州。次[一一三]□□□□□□□□□挥□□□□□绯鱼袋□□知成州[一一四]，□已降旨为□□二令[一一五]。次晛，从义郎，合门祗候。晔，成忠郎。孙男一人，孙女三人[一一六]。臣既书其事，窃尝观诸《周诗》曰："王命召虎，来旬来宣；文武受命，召公维翰。无曰予小子，召公是似。"美其子之克绍乃父也。又尝观诸《唐雅》曰："皇曰咨愬，裕乃父功，昔我文祖[一一七]，惟西平是庸。""蔡人率止，维西平有子[一一八]，西平有子，惟我有臣。"美其父之能有是子也。呜呼！中兴以来，元勋宿将，感[一一九]风云而依日月，书竹帛而铭旗常者，前后相望，若乃父子济美，功业一门，如《周诗》《唐雅》所云者，唯吴氏耳！昔曦以父资，侍公入觐，孝宗顾谓公曰："卿子能鞍马乎？"奏曰："曦生长军[一二〇]□□□□□敢不闲。"即召对便殿，命驰射禁廷，上大喜，遂易武阶，拔寘环卫。自是久侍邃近，备承恩渥。今又以材能智略，受知天子，峻列严陛，光前文人。三世四朝，提国兵柄，是岂[一二一]吴氏□光显，亦维我家国[一二二]□□公之[一二三]□□□□□宜勒铭□昭示于千万禩[一二四]。铭曰：

皇矣上帝，享宋之仁。二百中天，其命维新。天历所归，既作之君。人谋咸赞，又生此臣。如虎啸风，如龙瀚云。于赫厥宗，帝王有真。明谟雄断，炎正载炘。总揽文武，扫清[一二五]妖氛。至于功业，父子一门。再世保蜀，三世总军。忠德茂盛，人莫能伦。亦惟吴氏，独勋而勤。曰武顺王，允武且洵。瞻我皇灵，声震陇秦[一二六]。王克有嗣，忠勇不群。济时艰难，父子奋身。自虏背盟，渭上揉纷。

公独摧坚，六奇[一二七]迭陈。虏目黄帜，慑溃[一二八]缩迻。我大破之，暴尸如棼。
虏愤且耻，挛兵悍瞋[一二九]。再攻德顺，霍然警麇[一三〇]。公进瓦亭[一三一]，列陈
崭崭。两兵交锋，始旦及曛。我又破之，缚酋斩獯。巩州之围，以威束狺[一三二]。
飞笴[一三三]夜降，如火自焚。一月三捷，见于褒纶。孝宗受禅，以武济文。眷公
勋力，有礼有恩。蠢蠢狂虏，意不克驯。来窥东山，囊括而吞。我又破之，蹀血川沦。
虏失险要，志挫莫振。大作战车，如辐如軘。我以巨木[一三四]，铜铁羰幨。犁彼轨涂，
轻轵乱奔。虏大骇惊[一三五]，叹公[一三六]如神。我又破之，返无只轮。虏卒震眷，
和议乃申。公时振旅，内外董屯。至太上皇，继御帝宸。亦惟礼遇，锡问日频[一三七]。
公以忠义，父训所薰。勇于为国，报时君亲。扼兵以律，裕士于贫。甘苦必同，糇
给必均。惟水之害，民壑是濒。公独障之，挈之沉瘭[一三八]。惟岁之饥，民死相因。
公独全之，置之晏忻。民之怀爱，士乐抚循。有备无患，不忘宵晨。宕昌马政，有
骆有驷。皂郊堡御，有城有闉。继其[一三九]兵械，铁石角觔。其大[一四〇]除戎，鼍
午彪分。维[一四一]高宗孝宗，赐见大昕。至太上皇，惟训之遵。当其造朝，访问
咨询。公奏方略，有忧[一四二]必伸。宸翰之光，金玉之珍。三官所赍，宠极缙绅。
致位左棘，福禄蓁蓁。遽夺英武，孰问昊旻。皇上践祚，嘅思[一四三]忠纯。缅瞻
仪形[一四四]，流声垂芬。繄公有子，王亦有孙。方提禁旅，肃于阶轩。维公垂烈，
世济父勋。惟公障蜀，保绥厥民。曰忠与德[一四五]，光于前人。宣猷焯美，被之坚珉。
奎画昭回，光丽三辰。锡以节惠，犹伟[一四六]继彬。公虽既往，英气凛存[一四七]。
子孝而忠，武文孔赟。订此铭诗，镇彼西坤。何千[一四八]万年，宋德沄沄。

《世功保蜀忠德之碑》，南宋嘉泰三年（1203）镌立，今存成县城北郊石碑寨。碑
通高626厘米，宽200厘米，厚46厘米。碑阳，上部篆额"皇帝宸翰"四字，列两行，
字纵21厘米，横15厘米；中部阴刻宋宁宗赵扩御书"世功保蜀忠德之碑"8字（图
6-101），纵190厘米，2行，字径约30厘米，碑正中竖刻"修正殿书"4字楷书，字径
2.2厘米，其上镌"御书之宝"篆书印文，约7厘米见方；下部为吴挺次子吴曦手书《感
恩表》（图6-102），纵45厘米，横160厘米，47行，行20字，字径1.5厘米，《武阶备
志》《陇右金石录》称此为"吴曦自记"，碑文右侧残泐，方志著录多有脱误，今以拓
本正之。碑阴（图6-103），上刻小篆题额"世功保蜀忠德之碑"8字，每字纵15厘米，
横10厘米。其下为吴挺神道碑铭，高文虎撰文，陈宗召书。铭文楷书75行，满行120
字，字径1.5厘米（图6-104、图6-105）。

吴鹏翱《武阶备志》与张维《陇右金石录》等录文俱有衍漏讹误，今以拓本校释
如下：

| 注释 | 原碑 | 陇右金石录 | 注释 | 原碑 | 陇右金石录 |
|---|---|---|---|---|---|
| [一] | 以上数字 | 见于"按语" | [二] | 以上数字 | 未录 |
| [三] | 宸翰 | 奎翰 | [四] | 显 | 频 |
| [五] | 问泽 | □□ | [六] | 明治 | 至治 |
| [七] | 于是时 | 时于是 | [八] | 植摹 | 植暮 |
| [九] | 悠久 | 攸久 | [一〇] | 仁利 | 仁和 |
| [一一] | 谨按 | 臣按 | [一二] | 始生 | 始生日 |
| [一三] | 中军 | 中部 | [一四] | 张忠 | 张中 |
| [一五] | 来自 | 至 | [一六] | 椎 | 摧 |
| [一七] | 一百 | 二百 | [一八] | 公 | 脱1字 |
| [一九] | 騷鼓 | 贼鼓 | [二〇] | 齐击 | 齐集 |
| [二一] | 飞笴 | 飞苛 | [二二] | 数千 | 数十 |
| [二三] | 趣 | 趋 | [二四] | 盖横 | 人横 |
| [二五] | 酋忿 | 虏愤 | [二六] | 旧民 | 藩民 |
| [二七] | 再用 | 用 | [二八] | 久居 | 久事 |
| [二九] | 当寓 | 寓 | [三〇] | 步军 | 脱2字 |
| [三一] | 房均 | 均房 | [三二] | 位之 | 脱2字 |
| [三三] | 并将 | □将 | [三四] | 以行 | 一行 |
| [三五] | 为维驻扎诏 | □□□□□ | [三六] | 公 | □ |
| [三七] | 革去 | □□ | [三八] | 都统制 | 统制 |
| [三九] | 廉介 | 廉洁 | [四〇] | 浅甲 | 浅卑 |
| [四一] | 骑众 | 骑兵 | [四二] | 军器给□初 | 军□给□ |
| [四三] | 如恐 | 惟恐 | [四四] | 去 | 作"阙五字" |
| [四五] | 错 | □ | [四六] | 十军 | 一军 |
| [四七] | 营帝 | □帝 | [四八] | 皆所 | 皆 |
| [四九] | 仍趣 | 仍趋 | [五〇] | 戎器贸战马 | □器□□□ |
| [五一] | 万陀齿 | □□□ | [五二] | 次军旅弗支 | □□□弗及 |
| [五三] | 未尝□讨 | 不尚□ | [五四] | 旁达 | 旁□ |
| [五五] | 力农 | 力□ | [五六] | 而为 | 而□ |
| [五七] | 马简之 | □简之 | [五八] | 历历称备 | 而屋料储 |
| [五九] | 亢爽 | □亩 | [六〇] | 典司 | 典□ |
| [六一] | 唯谨 | 惟谨 | [六二] | 公首 | 公□ |
| [六三] | 仍檄 | □檄 | [六四] | 厚为 | 原为 |
| [六五] | 诏计 | 计 | [六六] | 以济 | 以□ |
| [六七] | 去位 | 去 | [六八] | 同僚 | □寮 |
| [六九] | 并失 | 失 | [七〇] | 蜀自 | 蜀有 |
| [七一] | 其贾 | 其费 | [七二] | 军僚之请 | 军□之□ |
| [七三] | 焉能及此 | □能如此 | [七四] | 戍糇粮 | □□□ |
| [七五] | 凡公 | 公 | [七六] | 厉世 | 励世 |

| 注释 | 原碑 | 陇右金石录 | 注释 | 原碑 | 陇右金石录 |
|---|---|---|---|---|---|
| [七七] | 今挽 | 今操 | [七八] | 召□知礼重 | □□如礼□ |
| [七九] | 虽已 | □□ | [八〇] | 无科 | 无苟 |
| [八一] | 婆状 | 婆□ | [八二] | 灌 | 中 |
| [八三] | 公 | □ | [八四] | 遡 | 溯 |
| [八五] | 自是 | □是 | [八六] | 怒决 | 怒□ |
| [八七] | 困者遗 | 败□□ | [八八] | 以□不继 | □与不□ |
| [八九] | 今 | 令 | [九〇] | 粗备 | 备足 |
| [九一] | 家事 | 家□ | [九二] | 智识 | 智谋 |
| [九三] | 英伟俊彦 | 其将校有 | [九四] | 典利除害 | 兴利除□ |
| [九五] | 禁暴去苛捍筑堤防 | 阙九字 | [九六] | 方 | □ |
| [九七] | 房 | □ | [九八] | 亟从 | 既从 |
| [九九] | 于成 | 垂成 | [一〇〇] | 然 | 脱1字 |
| [一〇一] | 皆自以美 | 自以事 | [一〇二] | 为 | □ |
| [一〇三] | 智虑周密 | 宿虑周□ | [一〇四] | 车 | □ |
| [一〇五] | 坚 | □ | [一〇六] | 感厉 | 感励 |
| [一〇七] | 尤加 | 尤□ | [一〇八] | 六司 | □□ |
| [一〇九] | 国□夫人 | □□□□ | [一一〇] | 衣不解带 | □□□带 |
| [一一一] | 及麂 | 及 | [一一二] | 扶舁 | 扶界 |
| [一一三] | 知金州次 | □□□□ | [一一四] | 成州 | □州 |
| [一一五] | 二令 | □今 | [一一六] | 三人 | 一人 |
| [一一七] | 昔我文祖 | □□□□ | [一一八] | 以上语据文献补 | 阙十三字 |
| [一一九] | 感 | 威□□ | [一二〇] | 奏曰曦生长军 | 阙六字 |
| [一二一] | 是岂 | 是□ | [一二二] | 家国 | 国家 |
| [一二三] | 公之 | □□ | [一二四] | 勒铭□昭示于千万禩 | 下阙多字 |
| [一二五] | 扫清 | 扫靖 | [一二六] | 陇秦 | 陇岷 |
| [一二七] | 六奇 | 六骑 | [一二八] | 愦溃 | 愦退 |
| [一二九] | 燥瞋 | 燥瞋 | [一三〇] | 霍然警麋 | 位置不合 |
| [一三一] | 公进瓦亭 | 进兵瓦亭 | [一三二] | 束狷 | 束信 |
| [一三三] | 飞笥 | 飞符 | [一三四] | 巨木 | 排木 |
| [一三五] | 骇惊 | 惊骇 | [一三六] | 叹公 | 曰公 |
| [一三七] | 锡问日频 | 锡向日勖 | [一三八] | 沉翕 | 沈渊 |
| [一三九] | 继其 | 虽其 | [一四〇] | 其大 | 其太 |
| [一四一] | 维 | 脱1字 | [一四二] | 有忧 | 有怀 |
| [一四三] | 嘅思 | 慨思 | [一四四] | 仪形 | 仪型 |
| [一四五] | 与德 | 曰德 | [一四六] | 犹伟 | 犹玮 |
| [一四七] | 凛存 | 懍存 | [一四八] | 何千 | 荷千 |

## （一〇三）徽县·南宋《故孺人马氏埋铭》
## （嘉泰三年，1203）

故孺人马氏埋铭（楷额）

故孺人马氏，其先陇右人，汉伏波
将军之孙。考讳德先，官承节郎，母樊氏。
孺人生于靖康之丙午十弐月初弐，终于
嘉泰之癸亥七月十九。适承议郎孙王世
平。四子叁女。长子邦彦，娶河东薛氏；
次邦宪，娶河东薛氏；次邦佐，娶中山刘
氏，蚤逝；次邦庆，娶雁门田氏、渤海季
氏。四人并应进士举。女：长适薛尽善，
次适□彭年，次适薛璘。是岁九月十九
日祔于夫茔之右。男邦宪、邦庆谨铭（邦
彦先孺人迎）。

图 6-106　故孺人马氏埋铭

《故孺人马氏埋铭》（图 6-106），南宋
嘉泰三年（1203）刊石，今存徽县博物馆。墓志纵 61 厘米，横 37 厘米。楷额"故孺
人马氏埋铭"7 字，字径 4 厘米。正文 11 行，行 14 字，字径 3 厘米。"伏波将军"即
汉将马援，字文渊，东汉开国功臣之一，扶风茂陵人，因功累官伏波将军，封新息侯。
马援初为陇右隗嚣属下，甚得隗嚣信任。
后归顺光武帝，为刘秀统一战争立下赫赫
战功。

## （一〇四）武都·南宋《赵鼎题壁》
## （开禧元年，1205）

史由孙、李椿、赵鼎，以开禧乙
丑季春来。

《赵鼎题壁》（图 6-107），南宋开禧
元年（1205）墨书题壁，今存武都万象洞
仙人坝东壁，纵 47 厘米，横 32 厘米，行
书 3 行。

图 6-107　赵鼎题壁

## （一〇五）成县·南宋《五仙洞记》（开禧元年，1205）

五仙洞记（篆额）

同谷以景名者八，五仙洞其一也。世传公孙氏五子尝于此学轻举之术，往往灵蛇暴日、神鱼泳渊。其事虽不经见，然意其林峦扶舆磅礴，必有如杨子云所谓山泽之臞者居之。闰八月，余被檄虑囚武阶，因往游焉。爱其雪崖苍古，烟岩隐翳，翠筱寒松，流泉飞瀑，映带左右，萧然若离尘浊。有道者宗辩揖余而言曰："昔吾晦庵禅师崛起关西，道价甚高，飞锡南游，辄关禅林之口而夺之气。茶马赵公、太守丑公深相敬重，有语录行于世，游师门者众矣，而宗鉴实为上首。异时五仙洞蔽于榛棘苍莽中，鹿豕昼游，狐狸夜噪，蹊术不通，人迹罕至，独樵叟猎师斧斤置蔚，时肆蹂践。自鉴筚路蓝缕，以启山林，为之室庐，安处徒众，里人屈仕颜又举环洞之木章竹个，愿助清供，气象蓊郁。于是，五仙之胜遂与鸡凤争雄。继鉴者曰宗岳，曰宗显，显又造观音像，为阁三间以覆之。显既游方，乃命宗辩主扫洒之役。宗辩不量力，营新葺旧，辛苦累年，始克创塔亭，建重门、丈室、僧寮，粗若备具。且诱化信士，从成都置四大部经归镇山门。繇鉴迄今，盖三十余年矣。每惟开山之勤，未有纪述，使来者无所考信，愿以为请。"则告之曰："子之师晦庵，余不得而见之；于鉴也，又无晤言之暂。然尝读丑、赵二公若铭若赞，则知晦庵之为高；以其师信其徒，则知鉴之为贤。自昔佛家者流，草衣木食，宅幽而阻深，盖欲屏远嚣尘，离诸染着，以学苦空寂灭之道，末世比丘，知此者鲜。鉴也，侍晦庵巾瓶最久，乃能于戒律陵迟之际，笃志自修，结茅岩洞，不与物接，其胸中所得必有过人者。今子又增而大之，甍栋参差，户牖依约，炉香卷经，绝去俗累，视前人可谓无负。吾闻善学于师者，不于其迹于其心。谈空析妄，设为问答；剪荒除秽，化为殊胜。此皆其迹而非其心也。子诚能不忘鉴之勤，与夫子之师所以付嘱，盖自其心焉者。求之精进不已，则晦庵一灯之传，虽与此洞相为无穷可也。"辩曰："唯。"遂书之以为记。时开禧改元南至日也。

宣教郎、通判成州军州事崇国赵希逼潜父撰并书。

朝奉大夫、知成州军州事、嘉定辛樋之明父篆额。信王府刘深刊。

《五仙洞记》（图6-108），南宋开禧元年（1205）赵希逼撰并书，今存成县抛沙镇东营村南五仙洞。其碑阴为《遵奉圣旨住庵文据》，碑纵133厘米，横79厘米。额篆"五仙洞记"4字，字径约10厘米，圆劲挺拔，不失秦汉篆法；正文楷书22行，行32字，字径2.8厘米。

图 6-108 五仙洞记

## （一〇六）成县·南宋《遵奉圣旨住庵文据》（开禧二年，1206）

遵奉圣旨住庵文据（隶额）

成州据同谷县五仙山灵光准住持董宗辩状：伏缘五仙山系古迹名山。自来求祷雨旸所在，洞旁建立龙神观音庙宇庵舍，众人请到宗辩住持看管，今来本州坐奉朝旨，指挥许行陈首给据，伏乞判下。本案给据施行者。右契勘近，准提刑使衙牒，准四川安抚制置使司牒。嘉泰二年八月空日。

行在尚书刑部，符准捡〔检〕公案连送，嘉泰二年八月一日。

图6-109　遵奉圣旨住庵文据（石贵平　协拓）

敕中书门下省捡〔检〕会，嘉泰二年六月十三日。

敕节文臣僚札子奏。此年以来，有非给降度牒。僧道所为白衣道者，私相庵舍，乞严立约束。三省同奉圣旨，令逐路监司各行下所部州县，日下多出文榜，晓示道民。私置庵舍，有违条法，自指挥到日，限半月，许令经本州自陈，出给公据，付住庵人收执。如出限不行，自陈出给公据。及再有创置之人，许人告，首支给赏钱壹阡贯，先以官钱代支，却于犯人名下追纳，其庵舍产业，尽行籍没入官。候出给公据，足日逐州置籍，申监司类聚，申尚书省，奉敕如右，牒到奉行。牒请遵奉，候出给公据，足日置籍，供申本州，以凭类聚，申尚书省，使州除已。遵奉出榜本州并三县镇，晓示道民。去后，今据前项状陈，呈奉知府朝散判给，今出给公据，付五仙洞住持董宗辩收执照用。自今后，不许创置庵舍，许人告，首以凭遵从前项，旨挥支给赏钱，其庵舍产业尽行籍没入官。施行。

嘉泰二年十一月　日，给付董宗辩。

迪功郎、定差成州司法兼签厅公事丁（押）；

文林郎、就差成州知录参军兼金察仓库孙（押）；

承直郎、通判成州军州事兼管内劝农营田事赵（押）；

朝散大夫、权知成州军州事兼劝农营田事、公边都巡捡〔检〕使李（押）。

立舍状人，青渠保税户屈仕颜父子等。今切见保内五仙洞，系州图所载古迹名山，诸保人户祈祷常获感应。监司至，无不留题；守臣到，得挥诗颂。次有乡村人，各舍己财，修立观音龙神阁，妆塑尊像。仕颜等遂将本户所佃，通判衙职田内摘豁山地一段，系在绕洞，开坐四至，永舍于五仙，用充赡副，图乞住人，久为看管，无致伤于坼毁。仕颜等先以请到僧岳南回住持，自后，本僧游礼于他处，不住此山。仕颜等乡村连名邀请到本州报恩寺住持丹长老门人董宗辩，于此扫洒焚献。及具状，经赴同谷县及使州陈告，给到就请住持公牒。约束文榜，如有砍毁林木之人，把拽赴官根治。今开具四至下项：

东至承宣地及王宅职田地大岭，西至孟家谷岭及九般谷大岭，南至上仙洞大岭及九般谷源岭，北至杨家地大岭为界。

右仕颜等，今将四至内山地，委是不堪耕种，殊无出产，更不椿坐胜合官税，亦无诸般夫役。如有无图人毁斫林木，令住持人一面作主。恐人无信，故立此舍状为凭。绍熙五年四月初八日立据。

赡舍状文字人：屈仕颜（押）同男屈友谅（押）、屈友闻（押）、屈友仲（押）。知见人：屈仕琮（押）、杨威（押）。写舍状人赵浩（押）。五仙洞住持董宗辩。

图 6-110　碑首观音像

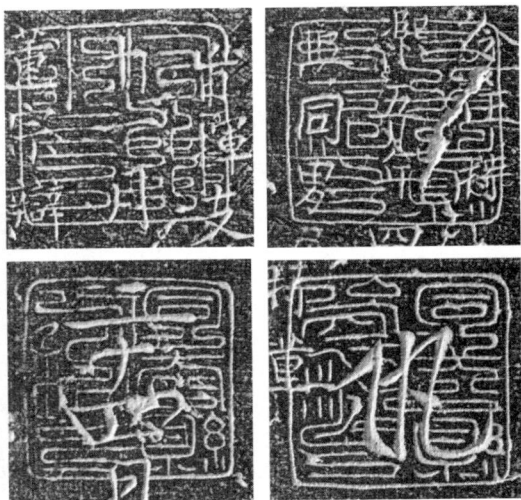

图 6-111　遵奉圣旨住庵文据印文

右伏缘系兴州管下长举县税户。自乾道八年间，年一十五岁，父母同议，令宗辩参礼丹长老为师，自后，本师游南到临安府，不委身化，宗辩在诸山住庵。昨来州西税户屈仕颜及众人等，举请宗辩看守五仙山龙神阁一所，令宗辩扫洒焚献。及屈仕颜舍到绕洞山林地段，舍状文字粘连，谨具状上判县中。太伏乞台慈判押，令宗辩执照。庶免无图之人毁斫林木。伏候台旨。

绍熙五年五月二十四日，住持董宗辩。

谨具修造会首衔位于后：

僧普晙、屈友谅、屈友闻、屈友仲、杨晖、杨威、杨琪、杨祐、常仲禧、李信、马昌、潘源、魏元、宋宗霞、樊宗遇、郝浩、郝济。都会首杨惠。

开禧二年岁次丙寅十月一日，住山任普敏记。

《遵奉圣旨住庵文据》（图 6-109），南宋开禧二年（1206）任普敏撰文，今存成县抛沙镇东营村南五仙洞，其碑阳为《五仙洞记》。碑纵 133 厘米，横 79 厘米。碑面分四层。碑首刻“观音像”（图 6-110），线条流畅，造型准确；其下隶额横书“遵奉圣旨住庵文据”8 字，字径 7 厘米。第二层，楷书 28 行，满行 24 字，字径 1—2 厘米，记录嘉泰二年各类文据、敕牒。第三层，楷书 31 行，满行 21 字，字径 1.5 厘米，记住持董宗辩身世、“护林法则”及界址“四至”地域。第四层，楷书 23 行，行 2—6 字不等，字径 3 厘米，记修造会首人名，末书“开禧二年岁次丙寅十月一日，住山任普敏记”，此“普敏”与同地《孚泽庙赐额牒》立石人同。碑刻中还叠加有“同谷之印”等官印 4 方，边长 6 厘米（图 6-111）。

## （一〇七）礼县·南宋《裴俊夫妇买地券文》（开禧二年，1206）

图 6-112　裴俊夫妇买地券文（南昇钧　藏石）

宋故裴公（妻）室王氏仇氏券文（楷额）

　　维大宋利州西路成州天水县马邑州社茅城谷居住河东郡裴俊，以嘉泰元年三月初九日殁故，龟筮协从，相地袭吉，宜于本县本社茅谷地名成家平安措宅兆。谨用钱九万九阡九陌九拾贯文，兼五彩信币，买地一段。东西二拾步，南北二拾步。东至青龙，西至白虎，南至朱雀，北至真武。内方勾陈，分掌四域。丘承墓伯，封部界畔，道路将军，齐整阡陌，千秋万岁，永无殃咎。辄干犯诃禁者，将军亭长收付河伯。今以牲牢酒饆、百味香新，共为信契，财地交相分付。工匠修营安措已后，永保休吉。知见人，岁月主；保人，今日直符。故气邪精，不得忏恠。先有居者，永避万里。若违此约，地府主吏自当其祸。主人内外存亡，悉皆安吉。急急如五帝使者，青女律令。

　　开禧二年三月初一日壬午朔初四日乙酉书券文。

　　《裴俊夫妇买地券文》（图 6-112），南宋开禧二年（1206）镌石，礼县草坝境内出土，今由陇南市收藏协会副会长南昇钧先生收藏。碑纵 60 厘米，横 50 厘米，额楷书"宋故裴公（妻）室王氏仇氏券文"12 字，字径 3 厘米；正文楷书 12 行，满行 24 字，字径 1.5 厘米。石刻断裂，粘合后楷额有 3 字残。从残存字迹审视，当为"公妻室"3字。马邑州社，今礼县盐官镇。《新唐书》卷四三《地理志七》："马邑州，开元十七年置，

图 6-113　嘉定题刻

在秦、成二州山谷间。宝应元年徙于成州之盐井故城。"①

## （一〇八）礼县·南宋《嘉定题刻》（嘉定元年，1208）

丙寅开禧二年十一月二十八日，有金贼侵犯关外四州。至丁卯开禧三年三月十八日复收了当。

戊辰嘉定改元年四月有十九日谨记。

《嘉定题刻》（图 6-113），南宋嘉定元年（1208）四月十九日摩崖刻石。原在礼县石桥乡石桥村一巨石上，今佚。行楷 5 行，图文见录于《礼县金石集锦》②。《嘉定题刻》真实地记录了"开禧北伐"失利后，金人入侵关外四州（西和州、成州、凤州、阶州）及"吴曦之乱"平定后收复关外四州的准确时间，具有珍贵的史料价值。

## （一〇九）徽县·南宋《安丙生祠记》（嘉定二年，1209）

河池，春秋氐羌地也。提封百里，接于梁、洋之境。自汉、唐迄于我朝熙宁，俱仍为县，或隶于武都，或隶于凤州，沿革靡常。绍兴初，金虏寇梁、洋，朝论以此邑为蜀之门户，始制宣抚大司，以塞虏冲，颇得平焉。开禧丙寅，虏复犯边，西人大恐。适丁卯之岁，逆曦不轨，焚荡其邑，僭称伪号。谋分虏酋，出梁、洋，欲图全蜀为王畿地。而河池为曦父祖世守之地，入蜀间道，必首污涂炭之患。人情汹汹，不堪其惨。安公大资宣相，倡忠义，诱豪客，排闼诛剪，迅于震霆。上以置宗社磐石之固，下以息士庶扰攘之苦。而吾人生命赖以保活，全蜀仰戴，而区区之诚莫之以报也。呜呼！金虏猖獗，逆曦窃据，为害甚大。微安公宣相削平僭叛，则郡邑为糜烂鱼腹，而庠序之乐、田亩之利，不可得也。夫有及人之德者，不可不崇；有被世之勋者，不可不报。安公勋德格天，恩惠及人。若西土之人，何忍忘言。筑祠以报，不亦美乎！金皆忻诺，遂卜地于仙人关，乃公随军转运驻节之处，且地

---

① 欧阳修、宋祁：《新唐书》，中华书局，1975 年，第 1132 页。
② 魏礼、金作砺主编：《礼县金石集锦》（内部资料），天水新华印刷厂，2000 年，第 84 页。

兼群山罗拱,众水环绕,草木森郁,烂若锦绮,真古神仙迹也。乃推乡英以董其役,为祠三楹,周以垣墙,门阑之属,靡不具备,焕然新一方之观览,于是为胜矣。工既落成,父老童稚争奉香火,拜瞻威仪。已而士庶相庆,举酒而歌之曰:"山如壁兮,江秀深。秋锦烂兮,仙人踪。祈公福寿兮,愈炽荣。大成四海兮,慰苍生。"歌毕,退而铭诸石,以识夫惠利之传于无穷也。公广安人,名丙,字子文,资政殿学士、大中大夫、四川宣抚使。

宋嘉定二年三月清明日记。

《安丙生祠记》,又称《安公大资宣相生祠记》《安公祠堂记》,南宋嘉定二年(1209)立石,原在徽县虞关乡西吴王城,今佚。明《徽郡志》题作"宋安公大资宣相生祠碑",题下署撰写人"宋白知微",并有录文①。张维《陇右金石录》引《徽县志》云:"《宋安公祠堂记》在吴王城,距仙人关里许。碑高六尺,宽三尺五寸,宋白知微撰,断碑尚存,而字多残缺。"②安丙,字子文,号晶然山叟,广安(今属四川)人。孝宗淳熙五年(1178)进士。宁宗开禧二年(1206),为四川宣抚副使兼陕西河东招抚使。三年,知沔州充利州西路安抚使兼权四川宣抚使(《宋会要辑稿》)。进四川制置使兼知兴元府。嘉定七年(1214),同知枢密院事,出知潭州兼湖南安抚使。十二年,授四川宣抚使知兴元府兼利州东路安抚使。十三年,以少傅致仕。十四年卒。《宋史》卷四〇二、清光绪《广安州新志》卷二四有传。

## (一一〇)徽县·南宋《重建安丙生祠记》(嘉定十四年,1221)

仙人关重建宣相安公生祠记(篆额)

国朝□□□□至中兴以来,四平……天下成败之机。□□祖……武……王□帅平之有三十九年……聚,州县复陷,至忠……截定,而后平张曹之……□江□蜀尤为天下重。开禧兵端重起……为□乱矣。今宣抚安公不为□气居肘腋而馘元恶,起山……留其二……不一言耶?怡公诛叛曦,蜀德……扈□遂□及公□□□分版曹之□事同□□岁建攸宇……舆□□立于祠贶,平判□□在焉。落成以□□才曰方……有今日□□驱兵乱问□。公之勋德,去而蜀乱,出而蜀平……于纪□□□为□侯肯记浊辞矣,重同请为申言之人,天下……之年否也。人为致然耳。太臣受铁钺之寄,于外其大小之……于□□□维谨此纲纪之常,古今之通

① 孟鹏年修,郭从道纂:《徽郡志》,载《中国方志丛书》(华北地方·第三二九号),台北成文出版社,1970年,第185页。
② 张维:《陇右金石录》,载《石刻史料新编》(第一辑第21册),台北新文丰出版公司,1979年,第16078页。

图 6-114　重建安丙生祠记

□也。何物庸隶，恣为……安。凡公所谇求则诣为生□，自为专□，吣功者嗾以狷公……霜弗敢□愁之凄中。因盗贼之杀主人，其□已伏于北向，非……公□大宋□生矣。□□初从公开模□益昌……公□不能……吏□父□吏□剖析……绝断黄江淮震扰，独西鄙晏……乃……休日……鱼梁百万□□□显允。安公……上神……衣裳易彼□鳞齐浮裴律楚败……赤子……天子圣豹宅神旅……新靡忝□重缪。维公之功□□□鼎；维公……词申以厥诗。

　　嘉定十四年八月初吉。门生，文林郎、山南西道节度（掌书记）宋德之记；门生，边功郎、宜差大安军军学政周密书丹；四川川□军马按察所工□文□篆额；门生，□□郎……知渠州……

《重建安丙生祠记》（图 6-114），全称"仙人关重建宣相安公生祠记"，南宋嘉定十四年（1221）立，宋德之撰文，周密书丹。碑下半截残泐，且字迹多有剥蚀，原在徽县虞关乡西仙人关吴王城，2013 年被运往陕西略阳县江神庙。残碑纵 163 厘米，横 118 厘米，额篆"仙人关重建宣相安公生祠记" 12 字列 3 行，行 4 字，字径 10 厘米。正文楷书 29 行，满行残存 25 字，字径 2.5 厘米。

宋德之，字正仲，号彭山，祖籍京兆，后徙居蜀地唐安。庆元二年（1196）应举擢外省第一，知阆州，召为兵部郎官。《宋史》卷四〇〇《宋德之传》载："朝中有疑安丙意，丞相史弥远首以问德之，德之对曰：'蜀无安丙，朝廷无蜀矣，人有大功，实不敢以私嫌废公议。'忤时相意，遂罢。安丙深感德之，尝谓人曰：'丙不知正仲，正仲知丙；丙负正仲，正仲不负丙。'请昏于德之，不许。论者益称德之贤。"[1] 嘉定十四年（1221），宋德之时任山南西道节度掌书记。

## （一一一）徽县·南宋《潘祖安题壁》（嘉定七年，1214）

图 6-115　潘祖安题壁（张承荣　摄）

图 6-116　杨兴宗题壁

荥阳潘祖安同杨百元、王二十等，因作贺洞齐到此，观看仙洞之景。不知……留题……鬼见愁。时嘉定七年八月二十五日来。

《潘祖安题壁》（图 6-115），南宋嘉定七年（1214）墨书题壁，今存徽县首阳洞。楷书 9 行，满行 10 字。

---

① 脱脱等：《宋史》，中华书局，1977 年，第 12156 页。

## （一一二）徽县·南宋《杨兴宗题壁》（嘉定七年，1214）

嘉定七年八月廿五日，杨兴宗同潘念一郎、王廿吾到此记耳。

《杨兴宗题壁》（图6-116），南宋嘉定七年（1214）墨书题壁，今存徽县首阳洞。楷书3行，满行10字。

## （一一三）西和·南宋《王师颜墓志铭》（嘉定七年，1214）

图6-117　王师颜墓志铭（胡询之　拓片）

宋故教授郡博王公墓志铭

州学录赵密撰。

吾州有宿儒王公，师颜其名，仲晞其字，通经博学，诚悫端方，有古君子风，为□□□□袖。嘉定甲戌五月二十有七日卒，其孤卜以其年六月初十日葬于西谷乾山祖茔之次。徒跣哀号请铭于予，予获与联[一]事，义不可辞，辄叙其大概。

公世家白石，曾祖载、祖玘、父林，皆潜德弗仕。公少颖悟，读书三过辄背诵，长从乡先生薛兴宗游，工骈俪，月书季孜，袤然<sup>[二]</sup>称首，薛器之。弱冠孤，昆弟三，公最幼，孝以事母，义以友兄。继服母丧，兄弟同居三十年无间言。益自淬励学业，掇庆元乙卯乡选，酬素志也。太守王牒，讳伯禽，知公文行俱优，处以庠正属。开禧俶扰，避寇入关，会王师恢复<sup>[三]</sup>，都统李公好义任公为裨赞，师出捷奏，论功定赏，大行台以文学借补，摄职学官<sup>[四]</sup>。学官遭兵，烬化为瓦砾，公喟然叹曰："吾道不幸如此，其忍坐视？"乃力请于州，泊劝率乡士，先创大成殿于戎马未宁之际，识者尚其不忘本<sup>[五]</sup>也。大行台出经界，令长道邑，管十二社，分官任职，公得白石一都，躬亲履亩，轻重无偏次。赴行台裹议，知公才干，又畀经量兴元西县一邑。谓儒者通世务，公有之。罢局，极加优异，复畀领袖郡士。公益喜曰："学官未备，幸李史君锜笃意修葺，予当领斯职，董斯役，以成宿愿也。"今楼殿峥嵘，廊庑绵亘，突兀一区，不日而就，固出太守规画之方，亦公监督之力也。平生安分乐道，有田仅足伏腊，未尝<sup>[六]</sup>一介取与于人。惟开馆授徒，常屡满户外，作成士类尤多。性梗介，深嫉诔佞。亲朋故旧有为公卿者，馈问不通，况踵其门乎？惜夫时不我逢，学不我用，故名不显著于世，行不博闻于人，而终老于寒窗短檠之下，独为士友所记，可哀也。已娶许氏，男浩，业进士，女适进士徐嘉猷。享年六十有三，因系之铭。铭曰：

里有宿儒，学问造诣。书破万卷，名满一世。由义居仁，有德无位。视古君子，摩肩接袂。

侄进士王溥书丹。

[一]与联：新编《西和县志》作"于职"。
[二]袤然：新编《西和县志》作"襄然"。
[三]恢复：新编《西和县志》作"回复"。
[四]学官：新编《西和县志》作"学宫"。
[五]忘本：新编《西和县志》作"忘其本"。
[六]未尝：新编《西和县志》作"未尚"。

《王师颜墓志铭》（图6-117），全称"宋故教授郡博王公墓志铭"，南宋嘉定七年（1214）赵密撰文，王溥书丹，今存西和县博物馆。铭文载于新编《西和县志》<sup>①</sup>。墓志纵95厘米，横50厘米，楷书21行，满行32字，字径1.1厘米。

① 西和县志编纂委员会：《西和县志》，甘肃文化出版社，2014年，第555页。

## （一一四）成县·南宋《孚泽庙赐额牒》（嘉定八年，1215）

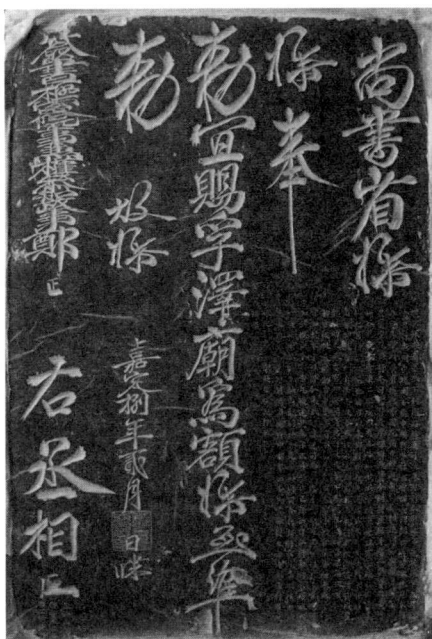
图6-118　孚泽庙赐额牒

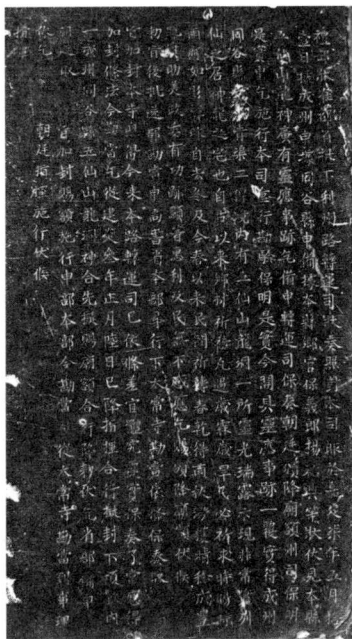
图6-119　孚泽庙赐额牒右下小字

尚书省牒

牒，奉敕：宜赐"孚泽庙"为额。牒至准敕。故牒。

嘉定捌年贰月　日牒。（尚书省印）

签书枢密院事兼权参知政事郑（押）；右丞相（押）。

礼部状准都[一]省批下利州路转运司状奏，照对本司，昨于嘉定柒年五月拾壹日，据成州申据、同谷县申备，据本县乡官保义郎杨祐兴等状：伏见本县五仙山龙神，广有灵应事迹，乞备申转运司保奏朝廷，颁降庙额，州司保明是实，申乞施行，本司重行[二]勘验，保明是实。今开具灵应事迹一覆实。得成州同谷县□□青渠二[三]保，境内有五仙山龙洞一所，灵光瑞露，示现非常，实列仙之居，神龙之宅也。自古以来，乡村祈祷，凡遇岁霖岁旱，民必祈求，时旸时雨，应如影响。昨自去冬及今春以来，民间祈祷，春干得雨，秋涝获晴，稔成丰熟，以助美政，委有功迹显著，惠利及民，无不感应。乞赐颁降庙额，伏候敕旨。后批送部勘，当申尚书省。本部寻行下太常寺勘，当依条保奏，取旨加封。本寺照得今来本路转运司已依条差官体究，覆实保奏了当，应得加封。条法今勘，当乞从建炎叁年正月陆日，已降指挥合行拟封。下项数内一成州同谷县五仙山龙洞神合先拟赐庙额，合行降敕，伏乞省部备申，朝廷[四]取旨加封，赐额施行申[五]部。本部今勘，当欲从太常寺勘当到事理，伏乞朝廷指挥施行，伏候指挥。

五仙山住持僧[六]普敏立石[七]，西江杨德刊[八]。

《孚泽庙赐额牒》（图6-118），南宋嘉定八年（1215）僧普敏立石，今存成县抛沙镇东营村南五仙洞。碑纵105厘米，横67厘米。敕牒行书5行；碑右下小楷纵52厘米，横28厘米，15行，行29字，字径1.2厘米（图6-119）；碑左下小字书"五仙山住持僧普敏立石，西江杨德刊"15字（图6-120）。

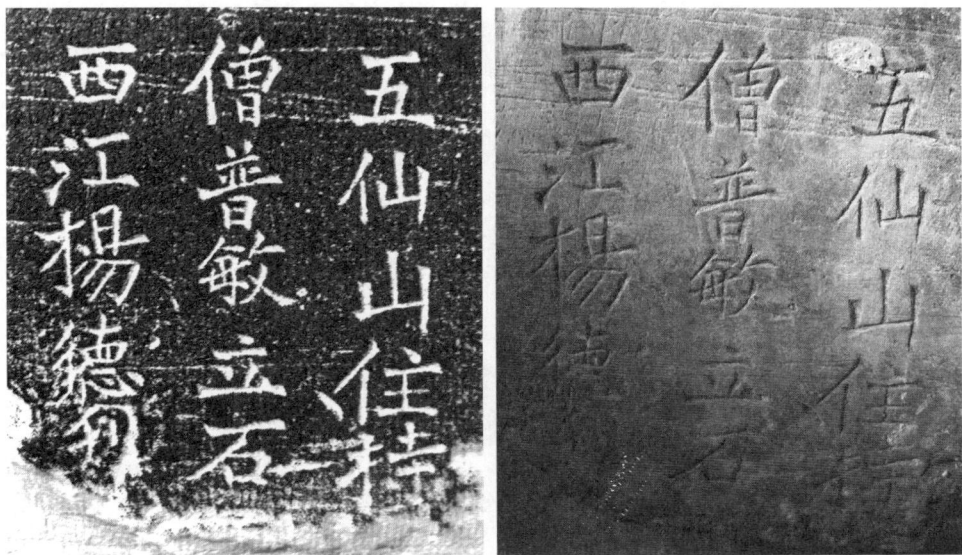

图6-120　孚泽庙赐额牒左下小字

张维《陇右金石录》收录此碑，牒右小字及末款偶有疏漏，今据拓本校释如下：

| 注释 | 原碑 | 陇右金石录 | 注释 | 原碑 | 陇右金石录 |
| --- | --- | --- | --- | --- | --- |
| [一] | 都 | □ | [二] | 重行 | □□ |
| [三] | 二 | 一 | [四] | 朝廷 | □□ |
| [五] | 申 | 由 | [六] | 住持僧 | 住僧 |
| [七] | 立石 | 脱2字 | [八] | 西江杨德刊 | 工匠杨德 |

## （一一五）礼县·南宋《鼎勋堂记》（嘉定十三年，1220）

鼎勋堂记（隶额）

吴蜀相为唇齿，安危□害之□□。（吴）蜀固则京畿尊安，四海用康，否则圣君贤臣，宵旰咨度，□走诹□□，手足疾痛，腹心为之忧劳，不遑宁居。蜀为门□关系，而关右五（郡）又曰蜀之外户也。然五郡休戚，尝视西边，岂非五路之冲，敌兵出入之枢，□饶力强，其利害又非他郡比耶！丙寅调兵，曦贼中变，坐缚奸凶，□出安氏，□时危疑未宁。今都运安公，卧护天水，□誉所加，民以辑宁。轺车载临，边境休静，敛不及民，廪粟陈陈。兵饫农嬉，蜀无夜吠。戊寅之冬，房复犯边，武休不守，兵满梁汉，黜将精骑，直寇三泉。都统张公，设伏出奇，据□遏道，酋长俘献，徒旅尸磔，喋血百里，草为之丹。而忧祸方戢，叛卒又起，贼□卿长，焚劫郡邑，全蜀动摇，虐焰滋炽，阴施方略。宣阃命公提兵复出，贼众就擒，蜀遂安妥。副帅程公，迫乃帅师，孤□夜遁；完实堡障，梁洋莫安；建麾古岷，仁勇兼济，三军畏□，百姓便安。夫有以振之于其始，而无以保之于其终；知所以震詟中外之心，而不知所以培□战守之本，则暂成而辄废，方宁而遽扰，可立待也。故边陲千里，万口一辞，（咸）曰："始终吾民，仁厚一心，军不告乏，民不告病者，安公之德也；力排大难，扫清群凶，夷虏知畏，奸徒帖息者，张公之德也；镇肃边方，明缉军政，兵得其职，民赖以安者，程公之德也。"是宜合而祠之，以激方来。邑令郭忺，筑堂皇觉，名之"鼎勋"，民咸谓宜，于是乎记。

安公讳蕃，字叔衍，广安人，随军转运使；张公讳威，字德远，天水人，正都统制；程公讳信，字子忠，凤□人，副都统制。

嘉定十三年七夕日。迪功郎、宜差西和州大潭县令、主管劝农营田公事、搜捉饷钱出界兼菅兵马公事总管、忠胜军马郭忺记。

《鼎勋堂记》，南宋嘉定十三年（1220）郭忺撰文，今存礼县白关乡太塘村原乡政府院内。碑纵130厘米，横82厘米，已断作两截，隶额"鼎勋堂记"4字，字径13厘米（图6-121）；正文楷书24行，行29字，字径2厘米（图6-122）。《礼县金石集锦》[①]有录文，今据拓片校释。

安蕃（1172—1222），字叔衍，号谦仲，四川广安人。先其本太原，后徙通州浓洄镇，遂为广安著姓，系安丙族人。绍熙四年（1193）补博士弟子员，举庆元二年（1196）进士。授迪功郎，为益阳主簿，教授平江府，改知闽县，通判通州，主管官告院，嘉定十二年，任随军转运使。后迁知文州，百废俱修，以劳瘁致疾，卒于嘉定十五年，年五十一岁，官至通直郎。魏了翁《安蕃墓志铭》载：

　　天水县，旧隶成州，大制置司，以道远表升为军，即军复县，兵火之余入睨视，莫敢向前，君佐幕才数月，自请试县……

　　（嘉定）十二年冬十月，宕昌寨以夏招讨使宁子宁、忠翼书来宣阃，委安抚

① 魏礼、金作砺主编：《礼县金石集锦》（内部资料），天水新华印刷厂，2000年，第87页。

图 6-121　鼎勋堂记隶额

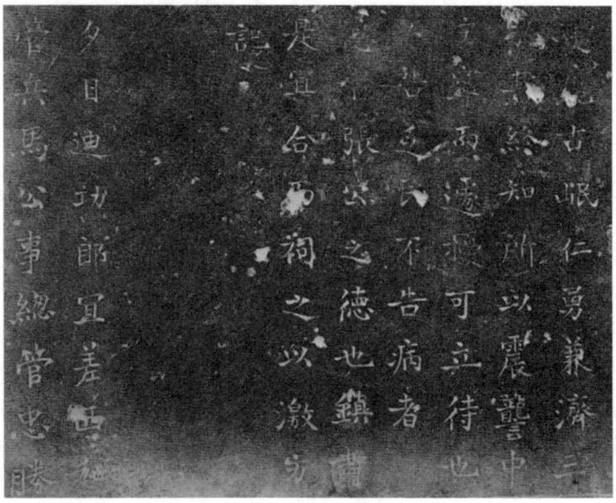

图 6-122　鼎勋堂记局部

司报之，适东军郭威等焚戍庵遁去，宣闻移金州军帅陈立将东军，辟君充随军练（转）运，置司西和。君闻命引道未至，令曰："比岁冬夏之交，寇乘间再入，民未复业，馈饷用艰，今日使指非招集忠义，按视营屯，惟先劝谕流民各归土著，乘春耕种，且检视仓廪，督促移运，务以实边，备安人心。"民闻之喜。[1]

张威，字德远，碑作"天水人"，而史籍皆谓"成州人"，盖南宋时天水县隶属成州。开禧用兵，张威与金人战，屡立奇功，擢充利州副都统制，升沔州都统制。张威两眼皆赤，时号"张红眼""张鹘眼"，使兵器谓"紫大虫"，创阵法曰"撒星陈"。卒于利州，终扬州观察使。《宋史》卷四〇三《张威传》载：

① 魏了翁：《鹤山集》，载《文渊阁四库全书》（第 1173 册），台湾商务印书馆，1986 年，第 180 页。

吴曦既诛,遣将收复。李贵复西和州,威率众先登,败金人,战于板桥,遂取西和,升统制。由是威名大振。天水县当金人西入路,乃升县为军,命威为守,屡立奇功,擢充利州副都统制……嘉定十二年,金人分道入蜀,犯湫池堡,又犯白环堡。威部将石宣、董熠连却之。既而金人犯成州,威自西和退保仙人原……西夏来约夹攻金人,丙许之。遣王仕信会夏人于巩,又命威与利帅程信、兴帅陈立等分道并进。威向秦州。议初起,威谓:"金人尚强,夏人反覆,未可轻动。"丙不听,卒遣威,威黾勉而行,令所部毋得轻发,诸将至城下,无功而还,丙怒,奏罢其兵柄。[①]

## （一一六）徽县·南宋《李林等买地》（嘉定十七年，1224）

图 6-123　李林等买地券文（曹鹏雁　摄）

维大宋岁次甲申嘉定十七年十一月初一日癸丑、二十八日庚寅。有殁故李林众灵等,宜于利州西路凤州河池县永宁长谷社午山之下。谨用钱九万九千九百九十贯文,买地一段,东西阔九步,南北长一十一步。东至青龙,南至朱雀,西至白虎,北至玄武。内方勾陈,分擘明堂,四域丘丞,封步界畔,道路将军,齐整阡陌,千秋永无殃（咎）。若辄干怪,将军亭长,收付河伯。今以牲牢酒脯,共为信契,财地交相分付。工匠修营安厝已后,永保大吉。知见人,岁月主;保人,今日直符。故气邪精,不得干犯。先有居者,永避万里。若违此约,地府主吏自当其祸。主人内外存亡,悉皆安吉。

嘉定十七年十一月李林等券文。

---

① 脱脱等:《宋史》,中华书局,1977年,第12213页。

《李林等买地券文》（图6-123），南宋嘉定十七年（1224）砖刻朱砂勾填，徽县永宁镇长谷村出土，今存徽县博物馆。砖纵30厘米，横30厘米，厚6厘米。楷书13行，行约19字，字径1.5厘米。

### （一一七）西和·南宋《移治白石镇碑记》（嘉定十七年，1224）

移治白石镇碑记

关表西州，襟带秦陇，实全蜀之保障，而西和最为要冲。郡初号岷，治陇西，自□□□□密迩[一]敌境，移治白石镇，改曰西和。朝廷以道德为藩[二]，不专恃险也。皇帝御天下二十有七年，诏工部侍郎南海崔公开制阃于益昌，时军律[三]积坏，以武则忿[四]而憾，以恩则横而肆。公清忠直方，身为准[五]，待下以信，不严而肃，朝夕惟固圉是咨是讲，睹[六]言此邦。开禧丁卯，边衅一开，流徙者屡顷[七]，尝曰[八]："城以域民，绵二十里，形势散漫，工役苟简，民无固心。"于是按图度势，缩脆就坚，苟利吾蜀，毋惮厥费。规摹既定，以授利州路副都统制质侯俊，且俾郡家叶济其事。质侯奉教令，悦以使人趋役忘劳，震午被檄摄守，亟成厥终。倚山为墉，临谷为堑，地环十里，不隘不赢[九]，为堡三、战台二、□城门十八、楼橹四十二、井泉七十八。控扼得要，进取退守，其势顺利。是役也，为[一〇]缗钱□十余万，皆出制阃。役兵以工计凡八十万有奇。既成，即高堡筑堂，颜曰"威远"，为异时运筹制胜之地，且绘公像于其间，以耸[一一]具瞻。北望祁山，烟云吞吐，岗峦起伏，武侯之遗烈可想也。西望熙洮，联亘湟中，营平经理之规，犹有存者。东望长安，慨然感叹，卷三秦以定天下，汉所由兴乎？将士父老进而言曰："筑斯城，将以固吾州也；固吾州，将以固吾蜀也，斯城特险以固耶！"余应曰："然，天固蜀以险，公固蜀以德，亲君子，远小人，则士心固；除横敛，宽苛役，则民心固[一二]；明赏罚，戢掊克，则军心固。内培元气，外壮天险，五年用蜀，蜀安且固，其有德于蜀远矣。且夫[一三]履为德之基，常德之固，公主一为德，常久不已，则筑斯城也，其所履之形见者耶？"军民合辞曰："□成绩乃镵苍珉，诏千万世。"公名与之，字正子。

嘉定十七年二月既望，门生承议郎、通判[一四]□□府事兼四川制置司主管机宜文字、权西和州事尚震午记并书。

门生、保议郎、权□□□御前诸军、副都统制司职事质俊立石。

《移治白石镇碑记》，南宋嘉定十七年（1224）西和州尚震午撰并书，质俊立石，原在西和县凤凰堡，今佚。民国朱绣梓《西和县志》云："《改修白石镇城碑记》，旧在凤凰堡,后移于学宫,空字处原缺,今碑文尚存。其碑早为前清时磨灭,名存而实亡。"①
清邱大英《西和县志》②、张维《陇右金石录》③皆有著录,然各家录文稍有差异,兹校
注如下:

| 注释 | 陇右金石录 | 朱绣梓《西和县志》 | 邱大英《西和县志》 |
|------|------------|--------------------|--------------------|
| 题名 | 西和州筑城记 | 改修白石镇城碑记 | 移治白石镇碑记 |
| [一] | 密迩 | □□ | 密□ |
| [二] | 为藩 | 为藩 | 为 |
| [三] | 军威 | 军律 | 军律 |
| [四] | 忿 | 益 | 忿 |
| [五] | 律 | 准 | 准 |
| [六] | 睃 | 睃 | 腾 |
| [七] | 脱1字 | 倾 | 顷 |
| [八] | 曰 | 曰 | □ |
| [九] | 赢 | 赢 | 赢 |
| [一〇] | 脱1字 | 为 | 为 |
| [一一] | 耸 | 从 | 耸 |
| [一二] | 心固 | 心固 | □□ |
| [一三] | □□ | 且夫 | □□ |
| [一四] | 通判 | 通□ | 通□ |

　　崔与之(1158—1239),字正子,号菊坡,广州增城人。绍熙四年(1193)举进士,
广之士由太学取科第,自与之始。授浔州司法参军,通判邕州,擢广西提点刑狱,升秘
书监太子侍讲,权工部侍郎。选为焕章阁待制,知成都府。理宗即位,授徽猷阁学士。
端平初,授广东经略安抚使兼知广州。拜参知政事、右丞相,皆力辞。嘉熙二年(1238)
五月致仕,至嘉熙三年十一月,薨,时八十二岁,累封南海郡公,谥清献。《宋史》卷四
〇六《崔与之传》载:

　　　　先是,军政不立,戎帅多不协和,刘昌祖在西和,王大才在沔州,大才之兵屡
　　衄,昌祖不救,遂弃皂郊。吴政屯凤州,张威屯西和,金人自白还堡突入黑谷,威
　　不尾袭,而迂路由七方关上青野原,金人遂得入凤州。与之戒以同心体国之大义,
　　于是戎帅协和,而军政始立。④

① 朱绣梓:《重修西和县志》,载西和县志办公室校点《西和县志》(内部资料),2006年,第90页。
② 邱大英:《西和县志》,载《中国方志丛书》(华北地方·第三三一号),台北成文出版社,1970年,第327页。
③ 张维:《陇右金石录》,载《石刻史料新编》(第一辑第21册),台北新文丰出版公司,1979年,第16078页。
④ 脱脱等:《宋史》,中华书局,1977年,第12260页。

## （一一八）西和·南宋《移建后土祠碑记》（绍定二年，1229）

督统何公领印之三日，遍谒诸神祠。及至下城，土墙三方，土阶数尺，土台一所，乃后土祠也。盖西和旧治自开禧丙寅以来，屡遭兵火，官寺民居，非焚即毁，殆无复存，祠宇故有未建立者。督统何公乃于中台新立是祠。在礼，天子祭天地，故汉武有曰："今亲郊上帝而后土无祀，则礼不答也。"遂用祠官宽舒等议，立后土祠汾阴睢上，为五坛，坛一黄犊，牢具已祠尽瘗。是岁得宝鼎祠旁。其后地祇见光集于灵坛，神光三烛，造形诏旨，岂非神祇灵应？贶施昭然，无不响答。自古礼既废，今郡县间有后土祠者，而道家者流则列之于九皇，谓不可以荤祭，失之远矣。且人之身，日履乎地，凡百日用皆于是乎出，是岂无有司之者而可不知其所本乎？今公之建是祠，以谓所创新城，累年动土，不无触犯，所以卜地立祠，不惟少答祇灵覆存之赐，又使军民有所依仰，以为阖郡祈福之地。呜呼！可谓知所本矣。予观新城经三大帅始克壮雄图，公所谓克成厥终者。筑高浚深，盖无虚月。夏则未晓而役，日中而罢；秋则既晡而役，日夕而罢。皆亲督视，无少懈怠，顾乃知其所本。新庙奕奕，面势宽敞，栋宇宏伟，薨桷飞腾，陈设具严，俾州人士俨恪敬恭，肃其心目，以祈福厘。告成之日，有旨升副司为正司，除右武卫大将军兼西和防御使，咸曰："休哉！精意昭格，贶施响答如此。"何公名进，太□人。□关险阻，忠孝激烈，屡立战功，擢任边面，抗御鞑虏，保护全蜀，圣眷愈隆，绩用有成，当益封典，故予乐为之书，使万世之下，瞻仰斯城斯庙，以无忘何公之功。

绍定二年九月既望，文林郎衔差充西和州州学教授吕光远谨记。

《移建后土祠碑记》，碑佚，南宋绍定二年（1229）吕光远撰文。文载朱绣梓《重修西和县志》，题下注云："此碑今在城隍庙内，碑砥石犹在中堡。"[1]"后土祠"又称"土地祠"，《重修西和县志》又云：

土地祠，在县署头门内以北，民国二十八年改设国是兵团部。南宋时后土祠在下城（即今治之北段），绍定二年督统何进移建于中堡。

《重修西和县志》卷三《建置志》载：

西和州旧城，在今县城之西北，即秦汉时西县故城也。后汉曰"西城"，晋曰"始昌城"，南北朝曰"水南郡"，唐曰"汉源县"者皆此城。今其遗址可证者，大城在戎邱城（即今之上城）以南，为大方形，西北角稍退缩十余丈，白水河绕北

---

① 朱绣梓：《重修西和县志》，载西和县志办公室校点《西和县志》（内部资料），2006年，第100页。

门流，下城（见宋时《后土祠碑记》）在戎邱城以西，为长方形，今县城中心之钟鼓楼即下城之南门，拖北与大城连。横岭河绕东门流，两城连缀成曲尺形，城绵二十里，宋嘉定间移岷州治于此。同时，缩脆就坚，改环十里，为堡三，曰"高堡"（即昔之戎邱城），曰"中堡"，在"高堡""山堡"之间（今圮，靠西炮台尚存），曰"山堡"（一名山城，即今之凤凰堡）。战台二，一在上城东北角下，一在上城西南角下。城门十八，楼橹四十二，井泉七十八（见《移治白石城碑记》），亦巨城也。明初降为县，移今治，旧城遂废。①

## （一一九）两当·南宋《净严院砌法堂基阶记》（绍定二年，1229）

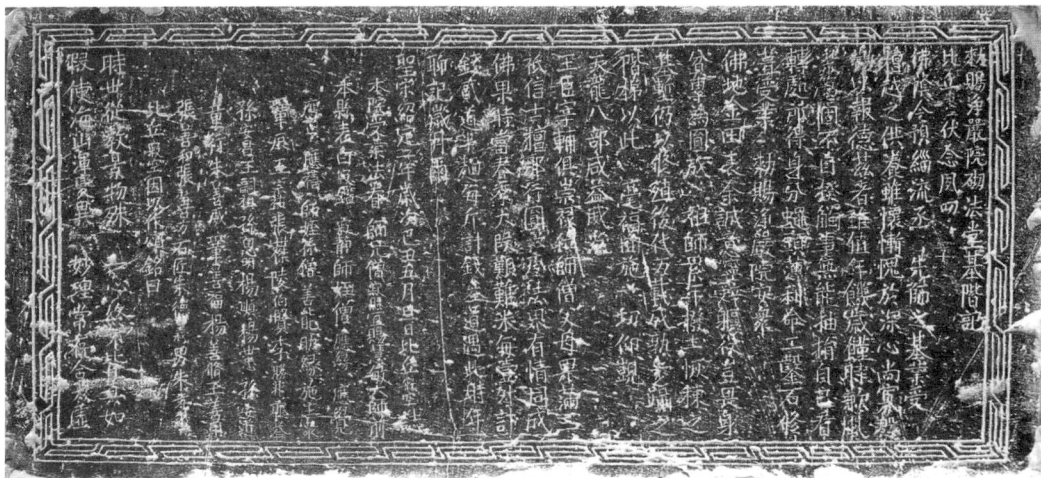

图6-124　净严院砌法堂基阶记（罗愚频、张辉　协拓）

敕赐净严院砌法堂基阶记

比丘寂空，伏念夙叨佛荫，今预缁流，丞先师之基业，受檀越之供养。虽怀惭愧于深心，尚寡殷勤以报德。兹者，虽值年饥岁馑，时歉风柴，寂空固不自揆，触事无能，抽捐自已看转处所得身分，蝇头薄利，命工凿石修葺，受业敕赐净严院，安众佛地金田，表余诚意。宁辞躯役，岂畏身贫？专为圆成祖师累年拨土恢栋之基堑，仍以修殖后代万载成熟步蹑之阶梯，以此毫福，回施一切。仰觊天龙八部，咸益威范。王臣宰辅，俱崇禄位。师僧父母，果满三祇。信士檀那，行圆六尘。法界有情，同成佛果。时当春季，大段艰难。米，每壹升计钱贰道半；面，每斤计钱叁道。遇此时年，聊记岁月尔。

① 朱绣梓：《重修西和县志》，载西和县志办公室校点《西和县志》（内部资料），2006年，第89页。

圣宋绍定二年岁次己丑五月旦日,比丘寂空志。

本院受业法眷:师兄僧寂照,宜赐慧敏大师。前本县表白寂鉴、寂静,师侄僧应缘、应觉、应正、应禧。师侄孙僧善能。助缘施主众:巩辰、王宗祐、张世杰、陵伯贤、李胜非、郭益、孙安昌、王嗣祖、孙思明、杨顺、杨世忠、孙安道。童行、朱善威、巩善福、杨善修、王善用、张善和、张善方。石匠:朱德义、男朱孝才。

比丘寂空因以作颂铭曰:

时世从教景物殊,一民终不背真如。假使海山浑变异,妙理常存合太虚。

《净严院砌法堂基阶记》(图6-124),南宋绍定二年(1229)僧寂空撰文。今存两当鱼池乡鱼池寺。碑从34厘米,横70厘米,碑文楷书29行,满行15字,字径2厘米。

## (一二〇)成县·南宋《郭镒飞龙峡题记》(绍定三年,1230)

章贡[一]郭镒[二]文重以制幙[三]来城同谷,偕郡守常山李冲[四]子和、丞资中杨约[五]仲博阅视[六]龙峡[七]守关之备[八],因谒[九]杜少陵祠,观万丈潭[一〇]。绍定[一一]三年秋七月乙卯[一二]。

《郭镒飞龙峡题记》,摩崖刻石,南宋绍定三年(1230)镌,今佚。《武阶备志》载:"飞龙峡题名,正书,磨石刻。字大四寸六分。"《陇右金石录》卷四云:

此题名凡十行,行各六字,今尚完好,旧志讹十字,空七字,脱遗四字,今俱依拓本正之。"郭镒"讹"谥","绍定"讹为"绍兴"所系尤重,谈金石者多取资于方志,而方志乃讹误如此,此拓本之足贵也。①

张维谓"旧志",或指《武阶备志》,不过,《武阶备志》将"镒"作"谥"非"谥"(详见下表)②。

| 注释 | 陇右金石录 | 武阶备志 | 注释 | 陇右金石录 | 武阶备志 |
|------|-----------|----------|------|-----------|----------|
| [一] | 章贡 | 京贰 | [二] | 镒 | 谥 |
| [三] | 幙 | 模 | [四] | 李冲 | 李中 |
| [五] | 杨约 | □□ | [六] | 阅视 | 阅 |
| [七] | 龙峡 | 飞龙峡 | [八] | 之备 | 之□ |
| [九] | 因谒 | □□ | [一〇] | 观万丈潭 | □□ |
| [一一] | 绍定 | 绍兴 | [一二] | 乙卯 | 脱2字 |

① 张维:《陇右金石录》,载《石刻史料新编》(第一辑第21册),台北新文丰出版公司,1979年,第16080页。
② 吴鹏翱:《武阶备志》,载《中国地方志集成》(甘肃府县志辑10),凤凰出版社,2008年,第179页。

## （一二一）文县·南宋《重修慈霈庙记》（绍定三年，1230）

重修慈霈庙记（篆额）

文州慈霈庙，占龙女山之上，高峻岌嶪，陟降维艰。原庙在阴平桥南二百步，祈祷诣焉。旧有正殿、殿门、寝宫、宫楼、两庑。前守叙南廖子材又新作镇南楼于庙门，未毕，而移守广，属曲水令广汉杨应发成之。既而必复归自制幕，以倅摄守，继承朝命，统绾郡章。越数月，雨旸应祷，岁事以登。秋报于祠，顾瞻前后，谓僚属曰："门之楼壮丽矣，而寝宫之楼倾侧，两庑尤圮，其内外弗称，岂所以崇严祀妥神灵乎？"乃捐己俸缗粟，市材会工，葺宫楼而正之，撤两庑而新之，崇夷甃隥，绘施圬壁。委贡生刘日新、陈迅董其役。经始以四月廿六日，断手于十月七日。二士来请记之，必复因考前记，此庙重修于绍兴丙子，距今七十有五禩矣。则修其所以坏，建其所未备，必复之责也，何以记？为二士固以请。必复尝谓："寒阴暖日、甘雨祥云，万物生生而不知其为天之德，此天之所以为天也；辅赞天德，阴持默佑，国安民乐而不知其为神之功，此神之所以为神也。"恭惟善济广应助顺显佑妃，以孝行感格，赫灵前代。我皇宋崇宁间，赐今庙额"灵应昭灼"。封赐便蕃，纪述屡详。大抵神加慈于文，文倚神为命，足用饮食，仰父俯子，神之功，天之德也。乃宝庆戊子，□寇冲岷宕，越武阶，径至州境。前守致祷之翼日，寇马自死于石靴隥下，佥若有所睹，亟麾众退，一境贴然。部使者以朝旨下州，核其事，已上之祠部，嗣有褒典。镇南之建，何足以寓昭报？顾神亦岂报之问，而施于民者？当斯人惊扰之余，所望一稔，以消百忧。旸方亢，祷即雨；雨方苦，祷即晴。神之曲庇终惠，响答若此，是知神之心主于爱民者也。至若兴土木，事营缮，而征调烦扰者，岂神之心哉？然扶颠易旧，废于因循，岁月浸寻，风雨弗蔽，又非所以寓神。《易》曰："节以制度，不伤财，不害民。"《诗》云："得其时制，百姓悦之。"民悦而不害，则神亦罔怨恫矣。故不委之吏而委之士，工不节其食，材不吝其直，至售瓦甓者坌至，而役徒翕然攻之，不日而成。盖如私家之兴作，官勿与焉。噫嘻！古者先成民而后致力于神，惟循其序之当然；今致力于神而不伤民力，尚亦体夫神之心也。区区之志，概见于此，故述之以纪岁月云。

绍定三年五月重五日，承议郎、权发遣文州军州兼管内劝农事、充沿边都巡检使、弹压军马、借紫杨必复记。

门生，奉议郎、宜差文州、曲水县主管劝农公事杨应发题额。

门生，承直郎、宜差文州州学教授文敏志。

《重修慈霈庙记》，南宋绍定三年（1230）知文州杨必复撰文，今存文县城桥南米金祥家。孙巇《续纂直隶阶州文县志》、长赟《文县志》、《陇右金石录》皆有录文。
张维《陇右金石录》卷四载：

> 此碑在今阴平桥西南民地中，高四尺，广二尺，其厚五寸，裂有断痕，文亦剥
> 落不可读，额有篆文"重修慈霂庙记"六字。今依《文县志》录其全文。惟碑言
> "宝庆戊子寇冲岷宕"，考宝庆无"戊子"，"戊子"即绍定元年，年前十一月即有
> 诏改元，且元人实以宝庆三年灭西夏，遂破宋关外诸隘，事在丁亥戊子冬春之间，
> 兹云"宝庆戊子"未悉以何致误？必复立碑之明年八月，元兵破武休入兴元，小
> 校张铖以其徒溃入文州，杀守臣杨必复……又五年元兵破文州，于是陇右诸州郡
> 尽入于元。今存宋刻惟此碑与《飞龙峡郭镒题名》为其最后者矣。[1]

## （一二二）徽县·南宋《杨典题壁》（绍定六年，1233）

魏涓曾游。

凤州……众家……民善于绍定六年二月二十七日，于此治期例求乞甘□□
愿万民安乐，来到此洞记耳。

进义副尉□都统使司忠义总管杨典题。

弘农杨□实曾到。

图 6-125　杨典题壁（张承荣　摄）

① 张维：《陇右金石录》，载《石刻史料新编》（第一辑第 21 册），台北新文丰出版公司，1979 年，第 16080 页。

《杨典题壁》（图6-125），南宋绍定六年（1233）墨书题壁，今存徽县首阳洞。行楷6行，满行16字。

## （一二三）成县·南宋《玉绳泉题名》（端平二年，1235）

李敦颐敦□□颜知十米演□，端平二年十月二十三日偕至，子正记。

《玉绳泉题名》，今佚。《武阶备志》有录文，并云："分书，磨崖刻。"

## （一二四）徽县·南宋《魏涓题壁》（淳祐十一年，1251）

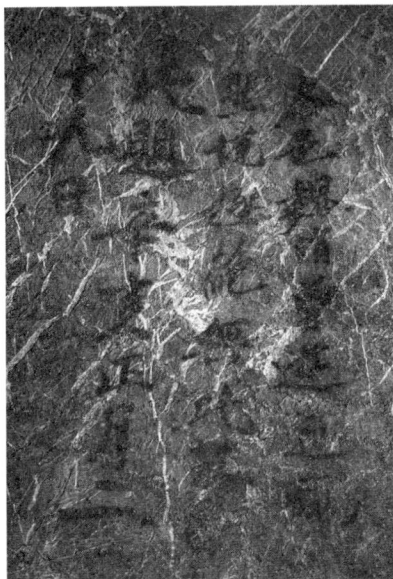

图6-126　魏涓题壁（张承荣　摄）

图6-127　张延世狮子洞题记

本邑魏涓曾游，遍观圣境，极绝无此，故留此题。辛亥正月二十九日。

《魏涓题壁》（图6-126），墨书，今存徽县首阳洞。行楷4行，满行8字。此题壁与南宋绍定六年（1233）《杨典题壁》皆有"魏涓曾游"语，以此推之，则"辛亥"即南宋淳祐十一年（1251）。

## （一二五）成县《张延世狮子洞题记》（无年月）

乙卯夏旱，祈雨获应，太守张延世至此展谢。时巡检曹禄，推官韩周卿，司理刘泊从行，曹年请命题。五月十四日记。

《张延世狮子洞题记》（图6-127），摩崖刻石，今存狮子洞南壁，石面十分粗糙，椎拓困难。摩崖纵70厘米，横65厘米，楷书6行，字径5厘米，文字自左向右识读。无年款，从"太守""巡检""推官""司理"等职官看当为宋代摩崖。"司理"，即司理参军，宋太平兴国四年（979）十二月二十一日，改司寇参军为司理参军，此为司理参军设置之始（《续资治通鉴长编》卷一四、卷二〇）。所以，该题记应在宋大中祥符八年（乙卯，1015）或以后镌刻。此后"乙卯"年分别为宋神宗熙宁八年（1075），南宋高宗绍兴五年（1135），南宋宁宗庆元元年（1195），南宋理宗宝祐三年（1255）。其中

"乙卯夏旱"者唯绍兴五年。《宋史》卷二八《高宗五》载：六月"癸丑，以久旱减膳、祈祷"；"庚申，以旱罢诸路检察财用官"。《建炎以来系年要录》卷九〇载：六月丁未，"今岁亢旱，所及者广，谷米登场，民已告饥"。由此推测，此题记约刊于绍兴五年（1135）。

### （一二六）武都《邓子正题壁》（无年月）

通川邓子正，权福津尉，因公来游此。甲午年仲春二十三日题记。

《邓子正题壁》（图6-128），墨书题壁，今存武都万象洞南天门西壁，纵32厘米，横20厘米，行书4行。

邓子正，史书无载。《元和郡县图志》卷三九云："武州，管县三：将利、福津、盘堤……福津县，本后魏之武阶郡也，属南秦州。文帝又置福津县，属武阶郡。隋开皇三年罢郡，移福津县于郡治置焉，属武州。皇朝因之。"[1]《方舆胜览》卷七〇载："阶州，领福津、将利二县，治福津。"[2]《阶州直隶州续志》卷三云："（阶州），绍兴十四年，隶利州路，移治坻龙岗，领福津、将利二县……元世祖至元七年，废福津、将利二县。"[3] 由此推之，该题壁至迟书于南宋时期。

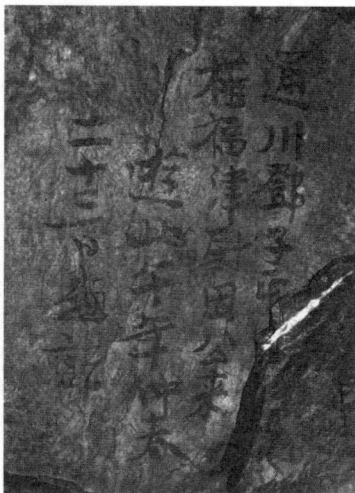

图6-128　邓子正题壁
（李婷婷　摄）

### （一二七）武都《辛卯题壁》（无年月）

时宋辛卯三月十九日，一行一十五人至。前五里有门烟锁，去之不得，却回。怀安军[一]李裔同，当州[二]张倩、严德等。

[一]怀安军：宋乾德三年（965）灭后蜀，五年，立怀安军，治金水县（四川金堂县淮口镇州城村），隶属西川路。元代至元十三年（1276），于怀安军改置怀州。

[二]当州：唐贞观二十一年（647）置，治通轨县（今四川黑水县北），属剑南道。天宝元年（742）改为江原郡，乾元元年（758）复改为当州。元废。

---

① 李吉甫：《元和郡县图志》，中华书局，1983年，第985页。
② 祝穆：《方舆胜览》，中华书局，2003年，第1232页。
③ 叶恩沛修，吕震南纂：《阶州直隶州续志》，曾礼校点，兰州大学出版社，1987年，第53页。

　　《辛卯题壁》（图6-129），墨书题壁，今存武都万象洞。纵42厘米，横30厘米，行书6行。题壁仅书"辛卯"而未明帝王庙号，则题写时间不外乎以下五种可能，即：北宋端拱二年（989）、皇祐三年（1051）、政和元年（1111）或南宋乾道七年（1171）、绍定四年（1231）。

图6-129　辛卯题壁（张惠中　摄）

# 第七编　元代

## （一）武都·元《赵璧题壁》（中统五年，1264）

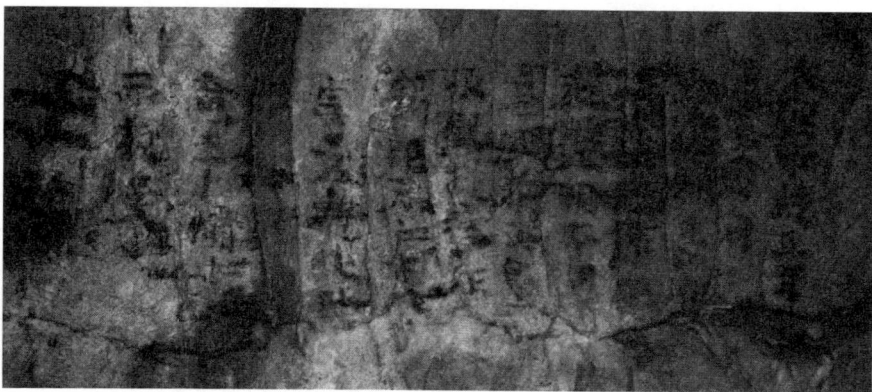

图 7-1　赵璧题壁（张惠中、李婷婷　协拍）

大朝中统五年季夏上旬，西边都元帅府参议经历赵璧[一]同本州学正、粮正暨水银提统、作银都□户宗元游此，□意秉烛而□题。

[一]赵璧（1220—1276）：字宝臣，金大同府怀仁人。1242 年，受忽必烈厚遇，以"秀才"代名。中统元年（1260），忽必烈即大汗位，赵璧任燕京等路宣慰使，拜授平章政事；二年，兼大都督官领诸军；三年，李璮叛，命赵璧行山东等路中书省事。由题壁悉知，中统五年，赵璧任西边都元帅府经历。《赵璧神道碑》载："至元改官制，行加荣禄大夫，分省并郡县，转官吏所。临河南、大名、卫辉、怀孟、彰德诸路，壤地最大事务最多不三，阅月同他省报办。"[①]

《赵璧题壁》（图 7-1），元中统五年（即至元元年，1264）墨书题壁，今存武都万象洞卧龙坝西壁，纵 14 厘米，横 36 厘米，行书 12 行。

## （二）两当·元《重修三清阁记》（中统五年，1264）

重修三清阁记（楷额）

以道化感人易，修功行登真难。□□□□□□道行举世造希夷之域，功行未著，玄门鲜了悟之人！惟能全道行于一身之内，以之□□□□□入圣超凡，非得道之士畴克尔哉。尝考之仙传，清河之派言：积行而登仙者□□□□□罕有之，自子房兴汉之后，弗顾万钟之禄，弃人间事，欲从赤松子游而托于神仙矣。□□后有张道陵者，本太学书生，遽废士业，乃学长生之道，得黄帝九鼎丹法，丹成服之，与弟子王长□自而超升。自汉之后，张氏之仙法不绝如续。至大唐时，有张

---

① 张之翰：《西岩集》，载《文渊阁四库全书》（第 1204 册），台湾商务印书馆，1986 年，第 516 页。

果者，不知何许人？道行□□有名□□□福禄术□处非常。或寓恒州之条山，或在赵州之石桥，或隐徽州鹫鹭山腰，有洞号曰"登真"……养浩之所，居此岁月甚多，出入往来，昼则剪纸作驴以代步；夜则将纸驴折于箧笥之中，□□以此印于石上。武后闻之，遣使促召，伪死不赴。后玄宗以礼来聘，肩舆入宫，屏气不……出铁如意，将齿击落，以药传龂，而齿再生，先生之术可谓奇矣！揆吕洞宾、韩湘子……辄……飞之后，萧条仙境，谁尾后尘？至宋宣和年间，黄冠孙洞达，乃……人……僻此洞，思遇异人，每以讦篇自适，不求闻达，施药济人，两蒙宣召，赐号"观妙大师"、□□□羽人。明昌六年，凝阳董先生，女真人也，偶遇正阳、纯阳、海（蟾）。□□训之曰："汝前世曾在徽州登真洞修行。"海蟾故赐号曰"凝阳"。此四真人之显迹。其于飞升岁月具□□□矣。粤自坤舆革命，天落圣朝，日彰玄教。岁在辛卯，王旅南征，此洞屡经兵火，堂殿廊庑焚荡一空，尽为瓦砾。田野荒凉三十余年，人烟绝迹，豺虎纵横，闻者莫不盡心。甲辰年冬，秦亭陈侯父子钦承王命而来，创立徽州，焦心劳思，出给家粮，抚绥兵事，爱育黎民，规画街坊，重修宫观，不数年间，渐仍旧贯，于辛酉年有党侯二先□□杖东来拜，□□陈侯曰："钦闻治境有鹫鹭名山，乃洞天福地，仆等况师卢公真人……言登真境界即前生事也，若我拂袖归山之后，汝等有能勉力复开此山，可归投陈相国之父子，必能为汝等办此。"侯抚掌而笑曰："此……亦尝与予话及，予属意久矣，但公务繁剧，未暇及此，详予之言，正契予心，陈子之力恐难任责？"二子愀然再拜稽首，复告侯曰："望公周成，福报无尽。"□□乐然从其所请，敬承□意。亲领驻丁，初率二子直抵山下，芟除荆棘，斫伐林柯，发见故址，睹真人旧迹，俨然如昔！侯顿首再拜，不觉手舞足蹈，径留二三壮丁，支给粮粮，日加修葺。乡社人民闻侯之命，朋来辅翼，未几三年，重建三清宝阁，彩绘诸

图 7-2　重修三清阁记（刘长安　协拓）

真像仪，一时复新。吁！易荆棘之地，复闻钟磬之声；使洞府之间还见……□若非。陈侯始终笃意经之营之，则真人之古迹亦几埋没矣！今圣境重修……天休，荐至不特增。陈侯之寿箅，日炽而日昌，抑将锡陈侯之子孙愈荣而愈贵，幸真人阴相之。

中统五年岁次甲子正月吉日重修。鸑鷟山登真洞住持道人元系陇州……真人门弟子系秦州天水县人氏党德吉立石。侯德一……王陈益道……全真道人陈志玉刊，道童梁□□□顺童，百户李卜……撰。两当县令李俭、县尉李询、主簿宋显舍石……陈思聪；同知节度使陈……徽州同知节度使事康……赵添奇……观察使长官元帅陈哈剌……州长官元帅陈禄□□建。

《重修三清阁记》（图7-2），元中统五年（1264）立石，两当县东鸑鷟山登真洞出土，今存两当县博物馆。碑纵120厘米，横66厘米。额横书“重修三清阁记”6字楷书，字径7厘米；正文楷书34行，行38字，字径1.8厘米。

### （三）徽县·元“渔关醮提领印”（元世祖至元五年，1268）

“渔关醮提领印”（图7-3），1980年夏出土（出土地不明），今存徽县博物馆。印铜质，印面正方，边长5.5厘米，厚1.6厘米，重0.575千克。直角长形桥式钮，上部稍窄，钮高4.3厘米，最宽处3.8厘米，最厚处1.2厘米。印文九叠篆6字：

渔关醮提领印。

印背有19字阴刻款识，左1行5字：

行中书省发。

右2行14字：

至元五年润正月□监造官□□□。

元代“至元”年号出现过两次，即元世祖忽必烈和顺帝妥懽帖睦尔，因印款刻“润正月”3字，而只有元世祖至元五年（1268）闰正月，所以“渔关醮提领印”铸造当在此时。“醮”，篆文省“灬”。陕西省凤翔县博物馆曾征得

图7-3　渔关醮提领印

图7-4　常乐醮印

一方与此印相仿的铜印，印篆文："凤鸣驿蘸之印。"印背款："行中书省发，至元四年十月　　日，监造官王斌，铸印匠武铨。"[①]1963 年内蒙古文物工作队收藏到一方至元五年铜印，印文九叠篆"常乐蘸印"4 字（图 7-4），"蘸"字篆文未省，背面刻款作"常乐站印"[②]。由此可知，"蘸"即"站"之同音假借字，篆文或省，或不省。渔关，又称虞关，位于徽县城南 25 公里之铁山西南。张伯魁《徽县志》卷一载："鱼关，铁山西南麓，唐置鱼关驿，为蜀口要隘，宋曰虞关，设转运使于此，明为巡检司治。"[③]

## （四）成县·元《重修北极宫记》（元世祖至元十二年，1275）

重修北极宫碑（篆额）

重修北极宫记[一]

同谷对竟[二]南山，岳岳[三]青嶂环列，东顾凤凰，西接鸡峰，仰参云霄，俯瞰龙峡，壁立万仞，远眺如道士之容，此其所以得名也。转运游公留题云："玉作冠簪石作骸，道衣鹤氅[四]就崖裁。精神似转灵丹就，气象如朝玉帝回。两眼远观狮子洞，一身遥望凤凰台。自从跨

图 7-5　重修北极宫记篆额

鹤归山[五]去，直到如今不下来。"此诗写尽其景矣[六]。悬崖置屋，有玄帝[七]及朱真人、保和[八]真人圣像，崖下旧有祥云观基，拟欲重修。

大宋乾道壬辰，甘露降于仙崖，龟蛇见于圣境，岂非真游之瑞应耶！自兵火后，殿阁隳圮，道路荆棘，圣像虽存，香火之奉缺如[九]也。有武信军逢溪县谢先生者，因丙申蜀难，飘泊陇西、临洮间。见时世未宁，遂舍俗出家，后礼自然子为师，得通玄[一〇]法。专[一一]以济生度死[一二]为念，行符设药，治病救人，无不效者。见大军经过处，横尸满路，在在暴骨，动怵惕恻隐之心。自陇西、临洮诸州，遍巡道路[一三]原野，身负[一四]畚锸，掩骼埋胔[一五]十有八年[一六]，不知几千人矣。比至西康州，王老元帅武侯见其积功修行，请住道士崖，同陈先生焚献。不幸陈早归化，后得顺庆何意真[一七]、垫江何正真协力同心，率徒众栉风沐雨，自效木石之功，补废枝[一八]倾，修建玉皇殿、北极宫、灵官[一九]祠，厨房仓库，一一全

---

① 赵丛苍：《金元明印章五方》，《考古与文物》1987 年第 1 期。

② 李逸友：《介绍两枚元代官印》，《文物》1965 年第 12 期。

③ 张伯魁：《徽县志》，载《中国方志丛书》（华北地方·第五六二号），台北成文出版社，1976 年，第 68 页。

图 7-6　重修北极宫记

备。栋宇翚飞,楼阁壮丽,迥出烟霞之表,显[二〇]仙灵之古迹,真西康之胜境也。迩来有游山荐香者,于嵩洞石壁[二一]间时闻钟磬之音[二二],此地去仇池不远,无乃亦通于小有洞天者乎?落成索余为记,予不敏[二三],为纪其实[二四],以诏来者[二五],传诸不朽云[二六]!

至元乙亥[二七]年仲秋[二八]普慈盘溪子记[二九]。

成州道门提点淳静子王法纯书丹。葆光冲虚大师、宣授巩昌路督道录兼利路道门提点冯抱珍篆额。开山住持谢成真、何意真、何正真等上同本师自然子,冯、张□等立石。

同修造法眷黄悟真、陈□真,小师沈遇真、杨坤厚、李坤载、王坤进、张□、武坤珍。成州天庆观王清,万寿宫主持、前道门提点谢。金洋州节度判官牛安仁,金洋州帅府经历王莘,金洋州前帅府参议都总领镡之祥,金洋州同知节度使兼诸军奥鲁李伟,成州节度判官张怀信,成州前节度副使郝孝义,成州帅府经历兼权奥鲁都总领陈良翰,成州前奥鲁总领权同知事武祐,成州前副元帅同知节度使武祥,宣权金洋州元帅长官节度使兼诸军奥鲁雷光显,宣权成州副元帅同知节度使兼诸军奥鲁武祺,宣权成州元帅长官节度使兼诸军奥鲁武祐,宣授西和、成州打刺人赤张虎都保花。[三〇]

《重修北极宫记》,元世祖至元十二年(1275)摩崖刻石,盘溪子撰文,淳静子王法纯书丹,冯抱珍篆额,今存成县南山道士崖(仙人崖)。石刻通高290厘米,横110厘米,外形仿碑式,有边栏,额拱形,略突出;下部有碑座轮廓。额篆"重修北极宫碑"6字,字径13厘米(图7-5);正文33行,满行48字,字径3厘米(图7-6)。

《成县新志》卷四有录文,但碑文多舛误,其中游师雄留题诗文省作"游公留题云云","玄帝、通玄"因避讳作"元帝、通元",文后题名遗录①。张维《陇右金石录》卷五②录文错误与《成县新志》大致相同,疑为转抄。今以拓本一一正之(见下表)。

| 位置 | 原石 | 陇右金石录 | 成县新志 | 位置 | 原石 | 陇右金石录 | 成县新志 |
|---|---|---|---|---|---|---|---|
| [一] | 重修北极宫记 | □□□ | 未录 | [二] | 竟 | 景 | 景 |
| [三] | 嵒嵒 | 脱2字 | 脱2字 | [四] | 鹤氅 | 褐氅 | 全诗未录 |
| [五] | 归山 | 归仙 | 全诗未录 | [六] | 其景矣 | 奇境 | 奇境 |
| [七] | 玄帝 | 玄帝 | 元帝 | [八] | 保和 | 并和 | 并和 |

---

① 黄泳:《成县新志》,载《中国方志丛书》(华北地方·第三三二号),台北成文出版社,1970年,第503页。
② 张维:《陇右金石录》,载《石刻史料新编》(第一辑第21册),台北新文丰出版公司,1979年,第16101页。

续表

| 位置 | 原石 | 陇右金石录 | 成县新志 | 位置 | 原石 | 陇右金石录 | 成县新志 |
|---|---|---|---|---|---|---|---|
| [九] | 缺如 | 阙如 | 阙如 | [一〇] | 通玄 | 通玄 | 通元 |
| [一一] | 专 | 时 | 时 | [一二] | 度死 | 渡死 | 渡死 |
| [一三] | 道路 | 道隔 | 道隔 | [一四] | 身负 | 自负 | 自负 |
| [一五] | 埋骴 | 埋骸 | 埋骸 | [一六] | 八年 | 余年 | 余年 |
| [一七] | 何意真 | 何意贞 | 何意贞 | [一八] | 枝 | 支 | 支 |
| [一九] | 灵官 | 脱2字 | 脱2字 | [二〇] | 显 | 显昭 | 显昭 |
| [二一] | 嵩洞石壁 | 岩壁 | 岩壁 | [二二] | 音 | 声 | 声 |
| [二三] | 不敏 | 不文 | 不文 | [二四] | 为纪其实 | 爰记其始末 | 爰记其始末 |
| [二五] | 来者 | 来兹 | 来兹 | [二六] | 传诸不朽云 | 脱5字 | 脱5字 |
| [二七] | 乙亥 | 辛亥 | 辛亥 | [二八] | 仲秋 | 秋 | 秋 |
| [二九] | 以下题名 | 未录 | 未录 | [三〇] | 以上题名 | 未录 | 未录 |

### （五）武都·元《大德三年题壁》（大德三年，1299）

大德三年己亥二月，礼店[一]彰大师、西和州王道士到此。

[一]礼店：今甘肃礼县，元至元七年并长道入西和州，别置礼店文州军民元帅府，属吐蕃宣慰司①。

《大德三年题壁》（图7-7），元大德三年（1299）墨书题壁，今存武都万象洞卧龙坝西壁，纵32厘米，横18厘米，行书3行。

### （六）成县·元《感应金莲洞记》（大德六年，1302）

**碑阳**

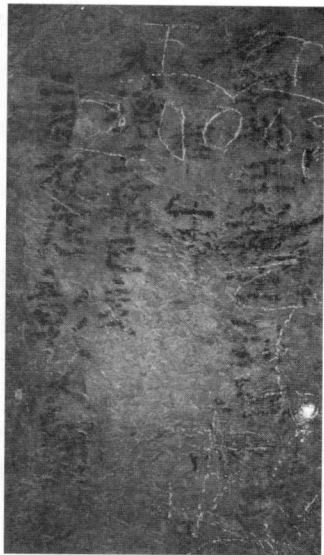

图7-7　大德三年题壁

感应金莲洞记（篆额）

金莲之名，提点秦蜀九路、道教天乐李真人所命也。鼎新此洞，庄严圣像，恢弘道境者，重阳万寿宫洞观普济圆明高真人之门刘道通、罗道隐也。记者，纪其本末，徽州学校士合阳刘森所作也。森，道通季父也。至元丁丑岁，二道人者，

① 费廷珍：《直隶秦州新志》，载《中国方志丛书》（华北地方·第五六三号），台北成文出版社，1970年，第153页。

自重阳而来，参访诸方道，过泥阳，欲别森而往青城修道焉。森曰："道无方，何必青城？但与尘俗迥隔，幽静之地可也。"乃询诸居人，杜鼎新言：泥阳之南山，行六七里有洞阒寂，诚修真之所，盖往求之。二人乃陟岗而望，果见屏列诸峰，嵯峨而拱北；带莲双洞，迂回而朝东。中有一峰，林壑尤美；峰有一洞，端受朝阳。遂披荆棘，觅蹊径，入洞而观，外存垣墙数尺，中有"仙洞"二字，多留题者，年既远，而字罕存，仅得一二，乃宋人许居士之所筑也。二人喜其幽静之可取，又难其粪壤之堆积，然以修道为心，固不惮其辛勤。于是备糗粮，具畚锸，劳筋苦骨。壅塞者开通之，颓坏者修补之，缺者填之，高者平之。凡三阅月，户牖庖湢皆有其所，可以栖真而养静矣。常徘徊于洞之侧，相顾而言曰："此洞虽迫近四山，然地偏路绝，有隔凡之势。虽混处郊野，然坡峻林深，非可耕之地。内则受日月之辉，焕灿于朝昏；外则竭云烟之瑞，雾霏于左右。"遂于洞中塑太上圣容真人二像，以为修真之所。由是人皆睹像生敬，有疾苦者咸往求救。意谓修真之士，必有拯救之方。而道人存心专于内修，初不尚乎法箓之显。然彼有所求，岂忍弃之而不救？必依太上流传随其请，而施以符法听其缘如何耳。故得符愈灵人愈信，盖有不期然而然者。初施以乡境，继及于邻郡。虽秦、巩之外，于于而来者，不惮山水之远，非一朝一夕矣。或日，栗亭元帅田守节、千户卜光辅、乡长杜鼎新等，感其玄化，入洞瞻仰，而相谓曰："此洞实吾乡之福地也。贵贱老幼有疾苦者，皆赖而安。当妆銮以答圣恩之万一。有请于道，人共为之。"二人谓："修真之道，奚假外饰。"不诺其请。

　　庚辰冬，回重阳宫以白掌教李真人，真人曰："道之修成，虽由乎内；道之著显，亦资于外。宜从其请，使彼此两利矣。"洞既朝东，为命其名曰"金莲"。昔吕祖师之授道也，命王祖师向东而观，王君曰："某见东方有七朵金莲结子。"吕公曰："即丘刘谭马郝丝王是也。命名之义盖取诸此，况金者，坚刚不坏之性；莲者，离垢出尘之物。体此而行，则上契祖师相传之妙，下成内外修进之功，不亦宜乎？"遂承教而回，先施金彩于太上真人，增塑真武真君、太一救苦天尊及左右侍卫。至元庚辰及癸未岁，蒙天乐真人仍给示榜文，以为外护。己丑载，行院汪公暨本路都道录西严冯真人偕访洞中，重给据以示众。宣慰田公与其叔府判，虑道人终有四方之志，眷眷攀留道人为见，田侯举族敬信，终始不渝。乃喟然叹曰："吾侪求修内行者，必本于全真宗师。传性命之决，求积外功者，必赖乎符法。"圣贤显救治之验，今二者未有奉香火之所。于左，创三洞法箓之院；于右，塑五祖七真之像。木工画士一时云集，已备者就加妆饰，未完者从而增修，玉相金容，光辉一洞。庶几乎为国有以祈祥，为民有以祈福矣！既而元帅田君义睹洞前隙地，有建修楼门之志，得千户卜朝瑛、总领杜永寿及乡境众信，鸠工拘材。天水钟寔，亦捐锱以助。碧瓦朱甍，辉映岩壑。上则像长生大帝为甫昌，下则列龙虎二君为护法，井井规模，良可观矣。大德丙申，田府判之子元帅守璋，以符法救济之验闻于王庭，令旨赐额特加"感应"，又赐号"道通清静湛然真人"，继而千户卜朝瑛再奉王命以护持，重立远门，舍童子出家，以备洒扫。是洞也，经始于丁丑之冬，落成于壬庚之夏，美轮美奂，岂易为哉？若夫，庇祐教门主持，洞宇皆徽城牧守僚佐之力也。由是观之，大道之行，岂虚行也哉？且此洞隐乎万山之间。昔日之墟洞也，今乃廊开道境，号曰"金莲"。天真之像森罗，神仙之教流布，救人疾苦，列郡皈依，实圣凡交感之地也。且道人昔日之来，瓢杖化斋，人所不识，今乃为当途取重，远近瞻依，甚至王命褒锡，号曰"真人"。自愚观之，今之金莲楼台金彩，香灯器用，一一具足。固非昔日之洞。今之道人虽有洞宇之壮，而不以为得；虽有王命之锡，而不以自居。粝食麄衣，始终如一，犹当来之贫道人也。然自入洞以来至于今日，修造之费，钱不下数千缗，工不下数十万。彼何以致之？皆达近信心之所出也。且贵贱舍财之心，莫非感其符之灵；符之灵，圣贤之阴相也；圣贤阴相之心，莫非取道人修道之心也。方其入洞之初，求积内行，人有疾而求者，以此修道之心而救之也。以此心对天而天应，行符而符灵，祛邪而邪退，治病而病除。由一诚之所感也。故曰："诚者，天之道也；思诚者，人之道也。至诚而不动者，未之有也。不诚，未有能动者也。"后之接踵者，以此心行此道，内以修身，外以济人，则足以动天地感鬼神。内功外行，不日而成也。众议曰森备知本末之由，求字刻石，实迫于亲，不容固辞，然岂敢阿之？皆十手十目之所知也。不惮学浅年衰，勉为记云。

　　时大德壬寅夏，合阳刘森谨记。前成州儒学正陈季篆。成州儒学正张桐孙书。开山洞主清虚玄静大师清静湛然真人刘道通。师兄悟玄大师韬光子罗道隐。乡长杜鼎新，卜光国、田守之、守琮、守璋、卜朝玘、朝珪、杜永年。蒲忠孝刊。

　　陕西五路西蜀四川道教提点兼重阳官事孙德彧。前巩昌路都道录、葆光冲虚真人冯世珍。巩昌路都道录任通玄。明真大师、徽州道正黄应光。从仕郎、同知徽州兼诸军奥鲁王祐。进义副尉、徽州判官兼诸军奥鲁丁伯颜察儿。徽州管军元帅田帖木哥。徽州管军千户卜朝瑛立石。

　　承务郎、徽州知州兼诸军奥鲁劝农事完颜宋立赤。敦武校尉、西和州知州兼诸军奥鲁劝农事田普令直。将仕郎、同知金洋州兼诸军奥鲁武祐。

　　功德主：昭勇大将军、四川等处行枢密院使汪清臣。广威将军、四川等处转运使田守富。忠翊校尉、徽州达鲁花赤兼诸军奥鲁劝农事买的。都功德主，昭勇

图 7-8　感应金莲洞记碑阳（满正人、石晓娟　协拓）

图 7-9 感应金莲洞记碑阴

大将军、巩昌平凉二十四处便宜都总帅兼巩昌府□汪寿昌。

## 碑阴

金莲洞常住记（篆额）

皇帝圣旨里察忽真妃子捏木来大王令旨里徽州。

据道人刘道通状告：于至元十四年间，在本州所管地面泥阳南山踏逐到古洞一所，号额"金莲"，创业焚修，立观度人，行符救治，经今二十四载。近于大德三年，有本洞前后施主杨仕信、李志明、卜世荣、罗德新、李福成等所有各家，斫占置买荒闲山坡沟谷地土，土木相连，皆系本洞前后左右，遂立舍状，开具四至，情愿舍与金莲洞永克常住，助缘福田。道通思忖，得前项所舍地土，虽有各家情愿舍状在手，为无官司印押公据文凭，恐后别有诸家妄行争夺，今将舍状抄连在前，告乞详状给据施行。事得此行。下据泥阳里正刘文进等状申，依上前去地头呼集众户并及地邻人等，从实勘当得。杨仕信众户父子、兄弟等除留养赡地土外，情愿将金莲洞周围生荒山坡沟谷地土土木相连，不计亩目，委是写立文字，已行舍施与金莲洞主持道人刘道通为主，永克常住。中间别无明舍侵裸他人地土，亦无违碍，得此，文进已取讫，各人重甘执结文状，保结是实，乞照验得此。使州相度既勘当，得前项地土，元立舍状，四至明白，并无违碍，出给公凭，付道人刘道通永为金莲洞常住所有。公凭合行出给者，今开四至于后：

东至洞对面山后水沟出岭为界；东南从小石埪连大山岭至塌土水沟连洞上第三岭下古嶪出山为界；南从古嶪出山分岭直至南大山岭后大官道为界；西南从南岭后官道顺岭出山正西岭上小道直至场寨为界；北从场寨东山岭直至正东黑石头下水沟滴水崖对照为界。

右给公据付道人刘道通收执，准此。

大德五年（印）五月十六日。押 押 押 押

开山立洞玄门法派俱列于后

师兄涂道宁；门人何道渊、白正仁、赵泰祥；徒弟刘混先、梁混仁、马混成、杨舍童。护洞缘化道侣，万福宫住持苟保真，俗兄刘德溥，保真子安德和，希玄大师王应龙，明真讲师蒲道光，颐真保和大师马道冲，道判罗志聪，冲和大师王吉祥，通玄大师南师震，华嵓宫住持黎师全，提举马善真，妙岩宫住持何惠成，真武宫住持何德冲，弘道大师侯济缘、马善英，通玄大师王守真，道正郑守祯、罗德用、苟乃清、蒲世玹，俗亲儒士梁道庿。

溥谢诸方檀信。刘道通、罗道隐等，向来以化饭道人、云游诸方，见此洞幽

静，修为道境已功成矣。今既立石，岂可懵然无言及诸檀信？且檀信者，上自总府诸衙院，遍及诸郡达鲁花赤、管军元帅、知州、相公、同知、州判、经历、知事、守领官、都目、令史、典吏、诸学士，外而诸方千户、百户、都总领、提控、里正、社长，或军或民之头目，远方近境善男信女，至于讲主、师德、教授、学正、学录、道录、讲师等，莫不舍材以备妆銮，舍木以备材植，或施工粮，或劳筋骨，凡于此洞结缘者，比比皆是，若将衔衔刻石为姓名，繁多不可胜纪，略致斯言，以代备书，伏望钧慈、台慈咸赐宽量，勿以有名无名而生艰难，盖此洞实檀信之福田也。诸天大道众圣高目下耳，悉知悉见，众心愿望，皆得圆满，岂在有名而有善报耶？所以记末，溥伸恳覆，各希炤亮。

大德六年太岁壬寅七月中元节，金莲洞刘道通、罗道隐谨覆。拾石赵祥、涂桂先，王子忠刊，画士赵仲富。

《感应金莲洞记》，元大德六年（1302）刘森撰文，陈季篆额，张桐孙书丹，今存成县店村乡金莲洞。碑纵 210 厘米，横 85 厘米，厚约 38 厘米。碑阳（图 7–8），阴线双勾篆额“感应金莲洞记”6 字列 2 行，字纵 13 厘米，横 12 厘米；正文楷书 34 行，行 64 字，字径 2.5 厘米。碑阴（图 7–9），阴线双勾篆额“金莲洞常住记”6 字列 2 行与碑阳篆额等大；正文分两层，上层 29 行，行 23 字，下层 28 行，行 26 字，字径约 3 厘米。

### （七）徽县·元《宣灵王庙碑》（皇庆二年，1313）

徽州古河池也，旧为凤州属邑。大元混一，区宇更置郡县，升为徽州。距州之西，层峦之上有古神庙，鸟革翚飞，规模壮观，前郡守陈侯之所重建也。郡人以为州主，岁时祭祀尽礼，水旱疾疠必于是祷焉。庙有古碑，记神威灵。盖金兵寇宋之时，宋逆臣有吴曦者，驻大军于河池，包藏祸心，谋欲叛宋。曦常有梦谒于神者，见曦跪奠神前，神答曰：“可行则行，后段付之安丙。”翌日，宣言之，时安丙以随军转运使隶焉。其后吴曦果叛宋附金，安丙谋欲诛之。议未决，因忆前梦，乃晤曦之魄□□为神所夺矣，遂决议诛曦。功成，既□□神之阴相也。于此见神之灵，有在于斯庙也，昭昭矣。神之事迹见于图经。黄巢之乱，禧宗西幸，至白石镇，有叟进醪醴。上问其来，曰“父子谷”，因赐金帛，送至其谷。父子谷，今在凤州梁泉东北，有庙在焉。盖彼乃本庙，此则行祠也。宋宣和中，初赐侯爵，曰“中护侯”，曰“中嗣侯”。自时厥后，凡有祷祈，应如影响，敕赐“灵威”庙额，屡荐加封。至于王爵，曰“昭显孚佑忠应宣灵王”，曰“顺惠协济衍庆嗣利王”，父子并列祀典。夫山谷间不无隐君子，如商山之老，秦之避世者不忘忧国之心，□而进建储嗣。矧禧宗末年，唐室危矣！岂无隐君子于山谷哉？黄□所临，假醪醴一莫，其尊君亲上之诚，天不没其实而祀以永存，褒封之荣至于王爵。吁戏！草野不忘君，而效臣子之忠勤，其受报有如此者，百世之下，闻其风者，莫不感慕而兴起也。旧时每岁春月，远近居民诣庙设祭者，皆以醪醴为献。虽禁酤之时，而有司以为弛其禁，所以示不忘本也。宋末兵兴，庙主李再兴，负神之封赠诰命一十通，避难入蜀。暨四川平，再兴之子文秀还至斯庙。皇庆二年，关中□□同知徽州事，谒庙祀，披览前件封赠诰命，虑其久而忘失，庙无碑志，后世无所考据。乃命立石，书其事实，垂示不朽焉。铭曰：

　　国有大难，銮舆播迁。万里蒙尘，跋涉山川。百寮窜身，偷生苟活。谁念君王，道路饥渴。有隐君子，志不忘君。躬献醪醴，供致殷勤。芜蒌豆粥，滹沱麦饭。物薄情厚，拳拳忠恋。厚意必报，锡爵旌忠。千载之下，庙食不穷。西山之阿，庄严庙貌。颜曰灵感，祷祈必效。曰雨而雨，曰旸而旸。保佑居民，永底安康。勒名刻石，垂示罔极。俾尔后人，知神勋德。

　　皇庆二年癸丑六月，徽州儒学陈季撰。

《宣灵王庙碑》，元皇庆二年（1313）徽州儒学陈季撰，今佚。上文据《陇右金石录》录入。张伯魁《徽县志》载：

　　宣灵王庙，在城西凤山上。神本居古凤州北之父子谷，唐僖宗幸蜀至凤州，神父子进醪醴，上问其来，曰"居父子谷"，因赐金币送至其谷，惟有古庙，父子列像其中，乃知为神也。遂加赐号，河池有庙，行祠也。宋吴曦叛于河池，神著灵异，又加封，敕赐庙额曰"灵感"，宣，神姓也。旧志有宋元敕九通刻石，今无考。[①]

## （八）礼县·元《建西江庙记》（约延祐中）

　　古称天下山河，或从乎两界，而皆起于鹑首之次。鹑首未分也，居天下西南坤方。自秦陇西南皆坤之维，则《禹贡》所遵之南条也。其山川灵异之气，郁为神明，生为显人。《记》称"地载神气，风霆流行"，《诗》称"菘岳降神，生甫及申"，非虚语也。天地以正气，自鹑首而南融，方结错峙，如勇马奔放而回旋。百里一折，千里一曲，或起或伏，或斗或触，或倾或踚，欲去而不能去，有渤然怒张、浩然不可遏之势。行如方阵，止如列营，盘如长蛇。其精神所发，焄蒿昭明，有不可揜者。故云为神之明隩，而五峙寿宫，金马碧鸡，耿在册史，类皆御大灾，捍大

---

① 张伯魁：《徽县志》，载《中国方志丛书》（华北地方·第五六二号），台北成文出版社，1976年，第191页。

患，蒸云澍雨，水旱疾疫得祷焉。然特职其幽而显者，非神之所能为。及国家抚休明之运，为祭祀之典，而后天地之气通。故厉出若山，石纽而降世，有其人焉。《传》曰："明则有礼乐，幽则有鬼神。"其理潜通，不可诬也。当陇蜀之冲，有水名"西汉"，亦原嶓冢而出，至天水郡曰"西江"，大神居之。其峻极之势，南鹜西折，英灵磅礴，蕃厚不洩，环山为壑，大江回潆，潜入于丙穴。有鱼神四，游泳其中，时出于江之浔，莫敢忤视，里不称鱼，曰"河神"，网而食者，其人立死，民愈神之。歌舞岁事唯谨，神以福其民，无干湿夭札之患。既以王爵，祀其土主，祠祀至今，不懈益严。有唐之季年，翰林王公仁裕，实生其间。既弱冠，梦神剖其肠胃，倒西江之水浇之，中沙石皆篆文，勉取而吞之，自是文章涣发。任承旨，位少保，为世儒宗。尝知贡举，其门生则有若王溥、李昉、和凝、范质，其人皆为将相，佐兴运焉。夫当天地清明之期，山川鬼神其与知之，则必为出伟人。使之弥纶参赞，恢张一时，政化之盛，以表异于天下后世，此理之当然，无足怪者。今翰林承旨赵公世延，秦人也。人物杰立，与王公相望三百年间，尝以事西江有谒于神也，退而梦一异人，长裾幅巾，援图来见，视其图，前西山间有大蛇飞跃而上者，领腹之际，红颜有光，灿如也。觉而异之，占者曰："是升腾之象，神告之矣。"既乃由郡牧历台省率，再六月一迁。以王公应梦是践，此岂偶然之故耶！夫自三代以上，神人之理为一，故其应于梦兆，协于正祥，如诗书记传所载，可信不诬。今公方都显位，用诗书礼乐，致明主于三代之隆，畴者之梦，觉有征矣。而兴科举于百年之废，实自公始。公知延祐二年贡举，得人之多，将与王公之事，辉映国史。今官虽与公略相似，而公享奋大一统之朝，秉钧承明，黼黻文治，盖王公所不及。况于用才学显庸，曾不世知遇，为明时贤臣。方当介圭端揆，大摅其尊主安民之蓄，以文太平。则神人之所望于公者，当何如哉？会圣朝褒秩百祀，公以大神为请，加封"灵济惠应文泽王"，庙曰"灵济庙"。因为迎享送神乐章遗之，使岁时歌以祀焉。

词曰：

陇山青青兮，陇水泠泠。神拥元云兮，水立四溟。长剑竦天兮，摩抚慧星。左操赤蛇兮，右鞭紫霆。有来肃然兮，文风流铃。光如匹练兮，下委我庭。戞丝撞撞兮，二八窈婷。蒸惠莫桂兮，有椒其馨。兰膏发焰兮，气傍杳冥。神其醉止兮，厌于膻羯。遭世升平兮，有穮有蓘。神属心气兮，品物流行。明为正神兮，显号大廷。灼灼神美兮，濯濯汉灵。下练金轴兮，上馆遗经。两仪德一兮，万汇清宁。惠我关陇兮，岁无蝗螟。报祀春秋兮，何千亿龄。

《建西江庙记》，大约镌立于元延祐年间，原在礼县石桥乡碑楼川西江庙，今佚。

铭文载录于张维《陇右金石录》及雷文渊《礼县新志》。张维"按语"云：

> 《元史·赵世延传》：延祐三年，世延自中丞升翰林学士承旨，泰定五年，复自中书右丞加翰林学士承旨。碑云："公知延祐二年贡举……秉钧承明，黼黻文治。"玩其辞意，盖为延祐中所立。①

雷文渊《礼县新志》载：

> 西江神庙，在南三十里碑楼川，建自唐朝，即王尚书发迹处。元赵世延请旨，敕封"灵济惠应文泽王"。依铁笼，临汉水，前有一潭，莫测深浅，俗名"斗底峪"。天旱祷之立应。②

## （九）礼县·元《雍古氏家庙碑》（元顺帝至元三年，1337）

敕赐雍古氏家庙碑[一]（碑阳篆额）

大元敕赐之碑（碑阴楷额）

大元敕赐雍古氏家庙碑

翰林学士承旨、荣禄大夫、知制诰兼修国史臣程钜夫奉敕撰。

集贤学士、资德大夫臣赵孟頫奉敕书并篆题[二]。

先王之制：诸侯庙五，大夫庙[三]三。父为士、子为大夫，葬以士，祭以大夫，礼也。是以君子将营宫室。宗庙为先，祭器为次，居[四]室为后。而宗庙之器苟[五]可铭著[六]者，无[七]不著焉。所以庆、所以劝也，忠孝之道备矣。今天子稽古右文，一本于礼。

图7-10　雍古氏家庙碑题额

河洛之思，羹墙之见，慨然延念先正之臣。克[八]左右，乱四方，其股肱心膂之绩，固已彰于彝常，焕乎其足征矣[九]。乃若国家所以报往而劝来者，犹以为未底[一〇]于极也。爰命公卿举先猷、展故实，而隧章之典行焉。于是陕西行御史台，以侍御史世延父祖勋伐[一一]，列上公车[一二]。有旨，集博士礼官议。议既上，诏赠[一三]故征行大元帅按竺迩为推忠佐运定远功臣、太傅、开府仪同三司、上柱国[一四]，追

---

① 张维：《陇右金石录》，载《石刻史料新编》（第一辑第21册），台北新文丰出版公司，1979年，第16113页。

② 雷文渊：《礼县新志》，载《中国地方志集成》（甘肃府县志辑22），凤凰出版社，2008年，第87页。

图 7-11　雍古氏家庙碑（蒲丹、陈亚峰　协拓）

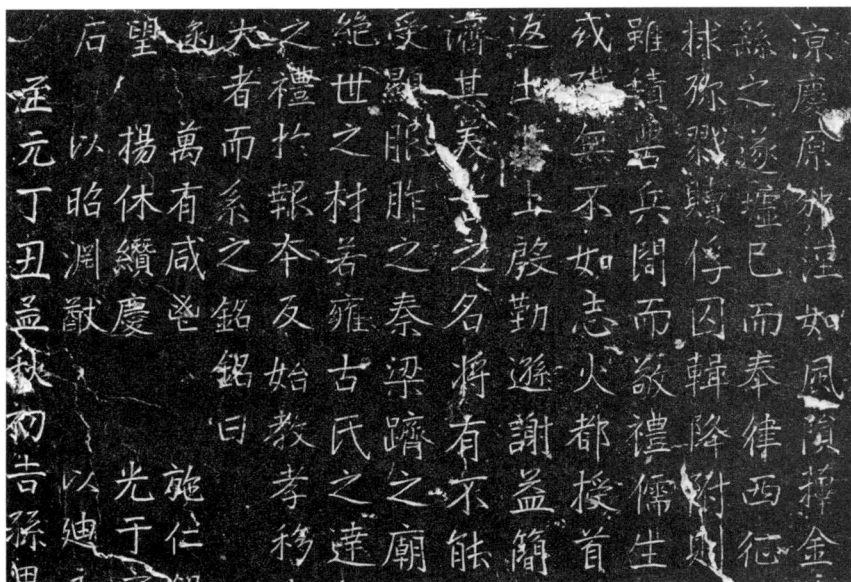

图 7-12　雍古氏家庙碑局部

封秦国公，谥忠宣[一五]；配白氏，秦国夫人。故蒙古汉[一六]军元帅[一七]国宝[一八]，为推诚佐理宣力功臣、太尉、银青荣禄大夫、上柱国[一九]，追封梁国公，谥忠宪[二〇]；配云氏，梁国夫人。明年，公孙世延入参大政，政以咸熙，天子嘉焉。又赠其曾祖故群牧使[二一]黬公[二二]，彰义保节衍庆功臣[二三]、资德大夫、御史中丞、上护军，追封冀郡公[二四]，谥忠毅[二五]；配鄂喇琨氏[二六]，冀郡夫人。繇是参政之先，三世六人皆[二七]蒙加恩。又明年，参政拜中丞，自中丞迁[二八]右辖分治云南。天子顾中丞曰[二九]："非君不可复拜中丞，以乃祖乃父勤劳皇家，宜最[三〇]其平生，着[三一]之閟[三二]祀，庶几永启厥后。"爰诏臣钜夫[三三]，文其家庙丽牲之石。臣惟上之下[三四]下郅隆者，恩也；大复古始者，礼也。感激奉诏。谨按，忠宣公雍古氏，云中世族[三五]，幼孤，育于外氏[三六]，曰术要甲[三七]，因姓舅姓转而为赵。忠宣[一五]智略沉雄[三八]，弓马绝世，衣冠材器已显，攻城略地，所向无前。扈太祖平河湟，从太宗下岐凤[三九]，取平凉、庆原、邠泾，如风陨萚[四〇]。金人固守关河几二十载[四一]，一旦忠宣[一五]假道捣虚，如天坠地涌[四二]，良平之智不及施，贲育之勇无所用，心溃[四三]胆裂，莫之能支。睿宗深所嘉赏，金[四四]繇之遂墟。已而奉律西征，陇右遄定，进兵蜀道，首奇[四五]阶文，守汉阳，制三边，纳吐蕃[四六]，收后效。成都夔门之战，江油、张掖[四七]之师，皆其功之较然者。多谋尚义，爱下恤民，所至捄殄[四八]戮，赎俘囚，辑降附，则所惠盖[四九]广矣。然则开国之功，不后诸将而略不满假，退然若无，所谓"劳谦君子"者与[五○]！忠宪[二○]虽出将家,自幼学问,雍容闲雅,言貌甚都[五一]。盖忠宣[一五]虽[五二]积苦兵间,而敬礼儒生,恒戒军中无毁文籍,是宜有佳子弟之报。慷慨倜傥,能得人之驩心[五三]。勇于当敌,爱恤士卒,有古名将之风焉！重庆、删丹[五四]之战,皆居军锋,或降或歼,无不如志。火都授首,荣[五五]之弥精,思立奇功,以承先志。乃招属户[五六]修废州,虎视西南,别授元[五七]戎之寄。于是徼外羌渠,畏威款塞,列于王会。初不自以为功,降羌爵命[五八]返出其上,殷勤逊谢,益简帝心。君子有终,世济其美,古之名将,有不[五九]能及者矣。窃尝究观,成功之臣弗居者百一,而矜以致败者何多也。若忠宣[一五]、忠宪[二○],为而弗有,有而弗恃,簪组蝉联、式克宜于今日[六○],父子祖孙,并授显服。胙之秦梁,跻之庙祐,将遂[六一]为百世不迁之祖,非盛[六二]德,孰济[六三]登兹。尝闻云中踞西北河山之奥,原野高博,风气凝厚,炳灵异而生其间者,不出则已,出则必瑰伟绝世之材。若雍古氏[六四]之达已数世,而方来者弥昌,其不谓之间气之钟与！且家旧[六五]于韬钤,而中丞服膺诗书,动必以礼,高材姱节,负天下[六六]重望,尊天子之命,考先王之礼,于报本、反始、教孝、移忠之义,盖惓惓也。诗不云乎:"以似以续。"续古之人,斯可谓能似[六七]续者矣。揆厥渊委,宜有雄词;发扬蹈厉,老臣何能。然大君有命,谨撮其大者而系之铭。铭曰:

皇帝御寓[六八],天盖地函[六九],万有咸壐。施仁锡类,幽遐开通[七○],恩明在上。矧兹世劳[七一],崇功广业,礼有攸当。惟雍古氏[七二],方叔召虎[七三],父子相望。杨休缵[七四]庆,光于家邦[七五],以将以相。桓圭玄[七六]兖,尔祖其从,同尊与享。馨香惟德,世世无旷,子孝臣忠[七七]。刻此贞石,以昭渊猷,以迪永养。

至元丁丑孟秋初吉。孙男奎章阁大学士、翰林学士承旨、银青荣禄大夫、知制诰兼修国史、中书平章政事、鲁国公世延启建[七八]。

《雍古氏家庙碑》,全称"敕赐雍古氏家庙碑",又称《鲁国公家庙碑》《赵氏先庙碑》,程钜夫撰文,赵孟𫖯书并篆额,元顺帝至元三年(1337)镌立。今存礼县城郊南关村。碑由碑首、碑身、龟趺三部分组成。碑首纵130厘米,横130厘米,厚43厘米,碑阳篆额"敕赐雍古氏家庙碑",碑阴楷额"大元敕赐之碑"(图7-10);碑身纵220厘米,横130厘米,厚42厘米(图7-11、图7-12),正文楷书33行,满行64字,字径3厘米,凡1230余字。

程钜夫《雪楼集》卷五有《赵氏先庙碑》①,此即程钜夫所撰《雍古氏家庙碑》文

① 程钜夫:《雪楼集》卷五,载《文渊阁四库全书》(第1202册),台湾商务印书馆,1986年,第1986页。

稿,然二文不尽相同。张维《陇右金石录》(以下简称《金石录》)①虽有录文,但脱误甚多。现结合元明善《雍古公神道碑铭》(以下简称《神道碑铭》)②等校释如下:

[一]敕赐雍古氏家庙碑:《金石录》作"鲁国公家庙碑";《雪楼集》作"赵氏先庙碑"。

[二]撰、书人姓名、职官,《金石录》脱,《雪楼集》未录。

[三]庙:《金石录》脱。

[四]居:原碑泐,《金石录》作"宫",《雪楼集》作"居"。

[五]苟:《金石录》误作"局"。

[六]著:原碑略泐,《金石录》脱,以《雪楼集》补。

[七]无:《金石录》于"无"前臆增"而"。

[八]克:《金石录》脱。

[九]矣:《金石录》脱。

[一○]底:《金石录》作"居"。

[一一]以侍御史世延父祖勋伐:《雪楼集》作"以永古特氏勋伐"。

[一二]车:原碑泐,《金石录》作"章",以《雪楼集》补正。

[一三]赠:《雪楼集》无此字。

[一四]推忠佐运定远功臣、太傅、开府仪同三司、上柱国:《雪楼集》《神道碑铭》作"推忠佐运功臣、太保、仪同三司、上柱国"。

[一五]忠宣:《雪楼集》《神道碑铭》作"武宣"。

[一六]蒙古汉:《金石录》误作"国珤为"。

[一七]元帅:《雪楼集》作"都元帅"。

[一八]国宝:《金石录》脱。

[一九]推诚佐理宣力功臣、太尉、银青荣禄大夫、上柱国:《雪楼集》《神道碑铭》作"推诚佐理功臣、光禄大夫、平章政事、柱国"。

[二○]忠宪:《雪楼集》《神道碑铭》作"忠定"。

[二一]故群牧使:《金石录》脱。

[二二]黡公:《雪楼集》作"达衮"。

[二三]衍庆功臣:《雪楼集》无"衍庆"。

[二四]冀郡公:《雪楼集》作"云中郡公"。

① 张维:《陇右金石录》,载《石刻史料新编》(第一辑第21册),台北新文丰出版公司,1979年,第16113—16114页。
② 元明善:《雍古公神道碑铭》,载《永乐大典》卷一○八九九,中华书局,1986年。

［二五］忠毅：《雪楼集》作"贞毅"。

［二六］鄂喇琨氏：原碑泐，《金石录》作"韩氏"，据《雪楼集》补入。

［二七］人皆：原碑泐，《金石录》作"代俱"，据《雪楼集》补入。

［二八］自中丞迁：《金石录》误作"遣"。

［二九］曰：《雪楼集》无此字。

［三〇］最：《雪楼集》作"撮"。

［三一］着：《雪楼集》作"著"，二字古相通。

［三二］阒：《金石录》误作"秘"。

［三三］臣钜夫：《雪楼集》作"臣某"。

［三四］下：《金石录》误作"于"。

［三五］忠宣公雍古氏，云中世族：《雪楼集》作"永古特氏，云中世族，武宣公"。

［三六］氏：《金石录》误作"家"。

［三七］术要甲：《雪楼集》作"卓裕勒嘉"。

［三八］沉雄：原碑半泐，《金石录》作"深长"，据《雪楼集》补正。

［三九］《雪楼集》"下岐凤"下有"戡强俊"三字。

［四〇］莽：《金石录》误作"草"。

［四一］载：《金石录》误作"年"。

［四二］地涌：《雪楼集》作"而地涌"。

［四三］溃：《金石录》误作"碎"。

［四四］金：《雪楼集》作"金源"。

［四五］夺：原碑微泐，《金石录》作"集"，据《雪楼集》补正。

［四六］吐蕃：《金石录》误作"番土"。

［四七］张掖：原碑"张"字已泐，《金石录》作"引诱"，据《雪楼集》补入。

［四八］殄：《金石录》作"猕"，据《雪楼集》补正。

［四九］盖：《金石录》作"益"。

［五〇］与：《雪楼集》作"欤"。

［五一］都：《金石录》误作"笃"。

［五二］虽：《金石录》脱。

［五三］驩心：《雪楼集》作"懽心"。"懽"同"欢"，《西狭颂》有"行人懽恫"。

［五四］删丹："删"字原碑微泐，《金石录》误作"南"，据《雪楼集》补正。"删丹"即"山丹"。

［五五］碑作"筴"，"策"之异体。《雪楼集》《金石录》皆作"策"。

[五六]户：《金石录》作"户口"。

[五七]元：《金石录》误作"羌"。

[五八]命：《金石录》脱。

[五九]不：《金石录》误作"莫"。

[六○]今日：原碑泐，《金石录》误作"令闻"，据《雪楼集》补正。

[六一]将遂：《金石录》误作"遂将"。

[六二]盛：《金石录》误作"甚"。

[六三]孰济：《金石录》误作"孰跻"。《雪楼集》作"孰克"。

[六四]雍古氏：《雪楼集》作"永古特氏"。

[六五]旧：《雪楼集》作"奋"。

[六六]天下：《金石录》作"天下之"。

[六七]似：《金石录》误作"以"。

[六八]寓：《金石录》误作"宇"。

[六九]函：《金石录》误作"涵"。

[七○]开通：《金石录》误作"开道"，《雪楼集》作"阆通"。

[七一]矧兹世劳：《金石录》脱。

[七二]惟雍古氏：《雪楼集》作"永古特氏"。

[七三]方叔召虎："虎"字泐，《金石录》误作"方才郁郁"，以《雪楼集》正之。

[七四]缵：《金石录》误作"继"。

[七五]家邦：《金石录》《雪楼集》作"邦家"。

[七六]玄：《金石录》误作"元"。

[七七]世世无旷，子孝臣忠：《雪楼集》作"子孝臣忠，世世无旷"。"旷"，《金石录》误作"双"。

[七八]《雪楼集》无此段。

《雍古氏家庙碑》，述雍古氏家世之源流，颂赵世延祖孙三代（祖父按竺迩、父国宝、赵世延）之伟业，它是考察赵世延家族在陇右活动的重要实物史料。延祐三年（1316），程钜夫"春疾复作"，夏日南还田里。延祐元年十二月，赵孟頫升集贤学士、资德大夫。三年七月，进拜翰林学士承旨、荣禄大夫。又《雍古氏家庙碑》云："（世延）又明年，参政拜中丞，自中丞迁右辖分治云南。""又明年"即延祐二年，程钜夫、赵孟頫职官皆与碑文契合。由此可见，《雍古氏家庙碑》撰文、书铭皆在延祐二年后半年。《雍古氏家庙碑》言"至元丁丑""世延启建"，"至元丁丑"即顺帝至元三年（1337），是时，程钜夫、赵孟𫖯、赵世延三人皆已谢世。"鲁国公"为赵世延最后爵位，所以，此碑实为赵世延去世一年后其子野峻台代父镌立。

《雍古氏家庙碑》明言"赵孟𫖯奉敕书并篆题"。从篆额看，结字规整，线条挺拔匀劲，运笔流畅婉通，与赵孟𫖯篆书风格无异。然而，正文楷书则不同于以往赵体清和妍丽的书风。此碑书法，笔画纤细，结字宽和疏朗，变侧身取势为正面示人；行笔瘦劲，不温不火，变秀雅妍丽为平淡端庄。史籍未载赵孟𫖯曾亲临礼店，而刻碑又在赵孟𫖯谢世之后，因此，《雍古氏家庙碑》必是摹书赵孟𫖯《赵氏先庙碑》纸本。不知是赵书原本如此，还是制碑者摹刻所致，因无原迹对照，今已不得而知。至少《雍古氏家庙碑》让我们透过刀锋，领略到赵孟𫖯的另类书风 [1]。

## （一〇）礼县《大元崖石镇东岳庙之记》（至元五年，1339）

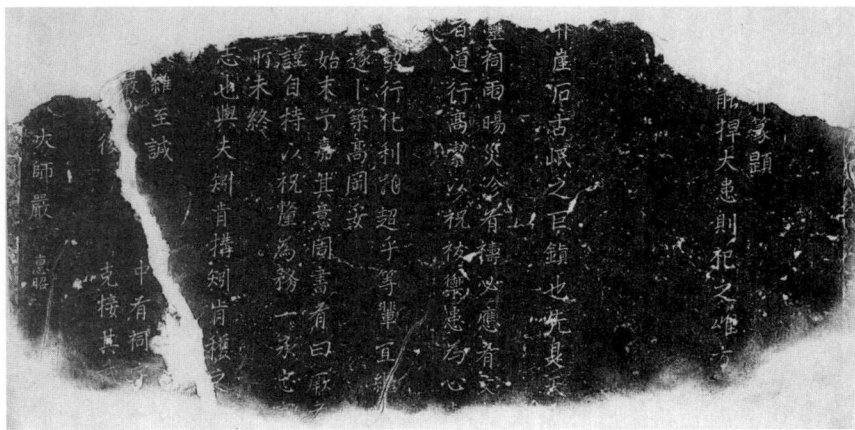

图 7-13　大元崖石镇东岳庙之记碑阳局部（李怡、任小辉　协拓）

**碑阳**

大元崖石镇东岳庙之记

奉训大夫、江南诸道行御史台都事周夔撰文。

亚中大夫、河西陇北道肃政廉访司副使野峻台书并篆题。

圣人之制祭祀也：法施于民，则祀之；以死勤事，则祀之；以劳定国，则祀之；能御大灾，则祀之；能捍大患，则祀之。唯方岳见诸《虞书》，复见于《周官》；秦汉登封泰山，皆未见徽称。至唐秩封方岳"东岳天齐王"，宋加"天齐仁圣帝"，国朝加"大生天齐仁圣帝"。五岳视三公，四渎视诸侯，惟天子得而祀之，

① 蔡副全：《赵孟𫖯书〈雍古氏家庙碑〉释考》，《中国书法》2018 年第 5 期。

其来远矣！独东岳祠庙遍海宇，诚未合于礼经。由其首冠群岳，方主生生，仁育浃洽，民心之深感之也。□崖石，古岷之巨镇也。先是天戈西指，金虽亡，北而襄武，西有西戎，南接宋境，皆勍敌焉！丙申，上命秦国忠宣公按竺迩镇抚三方，开帅阃于西汉阳天嘉川冲要，是镇为属。旧伫东岳灵祠，雨旸灾诊，有祷必应，有文实岳府纠察司也。国公思有以住持者，难其人。戊戌，经理川蜀，得昌州天庆观道士母混先者，道行高洁，以祝被御患为心，喜而纳诸祠，命掌其事。唯时母混先承命，焚修甚谨，继从其祠之前创"集真阁"，以栖九真；复道廊庑，以居列圣；斋库庖湢，咸集其事。一旦，命其徒慧昭曰："尔子陵云，仍天缘（地）契，行化利物，超乎等辈，宜继斯焉，勉旃母〔毋〕忽！"语毕而逝。自尔慧昭奉命愈励，夙夜孳孳，心靡适佗。复以岳祠居后，莫便祷祀，遂卜筑高冈，妥岳灵。自延祐丁巳经始，至治辛酉落成，于是神各有栖，人怀其吉。一日，慧昭踵门跽请纪其始末。予嘉其意，《周书》有曰："厥考作室，既底法，厥子乃弗肯堂，矧肯构？厥父菑，厥子乃弗肯播，矧肯获？"今母混先，一方外之士，志谨自持，以祝厘为务。一承忠宣之命而竭心尽力，始终不渝，遂成其志。其徒严慧昭，尤善扩其师之心，成其之所未成，终其之所未终。岳祠一筑，遂得其所。捍灾御患，感而遂通。其规其随，守而不易。可谓善述人之事，善继人之志也！与夫"矧肯构""矧肯获"之可同日而语也！于是乎书。因铭曰：

岱宗嵒嵒，鲁邦是鉴。仁柄生生，海宇思。崖石巨镇，人维至诚。中有祠宇，曰旸曰雨。忠宣维怀，聿求其主。曰母居前，克张其矩。曰严居后，克接其武。神赫厥灵，赉我西土。与国同休，永永莫数。

至元五年岁在己卯季秋吉日。本观住持金栏紫服希文凝妙玄微大师严惠昭建。

## 碑阴

本庙（主持）严惠昭，幼年慕道，朝夕诵念《太上清静宝经》，感动天人，□赐神光终身卫护，以刊壁铭，觉后谨识。

无形无象亦无名，长育三才极有情。由恐后人迷清净，深思来者失光明。老君留下真常道，王母宣传几万京。劝谕诸公勤讽诵，十天拥护自长生。

老君曰：大道无形，生育天地；大道无情，运行日月；大道无名，长养万物。吾不知其名，强名曰道。夫道者，有清有浊，有动有静；天清地浊，天动地静。男清女浊，男动女静。降本流末，而生万物。清者浊之源；动者静之基。人能常清静，天地悉皆归。夫人神好清，而心扰之；人心好静，而欲牵之。常能遣其欲，而

图 7-14　大元崖石镇东岳庙之记碑阴局部 1

图 7-15　大元崖石镇东岳庙之记碑阴局部 2

心自静，澄其心，而神自清。自然六欲不生，三毒消灭。所以不能者，为心未澄、欲未遣也。能遣之者，内观其心，心无其心；外观其形，形无其形；远观其物，物无其物。三者既悟，惟见于空。观空亦空，空无所空；所空既无，无无既无；湛然常寂，寂无所寂，欲岂能生？欲既不生，即是真静。真常应物，真常得性；常应常静，常清静矣。如此清静，渐入真道，既入真道；名为得道，虽名得道，实无所得。为化众生，名为得道，能悟道者，可传圣道。

　　老君曰：上士无争，下士好争；上德不德，下德执德。执着之者，不名道德。众生所以不得真道者，为有妄心。既有妄心，即惊其神；既惊其神，即着万物；既着万物，即生贪求；既生贪求，即是烦恼。烦恼妄想，忧苦身心，便遭浊辱，流浪生死，常沉苦海，永失真道。真常之道，悟者自得，得悟道者，常清静矣。

　　佩受法箓，弟子严惠昭仰体。仙人得真道者，曾诵此经万遍。感蒙传授兹者，殷勤无怠，旦夕诵持。上祝今上皇帝万岁，太子诸王千春，四海来王，万民乐业。次冀本郡大小官员高增禄位，十方檀信各保安宁。惟愿观门昌盛，道教兴行，法派永丰，香灯不替，重资先化，已列仙班，稽首归依无极大道。

　　世居官僚开座于后：

　　亚中大夫、西蜀四川道肃政廉访司事纳石国玉。奉政大夫、巩昌等处都总帅府副总帅纳石国珍。武德将军、同知威茂等处军民安抚使司事朵立只。广威将军、前西番达鲁花赤、礼店文州蒙古汉军军民元帅亦辇真。宣武将军、礼店文州蒙古汉军西番军民元帅翔鸦石麟。忠显校尉、礼店文州蒙古汉军奥鲁军民千户真卜花。礼店元帅府镇抚也先。前元帅府镇抚张文才。汉阳军民元帅府副元帅曹兴。管军上百户王哈纳卜合。进义副尉、本镇管军百户何德；付百户卢黑答。千户所知事王德贤。文州上千户所知事张才厚。怯连口长官所达鲁花赤阿都只。怯连口长官李万家奴，付长官文观音奴。文州西番万户府副万户漆孝谅。安抚使司镇抚漆孝祈。威茂州付千户漆孝裕。总领韩外家驴、文世昌、郑张良才。提领范德隆、德远。护国观肃正辅真大师、巩昌等处玄学提点、广元沔州礼店文州道正江月庞居翊。四王坛冲玄悟道崇文演义大师、前阶州道判知闲、彭智隆。关王庙通真悟道大师、前礼店道判提点宗主顾嗣仙。玄妙观明仁守素大师提点彭以政。明真守素大师提点苟志冲。长道弥罗宫王莹信、赵道兴。观音院僧因上座，宗上座。平泉待诏提领：史朝杰，彭杲。上师安贞通妙大师：严德瑞、德琳、德瑄、德璋。法眷：姚惠通，冯得传，刘德全、德圆，邓德常，刘道纪、道宁，冯道淳、道应。道童：严赟、严鎣、严和、严顺。秦州石匠提领李通和。供斋助工施主奉元路……石匠赵信卿刊。

（供斋助工舍财共一百四十人姓名略）

道士严惠昭用价钱买到何百户近庙山坡田地一分，□充本庙香灯修造常住。今开四至：东到何世富地道为界，南至崖嘴为界，西至杨家地官道为界，北至何世富地为界。郑朵朵兄弟舍施前茶谷山坡生熟地一分，今开四至：东到大河为界，南至蒸饼觜小水靠南沟为界，西至坐交大岭为界，北至倒木树沟口对中觜。严德信叔侄等舍施山坡地一段：东至深沟，南至小岭为界，西至道岭，北至岭为界。

《大元崖石镇东岳庙之记》，元至元五年（1339）镌立，今存礼县崖城乡街道村九泉山东岳庙。碑纵 221 厘米，横 108 厘米，今断作三截，碑首已佚，篆额不存。碑阳（图 7-13）楷书 24 行，满行 51 字，字径 3 厘米，周夔撰文，野峻台书并题额。碑阴分四段书刊，上段刻《太上清静宝经》，二段刻世居官僚名称，三段刻助工舍财人名（图7-14），末段刻庙田四至地界（图 7-15）。字形排列疏密不一，字径 2.5 厘米。

野峻台，赵世延（1260—1336）之子，按竺迩曾孙。元至元五年任“亚中大夫、河西陇北道肃政廉访司副使”。曾仕任四川行省左右司郎中、西行台监察御史、河西廉访使转黄州路总管。“朝廷察其材，升任四川行省参政，命与平章咬住讨贼”。元顺帝至正十一年（1351），咬住令野峻台为前锋，攻打红巾军据守的巴东县城。攻陷后，又乘胜进拔枝江、松滋两县，进而围攻江陵，双方鏖战于清水门，红巾军退入城内，野峻台逼进城下。天亮时红巾军出门突袭，野峻台不能支，而咬住军“止百步外不救”，野峻台被刺死。朝廷赠“荣禄大夫、陕西行省平章政事、柱国，追封凉国公，谥忠壮”[①]。

① 宋濂：《元史》，中华书局，1976 年，第 4423 页。

## （一一）礼县·元《香焚宝鼎》（至元五年，1339）

### 1.《香焚宝鼎》上部铭文（图7-16）

重修（正面）大元之碑（背面）。

### 2.《香焚宝鼎》中段正面铭文（图7-17）

西江波主，辅佐天□，□□雨时，国赖□□，乡民好善。天水赵公，名称巧匠，艺□□□，凿成兽鼎，奉献龙宫，心香一柱，瑞气盈空。惟神俯鉴，赐神增崇，千年万载，无坏无终。

岁次己卯至元五年七月中元命工献上。

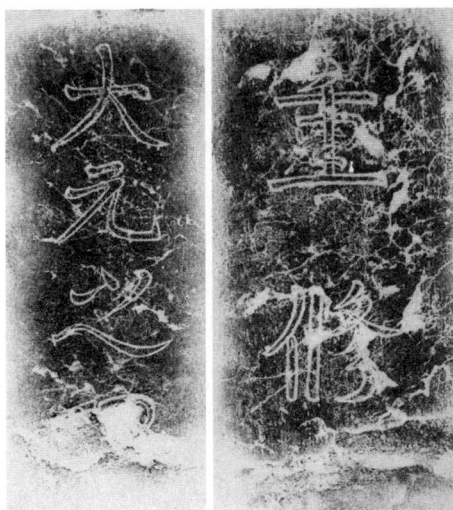

图7-16　香焚宝鼎上部铭文

图7-17　香焚宝鼎中段正面铭文（任小辉、李怡　协拓）

### 3.《香焚宝鼎》中段背面铭文（图7-18）

大吉。巩昌□杨其人，牟守中□。

惟愿本境发心施主各家安泰。三界无家谁是亲，十方惟有一空林。但随云水伴明月，到处名山是主人。

门户兴隆而六时中吉祥如意。元帅府□□梁德明书。

图 7-18　香焚宝鼎中段背面铭文

图 7-19　香焚宝鼎
下部铭文

**4.《香焚宝鼎》下部铭文（图 7-19）**

　　香焚宝鼎超三界，纸落钱楼上九霄。（正面）

　　□元药阳石匠赵信卿喜舍。（背面）

　　《香焚宝鼎》，今存礼县石桥乡清水沟西江祠庙院内，元至元五年（1339）镌立，石鼎似碑，通高 72 厘米，宽 70 厘米，厚 30 厘米；顶拱形雕蟠龙，前后双勾阴刻"重修大元之碑" 6 字，字径 10 厘米；中段碑面前后刻字，纵 21 厘米，横 35 厘米，字径 2 厘米，其下有腰台，底座为前双龙后双凤浅浮雕，正面中镌一联，背面竖行凿款。

**（一二）礼县·元《玉楼宝鼎》（至元五年，1339）**

**1.《玉楼宝鼎》正面铭文（图 7-20）**

　　宝鼎焚香千千载，玉楼绕分万万终。大元古岷，灵祠西江。有感土主，普润田苗。丰登万民，以祈之济。

**2.《玉楼宝鼎》背面铭文（图 7-21）**

　　发心主：清水河赵子延、赵子圭、王法朝。至元己卯十月丙戌。

　　《玉楼宝鼎》，今存礼县石桥乡清水沟西江祠庙院内，元至元五年（1339）镌立。石鼎为圆柱形，通高 126 厘米，直径 50 厘米，周身雕蟠龙环绕，底座上圆下方，如础石。顶部安放一圆钵石，圆鼎底部前后削出平面刻字，纵 25 厘米，横约 20 厘米，字径 3 厘米。

图 7-20　玉楼宝鼎正面铭文　　　　图 7-21　玉楼宝鼎背面铭文

## （一三）礼县·元《西江祠庙残碑》（约至元五年，1339）

图 7-22　西江祠庙残碑（李怡、任小辉　协拓）

忠显校尉礼店……敦武校尉……从仕郎宣政院……忠翊校尉汉阳……敦牒官军百户……汉阳军民元帅……□□元帅府打鲁……□城千户所达鲁花赤……土番宣慰司宣使。都总帅府□□高。府城千户田。礼店元帅府镇抚丁。礼店元帅府经历杜。医典提镇赵。□□千户所达鲁花赤。汉阳元帅府镇抚。礼店文州等处散慢提领。两水总抚所达鲁花赤。东寨守镇千户。社长杨。提点庙宇王。

香火火，黑黑。马百户寨总□殿道士□善道。礼店赵余荣。奉元路梁阳縣万年，
石匠赵信卿……

《西江祠庙残碑》（7-22），今存礼县石桥乡清水沟西江祠庙院内，残碑仅存上半
截，纵 62 厘米，横 69 厘米，铭文楷书 23 行，行 4—18 字不等，字径 2 厘米。残碑末题
"石匠赵信卿"，亦见于至元五年（1339）的《焚香宝鼎》和《大元崖石镇东岳庙之记》，
疑即同时所刻。

### （一四）成县·元《至元六年砖铭》（至元六年，1340）

至元六年三月初一日。□史子玉。

《至元六年砖铭》（图 7-23），今存成县博物馆。砖纵 33 厘米，横 15 厘米，厚 6
厘米。正面阳刻花卉，侧面阴刻铭文 1 行 13 字，字径约 3 厘米。在元代，"至元"年
号出现过两次，"后至元"存六年，故将此砖铭附于此。

### （一五）礼县·元《严惠昭买地券砖铭》（至正四年，1344）

维大元至正四年，太岁甲申七月戊子朔初四日辛卯，陕西礼店崖石镇，焚修
羽化希文凝妙玄微大师严惠昭，谨备钱财万万九千九百九十九贯文计开。皇天父、
后土母、社稷士一边，置买到前件墓田北山岗地一所，其地东至青龙，南至朱雀，
西至白虎，北至玄武，上至苍天，下至黄泉，四至分明。即日钱财分付，天地神明

图 7-23　至元六年砖铭

图 7-24　严惠昭买地券砖铭

了托。保人：张坚固、李定度。知见人：东皇父，西王母。书契人石功曹。证契人金主簿。青莲单子读契。死上天，亡人骨；正安葬，入黄泉。急急一如律令。

《严惠昭买地券砖铭》（图 7-24，转自《礼县金石集锦》），元至正四年（1344）刻，礼县崖城乡泰山庙村出土，今存礼县秦文化博物馆。《礼县金石集锦》名为《严惠昭墓记》不妥。砖铭正方，边长 26 厘米，厚 6 厘米。铭文楷书 10 行，行 19 字，其中奇数行与偶数行文字排列方向相反，即回文排列。

## （一六）礼县·元《同知哈石公遗爱记》（至正五年，1345）

**碑阳**

同知哈石公遗爱记（篆额）

□□□□□□□□□□□□□□□

钦惟皇元启运，王道昭宣。太祖皇帝握乾符而起朔土，应神武以服四方，东荡西除，南征北讨，平定中原，淹有□□□□□□□□□□□□□□□皇纲，混一华夏，车书同轨，穷荒绝域，罔不来宾。圣圣相承，克迈乃训；贤贤间出，代不乏材。惟此礼店，昔隶古岷，实居边郡，武功裁定。□□□□□□□□□□□□□□□□故赠宁夏王秦国公，昔首充达鲁花赤元

图 7-25　同知哈石公遗爱记碑阳

帅，其后子孙相继，无替厥职，名扬□□□□□□□□□□□□□□□朝，除倅贰式哈石昭信来任是职，下车之始，纳言敏行，默识心通，声色无严，谙闲大□□□□□□□□□□□□□三思而后，启发无不中理，宪司已尝交荐，详谳辨明，咸得其宜，远迩渐闻，□□□□□□□□□□□□止，皆本仁祖义。平明治事，自朝至乎日中昃，不遑暇食，迤逦化成，人民安而□□□□□□□□□□□□□□词不隐，未肯觍颜折节，和睦党僚，平章百姓。遇旱则斋沐祷祈，甘霖随恳而□□□□□□□□□□□□□□，靡不存心。一日召司属僚吏等，诣府谓之曰：吾观邻封，建诸鼓楼，以为壮观，予□□□□□□□□□□□□未有言，惟公独曰："罄予薄俸，不敷者化，岂何难哉！"遂命梓人计料，随时规措，选择□□□□□□□□□□□□□朝斯夕期。公暇之后，不旋踵而监临，计椽木截余檩柱者，悉命收贮为薪。又召工□□□□□□□□□□□□不犯于民，逾月之间，梓事告成。是日，市井行商坐贾，不召而来者众矣，咸助撑持。□□□□□□□□□□□□而完也。又竖识石及延宾之馆，悉捐己俸。耆老龆齿，见闻者赞之不已。言未讫，经历□□□□□□□□□□□□曰：本府同等□□□□□□□伊先父沙蓝星吉，昔授承德郎功德使司司丞，徽□□□□□□□□□□亚中大夫、土番等处宣慰使□元帅，职居二品，其辅国理民之意，然拳拳弗失，犹未□□□□□□□□□帝师前，为耳目之侍者，蒙选差押运布施，直隶迤西，极边深界险阻之际，多负劳苦。回蒙宣政院旌功保奏，初任是职于任所间，直莅文州，招番部以智，则茜寇数宁而畏惧。亲临百姓，化士民以德，则隐者□□□□□□□工以礼，则艺匠虨勚以施为。待用工力，子庶民以慈，则夫役勤功而急作。将图样式，丈众技以巧，□□□□□□之间。事迹功能，未可枚举。然此礼店蕞尔之地，倅贰交代者数千人矣，如斯浴德澡身，诚鲜有之。□□□□□□欲退辞而闲适，阖郡军民大彰厥善，难以卧辙□借留。子曷不书本官之始末，刻诸民以示后人。□□□□□□幼读书，观三代隆盛之际，有□夔稷契伊傅周召之臣，聪明刚毅，知民疾苦，忠义善政，思伊者，莫过如斯人。本官有古君子之风焉，惯识蒙古汉字，似乎罕有。勉陈梗概，以为遗爱之万一云尔。

皇元天授，山岳之宁。大业一统，贤哲挺生。朝多柄用，任以忠贞。惟公哈石，色目苗裔，克迈俊英。年龄既艾，从事于京。语言便利，气质老诚。艳色不荣，待士谦让。莅民宽平，理讼正直。察微审情，谤议不怨。诗礼□学，郑卫不听。能存实操，不著虚声。言行卓立，远迩扬名。

进议校尉、陕西等处提举司提举蒲君美撰文。文州千户所提控案牍苏文书

图7-26　同知哈石公遗爱记碑阴

丹。亚中大夫、佥西蜀四川道肃政廉访司事和尚[一]篆额。奉元赵信卿刊。

至正五年岁在旃蒙作噩十月重光大渊献朔初九日，署维□和黄道奎星阁，秩官耆老等立石。

## 碑阴

西康郡（篆额）

辛巴察日仓之索根神札西通奇石碑立于木鸡年（蒙古文题额）

礼店文州蒙古汉军西番军民元帅府。

达鲁花赤。元帅。昭信校尉同知。经历张国用。知事董瑞。提控案牍左邦用。提控案牍周德才。照磨白文义。提控：邵子和、马文进、杨文达。令史：王国富、王德明、裴玉、周永禄、杜文甫、黄子福、也先帖木。译史普颜帖木。通事杜永安。知印：吴永兴、王巴思卜花；奏差：张景文、刘继远、章文烜。典史：杨君玉、杨兴、张希文。司狱：王阿都、张鸡儿、赵西番。首领：张小他、杨法保、何六十。镇抚小哥：左森、□□。吏目杜镒。司吏郭孝义。本帅府前知事曹天德。将仕郎、积石州元帅府知事张瑄。

礼店文州蒙古汉军奥鲁军民千户所。

忠翊校尉、达鲁花赤蒙古卜花。昭信校尉、千户寿延奴。敦武校尉、上副千户己速歹。都目：杨元卿、龙才进、冯冲。知房：赵荣□、杨世荣。司吏：汤文美、赵子彪、郭思忠。

礼店文州元帅府蒙古军奥鲁所。

敦武校尉、蒙古奥鲁官普颜帖木。蒙古奥鲁相副官杨世安。吏目：刘世荣、董威、张文德。知房：苟英、曹国瑞。司吏：敬政、杜文义、张怀德。礼店文州儒学教授郭通谊。

礼店等处达鲁花赤长官所。

达鲁花赤纳麻巴。长官万家奴。同知文观音奴。吏目：王思聪、樊世贵。司吏：赵□、程国用、李君祐。提领：杨子文、杜敏安歹、杜景福、杨春卿、范德远、脱因、蒋安安、王兀哥只、张才兴、杜文福、马世玉、杨子皋。从仕郎、长安县尹赵坦。

礼店文州蒙古汉军一十三翼。

蒙古军总把车立卜合。进义校尉：敏安台、补延帖木、的斤、外家奴、杜者立

图 7-27　同知哈石公遗爱记碑阴题额

火歹、卜兰奚、完者。典史：李子信、马瑞祥。汉军百户王哈剌卜花。进义副尉卜纳帖木。

（以下官职姓名略）

［一］和尚：《元史》卷一一七《宽彻普化传》载："其（宽彻普化）子曰和尚者，封义王，侍从顺帝左右，多著劳效，帝出入，常与俱。至正二十四年，孛罗帖木儿称兵犯阙，遂为中书右丞相，总握国柄，恣为淫虐。和尚心忿其无君，数为帝言之。受密旨，与儒士徐士本谋，交结勇士……斫死之。详见《孛罗帖木儿传》。二十八年，顺帝将北奔，诏淮王帖木儿不花监国，而以和尚佐之，及京城将破，即先遁，不知所之。"[①]

《同知哈石公遗爱记》，元至正五年（1345）蒲君美撰文，苏文书丹，和尚篆额，赵信卿刊石。1988 年 8 月出土于礼县原食品公司院西，今佚。碑文及图片据《礼县金石集锦》[②] 录入。碑纵 132 厘米，横 76 厘米，右下残泐。碑阳（图 7-25），额篆书"同知哈石公遗爱记"8 字，正文楷书 36 行。碑阴（图 7-26），额篆书"西康郡"3 字，并有两行蒙古文题额（图 7-27），正文题名楷书分三列，第一列 24 行，第二、三列各 25 行。

## （一七）礼县·元《湫山观音圣境之碑》（至正九年，1349）

### 碑阳

　　　湫山观音圣境之碑（篆额）

　　　湫山观音圣境通济善惠王碑记

　　　特□希玄教大师、巩昌等处玄门知闲真人牟守中撰。

---

[①] 宋濂：《元史》，中华书局，1976 年，第 2911 页。

[②] 魏礼、金作砺主编：《礼县金石集锦》（内部资料），天水新华印刷厂，2000 年，第 138—145 页。

图 7-28　湫山观音圣境之碑碑阳（陈亚峰　拓）

大中大夫、黄州路总管兼营内劝农事野峻台书并篆题。

……运精□应灵，万物资生而资始。离为火，坎为水，四时或雨而或旸。审风霁震发之威，而山泽□之气……其故，尤其教□□□化之良能，必有……之主宰。今礼店军民元帅府封神之内有湫山者，危峰排乎霄汉，空谷蕴乎风霆，烟岚……云□高张于彩隈。古柏苍松而蔽野，珍禽奇兽以喧林，中峰之间，山明水秀，天然玉井，俗该所传观音圣水曾护□，考昔唐宋封为"通济正祐福安王"，历五代，更宋金两朝，约五佰余载。□□□趾，□然常存。及圣元御极，四海一统，□官秦国忠宣公按竺迹，□遇旱灾，亲率同僚父老，诣山祈请，甘澍无虚。延祐中，奎章阁大学士、翰林学士承旨、银青荣禄大夫、知制诰兼修国史、中书平章政事鲁国公，奏奉圣旨，赠封"善惠王"，余号如唐。陕西路府、州、县，邱山□水，□□□□色者不足，深山之中，有杜□崇九二公自□□□□，系土居人氏，于中统禩间，率化官民，兴修庙宇，塑绘圣像，时纳香火，后为风雨剥摧，殿堂水漏。□□杜文昌、郭□等，翻修完整，祈请如故。自□□孙，杜□□郭□□父祖之功，虑后轮没，故就山之平原处□侧，永翰刊琼，以传不朽。上以明观音之神化，叙通济之神功，发□□□，克于神人□民，父祖徽□土木，既笔其实，仍续以铭：

皇道含元化育同，观音遂处现神通。幽灵鸾母出玄宫，善惠龙腾佐昊穹。

礼店湫山王□洪，□□□□碧霄□。□□绿野受时雍，□□红□□□凶。守正清朝天水公，□风凌雨子孙□。明□尚化□□□，□路讴诵德望崇。□□□□□□功，□天昭□福日丰。翰□□□□□□，□□□□□□□。

大元至正岁在己丑正月□□□望日刻石。

湫山□□□僧□吉祥□□□巡所□□□□□男□□□□□□□□使司大夫赵国璋，男□□□、杜如□、孙赵□□。

## 碑阴

亚中大夫、甘肃等处行中书省郎中和尚。礼店文州蒙古汉军西番军民元帅府达鲁花赤□□纳石。怀远大将军、礼店文州蒙古汉军西番军元帅府元帅翔鹗石麟。前元帅府经历张国用。令史杜镒。昭信校尉、礼店文州蒙古汉军西番军民千户所千户寿延奴。脱思麻、巩昌成都汉阳等处民匠达鲁花赤长官所长官万家奴。长官所同知杨元卿，前同知杜国琥。吏目王思聪。司簿李君祐。蒙古奥鲁官哈三。吏目王仲源。司吏成世安。镇抚所镇抚张林。潞州府医学提领杜国贤。杜敏安安、杜景福、白友庆、杜元居、杜文福、杨春卿、杨思钦。

图 7-29　湫山观音圣境之碑碑阴

礼店街施主（人名略）

本处善友（人名略）

中条山（人名略）

煎茶观音院：法兴、妙喜、刘真、孙塔拓、何文显。

□□□□□□□□□□地。东至杜友文地，南至砲渠埈，西至殁子沟，北至郭仲山地。四至分明。

祖、父、男（人名略）

礼店晋觉寺住持沙门觉瑞、觉应。

翻盖殿堂会首（人名略）

宁远报恩寺住持圆融，普照大师园吉祥、弘吉祥。马务施主：苟珍，男苟丑儿、苟宣、程信。

本院住持悟吉祥书。奉元路药阳县万年坊石匠赵信卿刊。小师邢汉福、王德奇、梁丑奇。本处张金刚奴、刘和尚。

《湫山观音圣境之碑》，元至正九年（1349）牟守中撰文，野峻台书并篆额。今存礼县湫山乡下坪村坪头寺。碑由碑首和碑身组成。碑首纵70厘米，横85厘米；碑身纵125厘米，横70厘米。碑阳（图7-28）篆额"湫山观音圣境之碑"8字，字径9厘米；正文楷书21行，满行42字，字径3厘米。碑阴（图7-29）为题名，分三列，字径2厘米。

## （一八）西和·元《敕封太祖山灵源庙一祠记》（至正十年，1350）

敕封太祖山灵源庙一祠记

汉阳军民元帅府儒学教授赵文德撰。

云峰皆山也，在西和州治之东九镇之一祁山，而建太祖山灵源庙行祠，会遍诸方，系《禹贡》雍州之域，岷山壤地，接连秦凤路天水县。粤自二仪剖判，一气为根。化轻清之气，为星辰云霄，以成乎天；积重浊之气，为山岳河海，以成乎地。是一名山大川，灵源洞府，万灵为之主宰。神祠云峰，云烟开散，日光出没，四时朝暮，雨旸明晦，变化之不同，则虽览之不厌焉。即有智者，亦不能穷其状也。父老言曰："若岁旱涝不均，阴阳失序，祷雨得雨，祈晴则晴。"人之兴讼，曲直固结莫解者，屈者屈而伸者伸，未有尽获，屈而不伸，伸而不屈者矣。至于求嗣息而痊愈瘤疾，变凶岁以作丰年，靡不包罗而昭报之，此盖取其"灵源"一祠。池水涌渚，郡邑诚祈其神，无感不通，神应之至，如影随形，如响应声，影响斯答，搏鼓相应。元丰三年，县祠碑铭。此因暵旱雨泽应祈，有司请焉。疏爵锡号，显扬神休，宜特

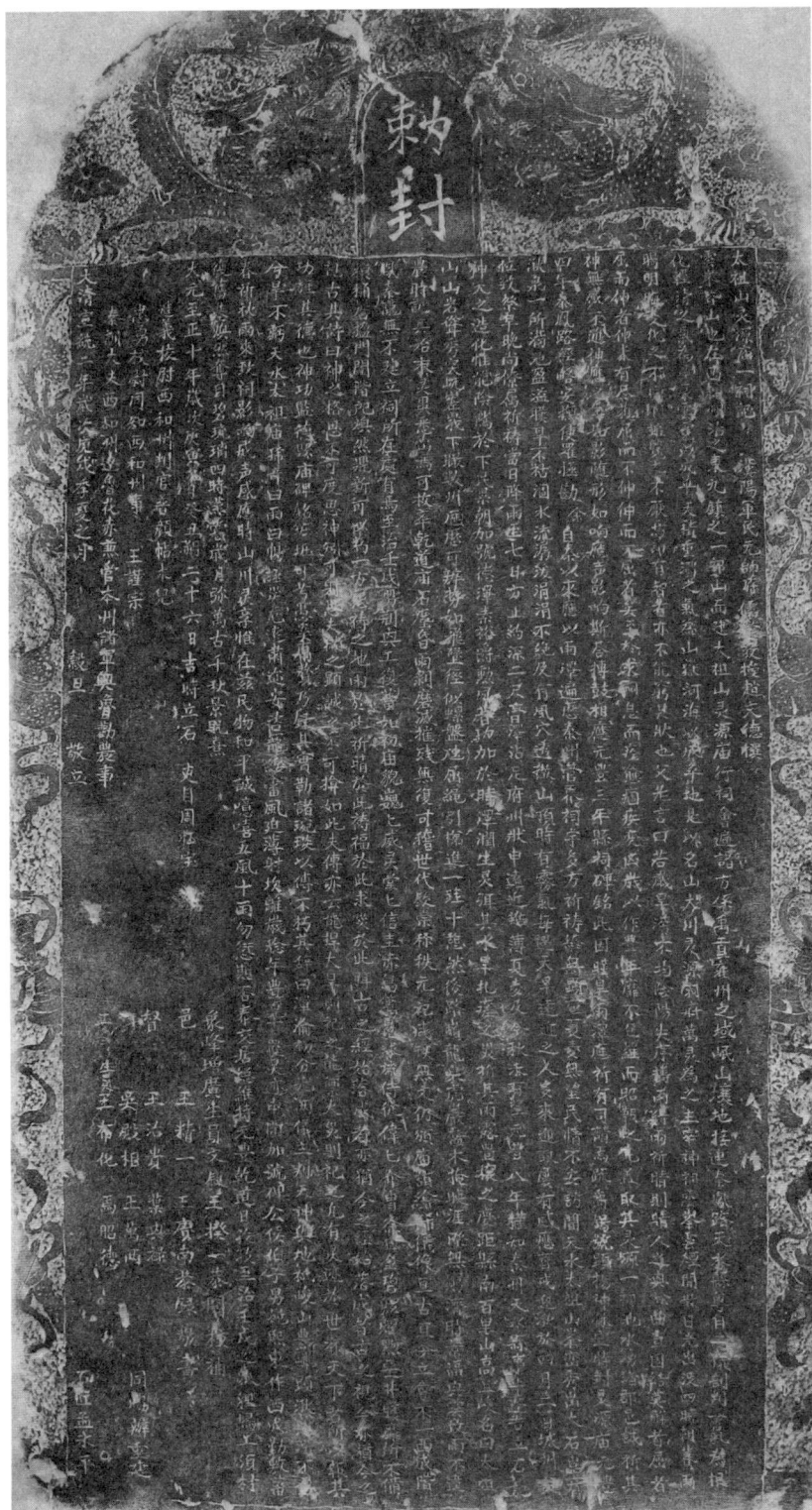

图 7-30　清重刻太祖山灵源庙一祠记（张喻熊　拓）

封灵源庙。元丰四年，秦凤路经略安抚使罗拯勘。余自秦以来，应以雨泽，遍历秦州管界祠宇，多方祈祷，终无显应。夏麦无望，民情不安。访闻天水太祖山，峰峦秀出，太石岩有湫泉一所，满池盈溢，暵旱不枯涸，水流潺湲，涓涓不绝。及有风穴，透彻山顶，时有雾气。每遇天旱，远近之人，多来迎取，屡有感应。齐戒迎湫于四月二日，城州设位，致祭早晚，尚僚属祈祷，当日降雨，至七日方止，约深二尺，膏泽沾足，府州状申远近。虽薄夏麦，及今秋禾有望。元丰八年，权知秦州天水县事，牛逢吉立石记。

神天之造化，惟能阴隲于下民，累朝加号，德泽素裕，爵勋凤著，功加于时，泽润生灵。弭其水旱扎瘥之灾，祈其雨露丰稼之庆。距县南百里，山高且峻，名曰太祖山，山岩耸秀，突屼嵯峨，下瞰数州，历历可辨。势如飞坠，径似螺盘虺屈，绳引梯进，一跬十憩，然后跻巅龙泉虎岩，乔木掩映，涯际无穷，济时景福。兴云致雨，不违农时，记其始末，灵异悉出，焉可枚举。乾道庙石，尘昏雨剥，磨灭摧残，无复可稽，世代钦崇。称秩元祀，咸秩无文，仍颁庙额，绘饰仪像，亘古亘今，立会不一。西、成、阶、凤、秦、陇无不建立祠所，在处有焉。至治壬戌，剪创兴工，复旧如初，庙貌巍巍，威灵堂堂。信圭赤舄，鷩冕球旒。侍从伟伟，介胄徐徐。金碧炫耀，黝垩并膣，靡所不备，榱桷檐楹，门闶阶阨，焕然鼎新，可以为一方恳祷之地。雨于此祈，晴于此祷，福于此求，灾于此弭。古之经始落成者，亦犹今之经始落成者。古之视今，亦犹今之视古。其诗曰："神之格思，不可度思，神矧可射。"思夫微之，显诚之不可揜如此。夫《传》亦云："能捍大旱则祀之，能御大灾则祀之。"凡有灵迹于世，有天下者，所以报其功、旌其德也。神功监德，县庙碑铭，班班可考。愚奚庸赘，乃录其实，勒诸琬琰，以传不朽。其辞曰：

浑沦初分先两仪，主判天神与地祇。峻山丰嶂显湫池，滢不盈兮旱不亏。天水太祖庙稀奇，曰雨曰旸拯灾危。远肃迩安咨龙缕，雷风迫薄射坎离。岁稔年丰免百罹，灵迹申闻加号碑。公侯伯子男绳熙，东作西城勒敷菑。春祈秋雨来致祠，影响戒声感应时。山川灵享惟在兹，民物和平诚噫嘻。五风十雨勿愆期，否泰交居总维持。元丰乾道日孜孜，至治壬戌逐狐狸。鸠工须材复旧基，焕然夺目碧琉璃。四时蒸尝岁月弥，万古千秋景觊熹。

大元至正十年岁次庚寅九月癸丑朔二十六日吉时立石。吏目周怀宝。

进仪校尉、西和州判官普颜贴木儿。忠勇校尉、同知西和州事王谨宗。秦〔奉〕训大夫、西和州达鲁花赤兼管本州诸军奥鲁劝农事。

象峰增广生员文叙、王揆一恭阅校补。邑王精一、王赓南恭录敬书。

督工：王治贵，叶兴禄，吴殿相，王万两。生员王布化、马昭德同协办重建。

石匠孟未平。

大清宣统二年岁次庚戌季夏之月谷旦敬立。

《敕封太祖山灵源庙一祠记》，包括宋元丰八年（1085）牛逢吉立石之记和元至正十年（1350）赵文德撰文之记，两朝铭文。原碑已佚，今西和县兴隆乡象驼山四龙王庙存清宣统二年（1910）重刻碑（图7-30）。碑纵175厘米，横85厘米，额楷书"敕封"2字，正文楷书24行，满行62字，字径3厘米。

## （一九）礼县·元《礼店东山长生观碑记》（至正十一年，1351）

礼店东山长生观碑记

三洞讲经虚玄妙道知闲真人牟守中撰。

大中大夫、兴元路总管府达鲁花赤兼管本路诸军奥鲁劝农事和尚书。

常州路总管、兼管本路诸军奥鲁劝农事野峻台篆。

朝请大夫、同知巩昌路都总帅府事贴木立补花建。

窃闻神无方而易无体，至理难言；显诸用而藏诸仁，随时发现。粤自乾坤定位，日月著明。风霆动散以宣威，寒暑往来而成岁。若无主宰，孰挈纲维？是知运阴阳者莫过乎百灵，济国家者岂逾于大道。是以轩辕竖观，设祭酒以掌三熏；大舜省方，明典仪而修五礼。昭诰蒸民之则，殊分玄教之源。及老子之舜朝，出函关而传道，丹符万卷，道德五千，弘扬清净之风，振起仁慈之善，自此仙山灵洞，雾阙云宫，遍覆宇以连甍，虽遐荒而接景。今兹礼店，雄镇西陲，有守土之功臣，膺平章之重职，明馨德教，优庇缁黄，垂范甘棠，赞襄六本。是郡也，东北掖乎秦巩，西南跨彼阶文。汉阳长道之清流，夹涤污染；红岫湫山之茂麓，两助祯祥。郡之震方，有川曰"天嘉"，四顾则秀入画图，六仪则合乎地理，岂让梁原之美，优增洪澳之猗。大朝甲辰年间，偶有高士姚大成，本贯西蜀，云游至此，其人业于儒道，兼治术医，博览诸经，尤精二宅，见景留心，罄其所积，买到周卜花地土一区，化其工费，锐意缮修，上蒙功德主平章恩府高垂隆花，畏景无加，时沛甘膏，玄田沃足，于是建正殿，塑三清，立行廊，修请位，匾其观曰"长生"，题其殿曰"三清"。观乃焕然而可瞻，师则翛然而辞世。其徒姚善能，乃孙姚洞玄，继志述事，肯构肯堂，卜于殿后，再新基址。启创岳祠，皇帝主其庭，十王侧其庑，七十六司、六曹九署，像皆完整，告厥成功。官员士庶，祈祝伸恳者摩肩，还愿献香者踵庙，圣之彰灵，神之显验，不胜枚数。先于元统甲戌年间，有本府达鲁花赤和尚，刻妆行像，以备官民迎请。年例庆诞，设醮笺天。诚劝善之先容，最乡间之美事。目今弟巩昌路同知总帅贴木立补花，延请乃兄，共议立碑，光传不朽。乃遣使来索其记，仆愧浅学，加之昏聩，又不敢违命，忘其固陋，聊笔实勋云耳。铭曰：

洪帷聃圣，出处莫穷。眷言谁之，变化犹龙。指陈众妙，重立玄功。万邦化日，千古清风。身分五像，神具道通。光宅天下，洞观域中。雍州极广，礼店最雄。天嘉福地，环拱奇峰。兴修玄苑，严奉金容。羽人鹤氅，玉磬琼钟。朝参三圣，庆祝九重。世臣太宰，巨室华宗。绵绵宠耀，代代昌隆。老氏家风兮，德大道。道人行素兮，务增崇。彼我是非兮，一扫空。死生夜旦兮，任化工。

大元岁在辛卯至正十一年三月二十九日，天恩上吉。长生观住持崇德明真大师姚洞玄重修立石。

《礼店东山长生观碑》，元至正十一年（1351）牟守中撰文，和尚书丹，野峻台篆额。碑原在礼县城东，今佚。以上铭文据张维《陇右金石录》[①] 录入。

## （二○）礼县·元《善济王灵湫记》（至正十一年，1351）

善济王灵湫记（篆额）

盖闻莫大而化，无为而成。视之而弗见，听之而弗闻，体物而不可遗者，神圣也。神有变化善恶威福之不同，古今昭著，幽显莫测。在三元则曰天地水；论三才则言天地人。鬼神之事在……大潭者，乃古邑也，昔古岷州所治，诚为废县也，丘园荒僻，鲜有居焉。其后迤逦，人民开垦耕耘，见深谷林麓幽邃，间有古迹蕞尔之庙基，水近在旁，似乎池沼之状，亦有石岩洞儿。厥后果跋生□通传报应曰："龙君之庙址也！"言伊曩昔寄于梨林大悲寺，潭中□备高迹。为验于唐朝端□□年移来此土，虽旦隘之地，奈有九岭三河之壮冠，因适此焉。予乃……齐天显圣崇宁广福乾元宣列盖国大天帝之昆季也。其次兄曰西江灵济惠应文泽王，又其次曰黑池忠惠威显广济王……子封灵德昭祐嘉惠善济王，室曰琼真普护昌源妙乐夫人，予诞四□□五，室诞七月七辰。又序其宗支曰：湫山明皇通济正祐福安王。天水镇天灵庙崇祯□□□灵广祐福泽王。梨林金子山文台庙昭圣威武英烈显济王。圣姑稍谷镇瑞礼均□佐涯丰应王。圣妹大缘碌轴□大业□萧广济夫人。序传之后，浸渍显灵于今境。凡遇亢旱，远□祈祷，随轩获应，甘霖沾足，其示现珍禽异兽，巨蛇当路，骇威其人，然同途行者有其见兮。本县居民敬仰，依其故址修建庙□□□□享由晨远迩简崇奖状者，众莫声洋溢乎旱开遂感激。

宣授敦武校尉、达鲁花赤阿都成□□□裔，阀阅名家，技艺多端，行藏起众，

① 张维：《陇右金石录》，载《石刻史料新编》（第一辑第21册），台北新文丰出版公司，1979年，第16124页。

图 7-31　善济王灵湫记（任小辉、陈亚峰　协拓）

凡有善事者，□乐□从斯神之灵贶，□禽诚心，率众鸠工，□□□□化其赀粮，□
需命毕□蔚□昌，董工监督，梓事修缮殿堂，□备塑画亦完，本官施手亲为刻镂。
武善济王妙乐夫人神位牌于右，舍金彩妆，饰以为永久安奉。舍财命匠镌竖碑石，
略具神之本末，以彰于后。

　　进义校尉、管领陕西等处打捕鹰房诸色人匠提举蒲君美撰并书。

　　从仕郎、重庆路铜梁县尹兼管本县诸军奥鲁、劝农事蒲君泰篆额。

　　至正十一年岁次辛卯十一月□未朔黄道吉辰，敦武校尉、冀宁路管领本投下
打捕鹰房诸色民匠、西局提举司达鲁花赤阿都成立石。

《善济王灵湫记》（图 7-31），元至正十一年（1351）蒲君美撰并书，今存礼县白
关乡太塘村四府雷王庙。此碑于 1990 年由王维民先生在庙沟石碑台掘出，因石质松软，

文字日渐剥落，王维民及时抄录碑文，并与王廷嵘等人于2005年3月运迁今址。碑纵132厘米，横78厘米，额篆书"善济王灵湫记"6字，字径8厘米，正文楷书22行，满行约37字，字径2.5厘米。以上碑文据新得墨拓，并参考《潭水珍迹》[①]文本录入。

### （二一）礼县·元《黑池德圣忠惠威显广济王神道碑》（至正十六年，1356）

黑池德圣忠惠威显广济王神道碑（篆额）

中奉大夫、四川等处、行中书省参加政事野速台篆额书丹。

宣授进义校尉、管领陕西等处打捕鹰房诸色人匠提举蒲君美撰。

黑池德圣忠惠威显广济王神道碑

粤自亘古，圣神迭降，王道昭彰，《禹贡》山川以分岳渎，享国家之祀典，惟出类拔萃之圣神者，在在有之。钦惟我朝，灭金取宋，混一华夏，车书同轨，遐区绝域，罔不来宾。惟此地，幸秦国公开发收附，创立帅闻，以礼店名焉。昔古岷州属县曰"大潭"，俱为礼店之治，开拓疆土，直抵文扶。此邦二百里之西，靠林荒，山峨水劲，壁立高岗，盘桓而上于绝顶，名曰"岳平"，有湫池，周围广里之余，其深未知几许，旁建祠堂，额曰"灵潭庙"，俗谚云"黑池"，其来尚矣。惟神塑像俨然，威容赫弈，灵感昭彰。众逢旱涝，祈雨而雨，旸而旸，富而富，寿而寿，凡有所求，无不如愿。合里士民，愈宗愈敬，除常例外，岁时致祭。以季春十有三日，神之诞辰，及邻封西和，迎迓祀享不辍。否则见怒，雷电震响，莫不悚惶。由是四方之民，无论智愚，靡不率从，周流合郡，自春迄秋暮，方归殿宇，祀以为常。惟神出处，稽考未能。不委泰定改元甲子，本郡重新整理庙宇，昔之人等所藏雷山盖国大天帝之官诰、族谱及修行得道之本末，索负而归，方知斯神乃雷王西江之昆季也。功用□觅一代典□，始宋宣和六年，□显神功，赐以庙额，始终之□方可□□言之。今庙之南约三百步有佛刹，额曰"龙泉寺"，乃神显化于斯时也。惟神位居广济，德播众区，掌岳渎之灵司，统乾坤之主宰，褒封徽号，粤自晋宋，迤逦而至元朝，封之等差不一，其托化姓氏，虽与雷王西江之神，别生分类殊异，原其古昔宗派之图朗然，该载实乃同气连枝之谓也。神之灵贶，未可枚举。子孙繁多，善恶殊分，莫大而化，无为而成，名播遐荒，功标青史。自春及冬，谒庙祀香者，不惮路途之遥，险阻之艰，累累而来，未尝有替。遐迩倾心而奉之，感邀五风十雨，民乃粒米乃登。苟非鞭鸾跨凤，炼丹服玉之神，其畴能若处乎？殿宇已周，诚亏碑记。里人敦武校尉达鲁花赤阿都只，乃秦国公之后，生平好事，逊让尤佳，

---

① 马腾烈主编：《潭水珍迹》（内部资料），天水新华印刷厂，2008年，第39—40页。

图 7-32　黑池德圣忠惠威显广济王神道碑（杨雷、李清泉等　协拓）

但有知闻，无不介意。遂竭寸丹，率居民，提领蒋世用，洎庙祝罗黑台等，采其坚珉，凿备，载运高岗，托灵神默助，如有乔木之易也，以达庙堂。惟文未撰，来假于予，自愧学浅才疏，诚难措手，遂录神之总圣图文，并历代加封大帝王侯之号命，勒之于石。

神之长兄曰齐天显圣崇宁广福乾元宣烈盖国大天帝。次曰西江灵济惠应文泽王。斯神德圣忠惠威显广济王，妃曰应元慈利昭助光懿夫人，妹金莘圣□□□安禄夫人，妹夫崇庆显威应圣通济王……嘉祐普泽王，二曰嗣德善助翼济惠灵王，三曰惠明孚顺文昌□义王，四曰灵圣感威雄烈宣济王，五曰资善……直烈辅国□□王，□曰济美广助协灵崇祐王。四女：国英灵夫人，昌德顺助夫人，清源承应夫人，慈贶……公□安忠……公，明武进德慈宁□信公，至仁应左大宁威胜公，惠圣恭定长宁安远公，宣明……德公。继赘之以铭，曰：

太极既判，两仪生焉。三才悉备，圣神变迁。各统方位，灵威拳拳。岳渎之奠，亘古流传。矧兹广济，妙化难量。庙居绝顶，湫汇高岗。祈雨而雨，祷旸而旸。名垂青史，德播遐荒。血食此土，灵妥无疆。轰雷掣电，孰不悚惶。钦奉岁时，永以万禩。各有攸司，岂容怠废。敬托神庥，天时地利。风雨顺时，虔恭不替。

大元至正十六年岁次丙申仲夏庚辰朔十九日黄道。

宣授敦武校尉、管领冀宁路诸色民匠、达（鲁花赤阿都成）。

教授金宝、令旨、管领岳坪古道毕谷等处提领蒋世用。

庙祝罗黑台、小师郑帖木同立石。

《黑池德圣忠惠威显广济王神道碑》（图7-32），元至元十六年（1356）蒲君美撰文，今存礼县白河镇蒋家寺村。碑额已佚；碑身左下残泐，纵140厘米，横82厘米。正文楷书29行，满行54字，字径2厘米。张维《陇右金石录》[①]有录文，但脱误颇多，今据拓本补正。

**（二二）西和·元《齐天显圣崇宁广福乾元宣烈盖国大天帝本末之记》石刻（至正十六年，1356）**

**碑阳**

太皇山（楷额）

太皇万福殿嘉庆之图（篆额）

齐天显圣崇宁广福乾元宣烈盖国大天帝本末之记

---

① 张维：《陇右金石录》，载《石刻史料新编》（第一辑第21册），台北新文丰出版公司，1979年，第16128页。

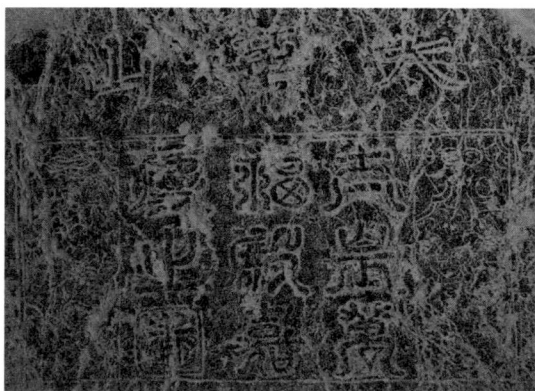

图 7-33　齐天显圣崇宁广福乾元宣烈盖国大天帝本末之记碑额局部

西和州路石匠张有才刊。

　　……之域，尝废置不同。宋南渡后，为金人□据，是为□边，已而讲和，宋以白石镇为州治，改曰西和。逮我皇……秦国武宣公，来……驰驻礼店天嘉川，建帅府。南四十里有山曰雷王池，曰天圣……大帝之……泰定改元甲子王正有三日，羽衣庞复泰夜梦白衣神人……高□俾□□祠……辟地宫基，偶得大帝之仙骨，历千余载，全无朽腐之状，焕然有金光之色，及……本末，修炼升□□□，山川坟像之奇异。历历有地，方知乃山名曰太华峰，曰乾明祠，曰玉□天宫泉……率乡邦创建祠陛，□奉香火。已将仙骨□元□石券，复瘗故地，塑像于上，以为洞宫。不幸羽人早逝，历有其年……礼店长官□□□乃家奴，同庙侧耆老赵思敬、宋文明、文才洎殿主齐国用等捧其江陵府所得宫诰示予，来请代笔书，其□□曰："雷王帝君，福国泽民，自晋迄今，殆一千余载□□代递更，未尝□□。"当今圣明御……以时而彰灵，境因人而显胜。千载而下，未知若何。□□太华即为群山之祖、万峰之宗，诚神灵之王地也，乃雷君炼丹之所，荐骨之……神位□天府，德播寰区，当岳渎之灵司，□□□之主宰，丰天下之家邦，诞聪明之子嗣，名标青史，德被遐荒。君曷为我书其一二，□诸……幽堂，使后之□者亦犹今之□□。闻神之……山川之□丽不亦何乎？予辞未也……神之□□□□本末，晋人以书其□，略以……具其万一焉，敕诰朗然具载。襄自绍定四年，□兵变，又有本州太守马安甫与庙□张立，同闾里人，赍捧大天帝□诰神□□幡先牌，随阵□落至江陵府，岂牧其□代□□□□□神之灵宗，乃敕黄绫□□宗枝图□□存……于□得之，□大天帝□上界开皇□昊镇国天王之子，于晋□托胎于秦□□东……觉而有娠，至晋元帝永兴元年五月十一日卯时诞生于中庭，祥云覆州，异香馥郁，神彩……王□幼而……孝，甫十岁，始行药□疾，文武兼通。咸康元年受爵耀州刺史，以忠德

图 7-34　齐天显圣崇宁广福乾元宣烈盖国大天帝本末之记碑阳（胡询之、王锦江等　协拓）

图 7-35　齐天显圣崇宁广福乾元宣烈盖国大天帝本末之记碑阴局部
（满正人、刘高才等　协拓）

惠民、肃廉正直，□□赐符……之类……至尚书左仆射、开府仪同三司、金紫光禄大夫，授一年相，□朝而归，游玩□可像之地。遂至古……洞之中，隐居修道，不食圣人之食，化地为泉，□金浆玉液，日饮三杯，无饥渴恼。至元兴三年三月八日夜……皆玉龙篆文云："□皇敕命，赐汝为万天左卿主，镇江……提调……统天上天下三界阴兵，判风雷云泽事，令汝始□金□，授元皇显济真人之位。至……八年三月初八日□□□山顶上□□四合，风雨□□，雷电□□，□山奔吼，晓则以拽湫，千峰现白牛白马之像……朝代间，遇旱祷则获霖，涝则张……至今……之封，若□斯神……国庇民……

　　时大元至正十六年岁丙申十月……庞国用一家等立石。

　　……石千户所都□王仲源书丹。

　　……巩昌路汉阳、礼店等处长官万家奴。

　　……颜塔石……敦武校尉、陕西等处提举蒲君美撰文。

　　……木旱卜花。承务郎、同知礼店文州蒙古汉军西番军民元帅府事朵巴。

　　……篆额。敕授礼店文州蒙古军总把普延拈永。

## 碑阴

　　敕受礼店元帅府经历阿都赤。将仕郎元帅府知事傅仲义。提控案牍王国富。前照磨杨彦璋。令史：薛惟德、成世安、高知事、范世安、龙才祥。礼店千户所付千户同寿。都目赵荣。蒙古奥鲁所相付官：黑迪里、杨世富。敦武校尉、陕西提举王景增。敕受蒙古军总把蒙京花。奉训大夫、西和州达鲁花赤山童。承事郎、同知西和州事普颜帖木儿。将仕郎、西和州判官黑间。省除吏目李询，吏：陈才富、赵颙、吴国贤、彭禄。从仕郎前蒲城县尹杜瑛。汉阳军民元帅府达鲁花赤彻立帖木。元帅卜花。同知韩国卿。付元帅四家奴。提控案牍吕顺、杜元杰。经历利吉。府吏：张怀智、宋世兴。敦武校尉、西和蒙古千户桑哥荅思。付千户毕文志裴。百户：赵忠良、谭丑狗、罗黑台。

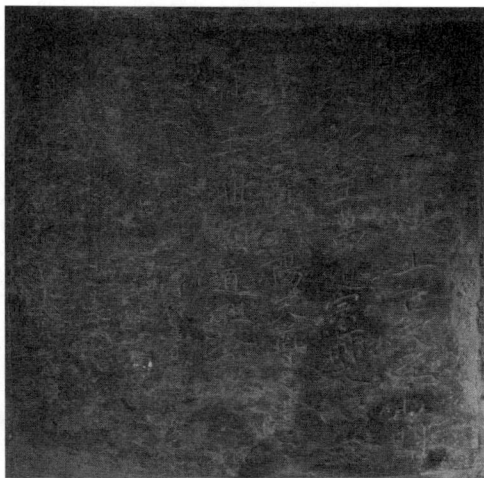

图 7-36　世显道主金像之墓碑

西和凝禧院涌法主羽士张妙玄。西谷观音院德和尚他石拈木。蔡谷观音院颜讲主：德微、昌讲师：庞可明、何真师。礼店施主：文胜、杨义遁、潘铎。蒙古百户杜才志。当民提镇：杨英、刘世昌、岑志福。

蔡谷施主（姓名约 60 人，略）

西谷信士（姓名约 60 人，略）

付千户：杨世全、张鸟儿、黄也先、景安奴、唤师、庞永才。

同缘：杨受、安厨、杨都、任阿卜。

供备赍粮：赵思敬、李庆男。幹完信士：宋文明、宋文才。

运工人：庞国曦、庞狗儿、庞伽蓝葆、李也先都、庞末才、彭子忠。

**附：墓碑**

敕赐岷州上古天元山开天教主、万道宗师、太极真玉、宝元阳天尊、大汉之仙王、世显道祖金像之坟。侍汉建武五年三月初九日开赠，初七日立春□五日，（金）紫光禄大夫，暑人……奉州……敕葬之干道……宸天宫。

《齐天显圣崇宁广福乾元宣烈盖国大天帝本末之记》石刻，元至正十六年（1356）刊石，今存西和县苏合乡苏合村太皇山万福寺。碑纵 225 厘米，横 80 厘米。其中碑额（图 7-33）纵 90 厘米，横 80 厘米，顶部横向阳刻"太皇山"3 字，字径 9 厘米，中部阳刻"太皇万福殿嘉庆之图"9 字篆书，行列各 3 字，字径 8 厘米，下部另有阴刻楷书数行，仅隐约可见"岳……大帝……主后"等字，余皆剥落。碑阳（图 7-34）刊《齐天显胜本末之记》，楷书 29 行，满行约 58 字，字径 2.5 厘米。碑阴（图 7-35）录官员及施工信士人名,楷书,行列无序,字径2厘米。另有《世显道主金像之墓碑》（图7-36），纵横各40厘米,楷书8行,凹嵌于墙体中,一并附录于此。《礼县新志》卷二《山河》载:"太华山,县南四十里,高耸翠秀,上建万福寺,中有雷王墓。"[①] 又《礼县新志》卷四《释仙》云:

> 晋雷王保,秦州城东人。父仲华,室人高氏梦吞金象,觉而有娠,元帝太兴元年五月十一日生,祥云满庭,异香馥郁。幼敏慧,悟医药,贯彻经史。咸康元年举孝廉,仕历耀、襄、瀛等州刺史,递转升,至尚书左仆射、紫金光禄大夫。辞官入道,修行于白石镇之太皇山,即雷王山。元兴三年三月八日功成上升。郡人思其德行,立祠祀之。王之成圣后,禳疾病,祷雨旸,莫不灵应。[②]

**附: 西和·元《齐天显圣崇宁广福乾元宣烈盖国大天帝本末之记》长卷（至正十六年,1356）**

齐天显圣崇宁广福乾元宣烈盖国大天帝本末之记

古岷本羌地,《禹贡》雍州之域,沿革尝废置不同。宋南渡后,为金人割据,是为极边,已而讲和,宋以白石镇为州治,改曰西和。建我皇元,奄有天下,命昔宁夏王,洎秦国武宣公,来镇西陲,塞其要冲,控御三边,驰驻礼店天嘉川,建帅府。南四十里有山曰雷王池,曰天圣庙,曰乾德古祠,南岭具存。而大帝之徽号,楠见前代典诰,兹不复赘。泰定改元甲子王正有三日,羽衣庞复泰夜梦白衣神人,示以西蔡两镇之间,卜最高峰,俾见宫祠,既觉一依所命,辟地宫基,偶得太帝之仙骨,历千余载,全无朽腐之状,焕然有金光之色,及石碑一石券,皆书神之父子出处本末、修炼升化之要,山川坟像之奇异,历历有地,方知乃山名曰太华峰,曰乾明祠,曰玉液天宫泉,曰圣应,于是羽人劝率乡邦创建祠陛,俾奉香火。已将仙骨并原获石券,复瘗故地壤像于上,以为洞宫。不幸羽人早逝,历有其年。至正丙申季秋,一日,礼店长官所长官乃家奴,同庙侧耆老赵思敬、宋文明、文才洎殿主庞国用等,捧其江陵府所得官诰示予,来请代笔书,其芳状曰:"雷王帝君,福国泽民,自晋迄今,殆一千余载矣。时代递更,未尝显著。"当今圣明御运,道泰时享。神以时而彰灵,境因人而显胜。千载而下,未知若何。觉观太华即为群山之祖、万峰之宗,诚神灵之王地也,乃雷君炼丹之所,荐骨之处。惟神位居天府,德播寰区,当岳渎之灵祠,统乾坤之主宰,丰天地之家邦,诞聪明之子嗣,名标青

① 雷文渊:《礼县新志》,载《中国地方志集成》（甘肃府县志辑22）,凤凰出版社,2008年,第90页。
② 雷文渊:《礼县新志》,载《中国地方志集成》（甘肃府县志辑22）,凤凰出版社,2008年,第187页。

图 7-37 齐天显圣崇宁广福乾元宣烈盖国大天帝本末之记长卷

史，德被遐荒。君曷为我书其一二，刻诸坚珉，藏之幽堂，使后之行者亦犹今之获古。闻神之拔萃，挺奕之异灵。伏山川之秀丽，不亦何乎？予辞未已，勉应曰："诺！"惟神之父子出处本末，晋人以书其实，略以今之见闻者，撮取梗概，聊具其万一焉。敕诰明然具载。襄自绍定四年，值兵变，更有本州太守马安甫与庙主张立，同闾里人，赍捧大天帝官诰神轩旐幡先牌，随阵流落至江陵府，岂收其年代几千载矣，幸神之灵保，乃敕黄绫诰，泊宗枝图本尚存，于后得之，乃大天帝系上界开皇应昊镇国天王之子，于晋朝托胎于秦州城东雷仲华家，其室高氏梦吞金像，觉而有娠，至晋元帝永兴元年五月十一日卯时诞生于中庭，祥云覆州，异香馥郁，神彩秀美。中岳降王，自幼而敏慧，长而忠孝。甫十岁，悟，行药拯疾，文武兼通。咸康元年，受爵耀州刺史，以忠德惠民，肃廉正直，感天赐符牒，昼理阳间，夜整阴司，兼管水族之类，着斯仙趣，迤逦转升，品级至尚书左仆射、开府仪同三司、金紫光禄大夫，授一年相，辞朝而归，游玩择可像之地。遂至古岷白石镇岩洞之中，隐居修道，不啖烟之食，化地为泉，涌金浆玉液，日饮三杯，无饥渴恼。至元兴三年三月八日夜，整满功成，遇上天真符使者，执金盘，捧天符牒，皆玉龙篆，文云："上皇敕命，赐汝为万天左卿主，镇江河淮济海渎川源，提调名山洞府、社稷灵祇，都统天上天下三界阴兵，判风雷雨泽事，今汝始镇金仙，授元皇显济真人之位，渐渍妥灵于此。"至隋文帝开皇八年三月初八日夜，于山顶上，阴云四合，风雨晦冥，雷电相击，遍山奔吼，晓则以拽湫，于峰现白牛白马之像，自兹以往，灵威愈彰，现神兵而荡南蛮，显真灵而扶帝祚，剿馘蛟蜃，其异怪者，不可胜数，凡朝代间，遇旱祷则获霖，涝则张旸晴霁。历古至今，荐加恩宠徽号，襄一十四字之封，若匪斯神极灵至圣，辅国庇民，全于忠孝者，其俦能若是乎？

定边大将军、西番达鲁花赤、礼店文州蒙古汉军军民元帅麟，礼店千户所都督。明威将军、礼店文州蒙古汉军西番军民元帅府达鲁花赤普颜塔石脱思麻，成都巩昌路汉阳礼店等处长官高岱，昭勇大将军、巩昌等处都总帅府副达鲁花赤绅璘，敦武校尉、陕西等处提举、朝讲大夫、巩昌等处都总帅府事帖木里花原各郎，同礼店文州蒙古汉军西番军民元帅、嘉献大夫、陕西等处侍尚书省理问司、礼店文州蒙古军把总。

皇山羽士各分山势（供一十八处）。开天圣烈明皇显应仁惠普德崇里大天帝，圣侄大兴殿，圣妹威信武齐显祐元君，昭圣威武英烈显齐王，圣弟金子山文台庙，崇顺宣灵广佑敷泽王，圣弟天水县天灵庙、雷母安福启祐济惠庆夫人，圣母开联叔显慈惠宝光大后，圣父开皇应昊镇国广顺天王，雷翁绍圣显惠广德威灵王，圣兄乾德庙太皇万福之殿，齐天显圣崇宁广福乾元宣烈盖国大天帝，圣弟西江普济庙、仁文圣武灵济溥泽王，圣弟岳平灵潭庙，德圣灵泽忠惠威显广济王，雷翁一圣子、显聪昭利嘉应首泽王，二圣子、嗣德善助翼济惠灵王，三圣子、惠明宁顺文昌通义王，四圣子、灵圣威感雄烈宣齐王，余子、资善显福惠乐孚应王，余子、灵威宣烈辅国通卫王，余子、济美广助协灵崇祐王。

敕受礼店元帅府经历阿都赤。将社〔仕〕郎元帅府知事傅仲义。提控案牍王国富。前照磨杨彦璋。令史：薛惟德、成世安、高知事、范世安、龙才祥。礼店千户所付千户周寿。都目赵荣。蒙古与〔奥〕鲁所付官：黑迪里、杨世富。敦武校尉、陕西提举王景曾。敕受蒙古军总把蒙京花。奉训大夫、鲁花赤山童。承事郎、同知西和州事普颜帖木儿。将仕郎、西和州判官黑闾。省除吏目李询，吏：陈才富、赵颢、吴国赟、彭禄。从仕郎、前蒲城县尹杜瑛。汉阳军民元帅府达鲁花赤彻立帖木。元帅卜花、同知韩国卿。付元帅四家奴。提控案牍吕钦、杜元杰。经历利吉。府吏：张怀知、宋世兴。敦武校尉、西和蒙古千户桑哥苔思。付千户毕文志裴。百户：赵忠良、谭丑狗、罗黑台。西和凝禧院涌法王羽士张妙玄。西峪观音院德和尚他石拈木。蔡峪观音院颜讲主、德微。

时大元至正十六年岁丙申十月孟冬十八日甲子天赦上吉日，庙主庞国用等立石。王仲源、蒲君美、李元臣、普延帖木。

供备赍粮：赵思敬、李怀勇。幹完信士：宋文明、宋文才。昌讲师庞可明。礼店施主：文胜、杨义遁。西峪施主：黄可安、蒲五十、蒲保奴、景得昌。蔡峪施主：王世显、李文富、李文贵、黄阿先卜苔。

《齐天显圣崇宁广福乾元宣烈盖国大天帝本末之记》长卷（图7-37），元至正十六年（1356）墨书，绢本，原存西和县苏合乡苏合村太皇山万福寺，今存西和县档案馆。长卷纵45厘米，横585厘米，正文楷书160行，行2—23字不等，字径约1.8厘米。对照石刻与长卷墨本，知长卷即为石刻底稿，正文个别文字不同，题名排列次序有异。至此，石刻缺泐铭文可依据长卷墨本补充完整。

**（二三）武都·元《李思齐题壁》（至正二十八年，1368）**

大元朝总统兵官大尉承相李思齐[一]，差使

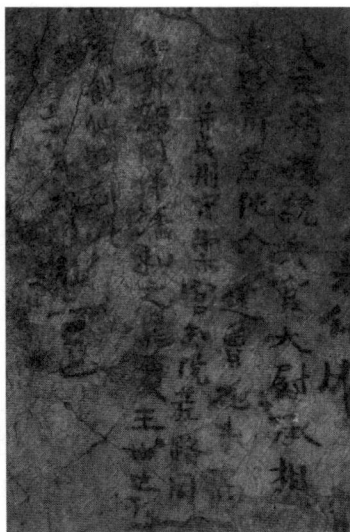
图7-38 李思齐题壁

命达鲁花赤满真侣，并成州守御官，知院差路同知郭恕，同伴潘和之、晁贵、王世□，看观仙洞到此。至正廿八年六月初二日也。

[一]李思齐（1323—1374）：字世贤，罗山（今属河南）人，元末明初著名忠元将领。《新元史》卷一二〇《李思齐传》载：

> 至正二十七年，朝廷以秃鲁为陕西行省左丞相，思齐不说，遣其将郑应祥守陕西，自还凤翔。皇太子总天下兵马，命思齐自凤翔与侯伯颜达世进规四川。未几，复命思齐副秃鲁安抚关中。又中分关以西属思齐，以东属扩廓帖木儿，思齐皆不奉诏。二十八年，诏思齐讨扩廓帖木儿。已而明兵至河南，思齐遁还关中，与张良弼会兵守潼关，会火焚良弼营，思齐移屯葫芦滩，明兵入潼关，思齐弃辎重奔凤翔。是时，思齐部将虎林赤等据盩厔，商暠据武功，李克彝据岐山，任从政据陇州，思齐自据临洮。未几，皆降于明。明人授思齐江西平章政事。张良弼走宁夏，为扩廓帖木儿所执。其弟良臣以庆阳降于明，已而复叛。明将徐达攻克庆阳，良臣投于井，引出斩之。其后，明祖遣思齐通好于扩廓帖木儿。始至，待以宾礼，寻使骑士送归至塞下，辞曰："主帅有命，请公留一物为别。"思齐曰："吾远来无所赉。"骑士言："愿得公一臂。"思齐知不免，断臂与之，还，未几卒。[①]

《李思齐题壁》（图7-38），元至正二十八年（1368）墨书题壁，今存武都万象洞卧龙坝西壁，纵55厘米，横35厘米，楷书6行。

---

① 柯劭忞：《新元史》，开明书店，1935年，第7023页。

# 第八编　明代

## （一）宕昌《大明重建梓潼文昌帝君庙记》（洪武十六年，1383）

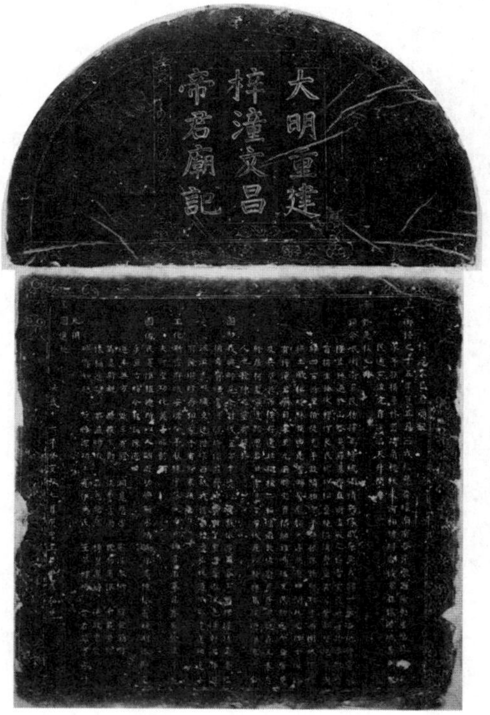


图 8–1　重建梓潼文昌帝君庙记（杨瑞　协拓）

大明重建梓潼文昌帝君庙记（题额）

梓潼文昌君庙记

上御极之十五年夏五月，西戎松、叠番壤，南有答牙众寇险处崖壁，北有秦家等族构垒林峦，踦角据援，来河相恃，纠合徒党，掠攘阶城，屠剔军民，逋亡流冗，罪逆滔天。升闻帝于是秋七月，颁命岷州卫军民指挥马烨统领精兵，俘馘原恶。戎师一举，燔祀神灵。水陆并臻，遍于山谷。星罗棋布，直冲盗敞之区；雷震貔飞，获殄渠魁之首。捐生狐伏，释作良民。继以松、叠绝隘，沟堑岩穴，筑营壮堡，延袤周维四百余里，险陡悉平，设关相守。于时振旅犒师，驻于西固城下，采摭土风，抚绥殊族。由是耆颐髫龀颂然，喜而进曰："阗北之隅十堠余，有梓潼君庙，自宋至元，雨旸灾眚，祷吁钟鸣，福及民物，迄今益著。受及兵燹荐罹，仅存遗址，祠植二柏，修围数仞，蔚然苍翠，挺森天表，乔干屈柯，龙飞虎踞，思若甘棠，忍勿剪伐。是以指挥马侯，乃淮东六合人也，稔神之灵，有裨于国，助我兴师，克全讨伐，宜当聿奖以广戴。"依遽尔募工，堑括墁瓨，飞甍楹桷，昂霄烜晕，丹雘绘像庄齐，熏膏旦夕，重峦叠巘，江色浮轩，湍涨回流，澄光照牖。东连阶壤，

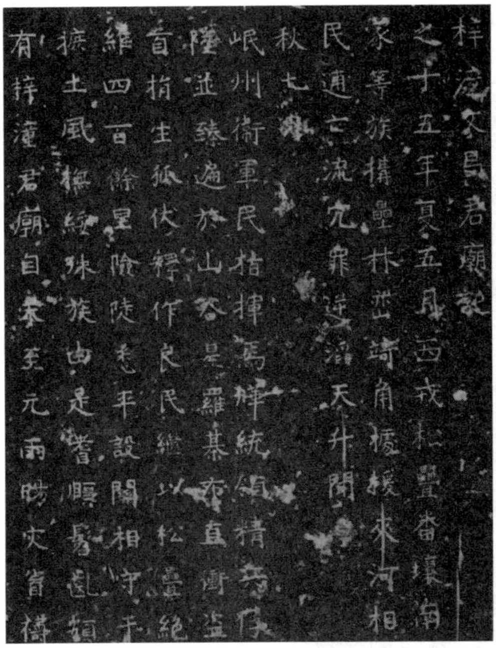

图 8-2　重建梓潼文昌帝君庙记局部

西抵戎獯，南控叠松，北通岷郡。逵途相远，千有余堠；蜂房相聚，千有余家。张□街记。王化斯沾，群氓安堵。今年秋，栋宇落成，千户姚富洎幕属寮寀，佥嘱予记。夫神圣功化，莫善昭彰，卫国佑民，寔惟植德，所以人酭厥功，腆斯永续。指挥马侯，恢廓规制，微显交孚，亘古耀今，稔兹陈迹。曰：

道本无方，默浮有体。渊魄悬虚，影涵澄泚。纬象厥明，万灵斯睹。赫彼玄勋，沃丰膏雨。民物尔依，千载崇祀。榱桷遽颓，不蔽旸毁。奂然轮然，栋翼嵩峙。德政懋敷，城墎如砥。奖神深功，寔伊马氏。笙簧时禴，翕若萃市。永叶天朝，皇图亿纪。

明洪武十六年癸亥秋七月庚申三日甲辰创造。

《大明重建梓潼文昌帝君庙记》（图 8-1），明洪武十六年（1383）镌立，今存宕昌县沙湾镇上堠子村文昌庙。碑纵 138 厘米，横 88 厘米。额楷书“大明重建梓潼文昌帝君庙记”12 字，字径 6.5 厘米。正文楷书 28 行，满行 29 字，字径 2 厘米。字体介于欧虞之间，又有魏碑意味（图 8-2）。《宕昌县志》[①] 所收碑文或谬或缺，现依拓本正之。

马烨，字德辉，淮东（今江苏省）六合人。明洪武十一年秋奉敕开设岷州卫。筑东（今岷县城）西（后所城）二城，立楼置门，伐木通道，缮兵由，建学校，治边安民，政绩斐然。洪武十五年，羌戎起事，朝廷命马烨率西安五十卫步骑 2 万人，直抵迭州征讨，获首领失剌谷奴以下 5000 余人。从此，域内得以安宁。至今流传着这样一首花儿：“一棵松树九条根，土匪耗的不成成。曹马老爷是佛心，三岔门上筑防城。筑下防城搬营兵，西路百姓得安生。”碑文所述与《新增岷州志·兵事录》相契：

洪武十五年夏，思窝纳邻洮源诸番反，上命指挥使马德辉率西安五十卫步骑二万，直抵叠城讨之，获番酋失剌谷奴并其下五千余人，遂移兵征乌斯藏。[②]

① 宕昌县志编纂委员会：《宕昌县志》，甘肃文化出版社，1995 年，第 636 页。

② 佚名：《新增岷州志》，载《陇右稀见方志三种》，上海书店出版社，1984 年，第 25 页。

《岷州志·艺文·创建城隍庙记》载：

（洪武）十一年秋八月，奉制设卫事，筑城垣、浚濠堑、备御镇。诛草莱，辟荒秽，为之城郭。闾闳其于公宇，盖未暇议也。既而马公德辉，以淮东六合郡人，敕掌卫事。公乃严号令、明赏罚、修营屯、缮甲兵、谨烽堠、均征赋、兴坠举废。凡仓廪、厩车、邮驿、棘狱、屋庐、坊牌、衢厂、楼橹、桥梁、关堑，皆焕然改观。桀猾者则威之以诛，良善者则怀之以德，贫弱者则绥之以安。不为利疚，不为威惕，咸依于法，使戎民妥服，莫有二心。时和岁丰，并享太平之乐。[1]

又《重修二郎神庙记》：

我圣朝龙飞抚运，及洪武十有一年戊午，命指挥使淮东马烨开设卫治。次年率兵讨平乌斯藏、思窝纳邻洮源番寇，边境宁乂。[2]

马烨谋略过人，志高刚正，个性不羁，因是马皇后之侄，耻于凭借族亲封官，靠忠诚与才干深受朱元璋信赖。马烨离开陇南后，委以贵州都督。

### （二）成县·明·张三丰《金莲洞题诗》（永乐五年，1407）

张三丰《金莲洞题诗》原迹不存。今金莲洞存明崇祯二年（1629）的《重修金莲洞记》有重刻诗文曰：

大明永乐五年九月九日，敕封真人三伴张卢龙到此留诗一首：

卢龙复遇金莲洞，别是重来一洞天；功成名遂还居此，了达天机入太玄。

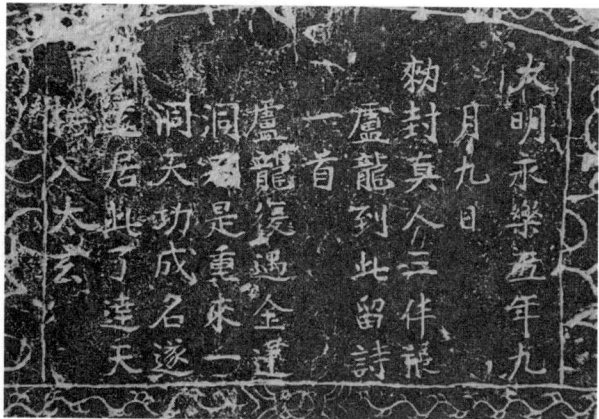

图8-3　张三丰金莲洞题诗（崇祯二年刻）

张三丰，名通，又名全一、卢龙，字君实、君宝，号玄玄子等。元明著名道士。以其不修边幅，人称张邋遢，辽东懿州（辽宁省阜新市）人，自称张天师后裔。传说其丰姿魁伟，大耳圆目，须髯如戟。张三丰事迹记载颇多歧异，行踪游止神秘莫测。明景泰七年丙子（1456）举人黄瑜的《双槐岁钞》曾论及张三丰关陇行踪："（张三丰）

① 汪元绗：《岷州志》，载《中国地方志集成》（甘肃府县志辑39），凤凰出版社，2008年，第158页。
② 汪元绗：《岷州志》，载《中国地方志集成》（甘肃府县志辑39），凤凰出版社，2008年，第159页。

本名君实，字全一，玄玄其别字也，自号保和容忍三丰子，元末居宝鸡金台观，辞世留颂而逝。民人杨轨山为棺殓，临窆，发视之，复生。乃入蜀抵秦，居武当，游襄邓，往来长安，历陇、岷、甘肃。永乐中，遣都给事中胡濙、道录任一愚、岷州卫指挥杨永吉访求，未获。"①《阶州直隶州续志》卷三〇《流寓》载："张三丰，明初遍著灵迹。尝寓阶州城东五仙洞（万象洞），留诗有云：'脉连地府三冬暖，窍引天光六月寒。'（《陈志》）后养真于成县金莲洞中。山明水秀，林茂竹修，洵称仙境。永乐御极，乃使给事中胡濙访求于此。时，三丰留诗避去，胡濙诗纪其事，今迹具在，名人题咏甚多。（《黄志》）"②

### （三）武都·明《胡濙题壁》（永乐五年至七年，1407—1409）

　　云梯直上接飞烟，万象森罗一洞天。到此了然无一事，不知何处际神仙。胡莹书。

　　到此了然无一事，不知何处际神仙。

《胡濙题壁》（图8-4），墨书题壁，约题于明永乐五年至七年（1407—1409），今存武都万象洞卧龙坝西壁。题壁诗纵40厘米，横35厘米，行书5行，自左至右书写，右下字迹虽因消退渐已模糊，但款题"胡莹书"三字清晰可辨。明蹇逢泰纂《阶州志》载有《明礼部尚书胡濙奉访张三丰题万象洞二首》，其一与《胡濙题壁》契合；另一首诗是："岩窝深杳路间关，百怪千奇秉烛看。钟乳石英成异像，玉田丹井护苔斑。脉连地府三冬暖，窍引天风六月寒。逐处总非凡世界，只宜仙子炼还丹。"③胡濙题壁墨迹，书法潇散率意，墨迹清润，笔法精熟，行笔挺拔。"濙"字题作"莹"，此与史籍所载不同。另外发现一处墨迹，内容仅书"到此了然无一事，不知

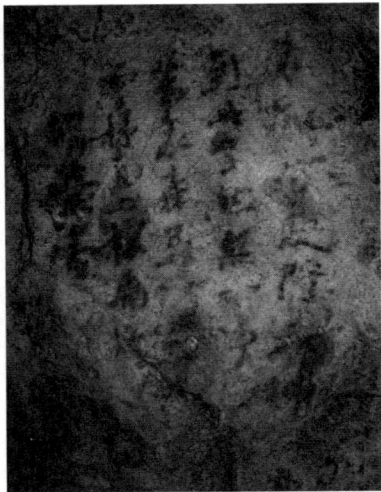
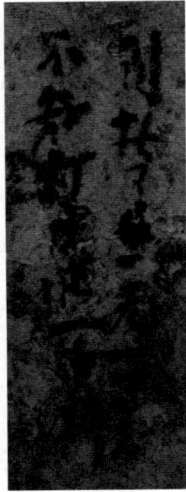

图8-4　胡濙题壁　　　　图8-5　胡濙题句

---

① 黄瑜：《双槐岁钞》，中华书局，1999年，第192页。

② 叶恩沛修，吕震南等纂：《阶州直隶州续志》，曾礼校点，兰州大学出版社，1987年，第309页。

③ 余新民修，蹇逢泰纂：《阶州志》，万历四十四年（1616）抄本。

何处际神仙"（图8-5），亦挥洒自如，二者体势相近，疑为同时所书。

《明史》卷一六九《胡濙传》载：

> 胡濙，字源洁，武进人……永乐元年，迁户科都给事中……五年，遣濙颁御制诸书，并访仙人张邋遢（三丰），遍行天下州郡乡邑，隐察建文帝安在？濙以故在外最久，至十四年乃还。[1]

胡濙永乐初出行的大致路线是：逆江而上，穿巴蜀，抵秦陇，继经金州入陕，后由陕至中原并还朝。除《胡濙题壁》外，今武都万象洞、成县金莲洞几通明代碑刻都提及张三丰、胡濙陇南行迹[2]。《徽郡志》卷八《艺文志》载有胡濙《金莲洞访张三丰》诗：

> 香书久慕下无边，遍访丰师感应虔。万载红崖生玉蕊，千年碧洞结金莲。云深喜见通明日，雨骤知逢暗淡天。峭壁真光熬永劫，赤心愿睹白衣仙。[3]

### （四）武都·明《王道和题壁》（永乐六年，1408）

> 仿真仙。采药人王道和、李景春，凤鸣人，永乐六年十二月廿四日到此。

《王道和题壁》（图8-6），明永乐六年（1408）墨书题壁，今存武都万象洞卧龙坝西壁，纵48厘米，横25厘米，楷书4行。

### （五）武都·明《李缶题壁》（永乐六年，1408）

> 阶州礼房司吏李缶，同凤鸣采药人王道和至此。

《李缶题壁》（图8-7），明永乐六年（1408）墨书题壁，今存武都万象洞卧龙坝西壁，纵32厘米，横20厘米，行书3行。

图8-6　王道和题壁　　　图8-7　李缶题壁

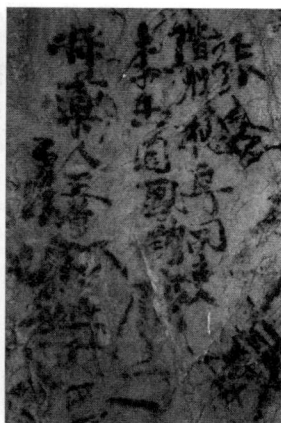

---

① 张廷玉等：《明史》，中华书局，1974年，第4534页。

② 蔡副全：《张三丰、胡濙陇南踪迹考》，《世界宗教研究》2016年第1期。

③ 孟鹏年修，郭从道纂：《徽郡志》，载《中国方志丛书》（华北地方·第三二九号），台北成文出版社，1970年，第220页。

## （六）武都·明《委官题壁》（永乐七年，1409）

陕西布政司委官刘，到此采药回还。永乐七年三月十一日。

《委官题壁》（图8-8），明永乐七年（1409）墨书题壁，今存武都万象洞天庭东壁，纵27厘米，横27厘米，行书混排7行。

## （七）武都·明《鲜原题壁》（永乐七年，1409）

武阶知州鲜原[一]，遣学正韩恭，训导游方，采药到此。永乐七年三月十一日记。

图8-8　委官题壁

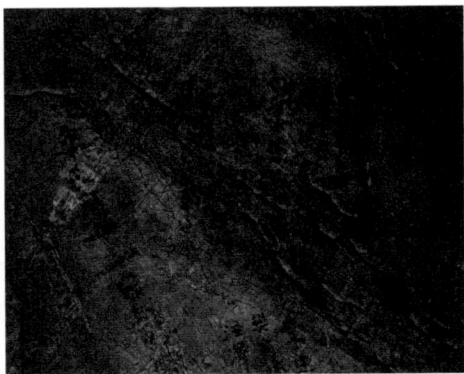

图8-9　鲜原题壁（张惠中、李婷婷　协拍）

[一]鲜原：明寒逢泰纂《阶州志》载："（知州）鲜原，四川马胡府人，贡士，永乐元年任。奉公守法，孜孜爱民，耆民耶朱儿等奏保复任。升山东盐运同知，宜祀名宦。"[1]嘉靖《马湖府志》卷二《人物表》："鲜原，泥溪人，监生，永乐初授阶州知州，升山东盐运司同知。"[2]曾礼《阶州志集校笺注·阶州志》据《武阶备志》校改为"解原"[3]，误。

《鲜原题壁》（图8-9），明永乐七年（1409）墨书题壁，今存武都万象洞天庭东壁，纵60厘米，横50厘米，行书6行。

---

① 余新民修，寒逢泰纂：《阶州志》，万历四十四年（1616）抄本。
② 余承勋修：《马湖府志》，载《天一阁藏明代方志选刊》，上海古籍书店影印嘉靖刻本，1963年。
③ 曾礼校注：《阶州志集校笺注》，甘肃人民出版社，2013年，第21页。

## （八）武都·明《杨冕题壁》（正统七年，1442）

正统七年十月十九日，巩昌府通判李玉暹，学正潘琼[一]至此。阶州太守杨冕[二]遂赋诗一绝：

偶来乘兴看仙踪，万象森罗趣无穷。池设石窠真可爱，堪比□身□□□。

[一]潘琼：阶州学正。明《阶州志》："（阶州学正）潘琼，举人。"

[二]杨冕：阶州知州。明《阶州志》："（知州）杨冕，四川安岳人，进士。成化中任，性刚心慈，不苛不懦，人称其有循良风。"[1]

《杨冕题壁》（图8-10），明正统七年（1442）墨书题壁，今存武都万象洞卧龙坝西壁，纵81厘米，横42厘米，行书混排8行。

图8-10　杨冕题壁

图8-11　虞关巡检许清修路记

## （九）徽县·明《虞关巡检许清修路记》（成化三年，1467）

虞关巡检许清，字文澄。因见山路数处崎岖陡峻，往来乘驴策马，驮轻负重，挨排难行，坠落崖河，伤死者甚多。澄发心令男许琳、许瑛、司吏卜连率领兵牌人等，用工开修，更异坪坦，立石为铭者矣。

时成化三年岁次丁亥三月吉日就石。大真述书。（成化三）

---

① 余新民修，塞逢泰纂：《阶州志》，万历四十四年（1616）抄本。

《虞关巡检许清修路记》（图 8-11），明成化三年（1467）摩崖刻石，今存徽县虞关老街、嘉陵江西岸马梁山中段。摩崖纵横各 100 厘米，楷书 8 行，字径 6 厘米，石刻所在距虞关古渡较近。虞关，又称鱼关，为蜀口要隘，唐宋以来于此设关，明置巡检司。《徽县志》卷一《山水》载："鱼关，铁山西南麓，唐置鱼关驿，为蜀口要隘，宋曰虞关，设转运使于此，明为巡检司治。"①《徽郡志》卷五《秩官志》有"虞关巡检：艾忠、董全、孙继宗、石廷荣、汪时新、胡熙训、梁尚文"② 七人，独不载许清。

### （一〇）武都·明《西凉僧题壁》（成化九年，1473）

云游山僧八众持长洞曹洞宗海遍海……僧二位□海湖海……江……名。大明成化玖年贰月拾捌日记。西凉僧题□。

《西凉僧题壁》（图 8-12），明成化九年（1473）墨书题壁，今存武都万象洞天庭西壁，纵 50 厘米，横 35 厘米，楷书 7 行。

图 8-12　西凉僧题壁

### （一一）武都《明故大善知识端竹省告脱化记》（成化十六年，1480）

永垂千古（题额）

朝阳卧龙仙（下题）

明故大善知识端竹省告脱化记[一]

盖大士乃陕西西安府咸宁县白良村人，民苏敬次男。天顺七年正月内本县石佛寺出家，授礼瞿昙□□□□大恩师喇嘛金敦领占为师。成化元年四月内披剃为僧，番教十五年，云游阶州陈家坝龙兴寺，俗徒闫玉、刘全、董恩恭、王志祥、李恕、李宽、闫成、张文显、李明兴等受戒供斋，本月十五日[二]入禅，三月十五日出禅，二十五日[三]早辞别众施主[四]。二十六日同门徒□□[五]。日正□□仙洞崖，无病脱化[六]。而僧俗来吊望者千有余人，三日不绝……

成化十六年二月初九日，阶庠生……

---

① 张伯魁：《徽县志》，载《中国方志丛书》（华北地方·第五六二号），台北成文出版社，1976 年，第 68 页。
② 孟鹏年修，郭从道纂：《徽郡志》，载《中国方志丛书》（华北地方·第三二九号），台北成文出版社，1970 年，第 118 页。

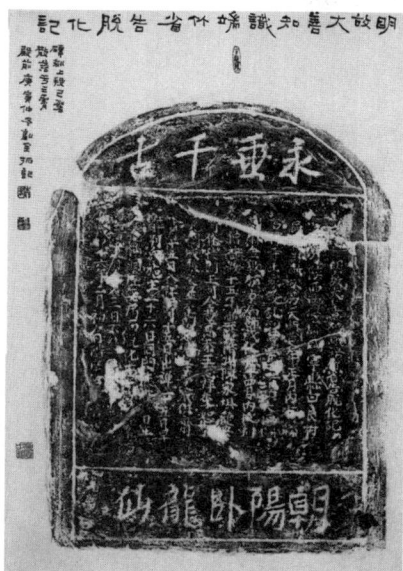

图 8-13 明故大善知识端竹省告脱化记

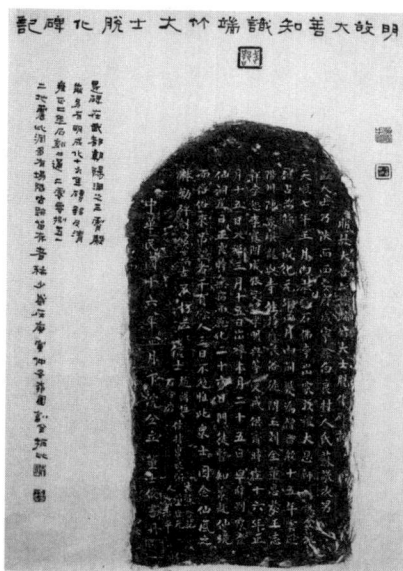

图 8-14 明故大善知识端竹大士脱化碑记

《明故大善知识端竹省告脱化记》（图 8-13），明成化十六年（1480）砖刻，今存武都朝阳洞。砖刻上段已裂，文渐泐灭。纵 52 厘米，横 39 厘米，厚 8 厘米。额题楷书"永垂千古"4 字，下部题"朝阳卧龙仙"5 字，字径 5.5 厘米。正文楷书 13 行，每行约 15 字，字径 1.5 厘米。

**附：武都《明故大善知识端竹大士脱化碑记》（民国十六年，1927）**

明故大善知识端竹大士脱化碑记[一]

盖大士乃陕西西安府咸宁县白良村人氏，苏敬次男。天顺七年正月内本县石佛寺出家，授礼大恩师喇嘛金敦领占为师。成化元年四月内削发为僧，番教十五年，云游阶州陈家坝龙兴寺住持，应教俗徒闫玉、刘全、董思恭、王志祥、李恕、李宽、闫成、张文显、李明兴等受戒供斋，时在十六年正月十五日[二]入禅，三月十五日出禅，本月二十五日[三]早辞别众[四]，登仙洞崖，日正良时，无病而脱化[六]。二十六日门徒暂知，众赴仙境[五]。而僧俗来吊望者千有余人，三日不绝。惟此，众士因念仙风之体，勒碑刻铭，万古不朽云[七]。

信士：赵锡恒、石合秀。住持：曹良弼。首人：苏含花、董世元、康治平。

中华民国十六年正月下浣仝立。董士俊书丹。

民国《明故大善知识端竹大士脱化碑记》石刻（图 8-14，以下简称"石刻"），与明《明故大善知识端竹省告脱化记》砖刻（以下简称"砖刻"），同在武都朝阳洞。"石刻”于民国十六年（1927）由董士俊书。纵54厘米，纵28厘米，楷书12行，行23字，字径1.8厘米。有阴线棋子方格，但文字未按格子书写。二刻所叙同一事件，而文字略有差异（见下表）。

| 注释 | 明"砖刻" | 民国"石刻" |
|---|---|---|
| [一] | 明故大善知识端竹省告脱化记 | 明故大善知识端竹大士脱化碑记 |
| [二] | 本月十五日 | 时在十六年正月十五日 |
| [三] | 二十五日 | 本月二十五日 |
| [四] | 早辞别众施主 | 早辞别众 |
| [五] | 门徒□□ | 门徒暂知，众赴仙境 |
| [六] | 日正□□仙洞崖，无病脱化 | 登仙洞崖，日正良时，无病而脱化 |
| [七] | 无此句 | 惟此，众士因念仙风之体，勒碑刻铭，万古不朽云 |

## （一二）徽县·明《北禅寺铁钟铭》（成化十六年，1480）

　　皇图永固，帝道遐昌，佛日增辉，法轮常转（篆额）

　　维大明国陕西巩昌府徽州栗亭川永昌禅寺，丛林古刹，道场一所，无有明钟，遇缘陕郡庆阳府宁村荆村里王氏，乾州永寿县云齐寺禅僧，受四川成都府地民石径楚山和尚门人传受临济二十四代，游方到徽州北禅院，发心仰叩十方禅那，愿舍资铜铁银两阁针闻釿，铸造明钟一口，共辖四千斤，日增万倍福禄者矣。计开本山僧正司僧曠，无尽同发心僧嵒，古梅福沁量晓空本山住持云瑞峰清湛圆，徒曩碧天最大千晕古鉴律霖，惠演、惠注，行童普琔、普琇、普瓔、普玉、禄儿、扁头论针六千利儿，百禅一家，锁方儿。庆寿寺长老经□徒律霞论宝方，僧人全宝山……（以下人名略）

　　成化十六年拾一月造。陕西西安府泾阳县金火匠人陈辉、男陈绪造。

　　北禅寺铁钟（图8-15），原在徽县伏镇北禅寺，1983年移至徽县文化馆。钟高148厘米，口径137厘米，厚12厘米，重约2000公斤。钟腹上层方格篆书16字；钟腹中、下层方格为楷书铭文，述铸钟缘由，列工匠及捐资人姓名（图8-16）。《徽县志》载："钟上方置双龙纽，二龙首北向，龙嘴及爪紧贴钟顶而卧，身躯隆起作

图8-15　北禅寺铁钟

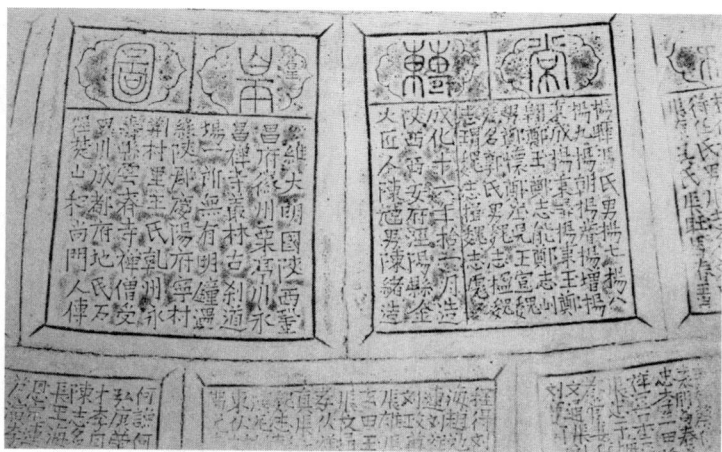

图 8-16　北禅寺铁钟铭局部（刘长安　协拓）

穿，钟肩有直径 8.5 厘米圆孔 4 个，饰莲花图案。钟腹分上下两层，各分 8 方格，每相邻两格间饰隆起三棱形隔梁……再下饰一绳状弦纹，跣部有钟耳 8 朵，耳上浮铸缠枝牡丹花纹。"①

## （一三）武都·明《重修福庆寺碑阴记》（成化二十三年，1487）

重修福庆寺碑阴记（楷额）

重修福庆寺碑阴之记

重修本郡功德施主王秀书丹。

大明国陕西巩昌府阶州佛堂里干间坝居住。发心修殿，舍财打石佛。功德主王文政同男王顺、王秀、王智、王斌、王茂、王岩、王朝、王翰、王龙、王虎等。

昔因前代宗祖、祖父王不然，卒然之间，一语一默，观之龙凤山所秀之地，而意之所存。近望南山对仙景，所出之方，举接物之所爱，乃为之贵，则行五行之秀者，为人之精妙也。详其义之所在，故不笃也。就舍福地内外方圆一所，修福庆寺院，立名矣。虽过载以久，寺院倒塌无影，留名于后世，人之尝不忘，似乎善也盛。是以修行，则以四方之远知焉。惟心顾神会，亦为知矣！我则卒无倡狂之心焉，则亦克念天显，以尽其善哉，果能报乎？一心乾乾，要必及盖仍旧寺院，非舍之乎？习祖没之德行。如不重复修理，比事南山灵台仙堂，乃视古迹盛景之处，如是依旧在之仁。所望空所敬不尽，犹蔽跻尔贵乎祖传之焉，不移于世试矣。抑论之为天命之难，鸣穆不夷，殊不知佛老之贵，黎民阻饥，生养不遂，则五行不聚

① 徽县志编纂委员会：《徽县志》，陕西人民出版社，2003 年，第 819 页。

者，至于草木鸟兽而未得其所也。今夫乃能一心发善，在已终终，要必重复。及盖古迹寺院，而未著于时也，似乎何为之善哉？而意之所赐者，就遇妙匠也，果能为乎？祖贯庆阳府宁州，姓李字贤，侄李宗义，用工彫刻，上曰："原修施主，一心自舍资财，齐粮日，每用心。恭敬不缺于外者，即为修善之家与。一心造象修殿，喜应无怨，陈力就烈，启打石佛一堂，修理宝寺一所。完备之日，内供一堂之圣象。仍夫告立，因得无择，果蒙保国镇家，福临祸除之恩。告之，则必善畈善位，精微深妙而未易知也。"

功德主王文政（以下人名略）

成化贰拾三年丁未春三月初一日立。同修弟王文明、李氏，侄王忠、王佑，崇孙王修。

图 8-17　重修福庆寺碑阴记
（满正人、刘永忠等　协拓）

《重修福庆寺碑阴记》（图 8-17），明成化二十三年（1487）镌立，今存武都汉王镇龙凤山福庆寺。碑纵 84 厘米，横 51 厘米。额楷书双勾"重修福庆寺碑阴记" 8 字列 2 行，字径 5 厘米；正文楷书 22 行，满行 32 字，字径 2 厘米。

## （一四）宕昌·明《张善墓志铭》（弘治二年，1489）

大明诰封嘉议大夫都察院右副都御史张公之墓（篆盖）

明故封嘉议大夫都察院右副都御史张公墓志铭

赐进士出身、嘉议大夫、礼部右侍郎兼翰林院学士、知制诰、同知经筵事、国史总裁洛阳刘健[一]撰文。赐进士出身、翰林院侍讲学士、奉直大夫、经筵官兼修国史长沙李东阳[二]篆盖。徵侍郎、中书舍人、直文渊阁侍经筵官、预修国史永嘉柳楷[三]书丹。

弘治元年四月一日，封嘉议大夫、都察院右副都御史张公卒于陕西岷州卫，其子右副都御史锦[四]，时奉命巡抚宣府，乞归守制。朝廷加恩，特遣官谕祭，且

图 8-18　张善墓志铭篆盖

图 8-19　张善墓志铭（李彬彬　协拓）

命有司营葬事。锦得命，将以明年三月廿四日葬公于岷州南宝盖山，具事状，请为葬铭。余与锦远祖俱徙自河南之太康，尝敦乡好，不可辞，乃按状序而铭之。公讳善，字伯祥，姓张氏，其先河南太康人。曾祖敬，仕元，至参知政事。国初，尝为湖广岳州卫指挥，寻以元旧臣谪戍陕西岷州，遂家焉。祖兴。父文信，母陈氏。公蚤失怙，事母极孝养，然性耿介，与人寡合，乡人会饮多不与。虽冠婚之会，亦未尝久留。无事辄危坐，言不妄发，故乡人敬畏。有争辩，率造之求直，面折人事非，不以为忤焉。尝以卒役屯田，虽贫甚，岁输未毕，不敢先谋衣食。时屯地广阔，人竞置产，公独延师训其子，或讥其迂，公语之曰："非，但欲其成器，使少知礼义，即不为非，辱及其先，此不愈于遗之以厚产乎？"成化丙戌秋，胡寇入境，人皆逃避，公言于众曰："贼所欲者，利也。今乘间入，得利即去，必不深入。"已而果然。未几，寇复至，公又言曰："近边被掠已尽，必将深入。"遂携家远避，贼果越境百余里大掠。其识见过人，多类此。己丑，锦第进士，得假归省，公戒之曰："人之才质高下，固系乎命，而居官廉贪则由乎己，尔宜努力，毋负所学。"辛卯，锦授刑部主事，始得俸银三两，即寄归，而失题所从来，公即封还，更赐银如数以勉之。甲午，以锦貤恩封刑部主事；癸卯，封大理寺丞；丁未，锦升右副都御史，巡抚宣府，遇朝廷上皇太后徽号覃恩，遂进封嘉议大夫、都察院右副都御史。公既雅性耿介，及进秩都宪，愈尊重。简出入，恒居村落，足迹未尝及城市。明年三月廿五日，感末疾，知不起，始徙于城居。越六日，衣冠与亲故从容诀别而卒。距其生永乐辛卯二月十二日，享年七十有八。配赵氏，有贤德，先公三十二年卒。子男五：长铭，次锐，次即锦、次铎、次镛。孙男九：潜、淳、渊、澜、渥、沐、浑、滂、沛。女五，许适岷州卫指挥洪寿子范、罗瑄子凤，余尚幼。余虽与锦相厚，而未及识其父，恒以锦之为人求之，意必一隐德君子，今观事状所述，岂惟可以验余意之不爽？而锦之为人、立官、行己卓然可称，固亦有自矣！是宜有铭，乃为之铭曰：

　　张氏之先，显名搢绅。中更迁谪，克绍有人。挺挺封君，不随流俗。一语一默，前人芳躅。箕裘之业，都宪是承。发奸涤弊，凛然足称。先民有言，公侯复始。勒词贞珉，以昭厥美。

[一] 刘健（1433—1526）：字希贤，洛阳人。天顺四年（1460）进士，弘治二年（1489）任"礼部右侍郎兼翰林学士、知制诰同知、经筵事国史总裁"，同年在徽州撰《徽州重修庙学之记》。《明史》卷一八一《刘建传》赞曰"健学问深粹，正色敢言，以身任天下之重"，"器局严整，正己率下"，"其事业光明俊伟，明世辅臣鲜有比者"①。

①张廷玉等：《明史》，中华书局，1974年，第4810页。

[二]李东阳（1447—1516）：字宾之，号西涯，茶陵（湖南茶陵）人。明代中后期茶陵诗派的核心人物，诗人、书法家、政治家。"四岁能作径尺书"，书此墓志篆额时官"翰林学院侍讲学士、奉直大夫、经筵官兼修国史"。尝与"首辅刘健等竭心献纳，时政阙失必尽言极谏"。《明史·李东阳传》称其："为文典雅流丽，朝廷大著作多出其手。工篆、隶书，碑版篇翰流播四裔。"①周密《须静斋云烟过眼录》云："西涯篆书，魄力雄厚，直逼松雪翁。"

[三]柳楷：徐沁《明画录》卷三载："柳楷，字文范，号万竹山人，永嘉人。工诗文，山水亦称合作，与立纲同官。"②

[四]锦：即墓主张善之子张锦。清·汪元绸《岷州志》卷一六《宦望》载：

> 张锦，字尚绸，号松鑿，以进士任刑部司官。鞫谳明允，审录山东，平反甚众。会他司失官金，属锦按之，屡鞫不承，遣人绐其家，得金示之，遂伏罪。畿辅灾，以锦往赈，平粜劝贷，分遣良吏馈给之，所活不可胜计。方山庆城二王府有大狱，奉命往治，还，迁大理右丞。再奉命治岷襄二府狱，情罪皆协。寻转左丞，擢副都，巡抚紫荆等关，进少司寇。卒赐祭葬，修撰康公海为之状，长沙李公东阳志其墓。公为人孝友，忠诚出于天性，居官以清谨为本。至易簧之日，犹惓惓于军民疾苦，不为私家子孙计。时论重之，祀乡贤。③

《张善墓志铭》盖（图8-18）志（图8-19）一合，明弘治二年（1489），刘健撰文，李东阳篆盖，柳楷书丹，今存宕昌县文化馆。志、盖等大，纵65.5厘米，横66厘米。篆盖5行25字曰"大明诰封嘉议大夫都察院右副都御史张公之墓"，其书法苍劲婉通，得力于李斯、李阳冰。志铭35行，满行36字，字径1.3厘米。

## （一五）徽县·明·刘健《徽州重修庙学之记》（弘治二年，1489）

徽州重修庙学之记（篆额）

徽州重修庙学记

赐进士出身、嘉议大夫、礼部右侍郎兼翰林院学士、知制诰同知经筵事、国史总裁、洛阳刘健撰。

赐进士出身、资善大夫、户部尚书、侍经筵官、襄城李敏[一]篆额。

赐进士出身、通议大夫、南京大理寺致仕、卿加资政大夫、前监察院右佥都

① 张廷玉等：《明史》，中华书局，1974年，第4824页。
② 徐沁：《明画录》卷三，载顾修《读画斋丛书》，嘉庆四年（1799）顾氏刻本。
③ 汪元绸：《岷州志》，载《中国地方志集成》（甘肃府县志辑39），凤凰出版社，2008年，第150页。

图 8-20　徽州重修庙学之记（宋涛　协拓）

御史、乾阳宋钦书丹。

我皇明法古为治，学校之设遍于海宇。然而教化之行，人材之出，不能以皆盛，此盖系之司作兴之责者，何如耳？作兴得其人，则虽僻陋之域，可使为文明之邦。昔之人若文翁者守蜀，蜀地僻陋有蛮夷风。文翁遣其民就学京师，又修起学官于成都，招其子弟为学官弟子，亲饬励之，由是蜀地大化比齐鲁，此可见已。徽去长安西逾千里，即汉河池县地，屡为羌戎所居，其士风文化比之长安近地且有不逮，况四方之郡邑之盛者乎？故学官宣圣庙，虽建自国初，而迫狭芜陋，不称规矩，士大夫咸病之。郏县刘君济来知州事，一谒庙之顷，即有作兴之意。学官后有山曰"钟楼"，去明伦堂稍远，于是先即山巅建御书阁，山之前明伦堂后建讲堂，堂之前为诸生舍十有二楹，以联属山脉。既又大取材于山，取瓦甓于陶，取羡余之财于官、于士民之愿助者。遂即明伦堂旧基稍西建堂，堂之前建大成殿，殿之前建东西二庑，戟与灵星二门，以至学之斋舍、厨库、仓庾、门垣之属，悉易旧以新，焕然弘丽。经始于成化丁未冬，落成于弘治改元秋。一举事而使神明之奠享有严，师生之瞻依得所，此固能急有司之先务矣。而刘君起家河南，乡荐优等，平居事亲以孝称，亲终庐于墓三年，有紫芝之应，朝廷旌表其门间，可谓学行兼备矣。以此作兴，倡导诸生，则于急先务之中，又为得其本焉。夫学所以明道也，道之讲明，虽有待于圣贤之遗言遗训，而其根源则具于人之一心。天之付畀，人人均齐，道固无往而不在焉。况我皇明之制，凡学校，无间偏州下邑，皆有通儒之除授，经籍之颁赐，其所以讲明造就之者，又非汉初比。今刘君于徽之诸生，作兴倡导，以言以身，诚无怠于初心。吾知徽之士风文化，自是将丕振大行，而人材之出彬彬其盛矣。岂但如文翁之于蜀而已哉！刘君于余为乡人，间以天子新即位，入贺京师，过余，道其事，求为记。余重其人，且政能知先务，故乐为之书。然是役也，其一时僚属有协相之力者，若判官刘俊、廖元孜，吏目陈大伦[二]，亦不可泯泯无闻，乃并书于后，以告徽之人及继此而仕者，使有考焉。

大明弘治二年岁次己酉夏五月。奉

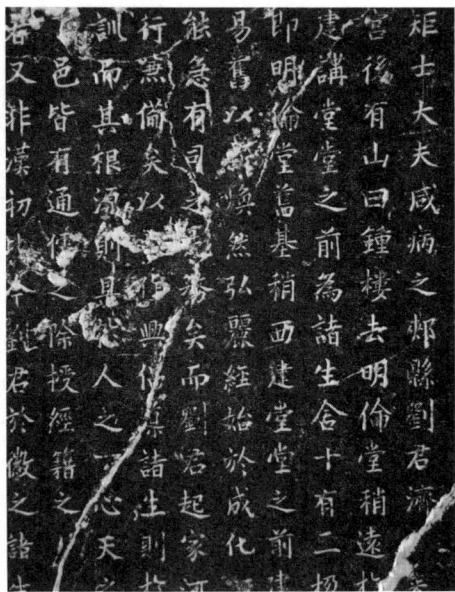

图 8-21 徽州重修庙学之记局部
（宋涛 协拓）

训大夫、知州郏刘济<sup>[三]</sup>立石。儒学学正泸阳王贤<sup>[四]</sup>督工，阴阳学典术罗让，徽山驿丞杨英，从仕郎判官崇庆刘俊、富顺廖元孜，训导新都吴祥，虞关巡检司巡检刘聪，医学典科胡学，将仕佐郎吏目邻水陈大伦，苍溪侯志学，火钻批验茶引大使朱珍，僧正司、僧经曦，税课局大使卢景春，火钻考满大使董宽。

[一]李敏：《明史》卷一八五《李敏传》："李敏，字公勉，襄城人。景泰五年进士。授御史……（成化）二十一年改督漕运，寻召拜户部尚书……弘治四年得疾乞休，帝为遣医视疗。已，复力请，乃以叶淇代，诏敏乘传归。未抵家卒。赠太子少保，谥恭靖。"①

[二]判官刘俊、廖元孜，吏目陈大伦：《徽郡志》卷五载：判官刘俊，四川重庆人，成化二十年任。旧志称有惠政。廖元孜，四川富顺人，成化二十三年任。吏目陈大伦，四川邻水人，成化年任②。

[三]刘济：明成化末徽州知州。《徽郡志》卷五《秩官志》载："刘济，字洪仁，河南郏县人，举人，成化二十二年任。家居孝亲，亲没庐墓，居官岂弟，政务平易节省，里甲一毫不妄取。建学校，作兴士类，至于爱养元元，实古之循良也。故曰：求忠臣于孝子之门，殆济之谓与。历升辽东苑马寺少卿，入名宦祠。"③

[四]王贤：徽州学正。《徽郡志》卷五："学正王贤，字用之，四川泸州人，由举人成化二十三年任。立教以风化，自任克振师范，尝修郡志，但为他事误。去，士人惜之。"④

刘健《徽州重修庙学之记》（图8-20、图8-21），明弘治二年（1489）镌立，洛阳刘健撰文，襄城李敏篆额，乾阳宋钦书丹。碑原在徽县原政府后院，今迁入周主山。纵220厘米，横108厘米，楷书29行，满行48字，字径2.5厘米。《徽郡志》有录文而不完整，题作《重修庙学记》，题下注："洛阳刘健，大学士。"⑤

## （一六）武都·明《阳汤老龙王题壁》（弘治二年，1489）

文县阳汤老龙王，后门至。弘治二年十月二十日到洞。卿老十七人：冯、吕、

---

① 张廷玉等：《明史》，中华书局，1974年，第4893页。

② 孟鹏年修，郭从道纂：《徽郡志》，载《中国方志丛书》（华北地方·第三二九号），台北成文出版社，1970年，第101—106页。

③ 孟鹏年修，郭从道纂：《徽郡志》，载《中国方志丛书》（华北地方·第三二九号），台北成文出版社，1970年，第89页。

④ 孟鹏年修，郭从道纂：《徽郡志》，载《中国方志丛书》（华北地方·第三二九号），台北成文出版社，1970年，第110页。

⑤ 孟鹏年修，郭从道纂：《徽郡志》，载《中国方志丛书》（华北地方·第三二九号），台北成文出版社，1970年，第188页。

李、王、侯、门、赵、冯、石、子、申、镡。

《阳汤老龙王题壁》（图 8-22），明弘治二年（1489）墨书题壁，今存武都万象洞卧龙坝西壁，纵 35 厘米，横 17 厘米，楷书两方共 10 行。

### （一七）礼县·明《赵氏寿考墓碑》（弘治七年，1494）

公讳玹，字玉华，乃金时征行大元帅秦国公赵忠宣之苗裔。公娶白氏，封夫人，生十子曰：国瑶、国英、国宝、国材、国富、国安、国良、国能、国智、国显，各有子，职现政，题易□举。国瑶授父爵，生三子：长曰世荣，仲曰世延，季曰世美。世荣仍授世爵，世延授奎章内阁大学士至鲁国公，当有《家庙记》存。世美授武爵。世荣生一子深持，亦授祖爵，生二子：长曰崇，次曰胜，亦授祖爵。至末洪武改元。明年归附巩昌郭金都督下，降任秦卫礼店前千户所正千户。粤洪武二十年，调任山西蜀州卫正千户，

图 8-22 阳汤老龙王题壁

相传迨孙赵俊现袭厥任，惟胜遗流在兹，出民籍，入白阳里，图主守祖茔，生三子：曰鹏、曰鸿、曰鹤。鹏娶翟氏、贾氏，未仕。鸿生二子，长籍，次琼。琼生二子，长曰仕勇。仕勇生二子，长讳贤；次讳良，良习科举业，为儒林巨擘士。璟有三子，长雄，仲海，俱早逝；季佑。海生得保；佑生泰和。鹤生一子，名通。通生一子天助，天助生一子廷阶，俱务本世业。鹏未嫡生，祀生一子三女，子即今外士翁玹也，长女招南京百户陈聚，男义，承赵门籍。义生二子，长英、次福。英有三子曰禄济，曰禄山；仲女归于百户马老爷弟璘，季女归于百户张老爷弟华。玹翁娶张百户祖姑，生三子，长讳澄，仲讳清，季讳深；生一女归王门，礼诗家声，人所敬仰。澄三子，曰廷艺，曰廷林，曰廷卿。清生一子曰廷璧。深生一子曰廷尉。廷卿、廷璧，在儒林俊士员。玹翁永乐壬寅年相，十一月二十戊时生，享寿七十有三，于弘治甲寅年正月二十五日子时善终于家，本年二月二十五日，葬于祖茔。呜呼！生而良善，可称世远而名愈芳。玹乃征行大元帅，阁老翰林之华胄，厥祖之芳名富贵，超今迈古，德行优长，砥砺山河，光耀星斗，照人耳目，赫然如日。□事翁，乐慰眈龊，尘视万钟，教子孙耕读世业，处亲邻忠义有根，虽不屈事王侯，安处善，有恒产，修德不惓，乡党以仁人目之，所谓年弥高而德弥劲者也！今则脱尘去世，乘白云而游帝乡，其生顺死安，又何憾焉！意德善复昌，天道无□，令家器澄见冠

带，省祭在他日，授爵有邦，膺亲翁之恩，大显达，大禄秩，虽未能绍夫元帅翰林之高级，然而贻贴厥孙谋，必自下而中，由中而上，九京之下，乌可量耶！述翁善未竭，故又著诸铭，铭曰：

好古乐道，躬耕汉阳。方巾大带，掠政济民。公傅等伦，诗礼宣扬。泥涂轩冕，金玉稻粱。无官守责，遗子孙长。理乱事识，荣辱何伤。平生随分，康泰如常。七旬以上，八十几将。有德有寿，克顺克昌。一旦辞世，千载流芳。裕后百福，超前倍光。嗟哉没矣，名不朽忘。

大明弘治七年岁次甲寅二月二十五日。嫡孤子赵澄等哀泣立石。秦州坊下万廉守洁镌。石匠王忠昌。

《赵氏寿考墓碑》，明弘治七年（1494）赵澄等立石，碑原在礼县石桥乡石碑村，今佚。铭文据《礼县金石集锦》[①]录入。

## （一八）两当·明《题立禅林碑记》（弘治七年，1494）

图8-23　题立禅林碑记（杨雷　协拓）

阳山西城宝峰院云平寺中峰山观音堂（题额）

题立禅林碑记之叙

云水道人杨道宏书。

维大明国陕西道巩昌府徽州两当县重石里天门后川阳山西城宝峰院云平寺中峰山观音堂，至唐朝年间古迹道场，后于景泰五年开山，于弘治三年重建，僧人性月，号古松，发心修造钟鼓云磬石装盆，竖立为纪。伏以混沌未分，盖古圣人无

---

① 魏礼、金作砺主编：《礼县金石集锦》（内部资料），天水新华印刷厂，2000年，第271页。

极，于太森罗万像，乾坤世界包含大道日月之正也，天坔（地）之恩也。伏羲、神农、轩辕，儒教以穷理尽性，释教以明心见性，道教以修真炼性。乃有古松授禅宗五派，藏教演三乘，悟明心，圆通了，越死超生，划住世物外，红超凡珑如虚空。同合院之僧众，登大雄之宝，度十方之善缘，乃众信之诚心，国泰风调之雨顺，宇宙宽洪之安妥。过去高流登宝地，见存合院增重智，曰尊曰卑，同赴龙华之三会。乃徒乃孙，早登乃道之真空。祝文已毕焉哉乎也。

　　旹（时）弘治七年季粤旦日立石。石匠田志学。

　　智道得广福，惠圆明性海，妙用悟了真。祖爷：惠云、园通。师长：明端、明潮、明进、明清。师弟：海香。道友得秀。住持，性月，号古松。徒：海亮、海福、海准、海锦、海宏、海禄、海囗、海得、海囗、海锐、海宪、妙囗、妙未、妙囗、妙芳、妙囗、妙忠、妙真、妙迪、妙囗、妙朱、妙空、妙退、妙悟……用顺、用然、用心、用禅、用了。囗僧会司，道囗囗道囗囗能……计开囗囗囗东至阳山，南火囗登、西石山，北囗囗山为记。寇立……杨志记、烟锐。造像功德主：李清、杨忠礼、刘安、冯让、刘彪、李忠、赵囗、李佐、冯俊、杨彪、冯囗、王囗、王法、王勉、李义、刘囗、李囗、毛见、囗囗、囗囗、韩通、朱祥、张贵、王贵、任信、李景、李旺。

《题立禅林碑记》（图 8-23），明弘治七年（1494）镌立，杨道宏书，今存两当县云坪乡西沟峡棉老村骑龙寺。石幢八棱，纵 62 厘米，直径 32 厘米，其中两棱面宽 16 厘米，其余棱面宽 12 厘米。额阴刻"阳山西城宝峰院云平寺中峰山观音堂"16 字，或楷或篆，字径 7 厘米。正文楷书 35 行，满行 16 字，字径 3 厘米。《题立禅林碑记》铭文曾见录于孙晓峰《甘肃省两当县西姑庵佛教遗址考察》一文[①]，释文脱误较多，今以拓本补正。

## （一九）康县·明《报恩寺碑记》（弘治九年，1496）

　　佛之教，自汉明帝间兴，西城有神，其名曰佛。因建茶培之天地，求其道、得其书，及以归，于国中始传其术，图其刑像，以为翊翼，扬化之耶。故自汉历今，凡名山胜地，在在有寺有像，虽寺之废与兴不一，而诱人为善、戒恶之教则莫能废也。西固去所治西五百余里之寺沟，旧有古迹，系西固城东山寮洞之祖业梵刹。稽断碑，榜曰"报恩寺"，自先（朝）宋嘉祐前，人修设殿刹、佛像囗囗囗囗雨颓半为也。自幼礼岷州东寺番僧赞巴扎石为师，业禅教，时弘治玖年到此，念生死囗囗囗囗游访道念，言杨觉证，从新鼎修正殿三间，内塑清净、昆卢、释迦三大

---

① 孙晓峰：《甘肃省两当县西姑庵佛教遗址考察》，《石窟寺研究》2012 年第 3 期。

图 8-24　报恩寺碑记（满正人　协拓）

佛，左右十六罗汉，□□□□西边有龙神，盖各有神像，□夫□□陶以次而就。凡木□之颡，无不美德松门。至今成化四年四月十八日，□字而功修完□□□然佛□上，可以祝圣寿，亦可以化愚俗，□人天之□目，祈一方之利益，被世人不见、不信、不彤、不诚。故教一□□□知所□教知所敬，言戒知则智慧明，而善心□复，恶心□□证此大觉，盖不难也。□新□□□□心□证□□觉正是一境之人，观此□人心自明，天理不□愚俗可化良善人，天之小□□□□之嗣法者□能心如师之心……如宗能□人为善。故次其始末而为之记云。

弘治玖年四月初八日建立。

士庶：洪海、湛演、得祥、徐泰演、徐泰朝。

亲教师番僧：赞吧扎石、灵顶、道宗。读书敕赐梵严院。脱学释子：满寿、满隆、惠能、满秀、智月。

立碑信士：杨觉证、同缘王氏妙海。男：杨熙、杨浩、杨升；男妇：严氏、闫氏、杨氏。婿男严海、杨氏。孙杨继业；孙女：黑□、杨□。

小伴，良儿。弟：杨荣、杨惠；侄：杨景、杨□、杨满。

《报恩寺碑记》（图 8-24），明弘治九年（1496）立石，今存康县太石乡阳南山阳光寺。碑纵 130 厘米，横 70 厘米，楷书 19 行，满行 36 字，字径 2.5 厘米。

## （二〇）武都·明《胡文通墓志铭》（弘治十年，1497）

慎独处士胡先生墓志（篆盖）

（慎独处士胡）先生墓志铭

（丙午科）乡贡进士、门人李文明[一]撰文；（癸卯）科乡贡进士门人、辛良[二]书丹；（壬）子科乡贡进士、门人周麟[三]篆盖。

先生讳文通，字中衍，世居江西瑞州府高安县，第一都人，洪武初，祖贵从秦州卫阶州右千户所军，生父盛，字大有。生三子：曰文通，即先生也；曰文奎、曰文明，俱好礼。推先生游郡庠，习壁经，气质温粹，交行超越。累科不捷，遂隐居乐道，自号"慎独处士"。学者从之讲习者其门如市。□□数人，率多先生训迪之力，至于睦宗族，和戚里，收养孤遗，赈恤霜□，则又乡人素所敬服而称美之者，肆我朝廷赐冠带以荣其身。娶孙氏，宜于家，再娶梁氏，俱先夫卒。生男三，长曰亶，少游郡庠，养亲不仕，娶徐氏，先翁卒，孙氏所出也；次曰璠，娶潘氏，次曰玛，娶谢氏，俱克家，梁氏所出也。女肆，曰勤秀，适郡人杨玫；曰勤芳，适郡人张蠢；曰勤荣，适郡人王思勤，皆孙氏所出也；曰勤文，适郡人党文学，梁氏所出也。孙男十一，曰澜，补郡庠生，积学有待，曰溥、淡、浴，亶所生也；曰浓、汝、沐、泳，璠所生也；曰汶、沛、津，玙所生也。孙女九：曰孝孙，亶所生也；曰敬孙、爱孙、恭孙、顺孙，璠所生也；曰谦孙、钦孙、孚孙，玙所生也。先生生于永乐庚寅年正月二十三日丑时，终于弘治十年丁巳三月初三日巳时，历年八十有八，卜以是年十二月初六日葬于城东埋堤谷堆先茔之东。先期，子亶孙澜持行状泣血请铭于予。先生，予之受业师，亶昔与予同砚席，而澜又受业于予，敢以愚辞？矧先生之德如是，寿如是，而光荣如是，又恶得而□□焉。遂为之铭曰：

伟哉先生，良贵既充。不慕人爵，楷范群英。克勤克俭，宜弟宜兄。纯粹之德，耋耄之龄。其生也顺，其没也宁。其后宜显，不弃于铭。

大明弘治十年岁次丁巳十二月吉日，孤哀子胡亶等泣血上石。宁州李宗义勒。

图 8-25　胡文通墓志铭（刘可通　协拓）

[一] 李文明：乡贡进士。明《阶州志·科贡》载："李文明，丙午举人，任四川南部知县，升中州知州，叙州府同知。"《阶州志·乡贤》又载："李文明，由乡科任叙州府同知。宰以清明，知昭冰节，蜀士民至今思之。勇退，囊箧萧然，安邱园，不谒公府。"

① 可是《直隶阶州志·人物》谓"正德丙子举人"。"丙午"即明成化二十二年（1486），而"正德丙子"已是正德十一年（1516），二者相差30年，曾礼校注《阶州志集校笺注》皆校改为"丙子"②，误。

［二］辛良：乡贡进士。明《阶州志·科贡》："辛良，成化癸卯科中（举人），官华阳知县。"

［三］周麟：乡贡进士。明《阶州志·科贡》："周麟，壬子举人，任河南南阳府推官，升山西隰州知府。"又《阶州志·乡贤》："周麟，由乡科任山西隰州知州，特法平恕，民不称冤。"

《胡文通墓志铭》（图8-25），全称"慎独处士胡先生墓志铭"，明弘治十年（1497）李文明撰文，辛良书丹，今存武都城东胡家坪胡文斌家。墓志纵42厘米，横41厘米，右上角残，楷书27行，满行28字，字径1厘米。据胡文斌讲，墓志于十多年前出土，另有墓盖铭云"慎独处士胡先生墓志"，今佚。

### （二一）成县·明《重修金莲洞三元圣像记》（弘治十一年，1498）

**碑阳**

重修金莲洞三元圣像记（篆额）

重修金莲洞三元圣像记

成县故官舍人、山西闻喜县樊政德述并书丹篆额。

窃闻太极立两仪而生乾坤定矣。于斯时也，普天之下名山大川、奇峰异洞莫不有焉。赖徽成疆之间地名曰"泥阳"，有天成名洞曰"金莲洞"也。为前代宋人许善人创□□其观□□□□□□迹于后愈远，而人继缉者鲜矣。天运循环，复及元朝，当时道教隆盛，于是入蜀道人刘道通、罗道隐、涂道宁等，陟适此洞，观其形势非常，四围巍峰簇拥，丘壑严深，清泉泛涌，东捧朝山耸峙，诚可为修真慕道之福域也。然而留心募工，肇建楼阁台榭，绘塑诸神。曩时感闻朝廷，敕赐奖励，当时名帅官僚士庶人等，莫不协心赀功，工成毕竟，更洞名曰"金莲洞"也。恢宏光显，既而勒碑见存，镌文昭彰，备录古昔之事，以贻后世，宛然在目，所可同日语哉？迫我天朝太祖高皇帝，天纵之圣，削平海宇一统，其洞如常而无隳坏矣，此感应之验也。永乐庚寅，敕礼部尚书胡荣书拜谒题诗壁记，后复敕使张守恩、监生韩鹏，全真孔潜真亦赍香书拜谒，非灵应奚有此也？今去先师二百余年

---

① 余新民修，蹇逢泰纂：《阶州志》，万历四十四年（1616）抄本。
② 曾礼校注：《阶州志集校笺注》，甘肃人民出版社，2013年，第31、137页。

图 8-26　重修金莲洞三元圣像记碑阳

之下。逮成化癸卯孟夏，武都郡百户舍人任礼，请本郡官道侣何守容酬设醮□赴洞，达□未安，祷于本郡洞神祇，诺躬焚修，奈其火宅户徭在己，其愿未成，如此于斯。岩南隙洞，昔道人室，可塑三元圣像，承诺之后，果蒙圣庇康宁。自甲辰孟春启工拓土，伐石坦基，其年在乎饥馑之际，而孤离扰攘，饿莩盈途，捐施己资。感此境檀信张文进、吴廷秀、樊友德、王荣等捐资金银币帛马骡，多寡不侔，众各欣悦趋事赴功。守容不惮艰险，躬诣巩昌。募工塑绘前圣□进神，悬塑一堂，妆严金彩，焕然一新。期届乙巳孟冬望日功周，所以感天地，格神明，显灵应，于是雨旸时若，五谷丰登，一境之人，福寿无疆。嗟夫，迈年而知天命乏嗣，五旬二三感生子二，五旬七九复生子二也。时人岂非宣播芳名，信为神灵□鉴赐，又非阴功而有阳报也，恳至之心之所致也。弘治戊申孟夏，云游道人李□庆助缘，道侣樊教明睹其曰："南峰峦亦现隙洞，称塑三清九皇诸真，一洞金彩周备。"乃因洞崖滴水，风雨摧浙，虑毁圣像，教明用工伐石，文县旗士林友文施砖砌垒。券门俱为万古之□仰。宜勒金石于悠久而不磨，名垂后世于无穷而不泯。嘱予为记，予愧浅陋，姑述其前后，览者裁之，是为记云耳。

时弘治十一年岁次戊午四月十二日，道微子何守容，讳庸，字守常。男景盛、景安、景永立石。

本洞住持道士□清，三洞法师静真子樊教明，门人樊演济、何廷真，□子童明□。恩师白太玄□道士□□。庆阳府宁州刊字匠李宗义镌石，石匠刘彪、李友学。

## 碑阴

铭曰：

大哉三元，掌管天权。神通难测，变化无边。鉴察善恶，诛赏谄贤。遏施风雨，国祚万年。

功德主（人名略）

助缘人（人名略）

《重修金莲洞三元圣像记》碑阳（图8-26），明弘治十一年（1498）樊政德撰文并书丹篆额，今存成县店村乡金莲洞正殿东口。碑纵130厘米，横80厘米。碑阳篆额阴线双勾"重修金莲洞三元圣像记"10字列2行，字径6厘米。正文楷书28行，行34字，字径2.8厘米。碑阴刊颂铭64字，另有功德主、助缘人姓名若干（图8-27）。

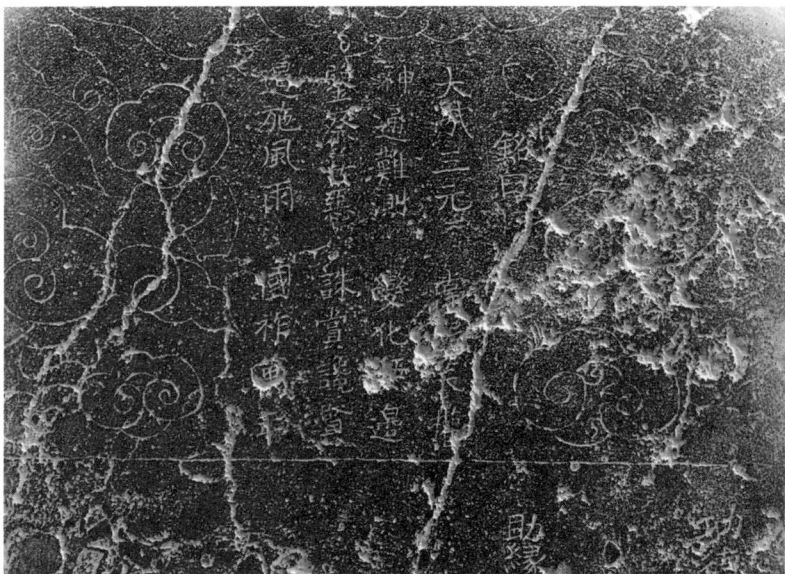

图 8-27 重修金莲洞三元圣像记碑阴

## （二二）两当·明《题立禅林竖塔记》（弘治十四年，1501）

图 8-28 题立禅林竖塔记（杨雷 协拓）

题立禅林竖塔记叙

维大明国陕西巩昌府徽州两当县重石里天门后川阳山西城宝峰院，云平山观音堂，至唐朝年间，古迹道场，后于景泰五年开山为记，后以性月号古松入山养道，思暮无常，难勉续立佛祖之幸愿。诚禾霜起，不见诸祖，立愿山间林下，追暮禅讥，修心炼性，光前绝后。问般若，月朗清风，重念古松六十八岁，座陀归空而去，如梦一常，乃徒乃孙，发心舍财，依从连立宝塔为记。伏以混沌未分，天地古圣无极，于太森罗万像，乾坤世界包含大（道）日月之正也，天埊（地）之恩也。又依神农、轩辕，儒教以穷理尽性；释教以明心见性；道教修真炼性，乃有古松授禅，宗五派二教，演三乘，悟明心，圆通了，越死超生，划住世物，红超凡珑，如虚如空，同合院僧众，登大雄之宝殿，度十方之善缘，乃孝徒孝孙等同供登佛塔，吉祥如意。发心孝徒：海显、海得、海原、妙芳、妙恩、妙凤、妙玉、妙空、妙惠、妙坚、妙退、妙演、用禅、用铎。

祈保国泰风调之雨顺，宇庙宽洪之安妥。过去高流（登）宝地，见存合院增重智，曰尊卑，同赴龙华之三会，海为法乳，早登利托之真空。祝文以□毕焉哉乎也。祖爷：慧云、圆通，师爷爷：明端、明尽、明潮、明清，师伯：性聪、性满、法敬、意进、性永、性善、性宁、性香、性贤、性□、性泰，师兄：海地、海潭、海□、海传、海□。

大明弘治十四年己亥月乙未日。

……觉成、觉清、觉敖、觉证、觉浩、觉□、周通、王让、觉森、任□、韩通、胡□。施主：刘安、刘彪、李□、冯俊、李□、李景、李通、赵举、冯见、刘善、李进、杜□、杨虎、刘庭、王□。徒：海准、海宪、海锐、妙容、妙未、妙果、妙其、用如、用夬。侄男王景山，石匠父邓全。

《题立禅林竖塔记》（图8-28），四棱幢，明弘治十四年（1501）镌立，今存两当县云坪乡西沟峡棉老村塔院寺遗址。石幢纵35厘米，横45厘米，厚40厘米，四面刻字，共存楷书64行，行2—15字不等，字径2—3厘米。《题立禅林竖塔记》铭文见录于孙晓峰《甘肃省两当县西姑庵佛教遗址考察》一文①，脱误铭文今据拓本补正。

## （二三）武都·明《亡妻孔孺人墓志铭》（弘治十五年，1502）

中顺大夫、整饬松潘兵备、四川按察司副使王存礼[一]撰，郡庠生孙贤书篆。

亡妻孔氏，曲阜圣族女也。予居大理评事时，丁先母忧，服阕□上，先妻张氏卒于途，抵都下，犹未娶。同年韩裕后时官刑部，为予择配，谋诸同寅魏君廷佩。廷佩与予初未识，因裕后之遇。遂慨然曰："我有妻妹，在室淑女也。"即以裕后之言移书岳父母。廷佩岳父母素重荐也，遂不辞而见许焉。母与孺人暨兄卿进士朝臣偕来至京迎娶。后勤循礼度，不事容冶。娶甫三载，援例封孺人。时予犹未有子，孺人处妾婢无间言。已而各有所出，曰昙、曰昴、曰昌、曰晒、曰勖、曰昆、

① 孙晓峰：《甘肃省两当县西姑庵佛教遗址考察》，《石窟寺研究》2012年第3期。

日早，共七人。孺人止一子，即行五勘也。俱未娶，与诸子爱同己出。人不知其异乳也。后予承乏山西、四川，孺人俱随行，致政家居。甫三阅月，孺人遂终。呜呼，痛哉！孺人生天顺癸未年十一月十三日，卒于弘治壬戌年七月十一日，得年四十。噫！年未艾，子未成，而寻不永。天耶，命耶，不忍言也！将以本年十一月二十一日葬于祖茔。不忍其懿行之无闻也，遂为之铭曰：

　　呜呼孺人，名家之子。幼而贞淑，不轻笑语。长而谨饬，荣膺福祉。天不假年，遂捐簪珥。鸾诰攸存，子其志之。丘垄焚黄，子其荣之。临风三莫，我心悲之。荒原千载，我心思之。

　　宁州李宗义镌。

[一]王存礼：葛时政《直隶阶州志·人物》载："王存礼，成化戊戌进士。授大理评事，升左寺副。谳狱明允，升山西佥事。平贼艮钺，升松潘副使，询民疾苦，杜科敛定，更番转戍法，军民便之。尚俭崇厚，辟邪匡正，松潘称治。性寡合，遂赋归。筑草堂，吟咏自适，著书课子，不干谒当事。祀乡贤。"[①]

《亡妻孔孺人墓志铭》，明弘治十五年（1502）镌，原石佚。铭文载录于曾礼《阶州志集校笺注·武阶备志》文末。曾礼先生言此墓志出土于旧城山："二十世纪六十年，吴耀文居城郊没山水，常往来经旧城山古墓址。见土石中一方碑，拭去土污，把玩良久，不忍弃之，背至家中，用水刷洗，则为王存礼给夫人孔氏所立之碑也。"[②]

## （二四）礼县·明《赵氏寿母墓志》（弘治十五年，1502）

**碑阳**

　　赵氏寿母墓志（篆额）
　　……金城张……监察御史古秦黄世经[一]撰文……直隶顺德府沙河纪经篆额……监生添嘉张奎[二]书丹。
　　……儒门维隐，风化所阖，家邦攸系，兴者、废者咏于诗，书于春秋，维出于传……安国邑人牟氏女也。□子时为贤，女既归聘，勤于家，孝于□，□为贤妇。迨……孙，教以诗书……祖……金时，征行大元帅赵忠宣公□□孙，公娶白氏，封秦国夫人，生十子，曰国其、国□、国□、国富、国安、国良、国能、国智、国显。各有子孙，佩金符，为万夫长□，八九其人佩虎符，为千□□者三十，其人皆显……岷洮□分守西汉阳，兼制三边，威名欣著，时论惜之。生三子，长曰世荣，

① 葛时政：《直隶阶州志》，乾隆元年（1736）刻本。
② 曾礼校注：《阶州志集校笺注》，甘肃人民出版社，2013年，第416页。

骁勇，仍袭世爵，佩虎符……仲曰世延……江南湖北道肃政廉访司事，纂修《经世大典》，擢奎章阁大学士，授鲁国公爵。季曰世美，佩金符，监南吐蕃金道……高□世□，五世孙世延，生男，拜□□都，授武德将军职。生二子，长曰……昌郭□□十□儿仍授武德将军职。娶高氏，生男曰福，（通）意林泉，隐德弗仕，入礼县……曰祯、曰璺、曰祥、曰礼。璺娶朱氏，生三子，王氏，生二子，曰镐、曰铉、曰镛、曰鉴、曰镒。镐……学训□时称笃焉□公□外□女孙族成德□□者□可胜□陇右贵家大……有微矣。猗欤盛哉，厚□九族，皋陶有谟，能言其祖……而寿终。为人□，贤而寿，富而寿，斯可贵焉！赵母，齿尊德隆，享年逾耄，名曰极……之□何鉴也……月初四，□年九十有一。于弘治壬戌……哀生事葬

图 8-29　赵氏寿母墓志篆额（李怡　协拓）

图 8-30　赵氏寿母墓志碑阳局部

祭一□礼□□事治屠克成丧礼又何悦耶。其年十一月二日葬于……世无□妇，微赵母谁其继？孟轲之母后世……之撰，镂石勋之文尚不能形容之。又且歌曰：

　　雷山苍苍，天水央央……为生贤嗣，推本□□。诗书事家……九十厌世，严式□□。仁者有后，积善获庆。为子死孝……刊之贞石，万载垂名。

　　大明弘治十五年岁次壬戌十二月二……等立石。

## 碑阴

　　赵氏宗灵昭穆之图

　　曾祖考赵福，曾祖妣南氏。

　　伯祖赵祯，伯祖妣蔡氏、伯祖妣苟氏。伯考赵锦、南氏，叔赵铎、王氏，叔考赵锭、朱氏；叔考赵□、马氏。

　　祖考赵鐢，祖妣朱氏、祖妣王氏、祖妣钟氏。显考赵镐，妣牟氏、包氏；叔考赵铉，妣张氏、卢氏；叔考赵镛，妣王氏、吕氏；叔义官赵鉴，妣贺氏、邓氏、侯氏、魏氏、黄氏；叔赵镒，王氏；姑妣，适千户黄信，适祺士杨□。

　　叔祖赵祥，叔祖妣陈氏。叔赵智澄，任僧官；叔考赵铪，翟氏；叔赵□，王氏；叔考赵钰，杨氏；叔考赵锐，王氏。

　　叔祖赵荣，张氏：叔昙，吉氏；叔考赵昇，马氏。

　　叔祖赵礼，祖妣马氏：叔赵钺，冯氏。

　　（以下姓名略）

　　维弘治十五年□□朔越二十七日，率阖门孝仪敢昭告于故母尊灵曰：

　　嗟哉我母，德并苍天，寿厝佳域，金王翼万年，母尚享。

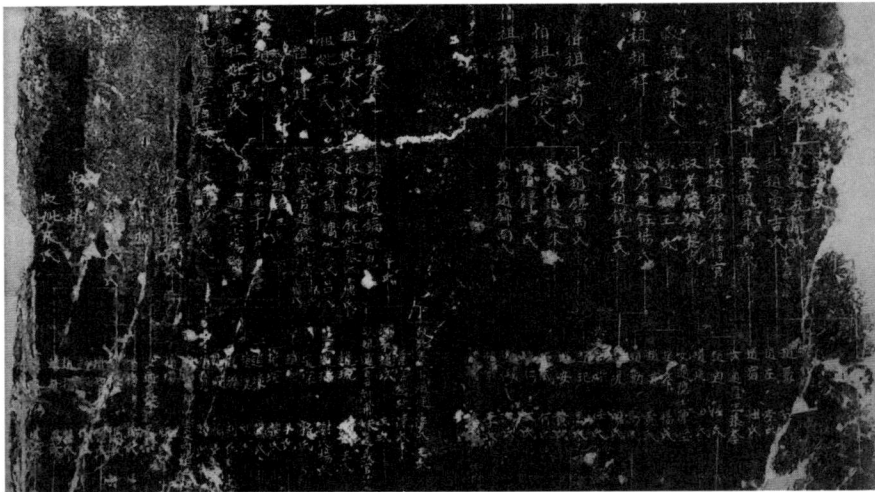

图8-31　赵氏寿母墓志碑阴局部

　　［一］黄世经：《直隶秦州新志》卷八《选举·历代进士》："成化丁未科，黄世经，秦州卫籍，字时济，授修武知县。性英敏，听讼明，输赋平，修武大治，召拜监察御史，在台务存大体，于法则不少贷，迁云南副使。卒，祀乡贤。"[1]《明孝宗实录》卷二〇八载："（弘治十七年三月）乙卯，升监察御史黄世经为云南按察司副使。"[2]

　　［二］张奎：《礼县志略》卷一二"贡生"条："张奎，任东光县县丞。"[3]

①费廷珍：《直隶秦州新志》，载《中国方志丛书》（华北地方·第五六三号），台北成文出版社，1970年，第709页。
②刘健等：《明孝宗实录》，台北中研院历史语言研究所校印，1962年，第3872页。
③方嘉发：《礼县志略》，载《中国地方志集成》（甘肃府县志辑22），凤凰出版社，2008年，第31页。

《赵氏寿母墓志》，明弘治十五年（1502）黄世经撰文，张奎书丹，今存礼县石桥乡石碑村。碑纵178厘米，横95厘米。碑阳为《赵氏寿母墓志》，额篆"赵氏寿母墓志"（图8-29），字径13厘米；墓志铭楷书25行，多残泐（图8-30），字径2.3厘米。碑阴镌赵氏五世宗谱，字径最小2厘米（图8-31）。据明弘治七年《赵氏寿考墓碑》所载，石碑村赵氏乃元雍古氏按竺尔后裔。

### （二五）武都·明《张镐题壁》（弘治十七年，1504）

弘治甲子春二月。守备张镐[一]，□□人；知州王晟，寿州人；兰州判官赖□，□□人；本州吏目陈晃，德州人；儒学正赵瑢[二]，宜阳人。生员：王大夏、胡澜。吏李□、赵□。

[一]张镐：阶州守备，明寒逢泰纂《阶州志·官师》有名录。《明孝宗实录》卷一五六载："（弘治十二年十一月）丁巳，命西安后卫指挥使张镐守备阶文，以都指挥体统行事。"[1]

[二]赵瑢：明《阶州志·官师》："赵瑢，举人。学博言实，雅称师道。"[2]

《张镐题壁》（图8-32），明弘治十七年（1504）墨书题壁，今存武都万象洞卧龙坝西壁，纵60厘米，横26厘米，楷书混合7行。

图8-32　张镐题壁

图8-33　赵瑢题壁（张惠忠　摄）

---

① 刘健等：《明孝宗实录》，台北中研院历史语言研究所校印，1962年，第2802页。
② 余新民修，寒逢泰纂：《阶州志》，万历四十四年（1616）抄本。

## （二六）武都·明《赵瑢题壁》（弘治十七年，1504）

弘治甲子仲春月，阶州学正宜阳人赵瑢，生员胡澜、苏巨源、苏亿，生员王大夏。

《赵瑢题壁》（图8-33），明弘治十七年（1504）墨书题壁，今存武都万象洞卧龙坝西南壁，纵36厘米，横23厘米，楷书5行。

## （二七）武都·明《陈冕题壁》（弘治十七年，1504）

阶州吏目陈冕，德州人。弘治甲子仲春月到此。

《陈冕题壁》（图8-34），明弘治十七年（1504）墨书题壁，今存武都万象洞卧龙坝西壁，纵27厘米，横14厘米，楷书3行。

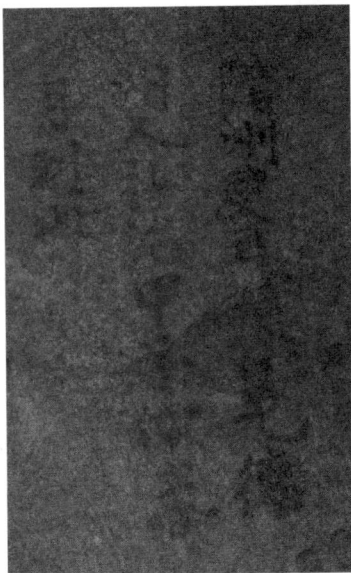

图8-34　陈冕题壁（李婷婷　摄）

## （二八）成县·明《新修九皇洞记》（正德二年，1507）

**碑阳**

新修九皇洞记（篆额）

新修九皇洞记

乡贡进士、前四川叙州府儒学教授、阶州崔观撰文。赐进士第、前户部郎中、知徽州事知州、东鲁张鸾书丹。成县署县事、本县典史、四川泸阳赵洪篆额。

巩昌府徽州州治西六十五里有川，曰泥阳川。南入于山，过峻岭有洞，号金莲洞，盖洞中有金莲而因以得名也。且莲自开辟万亿年之前而生于红岩之上，琼茎玖藕，珠蕊玉葩，混然天成，无假雨露沾濡，风日暄畅之工，四时蓓蕾，千载敷荣，是固可谓奇矣。又有翠峰青嶂，曲水澄溪，茂林修竹，排闼环绕，森耸其间，秀异清绝，依稀乎天台、武陵之胜。夫岂下于罗浮、金华、灵鹫者哉？世传钟离、洞宾诸仙子尝为蓬莱三岛别业，亦尝乘鸾骖麟跨鳌而遨游也。

我皇明永乐初，太宗皇帝接至人张三丰于宣政殿，才数语，忽暝晦不知所之，即遣礼部尚书胡荣，遍天下名山古洞而旁访焉。跶迹至此，守洞者报曰："某年某月某日，有一赤脚道人，披氅衣，拽九节杖，昂昂而来，憩半晌，问其姓名，不答

图 8-35　新修九皇洞记碑阳

径去，随有异香芬馥，经旬不散。"公曰："此非三丰仙师降临之时也耶！"赍捧香书，惆怅留题而返。古今方士修真养性于斯地者，一则得夫佳境寂静之资，一则得夫真仙英澉之助，而每精于龙虎水火、吐故纳新之术。虽则未能羽化而上升，亦克却老还童、延年益寿。至于龟龄鹤算而剑解也，视夭殇短折生灭夜旦之人直蜉蝣耳，岂不大可伤哉！载观斯洞，幽深弘敞，规模亦远大矣，历汉唐宋几千余年，修而废，废而修，往绩虽不可考，遗址尚或可因。迄至于元，元贞丙申、大德壬寅间，道士刘道通、罗道隐者，当世伟人也。云游□寻真于斯，慨然以复古为己责。乃募资觅工，抡材计料，建奉真之殿，构飞空之楼。圣贤有像，经典有阁，备豫有门，偃仰有舍，凡尔百具，焕然维新。而又指授生徒，讲明道法，斯教为之一阐矣。自元迄今又二百有余岁矣，岁月积久，制度湮微，时无其人，谁与兴理？所以□不能而不赖于奋发有为者。于是陕右道人樊正玄与其子教明者出，而得官僚士庶舍财助缘，于前丹青脱落者绘饰之，于前栋宇倾颓者补葺之。细微曲折，一皆因略致详、推旧为新也。至于九皇洞，则规画创始而增修焉。三清四帝二后及诸真尊，俱为塑像，金容玉体，圣完仙标，凛凛起人敬畏，斧斤斵凿之功，尤为精致。肇端者张文进，叶谋者李明庆，克终者樊教明也。若三道士者，可谓追休先哲而启迪后进者欤！斯教于是又再阐矣。是役也，经始于弘治戊午，落成于正德丁卯。溯戊午距丁卯，盖十年也。是岁六月一日，父老吴廷秀、石林、张翱辈谓予，尝修子夏之业，谒予请记。予嘉其事，遂纪其功而俾良工勒之坚珉，并功德主张文进、樊友德、王荣等若干人芳名附于碑阴，以共悠久，垂于不朽。

大明正德二年岁次丁卯孟秋七月吉旦。

上清大洞法师、本洞住持静真子樊教明，门人：吕演清、樊演济。玉阳宫道士：辛玄文、张景通、陈静门。阶州右千户所致仕百户任铎，军政百户男任杲；成县致仕主簿武纯；阴阳训术李泰；义官：贺隆、袁志纪、魏亮；致仕县丞祁鹏；致仕主簿张宪；塑匠车原、车名；石匠：许信、龙志恭、李升、杨受；画士：张秀、李玄真；泥水匠：赵安、杨和。

九皇洞记（篆题）

受教恩师：陆道清、黄道经、杨守靖、陈崇太、胡普明。金陵准庵张海镌。男张效良、侄男张绣。仝立石。

**碑阴**

十方助缘施财善信商旅人等芳名开列于后。（人名200余人略）

正德二年岁在丁卯孟秋七月壬寅朔十五日，本洞住持樊教明。

《新修九皇洞记》（图 8-35），明正德二年（1507）镌立，崔观撰文，张鸾书丹，赵洪篆额。今存成县店村乡金莲洞西 100 米之九皇洞东口。碑两面刻字，字迹如新，至今制碑时方格墨线依然清晰可见。碑纵 195 厘米，横 91 厘米。碑阳篆额"新修九皇洞记"6 字 2 行，字径 8 厘米，正文楷书 29 行，满行 53 字，字径 2.3 厘米；碑阴上阴线刻绘山水、樵夫图，下列助缘施财姓名 30 行，约 200 余人。

### （二九）成县·明《与东渠访杜少陵祠址有述》（正德八年，1513）

正德癸酉六月暇日，与东渠访杜少陵祠址有述。东渠[一]，吾台长，燕山李公德方也，时分巡至成县。

侵晨入龙峡，杳[二]霭足云雾。岩际余凿痕，云是古栈路。遥通剑阁门，斜连白水渡。杜陵有祠宇，畴昔此漂寓。萧条翳榛莽，摇落伤指顾。两楹盖数瓦，垣毁门不具。四壁绘浮屠，讹舛更堪怒。拂藓读残碑，字漫不可句。东渠台中彦，感此激情愫。创始伊何人？兴仆吾可作。抗手进县令，兹亦岂末务？我当力规画，尔宜亟举措。会使道路人，从知古贤慕。予闻重叹息，因之资觉悟。东西走二京，累累几陵墓。况复浮尘踪，谁能侧目注？彼美少陵翁，磊落君子度。盛气排海岳，雅调续韶頀。弃官救房琯，知名通妇孺。严武不能杀，陷贼靡所污。平生忠义心，万里屯邅步。郁郁抱悃愊，稍稍见词赋。光焰万丈长，宁以华藻故？诸葛颜韩范，比拟固非误。乃知贤俊迹，百世所公护。我为歌长辞，聊以效疏附。徘徊未能去，悠忽烟水暮。

中宪大夫、陕西提刑按察司副使、高密李昆承裕[三]书，东冈（印文）。金陵七十三翁张海识。

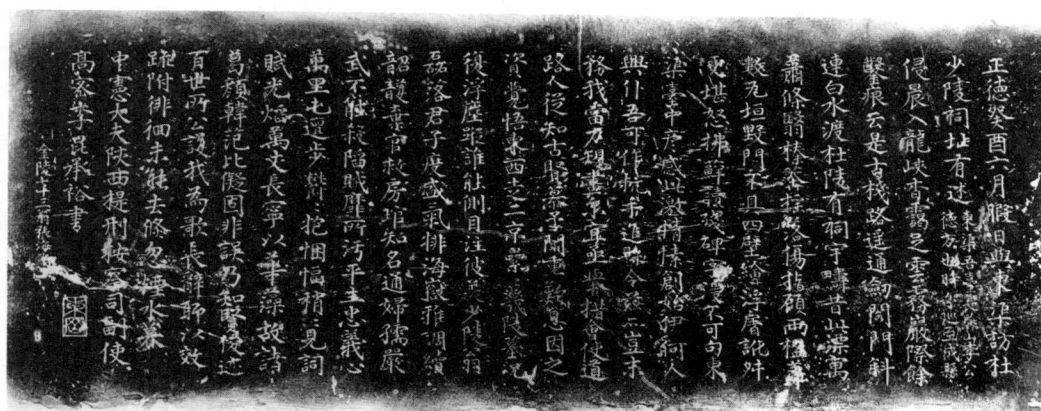

图 8-36　与东渠访杜少陵祠址有述（章海伦　协拓）

[一]东渠,即李璋,字德方,燕山(河北省涿州)人。《徽郡志》引《巩郡记》云:"李璋,锦衣卫人,进士,正德壬申自刑部员外郎迁陕西按察司佥事分巡陇右。先是蜀盗入徽州,民被荼毒,盗复炽,将侵阆中,璋驰至河池,简士民明,斥堠严堡伍指麾甫定,寇已薄昭化,璋施正运奇列,戍白水之浒,于要冲多设疑兵,遣将筑垒三常山下,瞰百里。寇至环视,错愕戒勿易,乃退保略阳,璋复提兵蹙之,寇遂奔蜀,而徽地不血一刃,不遗一镞,秦陇安堵。徽父老感公,建祠祀之,时制帅抚按相继荐公可属大事。因留抚揖,再期始代。"《徽郡志》卷八《艺文》载有李璋《重至徽山》诗,题下注:"东渠李璋,都御史。"[1]

[二]杳,《成县新志》作"香",以拓片正之。明·孟鹏年修《徽郡志》卷八《艺文》载李昆《游北禅山寺有述》有"迢遥迷曲径,杳霭认岩扃"句,可参证。

[三]李昆,字承裕,号东冈,弘治庚戌(1490)进士。历礼部主事,正德初,进员外郎转郎中,迁陕西按察司佥事、督理学政、湖广右布政使、陕西左布政使。正德十年,以右副都御史巡抚甘肃,左迁浙江副使。后入为兵部右侍郎,改左侍郎。有《东冈小稿》行世[2]。

《与东渠访杜少陵祠址有述》诗碑(图8-36),明正德八年(1513)李昆赋诗并书丹,今存成县杜甫草堂后院北壁。诗碑纵40厘米,横105厘米,楷书25行,行13字,字径2.5厘米。碑末镌有"东冈"小印一枚。

### (三〇)武都·明《汪继祖题壁一》(正德八年,1513)

 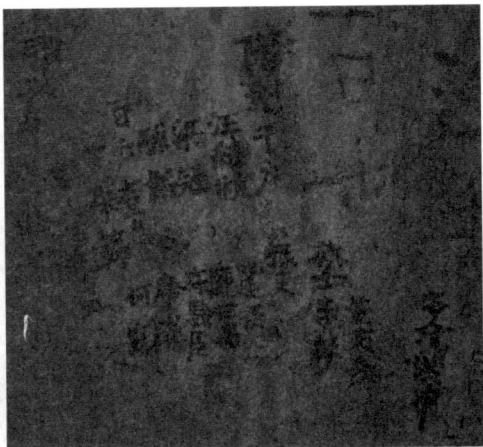

图8-37　汪继祖题壁一　　　　　图8-38　汪继祖题壁二

①孟鹏年修,郭从道纂:《徽郡志》,载《中国方志丛书》(华北地方·第三二九号),台北成文出版社,1970年,第70、223页。

②余友林等修,王照青纂:《高密县志》,载《中国方志丛书》(华北地方·第六三号),台北成文出版社,1968年,第736页;张廷玉等:《明史》,中华书局,1974年,第4906页。

时癸酉年春二月，武都千户所掌印正千户汪继祖[一]，舍人汪廷益到此。

[一]汪继祖：明《阶州志》："汪继祖，浙江海盐人，千户。"①

《汪继祖题壁一》（图 8-37），明正德八年（1513）墨书题壁，今存武都万象洞仙人坝东壁，纵 34 厘米，横 30 厘米，行书 4 行。

### （三一）武都·明《汪继祖题壁二》（正德八年，1513）

阶州千户：汪继祖、梁冠、孙韬；百户：查忠、朱锦；舍人：汪廷益、徐揖；掾吏：叱廷臣、庞世安、符验臣、席成、何宏；旗士：李芳、董交朱；客人冯世中。

《汪继祖题壁二》（图 8-38），明正德八年（1513）墨书题壁，今存武都万象洞天庭西壁，纵 70 厘米，横 80 厘米，行书 17 行。

### （三二）武都·明《汪继祖题壁三》（正德八年，1513）

正德癸酉二月二日，掌印千户汪继祖，掌印正千户汪继祖到。正德八年二月初二日，舍人徐楫、汪廷益到。

《汪继祖题壁三》（图 8-39），明正德八年（1513）墨书题壁，今存武都万象洞南天门南壁，纵 30 厘米，横 38 厘米，行楷书 6 行。

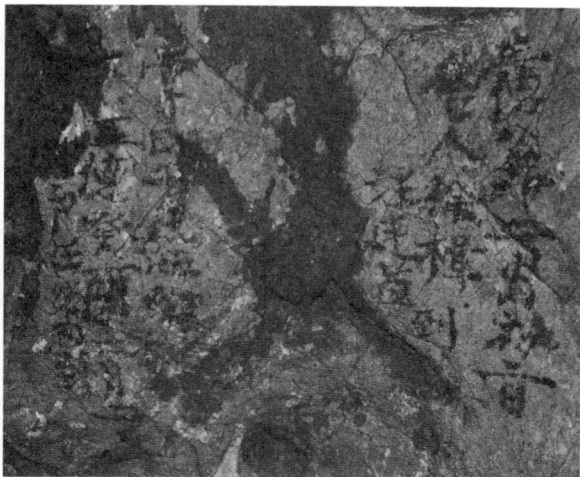

图 8-39　汪继祖题壁三　　　　　　　图 8-40　汪廷益题壁

---

① 余新民修，蹇逢泰纂：《阶州志》，万历四十四年（1616）抄本。

### （三三）武都·明《汪廷益题壁》（正德八年，1513）

正德癸酉年二月，舍人汪廷益、徐楫到。

《汪廷益题壁》（图8-40），明正德八年（1513）墨书题壁，今存武都万象洞仙人坝东壁，纵48厘米，横20厘米，行书3行。

### （三四）武都·明《庞寿题壁》（正德八年，1513）

守备阶文都指挥庞寿[一]，岷州卫人。知金堂尹赵达，国子生刘九皋、胡澜、王建中。庠生王大夏、孙贤、周凤鸣。阶州掌印千户司永[二]，百户巨鹏[三]。大明正德捌年二月二日偕游也。

[一]庞寿：阶文守备，岷州卫人。清《岷州志》卷一五《世勋》载："庞寿，本卫指挥使敬二代孙，袭指挥使，以功任阶州营守备。"①

[二]司永：《武阶备志》卷六《职官表上》："百户：司永，以御蓄功升守备，寻升游击。"②

[三]巨鹏：明《阶州志》："百户：巨朋，本州文县人。"③

《庞寿题壁》（图8-41），明正德八年（1513）墨书题壁，今存武都万象洞天庭西壁，纵80厘米，横130厘米，楷书14行。

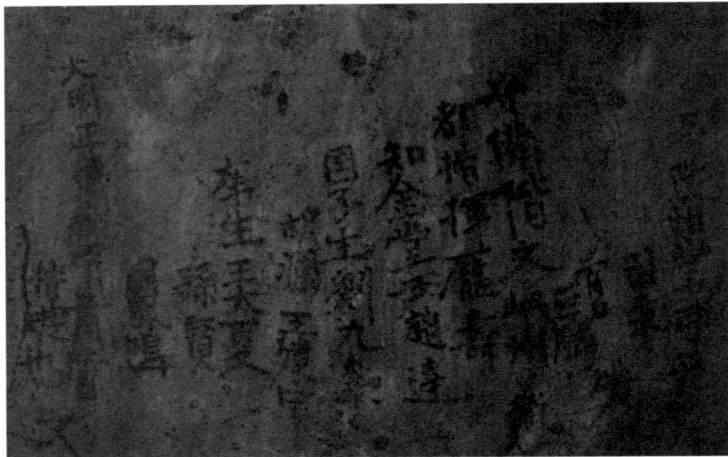

图8-41　庞寿题壁

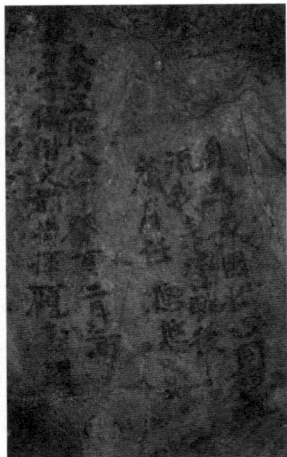

图8-42　庞寿题诗

① 汪元绹：《岷州志》，载《中国地方志集成》（甘肃府县志辑39），凤凰出版社，2008年，第144页。
② 吴鹏翔：《武阶备志》，载《中国地方志集成》（甘肃府县志辑10），凤凰出版社，2008年，第82页。
③ 余新民修、蹇逢泰纂：《阶州志》，万历四十四年（1616）抄本。

## （三五）武都·明《庞寿题诗》（正德八年，1513）

　　身为家国壮，心同造化流。我来登眺后，岁月任悠悠。

　　大明正德八年癸酉二月二日，钦兹守备阶文都指挥庞寿题。

《庞寿题诗》（图8-42），明正德八年（1513）墨书题壁，今存武都万象洞卧龙坝西壁，纵50厘米，横34厘米，行书5行。

## （三六）武都·明《正德癸酉题壁》（正德八年，1513）

　　正德癸酉正月初二日。守备识字，叱廷臣、庞世安、符验臣、席成、何宏。

《正德癸酉题壁》（图8-43），明正德八年（1513）墨书题壁，今存武都万象洞南天琼阁西壁，纵45厘米，横35厘米，行书5行。

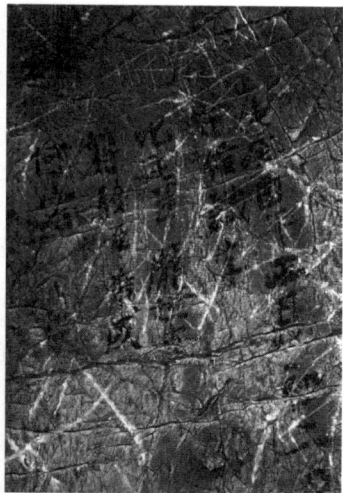

图8-43　正德癸酉题壁

## （三七）康县·明《敕立九莲山万峰院重修记》（正德八年，1513）

**碑阳**

　　皇帝万岁（楷额）

　　敕立九莲山万峰院重修记

　　成化壬午年，延安□德僧真一空，□弟子刘□、刘□盛器云游西边，事□古今，善□□□□分伯仲，身□□□□□儒行，张公深有德焉，遂召……多为之播居可也。□夫□刘公玹者，领合□□□白一空曰："仆有别野名九莲山……颓废，遗有瓦璃瓦砾而已。又有断碑一块，□刻宋嘉定年间字，详□□俱以……一般奉意诚胜概也。可以斩艾，可以充拓，可以重建，可以祝……"一空忻然性就，取草结庵，自垦荒林，先为居食之计，规措日久，庀材鸠工，择日……建大殿一所，大功未集而一空圆寂矣。实成化戊戌也，葬于寺簏，乃以□结□之所，正德壬申……方流贼猖獗，守备阶文都闻庞公寿，阶州知州张公奇[一]，吏目王公譔，防御戮杀性后邸□，咸谓圆聪曰："师之德未成，汝之责也。奈何忍于心乎？"圆聪即奋然有感，遂倡弟子明道，师弟明□□山都纲法。玘又建天王殿、钟鼓楼各一所，东廊西廊各一所，象貌森严，殿宇翚飞，加于□观远甚，则一空之德始成，而□聪明镜

图 8-44　敕立九莲山万峰院重修记（碑阳）

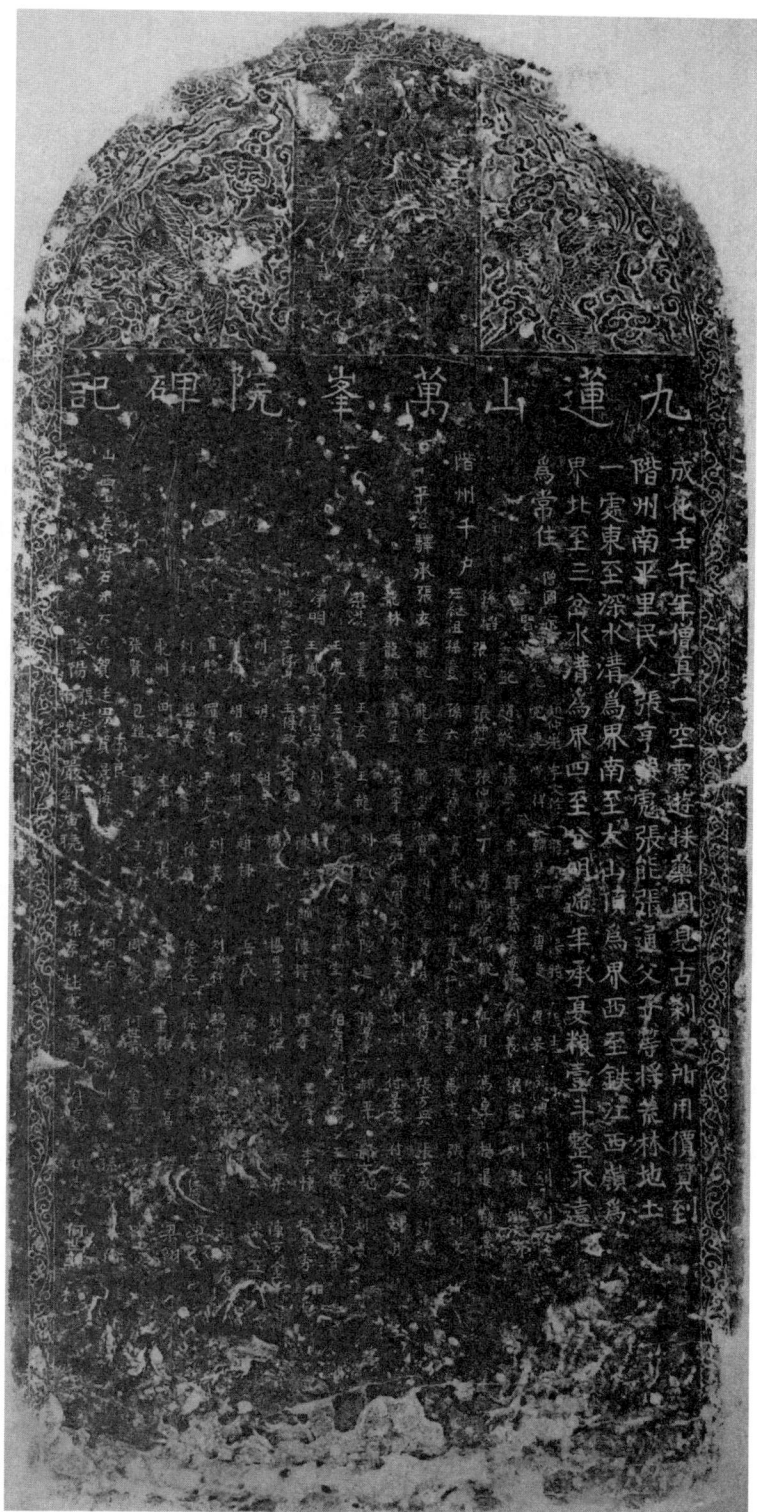

图 8-45　九莲山万峰院碑记（碑阴）

之愿始毕矣。呜呼！三百年有奇之废事，复于一旦，非一空师弟之德乎，山灵诚动，十方能致此耶？正德癸酉，事将落成，阶之施财基主张受，耆老刘志敬、贺锐佥谓："人而有善，不可无传。"相率清凉寺僧正修圆长老悟忠、普光寺长老大璇、崇觉寺长老清海、万寿山长老宗埭，秉礼求记于予。事虽邈乎，不可致诘旦夕，以祝上为说其心，亦出于爱君矣，故不靳而记之。凡僧匠耆民之与有劳者附名石阴。

　　敕建犀牛寺罗汉院。

　　岷州卫指挥刘凤；西固城千户李玘、千户徐鉴、千户□福；阶州千户龙武[二]、千户梁振[三]、千户司政[四]、千户汪继□。

　　门山功德主刘道宁，男刘汉，孙：刘鸾、刘鹏、刘瑞、刘□。门山住持僧圆聪，师弟圆浩，徒□镜明月、明律、道安，师孙：真惠、真海、真福、真进、真庆、真法。庵主馆僧法□，徒：海□、演钟、雷氏、妙善、妙寿。明月山僧□虚。□□寺惠瑛、海潮。独石山川惠、渠梁。马鞍寺可圆。吏部听选监生……

　　大明正德八年岁次癸酉孟秋初一日。西国诚千户、平洛……

## 碑阴

　　九莲山万峰院碑记（楷额）

　　成化壬午年，僧真一空云游采药，因见古刹一所，用价买到阶州南平里民人张亨、张彪、张能、张通父子等，将荒林地土一处，东至深水沟为界，南至大山顶为界，西至铁江西岭为界，北至三岔水沟为界。四至分明，递年承夏粮壹斗整，永远为常住。

　　僧圆定、真贤。

　　阶州千户汪继祖，孙壹、孙稻、张茂。

　　平洛驿承张玄，龙林、净明、杨景（其余姓名，略）

　　山西太原府石州石匠贺廷，男贺景梅刊。阴阳张志。哺卜喇嘛严钊、演晓，孙□、孙孝。

[一]张奇：明《阶州志》："知州：张奇，山东商河举人，清廉正直。州有巨豪数人，悉按其罪。及归，束篚潇然。冰蘖之操，公有焉。"[1]

[二]龙武：明《阶州志》："千户：龙武，广西临桂人，副千户。"[2]

---

① 余新民修，蹇逢泰纂：《阶州志》，万历四十四年（1616）抄本。
② 余新民修，蹇逢泰纂：《阶州志》，万历四十四年（1616）抄本。

［三］梁振：明《阶州志》："千户：梁振，山东东平州人，正千户。"①

［四］司政：明《阶州志》："千户：司政，山东济宁州人，原副千户，正德十三年以征贼有功，升正千户。"②

《敕立九莲山万峰院重修记》，明正德八年（1513）刊石，今存康县平洛镇刘河村九莲山。碑纵170厘米，横80厘米。碑阳（图8-44）额楷"皇帝万岁"4字，字径9厘米；正文楷书25行，满行42字，字径2.5厘米。碑阴（图8-45）额楷"九莲山万峰院碑记"8字，字径7厘米；正文楷书24行，右5行为界址"四至"，字径3.5厘米；其余为功德主姓名，字径2厘米。

### （三八）武都·明《樊文题壁》（正德九年，1514）

正德九年正月二十八日由〔游〕洞，阶州右千户所军政掌印理刑□操，百户樊文，同弟樊武、樊斌、樊通、樊明。

《樊文题壁》（图8-46），明正德九年（1514）墨书题壁，今存武都万象洞南天琼阁西壁，纵32厘米，横14厘米，行书4行。

### （三九）武都·明《辛东山题壁》（约正德九年，1514）

洛阳进士辛东山［一］游此。

［一］辛东山：清龚崧《洛阳县志》

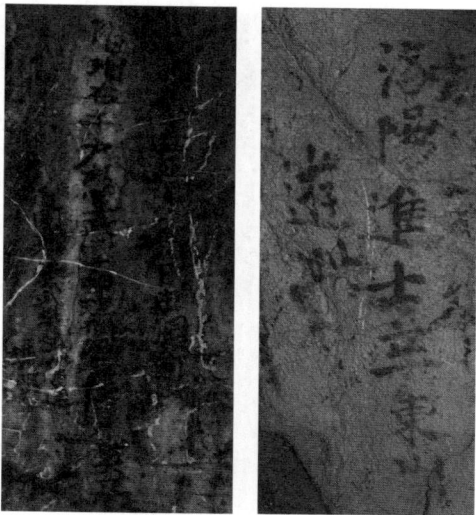

图8-46　樊文题壁　　图8-47　辛东山题壁

卷七《选举》载："辛东山，贯河南洛阳县，军籍，进士。明正德九年第二甲第一百零四名。"③

《辛东山题壁》（图8-47），约明正德九年（1514）墨书题壁，今存武都万象洞卧龙坝西壁，纵25厘米，横9厘米，行书2行。

### （四〇）武都·明·罗玉《游万象洞》（正德十四年，1519）

游万象洞

① 余新民修，蹇逢泰纂：《阶州志》，万历四十四年（1616）抄本。

② 余新民修，蹇逢泰纂：《阶州志》，万历四十四年（1616）抄本。

③ 龚崧林：《洛阳县志》，载《中国方志丛书》（华北地方·第四七六号），台北成文出版社，1976年，第413页。

图 8-48　罗玉游万象洞（李婷婷　协拓）

正德己卯，月令仲春。间乘骢马，聊事幽寻。天开图画，万象咸新。山光水色，日暖风轻。天乔竞秀，禽鸟和鸣。鹤汀鱼渚，牧唱樵吟。一舍之地，大江之滨。危岩绝巘，有窦潜形。攀缘岌上，洞口云深。乡夫导前，庶官后行。枚燎炳炳，侍从纷纷。仰观俯晌，珍玩无垠。涓浆磈砢，怪石嶙峋。清标上下，异状纵横。中峰更秀，三池注清。巧藏于朴，不雕而文。瞻前顾后，或幽或明。升高下坂，时险时平。山间今古，静里乾坤。以遨以游，载忻载奔。出门长啸，人在蓬瀛。兴高情旷，气爽凌云。肩舆归路，树渺斜曛。乃召工师，勒此坚珉。

巡按陕西监察御史巴西罗玉汝成识。

罗玉《游万象洞》诗碑（图 8-48），明正德十四年（1519）陕西监察御史罗玉汝成题，今存武都万象洞近口东侧。诗碑纵 106 厘米，横 60 厘米，楷书 11 行，满行 22 字，字径 2.8 厘米，碑系一巨石，十分宽厚。诗碑缺泐文字据清祖肇庆《阶州志》[1] 补入。

---

① 祖肇庆：《阶州志》，载曾礼校注《阶州志集校笺注》，甘肃人民出版社，2013 年，第 71 页。

## （四一）武都·明·熊载《游万象洞》（正德十四年，1519）

游万象洞

　　每梦桃园未了怀，偶同刘阮到天台。洞含物象迷今古，天纵神机别品裁。观化眼谁尘外阔，投闲身我静中来。束茅欲扫山前壁，又恐山灵笑不才。

　　正德己卯夏，阶州知州西蜀熊载汝熙[一]。

[一]熊载：清《富顺县志》卷二〇《乡贤上》载："熊载，字汝熙，明宏治戊午举人，历河、阶州牧，以善政闻。归田日，母近百岁，事之温清。不倦教，子迟、过相继成进士，祀乡贤祠。"①《武阶备志》卷六《明代阶州职官表》："熊载，四川富顺人，绰然有为，诸务厘举，捐俸易地，增修城隍，有碑。"②

图8-49　熊载游万象洞诗碑

　　熊载《游万象洞》诗碑（图8-49），明正德十四年（1519）知阶州熊载题，今存万象洞近口东侧。诗碑纵102厘米，横58厘米，楷书8行，行10字，字径5.5厘米，款识字略小，字径4厘米。

## （四二）徽县·明《李璋生祠记》（正德十五年，1520）

李公生祠之记（篆额）

按察佥事李公[一]生祠之碑

按察佥事李公生祠碑

赐进士第、□□大夫、山东参政、□岷山张潜[二]撰文。

赐进士第、嘉议大夫、都察院右副都御史□□书丹。

赐进士、奉政大夫、四川佥事、前翰林院庶吉士□□□篆额。

　　正德戊辰，巴蜀寇起，滋蔓横肆。至崖制帅徂征，转战无宁日。辛未之秋，入关南，犯陇右，荼掠徽城而去。明年，燕山李公以按察佥事巡陇右，下车之日，先务抚辑。闻寇且再至，忾然曰："是惟文诏弗率，武兢罔奏。昔婴齐伐莒，莒溃，

---

① 宋廷贞等修，黄靖图等纂：《富顺县志》卷二〇，道光七年（1827）刻本。
② 吴鹏翱：《武阶备志》，载《中国地方志集成》（甘肃府县志辑10），凤凰出版社，2008年，第79页。

图 8-50　李璋生祠记（宋涛　协拓）

春秋责其忘本忘末。前日之所以蒙祸者，夫犹是也。"即驱至徽州，亲民人，明伍
堠，严保聚。甫修于内，寇已掠江油至昭化，烽火接境。公施正运奇，定搏鹿之
势。分兵五营，列戍白水江，首尾联络。复自度兵寡，多设疑要津之地。度三常
山下，瞰百里广，寇将拟之，令指挥尹谟筑垒于上。寇侦果至，洎归，众愕然失色，
相戒无易陇右，乃退掠略阳。公复提兵金竹坝以慑之，寇遂奔入巴蜀。盖自是夺
气，次第就擒。巴蜀之成功，寔有以先之。初寇入，掠徽城甚惨。及闻复至，徽之
人尤以为急。公从容经画，不血一刃，不失一镞，以安秦陇。遂至灭寇，以定巴蜀，
以绥海宇，伟矣哉！徽人独思前日之急，恃公无恐，至于今是赖。将祠以事公，公
以为戚，晋诸吏谕之曰："是惟吾职，惟吏民宣力，吾无功，其何祠之？"谓父老
曰："吾所以奉圣天子明命，以临汝者，凡以为汝也，奚德于汝，而顾欲祠之，无乃
不可乎？"揖士大夫曰："平生所学，慄慄恐负，尚有规资不逮，若以保民，乌可
勤民？"敬辞谢，于是徽人不得以申其志。而制帅御史大夫彭公、张公，巡抚中
丞蓝公，巡按御史成公、马公相继荐公于朝，言可属天下大事。故典监司巡春月
得代，独留公以抚辑，再逾期焉。甲戌，晋拜副使，整饬洮、岷边备，几六载，资
望日以隆重。徽人计公当入拜，乃建祠于学官之次，肖像于堂。以春秋仲月祀公，
公不能禁。顷者，御史罗公按徽州，父老遮马呈状，言公之功及所以祠公者，罗
公称叹曰："士当如此矣！"父老驰书请记其事于系牲之石。嗟夫！公雅度几见，
轻裘坐啸于兵革之地。指顾之顷，挚水火之民措诸衽席之上。度其功业，在西秦，
在天下，在史氏，大书以诏来裔，奚以祠祀一州为重哉？然徽人之心不如是，则终
以为歉然也。且徽人之有生，安尔室庐，长尔子孙，咸公之所赐，是公之恩洽于其
心，迫于其妻孥，衍于其后叶之人矣！其心之所感者，宜何如耶？是故，其所欲为
者出于自然，有非形势之所可夺者。祀典曰："能捍大患则祀之。"兹役也，先王
报功之制也，人之所不能忘者也。

　　大明正德十五年岁次庚辰仲秋月。

　　奉直大夫、蠡县陈杰[三]。从仕郎、判官、古虞张朝宗[四]。将仕佐郎、吏目、
思南袁宗伦[五]。儒学学正、睢州李绵[六]。

[一]李公：即李璋，字德方，燕山（河北省涿州）人，时任陕西按察司佥事（见
"成县·明《与东渠访杜少陵祠址有述》"）。

[二]张潜（1472—1526）：明弘治九年（1496）二甲十二名进士，陕西岷州卫人，
字用昭，号东谷。授户部山西司主事，有廉能声。累官至礼部郎中，擢广平知府，终山

图 8-51　李璋生祠记局部

东布政司参政[①]。

　　[三]陈杰:《徽郡志》卷五《秩官志》"知州"条:"陈杰,直隶蠡县人,举人,由山西解州改本州。正德十三年任,诚直敦朴,平易近民者。"

　　[四]张朝宗:《徽郡志》卷五《秩官志》"判官"条:"张朝宗,山西平陆人,正德六年任。"

　　[五]袁宗伦:《徽郡志》卷五《秩官志》"吏目"条:"袁宗伦,龙州人,弘治年任。慈惠及民,去之日,囊无余赀。"

　　[六]李绵:《徽郡志》卷五《秩官志》"学正"条:"李绵,河南睢州人,监生。正德十四年任,学行端谨。"[②]

①潘荣胜主编:《明清进士录》,中华书局,2006年,第232页。

②孟鹏年修,郭从道纂:《徽郡志》,载《中国方志丛书》(华北地方·第三二九号),台北成文出版社,1970年,第93—111页。

《李璋生祠记》，全称"按察佥事李公生祠之记"，明正德十五年（1520）张潜撰文，原在徽县原政府后院，今移入周主山。碑纵 240 厘米，横 120 厘米；额篆"李公生祠之记"6 字列 2 行，字径 10 厘米（图 8-50）；正文楷书 27 行，满行约 42 字，字径 2.8 厘米（图 8-51）。碑下半泐损缺文据张伯魁《徽县志》补入。

## （四三）文县·明《重修三教寺檩梁题记》（正德十六年，1521）

维大明正德拾陆年，岁在辛巳朔拾式月拾伍良旦黄道……古重修三教寺院，专祈山门镇静，僧众安和，一乡众等清吉者矣。

《重修三教寺檩梁题记》（图 8-52），明正德十六年（1521）墨书，今存文县石坊乡柳园村三教寺大雄宝殿檩梁。楷书 1 行，字径约 10 厘米。另曾有明代壁画遗存（图 8-53），今毁。

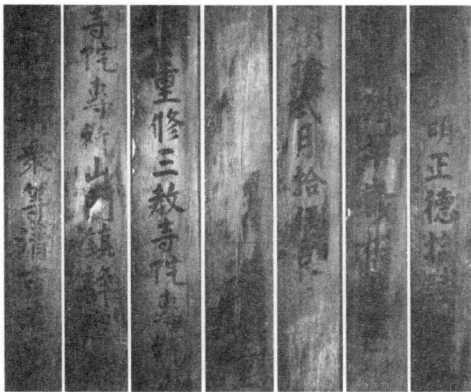

图 8-52　重修三教寺檩梁题记

图 8-53　三教寺明代壁画局部

## （四四）武都·明《周岚题壁》（嘉靖五年，1526）

嘉靖五年十月十五日，僧人崔守吉、周岑，惠门正义崔嵩，道人何廷真、何景盛、王越、何鼐、王廷□、王大玄、王宗贤、杜斌全、刘万才、刘永海、何恩、觉林。周岚书。

《周岚题壁》(图 8-54),明嘉靖五年(1526)墨书题壁,今存武都万象洞天庭西壁,纵 75 厘米,横 45 厘米,楷书 7 行。

## (四五)徽县·明·康海《徽州重修庙学之记》(嘉靖六年,1527)

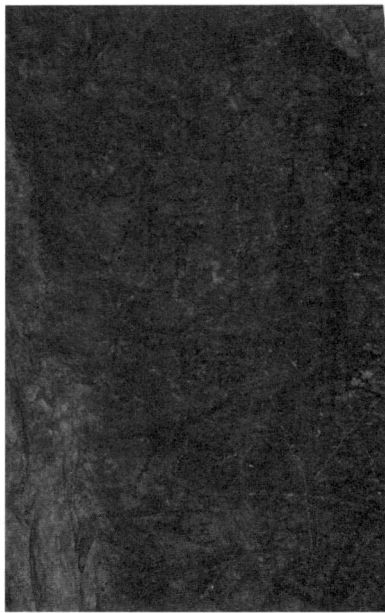

图 8-54　周岚题壁

徽州重修庙学之记(篆额)

徽州重修庙学记

徽州即汉之河池县,胜国时始改为州,明兴因之,遂为西方大郡。成化末,郏人刘济[一]来知是州,庙学、官署皆更建之,而庙学规模,视昔弘远矣。刘君去四十余年,庙学复敝。嘉靖丁亥六月丁未,监察御史段君汝砺,与分守参政成君文、分巡佥事司君迪,按历是地,相顾而叹曰:"兴贤育才之地,使之至是,非吾人之咎哉?"即日,发粟具,直付知州朱纯氏[二],量工庸材,因废拓新,而巡按御史刘君濂适至,协起事焉。又四月,而功用告成,朱君以书请记于予。予闻之人曰,学之修于前御史郑君维新,泊陈君讲。二君去,工乃中止。故段、刘二君与成、司二君力成之。是举也,不愆候以劳民,不循侈而溢费。如此,而诸君子之崇重斯文,其心亦已至矣。岂非西土士大夫之幸邪?昔海自总角以至释褐,尝望见当世士君子轨事于斯者,未尝不以学校之教为己任。自正德以后,士君子之视学校,分谊暌革,不啻秦越之不相及也。乃今有如是焉,此海二十余年之未觏也,岂非西土士大夫之幸邪?夫所谓教化者,系诸学校,而学校之政,则自轨事者倡而率之,导而诣之,故肄习有地,仪形有法,然后士彬彬然兴起也。夫子之殿庭崩塌圮坏,循谒者再拜而出,若未睹见,乃疑忌成俗,州县提调者,敢遽然以为己任而作新之邪!天下之广,吾不能知。即关中观之,其废者已七八,而存者仅二三耳,段君之言,岂欺我哉?予去岁见段君气岸阔大,务多长厚,有体裁。不数日,又见刘君往巡是地,其意度思维与群殊也。尝语人曰:"西方比年多故,乃何幸?"得两君子按治其地,民由是日安枕矣,乃又有是事焉。彼终日□役于簿书期会之间,来也若萦,去也若脱者,闻两君子之风,巨不兴感矣乎!朱君能思务所先,不群流俗,固守令之杰然者,均不可无纪以诏后来。于是道其始末,俾之刻石,而又系之以辞曰:"夫子之道德,具在方册,徽之多士,其亦因诸君子作新之意,以自新乎?

图 8-55　康海徽州重修庙学之记（宋涛　协拓）

此诸君子之意，而汝多士所以聚而求之者也。于此而不知所用心焉，则亦且以贻诸君子之羞矣。非西土士大夫之所幸，与予之喜谈乐道乎是者也。多士尚亦重自勉懋乎哉！"

嘉靖丁亥□十月乙丑。

赐进士及第、前翰林院国史修撰、儒林郎、经筵讲官、武功康海[三]记。

[一]刘济：明成化末徽州知州，见前文刘健《徽州重修庙学之记》。

[二]朱纯：明嘉靖初徽州知州。《徽郡志》卷五《秩官志》："朱纯，山西阳曲人，举人。由秦州调本州，嘉靖二年任。历官六年，升夔州府同知，未之任，解官回。"①

[三]康海（1475—1540）：字德涵，号对山、沜东渔父，陕西武功人。弘治十五年（1502）状元，任翰林院修撰。武宗时宦官刘瑾败，因名列瑾党而免官。以诗文名列"前七子"之一。著有诗文《对山集》、杂剧《中山狼》、散曲《沜东乐府》等。《明史》卷二八六有《康海传》②。

康海《徽州重修庙学之记》（图8-55），明嘉靖六年（1527）康海撰文，原在徽县原政府后院，今移入周主山。碑纵240厘米，横95厘米。额篆"徽州重修庙学之记"8字列2行，字径10厘米；正文楷书21行，行41字，字径3厘米。

### （四六）成县、徽县·明世宗《敬一箴及注程子四箴》（嘉靖六年，1527）

#### 1. 成县《敬一箴并序》

御制（篆额）

敬一箴并序

夫敬者，存其心而不忽之谓也。元后敬则不失天下，诸侯敬则不失其国，卿大夫敬则不失其家，士庶人敬则不失其身。禹曰："后克艰厥后，臣克艰厥臣。"《五子之歌》有云："予临兆民，如朽索之驭六马。"为人上者，奈何不敬？其推广敬之一言，可谓明

图8-56　敬一箴并序局部

---

① 孟鹏年修，郭从道纂：《徽郡志》，载《中国方志丛书》（华北地方·第三二九号），台北成文出版社，1970年，第93页。

② 张廷玉等：《明史》，中华书局，1974年，第7348页。

矣。一者，纯乎理而无杂之谓也。伊尹曰："德惟一，动罔不吉；德二三，动罔不凶。"其推广一之一言，可谓明矣。

盖位为元后，受天付托，承天明命，作万方之君，一言一动，一政一令，实理乱安危之所系。若此心忽而不敬，则此德岂能纯而不杂哉？故必兢怀畏慎于郊禋之时，俨神明之鉴察；发政临民，端庄戒谨，惟恐拂于人情。至于独处之时，思我之咎何如，改之不吝；思我之德何如，勉而不懈。凡诸事至物来究夫至理，惟敬是持，惟一是协。所以尽为天子之职，庶不忝厥祖厥亲，由是九族亲之，黎民怀之，仁泽覃及于四海矣。

朕以冲人，缵承丕绪，自谅德寡，昧勉而行之。欲尽持敬之功，以驯致乎一德。其先务又在虚心寡欲，驱除邪逸，信任耆德，为之匡辅。敷求善人布列庶位，斯可行纯王之道，以坐致太平雍熙之至治也。朕因读书而有得焉，乃述此以自勖云：

人有此心，万理咸具，体而行之，惟德是据。敬焉一焉，所当先务；匪一弗纯，匪敬弗聚。元后奉天，长此万夫；发政施仁，期保鸿图。敬怠纯驳，应验顿殊。征诸天人，如鼓答桴。朕荷天眷，为民之主。德或不类，以为大惧。惟敬惟一，执之甚固。畏天勤民，不遑宁处。曰敬惟何，怠荒必除。郊则恭诚，庙严孝趋。肃于明庭，慎于闲居。省躬察咎，儆戒无虞。曰一维何，纯乎天理，弗参以三，弗贰以二。行顾其言，终如其始。静虚无欲，日新不已。圣贤法言，备见诸经。我其究之，择善必精。左右辅弼，贵于忠贞。我其任之，鉴别必明。斯之谓一，斯之谓敬。君德既修，万邦则正。天亲民怀，永延厥庆。光前裕后，绵衍蕃盛。咨尔诸侯，卿与大夫，以至士庶，一遵斯谟。主敬协一，罔敢或渝，以保禄位，以完其躯。古有盘铭，目接心警。汤敬日跻，一德受命。朕为斯箴，拳拳希圣。庶几汤孙，底于嘉靖。

嘉靖五年六月二十一日。

## 2. 成县《注程子视箴》

宸翰（篆额）

程子视箴

心兮本虚，应物无迹。操之有要，视为之则。蔽交于前，其中则迁。制之于外，以安其内。克己复礼，久而诚矣。

视、听、言、动四箴者，乃宋儒程氏颐之所作也。程氏说：人之生也，其性本善，后被物欲交攻，而此性始有不善。视、听、言、动四者或不能中，此乃受病之处。居中而制万事者，心也。心之所接，必由视听得之。视听之不明、不聪，则言动皆违天理。然视居其首焉。程氏说：凡人于视，不无被那诸般物色所蔽，惟中

图 8-57　注程子视箴

心安之。凡视无不明，勿使外物荡其中，常使中制于外，可也。《书》云"视远惟明"即此意也。要操存之在吾心，无有远迩，视之如一。辨其是非，观其善恶，以吾心之正为较察，然后可免于昏乱之失矣。朕惟人皆以视为明，而人君所视者，尤为要焉。果以此为，则深为益也。凡观其邪正，辨其贤否，不为奸巧之所惑，庶几忠与不肖，不得并进，用舍不至于倒置矣。呜呼，察之。

## 3.徽县《注程子言箴》

宸翰（篆额）

程子言箴

人心之动，因言以宣。发禁躁妄，内斯静专。矧是枢机，兴戎出好。吉凶荣辱，惟其所召。伤易则诞，伤烦则支。己肆物忤，出悖来违。非法不道，钦哉训辞。

枢机者，譬户之轴、弩之牙也。戎是兵戎，好是喜好。程子之意，说凡人所言必谨，其妄出轻发，如弩之发矢，度而思之，务求其中焉。言易则至于狂诞，言烦不免于支离。非圣贤之法言，不敢道之于口。所以告来世之君子也。朕因而论之曰：凡人所言，必求其合诸道理，准诸经传，然后可以为言也，夫言以文身也。《书》云"惟口起羞"，《大学》云"言悖而出者，亦悖而入"，《孝经》云"非先王之法言不敢道"。斯之谓也。人之于言，必加谨焉；而人君之言，尤当谨之。先儒云："王言如丝，其出如纶；王言如纶，其出如綍。"人君之发号施令皆言也，令出之善，则四海从焉；一或不善，则四海违焉。故凡出一言，发一令，皆当合于天理之公，因诸人情之所向背。若或徒用己之聪明，恃其尊大，肆意信口，不论事理

图 8-58 注程子言箴

之得失、民情之好恶，小则遗当时之患，大则致千百年之祸，可不戒畏之哉？程氏之作箴，其用心也至矣，呜呼！谨之。

## 4. 成县、徽县《注程子动箴》

宸翰（篆额）

程子动箴

哲人知几，诚之于思。志士励行，守之于为。顺理则裕，从欲惟危。造次克念，战兢自持。习与性成，圣贤同归。

哲人是明哲之人，志士是有德行之士。诚是念之实，守是行之笃。理即天理，欲即人欲。程子说：凡人所动作，便不可轻举妄动。当审事机可否之如何，天理人欲之所在。思其事之巨细，为其所当为。然后动与道合，无有坠失狂躁之病。战兢惕励，如此者，惟哲人乃能之，君子可不谨之哉！朕因而论曰：凡人所动，为当求合乎道理，察其当为与所不当为。精（一作"请"）别而行之，可也。而人君之所动，为尤重焉。盖君者，以一身而宰万事，不可适己之欲。与夫听信谗佞，轻举妄动，或恃中国之强而好征伐，或盘游无度而残虐百姓。凡此类者，不可枚举。姑说其大者言之，一举动之间，上违天意，下拂民心，而败亡之祸随之。是非可畏惧也哉！程氏之作箴，其用心也至矣！呜呼，畏之。斯四箴者，作之在于程颐。以斯四箴而致其君者，乃吾辅臣张璁也。颐之作箴，其见道之如此。而动于礼合，宜朕未之言，君子必如矣。夫今璁以此言而告朕，与夫昔议礼之持正，可谓允蹈之哉！朕罔闻于学，特因是而注释其义。于以嘉璁之忠爱，于以示君子之人。呜

图 8-59　注程子动箴（成县）

图 8-60　注程子动箴（徽县）

呼，箴之功，宜不在程氏，而在于瓅也哉！用录此于末云耳。

　　嘉靖丁亥岁季冬越三日注。

　　《敬一箴》是明嘉靖五年至六年（1526—1527）明世宗朱厚熜为教化天下，宣扬儒学而作，与其注解"视、听、言、动、心"五箴言合为六篇，以统一格式摹刻成碑，颁行天下，竖立于州县学宫。《明史》卷一七《世宗本纪》云："（嘉靖五年）冬十月庚午颁御制《敬一箴》于学宫。"《明世宗实录》卷六九载："（嘉靖五年十月庚午），上制敬一箴及注范浚心箴，程颐视、听、言、动四箴，颁赐大学士费宏等疏谢，因言：'此帝王传心之要法，致治之要道，奏请敕工部于翰林院盖亭竖立，以垂永久。仍敕礼部通行两京国学并在所提学官摹刻于府州县学，使天下人士服膺圣训，有所兴起。'上命如议行。"①

　　《程子四箴》即视、听、言、动四箴，由北宋大儒程颐提出。程颐（1033—1107），字正叔，北宋洛阳伊川人，人称伊川先生。程颐是宋代理学的奠基者，宋理宗淳祐元年（1241），程颐被封为伊阳伯，从祀于孔子庙庭。

　　陇南境内共出土《敬一箴》及注程子四箴碑5通，其中成县出土《敬一箴》及注程子动箴、视箴3碑，徽县出土注程子动箴、言箴2碑，而注程子听箴及范浚心箴碑未见。《成县新志》载："敬一亭，学宫左，明嘉靖中颁御制《敬一箴并程子视听言动四箴》。"②可见，成县未立心箴碑。

　　《敬一箴并序》（图8-56），明嘉靖五年（1526）六月二十一日明世宗朱厚熜撰文，2010年成县原政府院内（莲湖公园东200米）出土。碑纵200厘米，横130厘米。额篆"御制"2字，字径10厘米。正文由序言和箴言两部分构成，字径2厘米。其中序言楷书16行，满行49字；箴言楷书9行，行32字，末行镌年款"嘉靖五年六月二十一日"。

　　陇南成县、徽县均有明世宗注程子四箴碑出土。注程子四箴碑约刊于嘉靖六年（1527），额篆书"宸翰"二字，字径10厘米。四周镌有满地祥云雕纹以及"双龙戏珠""龙翔海宇"等纹饰。程子箴言居右，大字楷书5行，行8字，字径4—4.5厘米；明世宗注文居左，小字楷书，字径2—2.5厘米。

　　明世宗《注程子视箴碑》（图8-57），2010年成县原政府院内（莲湖公园东200米）出土。碑纵96厘米，横140厘米。程子视箴字径4.5厘米；明世宗注文17行，行15字，字径2.5厘米。

① 张居正等：《明世宗实录》，台北中研院历史语言研究所校印，1962年，第1578页。
② 黄泳：《成县新志》，载《中国方志丛书》（华北地方·第三三二号），台北成文出版社，1970年，第372页。

　　明世宗《注程子言箴碑》（图 8-58），2014 年徽县原政府后院出土。碑纵 95 厘米，横 135 厘米。程子视箴，字径 4 厘米；明世宗注文 21 行，行 15 字，字径 2 厘米。

　　明世宗《注程子动箴碑》，成县（图 8-59）、徽县（图 8-60）皆有出土，内容及章法相同。成县《注程子动箴碑》，纵 120 厘米，横 145 厘米。程子动箴，字径 4.5 厘米；明世宗动箴注文 28 行，行 15 字，字径 2.2 厘米。徽县《注程子动箴碑》，纵 95 厘米，横 135 厘米。程子动箴，字径 4 厘米；明世宗动箴注文 28 行，行 15 字，字径 2 厘米。

## （四七）两当·明《圆钵塔题记》（嘉靖六年，1527）

　　（日）尊曰卑，同赴龙华之三□□□孙三十，登了通之真空。祝文已毕焉哉乎也。

　　嘉靖六年捌月。

　　□家导歌：

　　容道得广，福慧圆明，性海妙用，悟了真成。

　　老僧……僧主在南山一行要去……此入山……不勉……老僧……日辞也云□缘结……山前……随心不是□今如□□能播……明□今传，正□路上结良缘。师徒今日相难别，多年□在□寒。师爷性月，明端、明朝、明青，海福、海香……妙真……用宝、用□、用□、用钊、用春、用了……功德主：李春、刘……杨重礼、李全……佐景山、张喜□、姚起会……刘锐、刘日、杨□。书字僧人徒妙鲁，徽州思仪里人□□。

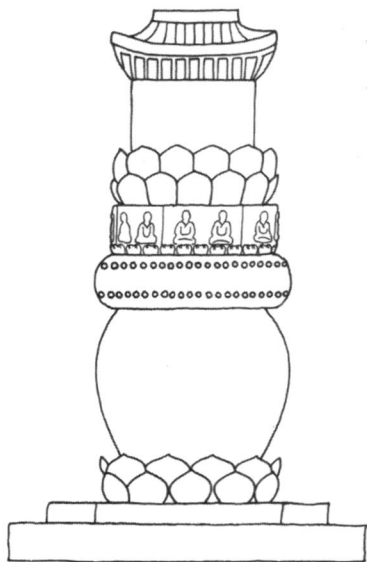

图 8-61　圆钵佛塔

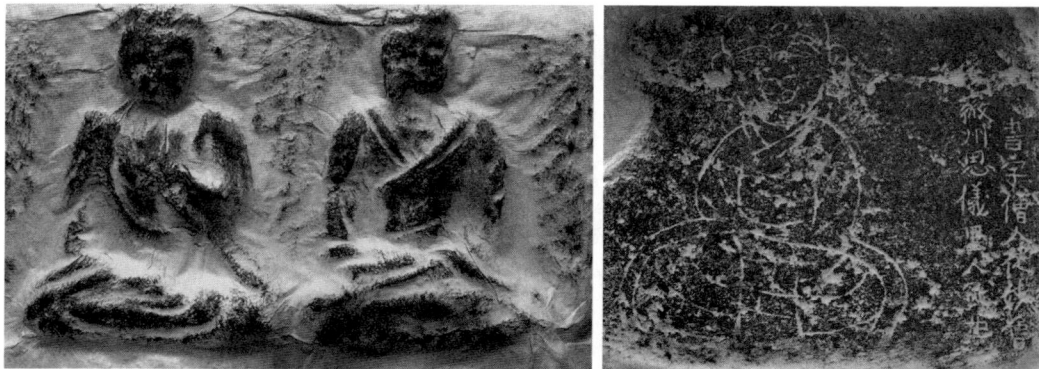

图 8-62　罗汉浮雕及线刻（杨雷　协拓）

　　圆钵佛塔，位于两当县云坪乡西沟峡棉老村塔院寺遗址。佛塔石质为灰白色花岗

图 8-63　圆钵塔题记

岩，通高 2.14 米，由塔基、塔身、塔刹三部分组成（图 8-61）。塔基为叠涩式八角形，塔身由两部分组成，下半部为圆钵形，底部装饰有双层仰莲台；上半部分为两层相轮，其一呈扁鼓形，另一呈八棱形，每棱面上均雕有 1 至 2 个坐式罗汉浮雕像（图 8-62），相轮之上为双层式仰莲台，再上置一方形石幢，最上方为网顶式塔刹（刹顶脱落）[1]。

　　《圆钵塔题记》（图 8-63），镌刻于圆钵佛塔上层方形石幢上，明嘉靖六年（1527）刻，石幢纵 30 厘米，横 37 厘米，厚 35 厘米，共存楷书 37 行，行 4—14 字不等，字径约 2 厘米。其中第四面，有一僧人线刻造像。

### （四八）武都·明《古佛贴金题刻》（嘉靖七年，1528）

　　　　古佛贴金。

　　　　旨大明国陕西都司。

　　　　嘉靖柒年八月重造。

　　《古佛贴金题刻》（图 8-64），摩崖刻石，明嘉靖七年（1528）镌，今存武都佛崖镇镇政府旁。摩崖纵 35 厘米，横

图 8-64　古佛贴金题刻
（宋涛　拓）

----

[1] 孙晓峰：《甘肃省两当县西姑庵佛教遗址考察》，《石窟寺研究》2012 年第 3 期。

15 厘米，楷书 3 行，字径 4 厘米。其右有二佛龛遗迹，疑为一佛二菩萨石胎泥塑，塑像已毁。

### （四九）武都·明《龙门等题壁诗》（嘉靖八年，1529）

岩空深邃出尘寰，万象森罗一洞天。玉乳妆成千载景，石津滴就万古幡。天窗有窍开幽洞，玉井无门接地涎。行尽仙家无觅处，归来不觉兴无边。

嘉靖己丑季冬书。

郡庠生：龙门、卯希思、卯希雍仝侍。

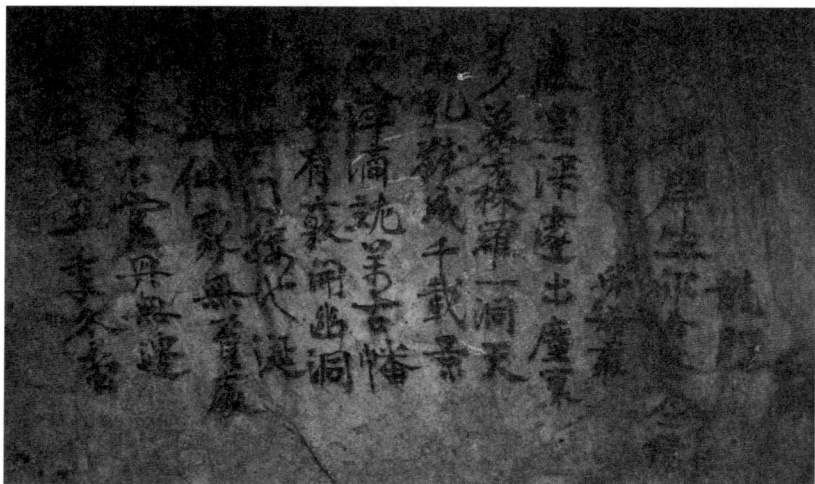

图 8-65　龙门等题壁诗（张惠中、李婷婷　摄）

《龙门等题壁诗》（图 8-65），明嘉靖八年（1529）墨书题壁，今存武都万象洞仙人坝东壁，纵 70 厘米，横 120 厘米，楷书 12 行。

### （五〇）武都·明《司昶题壁》（嘉靖八年，1529）

嘉靖八年季冬十二月四日夙，大巡胡老爹、分司许老爹同游赏于此。庠生司昶、卯希思、卯希雍、任朝用、樊世玠、龙间，品相魏尚义、魏朝缙。

《司昶题壁》（图 8-66），明嘉靖八年（1529）墨书题壁，今存武都万象洞卧龙坝西壁，纵 34 厘米，横 17 厘米，行书 5 行。

图 8-66　司昶题壁

## （五一）武都·明《刘勋题壁》（嘉靖八年，1529）

嘉靖八年十二月（四）日，阶州庠生龙间、樊世玠，千户刘勋、樊世宝到此。

《刘勋题壁》（图 8-67），明嘉靖八年（1529）墨书题壁，今存武都万象洞卧龙坝西壁，纵 20 厘米，横 17 厘米，行书 3 行。

## （五二）武都·明《赵守正题名》（嘉靖八年，1529）

嘉靖八年冬，庠生赵守正、种奎、赵云汉、陈□□、赵守直、赵云衢、徐乾。

图 8-67　刘勋题壁

《赵守正题名》（图 8-68），明嘉靖八年（1529）墨书题壁，今存武都万象洞卧龙坝西壁，纵 20 厘米，横 17 厘米，行书混排 5 行。

图 8-68　赵守正题名

图 8-69　赵云汉题名

## （五三）武都·明《赵云汉题名》（嘉靖八年，1529）

题名庠生：赵云汉、种奎、赵守正、赵守直、赵缙。

《赵云汉题名》（图 8-69），明嘉靖八年（1529）墨书题壁，今存武都万象洞卧龙坝西壁，纵 20 厘米，横 13 厘米，行书混排 6 行。

## （五四）武都·明·胡明善《游万象洞》（嘉靖八年，1529）

游万象洞

岩扃遥隔世尘幽，烟景苍苍际胜游。洞里有天开万象，人间何处觅三洲。珠幢翳日云英满，仙峤浮空石髓流。愿得玄真容吏隐，便应黄发长丹丘。

胡明善[一]书。

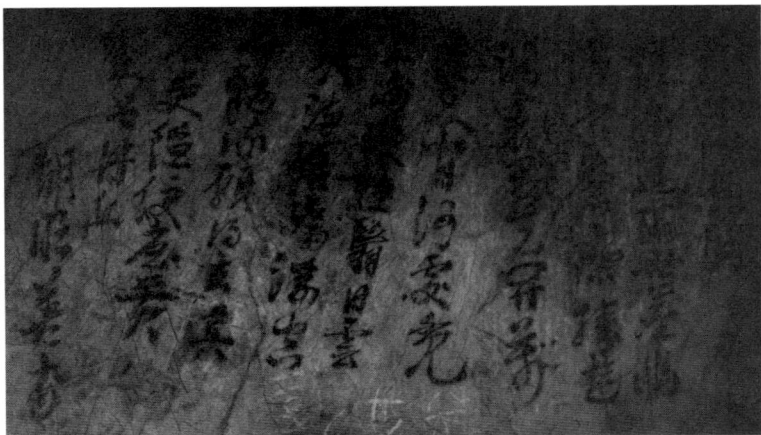

图 8-70　胡明善游万象洞

[一]胡明善：南直霍丘（安徽霍邱县）人，嘉靖间巡按甘肃御史。明·张瀚《松窗梦语》载："霍丘胡明善，督学御史也。居乡豪横，强夺人妻女为妾，役邻人为工，复假先年被劫，妄执平民为盗。家制刑具，极其惨酷。"①

胡明善《游万象洞》（图 8-70），墨书题壁，今存武都万象洞天地交泰东壁，纵 60 厘米，横 130 厘米，草书 11 行。前文《司昶题壁》云："嘉靖八年季冬十二月四日夙，大巡胡老爹、分司许老爹同游赏于此。""大巡胡老爷"即胡明善，可知题壁当在嘉靖八年（1529）十二月四日。胡明善《游万象洞》诗，笔墨飞舞，满壁云烟，如古松虬曲，气势峥嵘，豪迈不羁。

## （五五）成县·明·胡明善《春日谒杜少陵祠》（嘉靖九年，1530）

春日谒杜少陵祠

少陵栖息地，陈迹寄云隈。风雨吟龙峡，江山领凤台。春明秦树远，天黑楚魂来。揽辔瞻祠屋，千秋一叹哀。

---

① 张瀚：《松窗梦语》，上海古籍出版社，1986 年，第 8 页。

嘉靖庚寅正月，两河胡明善。

胡明善《春日谒杜少陵祠》（图 8-71），明嘉靖九年（1530）镌立，今存成县杜甫草堂大殿北壁，诗碑纵 138 厘米，横 72 厘米，行草书 5 行，字径 10 厘米。

## （五六）武都·明《刘珮题壁》（嘉靖十一年，1532）

嘉靖十一年。泾阳客人刘珮、扫尚吉、李文、刘纨、刘霞德、李廷庚、孟士英、郭宗荣同游。阶州袁廷佑、刘洲同男五人拜玩。

《刘珮题壁》（图 8-72），明嘉靖十一年（1532）墨书题壁，今存武都万象洞卧龙坝西南壁，纵 44 厘米，横 30 厘米，楷书 7 行。

图 8-71　胡明善春日谒杜少陵祠

## （五七）武都·明《范旸题壁》（嘉靖十三年，1534）

大明嘉靖十三年闰二月。奉训大夫阶州知州范旸，武略将军右所正千户司永，通渭县大尹王朝因，掌印彭大才、徐□，生员任朝用、司诰。

《范旸题壁》（图 8-73），明嘉靖十三年（1534）墨书题壁，今存武都万象洞龙洞

图 8-72　刘珮题壁

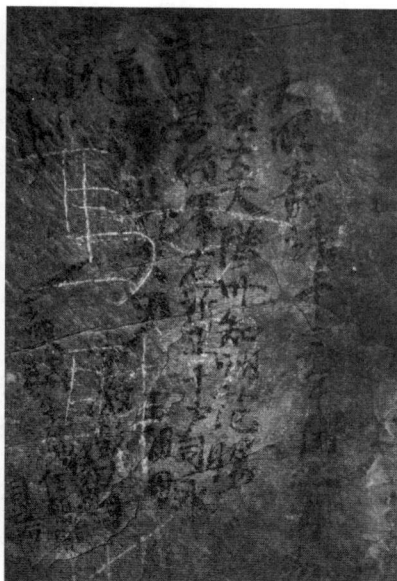

图 8-73　范旸题壁

口，纵 67 厘米，横 40 厘米，行书 8 行。

## （五八）武都·明《任朝用题壁诗》（约嘉靖十三年，1534）

桥东十数里，岸畔绽桃花。

洞口仙药在，邀我饭胡麻。

蓟门任朝用题。

《任朝用题壁诗》（图 8-74），约明
嘉靖十三年（1534）墨书题壁，今存武
都万象洞风洞口南壁，纵 40 厘米，横
32 厘米，行书 7 行。

## （五九）武都·明《武德将军梁公墓志铭》（嘉靖十三年，1534）

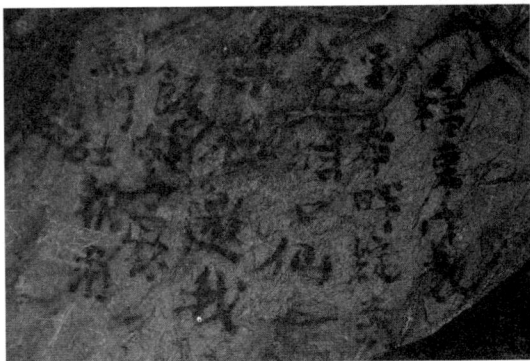

图 8-74　任朝用题壁诗

明故武德将军梁公墓志铭石（篆盖）

武德将军梁公墓志铭

致仕朝请大夫、赞治少尹、郡人李文明撰，郡庠生司廷璋书，郡庠生司昶篆。

武德将军梁公以疾终于家，其子冠等衰跌泣血，持状请予铭墓中之石。公与
予莫逆之交，朱陈之好，遂援笔。按状，公讳振，字述之，世居山东东平州西北隅
人。始祖宽，娶许氏，洪武初，埭藉从戎，屡战奇（功），升蓟州卫左所正千户，殁
于锋镝。高祖义，英锐长才，袭职，娶李氏，宣德六年调阶所。曾祖安，字宗镇，
才德卓越，袭正千户；娶武氏，生祖材，字大用，袭正千户，文武备具；娶张氏，
生父振，即公。才能出众，武略过人，袭正千户掌印，军民悦服。御戎，番夷远遁；
防守，累获奇功。娶胡氏，生男五：曰冠，袭正千户，居官勤慎，娶洪氏，先翁卒，
守义未娶；曰簪，仗义疏财，娶李氏；曰夯，勤俭克家，娶查氏；曰藻，孝敬端谨，
娶汪氏；曰玺，谦恭自持，娶崔氏。女三：曰海英，适岷州卫西固城千兵申滕；曰
朝英，适本所正千兵司永；曰三英，适秦州卫中所千兵高继宗。

孙男四：曰光祖，冠所出也；曰光禄，簪所出也；曰光裕、曰光采，藻之所出
也。孙女九：曰大婕，聘本所舍人汪必浙；赐婕，簪之所出也；曰二婕，聘本所舍
人司谏；曰三婕、曰陆婕，夯之所出也；曰春奇，藻之所出也；曰五婕、曰七婕、
曰新奇，玺之所出也。公生于成化戊子十月初六日子时，殁于嘉靖十年八月初三
日，享年六旬有六，将以是年十一月二十二日寅时葬于先茔〔茔〕河南之原。呜

图 8-75　武德将军梁公墓志铭篆盖（宋涛、刘可通　协拓）

图 8-76　武德将军梁公墓志铭（李婷婷　协拓）

呼！人有片善寸长，尚当录之。况公之居官，军民感慕；致政，乡人敬仰；殁后，远近追思，恶得而泯焉。遂为之铭曰：

所禀英杰，所赋纯良。忠心耿耿，义气昂昂。韬略精闲，政事优长。威肃虎帐，勇凛鹰扬。其生也荣，其殁也康。余庆绵绵，百世其昌。

嘉靖拾叁年岁次甲午仲冬月吉旦，郡游士魏凤仪勒。

《武德将军梁公墓志铭》，明嘉靖十三年（1534）镌，今存武都城西郊大堡村。墓盖（图8-75）纵46厘米，横48厘米，篆书12字曰"明故武德将军梁公墓志铭石"，字径9厘米，已裂作五块，仅"石"字略伤。墓铭（图8-76）纵45厘米，横47厘米，楷书27行，行27字。前15行字形略大，径1.3厘米，后12行字形稍小，字径不足1厘米。朝请大夫赞治少尹郡人李文明撰文，郡庠生司廷璋书丹，郡庠生司昶篆盖。

### （六〇）武都·明·赵守正《次胡两河韵》（嘉靖十五年，1536）

嘉靖十五年元宵后一日，武都郡庠生赵守正于一书。

闻道南山幽闲中，偷向（古洞）静中游。壮疑物象蟠龙虎，身俨飘飘驾问洲。鼓笼天风销烛泪，悬空石髓刮清流。兴来欲写忘归赋，云满峰头月满丘。

落"古洞"二字，次胡两河韵。

赵守正《次胡两河韵》题壁诗（图8-77），明嘉靖十五年（1536）墨书，今存武都万象洞南天门前，纵70厘米，横45厘米，楷书7行。"胡两河"即胡明善，嘉靖八年十二月，胡明善曾作《游万象洞》题壁诗（见前文）。

图8-77　赵守正次胡两河韵

### （六一）武都·明《赵守正题诗》（嘉靖十五年，1536）

仙洞小□□烟窟，漫……断……龙□子……波斜……石乳……不……何必咏……卧□石。

嘉靖十五年新正，郡庠生赵守正书。

《赵守正题诗》，明嘉靖十五年（1536）墨书题壁，今存武都万象洞仙人坝西壁，纵72厘米，横110厘米，行楷10行。题壁已被后代刻画致残。《阶州

直隶州续志》载有赵守正《游万象仙洞》
诗："古洞悬崖跨石门，杳无鸡犬任朝昏。遨游会
见玄中景，身世浑忘静里存。未审何年分万象，
难逢此地倒千尊。花飞鹤去仙人远，谁谓桃花更
有村。"①

## （六二）武都·明《赵云汉题壁》（嘉靖十五年，1536）

  　监生赵云汉，生员赵云衢，成县监生张
麟，男张元。

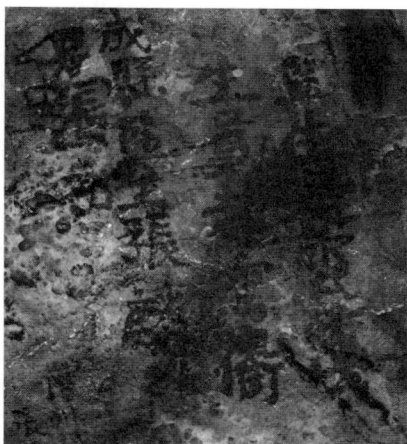

图 8-78　赵云汉题壁

《赵云汉题壁》（图 8-78），明嘉靖十五年
（1536）墨书题壁，今存武都万象洞天庭西壁，纵 30 厘米，横 22 厘米，行楷 4 行。

## （六三）武都·明《赵东周题壁一》（嘉靖十五年，1536）

  　嘉靖十五年十六日，赵东周道名净阳，
同男赵云汉、赵云衢，孙正礼、礼正。

《赵东周题壁一》（图 8-79），明嘉靖十五年
（1536)墨书题壁，今存武都万象洞卧龙坝西南壁，
纵 19 厘米，横 28 厘米，行楷 6 行。

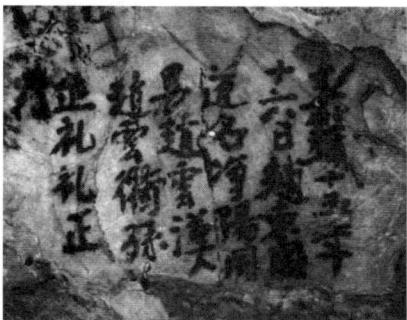

图 8-79　赵东周题壁一

## （六四）武都·明《赵东周题壁二》（嘉靖十五年，1536）

  　嘉靖十五年正月十六日，阶州右所隐士
赵东周，道名净阳，号野子。同男赵云（汉）。
巩昌府张怀仁，道号崇鸣。

《赵东周题壁二》（图 8-80），明嘉靖十五年
（1536）墨书题壁，今存武都万象洞天庭西壁，纵
30 厘米，横 32 厘米，行楷 7 行。

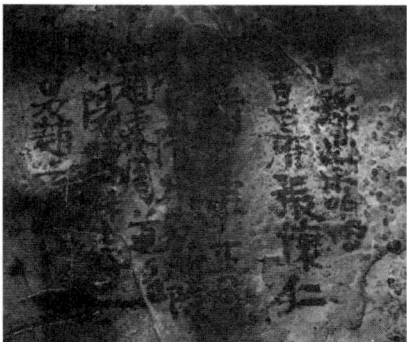

图 8-80　赵东周题壁二

① 叶恩沛修，吕震南等纂：《阶州直隶州续志》，曾礼校点，兰州大学出版社，1987 年，第 337 页。

## （六五）武都·明《张怀仁题壁》（嘉靖十五年，1536）

南安张怀仁同弟张凤埴、张凤麟到此。

《张怀仁题壁》（图8-81），明嘉靖十五年（1536）墨书题壁，今存武都万象洞卧龙坝西壁，纵24厘米，横10厘米，行楷3行。

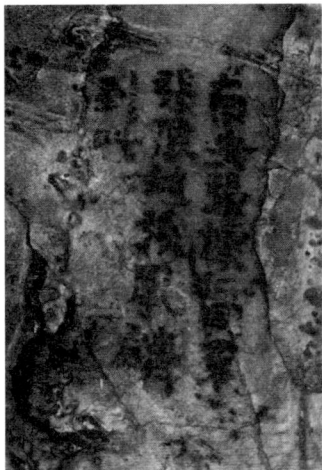

图 8-81　张怀仁题壁

图 8-82　陈恕题壁

## （六六）武都·明《陈恕题壁》（嘉靖十五年，1536）

嘉靖十五年正月元宵后一日，祖陈恕，父陈言。庠生：陈汝明、陈汝弼、陈经。

《陈恕题壁》（图8-82），明嘉靖十五年（1536）墨书题壁，今存武都万象洞，纵26厘米，横22厘米，楷书6行。

## （六七）徽县·明·任伦《题钟山》（约嘉靖十五年，1536）

题钟山
城中横翠一山雄，疑有吴家马鬣封。前面数层黉舍壮，当头孤立古碑丰。何年钟鼓楼台废，今日陵原草树空。灵脉幸为人物萃，文风当代渐兴隆。
古池任伦题。
徽人张政贤、程永固刻。

任伦《题钟山》诗（图8-83），刊于明《徽州重修庙学之记》碑阴中段，今存徽县周主山。题诗纵50厘米，横85厘米，楷书10行，行3—9字不等，字径约5厘米，

约与《重修宣灵王庙碑》同时。任伦,弘治间岁贡,《徽郡志》卷六载:

> 任伦,弘治间岁贡,广之孙。任四川嘉定州判,升山东登州府推官,敕进文林郎。坦易和平,与世淡然,且精于文墨,中丞安厓黄公素相与谓其"德寿可钦,文艺可采",曾以礼遣问之。[1]

图 8-83 任伦题钟山

## （六八）成县·明·白镒《过杜子祠》（嘉靖十六年,1537）

过杜子祠

对县南山秀出岐,少陵遗迹启生祠。豪吟悯世忧时志,晚景怀乡去乱思。大雅删余高独步,盛唐变后妙难窥。诗家门户知多少,神圣无传总是师。

嘉靖丁酉仲冬六日,赐进士、奉政大夫、陕西按察司分巡陇右道佥事、前南京刑部郎中太原白镒书。

图 8-84 白镒过杜子祠

---

[1] 孟鹏年修,郭从道纂:《徽郡志》,载《中国方志丛书》(华北地方·第三二九号),台北成文出版社,1970年,第130页。

白镒《过杜子祠》诗碑（图 8-84），明嘉靖十六年（1537）刊石，今存成县杜甫草堂后院北壁。碑纵 68 厘米，横 80 厘米，诗文楷书 9 行，行 7 字，字径 4 厘米；落款 3 行，满行 18 字，字径 2 厘米。

白镒，山西太原人，曾知山西束鹿县事，嘉靖间，历任南京刑部郎中，陕西按察司分巡陇右道佥事。《巩昌府志》卷一九："白镒，进士，山西平定州人。分巡陇右道。"[①]

## （六九）武都·明·康海《重修庙学记》（嘉靖十六年，1537）

明兴，学校遍天下，文明之盛，度越百王。太祖高皇帝光复中夏，首以育才养士为务，自国以及天下，不但极其心思，设置教法而已，一器一物之微，皆必亲与成。圣意果惬，然后布之，择师以教，择弟子以习，百七十年于兹。无远无近，贤才倍出；愈取愈有，用之不竭，可谓极盛矣。顾承平日久，弟子虽知所以为学，而师之教或少减于昔时，虚恢夸诞之意多，而体认躬行之力鲜，由是有司惟以筐篚刀笔为志，而学校之政旷修，礼义相先之地有鞠为茂草者，观风君子往往病焉，巡按御史古朔卢君问之，南宫刘君濂，太原段君汝砺，暨分守参政山阴成君文，边备副使抚宁翟君鹏，继踵按部至阶，睹其颓敝，慨焉兴怀，因进州所诸吏遴选之，得今指挥佥事司永，乃命董工抡材，重加修缮。不逾年，庙学一新。告成之后，州守大名崔尚义具始末，命生员赵谦请记于予。嗟夫！今之有司役役于他，其暇及于此与否，不必论矣。观风君子若卢君辈，岂非所谓克体上意，而表盛名耶？前陕省三学不有，巡抚都御史王公尧延及于此与阶等地。前后相承者，非名辈耶。都会之地且然，他可知矣。王公檄下不三阅月，庙庑堂斋，焕然一新，卢君革固，王公之侪也。吁，可以□人矣。夫子老且荒，文思艰啬，有嘉卢君辈之美，□□于此，因付赵生归而刻石，以俟后之君子。

嘉靖十六年丁酉秋八月朔旦，赐进士及第、前翰林院修撰、儒林郎经筵讲官武功康海撰。

武都《重修庙学记》，原碑已佚。明嘉靖十六年（1537）武功康海撰文。以上铭文据明《阶州志》[②]录入。

## （七〇）徽县·明·吕柟《新修巡茶察院行台记》（嘉靖十九年，1540）

徽州火钻镇，旧设批验所，与秦州骆驼巷、稍子镇同，后至巡茶刘君俱奏革

---

① 纪元：《巩昌府志》，载《中国地方志集成》（甘肃府县志辑 2），凤凰出版社，2008 年，第 436 页。
② 余新民修，蹇逢泰纂：《阶州志》，万历四十四年（1616）抄本。

去。惟火钻镇，官虽革而印未缴也。嘉靖戊戌，犹铨注一大使，然而于所无衔，于官无事，如虚衔耳。戊戌之秋，应天沈君中甫奉命巡茶陕西，至火钻镇，叹曰："此地去徽六十里程，去秦二百里程，而茶马由是通焉，岂可以无官守与公署哉？"况虏酋一寇，众逾十万。近者吉囊俺答之种最号精强，而哈喇慎亦黠虏也，不时南侵，墙堵而来，虽有秦、巩、临、平、甘、宁、固、靖诸路之兵，然众寡不敌，又多软脆，望尘奔循，莫敢支持，人徒以为虏强而我弱也。殊不知御虏在士，奋士在马，畜马在茶，行茶在公署。公署不立，而欲茶之行者鲜矣。茶课不足，而欲马之畜者鲜矣。马力不齐，而欲士之奋者鲜矣。军士不奋，外欲攘敌以却虏，内欲安夏以保邦者，未之前闻也。然则火钻镇察院行台之建，岂可少且缓乎？君乃先行广宁、开城、七苑，查见在大小儿课驹马万有四千有零，其倒死、拐逃、被盗者皆备查，其数比之原额率亏损十三焉。如是而茶课犹缩，保寨犹散，马之不寝耗以亡者几希。虽有塞渊之心，其如云锦之群何哉尔？乃令汉中府岁办地亩，课茶五十四万，依期起运。禁茶园、店户盗卖欺隐，而中茶商人领引之后，不得辗转兴贩，别务生理。久不完销，以稽国课。虽山西诸处，各该原籍亦必监候家属。又令洮、河、西宁三道督察三茶马，官吏于运到茶斤，不得收粗恶者于库内以易马，而以甘美之茶给商人。又令守巡参将诸官，责各衙门巡捕官即理巡茶。而西戎土番，迭溪、松茂以至西宁、嘉峪诸处私贩茶徒，不得肆行潜通番人易其马。又令各驿递衙门于发到摆站瞭哨，茶徒纳工拘役及贫病者各有所处。又令甘肃二行太仆寺及陕西都行二司，严视官军马匹，不得走失疮癀。而椿朋、地亩、马价亦皆及时完征。并禁官马不得驮载私物，减其粮料。又令派定空闲牧军守候，茶马一到，即时俵领，勿得守至旬月，致马瘦损，至啮柱槛。其各苑亦必相水草之宜，而腾驹游牝，各得其所。围长、群头皆不得惰偷闲旷，以废其业。又令苑马寺通行分管三路官员，亲诣各该监苑，巡视寨堡，务必高墙深堑，坚实完厚，保障地方收敛马匹勿致损失。夫汉茶有招马之令，番人有市马之乐，监苑有饲马之实，寨堡有护马之所，行之数年，虽骒牝千亿，亦可睹也。比物四骊，不啻言矣。徽守刺史王时雍言沈君存心正大，行事严明，合省官员皆敬慕之。宜其锡马，蕃庶强壮，边围如此也。行台正厅三楹，东西厢房共六楹。后厅三楹，东西厢房亦六楹，三门、大门各三楹，若大使之宅第，则行台之西亦不下一二十楹，器用诸物皆具。是役也，始于嘉靖十八年五月初十日，落成于本年九月二十七日。未几，沈君已竣事去还朝矣。去行台之第二年庚子七月，徽人来速记。予遂述其所闻美政一二，以告后来。沈君讳越，中甫其字也，别号鹿村。南京锦衣卫人起家，嘉靖壬辰进士。

　　吕柟《新修巡茶察院行台记》，原在徽县榆树乡火钻村，今行台无迹，石刻亦佚。《徽郡志》卷八《艺文志》有载，题下注："高陵吕柟，礼部侍郎。"[①]据铭文"第二年庚子"，碑当立于嘉靖十九年（1540）。吕柟（1479—1542），字仲木，号泾野，陕西高陵人。明正德三年（1508）擢进士第一，授翰林院修撰。嘉靖三年，升南京宗人府经历，历官尚宝司卿、国子监祭酒，礼部右侍郎至仕。嘉靖二十一年卒，年六十四[②]。

## （七一）成县·明·刘璜《诗八首并跋》（嘉靖十九年，1540）

图 8-85　刘璜诗八首并跋

---

①　孟鹏年修，郭从道纂：《徽郡志》，载《中国方志丛书》（华北地方·第三二九号），台北成文出版社，1970 年，第 207 页。

②　张廷玉等：《明史》，中华书局，1974 年，第 7243 页。

戊子乡进士张朝元书。

予奉命司牧成邑已数载，县治来历古今最同，予考之审矣。夫在汉时，为武都郡太守，则有马公融之绛帐台。裴公度之莲蒲湖。在宋时为成州总我，则有二吴璘、玠公之保蜀城。唐禄山之变，少陵杜先生避祸于县治之南，距五里许，草堂遗迹尤存，碑碣巍然。即今祠宇俱新，春秋有祭，往来士夫诗刻盈祠。邑侯刘公名璜号云航子，江西庐陵万安名族，岁庚子春三月来任，见诸先辈遗迹感触，遂发诸诗韵合属。士夫仰观之余，谋之于予云："我侯所作，深究乎先辈事迹之实，可置之于一睹之时耳。"遂备石，请予跋，授刻人，以垂永久。予虽不敏，读侯诗皆奇崛感激，诚得唐音之正，慕爱不已，虽欲辞之，容得已乎？遂跋以记。

登马公绛帐台

古台春暖长莓苔，此地曾经绛帐开。慷慨登临人去久，踟蹰回首月华来。那云治郡无佳绩，却喜传经得美才。千载斯文谁领会，松声泉语且徘徊。又：遗迹飞云霭，斯文千古名。不堪回首处，明月满秋林。

玩裴公莲湖

浮翠亭前湖水幽，狂歌呼酒醉双眸。穿云野鹤翔横渚，隔岸渔家系小舟。夕照当湖花愈艳，晚风吹棹雨初收。挽回世态真无计，领略湖光欲上流。又：举酒邀湖月，采莲美碧波。赋成金笔写，词就雪儿歌。

谒杜公草堂

南山璧〔壁〕立与天通，隐隐草堂云雾中。悯世昌才诗万卷，遁时避乱酒千钟。盛唐三变知奇绝，大雅一删妙化工。虽恨拾遗终寂寞，诗家门户独高风。又：古屋傍山麓，苔封断石书。欲瞻丰采下，月影万林疏。

观吴公保蜀城

节钺曾经保蜀功，故城荒垒草濛濛。英雄万古勋尤烈，兴废今朝事已终。落叶乱流秋雨后，断碑常卧夕阳中。阿孙不识经常节，恨使孤忠扫地空。又：云日落高木，潺湲水自流。慷慨孤忠地，阴空万古秋。

时嘉靖岁次庚子季秋望前二日，江西吉安府万安县知成县事刘璜作，四川保宁府阆中县司儒学事赵翱跋。

刘璜《诗八首并跋》（图8-85），明嘉靖十九年（1540）刘璜作诗，赵翱作跋，张朝元书丹，今存成县杜甫草堂后院，嵌于北壁。碑纵136厘米，横80厘米，行楷24行，字径3厘米。刘璜，江西庐陵万安人，嘉靖中知成县。

## （七二）武都·明《云轩子题壁》（嘉靖十九年，1540）

皇明嘉靖十九年二月一日，西蜀云轩子陈真霞游此记之。郡人杨万全，僧道史周、李风舜七人过此。阶人黎宽、陈廷孝，同川人陈子震、男陈玺。

《云轩子题壁》（图8-86），明嘉靖十九年（1540）墨书题壁，今存武都万象洞天庭南壁，纵52厘米，横29厘米，楷书7行。

## （七三）武都·明《清凉寺梁栋题名》（嘉靖二十三年，1544）

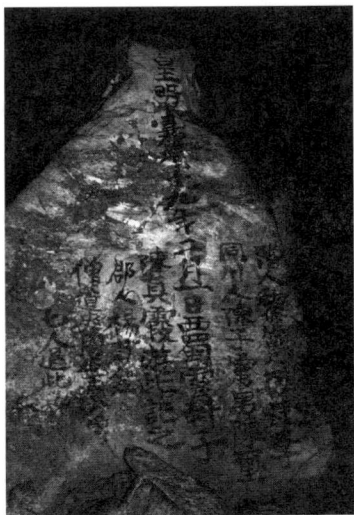

图8-86　云轩子题壁

时大明嘉靖贰拾叁年岁次甲辰叁月己亥朔贰拾贰日庚申吉旦。陕西镇守阶文守备都指挥葛；阶州指挥司；守御所千户：□□□、梁□、汪必涌、汪继祖、樊世宝、徐□；百户：□德、巨亨、任笃、王□、查义；镇抚：杨□、杜□；致仕千户汪朝宗；僧：正司、正禄、正义；庆寿寺住持洪禄，徒普□；万寿寺僧□满；崇觉寺僧：净恩、道舟；普光寺僧：道福、道圆；报恩寺僧即来。西安府泾阳县千夫里舍木商人王佐，男王朝辕、王朝辙。奉训大夫阶州知州；吏目王；儒学学正；训导；七防关巡检王；平落驿丞马腾箕；永济仓大使；庠生：王鼎、陵□□；寿官：孙继禄、王来林；义官：张世科、孙大山；老人：秦廷文、王守俸、郭才孝；商人：李守仁、魏□、王相、袁廷佑、李永科、李九思、张廷美、何文业、姜□、姜爵、□廷福；□匠：黄廷金、黄廷智、黄廷仁、黄廷信；施财人：孙继根、王□□、张拱辰、周万深，一家眷等。山西太原府文水县舍木商人何大林，孙、何、陈……重建。

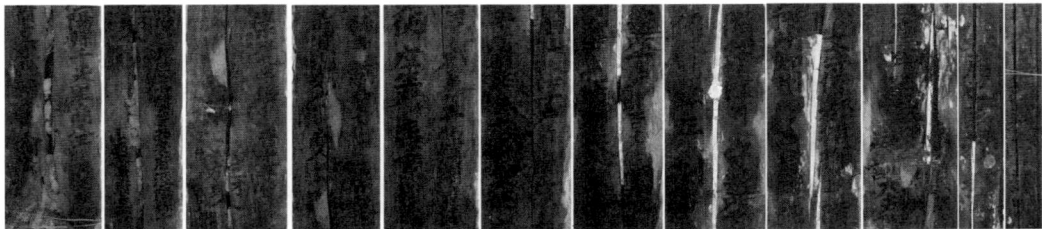

图8-87　清凉寺梁栋题名

《清凉寺梁栋题名》墨书（图8-87），明嘉靖二十三年（1544）重建清凉寺时题于大殿横梁上，今存武都安化镇清凉寺。横梁长约7米，墨书2行，字径大者约7厘米。

## （七四）宕昌·明《通北口题壁》（嘉靖二十四年，1545）

大明岁次庚午年，岷州管下临江里地名洞冰后尖佛嘴，边采人马难过。近蒙三司老爷过往，改宕昌地方首。地方总甲黄世龙带领甲人开斩。

嘉靖二四年二月。

《通北口题壁》（图8-88），明嘉靖二十四年（1545）墨书题壁，今存宕昌甘江头乡甘江头村。行楷9行，行2—15字不等。

图8-88　通北口题壁

## （七五）礼县·明《盐井碑记》（嘉靖二十六年，1547）

天不爱道，地不爱宝，亶乎其然。宝藏之兴，固有金玉锡铁铜矿；而济世犹见盐之为物，生民不可一日而乏者。西和治东，古迹汉诸葛祠，祁山堡东盐官镇，古有盐井。我大明编户一百五十家[一]，日支水五百斗，月收盐三百六十五斤有余。不惟有益于一方之生民，□□[二]济遐方之用运。不意嘉靖十二年十月初九日戊辰，其井忽崩坏[三]，至次日，西南隅塌一角，水涸五日，义官何论并灶户呈其事，知县魏尚质同诸父老，设香案虔祷，其水复出。大巡王公绅少，方伯刘公存学，即命秦州同知郎中于光宇督工，散官左宗宽，老人赵鼐鼎[四]建如旧。访父老，究其井之源头，虽有石碑，因年久碑文脱落大半，命洗涤垢玷，谨寻摸其一二，谓井之源流肇自后周，有异僧志恭，噀水于地，后为咸池。至唐贞观间，尉迟敬德田猎于此，流矢中兔，其兔带矢之地，遂掘而成井。唐杜甫有诗，具述其所由来故。至宋淳熙元年，开封刘规，掌[五]其出纳国税。越两冬，暴风起于西北隅，井随地而大坏。规思然莫知所从[六]，呈于有司，调长道、天水、大潭三县夫役，仍委知长道县事兼兵马都监宋珏重建井。功完，水仍涸。公设香案再拜，而井水涌出，诚意感格之速，其井遂成，世世[七]以至于今。其盐，西南通徽、成、阶、文、礼县、汉中，东通秦陇，凡舟车所至，人力所通，靡远弗济，又为国助，边储有所赖，通商货利无不益。余旁搜博访，遍考史册，秦之陇西，汉之天水，宋之汉阳，皆此地也。肇启于此，迄今千载余矣。诸父老慨然兴怀，见旧碑脱落颓坏，恐世后盐井源流久而失传。佥诸属[八]今为记，予乃镌磨旧碑之迹，搁管一述之云，仍备录事实于碑[九]，后之人奕世相传，庶知其所由来矣。则后之视今，非犹今之视昔也哉！固勒石，以志不朽。

嘉靖丁未正月吉旦立。乡进士知西和县事、文林郎太原杨典撰。

[一]编户一百五十家：《礼县金石集锦》<sup>①</sup>作"编卒工院三十家"。

[一]编户一百五十家：《礼县金石集锦》[①]作"编卒工院三十家"。

[二]□□：《礼县金石集锦》作"抑凡"。

[三]忽崩坏：《礼县金石集锦》作"响声如雷"。

[四]鼎鼎：《礼县金石集锦》作"奋鼎"。

[五]掌：《礼县金石集锦》作"□"。

[六]所从：《礼县金石集锦》作"所以"。

[七]世世：《礼县金石集锦》作"所□"。

[八]属：《礼县金石集锦》作"屠"。

[九]于碑：《礼县金石集锦》作"磨碑"。

《盐井碑记》，嘉靖二十六年（1547）杨典撰文，原在礼县盐官镇盐井祠，今佚。铭文据王殿元《西和县志》[②]录入。

### （七六）武都·明《石友会墓志铭》（嘉靖二十六年，1547）

明故显考寿官北溪石公之墓（篆盖）

墓志铭（篆额）

大明故寿官石公，讳友会，字辅之，号北溪，陕西西安府乾州上渠里人。洪武初年，尔祖展，其威武忠事我朝平定天下，遂留戎籍于阶州。其君资禀英杰，赋质纯粹，深研乎事理，角艺乎文场，既而志遂不果，乃且耕且贾，居积致富，货赀百朋，而福禄绵绵焉。乃考讳忠仁，母盖氏，无出而亡。继母成氏，生伊辈三人，曰奈、曰顶，君其长也。当嘉止之时，娶本郡巨族张志之女张氏以德来配，克敬克戒，克勤克俭，乃及其君而不渝初心，由是积德隆而发祥远。生子四。长曰滋，娶王志玉之女，生一子廷金，一女适王门，遂疾而终；继娶任景秀之女，生子二：廷璋、廷珍，一女适陈门。次曰闰，先父而亡，娶樊时畅之女，生一子廷碧，二女：一适杨门，一许任门。三曰山见，充生员，秀异超拔，业几于就，且为乡党所敬重，娶任廷玑之女，生子二，长曰廷佩，次曰辛丑，一女许王门，亦疾而亡；复娶任廷璠之女。四曰介，聚王奈之女，生一子廷锡，一女未聘。其子其孙，其女其妇，流芳不已，皆能继先人之志，述先人之事，为成家器也。自非君德，孰能致是？予故

① 魏礼、金作砺主编：《礼县金石集锦》（内部资料），天水新华印刷厂，2000年，第273页。
② 王殿元：《西和县志》，载西和县志办公室校点《西和县志》（内部资料），2006年，第485页。

曰:"积德隆而发祥远者此也!"其君生于成化戊子四月初七日,卒于嘉靖丙午二月十四日。张氏生于成化二年十一月十一日,卒于嘉靖二年闰四月十七日。兹遇吉辰,合葬于城西北峪祖茔。继娶李氏见存予辈,与公子知友也,预请志之而恳辞不得,故历数以序之谨志。赞曰:

吁嗟斯君,乾健坤成。有祚有胤,有德有行。克尽人道,乡评无兢。寿几满百,生顺没宁。

郡庠生员罗怡著,同庠生员杜渐书,魏佐篆。

时嘉靖丁未二月癸未壬寅吉置。石匠孙凤鹤。

图 8-89　石友会墓志篆盖

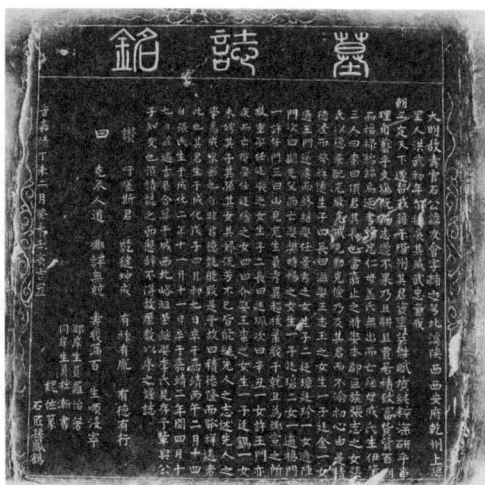

图 8-90　石友会墓志铭(刘可通　协拓)

　　《石友会墓志铭》盖（图 8-89）志（图 8-90）一合，明嘉靖二十六年（1547）镌石，今存武都城北郊石家庄。盖、志皆纵 53 厘米，横 47 厘米。墓盖篆书 3 行 12 字"明故显考寿官北溪石公之墓"，字径约 10 厘米；志铭横额篆书"墓志铭"3 字，字径 5.5 厘米；正文 25 行，满行 26 字，字径 1.5 厘米。

## （七七）礼县·明《王调元题记》（嘉靖二十八年，1549）

　　明嘉靖二十八年己酉仲春朔日，元以公务同徽郡二守，东齐寿光李公镜，西和令山西蒲阪史公资德，过太保王公故里，见公石表为莓苔剥落，共拭读之，始知公之名、之学，而慨公之将沦于晦也。次日，佥谋立小亭以覆之，俾勿敝，以永公之誉，亦近厚之道也。使后之过公者，肯相继为之。其庶乎前□之遗烈，可垂诸不朽云。

　　文林郎、伏羌令、西蜀梓潼王调元识，儒学训导、西蜀成都朱轮。典史、东鲁堂邑李钿。

图 8-91　王调元题记

　　《王调元题记》（图 8-91），明嘉靖二十八年（1549）王调元题于《王仁裕神道碑》碑阴，今存礼县石桥乡斩龙村。题记纵 55 厘米，横 42 厘米，楷书 13 行，满行 14 字，字径 2 厘米。王调元，四川梓潼人，时任伏羌县令。明嘉靖二十八年王调元等人因公途经王公故里，见《神道碑》"为莓苔剥落"，于是建碑亭保护。《王仁裕神道碑》碑阳末行题刻云："大明嘉靖二十八年二月朔日，文林郎伏羌令蜀人王调元建碑亭。监修吏麻九思。天水江得山刻。"

## （七八）武都·明《张勋题壁一》（嘉靖二十九年，1550）

　　大明嘉靖庚戌夏五月。阶文都帅张勋[一]，宁夏人；汉中别驾马元勋，内江人；伏羌令尹王调元，梓潼人；阶州训李有□，宁夏人。

[一] 张勋：《武阶备志》卷六《职官表上》："钦差阶文都指挥使：嘉靖，张勋，宁

夏人（《城隍庙碑》）。"①曾礼笺注《武阶备志》作"张绩"②，误。

《张勋题壁一》（图 8-92），明嘉靖二十九年（1550）墨书题壁，今存武都万象洞一线天北口，纵 75 厘米，横 45 厘米，楷书 7 行。

### （七九）武都·明《张勋题壁二》（嘉靖二十九年，1550）

大明嘉靖廿九年五月十九日，守戎□□张勋同西蜀马元勋、王调元游此。

《张勋题壁二》（图 8-93），明嘉靖二十九年（1550）墨书题壁，今存武都万象洞卧龙坝西壁，纵 29 厘米，横 17 厘米，行书 5 行。

图 8-92　张勋题壁一　　　　　　图 8-93　张勋题壁二　　　　　　图 8-94　张勋题壁三

### （八〇）武都·明《张勋题壁三》（嘉靖二十九年，1550）

大明嘉靖二十九年五月十九日，都戎张勋，别驾马元勋，昌侯王调元同游。

《张勋题壁三》（图 8-94），明嘉靖二十九年（1550）墨书题壁，今存武都万象洞西北壁，纵 80 厘米，横 33 厘米，楷书 4 行。

### （八一）成县·明·杨贤《成县五言律一首》（嘉靖三十二年，1553）

成县五言律一首

---

① 吴鹏翱：《武阶备志》，载《中国地方志集成》（甘肃府县志辑 10），凤凰出版社，2008 年，第 82 页。
② 曾礼校注：《阶州志集校笺注》，甘肃人民出版社，2013 年，第 246 页。

远望山城小，人传胜迹多。苔封吴将冢，藤覆杜公窝。仙阁曾邀月，仇池不起波。诗成欲酌酒，洒落舞婆娑。

明嘉靖三十二年春三月朔日，按察司洮岷兵备副使山东济宁临溪杨贤书，知县赵廷瑾立。

杨贤《成县五言律一首》（图 8-95），明嘉靖三十二年（1553）赵廷立石，今存成县杜甫草堂后院北壁。诗碑纵 42 厘米，横 60 厘米，楷书 9 行，字径 3 厘米。

图 8-95　杨贤成县五言律一首

## （八二）成县·明·杨贤《谒杜工部祠七言律一首》（嘉靖三十二年，1553）

谒杜工部祠七言律一首

飞龙峡外凤台空，子美祠堂在眼中。俊逸每于诗里识，拜瞻今始意相通。寻芳敢学游春兴，得句忘归恋我翁。不是鲁狂欲弄斧，愿言乞巧度愚蒙。

大明嘉靖三十二年春三月朔日，按察司洮岷兵备副使山东济宁临溪杨贤书。知县赵廷瑾立。

杨贤《谒杜工部祠七言律一

图 8-96　杨贤谒杜工部祠七言律一首

首》（图 8-96），明嘉靖三十二年（1553）赵廷立石，今存成县杜甫草堂后院北壁。诗碑纵 45 厘米，横 60 厘米，楷书 11 行，字径 2.8 厘米。

**（八三）武都·明《肇建玄帝观碑记》（嘉靖三十三年，1554）**

图 8-97　肇建玄帝观碑记（桑子　协拓）

肇建玄帝观碑（楷额）

粤夫一之隅也。天得之而清焉，地得之而宁焉，神得之而灵焉。是故一也者，贯终始、合幽明而一之者也。万化流行，自不能外之而成焉者也。谚云："神有灵应，稽之老氏，俗儒而莫知从来。"窃以万古之下，忖于万古之上，固非彼之所谓神也，亦皆一之流出者也。世谓永乐真武亦神也。灵应之最者也，亦世人之化腾。本命甲子寅申三月三日诞生，九日中举，古云：生前正直，死后必神索厥所。原三元八节、三会五腊，修心养性，外合之元气，弗荡静思，无为尘世之纷华而乱，殆见其居木石也，游鹿豕也，历四十余年，岁舍甲辰，施玄武于大阵，收巨功于皇明，遂号封真武，渐加玄帝，植洪名于武当，扬灵威于天下。不然蜀川云台，何以血肉之裹，不同世圻。篦头轮会，偕人世而贯今焉。虽然粗得于传闻之略耳，岂敢驾□轮空，昏惑虚无之浇，为尘世之涅，□□少□俗土，登山视水，权为建作之机也。遂卜厥地，加厥兆，四岗拱峰峦，可以齐斗牛，山青树绿，麓流以渐四海，于是命尔工，援尔匠，步山伐木，而天殿即北见矣。辟东途，视南道，趋事于□而四向尽归，宫宫塑像，留休迹于千古，植柏建石而传芳誉于无穷，凭等岁岁，三月三日，醮会轮行，诚敬合一，朔其原而迹其事，固如此矣。若究夫理，皆归于一之一贯者也。鄙哉，昏惑之说焉耳矣噫。

时大明嘉靖岁舍甲寅季冬月中……林□李宗□□撰。

阶文守备指挥佥事济宁司永。训导：荣阳袁钥。庠生：唐大用、卯□期、李任重、袁金、李从周、王□、□信、袁世□、尹具观。奉直大夫雁门水□鲍□。

《肇建玄帝观碑记》（图8-97），明嘉靖三十三年（1554）刊石，今存武都马街宣阳山。碑纵112厘米，横78厘米。额楷书"肇建玄帝观碑"6字，字径7厘米。正文楷书14行，满行43字，字径2厘米。碑左下断裂。

## （八四）成县·明《谒少陵祠二首》（嘉靖三十六年，1557）

谒少陵祠二首
□□春谷葛之奇[一]漫稿

凤凰台下飞龙硖，硖口遥望杜老祠。诗句漫留苍藓碣，草堂高护碧萝枝。徐探步月看云处，想见思家忆弟时。千古风流重山水，令人特地起遐思。

玉泉刘尚礼[二]次韵一首

云山窈窕汲清界，烟水潺湲绕杜祠。寝殿纷飞新蕙叶，吟台惟有老松枝。独怜雅调成陈迹，却恨残碑属几时。吊古寻幽归旆脱，亮怀应入梦中思。

嘉靖丁己〔巳〕季秋廿一日立。

[一]葛之奇：嘉靖二十二年（1543）癸卯科举人，嘉靖三十四年知徽州。《徽郡志》载："葛之奇，直隶沐阳人，监生，由袁州府通判升本州。嘉靖三十四年任，专务铺张，升西安府同知，未几，监司劾罢。"①

[二]刘尚礼：山西汾阳人，明嘉靖十九年（1540）庚子科举人。《成县新志》："刘尚礼，成县知县，汾州人。"②《武阶备志》卷七《职官表下》称"宏治间，知成县"，时间有误。

《谒少陵祠二首》（图8-98），明嘉靖三十六年（1557）立石，今存成县杜甫草堂后院北壁。诗碑纵44厘米，横64厘米，楷书16行，字径3厘米。

图8-98　谒少陵祠二首

## （八五）成县·明《甄敬题记》（嘉靖三十八年，1559）

嘉靖己未年菊月既望，巡按陕西监察御史、晋阳龙庄甄敬[一]，同按察司分巡陇右道佥事、北海冯惟讷[二]来游。

[一]甄敬：字子一，山西平定龙庄人。明嘉靖癸丑科（1553）进士。任职期间，不畏豪强，剔除积弊，为官清廉。修堤防，兴水利；废苛捐，节徭役。迁巡按陕西监察御史，惩治贪官，毫不徇情，官至太仆寺少卿。《甘肃通志·职官》卷二七载：分巡陇右道，

---

① 孟鹏年修，郭从道纂：《徽郡志》，载《中国方志丛书》（华北地方·第三二九号），台北成文出版社，1970年，第96页。

② 黄泳：《成县新志》，载《中国方志丛书》（华北地方·第三三二号），台北成文出版社，1970年，第221页。

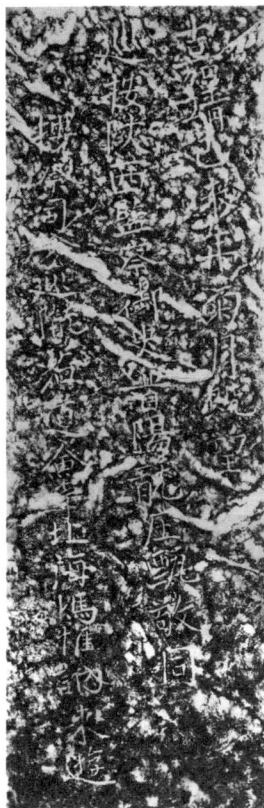

图 8-99　甄敬题记

冯惟讷，山东临朐人；巡按甘肃御使，甄敬，山西平定人。

[二] 冯惟讷：高天佑《西狭摩崖石刻群研究》误作"马惟讷"[1]。蒲向明先生以为"贻因刊石漶漫所误"[2]，事实摩崖至今完好无损，"冯"字清晰可辨。冯惟讷，字汝言，山东临朐人，明嘉靖戊戌进士。《临朐县志》有传：

> 冯惟讷，字汝言，裕四子。六龄就外传质问敢言文名之，惟讷自是谨厚沉毅矣。嘉靖十三年与兄惟重同科举人，十八年同成进士，知宜兴县，捕治诸豪，右侵牟官，改知魏县，稍迁知蒲州，调扬州府同知，以父丧归，起服，除松江督赋，入京师，舟中惟图书数卷而已，迁南京户部郎，部务简，日以书策自娱。复补兵部车马郎，出为陕西按察佥事，备兵陇右。惩贪墨，平政令，凡五年，边境清谧，四民安业，改河南右参议，迁浙江督学副使，调山西参政按察使，进陕西右布政，清屯田万余顷，事闻赐金币，调江西左布政，以光禄卿致仕[3]。

《甄敬题记》（图 8-99），明嘉靖三十八年（1559）摩崖题刻，今存成县西狭碑亭入口西南壁。纵110厘米，横33厘米，楷书3行，字径6厘米。另天水麦积山留存《甄敬诗碑》（嘉靖三十八年）、《冯惟讷诗碑》（嘉靖三十九年）各一通。

### （八六）武都·明《陈克能题壁》（嘉靖三十九年，1560）

> 陈克能、李虎、李仲春，嘉靖三十九年三月同（游）。

《陈克能题壁》（图 8-100），明嘉靖三十九年（1560）墨书题壁，今存武都万象洞卧龙坝西壁，纵38厘米，横32厘米，行书4行。

图 8-100　陈克能题壁

---

① 高天佑：《西狭摩崖石刻群研究》，兰州大学出版社，1999 年，第364页。

② 蒲向明：《〈西狭颂〉摩崖题记人物补说》，《甘肃理论学刊》2005年第3期。

③ 姚延福修，邓嘉辑等纂：《光绪临朐县志》，载《中国方志丛书》（华北地方·第三八九号），台北成文出版社，1976年，第600页。

## （八七）武都·明《陈力题壁》（嘉靖三十九年，1560）

大明嘉靖三十九年三月，守备巩昌陈力[一]，临洮李节，府庠张滋修、李简同游此。

[一]陈力：葛时政《直隶阶州志》载："文县，旧无守备，嘉靖二十四年以来，中、北、南三路生番大肆猖獗，抚院提请添守备一员，以控制之……陈力，巩昌卫人，嘉靖三十七年任。"①

《陈力题壁》（图8-101），明嘉靖三十九年（1560）墨书题壁，今存武都万象洞卧龙坝西壁，纵95厘米，横60厘米，行书6行。另有3帧分别题于卧龙坝西壁及天地交泰，文曰：

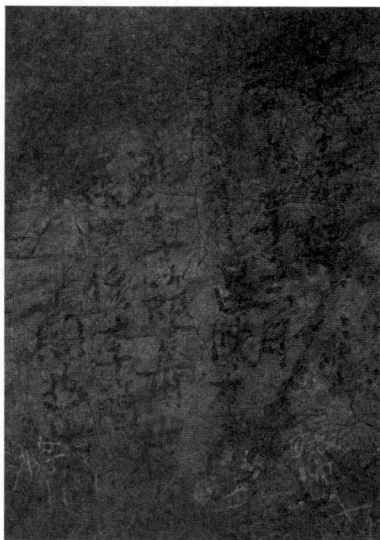

图8-101　陈力题壁

加〔嘉〕靖三十九年，陈力来。

守备陈力来游。

守备陈力、李节到。

## （八八）武都·明《蹇郑兴墓志铭》（嘉靖四十年，1561）

明故武都蹇公墓志铭（篆额）

明故武都蹇公墓志铭

戊午科乡进士徽州月江许东撰。郡学生恒斋卯在东[一]书。

嘉靖辛酉春，蹇君廷美以先公殡未祥，于四月二十四日卜地于龙凤之岗厝焉。乃遣其子来亨[二]走状请碣铭，用冀不朽。噫！余奚以志，然次公之行，以垂永久，又恶能以弗辞。按状，公讳郑兴，字用之，姓蹇氏，别号武泉。其先世，湖广荆州府江陵县人。五世祖盛，杖策戍兰，盛生福、生寿，皆有隐德。福生公，徙居武都，因家焉。公为人长厚质实，心和气刚，宗党有不平事，则正色以言之，是非曲直，不容少恕，使人退而心服，凛然不敢有犯。公之秉心之直，有如此者！公早岁丧父，遗养于叔父寿德公，每有训戒，公顺而弗违，或有怒意，公惟容悦以承之，俟怒解，然后从而几谏焉，凡可以得其欢心者，无不曲事于左右。公之报亲之养，有如此者！公从弟蹇泽，时役祖戍，因奉命易边，乃利其田产为费焉，问及

① 葛时政：《直隶阶州志》，载曾礼校注《阶州志集校笺注》，甘肃人民出版社，2013年，第108页。

图 8-102　蹇郑兴墓志篆盖

图 8-103　蹇郑兴墓志铭

公，公辄然与之，从容弗争，略无一毫顾惜之意。公之友于之谊，有如此者！公配张氏早卒，遗幼子，继聚〔娶〕李氏，恐其未为慈母，每示以恤孤之道，日夜恳恳，尝为之泣曰："吾早丧父，而子今又早失母，吾何忍乎？凡饮食之类，以求顺其欲者，无不加之意焉。"公之爱子之仁，有如此者！公性喜酒，而饮不竟日，至见有游惰者，不问家之有无，则戒谕之。而尤以勤俭训子，不因是昵交废事。公之律身之节，有如此者！其后子廷美，忠厚仁慈，教子以学，举业克勤，以隆家道。其孙来亨、来硕，俱为名士，而尤足以大振家声者，谓非公之所遗也，公之令德，天之报公，讵不信哉？故君子以二孙之名望者觇之而知。公之显扬未艾也，距其生成化八年壬辰正月十六日卯时，得年盖四十有六，正德十三年五月十一日，考终于正寝。配张氏，有淑德，生一子廷美，继聚〔娶〕李氏，无出。廷美聚〔娶〕刘氏，继聚〔娶〕杨氏。生二子，长来亨，郡学生，聚〔娶〕李氏；次来硕，郡学生，聚〔娶〕何氏。女二，长爱姐，未聘；次冬姐，聘郡学生李厥中之子。孙女二，长闰姐，次关姐，来亨出，俱未聘。呜呼！公之往矣，碣声明言，乃为之铭曰：

　　维德维懋，维后维昌。佳城郁郁，天祚其祥。云翕王莹，龙凤交章。铭此幽玄，永矢斯减。

　　嘉靖岁舍辛酉夏四月二十四日癸丑吉旦上石。

[一]卯在东：《武阶备志》卷一二《人物传上》："卯在东，美丰仪，善谈论，志操轶群。授中城兵马左巡，肃清不避权贵。后迁河南府（《陈志》）。"①

[二]来亨：即墓主蹇郑兴孙蹇来亨。明《阶州志·科贡》载："蹇来亨，嘉靖甲子科中，官四川峨眉、绵竹、渠县知县。"②

《蹇郑兴墓志铭》盖（图8-102）志（图8-103）一合，明嘉靖四十年（1561）许东撰文，卯在东书丹。今由武都王旭东先生收藏。志、盖正方，纵横53厘米。篆盖"明故武都蹇公墓志铭"，3行9字，字径12厘米；志铭楷书29行，满行28字，字径1.6厘米。

## （八九）武都·明《庞礼题壁一》（嘉靖四十二年，1563）

　　嘉靖癸亥春三月吉日，署阶州事、河州判官龙门中池庞礼，守备都指挥西凉南渠王世英。儒学学正嵩阳尹钦德，司训昆阳牛佩，上党李充道。俱生员：郝思贞、胡涵、龙懋、徐应麟、赵守廉[一]、司让、司恒、蹇来亨、王应凤、卯在东[二]，仓官

① 吴鹏翱：《武阶备志》，载《中国地方志集成》（甘肃府县志辑10），凤凰出版社，2008年，第138页。
② 余新民修，蹇逢泰纂：《阶州志》，万历四十四年（1616）抄本。

刘咏到此。

图 8-104　庞礼题壁一

[一] 赵守廉:《武阶备志》卷一二《人物传上》:"赵守廉,笃于学,下帷十载,以明经授东昌推官,振幽理冤,黜贪举贤,迁崇庆州(《通志》)。"[1]

[二]"郝思贞、胡涵、龙楙、徐应麟、赵守廉、司让、卯在东"等人名见录于《阶州志·科贡》。"司恒、王应凤"可补其缺。

《庞礼题壁一》(图 8-104),明嘉靖四十二年(1563)墨书题壁,今存武都万象洞卧龙坝西壁,纵 65 厘米,横 80 厘米,行书 12 行。

## (九〇)武都·明《庞礼题壁二》(嘉靖四十二年,1563)

加〔嘉〕靖四十二年,判官庞礼,山西人;守备王世英。大池刘咏,戾宗人。

《庞礼题壁二》(图 8-105),明嘉靖四十二年(1563)墨书题壁,今存武都万象洞卧龙坝西壁,纵 50 厘米,横 46 厘米,行书 4 行。另有 4 帧墨书题壁亦同时所题,内容大致

图 8-105　庞礼题壁二

---

① 吴鹏翱:《武阶备志》,载《中国地方志集成》(甘肃府县志辑 10),凤凰出版社,2008 年,第 138 页。

相同,分别为:

1. 中池庞礼,南渠王世英仝到此。
2. 河州判官庞礼,阶州守备王世英。
3. 判官庞礼,守备王世英。
4. 守备王世英,判官庞礼。

## (九一)武都·明《尹继祖题壁》(嘉靖四十三年,1564)

钦依守备,阶州地方都指挥灵武尹继祖。嘉靖四十三年长至日,提兵进洞,遂记云。

《尹继祖题壁》(图8-106),明嘉靖四十三年(1564)墨书题壁,今存武都万象洞南天琼阁西壁,纵100厘米,横45厘米,行书4行。

## (九二)武都·明《尹继祖题句》(嘉靖四十三年,1564)

凿破云根藏世界,展开尘眼见乾坤。灵武尹继祖题。

《尹继祖题句》(图8-107),明嘉靖四十三年(1564)墨书题壁,今存武都万象洞卧龙坝西壁,纵54厘米,横20厘米,行书4行。另有一帧题壁"凿破云根"4字(图8-108),当为尹继祖同时所题。

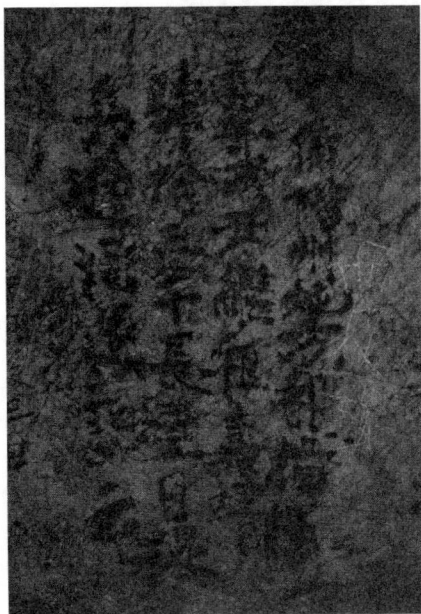

图8-106 尹继祖题壁　　图8-107 尹继祖题句　　图8-108 凿破云根

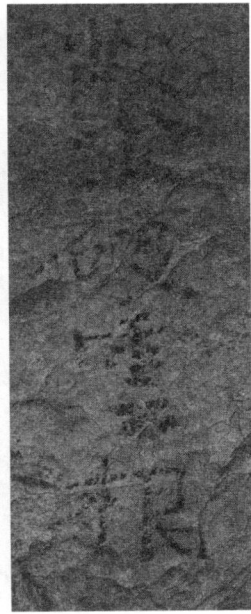

图 8-109　尹继征题壁

## （九三）武都·明《尹继征题壁》（嘉靖四十三年，1564）

　　尹继征同也鹄□乌，师国报效，随兄继祖至此，尹勋、尹佃、尹节。

　　《尹继征题壁》（图 8-109），明嘉靖四十三年（1564）墨书题壁，今存武都万象洞南天琼阁西壁，纵 75 厘米，横 28 厘米，行书 3 行。

## （九四）礼县·明《张应及室人马氏合葬墓志铭》（嘉靖四十四年，1565）

　　明故张公讳应字君召室人马氏合葬墓志铭

　　奉直大夫、知山西浑源州事、前太原府通判顺斋赵孟乾[一]撰。礼庠儒廪生、邑人巨桥周粟书。

　　君召公父礼店所千户、武略将军张鸾子，母宜人李氏出。长子恩，袭祖职。次子思，举乡耆。公行三，娶巩昌卫千户马驯女，出四子一女。长子汝清，娶孟乾

图 8-110　张应及室人马氏合葬墓志铭

长女赵氏，生孙柏，孙女三万。次子汝湛，娶魏氏。三子汝濂，娶祁氏。四子汝浩。公继娶钱氏，生子汝洛。公为人平实无欺，直戆有才。少失父，善事母。天性鲠古，不尚仪文。兄弟族属，踽踽无触；乡里亲识，磊磊难合。以勤俭致富，以严肃教子，克家成立，有父祖风。晚年进德，大悔争忤，方宜弥寿，以期永年。去岁嘉靖甲子，公偶疾不起，寔卒于季冬十有四日也，得年五十有五。室人马氏，温恭懿顺，幽闲充塞，内睦宗族，外和闾里，善事夫子，克慎妇道，人咸重之，先卒于己未季春二十有七日也，得年四十有二。公距生庚午十月十五日，马氏距生戊寅六月二十有三日。清子卜乙丑仲春十有七日，合父母葬于祖茔，礼请孟乾，状实以为之志。予不敏，乃援笔而志厥始末之因，生终之期。曰：嗟嗟张公，寿可宜退宜龄，天命已足难存。贤配张母，年不称行。有子克勘，殒亦无恨。昔韩昌黎志比平，马氏未四十年，而哭其父祖孙三世，于人世何如也。今孟乾己未哭张母，癸亥哭女赵氏，甲子哭张公，乙丑哭外孙小万。未逾时，(四) 哭其翁姑暨女及孙，盖三世矣。则于人世之感又何如也！乃含泪而为之铭曰：

金瓜□沆太平址，护以苍松逻青士。生不愧兮没不作，寿有光兮夭亦齿。生得同乐死同穴，世称难得君得尔。百千万年当不朽，睹者知其为张氏隐君子。

孤哀子张汝清等跪立石。

[一] 赵孟乾：《礼县志略》卷一二《科名·贡生》："赵孟乾，选贡，仕山西临川县知县，升太原府通判，浑源州知州。"[1]

《张应及室人马氏合葬墓志铭》(图 8-110)，明嘉靖四十四年（1565）赵孟乾撰文，周粟书，今存礼县秦文化博物馆。墓志左上泐裂，纵 59 厘米，横 62 厘米，楷书 20行，行 31 字。文图见录于《礼县金石集锦》。

## （九五）武都《明故马母赵氏墓志铭》（隆庆元年，1567）

明故马母赵氏墓志铭（篆盖）

马母赵氏之墓志铭

马母赵氏，郡巨族赵聪之长女，幼奉母训，长精女德。竹亭祖公讳显，字德纯。闻其贤淑，人皆以为宜配君子，遂得配于竹亭马公北岗先生。先生讳守阳，字体乾，天性笃厚，秉质文雅，能自得师，为一时名士，屡科未第，竟业成均。行将荣选于天官，夫人内助之，益信不诬也。夫人今不起矣。予姻友哀子竹亭，以

---

① 方嘉发：《礼县志略》，载《中国地方志集成》（甘肃府县志辑 22），凤凰出版社，2008 年，第 31 页。

图 8-111　明故马母赵氏墓志篆盖

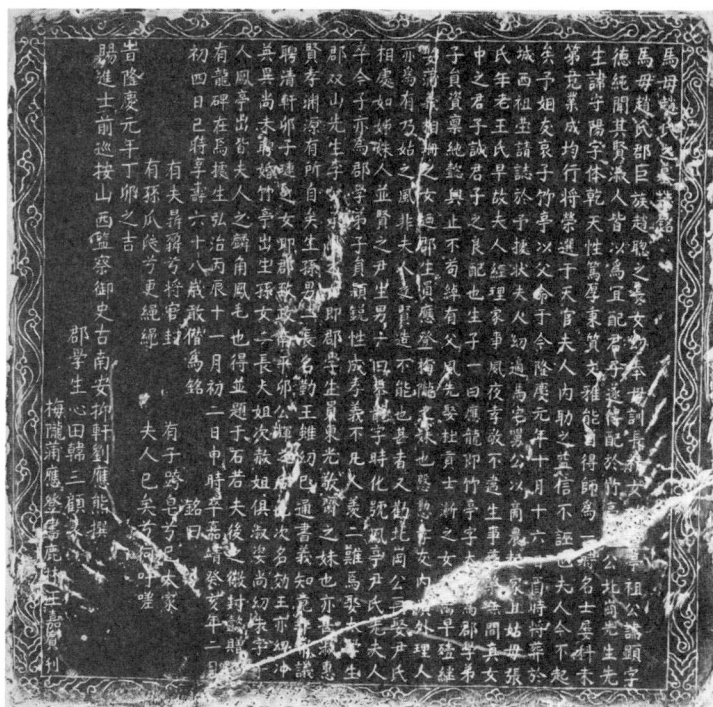

图 8-112　明故马母赵氏墓志铭

父命,于今隆庆元年十月十六日酉时,将葬于城西祖茔,请志于予。据状,夫人幼适马宅,舅公以商农起家,且姑母张氏年老,王氏早故,夫人经理家事,夙夜孝敬,不违生事,葬祭无间,真女中之君子,诚君子之良配也。生子一,曰应龙,即竹亭,字大□,为郡学弟子员,资禀纯懿,兴止不苟,绰有父风。先娶杜贡士渐之女,(未)出早殒;继娶蒲义相珊之女,乃郡生员应登梅陇之妹也。殷勤孝友,内顺外理,人亦为有乃姑之风,非夫人之贤造不能也。甚者又劝北岗公再娶尹氏,相处如姊妹,人并贤之。尹生男一,曰攀龙,字时化,号凤亭。尹氏先夫人卒。今子亦为郡学弟子员,颖锐性成,孝义不凡,人羡二难焉。娶太学生郡双山先生李公承恩之女,即郡学生员东光敬斋之妹也。亦甚淑惠贤孝,渊源有所自矣。生孙男二,长名勤王,虽幼已通书义,知竟非常议,聘清轩卯子琏之女,即郡致政南平卯公辉之后也。次名效王,亦幼冲英异,尚未聘婚,竹亭出。生孙女二,长大姐,次赦姐,俱淑姿,尚幼,未字于人,凤亭出。皆夫人之麟角凤毛也,得并题于石。若夫后之徽封懿赠,乃有龙碑在焉。据生弘治丙辰十一月初二日申时,卒嘉靖癸亥年二月初四日巳时,享寿六十八岁。敢僭为铭,铭曰:

有夫暴霡兮将官封,有子跨皂兮已大家。有孙瓜瓞兮更绳绳,夫人已矣兮何吁嗟。

时隆庆元年丁卯之吉。

赐进士、前巡按山西监察御史、古南安抑轩刘应熊[一]撰。郡学生心田韩三顾篆。梅陇蒲应登书。鹿林王嘉宾刊。

[一]刘应熊:《巩昌府志》卷一五《人物上》载:"刘应熊,字得阳,陇西人。公自童子时即有远大之志,弱冠虽籍郡庠,然狭小,应试帖括,博极群书,父遵化翁,为清白吏。家甚贫,并日数米晏如也,冬日履穿实以絮呵冻,嘘手搦管为文,功不辍,以礼经魁本省,辛丑成进士。筮仕嵩县……授广东道监察御史……出按河东监,巡历泽潞,夕闻报,朝即治,装归维衣箧。在太原亦不顾归,而课耕莲峰之阳,不与外事。荐者曰:闻罢官,而即归,身外更无囊箧。每终年而晏客田间,自课犁锄,盖实录矣。"[①]

《明故马母赵氏墓志铭》盖(图8-111)志(图8-112)一合,明隆庆元年(1567)镌石,今存武都区博物馆。盖、志正方,纵横各55厘米,墓盖铁线篆3行9字"明故马母赵氏墓志铭",字径13厘米。志铭楷书27行,行27字,字径1.8厘米。

## (九六)武都《明故硕人王氏墓志铭》(隆庆二年,1568)

明故硕人王氏墓志铭

---

① 纪元:《巩昌府志》,载《中国地方志集成》(甘肃府县志辑2),凤凰出版社,2008年,第592页。

图 8-113　明故硕人王氏墓志铭（刘可通　协拓）

　　徵仕郎、前判四川眉州事、郡人兰川赵守正撰文。郡学生问渠卯应对书丹。郡学生凤山徐居仁篆盖。

　　隆庆戊辰十月八日，国子生石子应宠将葬其妣王氏于北峪山，走币持郡学生蒲子应登撰次厥妣懿行，乞铭于余，余以亲连瓜葛，义不容于无言也。按状，石母硕人王氏讳默秀，裔出大元同知巩昌副元帅王祥之后，大父及曾大父以前讳无考。其父王隐翁讳柰，娶李氏，生硕人于弘治乙丑四月十九日未时。维时郡隐翁北溪石翁暮年，郡守柳谷崔公延访耆德，荣以章服，进北溪翁为寿相。先时闻王氏之贤，乃具六礼，以聘为其四子对山石公介以为配。王既嫔于石，夙夜克勤克俭，宜其家人。舅姑悦其孝，兄弟、妯娌悦其贤，姻戚间党人无间言，且义方教子，修洁训女，俱有成立，下逮婢仆亦遇之以道，乐于趋事，无违怨也。硕人卒嘉靖二十七年五月初五日亥时，享年五十四，其良人对山石公介，字汝节，赋性正而不阿，朴而不浮，理家治产俱多，而左泉实赖焉。公生弘治甲子五月二十日丑时，享年四十四，先硕人一十二年而卒，盖嘉靖二十六年丁未三月十七日丑时也。其详具载前志，兹不复赘云。硕人生子一曰廷锡，号左泉，嘉靖三十年辛亥，援例进国子监生，尚未仕，配叶氏、张氏。女二，曰大姐，适郡学生蒲应登；次曰二姐，适郡学生乐峰之子任鲁。孙男四，长曰英，配郡学生张兰泉之次女；次凤奇、次重孝、次疾愈，俱幼，未聘。孙女一曰监姐，配官舍徐守代，皆廷锡出。外孙男二，曰忠孝，应登出；次日受廪，鲁所出。孙女一，曰三吉，应登出。呜呼！衍胤嗣于无疆，齐家政于有条。母可谓贤能笃至、福德弥昌者矣，惜寿不臻于期颐也，伤哉！铭曰：

> 硕人贤母也，有夫兴家，而不能遂彼偕老；有子成名，而不获荣养昏晓。盖硕人之可能者人，而不可必得天。天乎人也，于母何尤；厚食其报，于母必酬。

《明故硕人王氏墓志铭》（图 8-113），明隆庆二年（1568）赵守正撰文，卯应对书丹，今存武都城北郊石家庄。墓盖佚，墓志铭纵 51 厘米，横 52 厘米，楷书 26 行，满行 33 字，字径 1.7 厘米。

## （九七）成县·明《戚全海题壁》（隆庆五年，1571）

　　隆庆五年五月初三起工□□□。杨道士，弟子戚全海……

《戚全海题壁》（图 8-114），明隆庆五年（1571）墨书题壁，今存成县东南凤凰山张果老洞北壁，纵 30 厘米，横 8 厘米，楷书 3 行，字径 2 厘米。其书法精妙秀润，横画多波磔，颇有隶意。

## （九八）武都·明《马守阳墓志铭》（万历元年，1573）

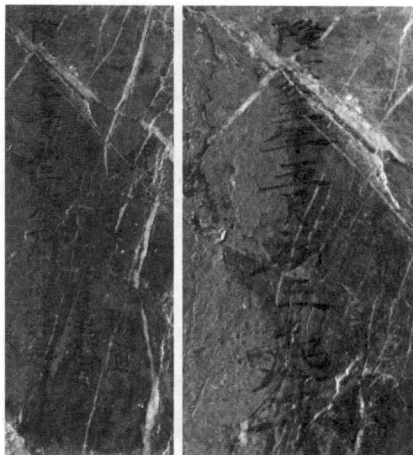

图 8-114　戚全海题壁（石贵平　协拍）

　　明故将仕郎北岗马公墓志铭（篆盖）
　　明故将仕郎北岗马翁墓志铭
　　赐进士及第、南京巡按察御史、四川什邡县镐峰李之珍撰文。吏部听选监生、郡人心田韩三顾篆额。郡学生梅陇蒲应登书丹。

　　生方得隽北上，吾姻友竹亭暨乃弟凤亭持状，诣请余志铭，以图永思，谨承命。按状，翁讳守阳，姓马氏，字体乾，号北岗。先考显，以经商起家于阶，配张母、王母。生于弘治癸亥十月初二日申时。翁天性纯笃，以举业擅于时。配夫人赵氏，事姑母最孝，理家道甚勤，相翁成名，虽屡科未第，公竟业太学，夫人实有为焉。夫人又劝翁娶尹氏，相与甚睦。夫人生男名应龙，即我竹亭，以弟子员进秩儒官。娶郡学生蒲应登，乃翁义相次女，贤淑孝懿，有姑氏风。尹生男名攀龙，即凤亭，今附学生，积学有待，亦名士也。娶郡学生李东光东元，乃翁致政次女，亦称贤孝。夫人作于嘉靖癸亥二月四日，昆玉哀毁骨立，翁令节哀营葬，砌塘于隆庆元年十

图 8-115　马守阳墓志篆盖

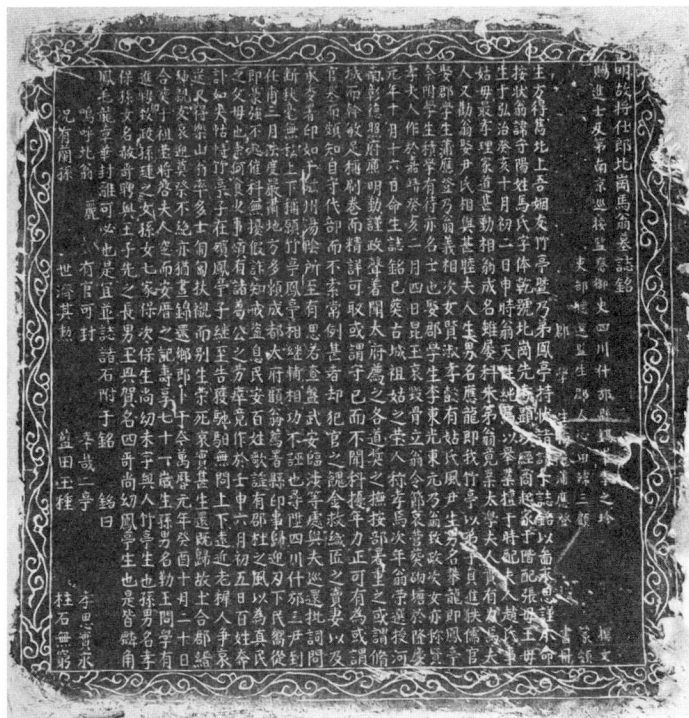

图 8-116　马守阳墓志铭

月十六日，命生志铭，已葬古城祖姑之茔，人称孝焉。次年，翁荣选授河南彰德照府，廉明勤谨，政声著闻。太府荐之，各道奖之，抚按部署重之。或谓修城而幹敏足称，刷卷而精详可取。或谓守己而不闻科扰，年力正可有为。或谓官寒而颇知自守，代部而不索常例。甚者却犯官之馈金，救织匠之卖妻，以及承委署印，如于磁州汤阴，所至有思，若查盘武安、临涉等处，与夫巡还批词问断，秋毫无私，上下称愿。竹亭、凤亭，相继辅相，功不诬也。寻升四川什邡三尹，到任甫三月，法度严肃，地方多赖。成都太府顾翁荐署县印，事归迎刃，下民响从，即豪强不起，催科无扰，假诈知戒，盗息民安，百姓歌谣有邵杜之风，以为真民之父母也。奈何食少事烦，有诸葛公之劳瘁，竟作于壬申六月初五日。百姓奔讣，如失怙恃。竹亭子在殡，凤亭子继至，告获驰驱，无问上下、远近、老稚，人争哀送。又得乐山翁率多士匍匐扶衬而别，生荣死哀，实甚生还。既归故土，合郡缙绅、亲友哀迎，奠祭不绝，亦犹昼锦还乡。即卜于今万历元年癸酉十月二十日合葬于祖茔，将启夫人窆而安厝之，记寿享七十一岁。生孙男名勤王，问学有进，聘卯致政孙璉之女。孙女七家，保次、保生尚幼，未字与人，竹亭生也。孙男名孝保，孙女名赦哥，聘与王子先之长男王兴贺；名四哥，尚幼，凤亭生也。是皆麟角凤毛，龙章华封，离丽可必也。是宜并志诸石，附之铭。铭曰：

呜呼北翁，有官可封。幸哉二亭，孝思实永。况有兰孙，世济其勋。蓝田玉种，柱石无穷。

《马守阳墓志铭》，全称《明故将仕郎北岗马翁墓志铭》，盖（图8-115）志（图8-116）一合，明万历元年（1573）李之珍撰文，韩三顾篆额，蒲应登书丹，今存武都区博物馆。盖、志皆纵56厘米，横52厘米。盖篆计12字云"明故将仕郎北岗马公墓志铭"（其中"郎北"篆法误作"即比"），字径11厘米；志铭楷书30行，行30字，字径1.5厘米。

### （九九）武都·明《范道士题壁》（万历二年，1574）

万历二年十一月初八日，范道士、陈玉、李□□、董用威、现锁□九茔、王子□在此。

《范道士题壁》（图8-117），明万历二年（1574）墨书题壁，今存武都万象洞琼天阁西壁，纵30厘米，横28厘米，楷书6行。

## （一〇〇）武都·明《范祖舜题壁》（万历二年，1574）

　　万历二年十一月初八日，守备范，知州徐，范祖舜、刘宣、陈玉、唐伯、谭道正、李掺、王登、岳大虎。

《范祖舜题壁》（图8-118），明万历二年（1574）墨书题壁，今存武都万象洞卧龙坝西壁，纵58厘米，横40厘米，楷书8行。

图 8-117　范道士题壁

图 8-118　范祖舜题壁

## （一〇一）都·明《刘宜题壁》（万历四年，1576）

　　万历四年正月初九日，提□郭邦、董用威、郭轼□、王问□、刘宣、王取、史邦□、金田。

《刘宜题壁》（图8-119），明万历四年（1576）墨书题壁，今存武都万象洞仙人坝西壁，纵55厘米，横30厘米，行楷7行。

## （一〇二）武都·明《高田题壁》（万历四年，1576）

　　万历四年春正到，家丁高田。

《高田题壁》（图8-120），明万历四年

图 8-119　刘宜题壁

图 8-120　高田题壁

（1576）墨书题壁，今存武都万象洞南天琼阁东壁，纵48厘米，横24厘米，行楷2行。

## （一〇三）武都·明《刘伯燮题壁》（万历四年，1576）

万历丙子新春九日，副宪孝感刘伯燮[一]、参议京山李维桢[二]偕游击师范、参将王绍勋[三]、守备马绳武、刘三聘、同知李应春，历况洛贤。庠生赵廷臣、金作砥及指挥侯家启、马体□。千、百户：……韩范、杨朝纲、徐□□、郑卿、王之土、陶鼎游此。

图8-121　刘伯燮题壁

[一] 刘伯燮：《孝感县志》卷四《臣林》载："刘伯燮，号小鹤。嘉靖乙卯乡试第一，隆庆戊辰进士，为给事中。侃侃敢言，劾兵部尚书郭乾，荐前侍郎万恭、都御史耿随卿、张景贤、曾于拱有异才可用，皆报允……伯燮性稍厉，寡合久之外转。历官按察使，时楚中院道议割洪乐乡隶汉阳，伯燮移书言不可，事遂寝，邑人德之。所著有《鹤鸣集》。"[1]《巩昌府志》卷二二《宦绩》："刘伯燮，号小鹤，湖广孝感人，与大鹤同举于乡，登戊辰进士。万历三年，以参议分守陇右，约己省费，束属利民，未期月，政化厘然改观，尤加意人才达俊，得二十人，亲为课试，寒暑不辍。谒文庙，见其建置非所，极力改建，科第遂不乏人。凡城郭壕堑与楼橹器具、武事之积，废者整饬一新。奖善虽劝而恶恶亦严，豪宗墨吏、大猾凶人皆望风敛避，揆文奋武，保安禁伏，种种实举，合属向风。官历右史。"

[二] 李维桢（1547—1626）：字本宁，号翼轩，亦自称角陵里人。《巩昌府志》卷二二《宦绩》："李维祯，号翼轩，湖北京山人，登进士。读中秘书，职太史矣。然负雄才，欲致于用，不欲以柔。看坐老求，剧职自效，以编修出为陕西参议，分守陇右道，务修实政，俾益国利民，不为细谨省。视城郭，见出关居民倍于大城，而墙纸薄难恃，曰：'冲边之郡，兹岂未务哉？'于是储材议用，请之当道，刻日兴工，躬自督察，信赏必罚，期年工完。严严翼翼，足壮金汤，此世世之利也。甫二载，以原官改粤中，父老至今有事不如意者，辄曰'安得小李翁'云，盖公来分守时甫三旬也。"[2]

[三] 王绍勋：《武阶备志》："王绍勋，本州人，后升镇番参将（《城隍庙碑》）。"[3]

① 朱希白等修，沈用增纂：《孝感县志》，载《中国方志丛书》（华中地方·第三四九号），台北成文出版社，1975年，第873页。

② 纪元：《巩昌府志》，载《中国地方志集成》（甘肃府县志辑2），凤凰出版社，2008年，第527页。

③ 吴鹏翱：《武阶备志》，载《中国地方志集成》（甘肃府县志辑10），凤凰出版社，2008年，第82页。

《刘伯燮题壁》（图8-121），明万历四年（1576）墨书题壁，今存武都万象洞仙人床对面，纵41厘米，横43厘米，行书11行。

万历初，陇右诸番侵扰河、洮、岷、阶、文等郡，掠杀百姓，劫持守备，朝廷兴师问罪，乱乃平。《巩昌府志》载："万历三年夏四月，番扎力呃犯阶州，执守备范延武。四年春二月，分守参议刘伯燮、副总兵孙国臣兴师问罪，扎力呃诛之。"[1]中国国家博物馆藏《平番得胜图卷》，其第二段榜题"固原兵备刘伯燮督兵出征"，主要描绘万历三年洮岷平番胜况。刘伯燮曾作《平番纪事》[2]，对阶、文平番有详尽记录。题壁中师范、马绳武、王之士等人平番事迹皆有载录。

### （一〇四）礼县·明·郑国仕《登祁山谒武侯祠漫赋》（万历七年，1579）

登祁山谒武侯祠漫赋三首。时万历己卯菊月廿三日也。

斜日沉沉古庙幽，武侯禋祀几千秋。数家瓦舍连残垒，一派清流绕旧洲。官道徒存流马迹，佳城犹似卧龙游。老天何事不延汉，五丈原头星夜流。

秋杪驱车经故祠，仰瞻遗像备凄其。一心惟冀兴炎祚，六出那停吞魏师。野岫啼鹃悲壮志，客途游子叹螭碑。行间忽忆三分事，洒泪英雄值运移。

扇羽巾纶风度殊，胸中兵甲迈孙吴。三分定伯明天道，三表出师为主孤。星殒当年虽负憾，忠留千载有余模。祁山凛凛存生气，报德何如祀蜀都。

赐进士第、中顺大夫、知巩昌府、前翰林院庶吉士、浙江道监察御史天雄郑国仕[一]题。礼县知事李瑄立石。

图8-122　登祁山谒武侯祠漫赋

[一]郑国仕（1542—1599）：字允升，号东里，明代大名府魏县（今安张庄）人。隆庆二年（1568）进士，充任翰林院庶吉士，后任御史，两次按察应天府。因性情耿直，得罪权臣，万历初，调离京师任巩昌府知府。三代官居二品，居官雅有惠政。万历二十

---

① 纪元：《巩昌府志》，载《中国地方志集成》（甘肃府县志辑2），凤凰出版社，2008年，第592页。
② 刘伯燮：《平番纪事》，载《中国野史集成》（第25册），巴蜀书社，1993年，第210—216页。

年（1592）四月，巡抚保定提督紫荆等关都察院右副都御史汪应蛟，巡抚直隶按察御史于永清，钦差整饬大名等处管理河道、河南布政司左参政韩学信等在魏县东大街为郑国仕立"三世二品"石坊一座，纪祀其家三世二品官职之荣耀[1]。

郑国仕《登祁山谒武侯祠漫赋》（图8-122），明万历七年（1579）镌立，今存礼县祁山武侯祠。诗碑纵137厘米，横70厘米，楷书16行，满行19字，字径4厘米。诗碑原立于武侯祠碑廊，清同治三年（1864），武侯祠焚于兵火，碑廊被毁，碑立于露天之下。清光绪初年重建祠庙时，此碑被镶嵌于阁楼式山门的内墙上。

### （一〇五）武都·明《叶青青题壁》（万历九年，1581）

万历玖年九月，文县守备安定叶青青[一]，教谕王守邦[二]，训导张大俨[三]，生员薛凤鸣游。

[一]叶青青：一作"叶青"，《武阶备志》卷七《职官表上》：万历九年文县守备叶青，平凉卫人，创修关隘、番厂[2]。

[二]王守邦：《武阶备志》卷七《职官表上》：王守邦，嘉靖四十五年（1566）任文县教谕[3]。

[三]张大俨：《武阶备志》卷七《职官表上》：张大俨，邠州人。隆庆六年（1572），任文县训导[4]。

《叶青青题壁》，明万历九年（1581）墨书题壁，今存武都万象洞天庭西壁，纵50厘米，横50厘米，行书7行。从题壁看，《武阶备志》所载王守邦、张大俨任职时间有误。

### （一〇六）武都·明《张大俨题壁》（万历九年，1581）

文县训道张大俨随守备（叶青青）至此。时万历辛巳九月……

《张大俨题壁》，明万历九年（1581）墨书题壁，今存武都万象洞天庭西壁，纵50厘米，横75厘米，行书约14行。

### （一〇七）西和·明《重修郡路摩崖》（万历十三年，1585）

见在六巷居住，河中心太方石都水，郡路通行不得，自给资财，请石匠打调

---

[1] 魏县志编纂委员会：《魏县志》，方志出版社，2003年，第1150页。
[2] 吴鹏翔：《武阶备志》，载《中国地方志集成》（甘肃府县志辑10），凤凰出版社，2008年，第87页。
[3] 吴鹏翔：《武阶备志》，载《中国地方志集成》（甘肃府县志辑10），凤凰出版社，2008年，第86页。
[4] 吴鹏翔：《武阶备志》，载《中国地方志集成》（甘肃府县志辑10），凤凰出版社，2008年，第86页。

图 8-123　重修火
烧关栈道摩崖

修路，万古通行。大明国万历十三年四月吉日修造。石匠邓邦余。

《重修郡路摩崖》，明万历十三年（1585）镌刻，原在西和县六巷乡上六巷拄腰峡，1989 年修路时毁。文据《西和县志》[①]录入。

### （一〇八）文县·明《重修火烧关栈道摩崖》（万历十四年，1586）

万历十四年九月内重修。承本府老爷孙。督工：小凌丘大立。

《重修火烧关栈道摩崖》（图 8-123），明万历十四年（1586）题刻，今存文县城关北滴水崖村火烧关山崖上。摩崖纵 54 厘米，横 15 厘米，字径 5 厘米。火烧关栈道是明代以前文县通往武都的重要交通要隘。长赟《文县志》卷二《关梁》载："火烧关，县北二十里。两山壁立，中通一径（《一统志》）。极逼仄，马难并辔，旧志称为天堑，信然。按鉴宋理宗端平二年十月，元阔端自成都入文，破城北去，以火攻此关，故名。迄今沟旁石孔，当是凿崖架堑，上堆木石，下通行人，匍匐往来之窟穴。"[②]

### （一〇九）徽县·明《重修礼拜寺碑记》（万历十四年，1586）

皇明（题额）

重修礼拜寺记

乡进士郡……郡庠生……郡庠生……

夫教门之设，其来远矣，盛于胜国，明兴因之。虽不事法象天，只以敬天、祝君、□主、修心、养性为事也。我皇朝金陵有三山街寺，长安有花靴巷寺，皆奉命以为敦礼地也。寺遍寰宇，惟徽未之建耳。成化年（间），有何楚英、舍容、马伦、马聪辈，关陕人也，商贩于徽。为山水之美，遂家焉。以为礼拜无所，或失在亵陋，（其）如敬天何？如祝君何？如修心养性何哉？遂卜吉于东郊三元宫之左，金施金赀，置而创立焉。然岁久易湮，至嘉靖中纪，寺宇复圮。乡耆马文礼、金岁、高廷美、何清、丁文章、王臣、马万江、马霄，相顾叹曰："清静斋肃之地，使之至是，乃吾侪咎也。"即书金赀，鸠工庸材，因废拓新，宫墙严严，斋室翼翼，不数月而功用告成。乃请记于予。予曰："寺之修复如此，而诸子之心可以至矣。故以之敬天，

---

① 西和县志编纂委员会：《西和县志》，陕西人民出版社，1997 年，第 851 页。

② 长赟：《文县志》，载《中国地方志集成》（甘肃府县志辑 38），凤凰出版社，2008 年，第 86 页。

则万物资始之功可报焉，报天则地可知矣；以之祝君，则万年天子寿可赞焉，赞君则亲可知矣；以之修心养性，则万境俱融之贞可宁焉，宁贞则践形可知矣。且敦仁尚义，周急轸（难），（辅）生助瘥，厚德殷殷，此其兴起，而科第缙绅、声名文物、礼乐衣冠，悉由此出，其教岂偏小（焉）哉？"遂识其（始）末以为记。

时万历岁次丙戌孟夏朔日。郡进士义台马负图撰。

掌教：王清、马舟、杨□□。乡耆：马锡、杨鸾、马良、马廷□。给田吏：金□□。商人：米曾、哈武、马尚文、马□□。助缘人：何朝、高……马呈图、丁文□、马世仓、□守德、马朝金、□守忠、□曰善、□□然、王曰□、马□□杨……马□□。

《重修礼拜寺碑记》，今存甘肃徽县东关清真寺内，明万历十四年（1586）镌立，徽县回族进士马负图撰文并书丹。碑纵 90 厘米，横 73 厘米，楷书 14 行，满行 14 字，字径 3 厘米。碑文记载了明成化年间 (1465—1487) 陕西回民何楚英、舍容、马伦、马骢等人行商到徽县，因爱当地山川之美，遂定居于此，并创建清真寺。此碑是研究明代陇东回族形成的重要史料[①]。

### （一一〇）成县·明《重修广化寺记》（万历十六年，1588）

**碑阳**

图 8-124　重修广化寺记碑阳

重修广化寺记（篆额）

重修广化寺记

邑致仕蒋仕郎、张梦貔撰文。邑庠生员姚九德、许谦书丹。

自佛入中国，大抵教人以慈悲为主。今天下王官国都以及郡邑村镇，莫不树殿尊崇。无非绳人以趋善也。吾邑广化寺，距城西二十里，负层峦而拥环水，奇峰魁岸，秀山罗列，为古城州景。概宋元丰，高氏创建寺宇，续加雄丽，后子弟登建炎进士第，乡人咸谓：天人相与不诬也。不幸遭金

---

① 撒海涛：《陇南徽县〈重修礼拜寺碑记〉考释》，《民族论坛》2018 年第 2 期。

虏以火，日侵以微。于今可据而信者，惟古洞泉石而已。迨我明御极二百余年，颓敝日甚，谒者怜之，悉啧啧为重修计，卒无举事者。隆庆五年，邻耆老韦环、田付节、周朝相、黄永辈瞿然有志。乃捐己赀，随募四方达士，遂树殿成像，功甫凑而诸老皆告逝矣，识者有遗恨焉。至万历戊子岁，复有耆老者朱丰暨会首：杨登、徐达胡、宁槐、韦尚恭、徐添登等，约乡会若干人。官舍朱大泽、汪蛟。邻人张菊、马宰、徐行，俱输金帛，完天王殿，仍建三门于山之下，虽不能比拟于高氏，而较前稍盛矣。杨子恐失其众之名，窃冀其激于后，乃竖碑请予记。予曩膺疾居此，益幸身比于石，得酬夙志，故僭言曰："于嘻！起事动众，自古称难，诸子一旦聿成，伟绩而鼎新之，厥功懋矣。自此一念之善充之，则凡济饥援苦。扶颠持危，哀老恤孤。孰非是心之推耶。由是世代相传，必有继续而感发者，不可谓世无其人也。予闻之百年之计树人，今子辈树功倍形于昔，异日子弟弘青云之业。奓叶衍蕃绵之庆，是溉其根自将茂其枝，滋其种必能硕其实，诚树人之本源也。高氏不得专美于前矣。《易》曰：'积善之家必有余庆。'吾以是知芳名佳誉，今古同声，阴德宁有极耶。"用是纪诸石，以垂于不朽。

　　时万历拾陆年岁在戊子夏五日端阳之吉，谨立石。

　　耆老：杨仲斌、周添臣、许世寅、徐添爵。住持僧人圆朗。

　　会长：朱丰、徐达胡、黄登、杨登、董自高、张信。

　　会副：郭持节、贾得其、周添叙、乔林、杨选、徐元、徐添魁、黄邦时。

## 碑阴

　　记开人数（篆额）

　　官舍：朱大治、周□、朱绍。

　　一会：杨登、贾得琴、徐辂、马山、周万其、周添爵、周随、乔相、韦尚俭、韦尚纲、周冠、宁忠。

　　一会：徐万玘、黄邦时、徐万求、杨仲禄、黄邦通、田真、田宗、杨仕学、雷万才、王朝福、唐彦豆、任得仓、汪朝用、葛讨。

图 8-125　重修广化寺记碑阴

一会：黄登、杨世江、徐添礼、杨水、董自高、李自元、杨仕夆、张文、刘邦得、张得科、王朝舟、童自南、杨朝喜。

一会：朱邦木、朱绍、朱宗、朱胡、张信、朱绶、杨儒、朱绩、申堂、申宰、申九科、陈伯什、赵寅。

随缘施主：军：杨仲斌、杨世玘、杨朝金、杨朝叙、杨朝春、杨科、杨朝时、黄进忠、许世银、许世文、许世忠、许世恩、杨现、杨荣、徐子北、安洞吮、安调元、胡瑶、李恩、李喜、张花、李江、宋芥、贾得化、张应运、胡应道、杨进冠、乔宗道、宋绍峣、宋继堂、李节、张英、苟谟、宋继续、宋绍魁、宋绍舟、郭良福、郭厚、郭胜、郭匕元。

民：周添臣、周万兴、周添遇、周娶、周添海、韦尚玉、韦尚平、韦尚景、韦恕、鲍邦要、周应登。

客旅：王珊、毛真或、席添明、马大金、吴川、王万才、焦廷福、唐顶、杨仕登、王邦叙、赵三喜、鲍尚智、胡万仓。

徐氏时节母、严氏添登母、魏氏登母、陈氏仕登母、骆氏勤母。

耆老：周朝玉、宋世隆、尚万金。

万历拾陆年伍月端阳之吉，新立碑记。白水县石匠冯世钦书刊字。师徒僧人明监。塑画士徐添登、徐添魁。寺院地：东至古路，南到官路，西至贾得勤地，北至高岭。

《重修广化寺记》，明万历十六年（1588）立，今存成县抛沙镇广化村广化小学吴道子洞前。碑纵180厘米，横85厘米。碑阳（图8-124），阴线双勾篆额"重修广化寺记"6字2列，字纵11厘米，横8厘米。正文楷书22行，行36字，字径3厘米。碑阴（图8-125），续载碑阳未尽功德人名，楷书22行，满行31字，字径3厘米。

## （一一）徽县·明《白水石路记》（万历十七年，1589）

略阳、徽、阶之界，地名"大石碑"，一曰"小石碑"。壁立百仞，长可十数里许。其上则铁石巉岩不可凿，其下则溪流湍急不可渡，其路则适当孔道不可断。唐宋时，架木为桥，久而倾圮，旅人甚苦之。强渡而溺者，更仆未易数。里民谋开路，以通往来、垂久远，而艰于资费，即有司犹或难之。戊子夏，直指钟公按部至彼，恻然在念，爰捐金二百，鸠工作路于石壁间。里民感公之德，争先赴役，不期月而告成，舆马仆卒履若坦途。自下望之，恍然云霄之上，盖奇绩也。行旅父老自置丰碑，请有司记其事，公檄止之。其略曰："古人为其事，隐其名。顾予之所

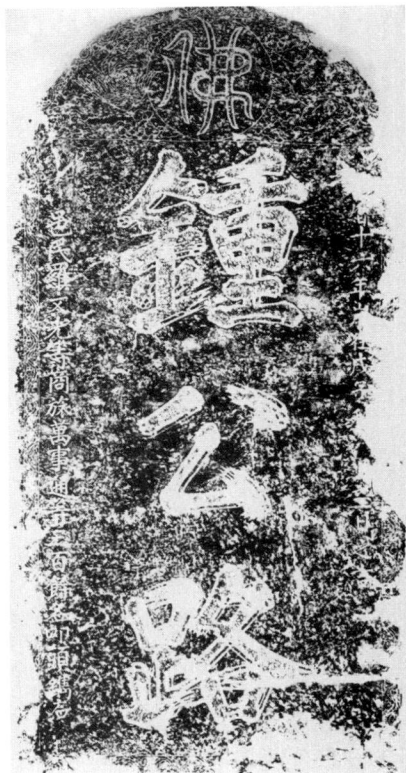

图 8-126　钟公路摩崖

耻者名也。幸无以名归我！"弗获已。乃就石壁勒三大字，其名曰"钟公路"。今年春，不佞行部历其地，行旅父老拥道而申前请。予尝以执事奉公左右，知公最深，义不可辞。因索笔序大都于左，以纪岁月。公，号文陆，浙之仁和人，立心操行，以古圣贤为标准。初令闽之惠安，再令江右乐平，俱有异政。天子拜侍御史，钦取实授为天下第一。其巡行川陕也，适值地高灾祲，多方赈恤，饥者以银，病者以药，死者以椟。而又慎激扬，兴学校，议禁令，一切不便者，更为宽大惠利之法，与民宜之。两省军民鼓舞，德化翕然，号为"钟佛子"。青衿多士，则以"钟夫子"称之，至缙绅评公者曰："古之人，古之人！"兹特其一事云。

万历己丑郭元桂记。

《白水石路记》，明万历十七年（1589）郭元桂撰文，碑原立于徽县、略阳之交的"小石碑"（徽县大河店乡瓦泉自然村《新修白水路记》摩崖东南），今佚。铭文据《略阳县志》[1]录入。小石碑尚留存"钟公路"摩崖（图8-126）。纵230厘米，横120厘米。碑首书"佛"字，中勒"钟公路"三字，字径约60厘米。右款云："（万历）十六年岁在戊子秋（月）望日之吉。"左款云："邑民罗文光等商旅万事通等三百余名叩头镌石。""钟公路"三字中涂朱色至今隐隐可见。

"钟公"即钟化民（约1545—1596)，字维新，别号文陆，浙江仁和博陆（今属余杭区）人。万历八年进士，初授惠安知县，再移乐平知县。征拜侍御史，巡按陕西、山东。累迁仪制郎中。万历二十四年，以右金都御史巡抚河南。所到之处，为官清明，多善政。人称"钟青天""钟佛子"。《明史》卷二二七有传[2]。

## （一一二）徽县·明《镡公开荒四至摩崖》（万历十七年，1589）

万历十七年，始买田地，开荒立业。镡相生四子：镡邦选、邦锡。东至黄渠滴水崖，北至小火山，南至土地庙，西至深沟岭。万古千秋，子孙相承。小臣地三

---

① 谭瑀等：《略阳县志》，载《中国方志丛书》（华北地方·第三二一号），台北成文出版社，1970年，第366—369页。
② 张廷玉等：《明史》，中华书局，1974年，第5971页。

图8-127　镡公开荒四至摩崖（宋涛、杨雷　拓）

分共下秋粮乙十四升伍合正。

　　石匠：镡邦时、金玉元。

《镡公开荒四至摩崖》（图8-127），明万历十七年（1589）摩崖刻石，今存徽县榆树乡尹家沟。摩崖总面积约15平方米，楷书8行，字径约25厘米。

## （一一三）徽县·明·张应登《过白水硖读磨崖碑一首》（万历二十一年，1593）

　　　　开路磨碑纪至和，于今险易较如何？
水来陇坂寻常见，峰比巫山十二多。一线
天光依峡落，悬崖鸟道侧身过。蜀门秦塞
元辛苦，何故行人日似梭。

　　过白水硖读磨崖碑一首。

　　明万历二十一年春，陕西布政司分守
陇右道按察司副使兼右参议、前吏兵工三
科左右给事中、内江梦夔张应登书。

　　属下徽州知州宋洛刊石。工房吏廖希
科监刊。石匠秦大川。

张应登《过白水硖读磨崖碑一首》（图
8-128），摩崖题诗，明万历二十一年(1593)刊

图8-128　过白水硖读磨崖碑一首

于徽县大河店乡瓦泉村宋《新修白水路记》摩崖左下方，二刻紧密相连。纵108厘米，横85厘米，楷书10行，行5至28字不等，正文字径5厘米。张应登，字梦夔，四川内

江人，万历十一年癸未（1583）科进士[1]。

### （一一四）文县·明《乡贤梅溪张公墓志铭》（约万历二十一年，1593）

公讳九经，字子治，号梅溪。先世以讨叛功，封户侯得世爵。公父讳仁，一日，诏公及次子九功，谕曰："吾家虽以武显，须济以文，庶家声之益振乎？"乃遣就外传，为举子业。未几，父弃世，与弟奉母以居，克尽孝友。嘉靖乙酉，举于乡，弟亦举戊子。时人称为二难。岁癸丑，出宰完县，剔蠹厘奸，兴学重农。完民歌曰："张慈父，来何暮。溺我拯，饥我哺。若大旱，蒙甘澍。"时弟任武安，公驰书云："吾弟须慎官箴，毋为波流风靡之态！"弟亦奉教惟谨。无何，以不媚上官，摘〔谪〕山西太原学授。端规肃矩，谈经课艺。诸儒颂曰："程座春风暖，孟门化雨新。满城桃李秀，次第瑞枫宸。"幸公道不泯，寻晋本府别驾，职司宗禄。出绅，锱铢不染，解户暨诸宗无不德之。时弟刺涿州，公又驰书云："吾弟当冲剧之郡，须励初心，坚晚节，令天下后世，称吾弟兄为清白吏，如大冯小冯可也。"弟奉教益谨，历官十有三载，宦囊索然。岁乙丑，解绶归里，日坐蠹鱼中，穷理静养，不问家人生事，过匮乏者，随力赈之；纷争者，善词宽解之。享年八旬而终。邑侯周公议请祀乡贤，寻迁去，不果。

《乡贤梅溪张公墓志铭》，碑佚文存。江景瑞《文县志》题名为"乡贤梅溪张公墓道碑"。铭文据长赟《文县志》[2]录入，墓志由范文彦撰文。《武阶备志》卷七载：万历二十一年文县知县范文彦，四川内江举人，勤于课士[3]。葛时政《直隶阶州志·人物》载："张九经，嘉靖乙酉举人。官北直完县知县，升山西太原府通判。""张九功，九经弟，嘉靖戊子举人。官河南武安知县。精岐黄家言，武安民疾，授以方药，全活甚众。升涿州知州，迁王府长史。《武安志》入祀'名宦'。"[4]

### （一一五）武都·明《刘弘业题壁》（约万历二十一年，1593）

洪荒开辟世，疆山次第生。试问空幽洞，由来气化成。

文县守备刘弘业[一]题。

[一] 刘弘业：一作"刘宏业"，《阶州直隶州续志》卷二三《名宦下》："刘宏业，

---

①许容监修，李迪等纂：《甘肃通志》卷二七，乾隆元年（1736）刻本。

②长赟：《文县志》，载《中国地方志集成》（甘肃府县志辑38），凤凰出版社，2008年，第199页。

③吴鹏翱：《武阶备志》，载《中国地方志集成》（甘肃府县志辑10），凤凰出版社，2008年，第86页。

④葛时政：《直隶阶州志》，载曾礼校注《阶州志集校笺注》，甘肃人民出版社，2013年，第115页。

宁夏卫人，万历二十一年守备文县。工诗文书画。"[1]

《刘弘业题壁》（图 8-129），约明万历二十一年（1593）墨书题壁，今存武都万象洞天地交泰东，纵 50 厘米，横 37 厘米，行楷 5 行。

## （一一六）礼县·明《圣母殿醮币盆题记》（万历二十一年，1593）

　　大明万历二十一年十二月吉日，张母李氏、杨氏，男张问竹、杜氏、田少，子孙一家，发心施舍。石匠黄学。

《圣母殿醮币盆题记》（图 8-130），明万历二十一年（1593）题刻，今存礼县秦文化博物馆。题记刊于直径约 25 厘米的椭圆形条石柱上，石柱长 90 厘米，题记 2 行，字径 2 厘米。

## （一一七）武都《明故王公张氏墓志铭》（万历二十二年，1594）

　　明故王公张氏墓志铭（篆盖）
　　明故太医院引礼王公暨夫人张氏墓志铭
　　乡进士任四川渠县知县近南蹇来亨撰。
　　郡学生映峰白具光书篆。

　　公讳朝应，姓王氏，三泉其别号也。先世贯陕西西安府乾州籍。高祖讳纲者，布政司吏，因公务移居阶州，遂家焉。娶谈氏，生曾祖聪，聪娶闫氏，生伯祖福、祖禄。禄娶杜氏，生子朝先。继娶李氏，生子朝德、朝应。其公朝宣，乃弟也。生女一，适郡吏目杨时春。朝宪娶李氏，生子喜言，授布司承差。公童稚时，学举业焉。双亲年老，以禄养不如善养，遂弃学事亲。承颜顺志，夙夜匪懈，且友于兄弟，人无间言。及子职既尽，犹以没世不称焉。疾，奉例赎粟，遥授太医院引礼，冠裳鸣佩，光耀闾里。公可谓不负君亲，无忝所生矣。配夫人张氏，

图 8-129　刘弘业题壁

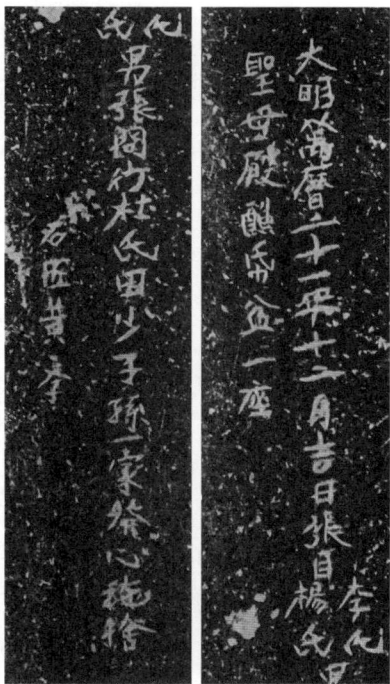

图 8-130　圣母殿醮币盆题记

---

[1] 叶恩沛修，吕震南等纂：《阶州直隶州续志》，曾礼校点，兰州大学出版社，1987 年，第 229 页。

图 8-131　明故王公张氏墓志篆盖

图 8-132　明故王公张氏墓志铭（刘可通　藏拓）

幽闲贞静，明章妇顺，善事舅姑，义方训子，诚为内助之贤，以德配者也。继娶白氏，母仪慈善，闺范端肃，视子无异己出，贤声远著。公生子，长嘉文，善继善述，大振家声；次嘉彦，奋志学业，青云可期。生女一，适童生惠进朝，皆张氏所出。嘉文娶陈氏，生子迈定，合子侄□□，蒸蒸称盛，皆公所贻也！讵生于嘉靖己亥年正月十一日子时，卒于万历癸巳年三月十四日申时，享寿五十五岁。夫人生于嘉靖辛丑年十月初十日亥时，卒于万历庚辰十月初六日未时，享寿四十岁。卜万历二十二年正月二十日葬于祖茔之侧。予稔知公夫妇之贤义，有不可泯没者。谨按状而为之铭，铭曰：

　　　东岳巍巍，南海洋洋。王公王母，神安斯房。佑厥后世，兰桂永昌。

《明故王公张氏墓志铭》，盖（图 8-131）志（图 8-132）一合，明万历二十二年（1594）蹇来亨撰文，白具光书、篆，今存武都城北郊清水沟村。墓志纵 50 厘米，横 40 厘米。墓盖篆书 "明故王公张氏墓志铭" 9 字列 3 行。志铭楷书 20 行，行 27 字。蹇来亨，号近南，嘉靖甲子科举人，先后任四川峨嵋、绵竹、渠县知县[①]。

### （一一八）徽县·明《五只窑砖铭》（万历二十五年，1597）

**砖铭一**

　　万历二十五年，□忍福五只窑佛殿地砖，万古留名。僧人住脚明广庵□徒修。

**砖铭二**

　　万历二十五年，五只窑白古仙朝与喜皇帝开建敕修寺院，造立石塔，臣□石后人照前。

**砖铭三**

　　万历二十五年，五只窑头……三古水西华庵，□华岩庵演教院，四□不水明子庵观。

**砖铭四**

　　万历二十五年，烧砖僧人明广□，书字僧人……做砖匠人杨得（春）。

**砖铭五**

　　万历二十五年，五只窑白古仙朝与喜皇帝开建（敕）修寺……古。

---

① 余新民修，蹇逢泰纂：《阶州志》，万历四十四年（1616）抄本。

图 8-133　五只窑砖铭

《五只窑砖铭》（图 8-133），明万历二十五年（1597）镌刻，今存徽县嘉陵镇严坪村天音寺。残砖可拼合成 5 块，纵 40 厘米，横 20 厘米，厚 5 厘米。相关图片由徽县博物馆曹鹏雁先生提供。

## （一一九）武都·明《李光阳题壁》（万历二十六年，1598）

　　　　　万历二十六年三月十六日，山西太原府平定州人、阶州掾学训李光阳、男李向□。巡捕厅王登云、杨台。

《李光阳题壁》（图 8-134），明万历二十六年（1598）墨书题壁，今存武都万象洞南天琼阁西壁，纵 60 厘米，横 38 厘米，楷书 8 行。

图 8-134　李光阳题壁（张惠中　协拍）

图 8-135　王登云题名

## （一二〇）武都·明《王登云题名》（万历二十六年，1598）

　　舍人王登云，岷州卫掾姜铎。

《王登云题名》（图 8-135），明万历二十六年（1598）墨书题壁，今存武都万象洞天庭东壁，纵 14 厘米，横 12 厘米，行书 3 行。

## （一二一）徽县·明《新刊修路碑记》（万历二十九年，1601）

玄天神路（顶题）

新刊修路碑记（楷额）

巩昌府徽州坊下等里人民，见□居物赍店，方圆一郡，□得官路。上自青泥岭，下至青泥河，土路摊塌，顽石阻隔，往来奔走不便，人人所忧虑者。今众等集乡约会，各施各资财粮石，发心修理道路。姓名：

会首：袁得节、赵子科、王得宠、郭清、孟添云、孟进孝、李良知、苏添军、马仁、何信、马大寅、周尚行、马根正、陈仲山、王槐、梁基远、马彦舟、黄邦林。修路道士：杨万宾。修路石匠：张进朝、李河、张进舟、张英。

万历辛丑季春三月吉旦完路。

《新刊修路碑记》（图 8-136），明万历二十九年（1601）摩崖刻石，今存徽县大河店乡青泥村辛家吊沟村

图 8-136　新刊修路碑记

北。摩崖纵 65 厘米，横 40 厘米，额楷"新刊修路碑记"6 字，字径 7 厘米，正文楷书 10 行，行 22 字，字径 2 厘米。摩崖龛上方 25 厘米处另刊"玄天神路"4 字，字径 6 厘米。

## （一二二）礼县·明《重建桥寺碑记》（明万历二十九年，1601）

重建桥寺碑记（篆额）

重建桥寺碑记

余礼天嘉，虽僻居陇右西南一隅，然山川形胜颇甲于秦属诸郡。嶓山包其灵，汉水衍其秀。循水而西，至大潭里古渡口有桥名"龙鳞"者。退想此桥，按地志图。东接秦陇，西通巴蜀，南透襄广，北界番房。迤川江冲道，粤自汉唐宋元以暨我明，相沿修理，民不病涉，亘古至今，往来称便。且八山巍峨，四水呈祥。桥之岸西有古寺一所，名"大臂"，不知创自何许，相传慈悲河渎，祈祷灵应，捍患御菑，荫佑福民，凡往过来续左右居民，莫不曰："诚胜境处也，不可久湮废坠。"况此桥径过

图 8-137　重建桥寺碑记
（陈亚峰　拓）

一十二间，殿楹五六七座，奈年远日久，风雨浸散，塌损阻隔，不便往来；神像暴露，不堪瞻礼。住持道僧吕演儒、李守雾、张真玉、马真秀等，欲重建胜桥，复葺殿宇，虑工程浩大，独力难成，遂纠同本处居民潘让、潘孖、陈列、陈谟、郭仕、苟广、王其、赵演、赵锐、杜望登、潘俭、杜世威、杨守坤、王宗第、徐应举、赵钱、杨进、蔡进孝等，欲募四方。至县，斯时方我侯东晋太原郭玉衡夫子，奉命来宰余礼，甫下车，适见告募薄，以重建桥寺，喜曰："修理桥梁，为政急务；敬神爱民，居官第一。"于是遂准募缘，印给化薄，愿礼邑贤士大夫、客旅军民人等，随心助缘，任意施资。富积者输之材，贫乏者效之力。卜于戊戌运兴工，爰及庚子岁落成。是以临流无难涉之叹，礼像有安妥之喜，胜桥堪比徒杠舆梁，梵宫媲美台城灵山。一十二间焕然一新；五六七座视昔改观。僧守务等请余文以镌之碑记，欲垂不朽，余曰："修理桥梁而人得兼济，有造七级浮屠之功；葺整寺院而神得栖妥，有同垒塔印经之恩。工程底绩，神人胥庆，鳞桥古寺，胜境弥彰。允若兹我侯之治礼，宽严并用，情法兼著，方二载，讼理赋平，吏畏民安，余礼称治。今敬神爱民，诚哉！一路福星；神妥民便，信矣！随车雨露。由是而住持之功果，居民之造福，皆我侯实心实政之所赐。重爱斯民，知所以报神之庇，而昭视其若子若孙于世世也！虽勒碑刻铭，孰曰不允？"

故并记之云。

时大明万历二十九年三月初三日。先任本省三水县教谕致仕完天吴绍业撰。生员南轩薛渐裕书。凤台周来凤录。后学薛国赞校辑。讽经弟子吕全召。

文林郎知礼县事东晋郭衡[一]。舍人：杨存理、杨升、杨心学。术士：王蛟汉、南道吕、王养心、孙天彻、王体□、王守元、栾腾雾、巍论、李邦儒、李贺、刘光。

典史孝感胡守承。儒学教谕张正蒙[二]。礼店所掌印千户赵复寿。掌印兼屯捕百户刘邦治。百户杨师孔。巡捕兼屯局镇抚金斗。奉直大夫乡科致正赵赏瀛[三]。知鸡泽县事致正张贺。监生并生员薛启。苏州府检教赵孔立。阶州府鸿胪寺序班赵孔绥。阶州同西固城千户：汪敖、刘应武、臣光享。阶州廪生赵孔道。阳丞义官：石□、庞仕。本县□吏：徐行、杜骄、赵铿、赵选。

随缘功德施主（人名略）。

[一] 郭衡：《礼县志略》卷九《职官·知县》："郭衡，山西文水人。万历二十八年任。旧《志》记其'拊循百姓，作兴士类。留不尽之财于百姓，贻无穷之惠于闾阎'。"

[二] 张正蒙：《礼县志略》卷一○《职官·教谕》："张正蒙，宁夏中卫人，万历二十二年任。"

[三] 赵赏瀛：《礼县志略》卷一二《科名·举人》："赵赏瀛，万历己卯科，初提大同推官，升广西上石州知州。"①

《重建桥寺碑记》（图 8-137），明万历二十九年（1601）吴绍业撰，薛渐裕书，今存礼县龙林乡龙林桥西。碑纵 283 厘米，宽 90 厘米。额篆书双勾"重建桥寺碑记"6 字，字径 9.5 厘米。正文楷书 12 行，满行 81 字，字径 2 厘米；另有"随缘功德施主题名"24 行，字径 1 厘米。

### （一二三）礼县·明·郭玉衡《龙槐诗碑》（万历三十年，1602）

龙槐

杯酒斜阳叹古槐，垂垂龙腹蕴风雷。

可怜寂寞空山里，瀌雨何年遍九垓。

太原玉衡子。万历岁次壬寅十一月吉日。

《龙槐诗碑》（图 8-138），明万历三十年（1602）郭玉衡题，今存礼县永兴乡龙槐村古龙槐旁。诗碑纵 75 厘米，横 62 厘米，行草 7 行，字径 6 厘米。《文水县志》卷七《贤才志》载："郭衡，廷晃子，隆庆丁卯举人，任陕西兴安知州。"②方嘉发《礼县志略》卷九《职官·知县》："郭衡，山西文水人。万历二十八年任。"《重建桥寺碑记》既云"我

图 8-138　郭玉衡龙槐诗碑
（李怡、任小辉　协拓）

① 方嘉发：《礼县志略》，载《中国地方志集成》（甘肃府县志辑 22），凤凰出版社，2008 年，第 27—31 页。

② 傅星裁定，郑立功等编纂：《文水县志》，载《中国方志丛书》（华北地方·第四三三号），台北成文出版社，1976 年，第 282 页。

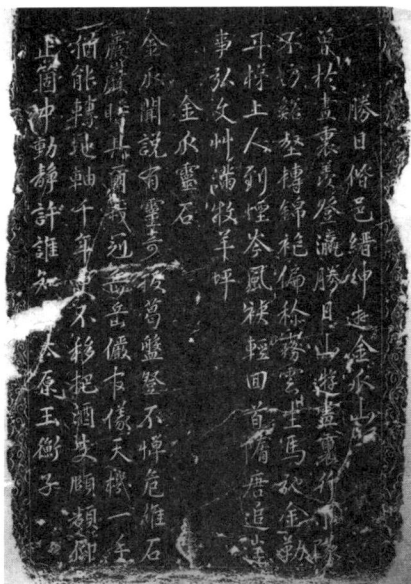

图 8-139　游金瓜山二首（陈亚峰　拓）

侯东晋太原郭玉衡夫子,奉命来宰余礼",又称"文林郎知礼县事,东晋郭衡"。可见,"郭衡"与"郭玉衡"实为一人。

### （一二四）礼县·明·郭玉衡《游金瓜山二首》（约万历三十年,1602）

胜日偕邑缙绅游金瓜山

曾于画里羡登瀛,胜日山游画里行。小队不妨溪壑转,锦袍偏称雾云生。马驰金勒斗梯上,人到烟岑风袂轻。回首隋唐追往事,弘文草满牧羊坪。

金瓜灵石

金瓜闻说有灵奇,板葛盘登不悍危。维石岩岩瞻具尔,峨冠岳岳俨官仪。天机一手犹能转,地轴千年更不移。把酒支颐频仰止,个中动静许谁知。

太原玉衡子。

《游金瓜山二首》（图 8-139）,约明万历三十年（1602）郭玉衡题,今存礼县城关镇刘沟村水泉边。碑纵 115 厘米,横 62 厘米,行书 10 行,字径 5 厘米。

### （一二五）礼县·明《裁革改辖告示碑》（万历三十年,1602）

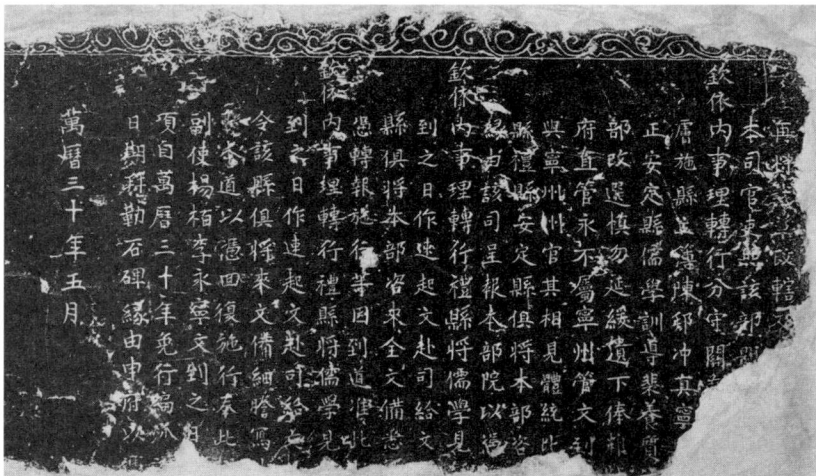

图 8-140　裁革改辖告示碑（王刚　协拓）

……再将裁革改辖及……本司官吏照该部题……钦依内事理转行分守
关……肤施县[一]主簿陈邦冲、真宁[二]（县）……正，安定县[三]儒学训导裴
养质……部改选，慎勿延缓，遗下俸粮……府直管，永不属宁州[四]管，文到……
兴宁州州官，其相见体统，比……县、礼县、安定县俱将本部咨……缘，由该司呈
报本部院，以凭……钦依内事理转行礼县，将儒学见……到之日，作速起文赴司
给文……县俱将本部咨来全文备悉……凭转报施行等因到道准此……钦依内事
理转礼县，将儒学见……到之日，作速起文赴司给文……令该县俱将来文备细誊
写……本道以凭回复施行，奉此……副使杨柏、李永宁。文到之日……项目。万
历三十年免行，编派……日期，拜勒石碑，缘由申府以凭……

　　万历三十年五月。

　　[一] 肤施县：《元和郡县志》："肤施县，本汉旧县，属上郡。赵武灵王灭中山，迁
其王于肤施，《汉书》曰'匈奴南侵至朝那、肤施'，即其处也。魏、晋陷戎狄。隋炀帝
大业二年，分丰林、金明二县，于此置肤施县，复旧名也，属延安郡。皇朝因之。"①《明
史·地理三》："延安府，洪武二年五月，领州三、县十六。肤施，东有延水，又有清化
水流入焉。"②

　　[二] 真宁：本汉阳周县地属，隋开皇十八年（598）改为罗川县，属宁州，唐天宝
元年（742）改为真宁县。《明史·地理三》："庆阳府，洪武二年五月直隶行省。领州一、
县四。真宁，府东南。元属宁州。万历二十九年改属府。"③

　　[三] 安定县：本汉泥阳县，至北魏太武帝置安定县，取定俗安民之义。明属延安
府四县之一。《明史·地理三》："安定，府东北。北有高柏山，怀宁河出焉，东流入于
无定河。西北有白洛城，洪武三年筑。"④

　　[四] 宁州：《禹贡》雍州之域，故西戎地。秦始皇分三十六郡，此为北地郡，即义
渠旧地。北魏孝文帝太和十一年（487）置班州，十四年改为邠州，二十年改"邠"
为"豳"。废帝三年（554），改豳州为宁州，以抚宁戎狄为名⑤。明为庆阳府所领。《明
史·地理三》："宁州，元属巩昌总帅府。洪武中来属（庆阳府）。"⑥

---

① 李吉甫：《元和郡县图志》，中华书局，1983 年，第 76 页。
② 张廷玉等：《明史》，中华书局，1974 年，第 1001 页。
③ 张廷玉等：《明史》，中华书局，1974 年，第 1003 页。
④ 张廷玉等：《明史》，中华书局，1974 年，第 1001 页。
⑤ 李吉甫：《元和郡县图志》，中华书局，1983 年，第 64 页。
⑥ 张廷玉等：《明史》，中华书局，1974 年，第 1001 页。

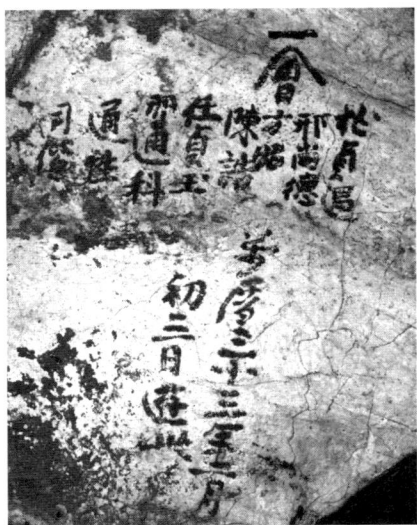

图 8-141　杜贞遇题壁

《裁革改辖告示碑》（图 8-140），明万历三十年（1602）镌石，今存礼县博物馆。碑纵 55 厘米，横 80 厘米。右、下残断，今残存楷书 22 行，满行 13 字，字径 2 厘米。

### （一二六）武都·明《杜贞遇题壁》（万历三十三年，1605）

一会：杜贞遇、邢尚德、方炤、陈诰、任贞玉、邢通科、通性、司偕。

万历三十三年二月初三日游此。

《杜贞遇题壁》（图 8-141），明万历三十三年（1605）墨书题壁，今存武都万象洞天庭南，纵 59 厘米，横 33 厘米，行书混排 11 行。

### （一二七）武都·明《重修镇番寺记》（万历三十三年，1605）

贤谓：爰自古初，鸿朴茫昧，人物蛰□，□知募缘。明卢君训子孙，诸佛代起□善□□□祥光现于周，金身梦于汉，故天下郡邑镇村善士，遂铸佛以修善为先也。武都郡西曰白□□□家沟镇番寺，创自□□□为昌，厥像嗣而建，殿庙岩高，像貌辉煌，一方瞻仰，修善遍镇。后果贤嗣徒生……年，殿堂□落犹倾颓。□诸像蔽损，一方士民向善，无自失其所……今男赵魁、赵宠获法保寺曰："此寺先人创始于前，吾辈当重修于今。"……输财，修塑圣像，森严殿庙，遂谓一□功德，□嘉于昔，工遂告完。西蜀善士萧贵荣，见君一元独力克济实难其事。将图坚石，

图 8-142　重修镇番寺记（满正人　协拓）

刻其修复并有助赀相力乡耆欲□于后，特推余以为之词，余□神佛，敢不为词？余闻种善降之百祥，□□力施材如此，神必降祥作福……此神必赐禄矣！□积德善，行大省，光于□人后其昌□哉。故书以刻之，所以垂不朽云。

时万历三十三年岁次乙巳□浣。

本族太医院学典科父赵□□，舍材助缘乡老（人名略）。

两水里□工刻字人：王德乾、郭相。

《重修镇番寺记》（图8-142），明万历三十三年（1605）镌立，今存武都角弓乡白草沟村镇番寺。碑纵112厘米，横66厘米，楷额"重修镇番寺记"1行，字径5厘米。正文楷书20行，行36字，字径2厘米。碑文多泐损。

### （一二八）成县·明《成县鸡山洞祷雨灵应记》（万历三十五年，1607）

成县鸡山洞祷雨灵应记（篆额）

成县鸡山洞祷雨灵应记

儒学教谕河曲（何博）载撰文，训导凤翔郭卫民书丹，邑□门生：张昌（祚）、乔三善、（张守）廉仝校。石匠雷进库。

夫□泽□□何处，无之有之，而无益于民，谣神也，岂足述哉。邑西南有山曰"鸡头"。穹窿上际，直入霄汉。《史记》：黄帝巡狩登此。盖古名山也。腰半有龙洞，中有湫，幽杳深澄，冬夏一如，信乎？为神物之所居也，岁遇旱，辄祷之故。考之碑，则灵于宋绍兴中；稽之钟，则灵于我成化前。钟、碑皆为祷雨有应而造，故非无征不信者。顷岁夏，两阅月不雨，苗者将稿〔槁〕，种者未布，百姓嗷嗷载途。邑侯高公不胜矜闻，爰率众庶，于六月五日祈祷于南坺中，素巾服，暴卧于地，不预政事，专心叩吁，越九日，步行于此山，入洞取湫，仆与郭君亦从其后，旁有乡民，为神所降，传神意曰："官与神，阴阳表里，雨泽愆期，惟神之盖而官犹劳如此，是□无意于民也，何以香火为？今日下山当清途尘。十一日半雨，其优渥沾足，则在普贤浴兰时，盖谓十九日也。"众皆弗信，即仆亦以为幻耳。以后验之，毫发不巫。公感而信之，即于二十日捐俸银伍两，金□二千，命匠修饰殿宇，庄严圣像，□□厥灵甫动，三五色霞光从洞中拥出，凝结不散，遐迩见之，莫不叹公之感神而神之格公也。住持僧来报，□皆熟召，西望不胜骇愕。召门□子张梦虬等，勒石纪之，一以彰神之灵，一以志公之德，用垂不朽云。公讳（如嵩）。□东，其别号也，四川内江人。

万历三十五年岁次丁未季夏谷旦，署巡捕黄渚关巡检司巡检李桐立石。

住持僧如。

图 8-143　成县鸡山洞祷雨灵应记（李怡、杨广文　协拓）

《成县鸡山洞祷雨灵应记》（图 8-143），明万历三十五年（1607）镌立。今存成县鸡峰山龙洞口。碑纵 115 厘米，横 65 厘米。额篆书双勾阴线"成县鸡山洞祷雨灵应记"10 字，字径 9 厘米。正文楷书 22 行，满行 32 字，字径 2.3 厘米。《阶州直隶州续志》卷二一《职官》：万历间，成县知县：高如嵩，四川内江监生；成县教谕：何博载，山西贡生；成县训导：郭卫民，凤翔贡生。又《阶州直隶州续志》卷二五《选举》：成县岁贡：张昌祚（高淳训）、乔三善、张守廉（藁城知县）[①]。碑中泐损人名皆据此补入。《阶州直隶州续志·职官》谓："李祠，万历二十五年任成县巡检（《鸡山罗汉祈雨灵应碑》）。"今以碑校之，则"李祠"实为"李桐"之误，碑云"万历三十五年岁次丁未"，而万历二十五年为"丁酉"，此亦误。

### （一二九）徽县·明《重修徽州文庙学宫碑记》（万历三十五年，1607）

重修徽州文庙学宫碑记（篆额）

重修徽州文庙学宫□池碑记

今龙飞三十有二年夏六月，圣天子擢环邑长耿先生大人知徽州事，盖重贤良，以重地方云。先生下车□商云北寿□下辙，隐隐然有清明整□□□□日谒先师圣庙，典毕，殊不乐。于门□弊坏，廊庑颓圮，殿后明伦堂、斋房率各□□□，堂后敬一亭□毁滋甚。长太息者久之，□池若□而若盈，若□而若崩，慨然起修葺志，明以妥神灵，育髦□□□□北州治，不忍伤财而害民也！辄捐俸一百，□□事请诸府，府请道，道请按台，举谕如请，且嘉□知首务云。丙午夏□□□州判官清理城池，吏目董治庙学，遂得专□□愿，鸠工聚材，期□□□□何吏目值人，□功仅奏□之一三□□□，吏请代□□棂星门，戟门、两庑，乡贤、名宦祠□□堂贰，斋房增移门墙，□□佰□余，引山泉水流泮，夫庙学居□□来诏，民无重劳，金无侈费，恂恂然，翙翙然，心计节□□率。于是废者修，倾者举，断毁者饰，亏塌者巩，以密□以深矣。烨然改观，无复昔日之陋。停役，寒暑雨雪，实历两百有二□，成则寔是年三月日也。噫喜！庙貌聿新，堂宇轮奂，金汤之固，且申□隆先生之志，不负矣！先生之功，弘以裕矣！故于□见崇儒焉，于饰险隘见卫氏焉。士培民安，见称父母焉；《易》曰："□庙以致享，设险以守国。"《诗》又曰："乐只君子，民之父母。"其□谓欤？先生善政叠叠，诚有如台史所荐，兹不暇枚举尔。已行将昌厥后，而吏来木凤矣。独不可以风乎哉？不然，神不歆□，于天人之和，州域将奚赖焉。故予小子敢因乡□郡□父老之请，为之记，书诸贞珉，用垂不朽

---

① 叶恩沛修，吕震南纂：《阶州直隶州续志》，曾礼校点，兰州大学出版社，1987 年，第 193、260 页。

图 8-144　重修徽州文庙学宫碑记（章海伦　协拓）

云。后之莅兹土者，亦将□斯文。先生名熠，别号肖桥，世为山东历城人，登丙午乡进士，相协赞而有劳绩者。判官卫君民化，山西安邑人。吏目赵君，山西芮城人，乐观厥成。而书丹者儒学正雷君希焕，陕西长安人，登戊子乡进士。篆额者训导史君瀹，陕西临洮人。

万历丁未岁甲辰月吉日。徽州儒学训导长安张舆谨撰。

将仕佐郎、徽州吏目周于思。虞关巡检董顺亨。阴阳学阴阳官吴登，医学医官高好古。僧正司僧长魏性明。

致仕：马负图、刘采、马承叙、陈善、姚际熙。举人张纮。

监生：□□、高汝陟、孙贤、郝东升、张□□、杜文焕、梁昌、焦山……郭养重。

生员：杜一桂、向道立、马性朴、马性闲、杜文希、何其美、石贵□、向正……邓学仁、姚加谟、雷腾□、郭□、张大休、郝逝、许其进、向道行、黄汝机、剡樨、赵国灵、何春□、马骢、倪腾蛟、刘芹、李先春、杨果、杨舜稷……李守正、解九清……

《重修徽州文庙学宫碑记》（图 8-144），明万历三十五年（1607）张舆撰文，原在徽县原政府后院文庙前，今移至周主山。碑纵 195 厘米，横 87 厘米。篆额"重修徽州文庙学宫碑记"10 字，字径 7.5 厘米。正文楷书 27 行，满行 46 字，字径 2 厘米。

### （一三〇）武都·明《陈忠炳题诗》（万历三十五年，1607）

图 8-145　陈忠炳题诗

山半清幽一洞天，历经岁月已多年。岭巇怪石人间□，此处原来不等闲。

万历卅五年岁次丁未五月二十九日，分守阶文西固地方参将陈官定之长子陈忠炳题。

《陈忠炳题诗》（图8-145），明万历三十五年（1607）墨书题壁，今存武都万象洞天庭西壁，纵37厘米，横50厘米，楷书9行。

### （一三一）武都·明《杨承栋题诗一》（万历三十五年，1607）

飞马联骈续旧游，彩象依然洞里浮。有客重鸾田学□，心交尤胜昔同舟。山灵有意先传梦，幻境无端遍绕虹。信是乾坤真造化，浑忘身世入蓬洲。

大明万历卅五年，蜀富顺杨承（栋）[一]同参军陈官定、男忠炳、学正王好文、司训田彻[二]、吏目刘官游。五月二十九日记。

图8-146　杨承栋题诗一　　　　　　　图8-147　杨承栋题诗二

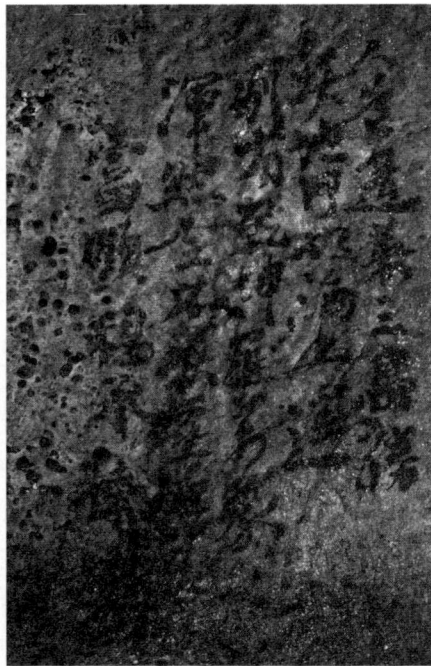

[一]杨承栋:《阶州志·官师》:"杨承栋，四川富顺举人。以民壮减扣抵补两水冲没粮，民德之，建文昌宫。有祠祀。"①《阶州备志》卷六《职官表上》:万历三十年

---

① 余新民修，蹇逢泰纂:《阶州志》，万历四十四年（1616）抄本。

阶州知州杨承栋，"四川富顺举人，平易近民，谦光接士，始建文昌宫于坻龙冈，以培文风"①。

[二]田彻：《阶州备志》卷六《职官表上》：阶州训导田彻，商州人。

《杨承栋题诗一》（图8-146），明万历三十五年（1607）墨书题壁，今存武都万象洞天庭西壁，纵100厘米，横48厘米，行书10行。

## （一三二）武都·明《杨承栋题诗二》（万历三十五年，1607）

人道蓬莱三岛胜，趺地何如海上遥。别有乾坤罗万象，浑然全不获尘器。

蜀富顺杨承栋。

《杨承栋题诗二》（图8-147），明万历三十五年（1607）墨书题壁，今存武都万象洞风洞口左壁，纵30厘米，横20厘米，行书5行。

## （一三三）武都·明《苟氏重建武安王庙碑记》（万历三十八年，1610）

苟氏重建武安王庙碑记

自成祖文皇帝定鼎燕台，族先人苟斌曾为锦（衣卫）……历京都数十年，屡获关将军阴佑。后西归武都，曰："此亦汉家旧社……关将军忠魂未尝不在焉，可无宇以妥神灵。"……庙于城外西厢侧，其择基治备，皆出先将军……举人苟平所施，而其补葺则又经贡士苟志□孙……县苟渊所续完者也，相沿二百余年，为不朽盛□事，不意隆庆丁卯，河水泛涨，举庙□尽付东流□，幸有旧址在焉。斌之裔廪膳生员苟大魁同族□民官苟选、苟希圣等欲□□先人之令德，议重建以禋其祀，尤惧岁久易湮，兴作难继。适郡守温公来守兹土，睹厥盛举，则曰："关将军□气协天，此古今所共视者。"遂命三守刘公讳官者董其事。公欣然乐从，矢心竭力，躬任其劳，工费不烦公帑，各捐俸数千余金，鸠工采木，□□致用，以建厥工。不月余，百堵云兴，十楹崚起。告成，正庙三间，左右两庑各二间，大门一座。焕然改观，瞻谒如织。诚一劳永逸、万世不拔基也。都人士咸颂曰："吾阶何幸，既得温慈母显恤于阳，复得关将军默佑于阴。自是后，尽登春台矣。公之劳，不将与神功永赖无疆乎？"因勒石记事，用垂不朽，以志其盛云。

时万历岁次庚戌仲夏吉日。廪膳生员蹇逢泰[一]撰文。

奉训大夫、知阶州事温禧[二]。分守阶文西固地方参将任承爵[三]。耆老：苟明化，苟明敬，苟诸□，苟时利，陵为高。千百户刘应武。同知郭四端。承士：

---

① 吴鹏翱：《武阶备志》，载《中国地方志集成》（甘肃府县志辑10），凤凰出版社，2008年，第80页。

苟逊，邢必著。吏目刘官。府掾：韩奎，蒲瑞。阶州儒学学正张濮。训导：王科，刘之垣。

一会功德主（人名略）；一会燃万寿灯主（人名略）；施财功德主（人名略）；一会发心（人名略）。

刊石匠、塑匠、木匠、瓦匠（人名略）。

图 8-148　苟氏重建武安王庙碑记

[一] 寒逢泰：祖肇庆《阶州志·选举》："寒逢泰，善古文词，通天文、地理、星相、医卜，尤精六壬。授中卫训，后升汉南教授。"①

[二] 温禧：余新民《阶州志》："温禧，四川富顺举人。革粮头夫岁银八百，建议迁学并开渠，士民德之，有祠祀。"②

[三] 任承爵：《阶州直隶州续志》卷二三《名宦上》："任承爵，河南人。万历中，由武进士授阶州参将。精于用兵，番不敢犯（《吴志》）。"③

《苟氏重建武安王庙碑记》（图 8-148），明万历三十八年（1610）寒逢泰撰。今存武都区西关小学院内。碑纵 58 厘米，横 102 厘米。

## （一三四）文县·明《张自让墓志铭》（万历三十八年，1610）

登仕佐郎张先生，岁春疾笃，不孝苦居，释衰经往侯，戏谑从容，寄律以谈，

---

① 祖肇庆：《阶州志》，载曾礼校注《阶州志集校笺注》，甘肃人民出版社，2013 年，第 60 页。
② 余新民修，寒逢泰纂：《阶州志》，万历四十四年（1616）抄本。
③ 叶恩沛修，吕震南纂：《阶州直隶州续志》，曾礼校点，兰州大学出版社，1987 年，第 219 页。

兹卜兆城东，次公掾吾持状，属铭先生行谊。不孝幸游门下，敢不辍犹从事？夫张，固文南世家，元时袭枢密使；明兴，始祖寿，封秩千户，终免。治获千里马，志复元业，竟罹变，弗克遂焉。后永乐诏安，遣裔复业儒。祖景弘公，堪称立基，景弘生□，是为先生父，纯雅无伪，重道崇儒。聚〔娶〕刘太夫人，性至敦恪，深识义理，抚妾子女不减亲出，里中人咸曰："张氏后必有昌者！"时太公督先生同兄自守，业儒明经，并游庠泮。先生性颖慧，治举子业最专，不杂俗念，俗务□分，日与圣贤对，屡试优廪，禄养奉亲，九应棘围，数不获传一第。庚寅岁，荐上国□，仕武陟学训。彼一时，弟子员胥揖，端方博雅，缘见重枢要，委握邑篆。一尘不染，三善荐该。爱民好士，发奸摘伏，不可胜数。行日，苍赤依依，如别慈母，执香泣送，存《张公懿行碑》颂焉。累蒙奖荐，几授民牧，司铨者竟以文博谕韩城，久之，韩士翕然化洽，往往取进士、跻显位，视武庠并盛。继而教授马湖，骄谄而忘，束仪不索，捐俸给贫门生陈善等，荷思尤著。诸凡修廉饰化，久任如□仕初，此立功立名，则然非所论于先生生平也。先生坦中润节，寂深隐厚耳。恬淡忌纷等数让伯仲先业。性至孝，事太公、阿母承颜养志，竭力竭心，逝后，哀毁过情，葬祭一

图 8-149　张自让墓志铭（罗愚频、杨雷　协拓）

如文公。祖庶出弟妹，嫁聚〔娶〕身任，一无难色。恤孤赈贫，如邻王母，累沾济养。有远屯人病脚不起，时年荒减食，给养痊疴，不问姓名。且经术大明，开家塾，教子弟，从游说经者甚众。长公领乡书，次公登廪堂，门生以乡荐者六，以岁荐者二，其优廪游泮者不得枚举。归里，日以睹〔读〕经史、诵古诗词赋、著作为事，不修垣屋，不置田产，闲则课孙论文，与继聘夫人欢饮聚乐耳。及病笃尤□□，属纩，无惰容，制遗赞，书葬事券，怡然而逝。若公者，真一方之模准，后人之规范矣。先是孺人父刘公知先生必亢宗，概然许字孺人。妇慎默简重，不饰簪珥，缟袆为□布衣，亲农桑，勤织纴，佐先生，孝友惟谨。若孺人者，可谓与先生合德并美者已。先生讳自让[一]，字本圣，号还素。生嘉靖戊戌年十二月二十二日，卒万历庚戌正月廿六日，享寿七十三。孺人生嘉靖甲辰五月十七日，享寿五十七，卒万历庚子年六月初九日。子二，四杰[二]，中丁酉乡试，先卒，娶史氏；四知[三]，学生，娶梁氏。女二，一适生员王烓，一适生员王璨。孙男二，麟胤，杰出；凤胤，知出。孙女二，尚幼。孺人先卒，久殡于庭，兹卜城东之原，启孺人厝，奉先生合葬焉，礼也。不孝悉知其事，因序而铭之。铭曰：

古城之东，累累茔冢。天相吉人，牛眠斧封。如璞外润，如玉莹中。白驹皎皎，鸿飞冥冥。阴阳合德，福祉攸钟。克昌厥后，兴世无穷。

时万历三十八年四月二十六日，门下乡进士制生李可柱[四]稽颡拜撰。

[一] 自让：即张自让（1538—1610），字本圣，号还素。长赟《文县志》卷五《选举》载："张自让，任河南武陟县训，韩城谕。长子四杰，中丁酉举人。"①

[二] 四杰：葛时政《直隶阶州志》："张四杰，万历丁酉举人。"

[三] 四知：长赟《文县志·选举》："张四知，任江南常州府通判，卒于官。"见《张禄我墓志铭》。

[四] 李可柱：葛时政《直隶阶州志》："李可柱，万历丁酉举人。官湖广武陵知县，升苏州府通判。"②

《张自让墓志铭》（图8-149），明万历三十八年（1610）李可柱撰文，今存文县博物馆。墓志正方，纵横各47厘米，楷书30行，行31字，字径约1.5厘米。

## （一三五）成县·明《重修佛洞寺碑记》（万历三十九年，1611）

皇图永固（楷额）

---

① 长赟：《文县志》，载《中国地方志集成》（甘肃府县志辑38），凤凰出版社，2008年，第148页。
② 葛时政：《直隶阶州志》，载曾礼校注《阶州志集校笺注》，甘肃人民出版社，2013年，第116页。

图 8-150　重修佛洞寺碑记

　　重修佛洞寺碑记

　　余阅孔子年号，记三四读，始知小川镇东，黄龙潭西，中有一山青且秀，草木生之，百花香透，万卉点霭，即天台、武陵不是过。山之下有绿水波流潆洄，深沥浅揭，濯缨濯足，而水光接天。山之麓有古洞高丈余，其深百尺竿头更进数步，真洞天福地，天生地设景。古刹虽多，而不足与为，堨者指不二三屈，洞内摩崖绘像释迦坐般若台，罗列左右，两傍者宛然如活，有祷必应，名"佛洞"。朝参礼祓者踵相接。洞外有方丈沙门杳积之厨，年久屋漏，损坏几毁，住持僧如云目击其敝，当灵飞锡挂锡，僧三秫坐，祈愿欲兴废举坠，革故鼎新，以壮香洞之伟观，以便飞挂之秫坐。而独力难成，邀邻近檀那檀越者结莲社，会伊蒲馔，各称家之有无，酌量布施多寡，募匠重修，时有慷慨任劳不畏难不避嫌者，一会之授□积□仙蜕。

　　随缘替裹者：谭勤、谭俭、张义、张珂、张侃、谭九□、张时安。会首：宜夫朋、谭洛、胡应诰、张鹤、张□、谭九奏、张时有、南朝永、谭灌、张朝用、张涑、张秋、王进孝、督管谭九□、南朝珠、宜表、王来诏、王科、张彦青、宜广。主持僧如云。

　　同心竭力，殚虑趋办，经之营之，共成盛事。创建新□棚翼、佛阁，兴金佛殿二四门，犹有众美衰然，弗屡悉寺，□前大改观矣。工起于甲辰岁，落成于辛亥春。住持已率众表忭，又不忍善类之后世无名也，乃立碑□记以□共成之姓名，托思不朽。余祖述虞舜之扬善，亦不肯没人之善，始以□□记者，今刻之石以代口碑之万一，后世有见闻兴起者，将又增益，其（所未）备，充拓其所未周，其改观当不止此。语曰："焉知来者之不如今□哉。"

　　万历岁次辛亥□春望日，原任云南临安府儒学教授余天校撰文。

　　白水县石匠樊希能。

　　《重修佛洞寺碑记》（图8-150），明万历三十九年（1611）摩崖刻石，余天校撰文，今存成县西狭西口佛洞寺距地面约5米的大三角洞右侧。摩崖纵140厘米，横80厘米，顶圆弧，四周有凹槽边栏；额题"皇图永固"4字，两侧有日月图饰。正文楷书21行，满行28字，字径3厘米。摩崖左下外侧刻有"石匠樊希能"，右下外侧刻有"佛"字。其中"佛"大约是试石试刀之作。另在《重修佛洞寺碑记》附近，散落有一些残石，有刻字云"皇图永固"，笔意与《重修佛洞寺碑记》题额近，疑为同时所刊。

## （一三六）成县·明《明故承使香泉陈公墓志铭》（万历四十年，1612）

　　明故承使香泉陈公墓志铭盖（篆盖）

　　明故承使香泉陈公墓志铭

图 8-151　明故承使香泉陈公墓志铭盖

图 8-152　明故承使香泉陈公墓志铭

徽州乡进士涧野张竑撰文。

邑乡官教授龙台余天秩篆盖。

邑庠廪膳生从孙陈所问书丹。

按状，公讳谊，别号香泉，行三，布政司承使。始祖，宁远人。国初诣成县，隶籍上店里。曾祖安，寿官，曾祖母李氏。祖禄，寿官，祖母刘氏。父万元，义官，母柏氏，配安氏，为妇为母，有懿范。元逝，葬于南山之阳。生子五：长尚策，业农，娶闫氏；次尚德，省祭，娶周氏；三尚贤，恙疾不禄；四尚仁，娶张氏；五尚选，娶镡氏。皆隐德弗耀。女二：长早亡；次适刁县丞孙士杰。孙男十、女七。其瑞，庠生，娶袁氏；所愿，娶魏氏；月姐，适义民葛光宗；髦姐，许童生余养和；三姐，幼。俱策出。所学，吏员，娶袁氏；所负，娶闫氏；大姐，适街民陈世举。俱德出。所蕴，娶赵氏；所积，娶孙氏；所长，聘任氏；所诣、所全，幼。大姐适庠生权伸；二姐适儒童汪膺扬。俱仁出。所思，未娶；三姐，幼。俱选出。曾孙男九、女五：以才、以典、以道、以善与福姐，皆幼，俱瑞裔。秦言，娶蔡氏，学裔。巽言与小姐，幼，俱蕴裔。廷言、危言，负裔。谠言，积裔。余幼。玄孙一三，秦言出。公生于嘉靖十一年十月初十，寿七十有三，卒于万历三十一年八月十二。万历四十年十二月十七日，葬于北山母氏之傍。月三评公之素履，禀受刚毅，未凿其天，不滑于巧，曾习儒，有凌云气，因父迈奋然干，盖不得已弃圣贤业。能承颜无忤，善事二天亲，曰孝。析家不争，充恭两同胞，曰弟。义方弗息，贻谋五男子，曰慈。倾积储，救岁荒，赈贷之实惠也。施金谷，赎禁拘，泣罪之芳躅也。且奉公守法，却辞犯官之贿；道不拾遗，给还乡人之金。至于薄丧助婚，济难扶倾，其阴蕾懿行种种，揭人耳目，此又更仆未罄，□故兹美。以既德而寿，既寿而终，既终而归。续绳绳接武，有足超焉；兰香□□交黄，可立待矣。于生夫何忝乎，于死夫何憾哉！余不忍善类之后世无名，谨次其言，为公志铭曰：

维公之性，禀赋刚决。维公之行，伦常无缺。维公之惠，济难扶死。维公之德，清修冰雪。圣世逸民，阴府灵魄。生前未忝，死后难灭。待昌奕叶，桂兰超起。卜空佳城，母氏傍穴。绿水环绕，青山罗列。我铭诸石，绵绵不竭。

时万历四十年十二月十七日，不孝男尚策等全泣血谨识。

《明故承使香泉陈公墓志铭》，盖（图8-151）志（图8-152）一合，明万历四十年（1612）张竑撰文，余天秩篆盖，陈所问书丹。墓志于成县出土，今藏礼县郭建康私人博物馆内。墓盖篆书"明故承使香泉陈公墓志铭盖"12字列4行，字径12厘米。志铭纵横各62厘米，楷书29行，满行29字，字径1.2厘米。张伯魁《徽县志》卷六《人物》载："张纮〔竑〕，字廓野，云鹏季子也。万历庚子举于乡，初授朝邑教谕，士服其教，升新乐知县。"①

## （一三七）文县·明《铸金像碑记》（万历四十年，1612）

图 8-153　铸金像碑记

　　铸金像碑记（篆额）

　　玄帝金像新铸记

---

① 张伯魁：《徽县志》，载《中国方志丛书》（华北地方·第五六二号），台北成文出版社，1976年，第356页。

邑北境之山曰"玉虚",壁立万仞,直接云霄,有江南水云风景。其巅为玄帝栖泊之处。由来始于何时,因年久而不及考。独其御灾捍患,戬谷呵护于人间,千古犹如旦暮,□□武当并驰名远迩。军民虔诚来朝者纷纷其间。每岁会首更换靡常,直以供香火灯腊而已。至三十九年,会首张训蒙等一十九人,戴麻袭庆,一旦全心告□胥,欲玄帝神像易土以金。兹盟立,犹虞其费大而役繁,俾邑居士姓张讳化辟、姓王讳宗守者□豪大□六□,素以积善为心得。是举,忻然愿以身许,即偕僧人真祥,相与募而图之。自万历辛亥岁仲夏□□,□次年壬子孟春而鸠工庀材,告集焉。是时,遍访金火匠而不得,识者忽以泾邑之杨□为首□,于是,特觅邑姓陈讳弟者,走币抵家清焉,乃杨氏即偕子岐凤、岐鸣迤逦而来,筮于季春朝日,大功□成,经旬余,而灵官之像又成。铸之日,五色云见者三次。阖邑并会首等无不见之,藻缋绚明,□□□人眼目,氤氲艳郁,景色莫能形状,烂烁一时,造福异代,非其一左□云。噫!是举邪,盟誓之初,方以□赀不给为虑,不意仗赖神功协以□募,甫易寅而厥功落成,犹余钱百三有五,适有下会若等□增设物料,铸周公、桃花女二像,计经始日迄竣事,始末未周一岁也,□谁谓非神力□□哉。事成,固(不)可无记邪!自兹以逞,遗像改观,庙貌巍焕,有蛇蜿蜒,有龟盘盘,□旗云马。□□具瞻拜舞惊□□火飞廉,时和岁丰,物遂民安,额首蹈足,连袂蹁跹,章文□□,亿万□年。是役也,通内者□出己赀;□外者同心协赞。不□悉缀,略勒勤□者之姓名于左,以俟后之稽由者,是为记。

　　时万历壬子岁季春月元旦,文邑会首张济世九顿谨撰,邑庠韩鹏九顿谨书。

　　文林郎知文县事北直文安樊效才[一];典史杨志[二];钦差守备文县地方都指挥宁夏解国重[三];儒学教谕渠士齐,训导宫良弼。举人:张世熙[四]、张化蒙[五]、王敦德[六]、杨长春[七]。

　　乡官:萧籍、张雾、金珍、杨登阶。

　　守御所掌印指挥:马继富、陶宗□、郭复□、司应臣。

　　乡耆(人名略)。会首(人名略)。

[一]樊效才:长赟《文县志》卷四《官师志·知县》:"樊效才,文安选贡,(万历)三十七年任。"

[二]杨志:《文县志》卷四《官师志·典史》:"杨志,四川梓潼人。"

[三]解国重:《文县志》卷四《官师志·守备》:"解国重,宁夏人,(万历)三十七年任。后升汉中参将。"①

────────────

①长赟:《文县志》,载《中国地方志集成》(甘肃府县志辑38),凤凰出版社,2008年,第116—128页。

[四]张世熙:《文县志》卷五《选举志·举人》:"张世熙,(万历)庚子科。初授北直河间府通判,驻龙门卫。升山西保德知州,敕封承德郎,赠父景行承德郎,河间通判;封母汪氏为宜人。"

[五]张化蒙:《文县志》卷五《选举志·贡生》:"张化蒙,任平凉府训导,蒋道立。"

[六]王敦德:《文县志》卷五《选举志·举人》:"王敦德,(万历)乙卯科。初授湖广澧州知州,降河南府照磨,署永宁县事。憨直不阿,智平矿乱,载志,建祠立碑。前诰封奉直大夫。赠父范奉直大夫,澧州知州;赠母高氏为宜人。"

[七]杨长春:《文县志》卷五《选举志·举人》:"杨长春,(万历)壬子科。初授北直永宁知县,升江南淮安府同知,补河间同知,升南京刑部员外,升淮安知府。卒于官,封奉政大夫。赠父登阶奉政大夫、河间同知;母张氏、岳氏为宜人。"[1]

《铸金像碑记》(图8-153),明万历四十年(1612)镌立。碑原在城北玉虚山,今存文县博物馆。碑纵136厘米,横78厘米,篆额"铸金像碑记"5字,字径10厘米。正文楷书26行,满行41字,字径2厘米。

## (一三八)武都·明《余庆题壁》(万历四十一年,1613)

长安庠生余庆随父任至此。阶州所掌印千户徐明德。三路总巡千户樊维翰。

阶州庠生:李如桂、杨德亨、赵彦玠、孙织锦、李自英、刘拱宸。泾邑绘士甘永绣。

大明万历癸丑正月廿八日同游此。

图8-154　余庆题壁(张惠中、李婷婷　协拍)

---

[1] 长赟:《文县志》,载《中国地方志集成》(甘肃府县志辑38),凤凰出版社,2008年,第144—149页。

《余庆题壁》（图8-154），明万历四十一年（1613）墨书题壁，今存武都万象洞天庭西壁，纵50厘米，横60厘米，行书13行。疑余庆即阶州知州余新民子。

## （一三九）徽县·明《崇建珠临寺院舍地摩崖》（万历四十一年，1613）

图8-155　崇建珠临寺院舍地摩崖局部（满正人　协拓）

南无阿弥陀佛

崇建珠临寺院发心舍常住地。

信士刘彻舍家地一分。东至忝河，南至高通岭，西至腰塅，北至石碑邓家沟地，杨阻山周围，通添河口。黄选、黄务舍寺标地，东至添河，南至黄塄地，大石边对通山，西至腰塅，北至本寺山边黄杨林。四至分明，永远常住，待佛香火田地碑记。

功德主刘彻，马氏，□□科，包氏，男黄汝政。功德寺主：黄选，陈氏，男黄三娃。□□刘氏，男黄性保。

大明国陕西布政巩昌府徽州邵……珠临寺□□□等。知州左。茶印所值。僧人常明。

崇建寺院僧人师祖明广，师傅□龙。徒：如意、如巽；徒：性在、性亮。

万历岁次癸丑年春仲月壬子日书记。住持僧如禅。

《崇建珠临寺院舍地摩崖》（图 8-155），明万历四十一年（1613）镌刻，今存徽县
榆树乡火钻村珠临寺南坡崖壁上。摩崖纵 90 厘米，横 75 厘米，楷书 14 行，行 23 字，
字径 3 厘米，残泐颇多。

### （一四〇）徽县·明《虞关石硖路摩崖》（万历四十三年，1615）

南缮部洲。大明国陕西巩昌府徽
州各里，不常见在十八盘见住佛，发愿
修路伏安，信士刘春等，言念善住子，
因思报答，自发爱心，领引一方善信
人等以四□□□月十四日，见得石硖
路小损坏，承请道人□□当日工起修
□□□八月初十日功完。

修路善人：刘尚清、张氏；刘尚
知、樊氏；刘春、王氏，男石哇、小石；
刘宣、何□年。梁明、杨修、杨衡、薛
世官、薛□□、康川、康现、康舟、邵
世兵、刘代现、□□□、张惟芳、张登、
李尚永、刘朝成、苟尚文、杨乔、王建
益、杨春、技臣祥、技应登、赵驮……
邵四州……

万历四十三年八月。石匠陶尚文。

图 8-156　虞关石硖路摩崖

《虞关石硖路摩崖》（图 8-156），明万历四十三年（1615）镌刻，今存徽县虞关东
南八渡沟上硖通往十八盘山路东侧巨石上。摩崖纵 50 厘米，横 37 厘米，字径 1.5 厘米。
碑额绘刻有观音坐像一尊。

### （一四一）徽县·明《徽州重修庙学碑记》（万历四十四年，1616）

徽州重修庙学碑记（篆额）

重修庙学碑记

徽州为古秦文献地，其学创于高阜，前□印台，□□□钟鼓山，城垣罗于左，
金水环其右，□胜土□，宫墙辉煌，以□青紫甲第，薨连甍接，十方人文乏称最也
者。无何沙□□迁，星峰剥落，缮修者未续，其敝也渐甚。乙卯春首，张公以三晋

图 8-157 徽州重修庙学碑记（章海伦 协拓）

人杰，科第□家，来守兹郡。下视□□□□将聚脉以兴起斯文。于是鸠工集材，若斋廊，若钟楼，仍而葺之。若黉门，若经鼓，焕而新之，于棂栅徙其偏，于殿檐补其□。□渐竣，间会守道周宗师以按属至，诸生慕其素谙堪舆，呈请诣学相视□指以依托于公。时岁将除，越次年丙辰仲春，即度工纡役，于后山则筑墙填坑，以接地脉；于前峰则垒土补缺，以接天风；于堂后西道门，则塞其旧，移于戟门外，西阶□通道于阶右与东便门马道相对。又各植树百株，以助生气。甫五旬，而□厥告成。一时来龙浑全，朝拱圆满，门墙增美，□逵齐□，灿然辉饰，郁然改观。诸士子欣然跃请为文以记撰。不佞亦弗□辞。惟缘其修学，想见公之修道，盖学以□□，故修其□□、楼峰，是即公之声教也；修其门路、栏栅，是迪士以履礼田业也；修其殿宇、斋舍，是迪士以升堂入室也。□日方士□□清修，奋庸达道，在此一举。矧公之大才善政，德教洋溢，即起为朝廷当门户，居要路。俾治教休明，以安宗社，以维持世道者。端在是举撰，庆千秋日久。愧不斐，惟率为修道，文说潜记于金笔之贞珉。

　　万历丙辰岁十一月吉旦。儒学学正、上郡解古撰顿首谨撰。

　　从仕郎、州判、□□郝可大。将仕佐郎、吏目、即墨刘养贤。

　　徽州儒学训导、枹罕马升龙。虞关巡检□维翰。

　　生员（150人名略）

　　历祭张举。义官：刘十凤、杨一明、张本高。学吏王国正。书判贺承业。仝立石。

　　刊石匠：田润益、田继春。

《徽州重修庙学碑记》（图8-157），明万历四十四年（1616）解古撰撰文。原在徽县原政府后院碑亭内，今移至周主山。碑纵200厘米，横85厘米。额篆"徽州重修庙学碑记"8字2行，字径9厘米。正文楷书16行，满行49字，字径2.5厘米，另有生员题名10行15列约150人，字径1.5厘米。

## （一四二）武都·明《阶州创修三官殿功成碑记》（万历四十四年，1616）

　　郡自东迁以来，北枕卧龙冈，冈上有关帝殿，殿之右有龙山寺、玉皇阁、五显祠，皆与州后先创立，世代甚远，未尝有三官殿旧址遗踪也。都人士雅尚积善，每叹为缺典。蒙郡守、参戎，卢、蔡、陆、李四公倡导，是时乡士、耆老、会人，各施财帛，分董其事。择基于关帝殿后，龙山寺左，即乘乎卧龙冈焉。庀用鸠工，劈石作砌，荡坡为平。堪舆家取卯向酉，卜吉于戊子仲春。遂竖三官殿广厦二座，大门三间，殿左禅室一，僧厨五。凡青霞阁、观音阁、排坊、钟楼，俱鳞次举矣。然大功虽就，其缺略未备处尚多，相沿二十余年，犹未告完。至壬子后，楚陂余公、固原王公，同来守阶。甫三载，屡建奇功，事有裨于地方者，悉捐俸整举。此殿未备处，遂告完焉。尝徘徊四顾，殿基艮龙发脉，五峰卓立，竣绝不让岱华；左屏右帐，秀峰连云，嵯峨岂逊崧岳？四维数仞，参天如戟，而侔西蜀剑阁。且眼底江汉，九曲朝阳，寻城而下，可谓尽美尽善。猗欤龙冈！钟天之灵，萃地之奇，毓水之秀，已得三府之精。而此三官殿所以兴起，虽曰人力，而实由天授也。金谋勒石，属余为记。但寻常记殿，多以神功阴佑为侈谈，余意不然。殿前四境，曰淡曰浓，惟殿收之。问质于人，是即阴佑于阶。登临者，能顾岩于淡中，玩味于浓外，游观当与千古并列。俯仰一城，为弹丸黑子，四围山坡，恍然面壁。土确硗，势陡裂，霖滴不能停，遇旱魃则一毛弗产。属里崖坎，较此尤甚。沿河间有平原，又苦为波臣尽洗。淡莫淡于此，有所获，安足偿所输？此治阶屡称掣肘，实掣肘于催征之苦。目击者对此情状，未必不以玩景心，转为怜艰念头。殿，惟令观者怜悯此淡，则殿益于阶也大矣。然浓，又非殊途于淡外，就此惨淡中，深为调济，遂酿成此淡，一顾盼间，如辟春谷，游阆苑，令人目赏心悦。仰焉，昙花霞锦，乍违乍合，清风明月，忽去忽来，何者非殿内造化？俯焉，桑麻遍野，桃李满城，盂梅飘香于云里，陶柳争妍于峰外，何者非殿内生意？远焉，小桥横渡，帆影飘遥，水悠悠浪息波平，时熙熙烽消烟静，何者为殿内泰征？近焉，西禅虎伏，北溪龙吟，舍犬偃卧于花阴，泽鸿旋归于滨泮，何者非殿内庶物？静焉，机声并弦韵争鸣，途歌与巷颂盈耳，樵唱还于谷口，凯奏和于辕门，又何者非殿内万籁？真仙境矣！山间中有此景况，实针毡上衽席耳。谁不为肇造者庆幸？殿，惟令观者深庆此浓，则殿益于阶也又大矣。噫！阶之景，尽收于殿；殿之灵，复裨于阶。余曰："乐民之乐者，从此殿中得；忧民之忧者，亦从此殿中得。此记殿之意，不在殿而在殿之外。"谨记。

《阶州创修三官殿功成碑记》，万历四十四年（1616）塞逢泰撰，碑佚。文存《阶州直隶州续志》卷三一《碑记》[1]。张维《陇右金石录》载："碑云：三官殿在州北卧龙冈上，前郡守参戎卢、蔡、陆、李四公倡修，壬子后楚陂余公、固原王公同来守阶州，甫三载完工勒石。卢、蔡、余三人即知州卢照、蔡思和、余新民。陆、李二人即参将陆贤、李逢时，王则守备王用予也。碑无年月，以壬子推之当立于万历四十四年。"[2]

---

① 叶恩沛修，吕震南纂：《阶州直隶州续志》，曾礼校点，兰州大学出版社，1987年，第313页。

② 张维：《陇右金石录》，载《石刻史料新编》（第一辑第21册），台北新文丰出版公司，1979年，第16222页。

## （一四三）武都·明《王用予题诗》（万历四十年至四十四年，1612—1616）

图 8-158　王用予题诗（张惠中、李婷婷　协拍）

幼时游仙梦，立年到像官。夙世无谒者，焉能储卧龙。

都指挥王用予[一]题，男授节。

[一]王用予：《武阶备志》卷六载：万历四十四年阶文守备王用予，固原人，擒寇有功，升游击，官至镇守①。

《王用予题诗》（图 8-158），明万历四十年至四十四年（1612—1616）墨书题壁，今存武都万象洞卧龙坝西壁，纵 42 厘米，横 50 厘米，行书 6 行。《阶州创修三官殿功成碑记》谓："至壬子后，楚陂余公、固原王公，同来守阶。""壬子"即万历四十年（1612）。由此知王用予于万历四十年至四十四年先后任阶文守备、都指挥使。

## （一四四）武都·明《窦铠题壁》（万历四十六年，1618）

万历戊午五月念六，知阶州事晋阳窦铠[一]同按伏千户汪绳武到此。

[一]窦铠：《武阶备志》卷六《职官表上》：万历四十七年阶州知州窦铠，山西平定举人，秀外慧中，官至云南布政使②。考之题壁，《武阶备志》所记窦铠任职

---

① 吴鹏翱：《武阶备志》，载《中国地方志集成》（甘肃府县志辑 10），凤凰出版社，2008 年，第 83 页。
② 吴鹏翱：《武阶备志》，载《中国地方志集成》（甘肃府县志辑 10），凤凰出版社，2008 年，第 80 页。

时间稍有误。

《窦铠题壁》（图 8-159），明万历四十六年（1618）墨书题壁，今存武都万象洞风洞口，纵 33 厘米，横 30 厘米，行楷 5 行。

图 8-159　窦铠题壁

### （一四五）成县·明·赵相宇《春日谒杜少陵祠》暨管应律《重修杜少陵祠记》（万历四十六年，1618）

大明（楷额）

春日谒杜少陵祠

庙柏青青又见春，高名千古属词臣。涛声漱石吟怀壮，岚色笼霞道骨真。幽愤断碑萦客思，清风苔砌展精禋。情深不觉嗟同契，为薙荒祠启后人。

重修杜少陵祠记

少陵公祠，其来远矣。仰窥俯睇，山光水色映带，恢恢乎大观也！前代名公咏歌以纪其胜者，雅多奇迹。嗣是栋宇倾圮，风景依然，谒祠者每愀然发孤啸焉。我赵侯奉命尹是邑，春日修常祀，登堂拜像，赏鉴殊绝，乃捐俸，命工经营之。不日落成，祠焕然一新。事竣，应律等请题纪胜，侯义不容，默，倚马挥一律，洒洒传神，盛唐之风韵，不是过也。起少陵于九原，其首肯矣，敬勒石以志不朽。若夫政通人和、百废俱举，邑人士耳而目之，别有纪焉。侯，三晋世科也，讳相宇，字冠卿，号玉铉，太原之狼孟人。时万历戊午年仲春日记。

儒学教谕河曲管应律撰文，训导汉中安宇校正，典史蕲水萧之奇书丹、立石，阖学生员乔三善等同立。

图 8-160　赵相宇春日谒杜少陵祠暨管应律重修杜少陵祠记

　　赵相宇《春日谒杜少陵祠》与管应律《重修杜少陵祠记》合为一碑（图 8-160）。明万历四十六年（1618）镌立，今存成县杜甫草堂大殿后院南壁。碑纵 165 厘米，横 78 厘米，碑首刊有"大明"二字。赵相宇《春日谒杜少陵祠》，楷书 12 行，字径 5 厘米；管应律《重修杜少陵祠记》，楷书 17 行，字径 3.5 厘米。赵相宇，字冠卿，号玉铉，山西太原狼孟（今阳曲县）人。《阳曲县志》载："赵相宇，万历丁酉进士，成县知县。"[①]

① 李培谦监修，阎士骧纂辑：《阳曲县志》，载《中国方志丛书》（华北地方·第三九六号），台北成文出版社，1976 年，第 404 页。

管应律，山西河曲贡生，时任成县教谕。萧之奇，湖北蕲水（今浠水县）人。乔三善，成县人，贡生，成县仙人崖有其题壁墨迹。《成县新志》《陇右金石录》均有误录与脱字，今以拓片正之。

## （一四六）文县·明《谢清源墓志铭》（万历四十八年，1620）

图 8-161　谢清源墓志铭（罗愚频、杨雷　协拓）

明待封遥授千户清源谢公墓志铭

奉直大夫、山西泽州知州、不才甥萧籍[一]撰。邑后学生杨荣春[二]书。

谢氏清源者，先母胞弟也。丙午冬，余别舅北上。越七年，壬子秋，外弟华国应省试，舅偕之往，乘便抵余官所，余一见辄涕泣不已，盖一以思吾母，一以悲吾舅须鬓霜也。已送归长安，而华国以是科登贤书，余闻报，不胜私喜，曰："吾舅老矣，今愿遂矣，无忧吾舅矣！"又八年，己未，余自晋归，适吾舅抱恙，余展谒床下，乃喜谓余曰："甥归矣，吾得汝见，幸矣！"呜呼，胡天弗吊，竟不起。乃于是年十月二十四日仙逝。华国卜于明年庚申正月十一日，将启先舅母张氏冢而合葬焉。先期持状嘱余志铭。余且思诔以代泣，又何敢辞？按，舅氏上世本湖之桂扬人，以累世军功授金吾左卫正千户，得世其爵，至英宗朝，采兵部义，改调文县守御所，此始祖志，遂得肇基于文焉。志生振，振生聪，聪生先外祖恩，放浪潇洒，厌薄缨组，竟不承袭，而祖业自此替焉。生男三，清源舅其季也。生而颖异，先外祖最钟爱之，以为可振家声，而光门闾。无何，先外祖母张氏见背，得继母抚育，始能长成。继母性稍严厉，吾舅但怡怡依恋无异亲母，而继母亦渐允若。里人咸称为孝子。长配先舅母张氏，生华国，甫七龄而逝，吾舅念其贤淑不置，且恐华国罹继母毒也，矢终身不续。里人咸称为义夫。华国幼无所依，吾舅自为襁抱，且躬操井臼以哺之。稍长即令就学，不欲旷废。里人咸称为慈父。先祖若姚之丧，贫不能葬，停柩者十余禩。吾舅曰："世有子孙，而不葬其祖先者乎，安用子孙（焉）？"于是鬻屋得数钱以营葬，而大事克襄。里人又咸称为慈孙。生乎不喜短长人，至人有谈及人隐微事者，辄拂衣去，永不与语。性好施予，囊中不留一钱，即甚窘迫亦不鼻息□□。且豪放不羁，时而寻花问柳，时而携樽敲枰，时而搦管拂笺，极人间闲适雅趣，乐□终身，而区区生涯，毫不介意。独华国青云事业，则惓惓不释诸怀，是以华国能承□□，精肄业而克有今日，舅且谦冲愈下，督华国无异为诸生时，盖期以远大，不欲以小就安也。舅讳希武，字（空二格），清源其别号也。生嘉靖庚戌九月初三日，迄卒之日，享寿七十。其为遥授千户者，诸当道从华国之请，存先世之名器也。生男一，即华国，讳廷撰，将来事业尚未可量云。女二，一适刘，一适张，蚤逝。孙男三，长天启，性聪慧，甫十九而殇，聘张刺史孙女，未娶；次天胤，习举子业，聘刘监丞女；次天相，幼。女孙一，亦幼。呜呼！吾舅一生，守清贫，乐隐逸，厚积德，褒宠之。荣于华国，有望善人之报，洵不爽矣。铭曰：

生无忝兮，没有余荣。孝慈节义，钟自天成。振家有子，光裕显名。朱门之兆，玄扃晶晶。龙章凤诰，泉壤轰轰。

时大明万历庚申年孟春月匀有一日，不肖男廷撰，孙天胤、天相，泣血立石。

[一] 萧籍（1568—1643）：字文征，号南伍，文县人。万历甲午（1594）科举人。授河南渑池知县，迁开封府通判，升山西泽州知州。长赟《文县志》卷六《乡贤》载："萧籍，万历举人。仕致山西泽州知州。居官精敏，吏不敢欺，渑池县立生祠。处乡清正，尤善诗文。"

[二] 杨荣春：长赟《文县志》卷六《孝友》载："杨荣春，邑庠生。性孝友，优学问，居乡有厚德，后进小子见之，无不加礼。年八十，无倦容。两举德行，当道有'品高月旦，绩著宫墙'之旌。殁之日，值其生辰，正衣冠，危坐而逝。"[1]

---

① 长赟：《文县志》，载《中国地方志集成》（甘肃府县志辑38），凤凰出版社，2008年，第156、158页。

《谢清源墓志铭》（图 8-161），全称"明待封遥授千户清源谢公墓志铭"。明万历四十八年（1620）萧籍撰，杨荣春书，今存文县博物馆。墓志正方，纵横各 49 厘米，楷书 32 行，行 32 字，字径 1 厘米。

## （一四七）礼县·明《圆通寺记》（万历年间）

图 8-162　圆通寺记（杨雷　协拓）

祝国（楷额）

在于圆通寺勒碑永为记矣。

今据住山……大明国陕西巩昌府秦（州）……人氏见在地名宽川镇边方住……佛设供，答贺天地，（祐）福保宁，为善……首焉。获一会等，思人生在世，灵度……阴空过岁月，嗟叹世是不坚……光如大梦一场。呜呼！似朝（霜晓）露……之间，闪言之光，念虑葵藿是善之心，多度深渊□□之罪，心思念虑，无处皈投怀□□一人举意，众乃倾心，所立微善，递□春夏秋冬四季之□，诸佛菩萨玉皇祖师，三官东岳□玉……诸神降诞之期□□道场，燃烛有经念佛法……

万历……十五日立。

幸得人身……偈日休言小……赵自念……柴乾，刘氏；蒲一臣，王氏；王孝，赵氏；庞尧，赵氏……王……蒲……

《圆通寺记》（图 8-162），明万历年间镌立，今存礼县宽川乡廖寺村圆通寺。碑残存上半，纵 68 厘米，横 49 厘米。楷额阴线双勾"祝国"2 字，字径 9 厘米。题额下横刊"在于圆通寺勒碑永为记矣"11 字，字径 3 厘米。正文楷书 14 行，字径 2.5—4 厘米不等。

## （一四八）礼县·明《翠峰山重建殿宇碑记》（天启元年，1621）

图 8-163　翠峰山重建殿宇碑记（王锦江　拓）

重建殿宇碑记（楷额）

翠峰山重建殿宇碑记

　　盖谓古迹梵刹，自前朝至今，重建二次，后数载，被山高，风雨无遮，殿像俱损，路迹窄陕，屡岁朝景不便。善信冯应利、赵鱼清等，发心约会，扶我重建卷蓬，补修本山大小殿宇，砌立石梯，开渠□道，功俱完，竖碑开名，永为长春云耳。

　　施财善信（于）后。会首冯应利、何氏。同缘善信：张鱼清、杨氏，楚法、张氏，赵举、赵氏，□应成、姚氏，陈思揔、李氏，赵店、翟氏，宋有林、黄氏，楚国忠、杨氏，刘进友、赵氏，李四□、□氏，吴进元，潘政，张应堂、冯氏，陈守志、许氏，李聚成、张氏，李桐梧、刘氏，李朝进、何氏，安万仓，刘聚□。释子：张怀志、李真丛、如兴。随缘善信：张恭宝、李氏，刘汝元、白氏，周文、张氏，冯应元、王氏，张□、何氏。信女：张氏、高氏。住持僧：樊如贵、张妙用……张应利、王氏、赵氏，女：何家女、郭家女。石匠高万有，孙万成、欧汝魁。俗僧：孟□□。信士

图 8-164　李位化及夫人合葬墓碑

楚国章、赵氏。

时天启元年岁次辛酉闰二月二十五日叩立。

《翠峰山重建殿宇碑记》（图8-163），明天启元年（1621）镌立，今存礼县城郊翠峰寺。碑纵78厘米，横45厘米，额楷"重建殿宇碑记"6字，字径6厘米。正文楷书14行，满行约30字，正文字径2.5厘米，题名字径1.5厘米。

### （一四九）文县·明《李位化及夫人合葬墓碑》（天启元年，1621）

大明天启元年岁次辛酉十二月十七日安茔。孝男李文宪等致莫子。

明显父李公位化，九月初一日亥时生。故母邵氏，二月初二日吉时生。

家母张氏，七月初二日生。曰：维天地在世也，乾坤正气，人寿得长者，忽然我母明月云笼，非命高升，黄梦九泉，未报身恩，开劈声名，已留千载，背背〔辈辈〕世世，子孙成名。

孝男：李文宪、李文彦、李文学、李文福、李文富。孙男：真祥、应祥。

《李位化及夫人合葬墓碑》（图8-164），明天启元年（1621）立，墓碑今存文县铁楼乡下墩上村。碑纵80厘米，横44厘米。楷书8行，字径2—3.5厘米。

### （一五〇）文县·明《萧时雍及夫人谢氏合葬墓志铭》（天启二年，1622）

图8-165　萧时雍及夫人谢氏合葬墓志铭

　　明敕赠文林郎河南渑池县知县萧公暨配敕赠孺人谢氏合葬之墓（盖铭）

　　明敕赠文林郎河南〔河南〕府渑池县知县萧公暨配孺人谢氏合（葬墓志铭）

　　赐进士出身、通议大夫、吏部左侍郎兼翰林院侍读学士、詹事府（少詹事盛）以弘[一]撰。赐进士出身、文林郎、巡按湖广监察御史史记事[二]书。

　　万历辛亥，余受命知制诰，余年友献伍萧君以令渑奏最，蒙恩赠其父如子官，母为孺人，直余撰敕，阅状，知年伯翁与年伯母生平行谊可方古人，私心向慕者久之。越二年，献伍君自渑擢汴州别驾，寻复擢晋泽州守，居三年，乃解官归。复持状过余于敝里而请曰："不肖藉，父母见背且有年，未克襄窆岁事，只希索米长安，弗敢苟也。兹归，将卜兆枌榆，奉殡枢葬焉，愿有铭也。忆昔借代天语，荣施九原，今庶几有述，亦惟年丈之所惠之，敢乞一言志不朽？"余谢不敏，然俱雅知翁，不可辞。按状，翁讳时雍，字化一，别号后泉。先世为河南汝阳人，元末讳谋者，因避兵（燹）入秦，占籍巩昌卫，徙文县所，自政始也。政生用玉，以明经仕华亭丞。用玉生管，管三子，长伯翁，次时和、时动。翁配孺人谢氏，应袭千户讳恩之女。翁赋性聪慧，八岁能文，弱冠为邑弟子员，试辄有声。华亭公，宦无长物，及翁之身，家渐凌替，翁处之晏如也。父蚤逝，奉母以居，翁与孺人竭力供蔬水，务得其欢，不以累诸弟。会母疾，百医弗效，翁与孺人扶掖床褥间，更数月不少间，因自审方奏药，而母疾遂愈。始知为人子不可不知医，遂究心岐黄家言，久之，医日精。某大参以巡方至，偶罹剧病，延翁胗之，辄起。大参公檄县旌焉，翁诣府谒谢。会府尹李公子疾危，群医束手。闻翁至，召视，遂活李子于垂死，李公德之。时有邻人因事系府狱，翁数往视，以是察知狱中多所冤抑，殊为恻然。乘间白之，李公辄用翁言诣狱，清释数十。一时感颂之声遍街衢。李公愈高其义。寻归，问病者日填门，而学遂废。曰："吾不能挟策从后生斗捷，尚俟之后人。"日惟课子为谆谆。每夜焚香祷帝，誓不作悖理事，以祸于子孙。暇取《为善阴隲》书，读以自勉，且为诸子解说以诱进，其存心可质天日。里中无赖有犯第，含笑受之，不欲校，其德量有过人者。母卒，一切衣衾棺殓，翁独以身任，有不给，孺人出簪环以佐，亦不以累诸弟。仲弟殁，所遗子女孤无依，翁与孺人抚如己生。季弟殁，乏嗣，遗弟妇，以礼改适，毫不受赀，其笃于伦谊若此。尤精太素脉，能灼人休咎，于数十年之前不谬。且明于知人，凡乡邻子弟，蒙翁赏鉴者，皆以次显达。先是，文久乏科第，献伍君在襁褓时，翁即以决科期之，稍长，居恒教以作官道理，人或私诮而妄之。万历甲午，果举于乡，历官至刺史，为时名宦，至今，人始服其远识。夫翁与孺人堪称双美。至孺人贞静贤淑，翁之得力内辅更多焉。翁生于嘉靖丙戌三月初一日，卒于万历丙申十月初一日，享寿七十有一。孺人生于嘉靖癸巳二月二十五日，卒于万历癸卯七月初六日，寿与翁同。生男三：长图，邑庠生，妇鄢氏，继欧氏、刘氏；次策，年十九而夭，未娶；次籍即献伍君，妇张氏，赠孺人，继刘氏、袁氏，赠孺人，继党氏。女三：一适高星；一适生员孙藩；一年十二而殇。孙男二，鸣虞，庠生，籍出；赓虞，庠生，图出。孙女一，适张知州长男增广生张明玺，籍出。卜以天启壬戌十一月初十日，葬于鹄飞乡之元瑞坪，从新食也。呜呼！隐处蓬蓽至微也，而行谊高于月旦；白首青衿，至困绁也，而宠数锡自天庭，非崇蓄厚植其能然乎？是宜铭，铭曰：

不丰于殖丰于德，不光于身光于来。哲不居其位居其秩，不耀于显耀于玄室。呜呼！艮山之阳，魄于斯藏。风气攸会，于焉徜徉。发祥裕后，奕世辉煌。

时天启二年十月十九日。

不孝男籍暨孙鸣虞、赓虞镌石。

［一］盛以弘：《明史》卷二四三《盛以弘传》："盛以弘，字子宽，潼关卫人。父讷，字敏叔。讷父德，世职指挥也，讨洛南盗战死……以弘，万历二十六年进士。由庶吉士累官礼部尚书。天启三年谢病归。魏忠贤乱政，落其职。崇祯初，起故官，协理詹事府，卒官。明世，卫所世职用儒业显者，讷父子而已。"①

［二］史记事：字义伯，号莲勺，陕西渭南人。万历二十三年（1595）进士。两任邑令，教养兼举。及擢西台，直言敢谏，权贵侧目。按楚尤多异政，迁光禄少卿，终以触忌罢归。

《萧时雍及夫人谢氏合葬墓志铭》（图8-165），全称"明敕赠文林郎河南府渑池县知县萧公暨配孺人谢氏合葬墓志铭"，明天启二年（1622）立石，墓志于1973年出土于文县鹄飞乡元瑞坪（鹄依坝村），今存文县博物馆。墓志正方，边长70厘米，楷书40行，行40字。萧时雍及夫人谢氏系文县名宦萧籍父母。清·长赟《文县志·墓道碑》卷七有录文，题作《厚泉萧公墓道碑》，文多脱误，今以拓本正之。

### （一五一）文县·明《萧图暨配孺人刘氏合葬墓志铭》（天启二年，1622）

明生员槐峰萧公暨配孺人刘氏合葬之墓（盖铭）

□□□□萧公暨配孺人刘氏合葬墓志铭

□□□□伯兄槐峰之墓也。伯兄讳图，字嘉谟，槐峰其别号也。余兄□□□仲兄夭折。余少伯兄十六岁，余为儿嬉戏时，伯兄极加护持。□□即教以作字，

① 张廷玉等：《明史》，中华书局，1974年，第6310页。

图 8-166　萧图暨配孺人刘氏合葬墓志铭

口授句读，已而教以行文。余年十一，携以应府试，□途次骑乘，皆伯兄扶掖上下，是伯兄与余有至爱也。迫余游胶庠，每每以举业相规勉。昼余读，为余操井臼；夜余读，为余供灯火，是伯兄与余有至教也。伯兄患疫垂危，先君亦仓皇莫知所出，余检方投剂辄苏。越数年，余病更危。伯兄百方调理，衣不解带者逾月余，幸不死，是伯兄与余又有至恩也。抚余男鸣虞，不啻己生，幼而怀抱，长而训诲，携以往来余任，视昔教爱余者更殷殷厚也。吁嗟！兄弟不睦，多起于兄弗友脱，为兄者皆如伯兄遇余，世岂复有不弟者耶？独性疏懒，不甚力学，困绌黉序，垂二十余禩，不获一售。余登贤书，曰："振吾门者有弟矣！"遂祈衣巾，终身不再试。为人谨厚柔和，度量恢宏。虽甚拂意事，未尝见之颜色；僮仆有过，不闻厉声呵谴；里中无少长亲疏，皆目为善人。邑大夫闻名，累征耆宾，辞不赴；授以儒官，姑冠佩，以见邑大夫雅意，旋弃置之。治清逸别墅，俟余归里为游乐计。无何婴疾弗起，于万历庚申七月二十七日弃世，距生嘉靖癸丑六月初七日，享年六十有八。哀哉，伯兄！生多不辰始丧。结发鄢氏无出，继欧氏生子二：僧保、佛保，母子继亡。又继刘氏，颇贤淑，万历丁丑五月二十二日生，少伯兄二十五岁，于万历丁巳五月二十四日先伯兄卒，享年仅四十有二。生子赓虞，为邑学生员，娶张刺史次女，尚未嗣，伯兄永诀时，惓惓不置念者独此子，然有余在，岂肯负伯兄耶！今卜天启二年十一月朔十日，与刘氏嫂合葬于先父母之左掖。余志而铭诸圹，铭曰：

有子奚嗟去速，有侄何虑子独？有弟兄可瞑目，奉严慈而逍遥，佑子孙以厥谷。

天启二年壬戌十月辛亥中浣之吉。

敕阶文林郎、历奉直大夫、山西泽州知府弟籍顿首撰。不孝男赓虞泣血上石。

《萧图暨配孺人刘氏合葬墓志铭》（图8-166），明天启二年（1622）萧籍撰文。1973年出土于文县鹄飞乡元瑞坪（鹄依坝村），今存文县博物馆。墓志右上残去一角，正方，纵横各53.5厘米，楷书28行，满行27字，字径1.5厘米。

### （一五二）文县《明敕赠孺人张氏墓志铭》（天启二年，1622）

山西泽州知州萧籍妻敕赠孺人张氏之墓（盖铭）

明敕赠孺人张氏墓志铭

天启二年壬戌仲冬朔十日，萧子籍将葬先父母于鹄飞原之新阡，先内子孺人张氏祔焉，孺人，邑儒官讳榜之女，幼丧母，父训育之。昔余方舞象，先君为余择配，期得佳〔佳〕妇，佥谓无如张可，先君曰："吾老，期蚤毕婚嫁，此女幼，不能

图8-167　明敕赠孺人张氏墓志铭

待，乃别构不就。"韶光荏苒，倏忽余年二十二矣。孺人亦将及笄，始倩塞修而岳翁字焉。再二年来归，是为万历辛卯正月朔二日也，时孺人年方十七，虽幼乏母训，而闺仪甚闲，事余父母最得欢心，而与余相对如客礼。孺人育自豢养，值余家窘啬，克自节约，甘苦茹淡，若其素然。居常劝余力学，曰："翁姑望君成名殊切，若不及时勉励，以慰厥心，何以为子？"及余领甲午乡荐，报至，亦不作矜喜态，曰："翁姑之望，岂止此耶？"余叨举二载，犹待哺父母。至丙申冬，先君见背，余始营度生计，孺人曰："君第无辍业，凡事妾自任劳。"躬蚕桑，督耕耘，愈勤劬无怠。至处姊娣待亲属，尤曲尽周详，人人感念。癸卯夏，孺人构疫，甫有起色，而余母病，寻余亦病，孺人力疾扶杖，侍余母汤药，忘余并忘其身，无何，彼苍不吊，余母竟逝。时余方不醒人事，但有喉中一息耳。衣衾棺殓，余兄又力不能办，孺人变衣裙簪珥以具，极周悉。说者云："若夫知不生矣。曷少省，为异日子女计。"孺人曰："吾姑生吾夫，教育甫成，鸣哺未伸，今已矣，此不尽心，更何待？"听者皆为流涕。越七日，而余苏，人谓孺人孝所感云！呜呼，余母之殁，余不及视含殓，方抱恨终天，犹赖孺人尽心，此余所含悲饮泣而感念不忘者也。嗟哉！造物何忌，速夺其算，忽于乙巳秋七月构疾，至九月十一日遽不腊，距生万历甲戌十二月初三日，得年仅三十二。呜呼，悲哉！辛亥岁，余以令涅绩满，得赠儒人，可少食其报，然备尝艰苦，竟不获携游宦邸，食皇家一粒粟，此又余所饮恨终身、每思及而不胜哽咽者也。孺人生男二：长鸣虞，廪生，妇张氏；次夭。女三：长夭；次适张刺史男增广生张明玺；次夭。今于其葬也，余涕泣志而铭之，倘吾儿鸣虞不忘其母，克自成立，异日再光阐之，孺人庶不朽焉。铭曰：

玉之毁矣，兰之萎矣。紫绋锡矣，玄扃贲矣。灵永祐矣，瓜瓞其绵矣。

时天启二年壬戌小春月廿三日，敕阶文林郎、历奉直大夫、山西泽州知州夫萧籍谨撰。不孝男鸣虞泣血镌石。

《明敕赠孺人张氏墓志铭》（图 8-167），明天启二年（1622）萧籍为其妻张氏所撰，1973 年出土于文县鹄飞乡元瑞坪（鹄依坝村），今存文县博物馆。墓志正方，纵横各 53 厘米，楷书 30 行，满行 30 字，字径 1.3 厘米。

## （一五三）礼县·明《新建关圣庙碑》（天启三年，1623）

### 碑阳

新建关圣庙碑（篆额）

儒学教谕刘象[一]、三晋巡司贾□阳[二]谨立。

帝之威灵，炳矣赫矣！堂堂正气，亘古常新；懔懔英风，迄今如在。奚必以绘图显扬诩大哉！唯是当经营之始，倐望庙之东鄙，光芒闪烁，如霏如雾，众骇而讶[三]之曰："此中必有珍奇异物，久埋没而欲识者。"厥明，果得一青铜宝刀，重百钧有奇，恍惚若昔所称为偃月刀者。噫嘻！其世所希觏哉。因举而竖之于殿右。盖观者如市焉。一时，缙绅父老、黄童白叟，合掌礼赞，竞传为帝之显灵也，神物之呵护也。用是捐赀鸠工，争先鼓舞。若正殿，若两庑，若庭与厦，若门与坊，轮奂聿新，乐观厥成。巍巍乎坐镇一方，默佑万姓，端有赖于兹矣。闻戊午秋，霾风淫雨，洪水滔天，澒湃溯渤，忽从西北来，几陷我城池，甫逾时而风清日霁，波涛不起，城垣屹立，皆帝之神庥也，微帝而民其鱼乎？是帝诚大有造于礼民，而民且忘帝力于何有？呜呼！帝之忠肝义胆，无地不遍满，无人不钦承。天嘉何幸，独钟灵以至此哉。是庙创于万历戊申年七月吉日，完于己酉年春季。忻州赵公倡义于先，古襄刘公、上饶郑公助成于后，均之为民祈福之心也。谨并记之，以昭盛事，以垂不朽云。

图 8-168　新建关圣庙碑
（蒲丹、任小辉　协拓）

时龙飞天启岁次癸亥季春上浣吉旦。文林郎、知礼县事古登岳呈玉谨撰。

邑庠学生何光荣谨书。署学事秦州司训赵纶。住持僧真丛。

乡绅、千百户：何应选、薛棨、赵复寿、周以彻、沈成龙、杨材、米显、梁美才、杨师孔。生员：杨校楠、赵定国、杨应侯、赵复泰、何谓善、王者卿、徐国洲、薛司伦、陈所志、马腾龙、周岐凤、赵之俊、刘策世、庞鸣、薛国佐、张科甲、赵相普、杨宋儒、严然望、丁荞粹、卢时兴、王用之、陈国柱、陈国栋、赵敏光、金台□、郭运□、刘□□、刘……

**碑侧**

关圣庙诗

图 8-169　新建关圣庙碑碑侧

绝伦英姿盖世雄，能于草昧识真龙。堂堂义勇乾坤远，耿耿丹衷日月明。吴主望风心胆碎，曹瞒闻说梦魂惊。仰观庙貌威灵处，尚有神光射太清。

山西汾州府孝义县人氏，见在礼县居住，就于北关厢庙宇。功德主张应利，室人王氏、赵氏，女郭家女。功德会首：杨益志、张守荣、杨智、张公宝。随缘信善：赵孔、吕广、陈经。香灯一会人等。（人名略）

[一]刘象：《礼县金石集锦》作"刘□□篆"，误将"象"识为"篆"。《礼县新志》卷三《官职》："刘象，陕西略阳人，万历三十六年任礼县教谕。"[①]

[二]贾□阳：《礼县金石集锦》作"贾□勃勒"。

[三]讶：《礼县新志》作"异"，《礼县金石集锦》作"呀"，皆误。

《新建关圣庙碑》（图 8-168），明天启三年（1623）岳呈玉撰文，何光荣书，今存礼县城关小学院内。碑纵 165 厘米，横 54 厘米，厚 35 厘米。额篆书"新建关圣庙碑"6 字 2 行，字径 9.5 厘米。碑阳正文大字 16 行，满行 36 字，字径 3.5 厘米，碑末题名小字，字径 2 厘米。碑阳前 3 行有多字磨泐，所缺文字据雷文渊《礼县新志》（题作"岳呈玉建关帝庙碑记"）补入。碑侧右上镌《关圣庙诗》（图 8-169）及功德会道人名若干，题诗 7 行，行 10 字，字径 4 厘米。

## （一五四）徽县·明《刘泽深题诗》（天启六年，1626）

徽山署□望凤凰山，翠柏蓊郁中有祠焉。

西北龍嵷耸绝观，中有何真闪碧阑。闲阅遗编寻□迹，因知显佑著危坛。千秋尸祝严桑楚，一道灵光绕凤鸾。遥望青葱撑斗极，岫云深锁洞天寒。

桥梓相仍不记年，璇空飞构小蓬天。瑶浆聊荐风前酌，神斧偏从梦里传。不爱人间留姓氏，惟容松壑锁云烟。只今戎马终何息，敢仗灵威达上玄。

天启陆年嘉平月大梁[一]刘泽深[二]题。

属下徽州（知州）施恩典[三]立石，生员郭□损镌。工房□人：王好学、朱作午、刘一□、李功□。

---

① 雷文渊：《礼县新志》，载《中国地方志集成》（甘肃府县志辑 22），凤凰出版社，2008 年，第 129 页。

[一]大梁：隋唐以后称河南开封为大梁，后改称汴梁。

[二]刘泽深（？—1642）：字涵之，河南扶沟县人。万历二十八年（1600）庚子科举人，二十九年三甲一百八十七名进士。初任河北密云县令，历任刑部主事、北平知府、湖广参议、陕西按察使、兵部侍郎。崇祯十三年（1640），官至刑部尚书，卒于官①。题诗约在刘泽深任陕西按察使时。

[三]施恩典：康熙《徽州志·官师》载："施恩典，昆明举人，天启间任。廉慈足称，升成都府同知。"②

《刘泽深题诗》（图8-170），明天启六年（1626）镌立，刘泽深题，今存徽县城南凤凰山宣灵王庙，碑由当地砂岩石磨制而成，多处泐残，纵210厘米，横100厘米，正文楷书8行，满行20字，字径8厘米。"属下徽州（知州）施恩典立石"11字字径3厘米；"工房"以下小字题名，位于碑右下角，字径不足2厘米。

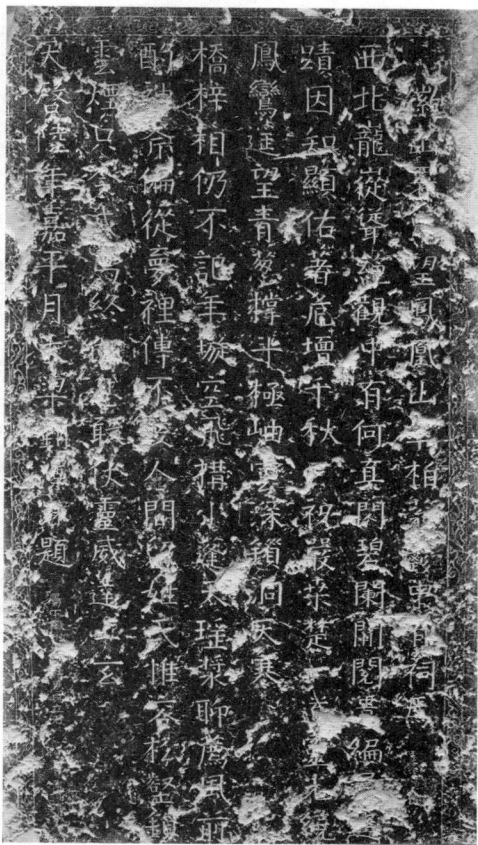

图8-170　刘泽深题诗（曹鹏雁　协拓）

## （一五五）文县·明《张明玺萧氏合葬墓志铭》（崇祯元年，1628）

庠生昆海张公孺人萧氏合葬墓志铭

张公讳明玺，字碧玉，昆海别号也。先家世枢密镇吾文，先太父公讳景行，以经述起家，赠承德郎。父奉直大夫公讳世熙，中孝廉科，历仕保德刺史。生丈夫子四人，公居长焉。公生而奇嶷，色粲若玉，咸珍之曰："宁馨英物，应震厥家。"继而读父书，日诵千百言，识弗斁，动定起居，恰中仪则，乡人异之。总角游庠泮，烨烨有声。邑父母张公赏识焉，每会艺，首询之，辄语人曰："张氏子得三昧，窥二酉，应跨灶计。"日迟燕市邸，公益下帷攻苦，续不窥园，志镌改，时艺几万种，

---

① 潘荣胜主编：《明清进士录》，中华书局，2006年，第604页。
② 邓天栋：《徽州志》，载梁晓明等点校《清代徽县志集校》，中国文化出版社，2013年，第23页。

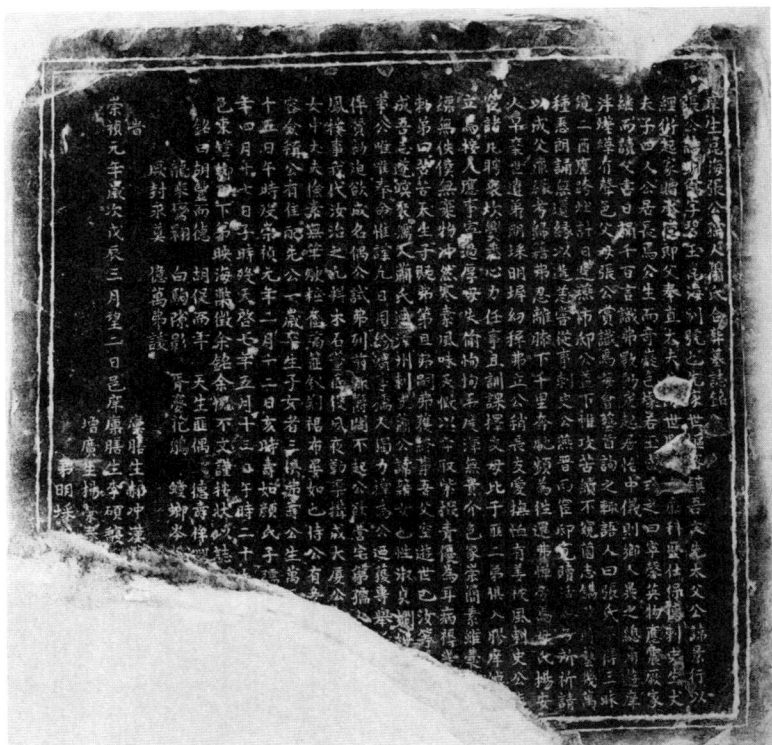

图 8-171　张明玺萧氏合葬墓志铭

悉朗诵无遗。缘以遘恙，尝从事刺史公燕晋两宦邸，宽赎活命，多所祈请，以成父廉。缘考归籍，弗忍离膝下，千里奔驰，频为往还，弗惮劳焉。母氏杨安人，早弃世，遗弟明埰、明墀，幼稚弗立。公稍长，友爱抚恤，有姜被风。刺史公远宦，诸凡聘娶炊爨，悉心力任事。且训课择友，毋比于匪，二弟俱入胶庠，倬（然）立焉。接入应事，宁过厚，毋失偷。恂恂丰度，浑无贵介色。家崇简素，虽囊□朱缥，无佚仆、无弃物，冲然寒素风味。天假以年，取紫掇青优为耳。病褥几一载，敕弟曰："苦苦天生，子既弗第，且弗嗣，弗获终事吾父，空游世已！汝等善事父，成吾志。"遂暝。聚〔娶〕孺人萧氏，乃泽州刺史萧公讳籍女也。性淑贞娴，母训既归。事公唯唯，奉命惟谨，凡日用纷蝟事，孺人独力撑为，公乃获专举子业，每驯伴赞劝迫，欲成名偶。公试，弗列前报，郁冈不起。公欲营宅第，孺人曰："汝作五凤楼事，我代汝治之。"凡料木石，董匠役，夙夜勤渠，构成大厦。公□弗知也，真女中丈夫。俭素无华腴，妆奁满筐，钗荆裙布，晏如也。侍公有妾待若姊，无厉容，佥称公有佳配。先公一岁卒。生女者三，俱弗寿。公生万历丁酉年七月十五日午时，殁崇祯元年二月十二日亥时，寿如颜氏子。孺人生万历己亥年四月廿七日子时，殁天启七年五月十三日午时，二十□□□□□□□邑东螳螂山下。弟映海，弊征余铭，余愧不文，谨按状以志□系之以铭。铭曰：

胡丰而德，胡促而年。天生匪偶，德寿侔渊。□□□月，龙乘鸾翮。白驹隙影，胥梦花鹃。螳螂岑□，玉人长眠。厥封永奠，亿万弗谖。

时崇祯元年岁次戊辰三月望二日，邑庠廪膳生郝冲汉篆（盖），廪膳生李硕馥[一]撰（文），增广生杨荣春书（丹）。弟明埰、明埤□□仝镌石。

[一] 李硕馥：长赟《文县志》卷六《孝友》载："李硕馥，顺治贡生。性孝，父死，三年不出户庭，断酒晕，哀毁如一日，事孀母至孝，曾举德行，匾旌'孝行可风'。"①

《张明玺萧氏合葬墓志铭》（图 8-171），全称"庠生昆海张公孺人萧氏合葬墓志铭"，明崇祯元年（1628）镌刻，今存文县文化馆。墓志正方，纵横各 53 厘米，楷书 30 行，满行 30 字，字径 1.2 厘米。张明玺，字碧玉，号昆海，文县知州张世熙之子，萧籍女婿。墓志左下残泐铭文由文县文化馆罗愚频馆长提供资料补全。

**（一五六）成县·明《重修金莲洞记》（崇祯二年，1629）**

**碑阳**

大明永乐五年九月九日，敕封真人三伴张卢龙到此留诗一首：

卢龙复遇金莲洞，别是重来一洞天；功成名遂还居此，了达天机入太玄。

重修金莲洞记

金莲仙洞开于邃古之初，昔未有以洞名者，一经刘、罗二君之手，遂为千圣栖真之所。天乐李真人遍访天下名洞，撒履至此，见其诸峰攒拱，幽玄古峭，坚刚不坏，离垢出尘，乃命名为"金莲洞"。嗣是以后风飘雾荡，彩像受其蒙医，门宇任其塌圮。往来名流靡不心嗟口咨。幸而仙灵有感，忽一全真道人张其姓，真慧其号者，自北地而来，酣嗜恬淡，厌薄世梦，药符济人，每有效验，报之以利，系毫不染，飘飘然物外，高士洞玄真人。泥阳居士张永湖等倾慕其人，旌为金莲洞住持，一睹灵光，辄生慈悲，默自祝曰："道不专于静养，内而修真还性；外而修圣化愚，其理一也。"督同二三道友，资助十方士庶。缺者补之，陷者平之，狼狈者整顿之。前立大门一座，中竖楼阁三间，并塑雷祖、真武、菩萨诸圣，继而徘徊内殿。谓左有五祖七真，右乏仙班对望，乃于右边空隙之地，增塑北斗台位，且也大彰彩色，令壁像一新。若天蓬、天佑、九耀星官；又若关圣帝君、张祖胡老，各出一像，以受朝礼，玉貌金容，焕然森然。绘事甫就，修筑继作，于洞门厚筑石墙

① 长赟：《文县志》，载《中国地方志集成》（甘肃府县志辑38），凤凰出版社，2008年，第158页。

图 8-172　重修金莲洞记碑阳（满正人　协拓）

一道，以为全洞保障，统计其期，甫三岁而功遂成矣。斯时也，青衿朱灵，连袂而游揽，白叟黄童，携杖而参谒，俯仰其间，恍恍焉如登瑶池之上，会见玉藕复茅，金莲重绽，髣髴天际，不复作人世想。倚欤休哉，诚不负先天之开辟，俾刘道君、罗道隐之创造，重光重润，将永永勿替也。视近日修佛媒利，造塔阶，名者不迥，若天渊哉。因镌之于石，以志不朽云。

时崇祯二年十一月十三日，钦差守备、文县指挥靖虏李官用到此。

大明崇祯二年岁次己巳孟夏上浣吉日，武都后学生牟应瑞书。安开先。

功德施主：阶州守御所百户任惟忠、折桂枝。庠生：尹乐道、尹先觉、柳迎彩、尹自任、闫名扬、他作题。

恩贡：朱国俊、董汉杰、闫修己、刘修鳞、张师恩。监生：张师禹、折翰珠、折桂枝、牟化虹。府掾：倪腾先、张师游、任我正、刘进、王守志。耆老：张永湖、张悦。仝立石。

图 8-173　重修金莲洞记碑阴

**碑阴**

助缘勒铭（楷额）

计开列十方军民施财功德姓名于后。（人名略）

《重修金莲洞记》（图 8-172），明崇祯二年（1629）镌立，今存成县店村乡金莲洞大殿前檐下。纵 102 厘米，横 75 厘米。碑阳首镌张三丰题诗，其下为《重修金莲洞记》，正文楷书 26 行，行 29 字。碑阴额题"助缘勒铭"4 字（图 8-173），下列军民施财功德姓名。

## （一五七）文县·明《张禄我墓志铭》（崇祯三年，1630）

常州府通判张公墓志（盖铭）

南直隶常州府通判禄我张公墓志铭

　　明别驾阴平张公，讳四知，字曰士廉，禄我其别号。先是公父登仕佐郎，复庵君为先君执友，余业师也。首举公伯兄四杰，号位两，次举公，凝默奇颖，间左有光，因庭授句读，俱治书，诵史学为儒。时万历之丁酉，位两公同先兄玉岳并领贤书，寻病卒，公哀毁逾节，邑人怜之。昔吾师复庵君之教诸子也，绳检甚严，虽饮食类盟间，皆有课诵，每端坐竟日，命诸子侍立，即胫痹，无敢跛倚者。公于群从中，天资尤英敏，为父所奇重。其教幼成，故生平居处沉沉然无戏词、无佻举，少善病，骨露如出衣表，然习举子业未尝厌苦，而文特雅秀，超其辈，虽宿学，自谓弗如也。十八，附邑诸生。二十七，升廪庠。诸省试凡六，逞数奇竟弗第。五十三，以岁荐入国学，名隆胄监中，寻天启癸亥，授四川成都府通判，应监松潘卫，里人谓公凤学弘才，屈于科名而伸于仕版，旁喜舞者伙焉。奈何以继母周夫人讣音，悲鸣涕泣，抵家，守制三年。服阕，复授直隶常州府通判，居月余，时有执常例夜进匦金者，公谢曰："吾子何贿，贿以佐谩，吾不为也。"立却去，至剔卫蠹，禁舞文，捐捧赀，赈穷乏，昆陵人咸慈父依之。奉例运饷，至顺天武清县小直沽地，倏染恙终。一时同事诸绅皆哽咽相视，谓："天不吊仁人，张公胡有此耶？"悲夫！公母刘夫人早亡，事继母周夫人甚婉顺，旦夕无违言，而哀思刘夫人，每语

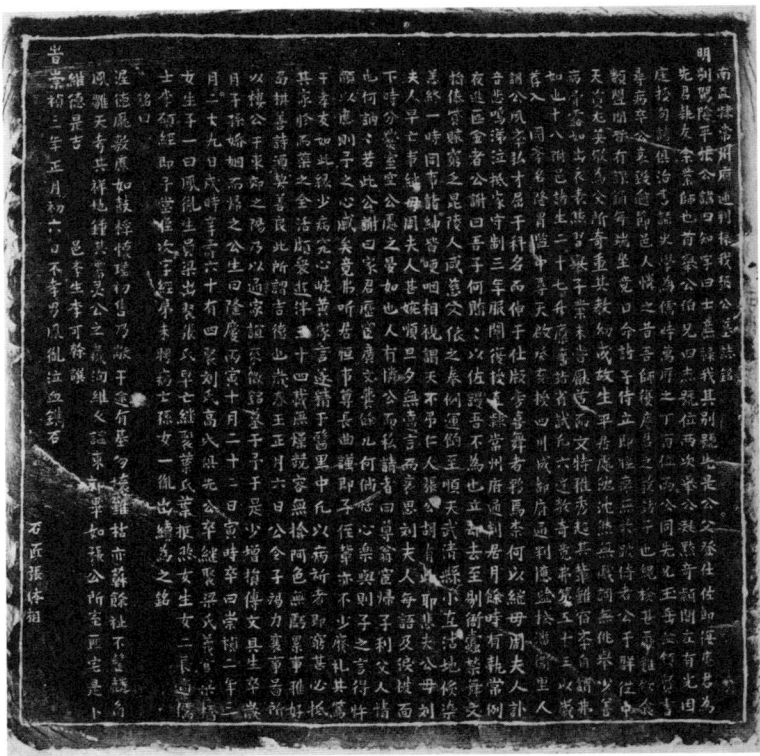

图 8-174　张禄我墓志铭（罗愚频、杨雷　协拓）

及，泪被面下，时分爨室空，公处之晏如也。人有怜公而私请者曰："尊翁宦归，子利父，人情也，何讷讷若此？"公谢曰："家君历宦广文，囊余几何，倘恬心乐与，则子之言得，忭颜以应。则予之心戚矣。"竟弗听，居恒事尊长曲谨，即子侄辈，亦不少废礼，其笃于孝友如此。缘少病，究心岐黄家言，遂精于医。里中凡以病祈者，即穷甚，必抵其家，胗而药之，全活颇众。游泮三十四载，无燥竞容，无掩阿色，无亏累事。雅好局棋，善诗酒，契善良，此所谓吉德也。岁春王正月六日，公令子竭力襄事，图所以栖公于东郊之阳，乃以通家谊来征铭墓于予。于是少增损传文，具生卒岁月、子孙婚姻而归之。公生曰隆庆丙寅十月二十二日寅时，卒曰崇祯二年三月二十九日戌时，享寿六十有四，聚〔娶〕刘氏、高氏，俱先公卒，继聚〔娶〕梁氏，义官梁桥女。生子一曰凤胤，生员，梁出。聚〔娶〕张氏，早亡；继聚〔娶〕叶氏，叶挺然女。生女二，长适儒士李硕经，即予堂侄；次字经弟，未聘病亡。孙女一，胤出。续为之铭，铭曰：

渥德庞敷，应如鼓桴。怀瑾初售，乃敚于途。有基勿坏，虽枯亦苏。余祉不罄，麟角凤雏。天考其祥，地钟其需。灵公之藏，洵维父谥。东郊毕如，张公所室。匪宅是卜，维德是吉。

邑学生李可榦撰。

时崇祯三年正月初六日，不孝男凤胤泣血镌石。石匠张体相。

《张禄我墓志铭》（图 8-174），志盖一合，明崇祯三年（1630）李可榦撰文，张凤胤立石，今存文县博物馆。墓志正方，纵横各 53 厘米，正文楷书 33 行，满行 31 字，字径 1.2 厘米。

## （一五八）礼县·明《重修柏林寺工完记》（崇祯四年，1631）

重建碑记（楷额）

重修柏林寺工完记

致仕学正邑人沈成龙撰文。

儒学生员邑人赵立胤篆额，邑人梁廷揆书丹。

柏林寺创建于大宋，寇火于大元。迨及我明，柏尽刊岐，塔存灰迹，然其山河峤清，形胜郁苍，不失为古刹瞿昙。第风雨穿剥，莓苔芄翳，工大不敢轻议兴作。突有住持僧吕德经者，恳为化缘，挺众力而重修。工起于天启三年之哉生明，而落成于崇祯三年菊月之斗躔初，巍然烨然，一带风景亦铧铧生色矣。意者佛力默为之护持也，未可知也。择于次岁如月望日，大修道场，完忏厥工。印僧吕如清

图 8-175　重修柏林寺工完记（陈亚峰　拓）

上人同住持问记于成龙子，余呀之曰："义举耶！幻举耶！"以为义举，而昌黎伯何至怍犯宪宗；以为幻举，然汉自明帝以来，演传经书五千四百八十卷，藏而龛之者，丹砂、黄金、文珉、香木，穷极侈丽，无问贤愚；况白马、青龙、鹫峰、雁堂、水晶城、青莲界，相传不可泯灭，彼岂尽皆非欤？大抵佛菩萨之普渡大千，无非慈悲一念。如古圣人禹、稷、伊尹，一以天下之溺由己溺之，一以天下之饥由己饥之，一以匹夫、匹妇不被尧舜之泽者，如己推而纳诸沟中，总是慈悲所为。吾道浮屠，何有两操？无奈释执于空而不知空者，空天下之实；儒执于实而不知实者，实天下之空。李白不云乎"金绳开觉路，宝筏渡迷川"，在不必空，不必不空；不必实，不必不实。惟妙虚实而超悟之，行将聆梵音而睹天花。一灯燃万灯，鬼神且服役矣！幸毋为野狐禅所迷也。可成龙子儒而释者也，承诸檀越、众比丘之恳请，直扫铁门限而记之以存□。

　　时崇祯四年岁次辛未仲春望日吉旦。

文林郎知礼县事赤城蒲来举[一]。署捕秦州高桥巡简饶洪诏。儒学教谕延安赵良能。漩水司巡简游宗舜。正副千户：杨材、张拱极。镇抚金台俊。礼店所掌印兼管屯局镇抚蒋励。义官：雍熙、赵国祥。实授百户：刘策世、马腾龙、严然望、杨万侯。乡致仕：沈成龙、赵定国、金斗。阖学生员：丁养粹、杨鸣凤、赵之俊、周以助、赵起凤……（36 人名略）。舍人：金台选、刘光祖、徐大兴、刘用世、金台庭、刘安世、杨四位、杨士彦。儒士：陈所志、周希闵。

[一] 蒲来举：《礼县志略》卷一一《名宦》："蒲来举，字梦卜，山西太原县人，天启六任礼县。介直刚方，不避权贵，抚学宽仁，风敬蒲母。"①

《重修柏林寺工完记》（图 8-175），明崇祯四年（1631）沈成龙撰文，赵立胤篆额，梁廷揆书丹，今存礼县石桥乡石桥村柏林寺。碑纵 125 厘米，横 90 厘米。额题"重建碑记"4 字楷书。正文 34 行，满行 33 字。

## （一五九）武都·明《重修礼拜寺碑记》（崇祯四年，1631）

重建礼拜寺碑记（篆额）

重修礼拜寺碑记

赐进士及第、礼部左侍郎、河南新野康庄通家眷亲马之骐撰文。郡学生础石司宏辑补。商山名轩邵文传丹篆勒石。

粤礼者履也，履天地之宗；拜者序也，序神人之和而始名焉。予尝读《太极图说》，三百六十周天之数，总无极而太极也。生天、生地、生人、生物，孰能外此。自派衍羲皇，传及禹、汤、文、武、周、召、孔、孟，莫不率性而成，大都只言归根复命之理，未悉归根之源。如来演教四十九年，终属蝶梦；老聃遗论五千余字，那见回生。予虽后学，抚今筹昔，吾教祖圣人马罕默的从唐中（宗）时仙骨显应，降真经六千六百六十六段，本是太极祭皇传诳，字九万九千九百一数，乃为无极正脉，（有）诚无伪，避却百邪之门户；有体无形，包罗万象之橐龠。林林而生，总总而众，以土木金石作像，以回光（普）照为从，诵明德新民而止至善，法《诗》《易》《书》《礼》而该《春秋》。济饥拔苦，天下共为一家；入孝出弟，四海联为（一）心。生不礼像，式遵斋明，致敬之诚归焉。即葬吻合，丧欲速朽之箴，允垂圣教，誓不偕俗。予教诚真教哉，予教诚真教哉！□□□，予赞政天朝，遇武都长者车公应蛟，除湖广按察司经（历），□第僚官腾蛟，邀予饮而会谭吾教，真

① 雷文渊：《礼县新志》，载《中国地方志集成》（甘肃府县志辑 22），凤凰出版社，2008 年，第 126 页。

图 8-176　重修礼拜寺碑记

所谓教内之个中人也。次晨捧鸠工图，续欲镌石以志。予备览□□如见栋宇崔嵬，堂室如虹，门观如垣，炜炜煌煌，泱泱淅淅，左雄右秀，龙翼鸾翔，还因高明德、牟思聪、□□赀费，竭立营成，始得福地。频年牟思忠、花恒兴，荣游伴水；花有光、牟思和，续著黄堂。嗣是而琳琳琅琅，□轶彝伦者，咸赖圣教而宗师儒，乃脱凡入圣、返本还源之一致（也）。予特铭之，以彰万圣之光，以扬仙骨之风，俾世世无敢屑越也。遂勒石以垂千载不朽之意。诸君子题（名）与碑同悠久也。碑岂徒式也耶？

时大明崇祯辛未孟夏上浣日谷旦。

长教：金堂、者守良、牟文有。嗣：金尚仁、牟继圣、者万福。乡老：马熙翚、高登云、赵应亨、牟应祥、陈爱、花有颜。湖广按察司经历：牟应蛟、牟腾蛟。儒学生员：牟思忠、花恒兴。府吏：马有贵、花有光。林下守备吴应举，男吴国保。戴文举、哈宗良、锁贡裕、马尚有、无福的、穆有礼、吴大彦。

建寺先人：马呈图、牟尚信、高廷阳、年增成、金腾荣、牟增良、花贤、年汝成、宋朝、赫光明、马在、者仁、马冠、闫熊、马应成、马应能、者守忠、马臣、陈敬、赵应元。

眷亲一会：马乾、马有德、牟应乾、金钟、金库、牟文贞、牟思忠、高明德、赵登第、马有顺、高明有、马行支、金诚、赫茂州、马化麒、花恒兴、马光耀、金尚明、闫宗礼、马光□、马秉忠、赵登科、王守志、花世兴、牟思聪、金尚清、马化龙、宋时兴、古现、古见、金良、□大金、赫茂寅、宋时正、金尚义、金尚德、宋时兴、马金玉、牟思恭、马锦、赫新虎。会幼男（六十四人，略）仝立石。木匠：张可宰；石匠：李自玉。

《重修礼拜寺碑记》（8–176），明崇祯四年（1631）马之骑撰文，今存武都城关清真大寺院内。碑由碑帽、碑身两部分组成，碑帽纵78厘米，横77厘米，透雕二龙盘珠造型，正中竖阳刻楷书"大明"2字。碑身纵145厘米，横80厘米。额篆"重建礼拜寺碑记"7字，字径7厘米；正文楷书18行，满行41字，字径2.5厘米。

## （一六〇）宕昌·明《邓邓桥摩崖题记》（崇祯九年，1636）

明崇祯九年，岷江泛滥，江水横溢，邓邓桥垮塌，车马难行，渡水之辛苦不堪言。为达津途，蒋秀为总督工，以旗为号；董生奎为木工技师，筹木运石，丈量土地，测定地势，动员该地民工，复修岷江邓邓桥。

明崇祯九年岷州文生□□□记之。

《邓邓桥摩崖题记》，明崇祯九年（1636）摩崖刻石，今存宕昌县官亭乡邓桥村。

## （一六一）武都·明《非人间题刻》（约崇祯十年，1637）

非人间。武都刺史王询[一]。

[一]王询：祖肇庆《阶州志·官师·知州》载："王询，山东蒙阴人，贡于乡，崇

图 8-177　非人间题刻

祯十年任阶。兵残之后，野余积骸，户多菜色，田有芜，炊无烟。公为之请赈，上给银二千两，计口分散，全活甚众。"①

《非人间题刻》（图 8-177），摩崖刻石，王询题，今存万象洞外口门楣，约题于崇祯十年（1637）。"非人间"三字榜书，字径约 30 厘米，款"武都刺史王询"分两行书，字径约 12 厘米。

### （一六二）礼县·明·彭应程《和郭玉衡老寅翁韵》（崇祯十一年，1638）

图 8-178　和郭玉衡老寅翁韵

苍虬幻出老龙槐，掣电奔风驱五雷。幽谷养成鳞角栀，千秋霖雨普埏垓。

戊寅春，和郭玉衡老寅翁韵，函关彭应程[一]书。

[一]彭应程：《礼县志略》卷一一《名宦》："彭应程，字程玖，河南灵宝县人，由选贡崇祯七年任礼县。劝课农桑，捍卫社稷。升岷州抚民厅。"②

彭应程《和郭玉衡老寅翁韵》诗碑（图 8-178），明崇祯十一年（1638）彭应程题诗并书，今存礼县永兴乡龙槐村龙槐树旁。诗碑纵 95 厘米，横 55 厘米。诗文 4 行，行 7 字，字径 10 厘米；款识小字 3 行，字径 5 厘米。诗碑笔势连属飞动，笔力豪放，沉着痛快，似有米南宫遗意。

① 祖肇庆：《阶州志》，载曾礼校注《阶州志集校笺注》，甘肃人民出版社，2013 年，第 62 页。
② 雷文渊：《礼县新志》，载《中国地方志集成》（甘肃府县志辑 22），凤凰出版社，2008 年，第 30 页。

## （一六三）成县·明《广化寺建修慈圣宫记》（崇祯十三年，1640）

碑阳

图 8-179　广化寺建修慈圣宫记碑阳

碑记（篆额）

广化寺建修慈圣宫记

邑贡士乔三统撰文，庠生权起孝书丹。

"天地之大德曰生。"生者，母道也，母道立而生趣蕃。子舆氏所谓："生则恶可已也。"嗟自崇祯甲戌秋，寇焚毒惨，继且戎马，驿骚民流，卒亡四野，岌岌生气日促，忧世者蒿目。景色萧条，辄扼腕，生脉之几斩。岁在庚辰，烽警稍熄，残遗还集，际年颇稔，耆老贾真、禅僧周海慧，率广生说会诸檀越，建修慈圣宫。告成，征记泐石，用乘不朽。余揖众进曰："此寺称陇右名刹，其来久矣。初原非无慈圣宫也，传云：卜建时，基址邃阔，规模硕广，大雄殿、观音阁、慈圣宫、伽蓝祠、法堂、钟楼、僧舍、禅室，种种悉备。昔马融设教于兹，筑绛帐台，前授生徒，后列女乐，从诲者众而教化广，及寺因名焉。"又曰："杨飞龙摩崖纪功于鱼窍峡，时曾驻节于此。"迄今拭览碑，吴道子之仙迹犹存，旧柱石之星罗未迁，则知此寺其来久矣。今虽圮塌，规模恍如昨也。一慈圣宫之建立，安足记哉。虽然千岁之福地久倾，而一旦恢复于乱离之后，名区胜境，气象鼎新。不第母道立而生意敦，一方之士女共戴慈恩，亦且湑发长而胤嗣蕃，四境之军民永沾圣惠。端在兹矣，端在矣。斯碑立而使百年后世读其《记》，则知此寺开自若何年，坏自若何年，复自若何年。一时禅僧与功德主，俱相传于永远不朽云。

　　住持僧人周海惠，徒：积广、积善。

　　时崇祯岁次庚辰□春中浣立石。石匠杨清泉。

**碑阴**

图8-180　广化寺建修慈圣宫记碑阴

广胤祠（篆额）

会首：贾真。会友：杨化蛟、韦厚、李继芳、韦健、贾希由、周洞、许可能、周应广、李弘仁。

生员：张应仕（时）、权瑞、许可秩、陈一恭、李进孝、李弘兴、陈抚、许可行、权维孝、许可畏、贾希魁、苏绅、张谨睦、贾希鳌、李果金、吴进舟、黄元庆、徐收、贾希贤、张问行。

咸宁县梓人，胥仲秋、胥明诚。

刻匠：丘邦聚；石匠：彭守德。

《广化寺建修慈圣宫记》，明崇祯十三年（1640）立石，今存成县抛沙镇广化小学后院吴道子洞前。碑纵108厘米，横80厘米。碑阳（图8-179），篆额"碑记"2字，字径10厘米，正文楷书24行，行25字，字径2.6厘米；碑阴（图8-180），篆额"广胤祠"3字，字径10厘米，题名3列，字径3厘米。

## （一六四）文县·明《萧籍墓志铭》（崇祯十六年，1643）

明敕封文林郎、河南渑池县知县、历奉直大夫、山西泽州知州萧公之墓（盖铭）

明敕封文林郎、河南渑池县知县、历奉直大夫、山西泽州知州萧公墓志铭

崇祯辛巳中秋日，七十四翁烟霞主人萧籍自撰。

此文邑萧子之墓也。萧子名籍，字文征，别号献伍。父讳时雍，赠文林郎、河南渑池县知县；母谢氏，赠孺人。生余兄弟三人。长图，邑庠生；次策，殇；又次余籍，隆庆戊辰三月二十三日辰时生。方五岁时，有舅氏以解连环为戏，余旁窥不去，舅氏曰："汝能解乎？"曰："能！"遂应手而解。舅氏与先赠公笑曰："此子似聪慧，可教！"六岁，授以句读，颇能颂记。乃先赠公感星家言，谓余过纪方可保，以是姑缓于教。至十三，遣就外傅，从柏川先生学。时先父母每岁春乡居，秋成乃归。余饮食倚先王母，王母年八旬余，余从学中归，或一时薪水不给，不及食，辄忍饥赴塾。夏月昼长，先生命归午餐，余明知家无午餐，故归片时而往，不令人知其无餐也，其艰苦如此。十七，万历甲申，始补邑庠生，为司理任公鉴赏。二十四，辛卯，始娶孺人张氏，甲午举于乡。丙申十月，先赠公见背。先是有星家谓余中后当不禄。癸卯夏，果染重病，垂绝三日而苏，先慈乃以此时见背，而余且不及视含敛，终天之恨，何日忘之。乙巳秋，张孺人亦逝，其孤苦又如此。频年遭际不幸，又安望邀南宫之荣哉？丙午，北上谒选，得河南之渑池，居官无他长，惟洁己爱民，一念始终，不敢少变。邻封大狱，多所驳勘。稍有可出，必不拘成案而

依阿人意，上官颇为叹服。居渑五载，幸叨恩典，稍慰罔极。忌者中伤，迁开封别驾，渑人立碑建祠，要皆谀我者耳。别驾虽非专治，赖抚台东明李公极其相爱，各院司道，诸当事者无不见信，凡有建白，辄见嘉纳，视居渑日更得行其志，而下其泽于民。太康因民间失火，诬极刑者七人，经勘不下十余官，十年来，出入讫无定局。余详得其情，不数言而开释，此平生最快意一事。署郾署杞，一一爱民为主，活人颇多。在杞尤谬，为民心所许。行之日，即孺妇皆为流涕，士民刻有德政录舆颂集，亦皆谀我者耳。绩满，升山西泽州知州，泽固剧郡，辖四邑，狱皆余主之，未尝有周内之惨，自失爱民初心。旧有后堂，书办恃其密迩，人畏如虎，骗诈无不如意，余为裁革，而人人称快。泽多悍宗，余悉绳以法，始帖然不敢肆。孝廉中有不规者，不殉情面，据法申拟，虽直指王公，疏称法行豪贵，然不免为宗绅侧目。学官倾圮，极力修葺，工费浩繁，未尝损民间一粟，劳民间一役。督学吕公记之，乡绅尚书周公又记之。己未大计，复为人中伤，以前任开封浮躁降级，遂拂衣归，绝意仕进矣。日惟怡情山水，或与友人对弈为乐，人有非礼相侮，概置不问。尤喜读书，但不求甚解，亦不求记，间以诗文自娱。所著有邑志、《客枕囊言》《诗文谑要》，皆诙谐鄙俚之谈，聊取适意云尔。自检生平，居官不事逢迎，居家不计生产，居乡宁人负我，毋我负人。故人谓我愚，诚愚也；人谓我拙，诚拙也；人谓我懒，诚懒也。愚、拙、懒三字足尽一生。于崇祯壬午年十一月十七日申时告终，享寿七十五岁。娶儒官讳榜女张氏，赠孺人；继徽州刘氏、阶州袁氏，赠孺人；再继阶州党氏。一子鸣虞，廪生，张孺人出，娶张氏，庠生张遇熙女。二孙，长璘，庠生，张氏出，娶王氏，廪生王国彦女；次珣，幼，侧何出。一女适知州张世熙男庠生张明玺，卒。一侄赓虞，增广生，长兄图子，娶张氏，知州张世熙女。一侄孙玙，幼，侧杨出。遗命启张孺人圹而合葬焉。素不喜谀墓，恐儿辈求志铭，词多溢美，徒取地下人揶揄，即以此入圹可也，因为之铭。铭曰：

其生也，知荣知辱，知夭知寿；其殁也，何荣何辱，何夭何寿。一切生前于我何有？我自返其初，儿孙胡为乎失声与劳口！

时崇祯癸未年三月二十日，葬于鹊飞乡之元瑞坪新阡。不孝男鸣虞，孙璘、珣仝泣血镌石。

《萧籍墓志铭》，全称"明敕封文林郎河南渑池县知县历奉直大夫山西泽州知州萧公墓志铭"，盖（图8-181）志（图8-182）一合。明崇祯十五年（1642）萧籍自撰，崇祯十六年立石。今存文县博物馆。墓盖楷书4行28字。墓铭纵61厘米，横68厘米，楷书36行，行38字。

图 8-181　萧籍墓志盖

图 8-182　萧籍墓志铭

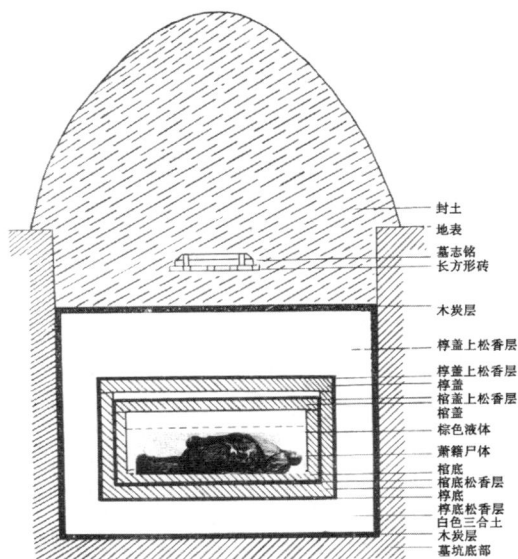

图 8-183　萧籍墓葬结构图

　　萧籍墓位于文县鹄飞乡元瑞坪（鹄依坝村）高出白水江 40 米的黄土台。东临放马沟，南近鹄依坝村，距甘川公路 1 公里，西临高家沟，北依双牛子梁。1973 年 9 月，农田基建时发现萧籍及家族墓葬群。得墓志数通，除《萧籍墓志铭》外还有萧籍父母《萧时雍及夫人谢氏合葬墓志铭》、萧籍夫人《明敕赠孺人张氏墓志铭》、萧籍兄《萧图及配孺人刘氏合葬墓志铭》等。萧籍墓为土石竖井墓（图 8-183），葬法特殊，尸体保存完好（图 8-184），出土时皮肤尚有弹性，浸泡在深棕色药液之中，内棺以九层漆布包裹，并用松香密封[1]。

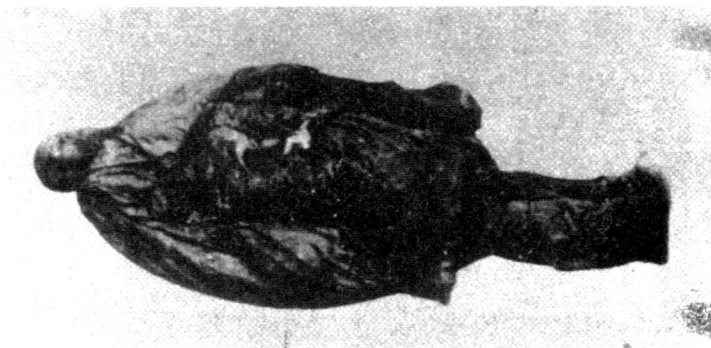

图 8-184　萧籍尸体

---

① 甘肃省武都地区文化教育局编：《武都地区文物概况》（内部资料），西安市第三印刷厂，1982 年，第 28 页。

## （一六五）礼县·明《湫山如来菩萨碑记》（崇祯十六年，1643）

日月圆通妙境圣碑（楷额）

大明国陕西巩昌等处礼邑湫山如来菩萨碑记

盖闻万类乾坤之内，天地之中，混沌而慈，坎离以藏，宇宙包含，香山而能显化。汉朝所感，云行天下，无有地脉，见得湫山之境，松柏野兽之潭，吾神以宁之处。山明水秀，地洁人贤，威镇一方，万民乐业。番汉人等创建殿宇，呼风风至，讨雨雨灵，祈晴祷雨，无不感应。日月普焘，夜照幽谷阳春，无有一人而发善心，后遇释子性通，观得末劫之世，民遭大苦，各未生死事大，无有进步之门，统领十方番汉檀越，会首张茉、杨仲、杨朝友、陈有得、闫友、汪尽忠等，提携五会众信人等，创设梁皇胜会，祈许递年四月初八日，恭遇菩萨降诞之期，贺圣报恩，绪之数载，修现世之福田，祈来生之善果。捐兹为记，恐后虚诓乎，众恳通议立碑书名，万化随影而进步。人人悟毗卢性海，个个入普贤行门，说法，法法无尽，参道，道道无穷。曰与：天地之道，阴与阳；立地之道，刚与柔；立人之道，仁与义。大载易也，斯其至矣。

崇祯癸未夏孟初八日吉。

图 8-185　湫山如来菩萨碑记（陈亚峰　拓）

马坞镇范登科，因妻赵氏、男黄家保因为疾病，发心舍黄金马一匹，保祐一家平安吉祥如意。奉神弟子。

《湫山如来菩萨碑记》（图 8-185），又名《圆通妙境圣碑》，明崇祯十六年（1643）镌立，今存礼县湫山乡下坪村坪头寺。碑纵 166 厘米，横 72 厘米。楷额"日月圆通妙境圣碑"8 字，字径 6 厘米；正文楷书 18 行，满行 33 字，字径 3 厘米。

图 8-186　应公题记

## （一六六）成县·明《应公题记》（约崇祯初）

邑侯应公，命皋兰山人刘源正印墨刊石在此。
礼房石得红、邑人□□□□□八月之吉。

《应公题记》（图 8-186），摩崖刻石，纪年已
泐，今存成县《西狭颂》碑亭外西南壁。摩崖纵 35
厘米，横 20 厘米，楷书 4 行，字径 3 厘米。《武阶备
志》卷七《职官》载：成州知州张应举，崇祯七年
（1634）流寇陷城死之[1]。高天佑先生认为"邑侯应
公"即张应举[2]。《成县新志·忠烈》卷三载："张应
举，秦州卫经历，四川人也。崇正〔祯〕七年署成
事，流寇陷成，应举率矿兵及壮丁防御，力不能敌，
遂厉声骂贼，中飞石，头面被伤。贼缚之，应举厉骂
不休，引至东城楼下，诱其降屈，应举气胆益峻，向贼所摛成众言曰：'我为朝廷死，封
疆肯屈于逆贼手下乎？'贼知不能屈，杀之及其子与仆。"[3]

## （一六七）康县·明《茶马古道条告碑》（无年月）

察院明文（楷书题额）

巡按陕西监察（御史）……示知：一应经商人等……茶马贩通番捷路……
旧规堵塞，俱许由……敢有仍前图便，由……官兵通，同继放者……不贷。

《茶马古道条告碑》（图 8-187），碑原在康县望关乡政府西北山垭的石猫梁上，今
移于康县博物馆。碑四周残泐，纵 96 厘米，横 66 厘米，厚约 20 厘米。额可见"察院
明文" 4 字楷书，字径 12 厘米，"文"字仅见捺画。正文楷书 7 行，字径 9 厘米。清光
绪二十九年（1903）三月二十日，甘肃学政叶昌炽至阶州（武都）按学，路过望关曾
访见此碑："（望子关）一明朝《条告碑》，上书'察院明文'四字，中有'此为通番捷
径'云云，惜纪年已泐。"[4] 由碑文"察院明文"和"巡按陕西监察（御史）"诸词条看，
此碑为明代所镌。

---

① 吴鹏翱：《武阶备志》，载《中国地方志集成》（甘肃府县志辑 10），凤凰出版社，2008 年，第 92 页。
② 高天佑：《西狭摩崖石刻群研究》，兰州大学出版社，1999 年，第 365 页。
③ 黄泳：《成县新志》，载《中国方志丛书》（华北地方·第三三二号），台北成文出版社，1970 年，第 324 页。
④ 叶昌炽：《缘督庐日记》，江苏古籍出版社，2002 年，第 4050 页。

图 8-187 茶马古道条告碑

# 第九编　清代

## （一）武都·清《赵光瑞题名》（顺治二年，1645）

顺治乙酉菊月，乌兰副将赵光瑞[一]一游。

[一] 赵光瑞（1615—1654）：字虹洲，虏卫（甘肃靖远县）人。明崇祯八年（1635），袭任靖虏卫指挥，后改任宁夏都司。十三年，升任汉羌营副将。清顺治二年（1645），受陕西三边总督孟乔芳征召，仍任汉羌营副将，镇守汉中。秦仁管《赵光瑞墓志》载："乙酉，皇清开国总制孟公广搜名宿耳。公素行，三征之，公始出。仍握副帅符，协南安总镇范公剿灭贺逆，收服武都地方，诛首恶，散协从，秋毫不犯焉。"①

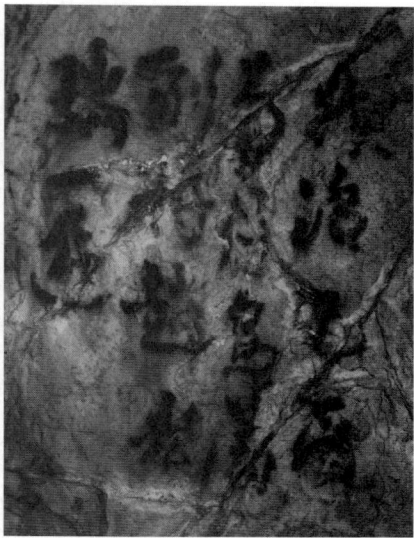

图 9-1　赵光瑞题名

《赵光瑞题名》（图 9-1），清顺治二年（1645）墨书题壁，今存武都万象洞卧龙坝西壁，纵 37 厘米，横 27 厘米，行楷 4 行。

## （二）礼县·清《重建广福碑记》（顺治八年，1651）

重建广福碑记（篆额）

复创柏林寺工完碑记

我礼城南汉阳川柏林寺，形胜山水，秀湄郁苍，系从来古刹，志名一圣景也。创始于大宋，相延于大元，重建于大明，复新于大清。伊是谁之功德也？余厘考其寺之原，是时有一僧明觉，向往南方游礼，至太平四年，回寿圣院。此僧有癞疾，遍身脓血，每日酒食于街市，夜同一黑犬在城西草市外路上宿。至太平七年，于城西土龛内坐化，其胜光洁端严，即于烟焰中出五色蝴蝶无数，收舍利万余粒，置塔安葬供养，镌真容于塔内，常放毫光。每遇旱水及人民疾疫，祷无不应，邑人呼为石像菩萨。其初建塔□，重移（于）法堂基上，别造地宫，如法安葬，殖舍利。上起砖塔，高广其骨，如金击之铿，上有舍利数千，内有如算子大者三十余。旧地宫内有一砖，书字九个："太平出金天塔明主常。"有毫光及红紫蝴蝶，颜色变现不定，粪下俱是五色石舍利，今不绝。因□塔名"金天"，而寺创柏林矣。久之，风雨顷圮。前有主持吕德经者，募缘众力而重修之。工起于天启三年，落成

①陈之骥：《靖远县志》，载《中国方志丛书》（华北地方·第五五一号），台北成文出版社，1976 年，第 722 页。

图 9-2　重建广福碑记（陈亚峰　拓）

于崇祯三年，碑存□□，至甲戌岁十一月二十六日，偶遭地震奔颓，琳宫宝塔荡然一空，仅留遗迹土丘而已。有德经化修，二次被寇侵费，木植无迹，多年无人发心。时值清朝乙丑岁正月朔日，功德主吕科若有金绳宝筏之感，独发菩提，慨然施舍净财，同住持僧明大禀呈县主，苏父母大发慈悲，即给印簿，指奉布施，共作津梁。明大能读内外教，博通其义，昼夜苦行不寝，执铃普，化十方，新创修大殿五间，巍茂壮丽，圣像辉煌。东廊五间，西廊五间，仓庾俱美。间善首扫大伦等，监立山门三间，钟鼓楼、牌房各一座，不□□期成，功将终止。有宝塔未建，其功浩大，孤力难措，尚未遂吕氏之心也。有后学生胡懋显，信士王□义、杨廉、姚学同，举善施，修偏殿三间，药师、孔雀楼阁两座，并僧室已完。邑庠生周观莲舍山川地三块，百姓姚守杰舍山地一分，马汝蛟舍川地二端。钱粮开□，以为住持之养育焉。总之，施舍不同，而均为善果之结缘也。乃功德主吕科偕住持明大踵门□□记于永年子。永年溯创始之由及重建之故，而并志吕氏无量之功德也，勒之石，以永垂不朽云。

　　文林郎、知礼县事苏世科，夫人赵氏，弟苏世祥。官眷：苏继威、苏继武、苏继文、苏继学。信官：牛似鳞、侯国宝。官眷：贾应魁、赵氏。

儒学教谕高而明。功德主、后学胡懋显。

署礼店所千总王我卿。（其他人名略）

时顺治八年岁次辛卯日，邑人拔贡监生鹿永年撰。正一道人张进第书写。石匠高万有。

《重建广福碑记》（图9-2），又名《复创柏林寺工完碑记》，清顺治八年（1651）鹿永年撰文，张进第书丹，今存礼县石桥乡柏林村柏林寺。碑纵115厘米，横78厘米，正文楷书31行，满行50字。

### （三）礼县·清《重修祁山武侯庙并建祀田记》（顺治十年，1653）

重修祁山武侯祠碑记（篆额）

重修祁山武侯庙并建祀田记

壬辰冬孟，后学承都奉命两河，巡行天水，道经祁山[一]，谒侯庙，览形势。四峰簇拥，两水环带，东则关山雄峙，西则五凉上流，盖秦蜀之要道，而中原之资武也。余小子承都再拜，周视历年倾圮，遗像俨然，烟火杳沉，吊古余憾，有述必兴，存乎其人。或曰："侯六出斯地，慑司马之胆，舒炎精之微，俾睿懿终身不敢窥巴中半步者，六出之威，有以震压之也。"或曰："侯草庐指定三分，吞吴遗恨，伊不能为者，天也。"余读杜少陵诗"伯仲伊吕"，然为伊吕易，为侯难。伊自还桐，功成身退矣；八十老叟，营邱封矣。侯负孺子，以控魏吴之间，鞅掌祁山、五丈原，驰驱身歼，盖其心以恢复王室为心，明一日不敢忘汉也，犹之周公不敢离成王也。夫辟谷从赤松子，周旋调护于捍后屏主，以自全其身名。与食少事烦，鞠躬尽瘁；于强敌弱祚，以自明其忠勤，厥功异，厥心同焉。《诗》云："高山仰止，景行行止。"虽不能至，心窃向往之。既睇榱桷几筵而重新之，复谋香火祀田而绵构焉。爰为之记。

顺治癸巳春正正月元日。巡按陕西甘肃监察御史温陵后学何承都[二]拜书。文林郎知礼县事苏平蓝。

[一]祁山：《水经注》卷二〇《漾水》载："祁山，在嶓冢山之西七十许里，山上有城，极为严固，昔诸葛亮攻祁山，即斯城也。汉水径其南。城南三里有亮故垒，垒之左右，犹有丰茂宿草，盖亮之植也。《开山图》曰：'汉阳西南有祁山，溪径逶迤，山高

图 9-3　重修祁山武侯庙并建祀田记

岩险，九州之名岨，天下之奇峻。'今山于众阜之中，亦非为杰矣。"①

[二]何承都：字玉水，福建泉州晋江人。清顺治六年（1649）进士，"授刑部主事，越年巡按陕西两河，采访利弊"②。

《重修祁山武侯庙并建祀田记》（图9-3），清顺治十年何承都撰文，苏世科（字平蓝）立石，今存礼县祁山乡祁山武侯祠。碑纵170厘米，横97厘米，楷书19行，满行32字，字径4厘米。

## （四）武都·清《李母赵氏太夫人墓志铭》（康熙五年，1666）

李老太母赵氏老夫人墓志铭（篆盖）

李母赵氏太夫人墓志铭

自仲尼定六艺，以垂世而立教，古之嘉言懿行，无不班班备载者，至今使人咨嗟咏叹，其味长、其风远者，莫逾于时。盖《书》与《春秋》，非王公圣人，殊尤绝迹之事不以列，至《诗》之所纪，闺房细琐，收录不遗。微独二姜许穆夫人，以节行著闻，虽间巷田野之妇，如《草虫》《鸡鸣》《静女》，其事纤微矣。著之《国风》，与《书》《春秋》并传于世。盖《春秋》义主于王纲，而《诗》义邻于女史，教虽一而体固有不同者与。故刘向《列女传》率本之《诗》，亦以诗采之彤管，于内则为近，非他经比也。

武都李太学之继配，乡先达明经孔阶赵公之长女也，性端敏，纽缝酒浆，不习而能。太学有垂白之二亲，太母事之，务当其心。生子一女一。讳兆鼎，阶庠廪生，娶郭氏、王氏，生子二女二，业儒太学。长子讳兆乾，即山东按察使也，生子二女二，伯曰毓真，仲曰含真，各生子一。太学先逝，贻女一。太母体公之心不难；捐己奁、佐其行，无何而抚其孤，俾女以完节名，尤以为难。太母佐太学，躬操笔钥，转移节缩于其间，卒之化约为丰，辐辏比于素封，则太母之佐之也。至后，太母躬操苦节，义声日著。诸子长，趋使向学，昼则从先生家塾，夜归，就当火亲课，勤惰不少置，故伯仲济美，家声日起也。太母年未衰，家政井井；及暮年，敕断家事，斋心礼大士为皈衣，则又俗外之旷观，非域中之常恋矣。太母相夫子，以承前而裕后，率家人父子之常，非如燕燕裁驰骋，遇厄会以显其奇节，然概以《草虫》《鸡鸣》之义，太母何多让焉。藉令生春秋之世，其为圣人所录奚疑？太母生于万历十七年十月二十八日子时，卒于康熙三年十一月十一日，卜葬于康熙五年八月

① 郦道元注：《水经注疏》，杨守敬、熊会贞疏，江苏古籍出版社，1989年，第1691页。
② 怀荫布修，黄任等纂：《乾隆泉州府志》，上海书店出版社，2000年，第672页。

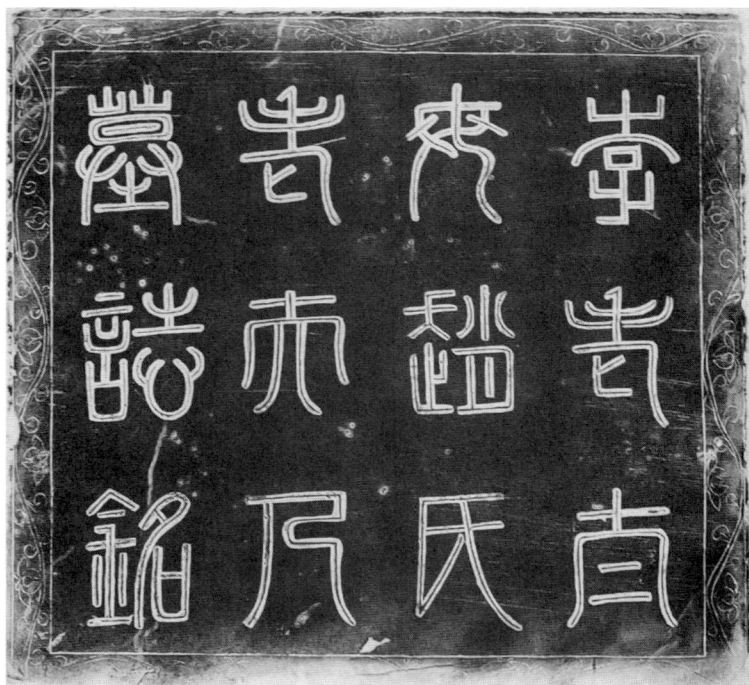

图 9-4　李母赵氏太夫人墓志盖

图 9-5　李母赵氏太夫人墓志铭

十二日旧城祖茔，坐癸向丁，与太学配葬焉。此志太母之生平如此。乃为之铭曰：

太极肇判，两仪始分。人备三才，混焉处中。匹夫为善，不出家庭。非有援引，没世无称。贤哉太母，坤毓钟灵。光前裕后，赫奕声闻。子以继子，孙以继孙。其形虽亡，其德日馨。千秋万世，秩祀无穷。

吏部观政进士、乡眷晚生杨纯臣甫衷丹顿首拜撰。

时康熙五年岁次丙午八月丁酉十二日庚申辰时配葬。

孝男兆鼎，孙含真、怡真、闰寿，重孙芬、芳，仝立铭。

《李母赵氏太夫人墓志铭》，盖（图9-4）志（图9-5）一合，清康熙五年（1666）杨纯臣撰文，今存武都区博物馆。志盖皆正方，纵横50厘米。墓盖篆书列4行，行3字，双线阴刻12字云"李老太母赵氏老夫人墓志铭"。志铭楷书30行，行27字，字径1.2厘米。第15行下镌一印，3.5厘米见方，阴刻4字，文曰"杨纯臣印"。杨纯臣，字衷丹，杨标之子，甘肃漳县人。清顺治辛丑（1661）科会试进士第5名。

### （五）武都·清《李兆乾梁氏合葬墓志铭》（康熙八年，1669）

山东按察使李公、淑人梁氏合葬墓志铭（篆盖）

嘉议大夫、山东按察司按察使、健寰李公暨配淑人梁氏合葬墓志铭

赐进士出身、吏部观政进士、漳邑眷弟衷丹甫杨纯臣谨志铭。

呜呼！余曷忍铭公哉。曩公荣旋时，闻春秋高矣，而步履矫健，齿发光好，方以为百岁不啻矣，谁谓一疾而遂辞人间世也。呜呼！余曷忍铭公哉。公子含真将以卜吉葬公祖茔之前，先期驰使函状，属余为铭。按状，公讳兆乾，号健寰，补州学生，先世凤翔人也。大父柏暨父高枝，俱赠如官；母杨氏暨配梁氏，俱赠淑人；继母赵氏，生弟兆鼎，补郡学生。子含真，恩荫官生。公事继母如生，抚幼弟成名，族鄹咸推为长者。公素著能干，清朝察其茂才，初授马湖府知府，当开创伊始。张逆流毒民不堪，命公多方招抚，残喘苏生。彼时督抚见得保宁为全蜀咽喉，盘根错节，非利器不能也，遂调任保宁府。未几，吴王平西，军需粮荚，倍费调停，而居民安常不惊。及造舡桥、监科场，通商、造士，冲烦要地。民不疲命，赖公之力居多。当道闻其贤，荐牍累上，上嘉其清苦急公，即古循良吏不及也。即迁直隶长芦盐法道，人目盐运为利薮，公一意秉公，诸宿弊为之一洗，真可谓处脂膏而不腻，且仁商恤皂，煮粥赈饥，全活者甚众，由是贤声载道，名驰京畿。又进浙江杭嘉湖道参政，公未任时，湖寇不时剽掠，为官民害不浅，及任后，设兵捍御，盗贼潜迹，而居民安堵如故，其释犯活数命，筑堤防海患，浙西一带，莫不颂为慈母

图 9-6　李兆乾梁氏合葬墓志篆盖

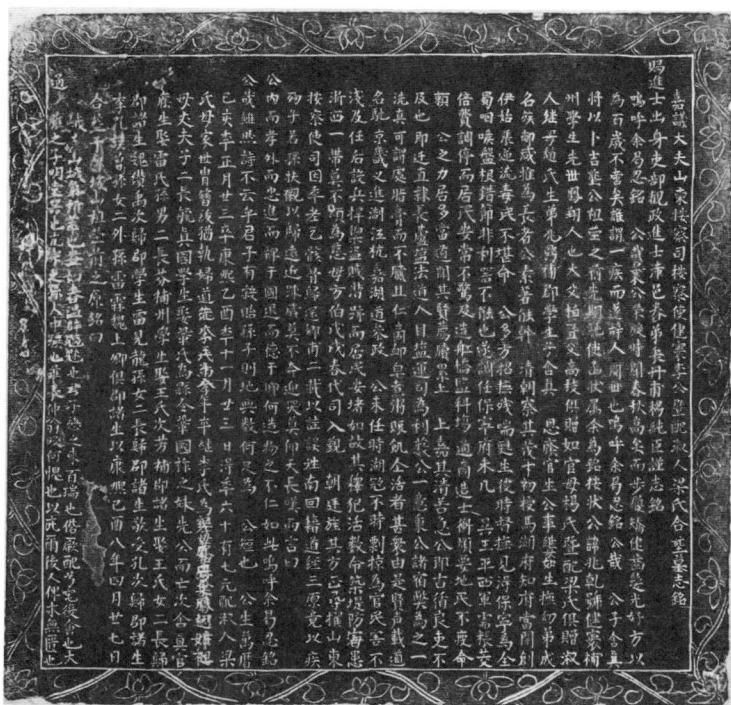

图 9-7　李兆乾梁氏合葬墓志铭

方伯。戊戌春，代司入觐，朝廷旌其方正，寻擢山东按察使司，因年老，乞骸骨归，还乡甫二载，以讹误往南回籍，道经三原，竟以疾殁，子若孙，扶榇以归，远近疏戚，莫不奔迎哭奠。仰天长叹而言曰：

公内而孝，外而忠。进而裨于国，退而德于乡。何造物之不仁如此？呜呼！余曷忍铭公哉。虽然《诗》不云乎"君子有谷，贻孙子"，则地与数，何足为公短也？

公生万历己亥年正月廿三，卒康熙乙酉年十一月廿三日，得年六十有七。原配淑人梁氏，母家世胄簪绂，犹执妇道，先李氏十八年卒。继李氏，为孝廉凤果凤之姑祖母。丈夫子二，长毓真，国学生，娶巩氏，为县令巩国祚之妹，先公而亡；次含真，官荫生，娶雷氏。孙男二：长芬，补州学生，娶王氏；次芳，补郡诸生，娶王氏。女二：长归郡诸生魏偿禹，次归郡学生雷见龙。孙女二：长归郡诸生敬受孔，次归郡诸生李孔谟。曾孙女二，外孙雷霖、魏上卿俱郡诸生。以康熙己酉八年四月廿七日，合葬于旧城山祖茔前之原。铭曰：

峨峨山城，气折萃也。盎如春温，辟魑魅也。君子憩之，来百瑞也。偕厥配兮，窀复会也。大通之子，明堂器也。亢宗之孙，人中骥也。华表仲翁，殁何愧也？以庇尔后人，俾永无匮也。

《李兆乾梁氏合葬墓志铭》，全称"嘉议大夫山东按察使健寰李公暨配淑人梁氏合葬墓志铭"。盖（图9-6）志（图9-7）一合，清康熙八年（1669）杨纯臣撰文，今由武都高文涛先生收藏。志盖皆正方，纵横48厘米。篆盖16字云"山东按察使李公淑人梁氏合葬墓志铭"，字径8.5厘米。志铭楷书30行，满行31字，字径1.5厘米。

## （六）武都·清《重修学宫碑记》（康熙九年，1670）

重修学宫碑记

武都古白马氏地，秦置郡，隶蜀。时民尚耕战不务学，上亦未尝加意于学以广厉之。汉蜀太守文翁，起学宫造士，每行县，敕经明行修者与俱，声教大治，武都有学自此始。然风彝俗僿，士亦未闻有显者。数百年，丁晦叔以刚直著于宋。至明，则浸浸乎文物之邦矣。嘉靖甲子后，人文萧瑟，科第寥落，间有离奥渫而通籍者，率不竟其闳巨，士靡所归咎，佥曰："学宫非所，曩之五徙者，弗一善也。"癸巳岁，邗江于父师精形家言，效卜瀍食洛之规，定基于斯。前天马而负翠微，左凤仪而右景屏，水从辛亥来者，襟带方去，真神奥区也。规制草创，又乔迁去矣[一]。继瓜期而代者，往往劳心追呼，薄书鞅掌，或谒庙而不登堂，登堂而不横讲席，排

图 9-8　重修学宫碑记局部

列殿呵，疾趋以出；况肯徘徊、叹息于廊庑阙庙之间，若者议新，若者议补乎？即有间欲修举，而监司不督责，府吏不期会，一切以迂阔视之；兼以老师腐儒，动之以堪舆不可知之事，艰[二]之以更张纷扰不可竟之功，始而惧，既而疑，不得不姑且议罢，吾学其何赖耶？

皖城戴父师有经术，待士宽严折衷，皆有恩礼。凡谒庙必登堂，登堂必横讲席，或发明经旨，或指授文法，或商略世务，或咨询民隐。因访人才之所由兴衰，学工之所由举废。士详厥故以对。父师曰："学地则得矣，其如风气未聚何？"乃与学师杨公、郡尉靳公，谋所以维新学宫者。计时若干日，计役若干余人[三]，计赀[四]若干两。可父师捐俸贰百余金，杨公捐俸拾伍金，靳公捐俸十金[五]，绅衿、义民，共输助若干金[六]，乃于戊申之桐月，鸠工庀材，揆日举事。所维艰者，圣庙孤峙无转廊，非制。转廊非大木无以胜任。然非有大力者，又何克致斯大木也？父师令诸士数焉[七]，协镇林公闻斯议，襄运大木一百八枝，捐俸伍拾金。□转廊十八楹，刻期用[八]成。其次第补修者，圣阁一座，四配阁二座，十哲阁二座，两庑阁十座，东西川廊十八楹，二门三楹，角门二楹，名宦祠三楹，乡贤祠三楹，泮池一所，屏墙一座，栅栏十六架，栅门二楹。工肇于戊申春月之吉，告竣[九]于庚戌夏月之吉[一○]。则见坛坫垲爽，堂庑恢闳，墙垣巍峻，池沼澄泓。崇卑就列，从横因形，榱题饰而轮奂美，圣灵妥而人文萃。昔文翁兴学于蜀，蜀人用殿旁石室以像翁。王沂公守青,兴学于齐;守郓,兴学于鲁。齐鲁之学者,迄兹诵之不衰。今有功于阶之学者,皆其有文翁、沂公之心者也,诸士亦安敢忘之? 敬洒扫一席地,葅豆其右<sup>[一一]</sup>,请伐石记之,以征信于永永。

　　……令晋膺阶州牧,协镇林□□忠,字荣蓼,泉州人。学正杨公……元之山阴人,皆有功。□□法得并书。时……门生蹇随济薰沐拜撰。□□□书丹。李世俊、李天植校刊<sup>[一二]</sup>。

　　……党三俊、黎元朴、罗廷栋、赵思周、崔志魁、赵纮芝。李校楠、袁裔杰、李大权、寇君宠、姚元庆……□纮芝。工书:杨洪气、汪德渤。乡约:刘显声、张凤仪、王连。礼书:王乘乾、褚……<sup>[一三]</sup>

[一]又乔迁去矣:《阶州直隶州续志》(以下简称《续志》)<sup>①</sup>作"于父师迁去",以碑改。

[二]艰:《续志》作"难"。

[三]若干余人:《续志》作"若干人"。

[四]赀:《续志》作"资"。

[五]十金:《续志》作"二十金"。

[六]金:《续志》脱,据碑补。

[七]父师令诸士数焉:《续志》脱,据碑补。

[八]用:《续志》作"告"。

[九]之吉,告竣:《续志》作"告成"。

[一〇]夏月之吉:《续志》作"夏月"。

[一一]敬洒扫一席地,葅豆其右:《续志》脱。

[一二]令晋……李天植校刊:《续志》脱。

[一三]题名二行,《续志》未录。

《重修学宫碑记》,清康熙九年(1670)蹇随济撰文。原碑仅残存下段(图9-8),今存武都城莲湖公园区博物馆前檐下。残碑纵92厘米,横86厘米,碑文26行,行约42字,字径2.6厘米,上段缺17至13字不等。铭文漫灭,今以《阶州直隶州续志》为底本录文并以碑拓校补。蹇随济,阶州人,康熙十二年贡生。

## (七)武都·清《尚书碑记》(康熙十年,1671;光绪七年,1881重刻)

　　尚书碑记(楷额)

① 叶恩沛修,吕震南纂:《阶州直隶州续志》,曾礼校点,兰州大学出版社,1987年,第317页。

　　盖闻始祖讳揆，官居阁老尚书礼部天官，在昔始之根基本是山西大槐树下人氏，后移居于秦州瓦窑坡为业，故始祖之父亡故在早，安厝于秦州。值至唐代德宗皇帝建中肆年岁次癸亥四月旬中，宦官卢杞不合奏上，唐主委于吐番堪守突厥主，后改名曰武都郡，始祖因番民平息，故移祖母诰封九天圣母于武都郡旧城里安家为业。丙子十月，始祖母告终，安厝于墁家坪为墓。丁酉二月，始祖告终，又安厝于同塔，现有沙帽坟墓以贻于后世。凡为同宗之人，每年清明寒舍祭扫祖墓，办立大会，子子孙孙世相传焉。兄予先人荣修祠堂壹院，培栽古柏几拾根，上有正殿巍巍，伊可畏也；前有大庭森森，仲可怀也。左右照穆，世世续焉！彼夫大殿叁间，绘塑金身二尊，念昔先人，功就甚焉。迄今世远年湮，多因风雨损伤，合户谪议，沙颇残缺失次，但小小补寨其罅溃〔缝〕而已。然而，事大则力微，功多则财欠，办理数载，功未成就，故仰同宗爷辈伯父弟兄，募化资财，以助完功之福，功德圆满，万福攸同。此所谓："泰山不让土壤，故能成其大；河海不择细流，故能就其深。"同宗君子睹此贻传，始知先祖之来由。仰依同宗，务必通传，同宗愿施功德，积少成多，咸建愿功，此之谓也。以是为序。

　　本村生员李春霞敬书。

　　大清康熙十年岁次辛亥十一月己卯日重建。督工头人，生员：李梁、李登槐、李通、李耀、李焐、李楹、李作斌、李作鼎、李作敬，仝立。

　　大清光绪七年岁次辛巳二月初九日重建。主事人李生有。督工头人，生员：李士彦、李万唐、王宗财、李万载、李士哲、王增明、李炳昌、王佐福。铁匠董祥希、泥水匠王沼、画匠李得禄、栽柏树人李万，仝立。

《尚书碑记》（图9-9），清康熙十年（1671）镌立，清光绪七年（1881）重刊。今存武都汉王镇大坪山尚爷庙。碑纵114厘米，横64厘米，楷书20行，行33字，字径3厘米。碑中"揆"即李揆，字端卿，祖籍陇西成纪人，唐开元末进士。门第、人物、文章，人称"三绝"。拜国子祭酒、礼部尚书。《新唐书》卷一五〇《李揆传》载："德宗幸山南，揆素为卢杞所恶，用为入蕃会盟使，拜尚书左仆射。揆辞老，恐死道路，不能达命，帝恻然。杞曰：'和戎者，当练朝廷事，非揆不可。异时年少揆者不敢辞。'揆至蕃，酋长曰：'闻唐有第一人李揆，公是否？'揆畏留，因绐之曰：'彼李揆，安肯来邪？'还。卒凤州，年七十四，赠司空，谥曰恭。"[1] 碑文所记时地与史实不符。

---

① 欧阳修、宋祁：《新唐书》，中华书局，1975年，第4808页。

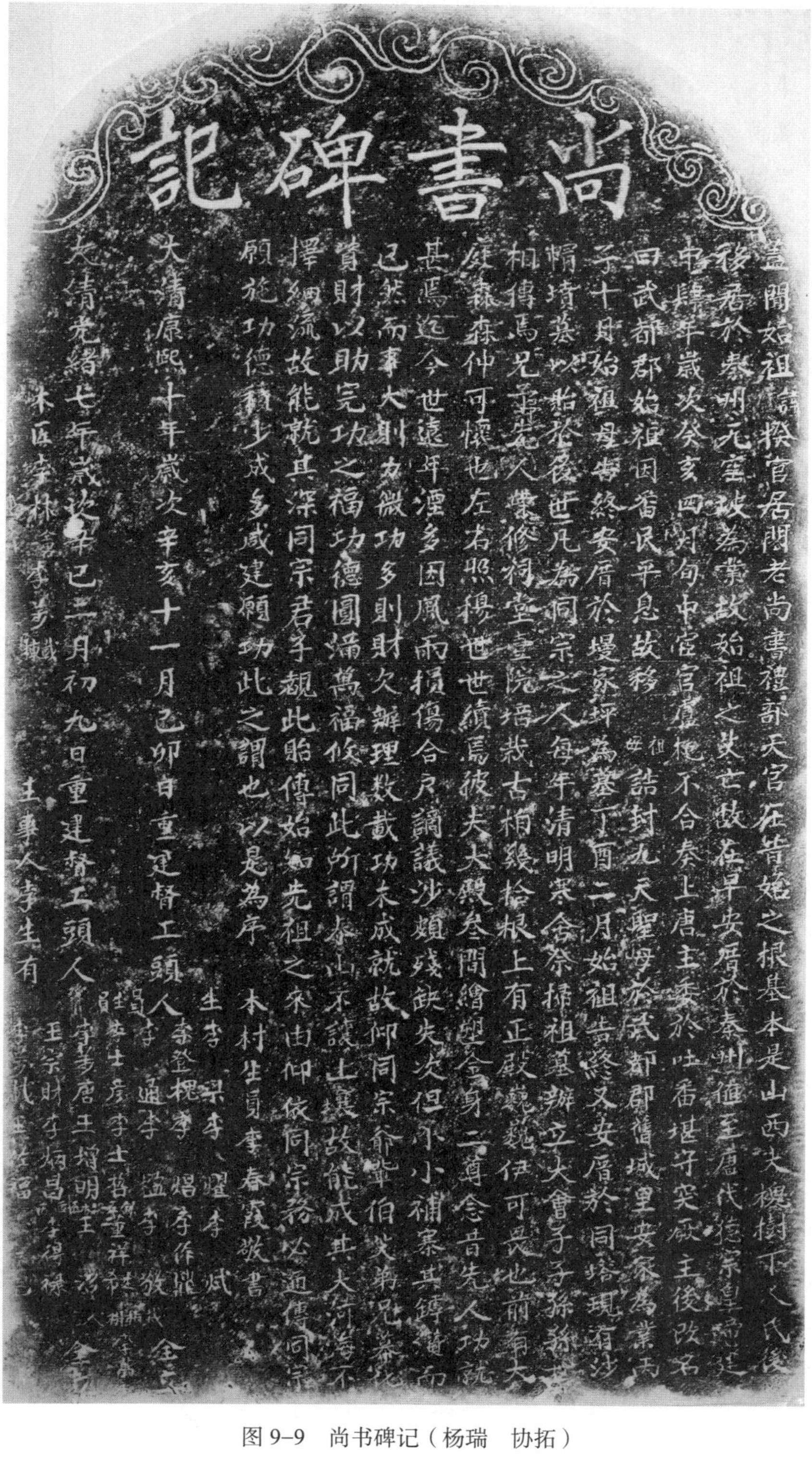

图 9-9　尚书碑记（杨瑞　协拓）

## （八）成县·清《重修普贤殿碑记》（康熙十八年，1679）

普贤碑记（篆额）

重修普贤殿碑记

　　阶成接壤之西南隅，有山曰"鸡头"，上有普贤宝刹，由来远矣。《旧志》：创自唐，踵于宋，及明为最盛。考厥遗址，飞栋凌霄，惊疑天半，曾不落人间烟火。每岁圣诞时，见彩云缭绕于碧空，祥光闪烁于崖端，远近士女翘首而聚，观者盖亿万计，真可谓峨嵋外第一洞天，终南里无二名山也。迩因烽燧告警，附近村落，凭高据险，相率而蹂躏者不可更仆，夫清净之府染以污秽。虽普渡如圣贤布必吐之，遂假以佯狂辈，毁厥像而火厥室，千年古迹荡然一墟矣。明明阳示亵渎之过，而阴启重新之功，其在斯乎？八关会耆老宁守位，目睹心惨，商诸同会诸宾朋曰："是殿也，距陇蜀之胜境，为阶成之具瞻，若废坠不庀，则山岳无灵，山岳无灵则间气不钟。"众慨然。采木甃石总其事，锱铢以募其赀。不逾年，而宝殿以竣，围楼环槛，举可次第成也。二三襄工耆老乞余弁言，以志不朽。余何言，则亦言其兴废之由、创替之自，以俟后之有心者，增式廓、加丹垩，结构而绵密之，未必非鉴古证今之一助云。

　　成县城守副总兵官胡光升。文林郎知成县事杨朝暹。□千总姚皓光、王仕臣，随征官宁尚智。

　　阶州守御所官蔡国琮。成邑武举：张冰壶、□罗；生员：汪嗣宗；成邑恩贡：展大成；廪膳生员：苏眉哲丹撰，姚际中篆镌。

　　百户官：任龙、王令明、尹先民、郭世巩。（以下姓名略）

　　时大周洪化元年岁次己未南吕望日。

　　僧会：司可祥。住民：杨泰、郭氏。木匠：宁守启、韩奇□等。塑匠：张文英。泥水匠：王大兴。铁匠：李继□。

　　《重修普贤殿碑记》（图9-10），今存成县鸡峰山二字殿西门口。碑纵85厘米，横60厘米。额篆书"普贤碑记"4字，字径8厘米。正文楷书23行，满行33字，字径2.3厘米。碑立于"大周洪化元年"，即清康熙十八年（1679）。康熙十二年十一月，吴三桂举"天下都招讨马大元帅"旗号反清，陈兵湖南。康熙十六年，吴三桂兵败洞庭，退守衡州。康熙十七年三月，匆忙于衡州称帝，国号"周"，年号"昭武"。康熙十七年八月，吴三桂暴病殂于衡州。其孙吴世璠继位，改元"洪化"。康熙十八年吴世璠十四万人马被清军消灭于湖南，次年败退云南。《成县新志》载："康熙十三年，吴

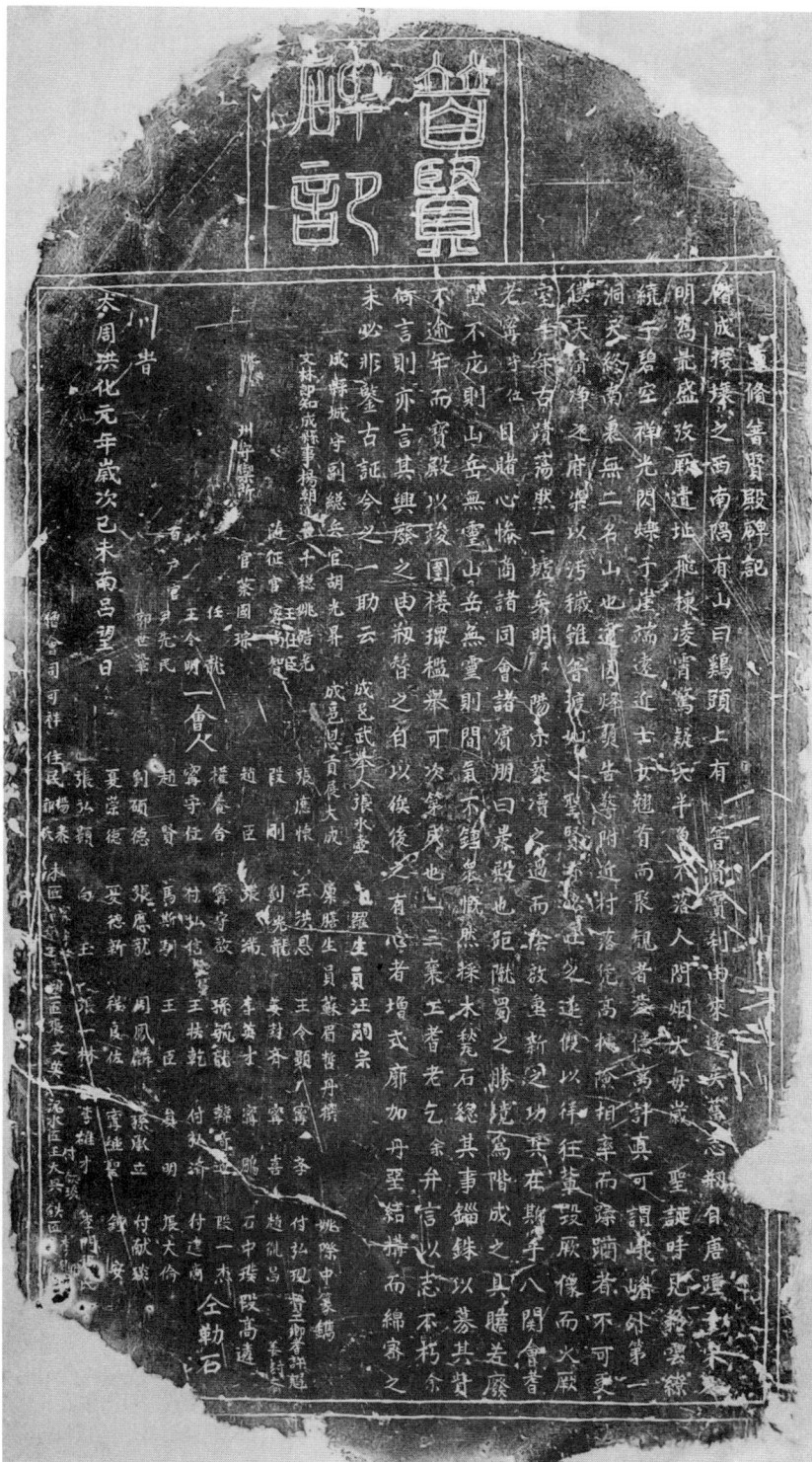

图 9-10　重修普贤殿碑记（李怡　协拓）

三桂反逆党盘踞七载，蹂躏最惨。知成县连登科与难。十九年，我兵至恢复。"①此碑以"大周洪化"纪年，因是时成县在吴世璠控制区。

### （九）西和·清《复建五台山发境寺碑文叩献》（康熙二十七年，1688）

　　复建五台山发境寺碑文叩献

　　伏以层峦耸翠，穷鸟岫之萦回。彩彻云霄，列冈峦之体势。来由洪武建设，及后民俗丕变，竟成荆棘矣。我朝定鼎以来，复经修葺，虽宇廊成灵，丹腹未施。于是臣道与二三父老，忾肰起修，化众补葺。寻卜日，诞奉子孙娘娘老爷忏殿之候，建牌垂统千载，使后之瞻拜者睹森严而善心生，风规所及，不亦远乎。

　　玄门弟子、化主：陈守常、赵太玄、刘一明、赵铎。（承像人姓名略）

　　大清康熙岁次戊辰孟夏之月吉旦。

《复建五台山发境寺碑文叩献》（图9-11），清康熙二十七年（1688）镌立，今存西和县石堡乡石堡村五台山法镜寺门口。碑纵80厘米，横50厘米，正文楷书22行，满行23字，字径3厘米。

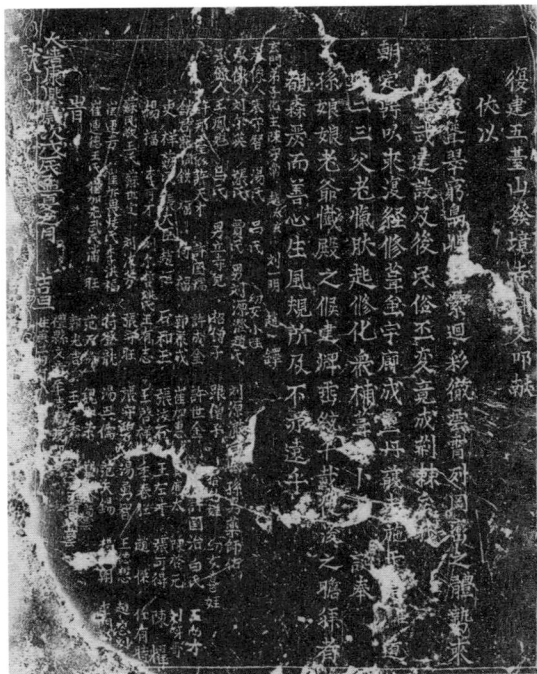

图9-11　复建五台山发境寺碑文叩献

图9-12　李甲壁题记局部

① 黄泳：《成县新志》，载《中国方志丛书》（华北地方·第三三二号），台北成文出版社，1970年，第102页。

## （一〇）成县·清《李甲璧题记》（康熙二十八年，1689）

康熙二十八年己巳三月二十日，成邑原任江南淮安府通判李甲璧[一]，同贡士刘日章、李合璧，廪生武允中、汪莲洲[二]，阴阳学姚际中访古。

[一] 李甲璧：《成县新志》载："李甲璧，字玉昆，县人。少倜傥，有才干。顺治戊子选拔，康熙乙卯授江南淮安府通判。正己率物，实心行政，厘奸剔弊，优士恤军，巡盐弭盗，俱得其方贤能，为上游所推重。"①

[二] 汪莲洲：《成县新志》载："汪莲洲，字淑人，生而岐嶷，有巨人志。稍长，以父明经琭（字石伯，汪浒六世孙），训经史百家，无不淹贯，尤至性过人……丁丑选入太学，每试冠军，国子师深器重之。后以孝养归籍，义授生徒，列庠饩，中乡榜者济济其人。莲平居，自持礼法而待人和厚，乡里感化，有王彦方之风……年七十六卒于家。子于雍亦选贡，于豫、于梁、于岱俱列庠，以文学世其家。莲于学无不通，虽家居而尝切济世……所著《种墨楼集》，典雅有则，尤长于诗，其题咏山川者，已略见邑志云。"②

《李甲璧题记》（图9-12），清康熙二十八年（1689）摩崖刻石，今存成县《西狭颂》摩崖碑亭西南壁。纵35厘米，横18厘米，楷书5行，字径1.8厘米。

## （一一）武都·清《李兆鼎墓志铭》（康熙三十年，1691）

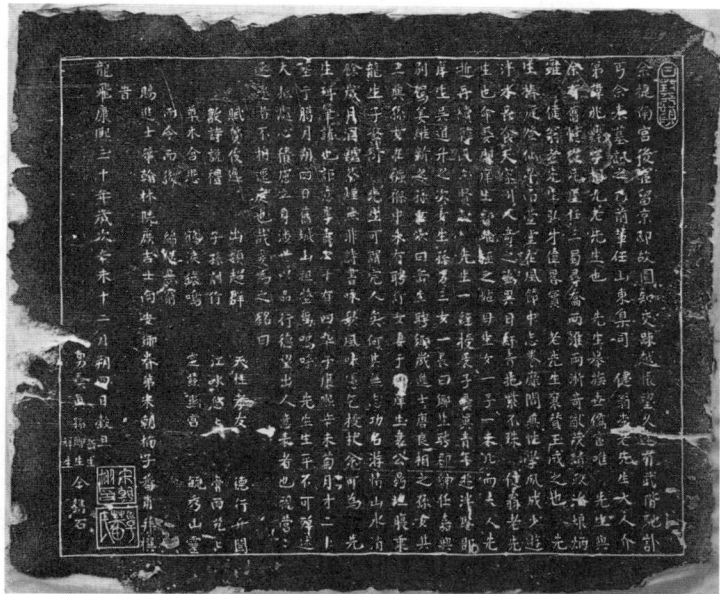

图9-13　李兆鼎墓志铭

① 黄泳：《成县新志》，载《中国方志丛书》（华北地方·第三三二号），台北成文出版社，1970年，第289页。
② 黄泳：《成县新志》，载《中国方志丛书》（华北地方·第三三二号），台北成文出版社，1970年，第293页。

日对天颜（印文）

余捷南宫后，宦留京邸，故园知交疏越怅望久。适有武都驰讣丐余表墓，讯之，乃前辈任山东臬司健翁李老先生大人介弟讳兆鼎、字相九老先生也。先生举族世儒宦，唯先生与余有旧忆，从兄历任三蜀，寻乔两淮、两浙，奇猷茂绩，政治烺炳。虽健翁老先生弘才伟略，实老先生襄赞玉成之也。先生椿庭登仙，早而萱堂在风节中，志养靡间，兼性学凤成，少游泮水，长食天家，州人奇之，为异日纡青拖紫不殊健翁老先生也。命娶郡庠生郭岫极之姑母，生女一、子一，未几而夫人先逝；再续韩氏，亦贤淑。先生一经授受，子彝真，青年游泮，娶郡庠生吴道升之次女，生孙男三、女一。长曰乡生，聘郡绅任嘉兴别驾姜维新之孙女；次曰岳生，聘乡岁进士唐良相之孙女；其三与孙女在襁褓中，未有聘订。女妻于郡庠生袁公鼎，坦腹乘龙，生子繁衍。先生可谓完人矣！何其无志功名，游情山水，消余岁月。酒鲈茶烟，无非诗书咏歌风味。宪乞授杖，余可为先生珥笔志也。讵意享寿七十有四，卒于康熙辛未菊月十二，卜葬于腊月朔四日旧城山祖茔焉。呜呼！先生生平不可殚述，大抵处心积虑，立身涉世，以品行德望出人意表者也，视营营逐逐者，不相径庭也哉。爰为之铭曰：

赋质俊逸，出类超群。天性孝友，德行升闻。敦诗说礼，子孙训行。江水悠悠，膏雨芃芃。草木含悲，鹤泪猿鸣。窆兹幽宫，毓秀山灵。而今而后，绵胙无穷。

赐进士第、翰林院庶吉士、南安乡眷弟宋朝楠子番甫拜撰。

时龙飞康熙三十年岁次辛未十二月朔四日谷旦。

男彝真，孙岳生、乡生、祥生，仝镌石。

《李兆鼎墓志铭》（图9–13），康熙三十年（1691）宋朝楠撰文，今由武都王旭东先生收藏。墓志纵37厘米，横44厘米，正文楷书26行，行24字，字径0.8厘米。墓志右上角刊一白文印曰："日对天颜。"墓志左下刊二印，一为"宋朝楠印"，一为"子蕃氏"。宋朝楠，字子蕃，陇西县人。清康熙进士，选翰林院庶吉士，由检讨转广西道御史，再内调任太仆寺少卿、通政使司正卿、佥都御史等职。

## （一二）武都·清《重修城隍庙碑记》（康熙三十九年，1700）

重修城隍庙碑（篆额）

重修城隍庙碑记

阶之城隍庙有二，说者以砖城属所，土城属州，非也。盖自旧城既迁，砖城建于明洪武五年，土城建于隆庆间，则有城有隍，而庙亦并建也。后因官舍仓库移置外城，于是祭祀祈报及民间香火之奉，咸奔走土城中，是知神亦依人而凭也。

吴逆之变，城市居民焚掠几尽，城隍庙巍然独存，奈殿庑倾圮，风雨不蔽。前牧祖广庵有志修葺，以迁去未举。乙亥冬，予斋宿庙庭，朔风凄冷，灯光月影中，恍然与神明接，即以修举为念。而军需方迫，岁苦不登，未遑计及焉。岁已卯，簿书稍暇，学官、城垣之役次第告竣。谋诸乡大夫士庶，量力捐助，属傅尉董其工，期月落成。夫春秋俎豆，具载典祀，矧城隍与社稷并崇，阴阳虽殊，感通则一，人苟一念违理，即不可对人，岂可质诸鬼神乎？年来祈祷立应。城多虎患，予请于神，旬日间，三虎就缚。雨旸时若，民多乐业，不可谓非神之惠也，而予心亦庶几可以质诸神矣！

康熙三十九年岁在庚辰孟春吉旦。

赐进士第、朝议大夫、阶州知州加二级，海宁陈勋撰。郡贡士司稼书丹。庠生雷雯镌。

原任阶州知州，今升浙江台州府同知祖肇庆。督修：吏目祝阿傅润仓。原任阶州儒学学正，今升凤翔府教授白琪。阶州儒学学正张灯。训导王三锡。候选州同：海宁陈塾、陈垣。

乡绅：李枝桢、李含桢、司加民。

生员：李醇真、辛自亮、苏绪轼、唐之岳、寇秉宪、张文华、李文远、王飏言、李抒真、孙弘绩、吴君腹、辛世琦、李春茂、李世俊、梁殿柱、赵琦、董玘、刘琰。（以下120人姓名略）

图9-14　重修城隍庙碑记

《重修城隍庙碑记》（图9-14），清康熙三十九年（1700）阶州知州陈勋撰文，司稼书丹，雷雯镌字，今存武都莲湖公园。碑纵156厘米，横67厘米。额篆书"重修城隍庙碑"6字，字径9厘米。碑右正文楷书13行，行35字，字径2.5厘米。碑左楷书题名13行，字径1.5厘米。《阶州直隶州续志》载："城隍庙，在州治西，明隆庆间，与城同建。民之祈赛时享皆与焉，岁久倾圮。康熙三十七年，知州陈勋重修，吏目傅润仓监修。"①《阶州直隶州续志》又载："陈勋，浙江海宁人。丙辰进士。康熙三十四年知州事。重修学宫、城垣，建义塾，缮城隍，筑堤造梁。俱有碑记。"②

## （一三）徽县·清·童华祖《重建杜少陵先生祠堂记》（康熙五十八年，1719）

百世诗宗（楷额）

重建杜少陵先生祠堂记

今夫人生有闻于当时，殁有传于后代，世之学者无问乎？识与不识，莫不仰望风徽而惠慕不已者，孰有知少陵先生也哉！尝读先生年谱，按先生生平，筮仕之日少，遨游之日多，以故足迹遍秦楚。当其度陇客秦州也，于徽之城西三十里许，有栗亭川，结草为堂，栖迟堰息，遗迹载在邑州志内，以今为昭明。正德间，侍御史潘公因觌先生于梦中，遂就地建祠而崇祀之。万历中，州牧左公慕其芳躅，又为之重修，迄今越百有余年。风雨漂摇，岁久剥蚀，唯余残壁颓垣，渐成瓦砾场矣！予山阴末学，遭逢盛世，奉命观察陇右，康熙丁酉冬巡视其地，而见古遗迹堕废，低徊而不能去。绅士张子思敬等，慨然奋兴以期创举，因相告语曰："吾侪读书讲道，效法先贤，忍视少陵先生灵爽飘渺松桧间而无凭依乎？"遂□词以白署牧，详请各捐己资，以张盛事，予亦捐俸以助。而其落成，复请为记，余不禁喟然叹兴曰："有是哉！文化之入，人深且远也。"在□少陵先生不产于徽，非官于徽，亦无深泽厚惠及于徽。粤考当日，不过疏救房琯，出为华州司功，弃官度秦陇时，往来于东柯、河池间，就地停居数处，久而飘梗远□，又复他移寄迹矣。何徽之人士思之深、慕之切于千载后？犹同心□□□□□以栽其□□也□。先生之诗文垂后，浸渍人心。观夫《咏怀》《古迹》以及《秋兴》诸章，而一腔忠爱，冉冉见于楮端。遂□千载以下，读其诗而楷模是式，想其行则高山仰止。以视深泽厚惠之及人，不又更出其右乎？□能使先生遗迹不致湮没于荒烟蔓草中，私心窃为喜幸焉。因为之记，刊诸贞珉，以示永久。□并□先生年谱于碑阴，俾后之学者睹斯碑也，而流连慨幕，相继修葺，则先生之祠正不止聿新于今日，是亦予与徽之绅士所共望云尔。

康熙五十八年岁次己亥孟夏吉旦，陕西按察使司、整饬洮岷兼辖陇右等处地方督理茶马、分巡屯田道副使童华祖撰。

---

① 叶恩沛修，吕震南纂：《阶州直隶州续志》，曾礼校点，兰州大学出版社，1987年，第102页。
② 叶恩沛修，吕震南纂：《阶州直隶州续志》，曾礼校点，兰州大学出版社，1987年，第222页。

徽州知州周元良，署徽州事于挺，儒学学正王翰，训导贾又谊，吏目张镳，监生陈虞简，贡生郇侯、王梦简。（以下董事姓名97人略）

图9-15　重建杜少陵先生祠堂记（王鸿翔、郭向雷　协拓）

《重建杜少陵先生祠堂记》（图9-15），清康熙五十八年（1719）童华祖撰文，碑原在栗亭杜少陵祠，今存徽县博物馆。碑纵110厘米，横74厘米，额楷书四字云"百世诗宗"，字径5厘米。正文27行，满行39字，字径2厘米（碑左下人名1—1.5厘米）。碑阴另刊有《杜少陵先生年谱》。童华祖，字禹山，绍兴山阴人。由乡荐中举，拜刑部郎中。康熙四十九年（1710）出任贵州遵义知府。康熙五十六年任陕西按察使司兼茶马分巡副使。《遵义府志》载：

> 童华祖，字禹山，浙江绍兴人。由乡荐官刑部郎中。康熙四十九年闰七月知遵义府。甫视事衙门，陋弊一切革除，随榜于门曰："受词讼半点私，天诛地灭；要兵民一文钱，男盗女娼。"观者皆吐舌，有下泪者。听断严明，赏罚不贷，而其慈祥恳挚，视兵民疾苦不啻恫瘝在身也。奖藉士类，孜孜常恐不及。遵义凡官出入夫马，酒食费皆供之。民间吏役复浮派之，民往往不堪其扰，华祖悉罢免，每行县，鸡犬不惊，歌颂之篇积成卷轴。①

## （一四）武都《皇清待封孺人王氏墓志铭》（康熙六十年，1721）

癸山丁向（横题）

皇清待封孺人王氏墓志铭

夫人王氏者，郡处士寇君之元配，郡乡绅王君之淑媛也。夫人映宝婺之瑶星，诞名门而祚胤。及笄而聘，作合自天。说者以（寇）公福星耀路，纸树生笋，姓氏著于史册。延及使君，正其发祥（者）也。迨于归，夫人不挟富以骄夫，布裳鹿车，清仿少君，举案齐眉，礼比光女。且其事舅姑以尽孝，相夫子以就学，唐孙夫人乐道内赞，何得专美于前乎？奈年甫半百，寇君有山颓木萎之悲，夫人励志孀居，节凛白雪，贞感紫燕，焦劳五内，勤苦十管。其截发延宾，不殊陶母之贤也；其和兄教子，是即柳郓之母也。家声克振，亲谊维联，所以天锡尔类，卓荦不群。长子秉礼，自幼业儒，身列黉宫；次子秉乐、三子秉法，易文就武，凌烟纪勋，麒麟垂名，或未易量。若诸孙林立，又何殊兰桂之竞秀耶？夫人生于顺治十三年十二月初五日，卒于康熙六十年三月初一日，卜葬于旧城山之祖茔。叙事勒石，永志不朽。晚忝属葛派，啒诚哀挽，历序始终。而为之铭曰：

淑人天亶兮，瑶光启星；雪咏庭除兮，才擅闺英。贤达闾巷兮，德及宗亲；理家有道兮，训子成人。本支百世兮，子孙绳绳；佳城在望兮，马鬣前封。灵其永奠兮，于夜台之幽宫。

晚生刘涌熏沐拜撰。

康熙六十年五月初十日墓志铭。

男：秉乐、秉礼、秉法，孙：泰闰、高来，谨志。

---

① 平翰等修，郑珍等纂：《遵义府志》卷三〇，道光二十一年（1841）刻本。

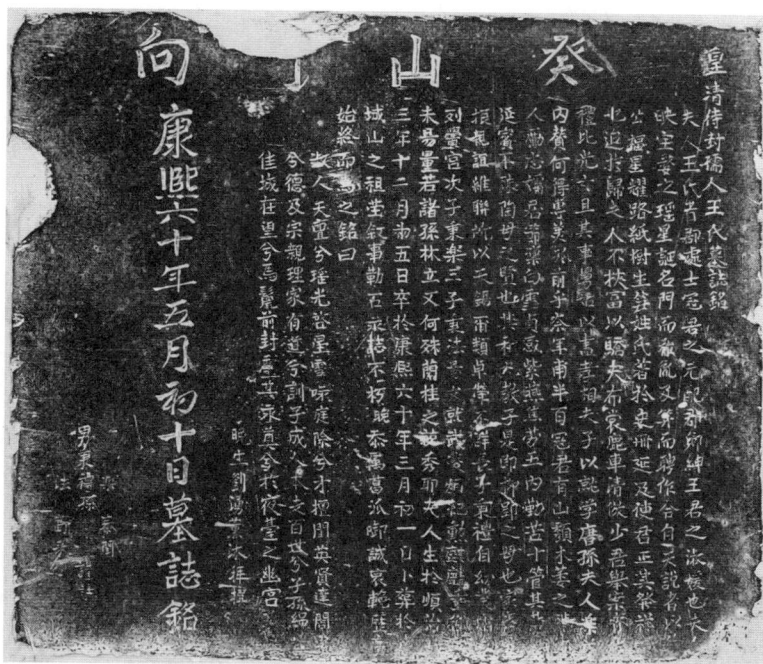

图 9-16　皇清待封孺人王氏墓志铭（宋涛　协拓）

《皇清待封孺人王氏墓志铭》（图
9-16），清康熙六十年（1721）刘涌撰文，
今存武都区博物馆。墓志纵 35 厘米，横 40
厘米，楷书 23 行，行 24 字，字径 1 厘米。
顶端横书"癸山丁向"4 字，字径 3 厘米。
末"康熙六十年初十日墓志铭"13 字，亦
较正文大，字径约 2.5 厘米。

## （一五）武都·清《建修朝阳观音洞碑记》（雍正二年，1724）

建修朝阳观音洞碑记

　　尝观天地之尊，切以真空无相，离
相而非至真之真。圣道无言，绝言而非
殊妙之妙。欲明实相，必假庄严。今
雍正贰年二月初八日，合会动工协力，
原因观音洞殿居于岩前，诚恐日后披
岩所崩。因此，统约合会众姓，各施微

图 9-17　建修朝阳观音洞碑记（杨瑞　协拓）

赀，成就功德，重建洞殿。须至碑者。

会长：王明德、李踪、郭万斗、十月保、王见、田三奇、善哇子、李奎、徐万寿、郭建都、李迎杨、豆元儿、郭万胡、刘朝良、孙先荣、孙善人。

举士：王世种、郭正都、白光要、王世尊、郭家保、田牧、杜朝先、李连、王选、朱大成、陈大智、陈白文、郭露、郭宁都。

随缘：马龙、郭天心、庆玉、郭凉都。

雍正二年润四月十七日谨立。

画匠：陈典、男陈自礼。遇书童生：郭建都。

《建修朝阳观音洞碑记》（图 9-17），清雍正二年（1724）刊石，今存武都朝阳洞。碑纵 70 厘米，横 35 厘米，厚 7 厘米。楷书 13 行，行 29 字。碑末有阴刻印章二枚，一曰"建书"，一曰"堂"。

图 9-18　秦蜀交界摩崖
（蔡旭东　协拓）

## （一六）文县西·清《秦蜀交界摩崖》（雍正七年，1729）

秦蜀交界。

四川南坪营所属关外八寨：马尾山寨、盐土山寨、草地沟寨、杨家湾寨、灯笼山寨、水田寨、固水沟寨、邪坡寨。

雍正七年五月二十六日……勘四川松潘卫守备罗林刻石。

《秦蜀交界摩崖》（图 9-18），清雍正七年（1729）罗林刻石，今存文县石鸡坝乡边地坪村西陇蜀交界的四川省九寨沟县郭元乡柴门关村东白水江南岸。摩崖纵 185 厘米，横 90 厘米。中间竖书"秦蜀交界"4 字榜书，字径 50 厘米。"关外八寨"41 字居右，年款居左。

## （一七）康县·清《犀牛罗汉院碑记》（雍正九年，1731）

犀牛罗汉院碑（篆额）

犀牛罗汉院碑记

州治东南隅二百余里有寺名曰"罗汉院"，创自前朝嘉祐年间，前之士民不知。几经……日久，渐有冰消瓦解之势。独有僧人海明者，原籍西安府泾阳人也，随父性空出家。□□山水清秀……因果想。（大）雄宝殿可云木天，既补葺如故。左圣母、地藏，右犀牛、伽蓝，以及天王诸菩萨，钟□□□殿，亦嗣绪焕然……（海）明以一人不惜顶踵，而功成告竣，若是然要非自十方中来也。或鸠工、或庀材、或朱漆丹沙□□中住所出而系毫……常住。东至横道；南至乾水沟，直下水溪；西至过道坎；北至两河口。虽其地有肥饶，出有多□□分□□非僧人之有……厥事尤非我国家有道不至此，由是履其境、登其院，不无人杰地灵之感，况乎珠宫辉灿、金相庄严。睹佛面者，恒能于清净法中洗涤恶迹。感悟善念，是于人心风俗，岂曰小补之哉！爰勒诸石，以垂不朽云。

　　时大清雍正九年正月十六日立犀牛罗汉院碑记。

　　仇池廪膳生员汪于丰稿并书。

　　四方助功民（55人姓名略）

　　会长：祁凤鸣、张阳照。前后总会长：毕锦宰。富平县杨幼烈刊。主持僧王海明，师弟海福，门徒：寂云、寂悟、寂运。

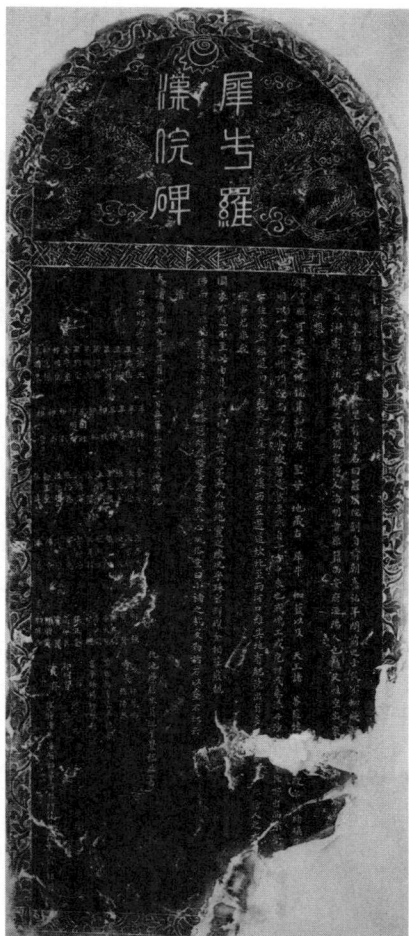

图 9-19　犀牛罗汉院碑记

　　《犀牛罗汉院碑记》（图9-19），清雍正九年（1731）汪于丰撰并书，2017年9月出土于康县周家坝镇犀牛村东北原犀牛罗汉院故址。碑纵165厘米，横78厘米，额篆"犀牛罗汉院碑"6字，正文楷书23行，行47字，字径2厘米。

## （一八）成县·清《黄沛题记》（乾隆六年，1741）

　　乾隆辛酉十月既望，蜀人黄沛[一]、黄瑞鹤[二]同邑人汪于雍、汪于岱[三]因修县志访古至此。

[一]黄沛：字元静，成县令黄泳之表兄，四川射洪人，岁进士，候选儒学。黄沛《纂修成县志叙》道："戊午秋，吾怀弟泳，奉简命来宰是邑。受事后，适调任吴公以志稿授弟，弟以政务倥偬，未暇辑校，今冬属沛与弟瑞鹤曰：'此吴公所手付者，唯吾兄与

弟，其卒成之？'沛兄弟自维谫劣，虑弗克胜，乃偕邑绅士汪君昆仲，于古迹之有关于成者，不惮艰远，履层岩，历险隘，出重霄，临无地。凡古洞深壑、断碣残碑，可供采择者，罔不拭磨登记焉。"①

[二]黄瑞鹤：字举千，黄泳弟，四川射洪人，丙辰科进士，候选知县。黄瑞鹤《纂修成县志叙》末署："赐进士出身、吏部候选知县西充弟瑞鹤题于成署之听柯轩。"

[三]汪于雍：字昆仲，雍正乙卯拔贡，汪莲洲之子；汪于岱亦莲洲子，庠生。黄沛、黄瑞鹤、汪于雍、汪于岱，此四人因纂修《成县新志》访古于西狭。黄泳《成县新志·序》云："辛酉秋，成颇丰，因于簿书之暇，取吴公所贻者而加考订，更得邑选贡汪君于雍出明季成宰谢公（镛）所辑旧本及家藏艺文，以备采择。余乃属同怀兄沛、弟瑞鹤偕邑绅士，考据编辑，阅数月告成。"②

《黄沛题记》，清乾隆六年（1741）摩崖刻石，刊于成县《西狭颂》摩崖碑亭西南壁。

## （一九）成县·清《黄泳题记》（乾隆八年，1743）

图 9-20　黄泳题记

成邑原任黄公讳泳[一]，字弘济，偕男讳极[二]等，同武都山人生员雷赞化[三]、陇西昌谷墨刻山人傅良玉访古到此。命印墨[四]张传至远播。

乾隆八年六月十六日书。邑人宋光明。

[一]黄泳：字弘济，"弘"因避清高宗弘历讳，字右部省点。《阶州直隶州续志》卷二三《名宦下》载："黄泳，字宏〔弘〕济，四川射洪举人。乾隆三年知成县，补建义学，纂修邑乘，修黑峪河道路，除虎患，两赈饥歉。莅官五载，至仕日，民立德政去思碑。"③

[二]讳极：高天佑《西狭摩崖石刻群研究》作"备极"。

[三]雷赞化：高天佑《西狭摩崖石刻群研究》作"雷替化"。

---

① 黄泳：《成县新志》，载《中国方志丛书》（华北地方·第三三二号），台北成文出版社，1970年，第15页。
② 黄泳：《成县新志》，载《中国方志丛书》（华北地方·第三三二号），台北成文出版社，1970年，第5页。
③ 叶恩沛修，吕震南纂：《阶州直隶州续志》，曾礼校点，兰州大学出版社，1987年，第235页。

[四]印墨：高天佑《西狭摩崖石刻群研究》作"即墨"①。

《黄泳题记》（图9-20），摩崖刻石，清乾隆八年（1743）刊于成县西狭《西狭颂》摩崖碑亭西南壁。纵43厘米，横18厘米，楷书5，字径1.5厘米。

## （二〇）成县·清《钟运兴题名》（乾隆八年，1743）

乾隆癸亥孟夏月，邑学生访古。钟运兴、乔人龙。

图9-21 钟运兴题名

《钟运兴题名》（图9-21），摩崖刻石，清乾隆八年（1743）刊于成县《西狭颂》摩崖碑亭南壁。纵20厘米，横13厘米，楷书4行，字径2.5厘米。

## （二一）成县·清《雷赞化题名》（清乾隆十九年，1754）

乾隆十九年夏月打墨刊。武都雷赞化，同谷张弋中，公送人赵居贵。

《雷赞化题名》（图9-22），摩崖刻石，清乾隆十九年（1754）刊于成县《西狭颂》摩崖碑亭南壁。纵20厘米，横14厘米，楷书5行，字径1.3厘米。

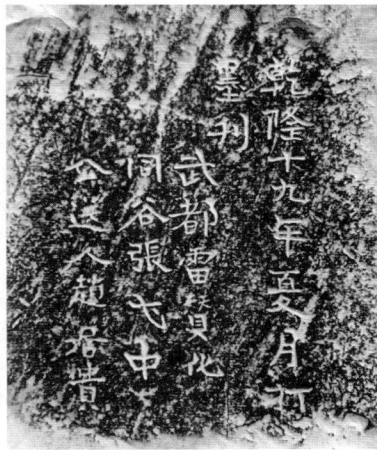

图9-22 雷赞化题名

## （二二）成县·清《柏林寺重修碑记》（乾隆二十三年，1758）

皇清（篆额）

柏林寺重修碑记

按，浮屠之学自汉入中国，千有余年。世传龙藏象负，皆为觉岸津梁；绀殿金身，无非化城像教。故名山胜地，每为梵宇禅关所踞。

柏林寺，在县北五里许，上倚高岗，下瞰流水。鸣磬则空谷响应，掩经则众籁寂声。清风徐来，柏香暗度，觉明镜台边，四大皆空，五蕴非有，不可谓非三昧

① 高天佑：《西狭摩崖石刻群研究》，兰州大学出版社，1999年，第368页。

图 9-23　柏林寺重修碑记（满正人、刘亚刚　协拓）

境界。惜碑碣无存，创造莫详，其世檀那，莫究其人，仅醮炉、晨钟纪年于有明嘉靖间，意其由来远矣。烟锁雨霭，基虽高，而若下藤覆苔侵，时即晴而亦湿。其栋折垣颓，剥落荒凉之状，几不堪目睹。有附近居民十方众姓等，偕黄冠耿志麟，四出募化，得金数百两。起工于乾隆丙寅，首大佛殿，天王殿次之，护法殿次之，痘司神殿又次之，中殿更次之，历十年，抵乙亥岁工竣。彩栋流霞，珊楹凝翠，法门清净，丛树苍茫，仿佛鹫岭、祇园胜概。夫莫为之前，虽美弗彰；莫为之后，虽盛弗传。当此军兴旁午、饥馑洊臻之秋，求所谓给孤开士者实难，而况檀越挺出乎？兹乃若大愿力发，自羽客又得诸信士以为之倡，足以仰继前徽，昭示后起，似不可终泯。予不知西来大意，每闻作善者乐得而称道之。爰勒石以为之记。

长出数目。圆嘴地捌垧：东南至大埝，西至康再荣，北至蒲乂彦。近寺地：东至天河，南至乂彦地，西至大埝，北至乂彦尖角。以下大埝，西至杨疙瘩埝。四至分明，并无包裹。

选校贡生、候铨教谕汪于雍敬撰；儒学生员卢蕙敬书；释子武性义敬刊。

木匠：王鹅、李万秉、陈汝文。石匠：张卓、张士文、石聚、石玢。画匠：石可朋、周秉智。泥水匠：刘继宗、武择中。瓦匠刘建基。

住持道人耿志麟，徒：党心泰、李心安。

乾隆二十三年岁次戊寅律中应钟谷旦，众姓人等建立。

《柏林寺重修碑记》（图9-23），清乾隆二十三年（1758），汪于雍撰文，卢蕙书丹，今存成县陈院乡柏林寺。碑纵158厘米，横92厘米，额篆"皇清"2字，字径10厘米；正文楷书25行，行30字，字径3.5厘米；"四至"及题名字略小，字径2.2厘米。

**（二三）成县·清《陶万达甸山题诗》（乾隆二十四年，1759）**

横川有灵山，古石点苔斑。五载仅一访，留句播人间。

乾隆己卯冬月，邑令陶万达题。

《陶万达甸山题诗》（图9-24），清乾隆二十四年（1759）摩崖刻石，今存成县红川镇甸山"灵石"上，左邻民国《陶自强甸山题诗》。摩崖纵35厘米，横52厘米，行楷书，诗文4行，字径6厘米；款识2行稍低，字径3.5厘米。

图9-24　陶万达甸山题诗（石贵平　协拓）

## （二四）成县·清《奎阁讲堂公捐地亩记》（乾隆二十五年，1760）

图 9-25　奎阁讲堂公捐地亩记

奎阁讲堂公捐地亩记

奎宿有阁，所以培补文运风气也。奎阁之左，并建三楹，颜曰"秀峰先生讲堂"，所以明文运风气之有赖以培补也，二者固并建，以垂久远。我邑之绅士等共念，有创之者，无记之者，数十年后，终同荒宇丘墟而已。

查兹阁落成之日，蒙秀峰陶父母，即为久远计，出俸金，置地四亩有奇，详已列记中。是堂也，乃我绅士等建立，以报<sup>[一]</sup>陶父母者，可无地<sup>[二]</sup>亩与奎阁相始终乎。爰议公请，将衙北官街一十二丈，令居民起盖廛舍<sup>[三]</sup>，每岁共纳税钱二千四百文，又议捐廪庠学田一十五塅，递年收租粮四石五斗，合与奎阁祭祀、演戏、庆贺外，朔望伏腊灯火之费、奠献之品，皆出于此。更储其余，以防风雨侵蚀之患。庶几窗棂<sup>[四]</sup>焕影，灯烛摇辉，金碧之象常新，文明之光永耀。将见云汉昭回，天章散为文彩，斗极高朗，人杰原于地灵，风气文运于此兴，而培补文运风气者，亦于此并垂以不朽！是为记。

乙卯选拔汪于雍撰文；丙子举人袁继宗书丹。

生员：张弋郊、吕际韩、乔人龙、钟应远、胡坦、尹大兴、姚翘。

礼生钟运和、张弋中刊<sup>[五]</sup>。

乾隆二十五年岁次庚辰春月公立。

[一]报：今泐，据《成县志》①补。

[二]无地：今泐，据《成县志》补。

[三]廛舍：《成县志》作"厘舍"。

---

① 成县志编纂委员会：《成县志》，西北大学出版社，1994年，第938页。

[四]窗棂：《成县志》作"窗楼"。

[五]生员……张弋中刊：题名两行，《成县志》未录。

《奎阁讲堂公捐地亩记》（图9-25），清乾隆二十五年（1760）汪于雍撰文、袁继宗书丹，今存成县上城奎星楼。碑纵43厘米，横95厘米，正文行楷29行，满行17字，字径1.8厘米。碑文"陶父母"即成县县令陶万达。

### （二五）武都·清《段煜题壁》（乾隆三十一年，1766）

清乾隆丙戌正月十一日来至此。生员：邢成、沈天府、李士盐、王景仁、王瑞、古世琅、王玮、马仲科、古世琮、崔质、赵缙、贾又至、崔宗付，候铨县承段煜。

《段煜题壁》（图9-26），清乾隆三十一年（1766）墨书题壁，今存武都万象洞天庭东壁。题壁纵16厘米，横39厘米，楷书混合14行。

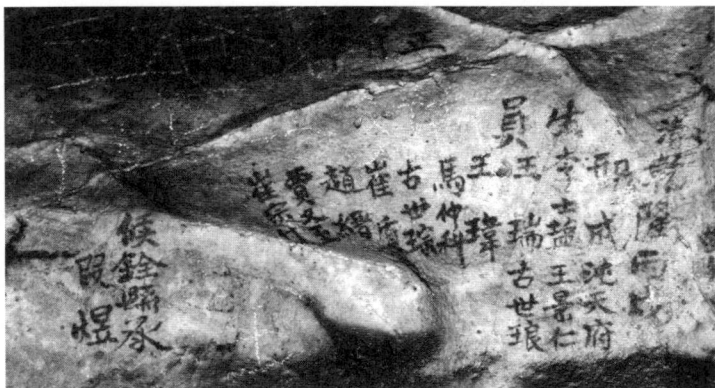

图9-26　段煜题壁（李婷婷　摄）

### （二六）西和·清《题云雾山毓龙泉有序并诗》（乾隆三十二年，1767）

图9-27　题云雾山毓龙泉有序并诗（杨嘉雄、王锦江　协拓）

题云雾山毓龙泉有序

云雾山畔，旷衍之间，有龙神庙三楹，前有泉水一泓，周回数武，不溢不涸，北流成渠，达于汉水。旧传此地无泉，突于平地涌出，有见龙之祥，土人因之立庙。每祷祀于此，不独祷雨必应，灾祲亦藉祛除。岁时村邨社鼓，童叟毕集，咸踊跃欢呼曰"我家小二龙王"云云。吁，是亦异矣！既曰"龙王"，岂非神耶？抑其龙耶，胡为"小二"称之耶？曰"小"曰"二"，又何亲昵乃尔？询之土人，笑而莫解，云："高曾以来，传说如是。"相与"小二"之非一世矣。亦不知泉所缘起，始于何年。噫！土人无知，有传闻而无记载，奈之何哉！余自中山就养西和县署，时时来游，感此灵异，亦勿能深考，第因土人之请，名其泉曰"毓龙"，并缀小诗，刻石以志后之览者，或能深考其异云。

龙自何来胡住此，忽于平地涌流泉。云垂天末阔如海，雾绕山根曲似川。泉气连空昏暮雨，雷声隐涧起湍渊。方壶弱水地灵杰，山是三山龙是仙。

中山西畦老人王之栻（印文：王之栻印，文瞻）。

题毓龙泉

巡省何劳课问频，龙潭深护万家春。作霖用沛田畴足，祷祝同呼位次尊。只有风云呈变态，难凭父老证前因。嘉名一自题泉石，水色山光两并新。

邑令中山王鸣珂。

毓龙泉纪事二绝

云雾山头云雾起，霎时散作灵雨止。村邨击鼓报龙神，处处儿童皆欢喜。听罢儿童击壤歌，鱼龙鼓翅兴婆娑。大书特书石上字，付与山灵总不磨。

前题再赋长歌

西和城南路逶迤，云雾苍苍山色紫。山下出泉泉有龙，变化不知所终始。有时龙在天之上，灵雨崇朝千万里。有时龙在渊之下，缩同尺泽之鲵耳。泉兮龙之宫，龙兮泉所止。年年农事报有秋，使君驻马频来此。为叹泉灵与龙灵，何堪泯没任尔尔，从来典籍多阙文，丹书三字补经史。

陇□赤岩道人谢瑸

乾隆三十二年仲春上浣勒石。

《题云雾山毓龙泉有序并诗》（图 9-27），清乾隆三十二年（1767）立石，今嵌于西和县赵五乡张集沟村龙圣祠院墙外。碑纵 58 厘米，横 112 厘米，楷书 37 行，满行 20 字，字径 2 厘米。朱绣梓《重修西和县志》载录碑文，偶有脱误。后半碑刻泐损者据《重修西和县志》补入。龙圣祠院墙外另有早诗碑一年的《毓龙泉题字碑》，碑纵

120厘米，横58厘米，文曰："毓龙泉，西和令王鸣珂，乾隆丙戌十月立石。"（图9-28）《重修西和县志》卷五《民政志》载：

> 王鸣珂，直隶定州拔贡，乾隆二十九年到任。建上禄书院、奎文阁、栖流所，重建武庙、城隍庙、崇圣祠、东岳庙，邑气象焕然改观。公建设既多，今之可考者，如萨真人墓、毓龙泉等，皆立有碑记。书法秀劲，雅有可观。其建毓龙泉也，邑之人有谣传焉，曰："乾隆三十年，地动摇宁远。摇了四门寨，捎带略门川。"盖公因事赴省，路宿宁远之四门寨，梦有神自西和来，云大劫立至，促公即行。公乃起而首途，行未几时，而四门寨竟因地震全镇遭劫，其幸而能免于难者，皆因公之行而得早事预备者也。公归而遍谒各庙，无与梦中之神相似者，后至毓龙泉，则宛然梦中见者，因为新其祠宇，立有碑记，虔诚而礼之。[①]

图9-28 毓龙泉题字碑

## （二七）西和·清《晒经寺重建碑记》（乾隆三十三年，1768）

重建碑记（楷额）

河池西隅晒经遗址，以白云为藩篱，碧山为屏风，戴白崖而跨渭谷，接三江而映九龙，此亦古今来一佳景也。我先世剪除荆棘，披恳草莱。驱虎豹以潜形，逐蛇龙而遁迹。采于山英可茹，钓于水鲜可食。历唐以来，创为释迦宝殿，窃以道传西域，默运两仪之精；位参三教，妙宣五行之化。我等量晴课雨，饮和食德。白马之遗踪未湮，沙戒之歇迹犹存。盖不以为游观憩息之所，而直以为祥霞呵护之所也。既而行者不戒，墙垣倾颓，梵宫之钟磬委为瓦砾矣。禅林之遗经其犹有存焉者乎？此虽历年之久，抑亦人事之失也。呜呼！晒经寺之由建千余年矣，不有作者，谁为弓冶？不有述者，谁守箕裘？乾隆戊子秋，我乡人戮力同心，群效匡扶，四方君子，咸切观仰，爰是复筑墙垣，重修栋宇，俾古迹延而长留，庙貌缺而

---

① 朱绣梓：《重修西和县志》，载西和县志办公室校点《西和县志》（内部资料），2006年，第171页。

图9-29　晒经寺重建碑记
（张喻熊　拓）

复振。异日者民康物阜，望风迓祥，咸于是有赖焉。是为序。

直隶秦州礼县、西河士庶军民人等。

功德主（人名略）。

乾隆三十三年仲秋月吉日立。

郡庠生郑复韶谨志。

《晒经寺重建碑记》（图9-29），清乾隆三十三年（1768）郑复韶撰文，今存西和县晒经乡晒经村晒经寺。碑纵128厘米，横69厘米。额楷书"重建碑记"4字，字径7厘米；正文楷书20行，满行37字，字径2.5厘米。

### （二八）成县·清《大雅今何在诗并跋》（约乾隆三十三年，1768）

大雅今何在，青山旧草堂。数椽间架小，三径薜萝荒。夹岸千寻逼，奔流一水狂。仙人开晓洞，鸣凤
翥高冈。潭静龟鱼现，岩深虎豹藏。卜邻如凤约，结伴近禅房。萍梗依关塞，葵心向廊廊。才名怜太白，开济忆南阳。岂独文章焰，还推忠爱长。当时歌橡栗，此日荐羔羊。板屋经风雨，茅檐压雪霜。年年勤补葺，来往莫椒浆。

工部草堂在成邑东南飞龙峡口，凤凰台西。堂开东向，夹岸石壁千寻，对面有醉仙形悬壁间，衣冠须眉略可指似。二水合流出峡，水行石间，炭薨动荡，势若飞龙。下为深潭无底，可钓长鱼。昔公由秦入蜀，爱其地，结茅以居，与赞公往来。后人因以祀公，春秋例用特羊云。

东武刘坶[一]识，刘墫[二]书。

[一]刘坶：字敬庵，山东诸城县人，刘墉（1719—1804，字崇如，号石庵）堂兄，清雍正十三年（1735）举人，官历福建盐课大使、成县知县。刘光斗《诸城县续志》载："坶，字镜庵，举人。为成县知县，有清名。岁饥，大府属发仓庾贷民，民不能偿，坶代偿之。以劳致疾，卒于旅舍，贫不能归衬，布政使赗助之以归。"[①]

[二]刘墫（1707—1791）：字象山，号松庵。刘墉从兄，长刘墉十三岁，刘继熜

① 刘光斗等修，朱学海纂：《诸城县续志》，载《中国方志丛书》（华北地方·第三八五号），台北成文出版社，1976年，第316页。

图 9-30　大雅今何在诗并跋

次子。乾隆二十五年（1760）进士。乾隆三十年出典广东乡试副考官，升授吏部员外郎，礼部精膳司郎中。乾隆三十三年出任陕甘学政，调任安徽道守按察使，迁陕西按察使，江宁布政使。著有《同善堂见闻录》八卷[①]。

《大雅今何在诗并跋》（图 9-30），刘垿撰诗文，刘墫书丹，今存成县杜甫草堂后院北壁。碑纵 135 厘米，横 86 厘米，左下一角残泐。正文行书 14 行，满行 19 字，字径 4 厘米。碑末刻有四方印章，分别是"刘垿之印"（白文）、"敬庵"（朱文）、"刘墫"（白文），另有一朱文印残损不可识。碑无年款，仅作"东武刘垿识，刘墫书"。以刘墫出任陕甘学政时间推之，立碑约在清乾隆三十三年（1768）[②]。

① 刘光斗等修，朱学海纂：《诸城县续志》，载《中国方志丛书》（华北地方·第三八五号），台北成文出版社，1976 年，第 317 页。

② 蔡副全：《成县杜甫草堂刘垿刘墫诗碑考》，《丝绸之路》2009 年第 10 期。

## （二九）成县·清《重修祥光寺碑记》（乾隆四十七年，1782）

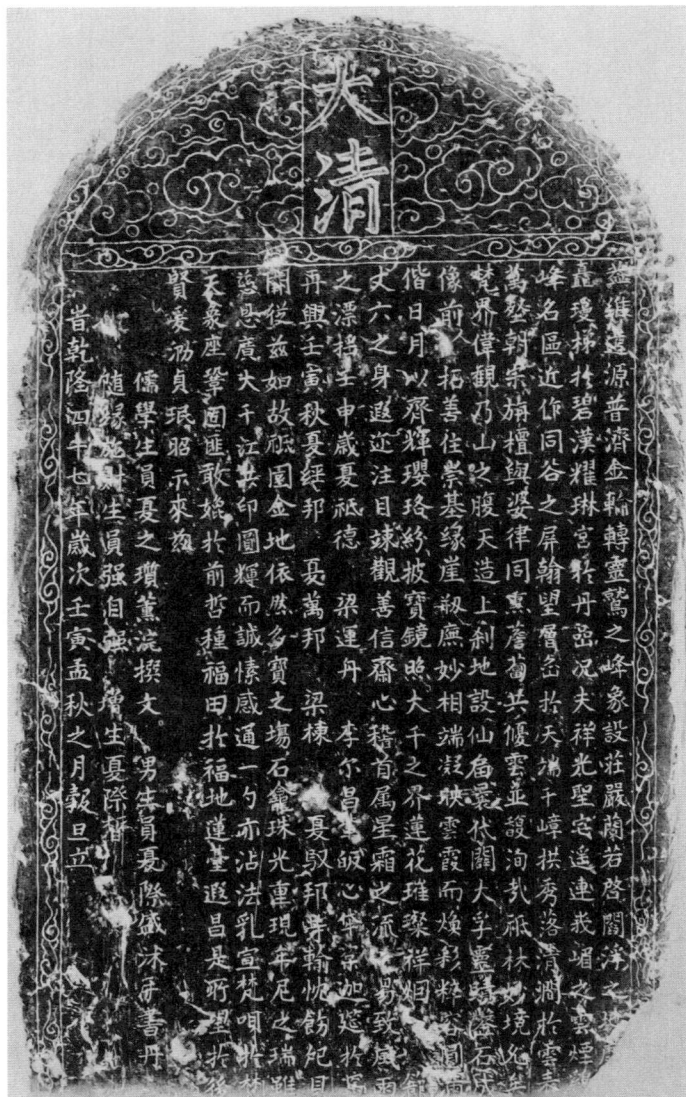

图 9-31　重修祥光寺碑记

大清（题额）

　　盖维道源，普济金输，转灵鹫之峰，象设庄严，兰若启阁，浮之地靡□。蠹琼梯于碧汉，耀琳宫于丹岩。况夫祥光圣宅，遥连峨嵋之云烟；鸡峰名区，近作同谷之屏翰。望层峦于天端，千嶂拱秀；落清涧于云表，万壑朝宗。旃檀与婆律同熏，蒼卜共优云并馥，洵哉祗林，妙境允矣，梵界伟观。乃山之腹，天造上刹，地设仙屆。曩代辟大孚灵迹，凿石成像；前人拓善住崇基，缘崖创庑。妙相端凝，映云霞而焕彩；粹容圆满，偕日月以齐辉。璎珞纷披，宝镜照大千之界；莲花璀璨，祥烟笼丈六之身。遐迩注目竦观，善信齐心稽首，属星霜之流，易致风雨之漂摇。壬申岁，夏祗德、梁运舟、李尔昌辈皈心，牟窣迦筵，于焉再兴；壬寅秋，夏经邦、夏万邦、梁栋、夏驭邦等输忱，饬所目阙，从兹如故。祇园金地，依然多宝之场；石龛珠光，重现牟尼之瑞。虽慈恩广大，千江共印圆辉；而诚愫感通，一勺亦沾法乳。宣梵呗于梵天，象座巩固，匪敢媲于前哲；种福田于福地，莲台遐昌，是所望于后贤。爰泐贞珉，昭示来兹。

儒学生员夏之瓛薰浣撰文，男生员夏际盛沐手书丹。随缘施财生员强自强，增生夏际晢。

时乾隆四十七年岁次壬寅孟秋之月谷旦立。

《重修祥光寺碑记》（图9–31），清乾隆四十七年（1782）夏之瓛撰文，夏际盛书丹，今存成县鸡峰山祥光寺。碑纵97厘米，横57厘米，额楷书"大清"2字，字径8厘米。正文楷书17行，满行26字，字径3厘米。

## （三〇）成县·清《重修广化寺大殿记》（乾隆六十年，1795）

重修大殿（篆额）

重修广化寺大殿记

环成皆山也，其西南诸峰林壑尤美，望之蔚然而深秀者，鸡峰也！鸡峰对峙有一寺焉，名曰广化，由来已久。汉马公昌于前而绛帐开，宋高氏建于后而青云附。此其尤彰明较著者也！历元及明，或踵旧增新；历明及今，或因敝改造。其间之修废而补坠者不知凡几，而风漂雨摇倾圮，时所不免焉。故大殿自万历十年重修而后，墙垣屡经补，法相未曾修饰，迄今椽脱瓦解，四壁颓然，几有不堪目睹者，乃有耆老贾汉儒、李建业、周谦德、韦增华等，全住持如法，概然以重修为任，相集而议曰："庙宇之完缺，风景之盛衰系焉！"况积善之必有余庆。老人培之，后人可不续之乎？于是约立会期数十余人，先纳己费，铢积寸累，以植其基，后布化于乡里、村镇、城市，以充其用，前后五六年间，不知几费艰辛，而始成此举矣。迨至告竣后，将见金碧焕彩于中，斗拱流霞于外。衔泥之鹊，望而饮趄；稽桑之鸟，见而寂声。不可谓非成邑之一巨观也！因勒诸石，以志其事，姓氏岂有赖焉！亦惟是高抱凤台，清枕龙潭古洞、石泉仙碑诸胜，概前人创之于昔，后人获之于今，欲后之视今，亦犹今之视昔。嗣而葺之，庶斯化之不坠也。是为记。

邑庠生贾百镒南金氏撰并书。释子武海洋勒石。

图 9-32　重修广化寺大殿记

会首：贾汉儒、李建业、周谦德、韦增华、杨美、黄天佑、杨开选、杨开运、杨冲霄。

黄福、周廷德、周兴德、生员贾百镒、生员周抡秀、周谟、贾汉铎、张仁、黄友世、贾汉绪、许贤、厍增美、许能、宁仓、许世享、许世敬、贾守业、任良俭、贾汉韬、贾汉章、韦兴周、贾纯业、杨开造、黄宗秀、李廷丰、沙朝明、李廷枚、朱朝俊、贾传业、张子友、李必兴、许朝吉、李建美、苏德昌、李如桃、马陶成、韦金玉、黄宗仇、李顺、韦增孝、贾汉务。

石主：周文彩、董氏。住持僧人：张如法、如意。泥水：黄荣世。画匠：王义。石工：王怀仁。

乾隆六拾年岁次乙卯孟冬月中浣谷旦立。

《重修广化寺大殿记》（图9-32），清乾隆六十年（1795）贾百镒撰文并书，今存成县抛沙镇广化村广化寺。碑纵170厘米，横76厘米。额篆书"重修大殿"4字，字径10厘米；正文楷书21行，满行43字，字径2.5厘米。

## （三一）成县·清《重修飞龙峡栈道碑记》（嘉庆十二年，1807）

重修飞龙峡栈道碑记

同谷飞龙峡，为由县以达略阳、汉、沔要衢。云栈挂壁，危径如线，方之蚕丛鱼凫，何多让焉。嗣后，挂壁者渐落，如线者渐隐，即仅求云栈危径，亦渐不可得。未当不叹开创之难，而继事之尤非易也。乾隆壬子，邑侯汪公于峡口栈道捐俸为诸绅士率，茸而新之，迄今刻石颂德弗衰。而由二栈以至三栈，犹未之及也。嘉庆丙寅，首事诸同人毅然举事，合邑诸士民亦慨然乐输，乃鸠工庀材，凿巉岩，斩荆棘，凡十阅月始告成。计程考工，则起至长峰河，迤逦而上至峡口，而阙功竣焉。计形势，舍三栈弗修者，材木难也。易其道于卫人山与山人湾者，径虽迂而固且久也。于二栈则辟而广之，因旧迹也。于一栈则补之，有所藉而成功甚易，且使汪公手泽庶历远常新也。昔险阻，今康庄，诚乐事哉！夫以必由道之人而修所必由之道，岂足言功？然往往嗟行路之艰，卒掉臂不顾者，几若人不必为由道之人，而道为不必由之道也，可不谓过乎！弗修者过，则修者功矣。且非独于此而已，彼挂壁云栈，如线危径，非必天造地设者也，必有人以开之。有人开之，乃无人继之，是终必天造地设而后可也。夫天造地设之幸既不可邀，而继事之人又不多见，今幸而举事有人，人有成功而又弗志之以垂久远，是上既无以昭古人开创之难，而自今以往，后之人虽有同志如今日者，亦无由观感兴起，则不惟无功而反有过，

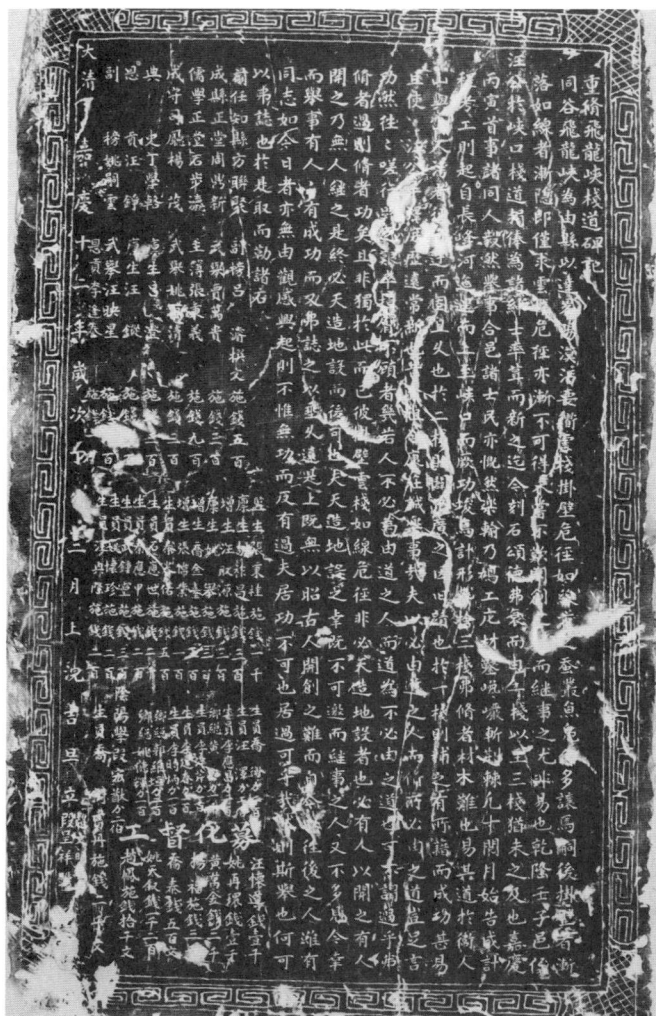

图 9-33　重修飞龙峡栈道碑记（张金峰　协拓）

夫居功不可也，居过可乎哉？然则斯举也，何可以弗志也，于是取而勒诸石。

　　前任知县方联聚，成县正堂周鼎新，儒学正堂石步瀛，成守司厅杨茂，典史丁学辂，恩贡汪铮，副榜姚嗣云。

　　副榜吕浚撰文，施钱五百。武举贾万贵施钱三百，主簿张秉义施钱九百，武举姚万清施钱三百，廪生吕澄施钱三百，廪生汪钣施钱一百，武举汪映星施钱三百，恩贡李逢泰施钱一百。

　　监生张秉桂施钱一千，廪生胡祚昌施钱三百，增生汪取源施钱三百，廪生姚举施钱三百，增生乔金台施钱五百，增生张伟业施钱一百，生员秦眷佑施钱五百，生员石应世施钱二千，生员秦应甲施钱二百，生员武钟灵施钱三百，生员姚怀珍施钱二百，生员汪兴隆施钱二百。

生员乔衡钱二百，生员汪泽钱二百，生员李应昌钱二百，乡总黄密钱一百，生员李泮芹钱一百，生员李廷春钱一百，生员李时炳钱一百，乡总郭维垣钱二百，乡总姚德辉钱一百，阴阳学段宏猷钱二百，生员乔澍书丹，施钱二千文。

募化督工：汪怀导钱一千，姚再环钱一千，黄万金钱三千，杨福施钱三千，乔泰钱五百文，姚天叙钱一千二百，赵凤施钱拾千文。

赵文明石工，段呈祥镌。

大清嘉庆十二年岁次丁卯三月上浣吉旦立。

《重修飞龙峡栈道碑记》（图9-33），清嘉庆十二年（1807）吕浚撰文，乔澍书丹，今存成县飞龙峡万丈潭西古道旁。碑纵135厘米，横65厘米，正文楷书23行，满行41字，字径2厘米。

## （三二）西和·清《游盘龙洞诗并序》（嘉庆十五年，1810）

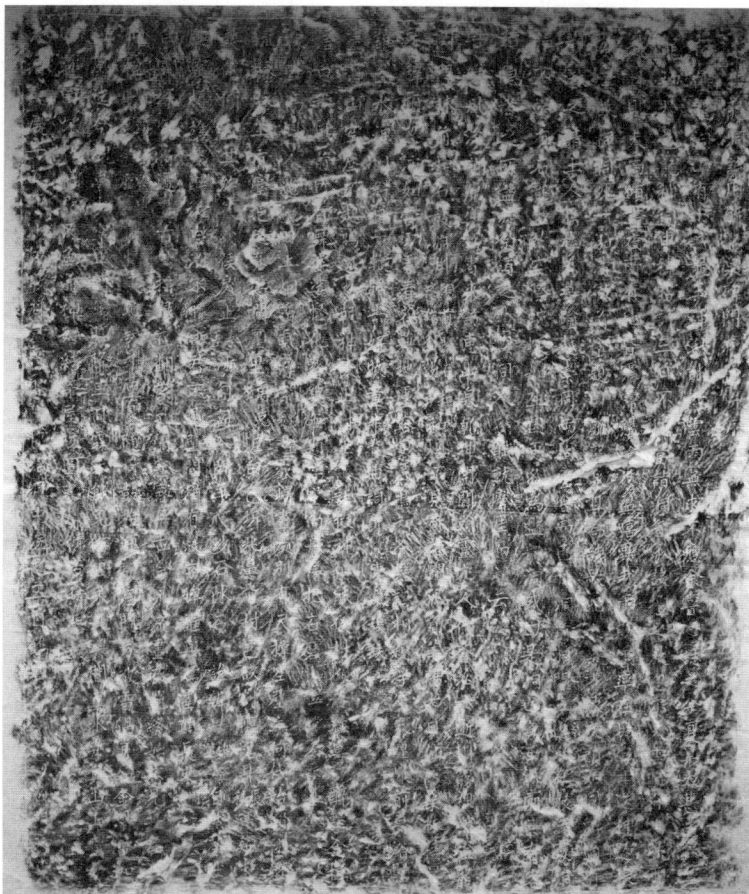

图9-34　游盘龙洞诗并序（王锦江　拓）

游盘龙洞诗，用毓龙泉碑间旧韵并序

俗传龙洞山有小二龙王神湫，能降云雨，无求不应，余尝心志之。今夏旱太甚，而迎小二龙神于邑龙神祠中而祷，窃计三日不雨，当诣洞乞湫。设坛之晨，忽尔天云晦合，洎晚雨，越日，则大雨倾昼夜，所有地皆滂霈，沟浍悉盈。嘻，异哉！雨既霁，率在城官士送神返张旗沟故祠。祠外一泓清澈，前令题曰"毓龙泉"，且为诗歌纪之。余方欲次韵，而同游适有观湫之请，土人携檝为导，逾越崇岗，两拘庐舍而已。抵洞前，洞门三进，湫在最深处，涓涓不竭，有石龙盘于空际，蜿蜒如生，因更名为"盘龙洞"。或曰："是洞也，窈而深，廓其有容，殆隐者之所盘旋。"余颔之，乃与同人分赋，就磨崖而刻云。

吾爱风流谢康乐，招宾来访惠山泉。乾坤开辟余灵穴，人代苍茫一逝川。雾里燃灯龙闪闪，林前叩石鼓渊渊（洞前悬石叩之作金鼓声）。和州不见荷花烂，孤负华阳七日仙。桑林祷旱不辞频，忽沛如膏处处春。花藉地灵容更丽，鸟知人乐语相亲。浮生未醒岩前梦，俗体谁参水里因。斜日一鞭归去好，牧童牛背曲词新。（东原张秩）昼静山空尘不起，鸣钲忽报神来止。村巫谵语假神传，能使村人若狂喜。醉击金樽信口歌，风前竹自舞婆娑。怪他聋叟无题字，空向丹梯把石磨。（立堂秦振基）提壶高叫人迤逦，日上烟峦气漾漾。（雏登第）嵚崎尽处别有天，撑空壁立何代始。（徐振翱）泉流脉脉上有台，挹之真恐润廛里。（周克敬）泥田已坼兆龟背，村邑欲割垂龙耳。（张秩）积薪未熟俄倾盆，其旃筏筏俟戾止。（秦振基）匍匐入门手爬沙，石阽石炑谁辨此。（雏登第）自然茶灶连窊樽，雄谈醉后忘汝尔。（徐振翱）君不见壁间犹有没字碑，谁与濡墨颠长史。（周克敬）白云深处行逦迤，古松摇绿花翻紫。乳滴潬窿无古今，泉流昼夜绝终始。不见丹崖三两楹（前明□于此构筑，今废），孰怜天地几千里。曩随村鼓椎迎龙，庙门方启雷过耳。如金掣电如吼风，迄今魂梦少宁止。傅岩昨降三日霖，未能免俗复来此。此间真水并真山，山灵毋曰聊尔尔。仇池咫尺鱼通神，好结茅屋校图史。（情若徐振声）

大清嘉庆十五年上章敦牂岁夏昭阳协洽月中浣之五日镌石。石匠胡庭库。

《游盘龙洞诗并序》（图9–34），清嘉庆十五年（1810）摩崖刻石，今存西和县十里乡梁集村峒山盘龙洞口左壁。摩崖纵120厘米，横100厘米，楷书23行，行33字，字径2.5厘米。朱绣梓《重修西和县志》[①]有录文，但多与原石不合，今以拓本正之。

---

① 朱绣梓：《重修西和县志》，载西和县志办公室校点《西和县志》（内部资料），2006年，第363页。

**（三三）徽县·清《远通吴楚碑》（嘉庆十六年，1811）**

图 9-35　远通吴楚碑（曹鹏雁　协拓）

远通吴楚（楷额）

徽县而虞关之通道也，自石家硖至杏树厓二十余里，路皆崔嵬险阻可畏。自明以来，虽屡经修□，崎岖如故，往来负载，莫不寒心。但功力浩大，难以举动。己巳秋，方左右奋然起念，同心协力，急施玖缘三内，一旦成功，爰立二碑，以垂不朽云。

（领首姓名略）

嘉庆十六年四月吉日立。

《远通吴楚碑》（图 9-35），清嘉庆十六年（1811）镌立，今存徽县大河店乡青泥河村南。碑纵114厘米,横68厘米。额题"远通吴楚碑"4字,字径9厘米,叙事文字3行,字径2厘米,领首姓名24行,字径1.5厘米,年款1行,字稍大,字径4.5厘米。

（三四）武都·清《罗氏家佛殿记》（嘉庆二十一年,1816）、《重建罗氏祠庙碑记》（光绪三十四年,1908）

碑阳

图9-36　罗氏家佛殿记重刻碑（刘可通　协拓）

豫章培元堂（篆额）

罗氏家佛殿记

祭田祠庙，盛于南方，而西北则否。无论齐民，即世为士族，叩以高曾以上名字，□□然□知，盖习俗使然。其间有立祠宇奉佛兼祀其先人，名为家佛殿者，虽非古，亦可取也。阶州城北数武许，有罗氏家佛殿，中奉释迦如来佛，旁有屋正祀晏公。晏公者，江湖间神也。罗氏祖籍江西，往来故乡，获其灵佑，故祠之。即以始迁祖配食焉。百数年犹香火不绝，有圮坏则修葺之，而未增建也。

嘉庆十七年，监生罗士伦、佾礼罗万禄等，酿钱鸠工，度隙地建屋三楹，设始迁祖以下三世木主，正其位向，又扩门垣而大之。岁时聚族人其中，修祀事，序昭穆，议立章条，传诸永久，可谓善继者矣。

嗟乎，风俗之敝也。纠他族之人，侈非鬼之祭，崇奉延纳，惟恐不力。而于先人遗踪，弃如弁髦。先人之云仍忽如陌路者，皆是也。若能家门如罗氏，上怀祖泽，下联同姓，岂不蔼然仁孝之风也哉？且由是而积厚流光，贤裔继起，祭田祠庙之类，以渐兴举，即比美于吴粤间世族不难也。罗氏，澍外祖家也。稔知其事，故因其请为记，欣然为之，俾刊诸石。

赐进士出身、江西南安府知府、同郡邢澍敬撰。郡学生罗佩锦熏沐书丹。嘉庆二十一年六月十五日阖族人等勒立。

蓝翎守备、尽先拔补千总、同郡雷国栋重书。光绪三十四年五月吉日，耳孙罗景云重镌。

## 碑阴

豫章罗氏家佛殿记（隶额）

重建罗氏祠庙碑记

《礼》曰"士祭其先"，故家之有宗祠，礼也。其宗祠而崇奉释氏，旁及他神，名为家佛殿者，在礼虽无，亦仁孝之流，为善思者也。州城北有罗氏家佛殿，其偏舍祀晏公。晏公，江河间御水之神。祠在北河堤内，是以祀之，即以江西原籍始迁祖配享焉。嘉庆十七年，其后之人，监生士伦、佾礼万禄等，增建三楹，祔始迁祖以下三世主位，又扩门垣而大之。道光八年，被水，坍塌，仅留正殿一座。同治三年，复毁于兵燹。有俊秀绪贤者，建屋一间，而未蒇事也。光绪五年，地震倾圮，只嘉庆间其外孙邢君澍碑记巍然独存。今其族仁厚长者，尊贤之嗣君景云，纯孝之性成，克缵前光，不忍先泽之终湮也。创始两楹，奉佛像及晏公，设罗氏历代木主，其继述之志，将以次渐举，悉仍旧观，以俟贤嗣踵起。墓田祭器，在在举兴，

图 9-37　重建罗氏祠庙碑记

用以丕振罗氏之家声也。不其懿欤？兹于清明之前月，将聚族人修祀事，序昭穆，上怀祖宗之泽，下联同姓之亲，吁，可以风矣！景云早孤，家贫不能自给，弃学之贾，蔼然仁孝。祠成，问记于余，书之用彰厥美云。

乙酉科选拔、卯科举人、大挑知县、同郡郭维城敬撰。

蓝翎守备、升衔前代理阶州营把总、同郡雷国栋敬书。

计开户内官地数目于后：

赵炳于乾隆六年正月十六日，向罗圣礼、罗圣典、罗林名下租去马嘴石岩坡里坪上地六堨、大厥地式堨、大坡里地壹分、上沟里地壹分、刘家山地壹分。仝中人：高玉林、漆济庵。言明：每年承纳麦豆，官斗壹石式斗，外收租钱式串文，又仲家坪秋地壹堨，所获租粮，以作每年清明祀祖祭礼之费。每年官粮轮流催收完纳。

阖族：罗焕文，男国安，罗建章，罗心明，罗步云，耳孙景云勒石。

大清光绪三十四年五月吉日，尹兴文、尹兴武镌。

《罗氏家佛殿记》，清嘉庆二十一年（1816）邢澍撰文，罗佩锦书丹，原碑已佚，今武都城关镇中山街竹集巷96号邢澍第八代孙邢果家中存光绪三十四年（1908）重刻碑。碑纵125厘米，横62厘米。碑阳刊雷国栋重书《罗氏家佛殿记》（图9-36），篆额"豫章培元堂"，"豫章"2字字径10厘米，"培元堂"3字字径13厘米；正文18行，满行34字，字径2.5厘米。碑阴刊《重建罗氏祠庙碑记》（图9-37），隶额"豫章罗代家佛殿记"8字，字径7厘米；正文20行，行32字，字径2.5厘米。

邢澍（1759—?），字雨民，一字自轩，号佺山，甘肃武都人。乾隆五十五年（1790）进士。乾隆癸丑（1793）由进士知永康县事。《永康县志》卷五《职官列传》称："博学，工诗，尤勤于课士。有就正者，虽案牍纷纶，先评艺文，所赏识多成名士。为政尚严肃，遇盗贼必置重典。鼠窃屏迹，几于道不拾遗，市井无赖。具有名籍，有犯必痛惩之，不少贷，承累任阘冗后，得此肃清，风气为之一变。"[1]嘉庆元年（1796），邢澍迁任长兴知县，达10年之久。赵定邦同治十三年（1874）修《长兴县志》卷二二《名宦》云："（邢澍）嘉庆元年知长兴县，案无留牍，自奉俭约，无他嗜……前后十年，百废具举。"[2]《甘肃通志》卷六八记载：邢澍"善治大狱，发奸摘伏，皆神效，而行政利人，有'表天'之号，循声卓著，为上游所推重。"邢澍为政清廉，藏书万卷，博学洽闻。张廷济赞其"学是儒林吏是仙"。在史学、经学、训诂学、金石学、姓氏学、书法诸方面造诣颇深，传世著作十余种。

图9-38　嘉庆题名砖
（刘长安　协拓）

## （三五）两当·清《嘉庆题名砖》（嘉庆二十二年，1817）

大清嘉庆二十二年岁在丁丑正月二十七日建修。

会首：贡生韩楷，太学张世元（李受），禀生史质直，里民张天士，太学张佐廷，里民张天荣，木铎

---

① 李汝为等修，潘澍棠等纂：《永康县志》，载《中国方志丛书》（华北地方·第六八号），台北成文出版社，1970年，第245页。

② 赵定邦等修，丁宝书等纂：《长兴县志》，载《中国方志丛书》（华中地方·第五八六号），台北成文出版社，1983年，第1836页。

宋大吉，里民刘统，生员郑纬，里民侯辅臣，住持赵合德，侯教兴。

《嘉庆题名砖》（图9-38），清嘉庆二十二年（1817）镌刻，今存两当县博物馆。题名砖共2块，等大，正方，边长31厘米。铭文内容基本相同，文字排列有异，第一块年款稍大，字径3厘米，其余铭文字径2.5厘米；第二块第三行"张世元"下增"李受"2字，铭文字径2.5厘米。

### （三六）成县·清·黄文炳《道光五年题诗》（道光五年，1825）

道光五年乙酉春。

三春花柳乱啼莺，古木丛祠傍曲城。一代风骚归大雅，千古臣节仰名卿。苔碑藓碛寒烟护，远浦遥岑暮霭横。唐室祇今无寸土，草堂终古属先生。

直隶阶州事啸村黄文炳[一]敬题。

[一] 黄文炳：《阶州直隶州续志》卷二二《名宦》载："黄文炳，字啸村，江南桐城人。道光四年知阶州。培植文风，询民疾苦，莅官三载，麦秀双歧。民颂曰'媲美渔阳'。公余，与都人士赋诗，有'细雨桃花红女洞，春风杨柳白龙江'之句。亦可见为政风流之一端矣。"①

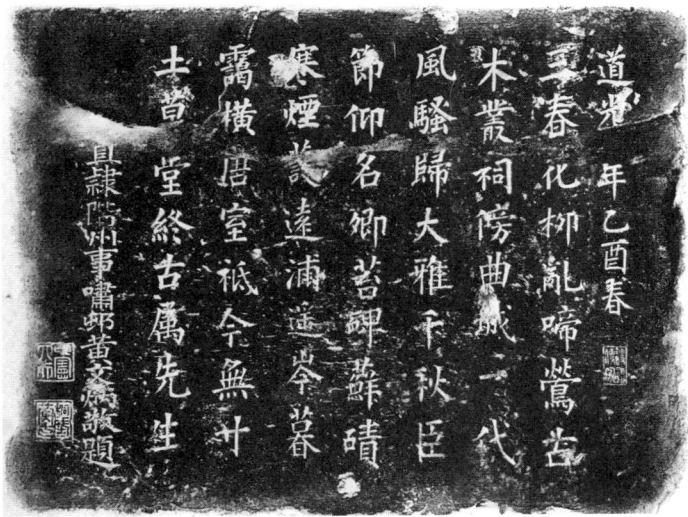

图9-39　黄文炳道光五年题诗（张金峰　协拓）

黄文炳《道光五年题诗》（图9-39），清道光五年（1825）题，今存成县杜甫草堂

---

① 叶恩沛修，吕震南纂：《阶州直隶州续志》，曾礼校点，兰州大学出版社，1987年，第223页。

后院南壁。诗碑纵 50 厘米，横 64 厘米，诗文楷书 10 行，
字径 4 厘米。碑首刊一阴文印云"诗礼传家"，碑末刊
有二印，阴文"中宪大夫"，阳文"桐城黄七"。

### （三七）武都·清《山水乾坤题句》（道光六年，1826）

图 9-40　山水乾坤题句
（张惠中　摄）

山水之间奇山水，乾坤以外小乾坤。

大清道光丙戌正月吉日。同游人：宝鸡刘文
信，郡人罗奋志、张得义、镡通义。

《山水乾坤题句》（图 9-40），清道光六年（1826）
墨书题壁，今存武都万象洞天针对地针左壁，纵 45 厘
米，横 48 厘米，楷书 7 行。

### （三八）武都·清《李林题诗》（咸丰五年，1855）

咸丰五年春，同友人重游此，因感前卅年题十四字足成一律云：

何年鬼斧辟浑沌，万象包罗信有门。山水之间奇山水，乾坤以内小乾坤。

昔传五老仙踪杳，今幸三丰诗句存。多少俗尘着力涤，凭谁指点旧桃源。

山有邮人李林。同游人：席建章、王训、王丕显、李葆恬、王起荣。

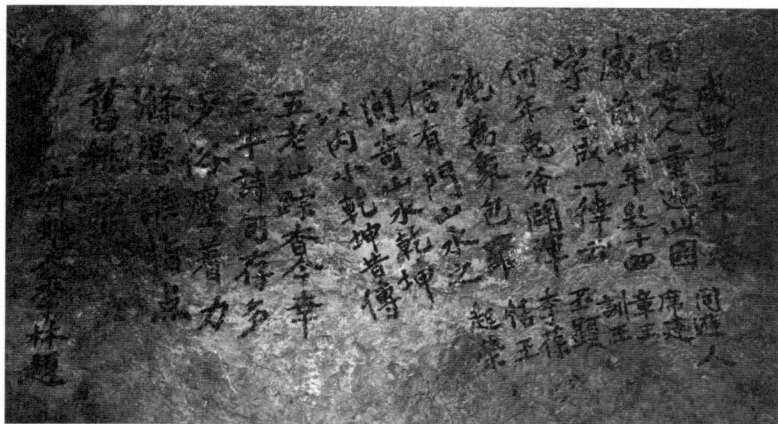

图 9-41　李林题诗

《李林题诗》（图 9-41），清咸丰五年（1855）墨书题壁，今存武都万象洞卧龙坝
双剑峰，纵 69 厘米，横 135 厘米，楷书混排 23 行。李林，字西园，阶州人。官至"修
职左郎候选训导"（《重建阶州城碑记》）。题壁所谓"前卅年题十四字"即道光六年

（1826）《山水乾坤题句》："山水之间奇山水，乾坤以外小乾坤。"从二题壁字迹看，皆由李林所书。

## （三九）两当·清《禁赌碑记》（道光八年，1828）

　　皇清（严）禁赌博（题额）

　　……尝谓："方以类聚，物以群分。"盖必居视所与，乃以相观而善。昔蓝田吕氏，约束乡里，专及过失相规，德业相劝。千古以来，想见兴俗……（赌）博，乃朝廷首禁。栗子坪、花岩沟、观音堂一带，地方村墟寥落，每多游匪、赌棍，往来其间，而窝赌者，喜占便宜，又从而招摇勾引，是赌者藉以……心败风俗，公同具禁。请于邑侯赏准，出示照得，招场聚赌，上于……县莅任以来，屡经密访严禁，尽法究治，兹据乡约。苏大珍等公同禀称：栗子坪、观音堂一带尚有外来赌棍，串通本地居民，引诱愚氓，窝赌图利，大为地方……御，刻石以垂永久，等情前来合。再剀切晓谕，示禁为此示，仰乡保以及士庶人等知悉。自示之后，尔等各务各业，务以农桑为先，毋以诱骗、赌博为事。倘有仍蹈前辙，搔扰……或经约保禀送，或被巡差查拿，□将本境窝户以及外来赌棍，按律究办，决不稍宽。再有外来游方僧道并丐乞等众，不许三五成群，讹占恶讨。本县先以出示晓谕，若不……许尔乡保百姓等缚拿送县，大法惩治，断不稍事姑容。该约保如敢串通隐匿，一经发觉，均于重究不贷，各宜凛遵毋违，等因奉此！窃思君子令行于上，小人纵风于下……邑侯杜匪，僻全善良，若是其深且远也。不特目前沐其雅化，即后嗣子孙亦皆感戴靡涯矣。并集同里，择日立碑，凡我土著浮居，尚各永远凛遵，以无负邑侯之至意焉。谨跋。

　　署两当县正堂加三级，纪录五次，郑。

　　特授两当县督捕厅加一级，鲁。

　　署两当营经厅加一级，李。

　　（乡约苏大珍等出钱人名略）

　　皇上道光八年岁次戊子麦秋中浣吉旦。

图9-42　禁赌碑记（刘长安　协拓）

石匠徐东扬。

《禁赌碑记》（图 9-42），清道光八年（1828）立，今存两当县东山公园。碑纵
165 厘米，横 77 厘米。额楷书，竖书"皇清"2 字，字径 7 厘米；横书"（严）禁赌博"，
字径 10 厘米。正文楷书 25 行，字径 2.2 厘米。碑谓"署两当县正堂，郑"者即两当
知县郑存仁。《两当县志》卷七《官师》载："郑存仁，江安县人，举人，道光六年十二
月任。"[①]

## （四〇）徽县·清《补修塔序》（道光十二年，1832）

图 9-43　补修塔序（王鸿翔　协拓）

补修塔序

徽西有白塔者，寺之大观也。言其形势，十层玲珑，拟雁塔而略似，四面陡
峻，讶鬼斧之削成，牖户斗拱，莫不备焉。顾历年久远，基址日就消坏，古人营建
之功甚可惜矣！乃庚寅之秋八月有孙郇子大猷、奉清、裕前、秋梅人等谓："夫此
塔之建虽极高妙，总出人为。前之人能创修之，后之人岂不能补修之乎？"于是
全众商议，欲施小补之功，窃虑粗略，相将不能坚固，欲以石条补其根底。因募化
布施，与本寺出产，越二年，辛卯相与兴功，至壬辰之中秋而功告竣。嗟乎！此塔
代远年湮，其建修也，至今已无碑记可考。使今日之补修，再无碑记，后之人无所
考证，不知建修之人，并不知补修之人，恶乎！可惟是述其事之始终，勒诸贞珉，
聊以示后云尔。

---

[①] 德俊：《两当县志》，载《中国方志丛书》（华北地方·第三四二号），台北成文出版社，1970 年，第 112 页。

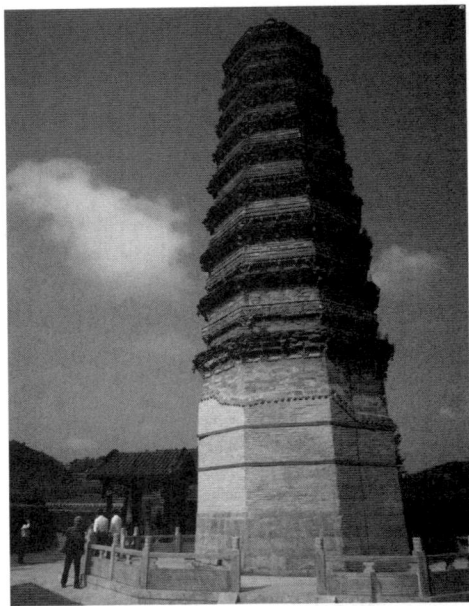

图 9-44　郇庄砖塔

邑廪膳生员闫万选撰，增广生员张继祖书。

会首、饮宾、生员：郇秋梅、郇奉清、孙裕前、郇大猷、郇殿魁、郇嗣徽、郇大德、郇良辅、郇世俊、张廉、郇世业、郇绰。

石工：重庆刘在顺、顺庆周英朝、成邑王金龙，各施艮五分。

饮宾生员（55 人，姓名略）

道光拾贰年岁次壬辰八月上浣之吉日立。

《补修塔序》（图 9-43），清道光十二年（1832）镌刻，今嵌于徽县栗川乡郇庄宋代砖塔北壁。碑纵 64 厘米，横 105 厘米，楷书 35 行，字径 2 厘米。郇庄古塔为多层叠涩檐承托平座、斗拱楼阁式砖砌半空心塔（图 9-44）。塔基平面八角形，共 10 层，通高 30 米。塔南侧设拱门，单砖券顶，门高 1.46 米。此塔庄重古朴、玲珑挺拔，外形略似雁塔而风格别具。另有一残碑记述道："河池之坤地白塔寺为□灵，夫红渠铺为徽邑之地也，伊古以来，有塔有寺，塔则数十仞而层叠陡峻，不知创自何代，修自何人？作善事于昔年，留美名于□燹劫□，其庙宇塔影犹是故久也……"此碑年款已残泐，碑中有"光绪"字样，大约是光绪五年（1879）陇南大地震之后的补修碑记[1]。

## （四一）成县·清《重修金莲洞碑记》（道光十二年，1832）

皇清（题额）

重修金莲洞碑记

且修废者，宜迪前光。重新者，勿忘旧制。宜阳之下南一岭外有金莲洞，诚徽成之胜景也。石室层层，杂以丹楹而刻桷；竹林娟娟，美于翠柏与苍松。山水昭环抱之形，堪入图画；神灵著森罗之象，足重品题。古致已极清雅矣，而具赫濯之声，灵者惟灵，官惟最焉，有感即通，捷于影响，赏善罚恶，昭若日星。夫以如是之神，而令水浸尘封，减厥英武哉！但历年久，水淋沥，因之神像消磨，墙屋摧颓，匪特无由壮厥观，实难以为福田所也。爰集众人思重修。轻财乐输，无需募化之远；鸠工庀材，不惮踥蹀之劳。故自大殿、玉皇楼及诸神室，悉经修理，不二

---

① 蔡副全：《郇庄宋代砖塔小考》，《甘肃高师学报》2013 年第 3 期。

载，而功即告竣，藉非协力同心能若是之易？
易与第见，藻彩纷披，光华绚烂，彰五采于金
身，星坛玉座，明神赖以凭依，染四入于洞
府，金阙琼楼，士女籍之作福。本自静穆清虚，
克垂三丰之妙手，亦且威严壮丽，聿征四民之
善心，真所谓地灵者人自杰，必人杰而地倍
灵也。呜呼！后之经营或胜前人，其即此也。
庙宇辉煌，威灵显应，其至理也。若夫代远
年湮，有缺必补，有废必修，更有望于后之能
事者。

　　成邑儒学廪膳生员赵步衢题并书。总领
募化督工儒学武生刘殿章。咸阳画匠董学诗。
重庆石匠刘在顺。

　　道光十二年岁次壬辰二月癸卯谷旦。住
持李福高。

　　《重修金莲洞碑记》（图9-45），清道光十二
年（1832）赵步衢题并书。今存成县店村乡金莲洞。
碑纵135厘米，横62厘米，额楷书"皇清"2字，
字径7厘米；正文楷书16行，行38字，字径2.3厘米。

图9-45　重修金莲洞碑记

## （四二）成县·清《万言袁先生墓志序》（道光十四年，1834）

　　墓志（篆额）

　　万言袁先生墓志序

　　余思事亲孝、育子慈，虽天性也，惟吾学长能任耳。学长居县东袁家大庄，
讳上策，字献三，号万言，当肄业之时，同堂以学长称焉。自伊严君宾天，而元配
继亡。斯时饥寒交迫，负老母，携幼子，住苍沟水洞之山庄。日畊耘，以养孀母；
夜读书，以研理义。拮据之苦，已非一日，夫既不倦于耕读。及丙寅游泮，又设教
以成人才，渐积畜以置田产，则养育有资矣。越数年，慈母宾天，即择新茔于水洞
之阳，复与父合葬于祖茔侧。其尽心于亲也如是！甲午冬，有王君润亭先生与学
长令郎宙海同来寒舍，宙海曰："先父享寿六旬有五，以不得一孙为虑。乃于壬辰
四月内告终，愚又妥灵于虎严岭之前，明岁三周，托先父之默佑，幸生一子，欲立

墓碑，以□父志。望师叔为文以志之。"王君曰："舍亲万言公，其立心制行惟兄知之！"余曰："此吾学长也，孝于亲，慈于子。宜有桂子兰孙之报，亦应立石，以志不朽！"是为序。

戊辰恩科经元、汉中府司训知生张仲英阅。邑庠生同砚弟张廷荐顿首拜撰。邑庠生刁卫清敬书。

图9-46　万言袁先生墓志序（满正人　藏石）

《万言袁先生墓志序》（图9-46），张廷荐撰文，刁卫清书丹，成县公安局满正人先生藏石。墓志纵86厘米，横60厘米，篆额"墓志"2字，字径6厘米；正文楷书19行，行22字，字径2.5厘米。墓志未书年款，参阅《阶州直隶州续志》《成县志》，墓志约刊于清道光十四年（1834）。

## （四三）徽县·清《除害安良碑》（道光十八年，1838）

碑阳

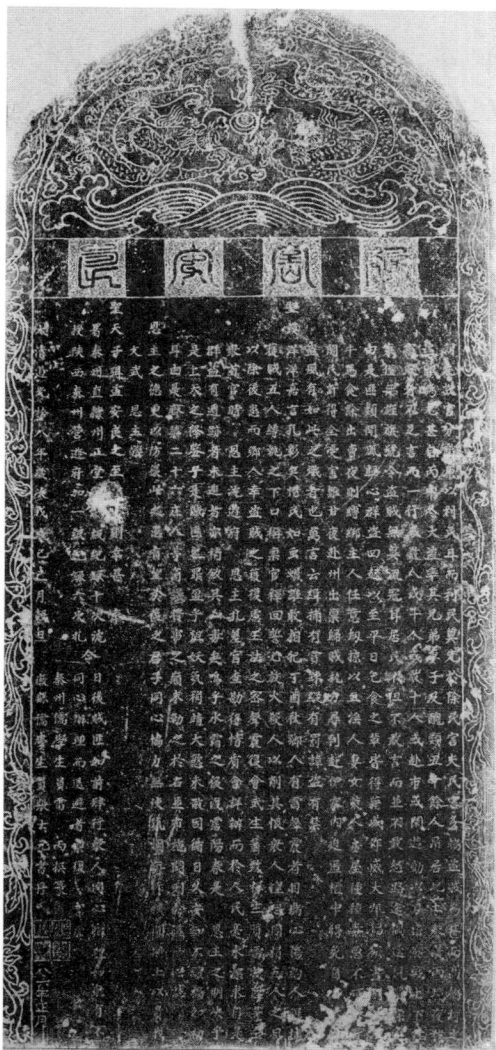

图9-47　除害安良碑碑阳（满正人　协拓）

除害安良（篆额）

朝廷谈官分职，原以利民耳，而利民莫先于除民害。夫民害多端，盗贼为甚，而高桥村之盗贼为尤甚。自丙申冬，大盗率其兄弟妻子及丑类五十余人，昂居此土，秦徽两境，夜□寝□者不足言。而一行或数人，或十人，或数十人。或赴市，或闲游，动以刀枪剑戟，上下相来，仅无旌旗号令，盗贼无异流寇耳。居民不但不敢言，而并不敢怒。路途偶逢，既踏踩□。由是匪类闻风归心，群盗四起，以至平日乞食之辈，皆得藉威作威，大肆猖獗。昼则抢夺牛马，食余出卖；夜则缚绑主人，任意劫掠，以至淫人妻女，焚人房屋。种种奸恶，不可胜数。关民许得全受害难，甘夜赴州，出禀归，贼执刀寻刺，赶伊家内，迫匿柜中，得免。自□□□盗风有如此之炽者也。万言云："缉捕有赏，疏纵有罚，讳盗有禁，圣谟洋洋，嘉言孔彰矣。"惜民如虫蚁，谁敢相犯？丁酉秋，乡人有雷声震者，目睹心伤，约人缉捕，获贼五人，缚执之下。口称："禀官释回，誓必放火杀人，以削其恨。"众人惶恐，因损五人之目，以除后患。而乡人幸盗贼之获，复虑王法之密。声震复会武生萧致祥、生员雷捷陞等仝众首官，时恩主沈游府、恩主孔差官查勘得情质，会详办，而于人民毫未深求，自是群盗有遁迹者，未遁者亦稍敛其凶毒矣！

呜乎！冰霜之后，复沾阳春。是恩主之明决乎？是上天之降鉴乎？是贼匪之罪盈乎？但妖氛稍靖，大憝未散，因循日久，安知不酿祸如初耳。由是齐集二十六庄人等商议，将事之巅末，勒之于石，并布施开列于后。一以志恩主之德，更以防后此之患，有望于后之君子，同心协力，无使氛烟再作，攘闻斯土，以负我文武恩主，体圣天子弭盗安良之至，则幸甚！

奉署秦州直隶州正堂加一级，纪录十次，沈；授陕西秦州营游府加一级，纪录六次，孔。令："日后贼匪如前肆行，众人同心办理，如众有不同心办理而退避者，禀复官处。"

大清道光拾八年岁次戊戌己巳月谷旦。秦州儒学生员雷丙撰篆。徽州儒学生员张士元书丹。

## 碑阴

除害安良（楷额）

上关、许家庄，式庄共零施银十四两一钱九分；下关、桥头，式庄共零施银四两七钱五分；黑松林，众姓施银拾两；观音崖、袁家山，式庄共零施银四两八钱；水芦步、小沙滩、黄草滩、郭家安，四庄共零施银式十五两四钱七分；舒家庄、上下碾、白杨林、梨树沟，四庄并下河，共零施银七两三钱；下渭沟、下沟门，式庄共零施银四两二钱；上渭沟、代牛坡，式庄共零施银二两；孙家庄、园场子，式庄共零施银二两九钱；周瓦沟，沟门下，式庄共零施银二两六钱；崔家坝、阳阴坡，式庄共零施银一两六钱。王家湾：白顺、高祥、穆贵，三人送众姓随愿银三两。凉水沟门：苟居旺、唐林、张永太、陈明祥、赵廷，五人施银五两随愿。

柴鹤立施银一两五钱；刘正中施银一两五钱；刘文福施银一两五钱；兴源茂施银一两二钱；兴盛胡施银一两二钱；王兴施银一两二钱；李本元施银一两二

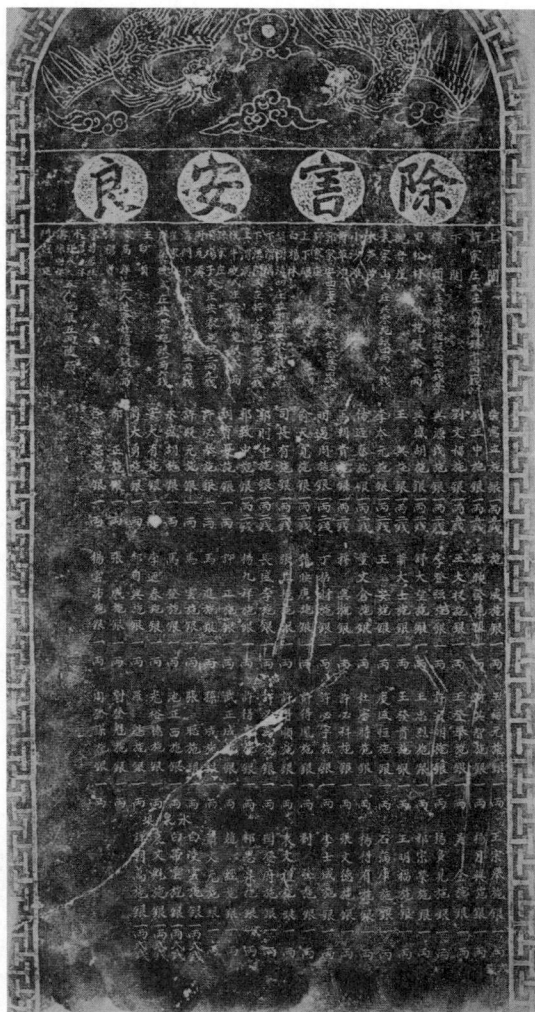

图 9-48　除害安良碑碑阴

钱；杨迎春施银一两二钱；马朝贵施银一两二钱；明遇周施银一两二钱；俞天宽施银一两二钱；司长有施银一两二钱；郭则中施银一两二钱；郭致中施银一两二钱；胡育夏施银一两；许必举施银一两；许殿元施银一两；永盛胡施银一两；安大有施银一两；萌大勇施银一两；都正施银一两；徐世忠施银一两；施成施银一两；孙映发施银一两；王在收施银一两；李登强施银一两；舒大望施银一两；萧大士施银一两；王安施银一两；董文仓施银一两；穆兴施银一两；丁招财施银一两；蒲映庚施银一两；张其德施银一两；长盛李施银一两；杨九祥施银一两；许正施银一两；马进施银一两；马云施银一两；马登施银一两；李迎春施银一两；郝自兴施银一两；张成施银一两；杨云沛施银一两；王福元施银一两；丁其智施

银一两；王登举施银一两；许宏明施银一两；王忠烈施银一两；王发贵施银一两；庆盛施银一两；杜审时施银一两；许必科施银一两；许必宁施银一两；许得凤施银一两；许得顺施银一两；许必万施银一两；许得喜施银一两；武正成施银一两；孙成施银一两；张聪施银一两；池正西施银一两；光裕德施银一两；罗魁施银一两；刘登魁施银一两；周登谋施银一两；王宗举施银一两式钱；杨月兴施银一两；吴金施银一两；杨多见施银一两；祁宗荣施银一两；王明福施银一两；石满库施银一两；杨得有施银一两；张文德施银一两；李士成施银一两；刘发施银一两；袁文礼施银一两；闫登府施银一两；郝思升施银一两；赵经施银一两；箫文元施银一两。水泉坝：白凌云施银一两式钱；白带云施银一两式钱；袁文魁施银一两式钱；谭朝万施银一两式钱。

《除害安良碑》，清道光十八年（1838）雷丙撰文篆额，张士元书丹，今存徽县高桥镇青龙观东口。碑纵154厘米，横72厘米。碑阳（图9-47）额篆"除害安良"4字阳刻，字径6厘米；正文楷书23行，满行36字，字径2.3厘米。碑阴（图9-48）楷额"除害安良"4字阳刻，字径9厘米，其下镌村社及个人施银数目，共5列，字径1.5厘米。

## （四四）礼县·清《黄氏家祠碑》（道光二十年，1840）

图9-49 黄氏家祠碑（陈亚峰 拓）

黄氏家祠碑

（皇）上御极之十有八年，岁在戊戌冬十一月朔。赐进士及第、御前侍卫黄君聚文[一]者，奉仲兄岁进士仲扬[二]三千里驰状，以三世膺锡命创立家祠，嘱翰为文。仲扬，翰旧交也，遂忻然曰："于烁哉！是举也，钦若纶音，虔修祀事。庶几义不后君，仁不遗亲者也。"翰不敏，敢不惟命是从。

粤稽黄氏，兰仓世族也。值胜国，天下匈匈，飞鸿满野，诗礼之家，率多蒙戎

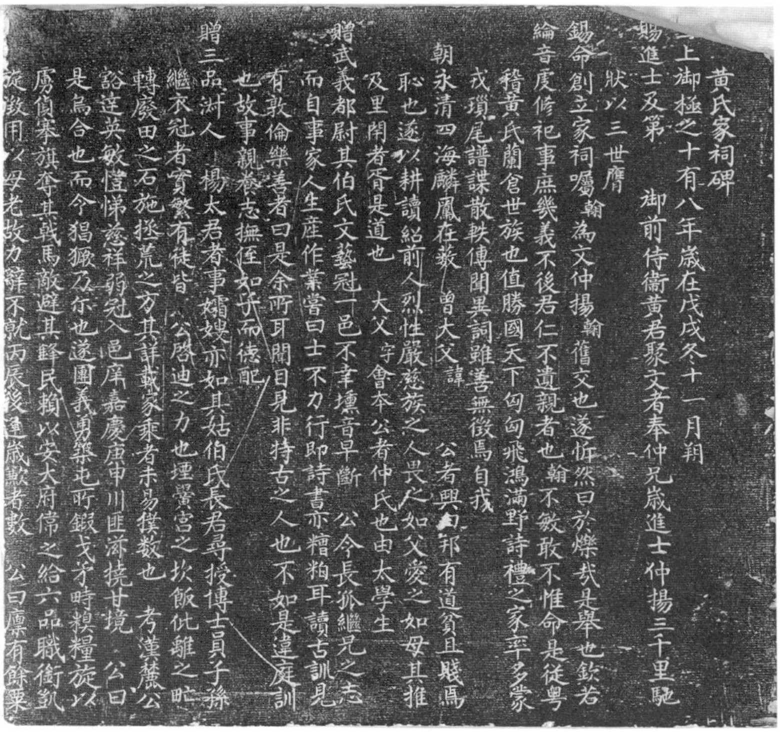
黄氏家祠碑
上御極之十有八年歲在戊戌冬十一月朔
賜進士及第　御前侍衛黄君聚文者奉仲兄歲進士仲揚三千里馳
狀以三世膺
錫命創立家祠囑翰為文仲揚翰舊交也遂忻然曰於爍哉是舉也欽若
綸音虔修祀事庶幾義不後君仁不遺親者也翰不敏敢不惟命是從粤
稽黄氏蘭倉世族也值勝國天下匈匈飛鴻滿野詩禮之家率多蒙
戎瑣尾譜諜散軼傳聞異詞雖善無徵焉自我
朝永清四海麟鳳在藪曾大父諱　公者興白邦有道貧且賤焉
恥也遂以耕讀紹前人烈性嚴慈族之人畏之如父愛之如母其推
及里閈者胥是道也　大父字會本公者仲氏也由太學生
贈武義都尉其伯氏文藝冠一邑不幸壎音早斷　公今長孫繼兄之志
而自事家人生産作業嘗曰士不力行即詩書亦糟粕耳讀古訓見
有敦倫樂善者曰是余所耳聞目見非持古之人也不如是違庭訓
也故事親養志撫姪如子而德配
贈三品淑人楊太君者事嫡嫂亦如其姑伯氏長君尋授博士員子孫
繼衣冠者實繁有徒皆　公啓迪之力也壎蕢宮之坎飯仳離之毗
轉廢田之石施撥荒之方其詳載家乘者未易僕數也　考漢麓公
豁達英敏愷悌慈祥弱冠入邑庠嘉慶庚申川匪滋擾甘境　公曰
是烏合也而今猖獗乃尔也遂團義勇築屯所鍛戈矛時糗糧旋以
虜偵寧旗奪其戰馬敵避其鋒民賴以安大府偉之給六品職銜凱
旋徵用以母老故力辭不就丙辰後逢歲歉者數　公曰廩有餘粟

图 9-50　黄氏家祠碑（一）

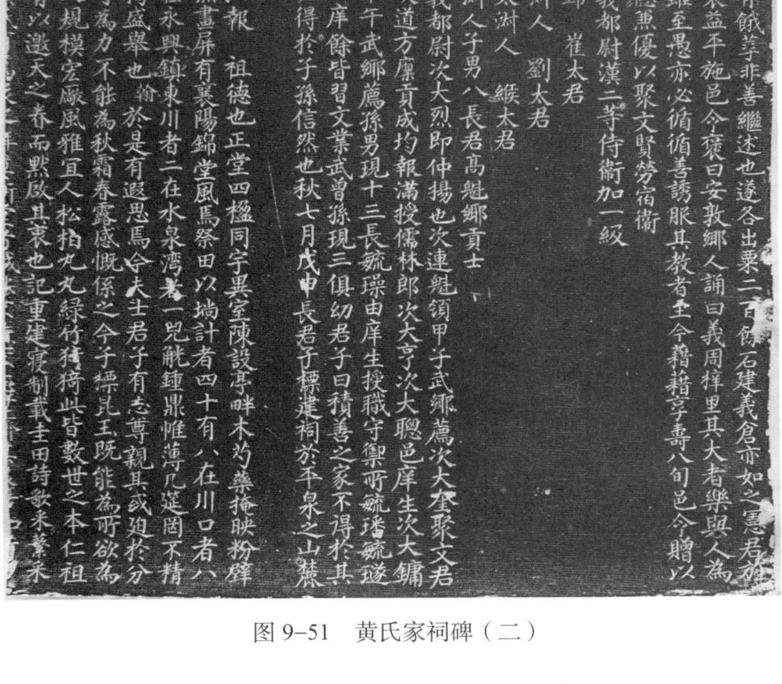
野有餓莩非善繼述也遂各出粟二百餘石建義倉亦如之憲君旌
曰褒益平施邑令褒曰安敦鄉人誦曰義周梓里其大者樂與人為
善雖至愚亦必循循善誘服其教者至今藉藉享壽八旬邑令贈以
齒德兼優以聚文賢勞宿衛
誥封武義都尉漢二等侍衛加一級
錫之宮錦　崔太君
贈三品淑人　劉太君
封三品太淑人　緱太君
封三品淑人子男八長君高魁鄉貢士
貤封武義都尉次大烈即仲揚也次連魁領甲子武鄉薦次大奎聚文君
也次道方廪貢成均報滿授儒林郎次大亨次大聰邑庠生次大鏞
領甲午武鄉薦孫男現十三長毓璪由庠生授職守禦所毓璠毓璲
入邑庠餘皆習文業武曾孫現三俱幼君子曰積善之家不得於其
身必得於子孫信然也秋七月戊申長君子標建祠於平泉之山麓
昭
君恩即以報　祖德也正堂四楹同宇異室陳設亭畔木筠藥掩映粉壁
天然畫屏有襄陽錦堂風焉祭田以壠計者四十有八在川口者八
段在永興鎮東川者二在水泉灣者一兕觥鍾鼎帷薄几筵罔不精
潔洵盛舉也翰於是有遐思焉今夫士君子有志尊親其或迫於分
不可為力不能為秋霜春露感慨係之今子標昆玉既能為所欲為
而又規模宏廠風雅宜人松柏丸丸緑竹猗猗此皆數世之本仁祖
義有以邀天之眷而默啟其衷也記重建寢制載圭田詩歌釆蘩釆

图 9-51　黄氏家祠碑（二）

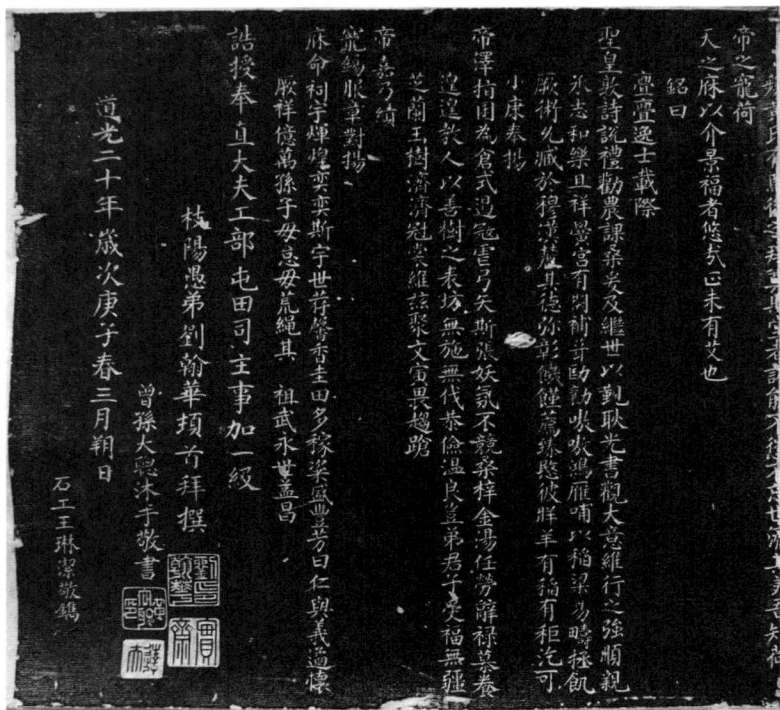

图 9-52　黄氏家祠碑（三）

琐尾，谱谍散轶，传闻异词，虽善无征焉。

　　自我朝永清四海，麟凤在薮。曾大父讳（原碑留空）公者兴曰："邦有道，贫且贱焉，耻也。"遂以耕读绍前人烈，性严慈，族之人畏之如父、爱之如母。其推及里闬者胥是道也。大父字会本公者，仲氏也，由太学生赠武义都尉。其伯氏，文艺冠一邑，不幸埙音早断。公令长孤，继兄之志，而自事家人生产作业。尝曰："士不力行，即诗书亦糟粕耳。"读古训，见有敦伦乐善者，曰："是余所耳闻目见，非特古之人也，不如是违庭训也。"故事亲养志，抚侄如子。而德配赠三品淑人杨太君者，事媚嫂亦如其姑。伯氏长君，寻授博士员。子孙继衣冠者实繁有徒，皆公启迪之力也。埋黉宫之坎，饭仳离之甿，转废田之石，施拯荒之方。其详载家乘者，未易扑数也。考汉麓[三]公，豁达英敏，恺悌慈祥，弱冠入邑庠。嘉庆庚申，川匪滋扰甘境。公曰："是乌合也，而今猖獗乃尔也。"遂团义勇，筑屯所，锻戈矛，时糗粮，旋以虏侦搴旗，夺其戟马。敌避其锋，民赖以安。大府伟之，给六品职衔，凯旋征用，以母老故，力辞不就。丙辰后，逢岁歉者数。公曰："廪有余粟，野有饿莩，非善继述也。"遂各出粟二百余石，建义仓，亦如之。宪君旌曰"哀益平施"；邑令褒曰"安敦"；乡人诵曰"义周梓里"。其大者，乐与人为善；虽至愚，亦必循循善诱。服其教者至今籍籍。享寿八旬。邑令赠以"齿德兼优"。以聚文贤劳宿卫，诰封武义都尉、汉二等侍卫加一级，锡之宫锦。崔太君赠三品淑人，刘太君封三品太淑人，缑太君封三品淑人。子男八。长君高魁，乡贡士，貤封武义都尉；次大烈，即仲扬也；次连魁，领甲子武乡荐；次大奎，聚文君也；次道方，廪贡，成均报满，授儒林郎；次大亨；次大聪，邑庠生；次大镛，领甲午武乡荐。孙男现十三。长毓璪，由庠生授职守御所；毓璠、毓璲入邑庠；余皆习文业武。曾孙现三，俱幼。君子曰："积善之家，不得于其身，必得于其子孙。"信然也！

秋七月戊申，长君子标建祠于平泉之山麓，昭君恩即以报祖德也。正堂四楹，同宇异室，陈设亭畔。木芍药掩映粉壁，天然画屏，有襄阳锦堂风焉。祭田以塯计者四十有八，在川口者八段，在永兴镇东川者二，在水泉湾者一。兕觥钟鼎，帷薄几筵，罔不精洁，洵盛举也。翰于是有遐思焉。今夫士君子，有志尊亲，其或迫于分不可为，力不能为，秋霜春露，感慨系之。今子标昆玉，既能为所欲为，而又规模宏厂，风雅宜人，松柏丸丸，绿竹猗猗，此皆数世之本，仁祖义有以邀天之眷，而默启其衷也。记重建寝制，载圭田诗歌，采蘩采蘋，黄氏有焉。后之拜奠斯堂者，诚能不愆不忘，世济其美。吾知荷帝之宠荷，天之麻以介景福者，悠哉！正未有艾也。铭曰：

曹曹逸士，载际圣皇。敦诗说礼，劝农课桑。爰及继世，以觐耿光。书观大意，维行之强。顺亲承志，和乐且祥。黉宫有阙，补葺勋勤。嗷嗷鸿雁，哺以稻粱。易畴拯饥，厥术允臧。于穆汉麓，其德弥彰。饥馑荐臻，愍彼牂羊。有稻有秬，汔可小康。奉扬帝泽，指困为仓。式遏寇虐，弓矢斯张。妖氛不竞，桑梓金汤。任劳辞禄，慕养遑遑。教人以善，树之表坊。无施无伐，恭俭温良。岂弟君子，受福无疆。芝兰玉树，济济冠裳。维兹聚文，寅畏趋跄。帝嘉乃绩，宠锡服章。对扬麻命，祠宇辉煌。奕奕斯宇，世荐馨香。圭田多稼，粢盛丰芳。曰仁与义，通怀厥祥。亿万孙子，毋怠毋荒。绳其祖武，永世益昌。

诰授奉直大夫、工部屯田司主事加一级、枝阳愚弟刘翰华[四]顿首拜撰。

刘翰华印（阴文印）、实斋（阳文印）。

曾孙大聪沐手敬书。黄大聪印（阴文印），达夫（阳文印）。

道光二十年岁次庚子春三月朔日。石工王琳洁敬镌。

[一]黄君聚文：即黄大奎，黄齐贤第四子。朱彭寿《旧典备征》卷四载："道光癸未状元张从龙（山西临县）、榜眼史殿元（直隶清苑）、探花黄大奎（甘肃礼县）。"①

---

① 朱彭寿：《旧典备征》，中华书局，1982年，第86页。

《礼县新志》卷三《人物》:"大奎,道光中武进士第三人,授乾清门二等侍卫,赐之宫锦。后随御驾出猎盛京,屡蒙恩典,当差一十三年,分发广西提标后营游击,以母老乞终养,卒于家。"[1]

[二]仲扬:即黄大烈,字仲扬,号绿野耕夫,黄齐贤次子。碑文"岁进士"即岁贡生之别称。《礼县新志》卷二《科目》载"黄大烈,道光二十年"列"副贡"[2]。

[三]汉麓:即黄齐贤,字思伯,号汉麓。《礼县新志》卷三《人物》:"黄齐贤,字思伯,平泉里人。由武生例膺六品衔,公举大宾。父建德,太学生,尝培修黉宫,不恡费,邑侯尊为长者。思伯,性和惠,赈济贫困,无德色。嘉庆,教回扰境,时招勇筑屯,设防严整,贼候骑至,夺其旗马,以军功膺六品衔。嘉庆丙辰后,四逢饥岁,各出粟二百余石助赈,又储粟义仓,数亦如之。里人以'义周梓里'匾颂之。藩宪旌曰'衷益平施'。子八人,三贡于乡,二举武闱,二人入庠。"[3]

[四]刘翰华(1779—1851):字焕亭,号实斋,甘肃会宁县城北关人。嘉庆十八年(1813)癸酉科拔贡,朝考一等,授七品小京官,分工部学习,叙升工部主事,擢御史、工部员外郎,以年资积升工科给事中,仕至刑科掌印给事中。据碑文,道光二十年(1840)"授奉直大夫、工部屯田司主事"。

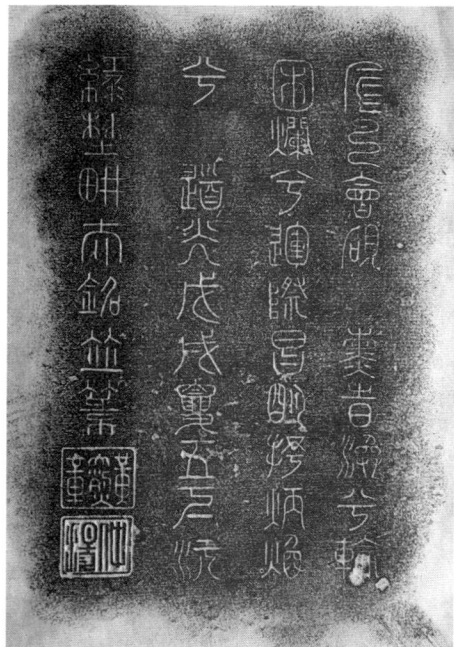

图9-53　黄大烈砚铭(孟小为　藏)

《黄氏家祠碑》(图9-49、图9-50、图9-51、图9-52),清道光二十年(1840)刘翰华撰文,黄大聪书丹,今存礼县永坪乡黄山村黄大奎后裔家。家祠碑由三通纵34厘米、横45厘米的青石组成。凡正文楷书64行,满行28字,字径1厘米。

礼县孟小为先生藏有黄大烈旧砚一方。砚近圆形,色土红,直径约20厘米,似为礼县当地石料磨制而成,背底阴刻黄大烈道光十八年篆书砚铭(图9-53)云:

长云会砚。熏时涣兮,输困烂兮。运际昌明,抒炳焰兮。

---

[1] 雷文渊:《礼县新志》,载《中国地方志集成》(甘肃府县志辑22),凤凰出版社,2008年,第142页。
[2] 雷文渊:《礼县新志》,载《中国地方志集成》(甘肃府县志辑22),凤凰出版社,2008年,第114页。
[3] 雷文渊:《礼县新志》,载《中国地方志集成》(甘肃府县志辑22),凤凰出版社,2008年,第142页。

道光戊戌夏五下浣，绿野耕夫铭并篆。黄大烈（阴文印），仲扬（阳文印）。

## （四五）成县·清《重修关帝庙碑记》（道光二十一年，1841）

石碑木榜（楷额）

重修关帝庙碑记

邑庠生李绳武撰。

盖闻人杰者地亦灵，美前者犹美后，自古然也。同谷之西，距县四十里有保人岩，而其中有关帝庙焉。是庙也，不知创自何代，始于何人？今观其地，崇山峻岭，若龙之蜿蜒而来，而且五仙山以峙其上，黄龙潭以流其下，斯诚天造地设，与天井山、绛帐台为成邑之佳景，而神圣之胜境也。然而风雨飘零，庙宇倾颓矣，无以葺之，不几湮没而不彰乎。故后世不忍古刹湮没，庙宇荡然无存，于今岁三月间，幕化布施，兴工庀材，未几而庙宇巍峨、神像改观，而功告成焉。虽雕梁绘像

图 9-54　重修关帝庙碑记

不敢比美于前代，而补缺塞漏未始无功于胜地也。但历年久远，不无零落之患，千百后世，奚以常传而不泯。爰命匠石勒诸琐珉，庶保人岩之芳名与帝君之庙宇并传不朽云。

外立舍地执据于左。因岩上耕地，石打庙宇，众人于心不安。合张待玉、张待银弟兄商议，二人情肯意愿，对众舍明。岩上齐梁，岩下齐河，东至黄龙潭梁端上为界，西至滴水岩为界，作为避兵爷庙官所，永不开挖。如若开挖，会首罚羊一只，于关帝庙下。恐后无凭，立此为据。

木匠：南兴宽、任发旺；画工：孙正魁；石工：陈先贵、南文玉、陈好元；会首：陈好贤、单克正、张待运、张待玉；施碑人：李发荣；南发隆、南从龙、刘兴明、陈云、米富、韩振、孙世荣、韩满。

大清道光贰拾壹年岁次辛丑六月谷旦，众姓立。

《重修关帝庙碑记》（图9-54），清道光二十一年（1841）李绳武撰文，碑存成县西狭保人岩关帝庙。碑纵95厘米，横59厘米，楷额"石碑木榜"4字，字径3.5厘米；正文楷书20行，行28字，字径2厘米。

## （四六）武都·清《重建阶州城碑记》（道光二十九年，1849）

重建阶州城碑记

皇帝御极之二十有六年丙午冬，简以忠荫出知阶州直隶州事。下车之日，吏白："巡城，礼也。"则见夫圮而夷者，城壁也；剥而落者，城堞也；洼而窟者，城漫也。而城闉，则污而窒矣；城阇，则倚而张矣；城橹，则摧而折矣。嘻，甚矣哉！是尚得谓有城也哉？乃顾谓吏曰："设险以守，非仅城郭之谓也，而城郭其尤要者也。刺史非守土者乎？政由兹始，其亟修之。"吏趋而进曰："噫，公其休矣！今圣明在上，夜户不闭，曾鳃鳃焉捍御是虑乎？且事从乎因，功类乎创。倾圮既多，修理匪易，资亦安出也？噫，公其休矣！"简曰："恶！是何言欤？"爰进吾民而诏之曰："守备不严，刺史之责也；经费不敷，刺史之忧也。独力难成，众擎易举，则又刺史所厚望、刺史所深愿也，父老其何以教我乎？"而曰："惟命是从。"而曰："惟力是视。"简喜此邦人士可与共始也。始也愀然，继也跃然矣。未几，而金钱络绎，畚锸追随。官既倡捐于前，民即乐输于后。庀材焉，鸠工焉，经始于丁未孟冬，告成己酉暮春。凡用钱三千万有奇。而以下剩之余资，作岁修之零费焉。盖峻三寻，广二仞，周七里，壹是规模，悉遵前制。惟堵一门，以避江涨；辟四窦，以洩霖潦，视旧稍有增损。而圮而夷者，则增而崇矣；剥而落者，则理而整矣；洼

图 9-55　重建阶州城碑记

而窟者，则筑而平矣。而通而达者，即污而窒者也；正而合者，即倚而张者也；翼而耸者，即摧而折者也。佳哉荡荡，壮观瞻于举瞩，销奸宄于未萌。所谓安不忘危，而绸缪于未雨者，其在斯乎？其在斯乎？今而后，阶之民生于斯，聚于斯，亿万年永永无虞，以沐我圣天子涵养生息之恩者，其有既极耶？则阶之民抑何幸也！虽然，简于此则窃有虑焉。创始踵修，理有相需。创兹者开之于先，踵兹者继之于后，则增而弥崇者，亦久而益固。非然者，江波啮其前，山涨噬其后，数十年而下，倾颓零落，后之视今，不犹今之视昔哉？然则简即哀羡余，权子母，以备历年土木，以期永古〔固〕金汤。而事亦权舆，并须后继其所望于将来司牧诸君子者，岂浅鲜哉？岂浅鲜哉？是为记。

道光二十九年岁次己酉夏四月谷旦。

诰授奉政大夫、晋授昭武都尉、甘肃阶州直隶州知州、世袭骑都尉、又一云骑尉加三级、山阴葛以（简撰）。敕授修职左郎、候选训导、州人李林（书）。

《重建阶州城碑记》（图9-55），清道光二十九年（1849）葛以简撰文，李林书，今存武都莲湖公园。碑纵168厘米，横90厘米，正文楷书21行，满行42字，字径3.2厘米。《阶州直隶州续志》卷二三《名宦》载："葛以简，山阴人，道光二十八年，以忠荫授阶州。改建正明书院，重修城垣，士民感之。"[①]

《阶州直隶州续志》卷五《城池》又载："阶州，其旧城在坻龙冈。北魏太平真君九年于仙陵山东置武都镇，始建城……道光二十八年，州守葛以简重修城，建三门城楼，西曰'长治'，东曰'久安'，南曰'永清'。"[②]

## （四七）成县·清《石泉寺古柏碑记》（咸丰七年，1857）

大清（楷额）

石泉寺古柏碑记

寺乐楼东北坡下、临峪河，上有古柏一株，其茎高有一丈六尺，周围一□三四尺许，亭亭孤立，冬夏常青，诚此地之一风景也。自咸丰初年，因峪河大水，坡陷而为垅，树亦汲汲乎悬于垅边，朝不保夕，乃延及七年春，里人以寺院倾坏，欲补无资，遂公议出卖于木商，取价值钱壹佰零八千文，即卜日兴工，补修内外。及夏，大水，垅陷二丈余，乡老有念千百年树，不忍一但泯没者，嘱余为记。余曰："自古惟忠孝节烈及功德胜事，有颂、有传、有序、有记，兹树虽千百年，然一草木耳，何以记？"为乡老曰："是也，是诚草木也，然生助风景，没成胜事，即子所云，当亦不愧为记也。树存垅存、树没垅陷之，尤有异乎？"余恍然曰："诺！诺！是诚，是记矣，是树虽没，犹存焉，可矣！"余是以不辞余之陋，而为之记云。

邑廪膳生员陈观时谨撰。后学童生陈书范谨书。

总理会首：周之章、陈□□、刘国□、蔡□□、汪怀珍、罗银花、王万银、秦得玉。

会首：陈茂喜、汪浚、周监殷、陈兴元、胡保仓、陈忠奇、罗文绣、席根尚、周尚文、郭安、陈韶裔、陈荣道、王靖国、王奕。

① 叶恩沛修，吕震南纂：《阶州直隶州续志》，曾礼校点，兰州大学出版社，1987年，第223页。

② 叶恩沛修，吕震南纂：《阶州直隶州续志》，曾礼校点，兰州大学出版社，1987年，第69页。

图 9-56　石泉寺古柏碑记

　　木匠：汪成海、汪朝海、姚俭；泥水匠：胡来福；画匠：贾建勋；石匠：管心法；庙管：和尔兴。

　　公议：此碑嘱住持经守，如有人损坏一字者，罚住持钱式千文，决不宽恕减少。

　　咸丰七岁次丁巳十月十七日，会内众姓公立。

　　《石泉寺古柏碑记》（图 9-56），清咸丰七年（1857）陈观时撰文，陈书范书丹。出土地不明，碑残裂为两块，今存成县旧文化馆院内。碑纵 130 厘米，横 70 厘米。正文楷书 21 行，满行 38 字，字径 2.5 厘米。

**（四八）武都·清《李文炳题诗》（同治十年，1871）**

　　天地平安人，龙门日日开。家无诗教子，客从何

处来。

　　同治拾年正月十四日。同游人：黎长哇子、李喜

儿、李书召儿、李郭正儿、跟哇子。学生李文炳题。

《李文炳题诗》（图9-57），清同治十年（1871）墨书
题壁，今存武都万象洞卧龙坝西壁，纵32厘米，横18厘米，
行书混排7行。

**（四九）武都·清《武都郡城南北堤记》（同治十二年，
1873）**

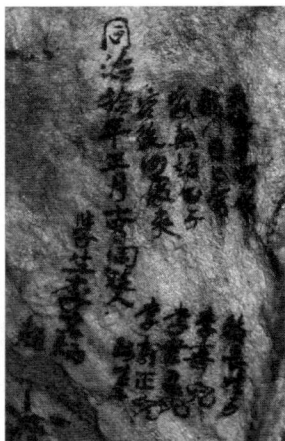

图9-57　李文炳题壁

图9-58　武都郡城南北堤记（满正人　协拓）

武都郡城南北堤记

阶之州治，承赤沙河之委□□龙江之冲，向时城郭完堤□□之害不作，民生遂焉。军兴以来，城躏于寇，堤坍于水，园廛潴而楼□□，民惴惴焉，悬其命于蛇豕□之久矣。前之官斯土者，亦尝起而图之，无如满地疮痍，不胜鼙鼓□□□□观詧洪公来摄是邦，□□厉兵，攘城寇盗，招徕商贾。越明年，政通人和，流亡尽复。凡贡院、祠□□□、吏舍，毁于乱者，以次修□□□□议复式堤，仿古筑城之法，悉去旧□浮基，瓦砾弗糅纯墙土□□□□□式百七十丈……获以子堤，树之以柳。南堤视北……迁烟火万聚□□外，新筑室家者，鳞接……者，北堤也；断而复起，若长鲸及川，逆流而上者，南堤也。□□□复田土之□□出□□□□然甘南镇雄矣。公曰：初议其□□，计费甚巨，微特众有难色□□□□焉。既……复费，则属本城绅商募之。工既□□城署，游戎姚君存垒，暨捕□□□□章等督之。始事于辛（未）□□，而以癸酉之冬月告成，灰石土木、工匠费钱万余缗。是役也，可谓□□□而□事，汝其为我记。□□□窃思，近日，士大夫视官舍如□□汲汲焉。第为束装，计民间利害□。暇问，孰肯任劳任怨，为地□□□，惟公恻然念之。既纠兵以戡寇乱，而草野安；复致役以御狂澜，而□为固。其于民也劳之，欲以□□力费之，欲以卫其□，用心亦良苦矣。后□人因其成，俾勿坏，时见数（十）年后，民犹歌舞之也。无记□□乎可？若夫，二水之患，城与堤之相关……字葆卿，惟善其名……楚南秦鸿□……吉日。

《武都郡城南北堤记》（图9-58），今存武都莲湖公园，碑裂为六块，后以水泥粘合，置于区博物馆檐下。残碑纵175厘米，横95厘米。正文隶书19行，行36字，字径4厘米。碑云"洪公来摄是邦""字葆卿，惟善其名"，可知"洪公"即洪惟善。洪惟善，字葆卿，湖南怀化人，清同治初知阶州。《阶州直隶州续志》卷五《城池》载："（同治）九年，州守洪惟善重筑南北堤。增补城陴，浚濠百十余丈，阔二丈。"[1] 碑文云："始事于辛（未）""而以癸酉之冬月告成"，可见洪公重筑南北堤竣工于清同治十二年（1873），立碑当在其时。

## （五〇）武都·清《顾太尊公祖大人惠商德政碑》（光绪二年，1876）

顾太尊公祖大人惠商德政碑

盖闻日中为市，肇于神农；懋迁有无，始于周夏。是以《洪范》"八政"，货与食居先。《周礼》司徒，商与农并重，诚以市廛之设，所以通货贿而利民用也。

---

① 叶恩沛修，吕震南纂：《阶州直隶州续志》，曾礼校点，兰州大学出版社，1987年，第69页。

图9-59　顾太尊公祖大人惠商德政碑

自桑宏羊立平准之法，与愚民争利，于是刘歆辅莽，张五均、设诸幹。安石相宋，置市易、立均输。而商之困，久矣。阶郡自蔡逆乱后，从前各行支应旧例，无从稽查，兼之十余年未逢考棚，一切棚费支用亦无定额。光绪元年冬，学宪按临，所有应支之项□顾太尊公祖念商贾连年捐输，既供正额，又加以抽厘，怜其重困，因酌其平，以为定制。既不致有误公用，亦不至贻累市商。并命勒之于石，垂诸久远，以杜胥吏磕索之弊。公之惠我商民，何其至焉。行头等因与合市商议，爰命石工刊之于碑，立于公所之地，庶几公之仁风惠政、良法美意垂于无穷矣。是为记。

所有支应条件数目开列于后：

一、新官上任，支应色布贰拾匹，棉花贰拾斤，每月天平称黄蜡玖斤。

一、上下忙开征，支红小布贰匹。四季，每季交季规钱陆拾串文。

一、每逢小考并无支应，大考所用黄蜡、白铁，天平每斤发价贰佰肆拾文。

一、春秋季完，牙帖银壹拾壹两贰钱，礼房金费钱四串文。祭祀支白布三尺，宅门礼道百。

一、迎春，付房班各行礼道钱玖串文。立冬，新行任事，付门公房班礼道壹拾伍串叁百文。

光绪二年岁次丙子荷月，郡贡生吕震南撰并书。阖街布行等仝立。

《顾太尊公祖大人惠商德政碑》（图9-59），清光绪二年（1876）吕震南撰并书，今存武都莲湖公园内。碑纵120厘米，横65厘米。楷书18行，行30字，字径2.7厘米。吕震南，字海鹏，阶州人，岁贡生。祖籍武都石门，后迁武都城关。光绪十一年仲冬，承知州叶恩沛之嘱，与拔贡生郭维城、优贡生苏履东、优禀生吕笃等一同编纂《阶州直隶州续志》，书成于光绪十二年中秋。

## （五一）文县·清《谭公遗爱碑》（光绪六年，1880）

谭公遗爱碑（楷额）

……道谭，为出示裁革事，照得文县采买兵粮，实为地方积弊，前……年由县采买壹千二百余石，发价则每石只出钱数百文，收粮则每……斗至七八斗不等，当即札饬，地方官一概裁免，并禀明爵阁、督宪鉴核……宪批饬，即由道晓谕，俾众周知。等因奉此，除饬县遵照外，合行出示……示仰文县阖属军民人等知悉，嗣后采买兵粮永远裁免，不准再向民间□□□，地方官阳奉阴违，借名勒买，许尔等赴道控告，以凭严参。切切特示，右仰通知。

光绪六年二月二十三日告示。

文邑僻在退陬，□□民贫，旧有采买兵粮一条，每年阖县科派，惟西北路居多，但闾里照户分摊□者有定，而差役藉此磕索，饱私囊者无穷，致小民终岁勤劳，人口冻馁，亦惟饮恨（吞）声已耳。昨地震成灾，叨上宪委员赈济，舆听民艰，蒙道宪谭子民之意，□□之德，转详斯苦；奉爵阁督宪左，慈惠黎元，概行豁免。道宪谭又颁慈告，沿途张挂，以苏民生。众等幸承覆庇，得安耕凿。庆仓箱之有蓄，乐里胥之绝踪。黄童白叟，莫不轩鼙鼓舞，感各宪之德，而有二天之戴也。第恐简楮为雨风剥落，恺悌随日月湮沦，爰集父老，仅勒片石，捅记颠末，以垂不朽云尔。因作颂曰：

弊政相承，户无二賦。忽我谭公，辖临斯土。檄迅如风，泽流似雨。害革利□，□□□□。借寇有心，思刘莫吐。珍尔寸珉，留芳千古。

关熙敬跋。

庠生：张承烈、赵鉴、杜江、赵步瀛。领袖：王正科、刘体道、王再强、朱喜先、孙登朝、王大顺、赵尚仁、李百顺、谢永春、赵克永、杜得福、王文雄、赵兴章、赵禄万。石匠：唐国福，同子唐天元。

（光绪）六年仲冬月谷旦，五乡众姓人等公立。

《谭公遗爱碑》（图9-60），清光绪六年（1880）立，关熙撰文并跋，今存文县天池乡洋汤天池庙。碑已断作两段，上段散落院中，纵43厘米，横60厘米，楷书题额尚在，可辨"谭公遗爱"，左右皆残。下段立于院内，纵100厘米，横86厘米，正文楷书22行，字径3.5厘米。碑文云"昨，地震成灾"，即光绪五年五月的陇南大地震[①]。《阶州直隶州续志》卷一九《祥灾》载："光绪四年，旱。五年五月初十日，地震。十二日

---

① 蔡副全：《1879年武都南8级地震新资料的发现与应用》，《地震工程学报》2013年第2期。

图 9-60　谭公遗爱碑

寅刻大震。山崩、水雍，城垣倾圮。杀人一万八百三十余人。洋汤河水涨发，隔河民人数百家，被水阻隔，淹压饿毙者不计其数。十六日，南河暴涨，漂流人畜无算。嗣后震动无常，日或两三次，月或一二次，或连日有声如雷，至十一年八月十七日，震后乃止。凡七年。"①天池庙，又称洋汤庙，清长赟《文县志》卷二《祠祀》载：

> 洋汤庙，在县北一百三十四里天魏湫旁，其神敕载："岐山龙尾沟人，唐进士，任广昭节度使，避安禄山乱，弃家修道，卒于此，为神。"祷雨辄应，宋敕封"洋汤大海平波敏泽龙王"。②

① 叶恩沛修，吕震南纂：《阶州直隶州续志》，曾礼校点，兰州大学出版社，1987年，第153页。
② 长赟：《文县志》，载《中国地方志集成》（甘肃府县志辑38），凤凰出版社，2008年，第84页。

## （五二）宕昌·清《重修杀贼桥碑记》（光绪七年，1881）

重修杀贼桥[一]碑记

阶州西固之境，有所谓杀贼桥者。其创建不知始于何时，盖书缺有间，此邦之父老亦难言之矣。相传乾隆间，尝被大水倾圮，桑沧变迁，遗址不可复得，民念其为要津也，爰设渡以通行人。而春秋泛涨，病涉者多。盖上为白龙江源，下即文邑临江之所出，沟渠归汇，流急奔腾，势则然也。关陇底定以来，百废具举，而徒杠舆梁，胥关民事，不及时修复，其曷由履险如夷哉？光绪庚辰夏，湖北李镇军志刚，领所部左路后营，会平瓜子沟番乱，遂留戍其地，目击行旅之苦，慨然以修复是任。相河流，度地势，为重建大桥，亲督营勇，鸠工庀材。经始于辛巳二月，一时番汉民人，闻而鼓舞。助木者轮囷雨集，助工者奋锸云兴，越百有六十日而功藏。桥长二十一丈有六尺，高五丈一尺，宽丈有四尺。墩石下柱，雁齿上露，重阑凭倚，巍然大观。桥端并立，扼守关门，环以雉堞、培堤、矾置。公所不惜数千百金以从事，匪惟利溥，而虑以周焉。余嘉其志，而更题兹盛举也，因仍旧名，用纪此桥兴复之故。亦谓上年平番一役，所以杀贼保民，其功当与此桥同垂不朽耳。于是乎书。

钦差头品顶戴、会办新疆善后事宜、护理陕甘总督兼管巡抚事、湘乡杨昌浚[二]谨撰。

同知衔留陕补用知县、孝感余邦谷[三]敬书。

大清光绪七年岁次辛巳吉旦。蒋克成镌石。

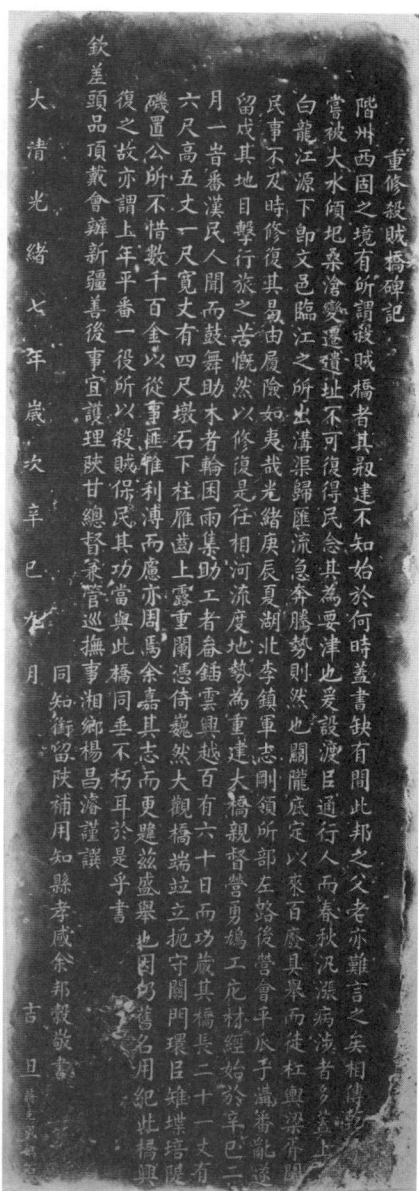

图9-61　重修杀贼桥碑记

[一] 杀贼桥：《阶州直隶州续志》卷一二《关梁》载："杀贼桥，在州西一百一十里，

跨白龙江。久废。光绪七年,总兵李志刚重建。两岸垒石作基陞,节节相次大木,纵横镇压,两边俱平,相去三丈,以板横次之。桥边钩栏严饰,上覆以屋,规模壮丽。陕甘护理总督杨昌浚碑记其事。十一年,河涨冲激,州守叶公、总兵张得胜补修。"①

[二] 杨昌浚(1826—1897):字石泉,号镜涵,别号壶天老人,湖南省湘乡县神童乡丰乐三十八都人。官历浙江巡抚、陕甘总督、闽浙总督。同治十二年(1873)冬,余杭发生"葛毕氏谋害亲夫案"(即"杨乃武与小白菜案")。杨昌浚以"既不能据实平反",又对下属"始终回护"被撤职。光绪四年(1878)四月,左宗棠西征,调杨昌浚主持后路军政事务。光绪十四年二月,杨昌浚调补陕甘总督;二十年正月,因慈禧太后六十寿诞被赏加太子太保衔;光绪二十一年七月,甘肃回军起事,席卷湟中、河州、狄道州一带,杨昌浚因防范不严、镇压不力而被清廷革职留任;十月,开缺回籍。光绪二十三年病逝长沙。《清史稿·杨昌浚传》评价其为"性和巽,而务为姑息"。

[三] 余邦谷:生卒不详。清光绪八年撰并书《重修西固城垣碑记》题衔为"钦加同知衔留陕尽先补同知县总理楚军左路后营文案楚北余邦谷"②。

《重修杀贼桥碑记》(图 9-61),清光绪七年(1881)杨昌浚撰文,余邦谷书丹,碑原在宕昌县沙湾镇公路段院内,后移入站立村二爷庙。碑纵 200 厘米,横 62 厘米,正文楷书 13 行,满行 40 字,字径 5 厘米。《阶州直隶州续志》③有录文,但时有脱溢,今以拓本补正。

## (五三)武都·清《建修傅王庙碑》(光绪七年,1881)

流传万古(篆额)

建修傅王庙碑

闻之"民为贵,社稷次之",非谓社稷可轻于民,实谓社稷为民而立也。

余阶郡两水后里高家村,有傅王佛宥大帝九龙川庙宇一座,创自本朝。开国以来,于今多历年所矣。非于民御灾捍患,何先民则立坛墠以祀之也。况我傅王之神灵,更有可显征者矣。光绪五年五月十二日,将值天晓,忽逢地震,凡山冢峯崩之处,莫不高岸为谷,深谷为陵矣。而傅王庙对面山崩地裂数十余亩,其势实能压尽左右两村而不难,此山乃顺流而下,村民未被覆压之祸,盖惟傅王忠义天长,故其福惠之不可掩如此夫。至若降甘霖,驱邪魔,有求即应之昭彰,夫亦何可胜道哉。但庙宇崩坏,神灵无所凭依,故士民鸠工庀财,改造正殿一座,补修前殿

---

图 9-62 建修傅王庙碑（杨瑞、王亮 协拓）

一院，新塐张王贰将，喜神贰位，将军两尊，创作执事一堂。庙貌森严，神威烜赫，不惟壮万民之观瞻，实且得一方之保障也已。因勒于石，永垂不朽云。

寨子里督工人：刘景向、龙瑞、刘进通。

四大头人：司建邦、龙子和、陈进明、龙玉林、刘维谦。

催办大头人：生员刘校书、生员龙凤舞、生员司建尚、生员龙庆云、武生王登科（另 17 人名略）。

孙家庄头人、催立石壁大头人、众姓头人、前山各村头人、后山各村头人。（名略）

郡庠生子端氏刘兆汉撰书。

共花钱伍佰式拾式串伍佰一十八文。

时大清光绪七年岁次辛巳孟夏上浣吉期，合会士民仝立。

《建修傅王庙碑》（图 9-62），清光绪七年（1881）刘兆汉撰文并书，今存武都蒲池乡高家村傅王庙前。碑纵 105 厘米，横 77 厘米。碑记楷书 13 行，满行 33 字，字径 2.2 厘米；题名约 20 行，字径 1—2 厘米；款识 2 行，字径 2.5 厘米。

## （五四）武都·清《重建碑记》（光绪七年，1881）

重建碑记（楷额）

　　盖闻神之为灵，昭昭也。体物不遗，能使人斋明盛服、以诚祭祀洋洋乎？如在其上，如在其左右矣。我大坪山有尊神二位，自唐朝因平吐番以后，为业于旧城里大坪堡。其后丁酉年二月，告终安葬于塌家坪，此处立成祖庙，以为后世祭祖之堂。但世远年烟〔湮〕，风雨蔽坏，神无所依宗。自康熙十年，有生员李登槐、李通、李梁等，睹庙宇损坏，恻隐不忍，故督工。重建以来，庙貌维新，神灵显著。尔时，庙前翠柏苍苍堪羡，庙后之松山依依可人。地之灵秀，自见神之赫威也。不料在同治三年，长发贼八月十五日反

图 9-63　重建碑记（杨瑞　协拓）

于阶地，将树木砍伐殆尽。光绪五年五月十二日，复地震奇灾，庙宇倒塌无存，竟留正殿一座，而墙垣尽倒，风雨莫蔽，神象显著，孰不触目而惊心。维时虽有修孝〔举〕之念，而连遭三年大旱，人人困苦无力，无可奈何。迨至光绪六年十月内，秋禾丰收，集众谪议，选孝〔举〕头人生员李士彦仝李万堂、王宗才等，卜取七年二月初九日驾马，三月十四日立柱。重建正殿一座，前连碑厅，并东西两廊，五月二十五日复立抱厦。凡我众姓，量力捐助，募化赀财，不数年而告厥成功。凡我一会，荷蒙圣神之佑。是为序。

　　阶州直隶州儒学生员李士彦仝侄男生员应庚、永昌敬撰。后学玄孙李殿元敬书。

　　石匠：贾连玉、贾喜明。（以下人名略）

　　大清光绪七年岁次辛巳桂月吉日，众会人等仝立。

《重建碑记》（图 9-63），清光绪七年（1881）李士彦等撰文，李殿元书，今存武都汉王镇大坪山村尚爷庙。碑纵 115 厘米，横 68 厘米。额楷"重建碑记"4 字，字径6.5 厘米；正文楷书 24 行，行 35 字，字径 2.5 厘米。

## （五五）徽县·清《陈鸿章题诗碑》（光绪七年，1881）

图 9-64　陈鸿章题诗碑（王义　提供）

清光绪辛巳秋，今奉檄权徽篆，见南山多青杠、槲木，可获山蚕利，民弗知取。因诣乡劝之，事毕，率袁明善、罗文锦两诸生登铁山，口占五诗疥壁。

铁岭嵯峨高插天，振衣直上五云边。飘然空际胸怀阔，细抚青松问凤缘。峭壁苍松一径清，登山犹觉足鞋轻。横披薿莽舒游览，直到峰头始却行。四望天涯接混茫，河山百战感沧桑。将才西北知谁伟？蜀国当年有武乡。独立峰尖天地清，放怀今古世间情。诸生莫讶徘徊久，四海犹闻未息兵。积雪千山日未斜，遥闻鸡犬有人家。亲民却怪河阳尹，不种桑麻只种花。

宜春陈鸿章题并书。

《陈鸿章题诗碑》（图 9-64），清光绪七年（1881）陈鸿章作诗并书，今存徽县铁山顶无量祖师殿。碑纵 40 厘米，横 80 厘米。楷书 20 行，行约 12 字。

## （五六）武都·清《叶恩沛游万象洞四律诗碑》（光绪九年，1883）

光绪癸未小春月朔，偕李敦山、李春生二军门，金子清、李云溪二大令，董尧臣广文、朱鸣轩二尹乔梓，兼携刘婿灿儿游万象洞。旋蒙贾子安、唐选[一]亭、宗少阜诸公招饮灵应宫，并送敦山兄之白马关，偶成四律，兼东余润堂明府张仙洲、张时泉、刘见堂三广文[二]。

万象包罗一洞天，鸿蒙开辟是何年？桃源有记凭谁见？蓬莱多仙自古传。偕友登临情不尽，呼儿指点景无边。从今始悟人间事，到处勾留岂偶然。

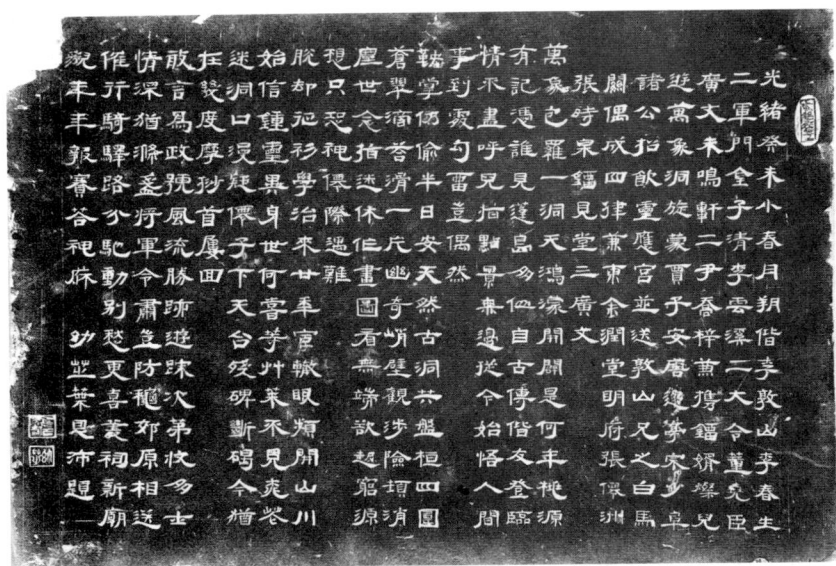

图 9-65 叶恩沛游万象洞四律诗碑（刘可通 协拓）

鞅掌仍偷半日安，天然古洞共盘桓。四围苍翠滴苔滑，一片幽奇峭壁观。涉险顿消尘世念，指迷休作画图看。无端欲起穷源想，只恐神仙际遇难。

脱却征衫学治来，廿年[三]宦辙眼频[四]开。山川始信钟灵异，身世何尝等艸[五]莱。不见桃花[六]迷洞口，漫疑仙子下天台。残碑断碣今犹在，几度摩挲[七]首屡回。

敢言为政号风流，胜迹游踪次第收。多士情深犹涤盏，将军令肃岂防秋。郊原相送催行骑，驿路分驰动别愁[八]。更喜丛祠新[九]庙貌，年年报赛答神庥。

幼芝叶恩沛题[一〇]。

[一]选：崔阶《〈阶州直隶州续志〉载叶恩沛〈游万象洞〉四首律诗与其原诗碑异同新考》（以下作"崔文"）① 释作"从"。

[二]以上"小序"7行，《阶州直隶州续志》卷三一《艺文·游万象洞》② 未录。

[三]年：《阶州直隶州续志》作"载"。

[四]频：《阶州直隶州续志》作"凭"。

[五]艸：即"草"，古通。

[六]桃花：《阶州直隶州续志》作"桃源"；"崔文"释作"赤苍"，误。

---

① 崔阶：《〈阶州直隶州续志〉载叶恩沛〈游万象洞〉四首律诗与其原诗碑异同新考》，载《陇南文史》（第七辑），甘肃人民出版社，2012年。

② 叶恩沛修，吕震南纂：《阶州直隶州续志》，曾礼校点，兰州大学出版社，1987年，第349页。

［七］抄：即"挲"，古通。

［八］《阶州直隶州续志》于此句后注"时送李敦山军门之白马关"。

［九］更喜丛祠新：《阶州直隶州续志》作"更喜新诗崇"。

［一〇］幼芝叶恩沛题：《阶州直隶州续志》无此语。叶恩沛，字幼芝，安徽人，光绪九年（1883)知阶州。在任期间，主持修筑白龙江、北峪灌堤防工程；修葺武都城垣，建义堂，倡植树。政绩显著，民颂其德。光绪十二年，叶恩沛主持，吕震南等纂修成《阶州直隶州续志》三十三卷，是为方志善本①。

《叶恩沛游万象洞四律诗碑》（图 9-65），清光绪九年（1883）刊石，今存武都汉王镇麻池村灵应宫。诗碑纵65厘米，横84厘米。正文隶书23行，满行16字，字径2.5厘米。碑首镌阳文印曰"武都牧叶"；碑末刊二印，一云"恩沛□□"，一云"幼芝"。武都万象洞口门楣另有叶恩沛《仙源有路摩崖》题刻（图 9-66），摩崖榜书"仙源有路"4字，款识小字三行云："癸未小阳月朔，州牧叶恩沛偕友及子婿，来此一游，小序。"此二石刻当为同日所题。

图 9-66　仙源有路摩崖（尹可为　摄）

## （五七）武都·清《永垂不朽碑》（光绪九年，1883）

永垂不朽（楷额）

武都郡，古之街亭。城中旧有清真寺二，此则前寺也，创建于洪化时，崇祯年重修。国朝嘉庆五年复兴土木，大殿宏敞，学堂、寺楼、牌坊、照墙俱极整洁。咸丰年，添修南北斋亭各□□□□□□□浴处附之。同治三年，发逆陷城，寺遂毁，大殿并南亭二座虽存，已不全矣。兵燹沟壑之余，于□□□□□□略为补葺。讵清光绪五年五月十二日黎明，地忽大震，城外南山飞入城中，从寺旁经过，压埋民□□□□□非常之变，莫不悚然。六月朔，南江突发，决去城者半，居民庐舍荡然无存。寺虽孑然峙立，而墙壁倒空，水□寺□流，人皆目睹惨怜。阖

① 武都县志编纂委员会：《武都县志》，生活·读书·新知三联书店，1998年，第1138页。

永垂不朽

图 9-67　永垂不朽碑

方恭施布赀，鸠工告竣，新修牌坊三间，因勒石以志之，曰：沧田海水，变易无常。石火□□，不暇转瞬。振古如斯，于今为烈。此穆民之所以生前为苦局，而以没后为乐境也。窃愿同人慎重，赴寺之□，遵五功而力行之，庶不负人生斯世之由，亲师教养之苦，以仰副圣朝之一视同仁，则此寺亦不至于虚存而徒壮观瞻也矣。是为序。

癸未季春月，天方默底那有一位赛益德，游中，不知所阅何地，阶郡突闻在洮，于是群情跃跃，急往请来□人生知安行，阖方二百余家，朝夕凭经指点，均沐陶淑，此穆民之所深欣，实主圣之所默役，诚哉，千古奇遇也。故志之，以为后之美谈。

刊列学田大粮永垂不朽。

黄家坝买业花地五埫，辙家地贰埫半，寇家地半埫，石板坝壹埫，盐沟门前壹埫，并金寺窠完大粮柒斗壹升□，王有绪施南门外房窠壹所，认完大粮六升。者麻氏施河南里立地壹块，认完大粮四升。者谢氏施后寺后地壹块，认完大粮八升半。南门外置到高姓稻井地贰块，种籽八升，认完大粮贰升。马献洲施李家村桥□坝地一块，典价银贰拾两。宗家堡、城背后并窑窠门前共地贰块，价银七两。者司氏施桥头里山石埂地九□，典价钱壹拾叁仟文，任南亭背完李成得大粮三升七合半，李贵大粮三升半。者有甲施桥头里楼楼子道上花地壹□，尖各坝花地壹块，共买价钱捌拾六仟文，认完大粮壹斗贰升。又施柳树场上下地壹所，典价钱肆拾伍仟文。□地借钱壹拾柒仟文，复施钱陆拾仟文，以资学堂膏火。新典桥头里者永清地五块，共价钱肆拾仟文，又典宝廉地壹块，价钱柒仟文，典崔福兴地壹块，价钱陆仟伍百文。

候铨训导、贡生玉堂者宝书撰文。郡庠生高第杨承科沐书。

长教：马复原、牟永泰、马恒德、赵真学、马归善。

募化督工人：武生高举、军功马健、军功者有甲、贡生者宝书、生员高超、牟万喜、杨仲、谢觃、古企元、高受明。阖方穆士全立。

大清光绪癸未……月。

《永垂不朽碑》（图9-67），清光绪九年（1883）者宝书撰文，杨承科书，今存武都城关清真寺大殿一楼前台檐下。碑纵150厘米，横72厘米。额楷书"永垂不朽"4字，字径10厘米；正文楷书24行，满行45字，字径2.2厘米。

## （五八）武都·清《重建圣母碑记》（光绪十年，1884）

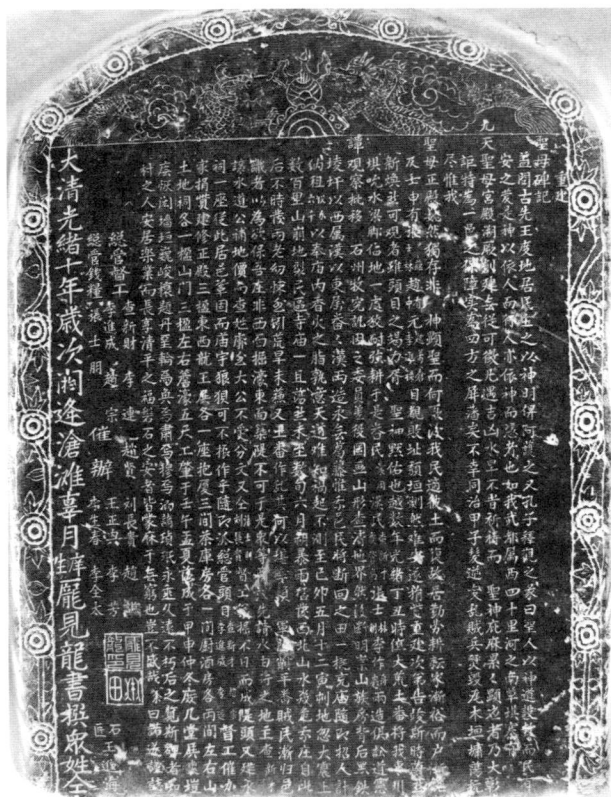

图9-68　重建圣母碑记（杨瑞　协拓）

重建圣母碑记

　　盖闻古先王度地居民，主之以神明，俾阿护之。又孔子释《观》之《象》曰："圣人以神道设教。"而民有□安之，爰是神以依人而行，人亦依神而凭者也。如我武都属西四十里，河之南草坝寨，有九天圣母宫殿，溯厥创建，无从可征。凡遇吉凶水旱，不时祈祷，而圣神庇庥，累累显应者，乃大彰著，讵特为一邑之保障，实为四方之屏藩矣。不幸同治甲子，发逆变乱，贼兵燹毁瓦木，垣墉荡杌殆尽。惟我圣母正殿，巍然独存，非神显圣而何？厥后，我民适彼土而复故居，勤劳耕耘，家渐裕而户渐饶。迫及壬申，有张蕴、张士林、赵有元、赵中元、赵万仓、李进录，目睹败址颓垣，恻然难安，遂捐赀重建，次第告竣。斯时，蔚然增新，焕然可观者，虽头目之竭力，胥圣神默佑也。越数年，光绪丁丑，时值大荒，土番将我枣川草坝吮水梁脚，占地一处，狡耐强耕。于是番民囊周，汉民查新才、庆登高、张士林、张士朋、李作舟、李作兴，两造俱讼道宪，蒙谭观察批移石州牧究讯，因之委员差役，图画山形，查清地界，然后断明：崇山族房背后，黑铁匠垵圲以西属汉，以东属番。番汉两造，永无葛藤。惟我邑民，将断回之田一概充庙，随即招人计亩纳租，议办六千，以奉庙内香火之脂。孰意天道难知，祸起不测，至己卯五月十二寅刻，地忽大震，上下数百里，山崩地裂，民区寺庙，一旦荡然。未至数旬，六月朔，暴雨猛发，西北山水几危我庄。自此以后，不时发雨，老幼悚然。矧荒旱未苏，又土番作乱，其何以堪？幸赖军门削平番贼，民渐归邑□。识者以为，欲保吾庄，非西面掘濠、东面筑堤不可。于是众等商议，先请水，由行之地主查新才□让水道，公补地价，而查姓廓然大公，不受分文，又全张士朋、刘长贵督工筑掘，不日而成。堤头又建水神祠一座。从此居邑巩固。而庙宇狼狈，可不振作乎？随即派总管头目查新才、李进成、赵宗、李连，督工催办，量家捐赀。建修正殿三楹，东西龙王殿各一座，抱厦三间，茶库房各一间，厨酒房各两间，左右山神、土地祠各一楹，山门三楹，左右檐濠五尺。工肇于壬午孟夏，落成于甲申仲冬。庶几堂殿爽垲，廊庑恢弘，墙垣巍峻，榱题丹垩，轮焉奂焉，肃焉穆焉。泐诸贞珉，永垂久远不朽。后之览斯碑者，知我村之人，安居乐业，而长享清平之福、盘石之安者，皆蒙庥于无穷也。岂不盛哉？余曰：诺！遂谨志之。

总管督工：查新财、李连、赵贤、刘长贵、赵谦、李进成、赵宗。总管钱粮：张士朋。催办：王正兴、李芳、李生春、李全太。石匠王进海。

大清光绪十年岁次阏逢沧滩辜月，庠生庞见龙书撰。众姓仝立。

《重建圣母碑记》（图9-68），清光绪十年（1884）庞见龙撰文并书，今存武都区石门乡草坝子村圣母殿。碑纵102厘米，横68厘米，正文楷书26行，满行38字，字径2厘米；款识一行字较大，字径4厘米。正文末镌二印，各4.5厘米见方，一云"庞见龙印"，一云"野田"。

## （五九）成县·清《李炳麟七言诗四首并跋》（光绪十一年，1885）

家君治成邑三年矣，麟亦需次西安，久疏定省。光绪乙酉冬，奉差赴汉中，绕道省亲，适叶公补修同谷草堂，征诗落成，麟依韵和酬，嘱同补壁，聊识一时鸿印云耳。

结屋县〔悬〕崖深复深，骚坛犨崒此登临。芳尊载酒独怀古，老树擎云直到今。大雅回澜诗万卷，飞泉挂壁硖千寻。追思天宝流离日，遥望家书抵万金。

许身稷契本无妨，地老天荒剩草堂。兵燹飘零怀弟妹，鬼神歌泣有文章。眼中寒畯万间庇，石上因缘一瓣香。俯仰同时谁伯仲，谪仙旌鼓尚相当。

图 9-69　李炳麟七言诗四首并跋（章海伦　协拓）

　　千秋诗史总无惭，未饮廉泉早励贪。风雨乱崖自悲壮，乾坤万象尽包涵。居怜同谷歌传七，律冠唐人昧得三。冯〔凭〕吊黄蒿古城外，只余明月映寒潭。

　　荒祠云树自纵横，谷暗风号虎豹惊。入庙馨香千古祀，思君史爱一心诚。东柯流历天涯感，南国亲多旧雨情。何日得瞻严仆射，不教知己负平生。

　　蓝翎五品衔、陕西候补知县楚南李炳麟题并书。

　　《李炳麟七言诗四首并跋》（图 9-69），清光绪十一年（1885）李炳麟题刻，今存成县杜甫草堂后院南壁。诗碑纵 55 厘米，横 90 厘米，前跋 4 行、后款 1 行皆为楷书，字径 1.2 厘米；诗文隶书 16 行，满行 15 字，字径 4 厘米。碑尾刊二印，阴文云"炳麟"，阳文云"□人"。李炳麟，湖南楚南人，陕西后补知县。诗碑跋语曰"家君治成邑三年矣"，《阶州直隶州续志》载：李焌，湖南益阳人，于光绪九年知成县[1]。由此可知，李炳麟为李焌之子。光绪十一年甘肃学政陆廷黻、知阶州叶恩沛发起重修杜甫草堂，知成县李焌主其事。竣工后李焌曾撰一联云："李杜朔神交，诗圣酒仙我忝列通家子弟；陇秦寻故宅，龙蟠虎踞公先占同谷江山。"[2]

### （六〇）清《秦川锁钥暨德政流芳摩崖》（光绪十一年，1885）

　　秦川锁钥。

①叶恩沛修，吕震南纂：《阶州直隶州续志》，曾礼校点，兰州大学出版社，1987 年，第 198 页。
②张忠：《历史上的成县杜甫草堂》，载 2009 年 9 月 16 日《陇南日报》（周末特刊）。

图 9-70　秦川锁钥暨德政流芳摩崖（蔡旭东、蔡晓龙　协拓）

大清光绪乙酉年仲春月刻。

镇松使者、古滇琅溪夏毓秀题书。

恭颂：德政流芳。

钦命镇守四川松潘等处地方总镇督提督军门利勇巴图鲁夏，钦加总镇衔、升用协镇、分守四川松潘右营、移驻南坪都阃府范，德政。

官兵绅粮乡老土弁等叩，标下署隆康汛古哨把总岳华增。

《秦川锁钥暨德政流芳摩崖》（图 9-70），清光绪十一年（1885）镌刻，今存文县石鸡坝乡边地坪村与四川省九寨沟县郭元乡柴门关村交界的半坡岩壁上。摩崖总面积达 7 平方米。"秦川锁钥"摩崖纵 340 厘米，横 110 厘米。"秦川锁钥" 4 字榜书字径 75 厘米；左右款识字径 10 厘米。此摩崖由夏毓秀题书。"德政流芳"摩崖纵 185 厘米，横 80 厘米，楷书 4 行，字径 5—11 厘米。摩崖所谓 "利勇巴图鲁夏"者即夏毓秀。

图 9-71　开新路记摩崖（蔡晓龙　协拓）

夏毓秀（？—1910），字琅溪，云南昆明人。清同治十年（1871），擢总兵，赐号"利勇巴图鲁"。光绪二年（1876），赴四川，统领省标十营。七年，松潘番蠢动，数扰边，命署总兵治之。既至，擒首恶，抚良懦，番民以安[①]。

## （六一）清《开新路记》（光绪十一年，1885）

委员兼修城垣路道直隶州熊自勋。署会龙汛把总岳华增暨绅粮乡约督工金富元等修理路道，自捐口食。

光绪五年五月十二日寅时地震，上下无路，五日无人行走，即开新路一条。无处求款，今有广元赵兴发钱四十千文；绅士马振甲、左凤鸣钱六千文；□官督事□铠，都司范永福；审长刘隆廷钱二千文，吴春和钱四千文。陈万镒撰书，石匠李洪恩。

《开新路记》摩崖（图 9-71），今存文县石鸡坝乡边地坪村西陇蜀交界的四川省九寨沟县郭元乡柴门关村东南 500 米处半坡岩壁。摩崖纵 135 厘米，横 100 厘米，楷书 11 行，字径 5—7 厘米。清光绪五年地震之前，柴门关阁道从白水江南岸近壁通过，故址栈道遗迹尚存，又有清雍正九年（1731）五月二十六日榜书题刻云："秦蜀交界。"读《开新路记》摩崖可知，光绪五年地震致使江边旧路坍塌，修复十分困难，无奈之下，于村东南山半山腰另辟新路。《开新路记》与"德政流芳"摩崖皆有"岳华增"其人，由此可知，刻石亦在光绪十一年。

## （六二）徽县·清《徽县大河店修路碑》（光绪二十年，1894）

### 前三碑

#### 徽县大河店修路碑

陇蜀踞天下之脊，山高而水激。徽县南六十五里曰白水驿，前明设驿丞，今革。其地为川陕要道。宋至和二年，转运使李虞卿以青泥岭旧路险峻，请开白水路，自河池驿至长举驿，未成而去。河池令王令图及工部郎中田谅等踵成之，迄

① 赵尔巽等：《清史稿》卷四五六，中华书局，1977 年，第 12657 页。

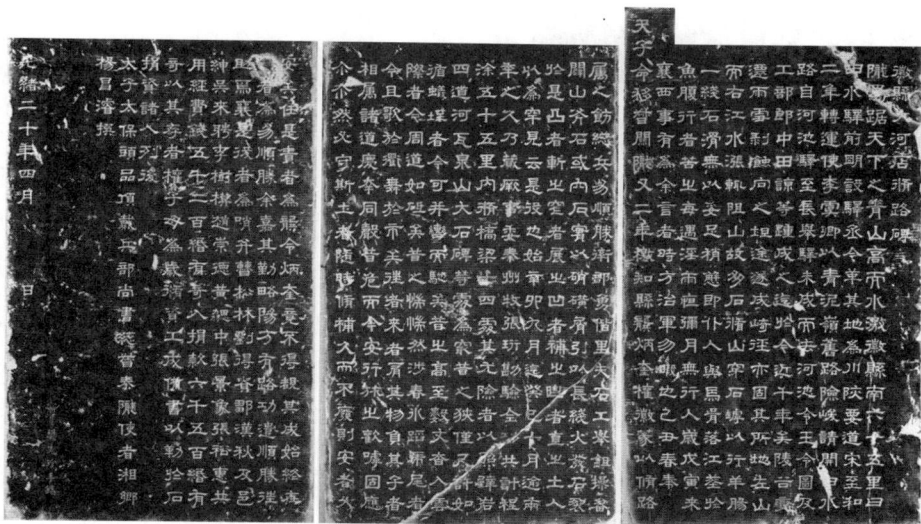

图 9-72 徽县大河店修路碑（前三碑）

于今近千年矣。陵谷变迁，雨雪剥蚀，向之坦途，遂成崎径。亦固其所，地左山而右江，水涨辄阻。山故多石，循山穿石罅以行，羊肠一线，石滑无以妥足，稍懈即仆，人与马骨落江，葬于鱼腹，行者苦之。每遇淫雨，恒弥月无行人。岁戊寅，来襄西事，有为余言者，时方治军，勿暇也。己丑春，奉天子命，移督关陇，又二年，檄知县龚炳奎权徽篆，以修路属之。饬总兵易顺胜率部勇，偕里夫、石工，举锄操畚，辟山斧石。或穴石实以硝磺屑，引以长线，火发石裂。于是凸者斩之，窄者展之，凹者补之，曲者直之，土人以为罕见云。是役也，始辛卯九月，迄癸巳十月，逾两年之久，乃藏厥事。委秦州牧张珩勘验全功，共计程涂五十五里，内修桥梁十四处，其尤险者以照壁岩、四道河、瓦泉山、大石碑等处为最。昔之狭仅尺许，如循蚁垤者，今可并辔而驰矣；昔之高至数丈、杳入云际者，今周道如砥矣；昔之惴惴然涉春冰、蹈虎尾者，今且歌于衢、舞于市矣。往者来者，肩其物、负其子者，相属诸道，庆幸同声。昔危而今安，行旅之欢嘩，固应尔尔。然必守斯土者随时修补，久而不废，则安者久安矣。任是责者为龚令炳奎，竟不得睹其成。始终在事者为易顺胜，余嘉其勤，略阳方有路功，遣顺胜往助焉。襄是役者，为哨弁曹松林、刘德贵、邹汉秋及邑绅吴来聘、李树模、赵崇德、黄㷻中、张景象、张裕惠。共用经费钱五千二百缗有奇，入捐款六千五百缗有奇。以其存者权子母，为岁修资。工成备书，以勒于石。捐资诸人列后。

太子太保、头品顶戴、兵部尚书、总督秦陇使者、湘乡杨昌浚撰。

光绪二十年四月　日。富平樊先珍手镌。

图 9-73　徽县大河店修路碑（第四碑）

### 第四碑

　　大石碑修路工竣，官太保既制记以书其事。守土吏张若金谨录捐资数目开于左方，以章大君子惠鲜之勤，俾巷舞衢歌者晓然于集事之由，于以乐成功而资观感，斯固有司之责也。

　　太子太保、头品顶戴、陕甘总督部堂杨，扎发银一千四百两。钦命二品顶戴、分巡甘肃巩秦阶道丁（印）体常，捐银五十两。钦加二品顶戴、盐运使衔、甘肃尽先题奏道徐（印）锡祺，捐银五十两。钦加三品衔、特授秦州直隶州正堂张（印）珩，捐银二百两。秦州商民共捐银一千四百两。徽县商民共捐钱一千六百六十九千四百文。

　　徽县知县张若金谨识。

　　光绪二十年冬十有二月谷旦勒石。

　　《徽县大河店修路碑》，清光绪二十年（1894）镌立，原在徽县大河店乡王家河村洛河东岸大路旁，1985 年迁至徽县文化馆院内，今又移入周主山，碑座仍留大河店原址。修路碑由三高一低四通碑刻并列组成。碑首拱形，额篆"皇清"二字，饰以二龙戏珠及浮云图案，刻画繁简相宜，飘逸流动。正文连刻于三通大碑（图 9-72）之上，隶书 34 行，满行 22 字，每碑各纵 300 厘米，横 110 厘米。正文为杨昌浚撰文并书，樊先珍镌石。隶书秀美，线条光洁，刀法娴熟，字迹清晰。第四碑为题识、捐资碑（图 9-73），稍低，纵 230 厘米，横 110 厘米。徽县知县张若金题识。

### （六三）成县·清《刘世安题记》（光绪二十二年，1896）

　　光绪丙申三月廿有六日，访碑至此。广州刘世安记。福山鹿葆熙、大兴马宏、普宁方景周同观。时中江李鹜知成县事，后至者则宝应钱振

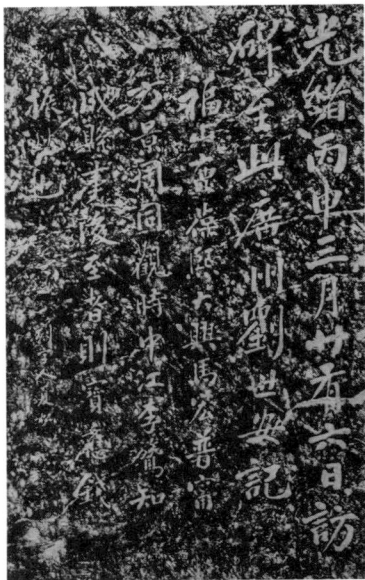

图 9-74　刘世安题记

荣也。刻字人夏松。

《刘世安题记》（图 9-74），清光绪二十二年（1896）摩崖题刻，今存成县《西狭颂》碑亭外西南壁。摩崖纵 70 厘米，横 42 厘米，楷书 6 行，字径 3—6 厘米。刘世安，字静皆，广州人，光绪十五年乙丑科一甲第三。十七年，出任陕西乡试主考官。光绪二十年，出任甘肃学政。

### （六四）成县·清《李鸷题字》（光绪二十二年，1896）

黄龙见处。光绪丙申，李鸷题。

图 9-75　李鸷题字

《李鸷题字》（图 9-75），清光绪二十二年（1896）摩崖刻石，今存成县《西狭颂》碑亭下东南壁。摩崖纵 40 厘米，横 120 厘米。榜书"黄龙见处"4 字楷书字径约 16 厘米，前后题款较小。李鸷，中江（四川省中江县）人，由《刘世安题记》可知，李鸷于光绪二十二年前后知成县事。

### （六五）武都·清《重修北堤碑记》（光绪二十二年，1896）

重修北堤碑记

州治之北有赤砂水焉，发源于宋川南坪西。流至草滩坝，会柳林□谷之水，入高桥峡，渐折而东。两山束缚二十余里，始泛滥洋溢，循北山而下，为北峪河。炎宋祥符间，太守李公，凿坻龙冈之麓，筑土堤障，使南流入白龙江。明洪武五年，建砖城。隆庆间，复建土城，包砖城于内，而以堤为之保障。凡任此土者，以故莫不于此□意焉，第就事补苴，或束之太骤，一遇狂涨，小民登高而号者屡矣。癸巳之冬，宗祥来守是邦，见李公旧堤已低塌如线，外有龙公堤及区，易诸公新堤较坚稳，而龙王庙以南万寿台以北，为全河趋重扼要之处，单薄可危。李任前两年，所筑拦水沙堤，又冲决为患，经年修治，千余缗尽付东流。宗祥乃持议与老于此河

图 9-76　重修北堤碑记（陈正付　协拓）

者详言，水性形势与□□地之祸。为之审利害，权挡力办方位；度高下丈尺，别土性之宜。筹经久之费，创筑□三□大水箭二道于二箭相距处，加高培厚，用纯灰素土，寸砎层筑，下基入河底十尺有奇，以防搜刷之患。鸠始于乙未丙申八月既望，各三阅月而藏事。首事诸君谋于众，以不才此举为能捍灾患，将镌石以颂。宗祥敬谢曰："此非牧民之事耶！矧以老病乞退，未竟全功而去，胡颂为无已。其以原石志缘起可乎？"乃援笔为记。记成，州之人且读而歌曰："南山苍苍，江水洋洋；我公之德，山高水长。"予因属而和之曰："山苍苍兮水洋洋，斯堤永固兮尚增高而继长。愿守斯言兮毋相忘。"

钦赐花翎、在任候补知府、正任阶州直隶州知州、浙江秀水朱宗祥敬撰。郡廪生龙霖书丹。

保甲局兼管堤工绅士：廪生吕佩璜、生员姚谦、生员田兆丰。

监修绅士：举人王执中、生员王室平、生员符瑞、军功王焕章。

　　监修商民：郝登瀛，陈进锐、李润滋。

　　大清光绪二十二年岁次柔兆涒滩季……

《重修北堤碑记》（图 9-76），清光绪二十二年（1896）朱宗祥撰文，龙霖书丹，今存武都城关莲湖公园内。碑纵 150 厘米，横 100 厘米。正文楷书 22 行，满行 37 字，字径 2.5 厘米。

## （六六）武都·清《王明道先生墓志铭》（光绪二十二年，1896）

　　芳徽永著（篆额）

　　大师长王明道先（生墓志铭）

　　先生讳有绪，字赞臣，明道（其号也）。考《阶州续志》，王鉴之裔，世笃忠贞……明道先生者即其□□□。先生得天独厚，禀气最灵，孝友温恭仁道……寻常测其厓矣。已幼，赋性颖异，因读《天方经》，故未得卒业诗书，然于汉文经书，无所不通……昼斋夜礼，乐道甘贫。或有以常业责先生，先生辄不一语，殆所谓璿玉致美……而……也，若乃天人性命之理，尤兢兢以不得真传为憾。以故与友谢心孚先生自□□西……庭、渠犁国、卑陆国、乌贪訾离国、无雷国、蒲类国、伊吾庐国、车师前王庭、焉耆国、龟兹国、□墨

图 9-77　王明道先生墓志铭

国。于……水，访友寻师，自道光至咸丰，阅十数年于此矣。及夫受真人之指点，学通天人，得明师之心传……大道，幸其在斯，而先生犹未敢私淑也。重游汉南，两历金城，于平州郡之士，先生接之以旬……而爱人所以缨绶之徒，绅佩之儒，望形表而景附，闻嘉名而响和者，犹百川之归巨海，群山之附……徒，讲经弗懈，务使圣道归于昌明，斯人跻诸正大。乃天寿平格，享年八十有五，以光绪十九年正月……分同教之人永怀哀悼，历所寘念，乃相与为先生德谋不朽事，金以为先哲云亡，而德声永绵者……何而不树碑表墓，俾芳烈传之无穷，令德昭于千古也哉！乃作铭曰：

龙江感运，凤岭发祥。哲人□□，□□□□。□□□梦，振彼聋盲。开来继往，□慇成良。明德通元，成己成物。独得真传，慎厥密勿。贤智亲之，奉如圭□。□□□□，□□□□。先生之学，幽浚如渊。先生之道，峻极于天。先生之品，良璧自全。先生之行，无党无偏。呜呼逝矣！怊惕□□。

诰授武翼都尉三品封典、乡饮大宾刘开科。诰授武翼都尉游击职衔、卫用守备马际泰。钦赐蓝翎、甘肃宁夏镇中卫营都司马全。钦赐蓝翎、白河营中军千总、尽先守备刘真。钦赐花翎、先都司刘汉章。钦赐五品顶戴、左营千总、恩骑尉世职陈寿椿。

陕西陕安镇属：汉中镇属把总……马全恩、马杰、从九马祺。孝义营把总戊午科……马世明、军功马全美、马耀珊。左营千总辛酉科……泰来、王化德、介宾答洪钧。城守营把总……清、军功马纪成、答洪义。赏戴蓝翎左营……喜庆、军功马荣、海万福。

诰授武翼都尉、赐进士出身、前署孝义营都司哈元祥。武生马负图……马合、马凤、军功马文海。

候选县丞、兴安恩贡生马廷杰。候选通判、兴安拔贡生马文兆。阶州……书。阶州学廪生马步瀛仝校阅。

诰授五品封典、候选训导、兴安□岁贡生、教晚束文启撰文。

丁酉科选拔、阶州直隶州学优廪生、小门生花湛露书丹。

大清光绪二十二年岁次丙申重阳上浣。兴安众门人勒石。尹兴文刊。

《王明道先生墓志铭》（图9-77），清光绪二十二年（1896）束文启撰文，花湛露书丹，今存武都城关清真寺大殿一楼前台檐下。碑纵160厘米，横86厘米。额楷书"芳徽永著"4字，字径10厘米；正文楷书26行，满行50字，字径2.5厘米。此碑见录于吴景山先生《武都清真寺中现存的碑石文书档案资料》[①]一文，新辨铭文个别有异。

### （六七）礼县·清《谒祁山武侯祠诗二首并跋》（光绪二十四年，1898）

检点琴书剩此身，兰仓晓发正逢春。柳因露重先含别，鸟趁凤翔欲送人。几处桑田惊旧梦，等闲心事付征尘。徘徊我愧无遗爱，但祝皇天雨泽匀。（《兰仓晓发》）

行行且住思无边，况值祁山日暮天。驻马独来寻往迹，挥戈倩共话当年。三

---

① 吴景山：《武都清真寺中现存的碑石文书档案资料》，《回族研究》1993年第4期。

分未定祠空祀，万灶无踪草自烟。从古伤心惟国耻，鞠躬谁更似侯贤。（《祁山晚眺》）

余解组兰仓，适值岁试，曾于终场，拟是二题，命诸士同赋，有王生文山制长句，颇近风人之旨，因用其韵，各赋一章。顷文山见过，遂录示之，以博一粲。工拙非所计也。湘乡王兆鼎书于天水旅邸。

邑侯筠邻王老夫子，工书，尤善诗，邑之人得其书者或多，而诗则鲜有见之者。化南素不解吟，以夫子命，勉应七律二首，冀有以教之也。日者化南至州进谒，果出前诗见示，即乞书之长幅，归而摹诸石。时光绪戊戌夏日也。门生王化南谨识。

图9-78　谒祁山武侯祠诗二首并跋

《谒祁山武侯祠诗二首并跋》（图9-78），清光绪二十四年（1898）王兆鼎作诗并书，王化南摹刻并题跋，诗碑今存礼县祁山武侯祠。诗碑纵158厘米，横63厘米，王兆鼎诗文行书7行，字径2—7厘米，行书跋3行，字径2—4厘米；王化南题识楷书2行，字径1.8厘米。王兆鼎跋尾刊有"王兆鼎、筠邻"二印。

## （六八）武都·清《古洪化县碑》（光绪二十五年，1899）

古洪化县。大清光绪岁次己亥七月。洞泉野人勒石。

《古洪化县碑》（图9-79），清光绪二十五年（1899）题刻，今存武都安化镇曾家街。碑纵120厘米，横62厘米。"古洪化县"4字字径24厘米，款识字径6厘米。洞泉野人，姓名无考。《武阶备志》卷三《郡县治城邑考》载："洪化故城，在州东北，西魏置县，属白水郡，后周废。按，即今

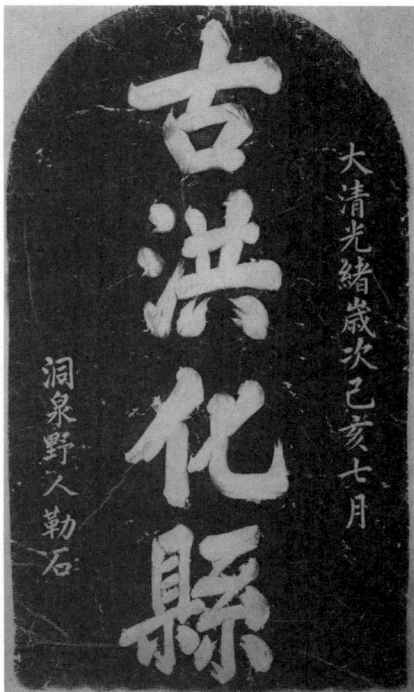

图9-79　古洪化县碑

之安化。"① 清光绪二十九年（1903），甘肃学政叶昌炽至武都按学，途经安化镇，曾见此碑立于道旁，其《缘督庐日记》写道："廿二日，晨起，浮岚雾合，淅沥沾衣……（自安化镇）行一里，曾家街。两山间路稍宽，右厓上有一庙，当转角处，如鸟翼然拱峙。渡涧，桥以木植，架两厓中，承以板而填土焉。道左有两碑，一碑大书"古洪化县"四字。按，洪化县，西魏置，此其故城也。"②

### （六九）徽县·清《重修杜少陵先生祠堂记》（光绪二十六年，1900）

诗范永垂（楷额）

重修杜少陵先生祠堂记

窃思恢复古迹诚非易事，不禀官二〔而〕不敢动改作，古迹虽复，然改作之常在人为。□□善始克终，迹亦何□复之有。如栗亭川有杜公祠者，古迹也。始于大明正德，创自潘、童二公，自万历以至道光，邑令主牛、张。此四贤侯相继重修者，不一而足。□皆仍旧重修，未尝迁移改修也。岂料同治、光绪年间，贼匪复攘、地震动摇，大殿败坏，卷棚斜侧，椽瓦被乞丐拆毁，门窗亦相继焚烧，□□□仁神像焉。□□以□□绅耆人等屡议兴工，众论烦乱，有言仍旧补修，有言移拆下店。俱禀报官亦难定□□□邑侯罗公过祠，验□始□□以开端，而移庙之事终未决其可否也。无奈，会内作主，变古创今，因前边□易地基，创修大殿，使乞丐不便搅攘□□□新庵神位各显威灵，俾四民都来朝参，既盖兴会前愆，又杜搔攘后患。名为重修，实则创建。改修之事在人为，二〔而〕不信然乎哉？然大殿既成，固可以安神位；献殿不修，亦难告厥成功。倘若半涂〔途〕而废，人讥有始无终。因此，与众商议，拆旧卷棚，改作献殿。恨之寸金何？幸县主张公过祠，参神捐钱，而又赐印玺。□椽瓦□□之□□□县主与三行之□也。不意献殿上架方成，而世道□且荒虚，下架停工五年，而会内布施未动。昨年秋末冬初，□以数年所得之地租□钱式拾余串，并伏镇、旬川之募化相帮，才安门窗，动□工完，献殿始见，庙貌重新，古迹宛在。有始无终之讥，庶几可免也。夫是祠也，山向坐子午卦，局属□□。起工于光绪十六年二月，告竣于庚子岁孟夏。落成之日，略叙颠末，并以刻输善诸君子姓名，以垂永久云尔。

同知衔、前仕徽县正堂罗佐清，捐钱壹拾串文；同知衔、现任徽县正堂张若金，捐钱壹拾串文；中书衔、现任徽县儒学正堂廖振鉴，捐钱壹串文；玉诸书院

① 吴鹏翱：《武阶备志》，载《中国地方志集成》（甘肃府县志辑10），凤凰出版社，2008年，第39页。
② 叶昌炽：《缘督庐日记》，江苏古籍出版社，2002年，第4056页。

图 9-80　重修杜少陵先生祠堂记（石贵平　协拓）

辛卯科举人顾仁，捐钱壹串文；六品衔、前任徽县右堂秦少常，捐钱壹串文；会首庠生李秀实，捐钱捌串文；会首贡生□□□，施钱六百文；会首庠生何炳荣，捐钱捌串文；会首庠生王永清捐钱陆串文；会首何海洋施钱四百文；会首吴士重施钱六百文；会首吕士美，施钱四百文。

董事生员王倜顿首拜撰，捐钱叁串贰百文。后学生员杨植沐手敬书，捐钱壹串式百文。

光绪二十六年岁次庚子秋九月吉日，官商士庶人等仝立石。

《重修杜少陵先生祠堂记》（图 9-80），清光绪二十六年（1900）王倜撰文，杨植书丹，今存徽县栗川乡杜公村少陵祠堂故址前杜公井旁。碑纵 160 厘米，横 68 厘米，铭文楷书 20 行，满行 48 字，字径 2.5 厘米。碑首竖题"诗范永垂"4 字楷书，字径5 厘米。

## （七〇）成县·清《岳世英题记》（光绪二十九年，1903）

图 9-81　岳世英题记（满正人、杨雷　协拓）

督学叶昌炽命成县训导岳世英访古于此。

光绪癸卯闰夏记。

《岳世英题记》（图 9-81），清光绪二十九年（1903）摩崖刻石，今存成县南山仙人崖，左下邻元《重修北极宫记》摩崖，左上 20 米处为南宋《王子直甘露颂》摩崖。《题记》纵 32 厘米，横 52 厘米，隶书 6 行，行 4 字，字径 4 厘米。

叶昌炽（1849—1917），字鞠裳，号颂鲁，自题缘督庐主人、蓬大夫等，江苏长洲（今苏州）人。光绪二十八年五月至三十二年四月，任甘肃学政。岳世英，号子俊，时为成县训导①。光绪二十九年、三十一年，叶昌炽曾两度至陇南阶州按学，沿途搜访古碑旧刻。叶昌炽曾托岳世英代为搜访成县碑刻。光绪二十九年八月十七日《缘督庐日记》写道：

> 岳广文（世英）来赍至，拓本一大箱，共宋碑十二种，题名六种，又有明嘉靖杜甫草堂诗则骈拇指也。《吴挺世功保蜀忠德碑铭》，高丈余，螭蟠鳌负额，正书，在碑阴下有御玺，中间"修政殿书"四字。②

## （七一）武都·清《重建关帝庙碑记》（光绪三十年，1904）

永垂不朽（楷额）

重建关帝庙碑记

---

① 叶昌炽：《缘督庐日记》，江苏古籍出版社，2002 年，第 4060 页。
② 叶昌炽：《缘督庐日记》，江苏古籍出版社，2002 年，第 4233 页。

　　州城西门之外，旧有关帝庙，考之庙内残碑，前明成祖时，郡人（锦）衣卫苟斌购基创建。其后于隆庆、万历年间，又迭次重建。国朝定鼎以来，康熙、雍正二代，亦时尝补葺，退稽古制，诚西关之胜境也。不意道光戊子季夏朔六日，北河暴涨，将堤冲坏，西关一带，忽成泽国，而此庙竟荡然无存。数十年来，父老目击心伤，久欲动工，苦（无）赀财。迟至去岁春，合关同众商议兴废举坠，但工程浩大，一木难支。乃公举头目，沿街募化，集腋成裘，鸠工庀材，卜吉开工，仍即旧址，修正殿三楹，倒楼四间，戏台一座，共费钱六百余缗，内工两廊犹未动手，而合会已财力俱竭，欲再筹款，万难措置，幸逢幼履公祖权篆此土，合关因联名具禀，恳请将西关各店所抽岁修之款拨入此庙，以襄善事。赖四行竭力怂恿，蒙批准如所请。旋出谕贴，以东西关岁修一款，一半归公，一半归于庙内，作为香火之资。自有此款，铢积寸累，由少成多，而内外诸工不难次第完竣矣。是举也，虽有

图9-82　重建关帝庙碑记

所因，不啻乎创。微公祖之力，几半途而废，卒无以落成。诸首事感戴不忘，特勒诸贞珉，以志永垂不朽云尔。布行，信成公，恒盛福，天益隆，瑞成聚。

　　赏戴花翎、候选道、阶州直隶州、特授武威县正堂大计卓异张廷武。

　　候选知县、乙酉科举人王执中敬撰。郡增生杜蔚英沐手书丹。

　　会首督工头人：罗宝善，郝登瀛，罗秉乾，戴振西。

　　光绪三十年岁次阏（逢执徐）□□之月上浣谷旦。□□□镌字。

《重建关帝庙碑》（图9-82），清光绪三十年（1904）王执中撰文，今存武都西关小学。碑纵100厘米，横55厘米，正文楷书19行，满行32字，字径2厘米。额楷书"永垂不朽"，阳刻，字径7厘米。

## （七二）文县·清《新铸东胜侯庙钟记》（宣统元年，1909）

图9-83　新铸东胜侯庙钟记（杨雷　协拓）

新铸钟记（篆额）

新铸东胜侯庙钟记

余读县志，邑北五里关为东胜侯汪公遇难地。由此而进十数里有庙。祀□□拜之际，叩而鸣之，用以降神，盖数百年矣。光绪己卯，地震有声如雷鸣，骇□□去碎而售之，遂绝响焉。今年夏，庙旁居人相与谋议，集赀卅余缗，延冶氏购□成，仍悬之庙。在事诸人欲记其事，倩张子曜枢来丐余一言。余维侯之忠勇、□侯之声威，亦不藉钟而显也。当侯未至文之时，已有破安庆、拔蕲黄、败张士（诚）、获元将，降所部五万人之功。此侯之声威一时，威宣遐迩者。《明史》载之，《通志》□鼎之铭耶。若兹钟之铸，不过藉以宣扬忠烈，而令后人耳，侯之功于勿替耳。□卒于文，葬于文，而又石于文，文之人朝夕而朝拜焉。顾瞻座右，虞业维枞，蒲□叱取声，则兹钟之铸，又未尝不足壮侯之声威也。《记》曰："君子闻钟声，则思武（臣）者乎？"余馨香祝之。

高等学堂教习陈毓鉴撰文。初等学堂教习关国珍篆盖。候选县丞张曜枢书。

督工：李作利、叶正富、关仲发。领袖：关守和、关□□、关□□。捐赀姓名：关守和，艮式两；关全发、关洪发、韩青云、杨盛喜，各捐艮乙两。李姓合户，艮乙两；韩姓合户，乙两四钱。关洪福、关克忠、关青海，各六钱。韩西忠，六钱；李万发、关奎、关守富、关得志，各五钱。关凤来，四钱；关维青、关七月成、关根良□、李□，各二钱。

大清宣统元年七月中浣之吉。

《新铸东胜侯庙钟记》（图9-83），清宣统元年（1909）陈毓鉴撰文，张曜枢书丹，今存文县火烧关东胜侯庙。碑纵100厘米，横50厘米，额篆"新铸钟记"4字，字径8厘米；正文楷书12行，满行约30字，字径2.5厘米；碑末小字题名5行，字径1厘米。东胜侯即汪兴祖。汪兴祖（1338—1371），为明初开国功臣，洪武四年（1371）四月初六日于文县五里关遭飞石遇难，追授东胜侯，是年六月葬于南京市中央门外张家洼。《汪兴祖墓志》云：

侯讳兴祖，姓汪氏，庐州巢县人……洪武三年冬，征还。会命将往征西蜀，俾侯前驱自效。四年夏，既取文州，复乘胜逐北，中飞石死焉。讣闻，上嗟悼久之，追授开国辅运推诚宣力武臣、荣禄大夫、柱国东胜侯……命有司迎其丧，所过州县皆设祭……以六月丁酉葬焉。侯生于戊寅七月十九日，卒于洪武四年四月初六

日，享年三十有四。<sup>①</sup>

## （七三）武都·清《袁氏先代事略碑记》（宣统三年，1911）

图 9-84　袁氏先代事略碑记（碑阳）

---

① 邵磊：《明初开国功臣墓志校正》，《四川文物》2008 年第 6 期。

# 1. 袁氏先代事略碑记（清宣统三年，1911）

袁氏先代事略碑记（篆额）

袁氏先代事略碑

今上御极之秋八月，郡治西五里，龟崖之麓，江水涌，古碑出。视之，宋庆元间郡守袁桂《乐化庵记》也。桂，吾友袁金玉始迁祖。金玉既纠同人，舁置万寿寺。因念袁氏家谱失，此碑没于地下将近千年，不惟子孙不知，郡志亦不载。今一旦涌出，千六百余年之故事，恍如昨日。斯知历久不灭，虽简册犹逊琐珉也。于是搜辑自桂以下至于近世先人逸事，凡万余言。将泐诸石，俾予为之点纂，辞不得，乃略为诠次如此。其辞曰：

袁世之先，弘农华阴人，汉大将军绍后也。南北朝时，绍云孙蒙，自陈留徙华阴。数传后，子姓显且多，为邑望族。自唐迄宋，不少衰。庆元元年，有袁桂者，以名进士通判同谷，旋除阶州牧，是为阶州袁氏之始。先是，桂居同谷数年，政通人和，百废俱举，同谷民悦之。有"指日高迁，毋违我境"之祝！桂闻而笑曰："天下宁有是耶？"既而赐紫绯鱼袋，权守阶州军州事。诏既下，或谓之曰："今竟何如？"桂笑颔之。其上下情眽如是。桂临去，同谷父老攀辕泣请来期。公曰："是诚不我由然！我讵忍弃汝？后将家于此。则别无几时，而不别者期而长矣。"于是父老数百人送公达阶境。公既至阶，会三月不雨。公即祷于梓橦帝君，越夕，雨如绳泽下尺，邦人大悦，谓为"随车雨"。迨季夏，数有讹火暴涨，惟千里焚溺是惧。公一祷于七曲行祠，效如桴鼓，非精诚所集，顾如斯乎？在郡二年，惠政时有。惟北溪之患，城堤屡溃，公即修葺完好。谓郡人曰："是非人力之所能支，七曲文昌职水府都曹，盖筑'英显祠'为一方保障耶！"民皆曰："诺！"鸠工庀材，建祠于龟山之麓，用祀梓橦帝君。又于祠之左修"乐化庵"，以为众仙宴集之所。工既成，帝君门下仙官张济之为之序，公亲跋其后焉。时庆元七年辛酉岁事也。明年，嘉泰改元，公仍回同谷。自公有是举，北溪不为患者四十余年，民赖以安。公生二子，长曰龙，次曰凤。龙娶天水聂氏女；凤，同谷卞氏，缘公有家焉之志。二女皆不欲东归，遂居仇池之阳。时金夏方多事。公尝谓二子曰："但读书耕田，世守勤俭，为国良民足矣。幸勿浮沉宦海，断送老头皮！"后终于官。子孙世守是语，不肯出。传数世至启祥，生而颖异，尝读《货殖传》，语人曰："孰谓富贵不可求，但患无术耳！"既长，学小负贩，行辄赢。既闻武都棉业可图，往屯于郡北五十里之宋川，大权子母，不二十年，富埒王侯。乃自仇池徙居是土，既而丁财两旺。地以人传，今之袁家坝所得名也。启祥既讲致富术，故子孙益喜推广。

郡设市肆，乡置田庄，农商各业，极一时之盛。至峤，生五子，曰芝、檀、堉、曡、杰，袁氏大枝之所分也。檀、堉俱名诸生；曡、杰入监国学；芝早世，无嗣，以堉子楷兼承祧后；檀、曡子亦无子。独楷多男，转嗣二家。故今之袁氏名分五枝，实莫由知其某出某系者，以互为人后，谱失莫考也。虽然，自堉而下，子孙蕃衍，门第椒繁，家谱虽失，口碑犹在，辈接相传。当明末国初时，称明经者二人，曰丙华，曰伟。食廪膳者一人，曰气正。列胶庠者六人，曰大化，曰安世，曰延年、延龄，曰江，曰建武。据称，伟善书翰，购得者，价拟鸡林。丙华邃《易》，贯串九家之学，以善卜闻。甲申之变，闯逆陷阶，郡人有藏锧者，倥偬间忘表志。寇退，周索莫得。诣公筮之，卜秦刿兆，曰："金食其墨，而火以贵其藏，值丑，在道之右，南有杵臼，冢土是守，举之舁之，庶几其有。"明日，于屋街旁土壅古春下获之。诸如此类，不可殚述。后先生与大化、安世闻明鼎革，北向泣数日，劝之不食。一夕，俟家人寝，俱自经郡志漏书，憾哉！江、建武在明季，俱以冠军列郡庠，与年龄等，时以义气相尚。先是，伟人卜知明运将终，闻诸父昆弟，藉藉议后事。乃集而询之曰："万一燕都破，将如何？"皆曰："殉之。"伟人曰："不可，吾家世受国恩，现四代九人，固云厚矣。但若辈皆未有嗣绩，若尽殉之，无补于国，而有害于家，不孝之忠，容何取焉？今日之议，除老夫与大化、安世，不能旋踵！余皆惟我言是听，勿为匹夫、匹妇之谅可矣。"于是诸人乃不敢复言。比国朝开科，年、

图9-85　袁氏先代事略碑记（左侧）

龄、建武皆怀才不试，友戚或劝之，但曰："人各有志，吾祖有明训，行将顾此老头皮。"值岁大祲，人相食。江、建武先于家族富人约，尽出所积谷，先施户族贫民，次邻友戚里。不给，贷于里之富人。又不给，乃购驴骡数十头，次第运诸邻境，以故，里之贫民得无恙，袁氏由此名益噪。禀生气正，埔之曾孙也，性和顺，好义急公。其父希哲，拥巨赀与人，不追悔。气正继之，遂有孟尝风。与里人蒲仲文子善。文子贫而好学，气正尝厚与之，文子不可，曰："吾非远于情者，君总不言，吾何可常也！行将效君平谈休咎，日得数十或百钱，即可鼓腹而歌，请再勿以为念。"气正时因问卜者厚其酬。文子怪之曰："是必袁公之教也！"卜人笑曰："然。"文子曰："吾不能以日用累故人。"遂挈其妻子去。气正留之不得，然终身未尝有德色。里人因是多二公焉。康熙间，郡守欲割气正地广圣庙，气正慨然与之，不受值。守以其事闻大宪，义之，俾以庠生世袭。男鸣珣，即世科。孙绂，曾孙裔杰即步熊，皆雍乾以来庠生也。嘉庆间，案毁兵燹，得不袭。道光末，学正刘训导王以气正九世孙继富、十世孙丕光袭之。然善继无人，故至今阙如。今可以承先志者，其惟金玉乎？金玉，气正十一世孙也。性孝友，家贫，学书不成，弃而为吏，渐称小康。笃因果，好济施，又旁通纯景、青囊、丛辰、建除之学，简朴自好，尝自著书，创家谱，叙祖宗德泽，命曰："世业箕裘"，其所以展孝思者，已可见矣！兹又垂显刻昭示来许，不谓之孝思得乎？赞曰：

　　袁自陈分，年经四千。伟人代出，世泽绵绵。云礽金玉，克念阙先。继述之善，裕后光前。泐诸片石，亿万斯年。

　　拣选知县、辛丑补行庚子恩正科举人、阶州高等小学堂教习刘士猷撰。

　　钦赐花翎、在任后补府特授阶州直隶州正堂隆泰，赏戴花翎、特授中卫县调署、阶州直隶州正堂张心镜同鉴定。

　　署理阶州直隶州事兼营务处提调即补直隶州正堂谭焯校正。

　　大清宣统二年正月谷旦，蓝翎守备衔、尽先拔补千总、前署阶州营把总雷国栋谨书。

　　宣统三年八月己酉泐立。尹兴文、尹兴武镌字。

## 2. 袁氏文庙世袭部照文（清康熙四十七年，1708）

　　袁氏文庙世袭部照文

　　至圣庙世袭国子监学，录孔为世袭礼仪事，奉太子少师袭封衍圣公府札，付前事照得世错皇朝爵命，专重至圣庙祀，而庙祀尤以礼乐为先，钦定春秋丁祭。凡有文庙，八笾八豆，舞用六佾，供用人数，例选民间读书子弟，或世袭荫生，俱

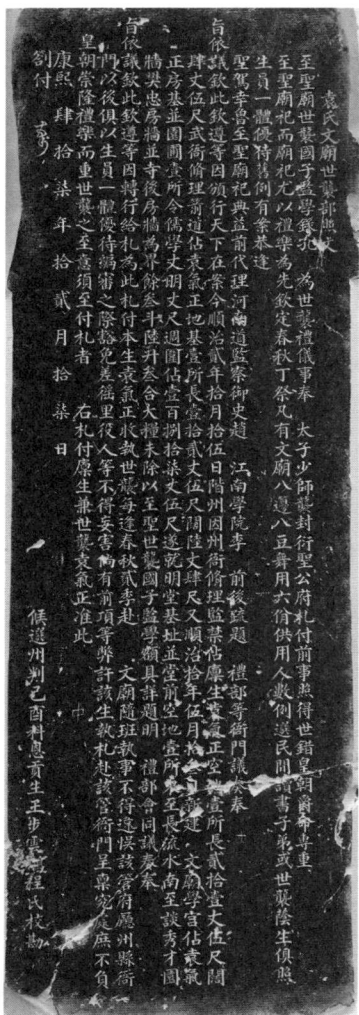

图9-86　袁氏文庙世袭部照文

照生员一体优待，旧例有案。恭逢圣驾幸鲁，至圣庙，祀典益前代。理河南道监察御史赵，江南学院李，前后疏题礼部等衙门议奏，奉旨依议，钦此，钦遵。等因颁行天下在案。今顺治贰年拾月拾伍日，阶州因州衙修理监禁，占廪生袁气正空地壹所，长贰拾壹丈伍尺，阔肆丈伍尺。武衙修理箭道，占袁气正地基壹所，长壹拾贰丈伍尺，阔陆丈肆尺。又顺治拾年伍月拾叁日，新建文庙学宫，占袁气正房基并园圃台所，令儒学丈明丈尺，周围占壹百捌拾柒丈伍尺，遂就明堂基址并堂前空地壹所，东至长流水，南至谈秀才园墙、樊忠房墙并寺后房墙为界。余叁斗陆升叁合大粮未除。以至圣世袭国子监学额，具详题明礼部，会同议奏，奉旨依议，钦此，钦遵。等因转行给札。为此札付本生袁气正收执世袭。每逢春秋贰祭，赴文庙随班执事，不得违误。该管府厅州县衙门，以后俱以生员一体优待，编审之际，豁免差徭。里役人等，不得妄害。倘有前项等弊，许该生执札赴该管衙门，呈禀究处，庶不负皇朝崇隆礼乐，而重世袭之至意。须至付札者，右札付禀生兼世袭袁气正，准此。

康熙肆拾柒年拾贰月拾柒日。

札付

候选州判、己酉科恩贡生王步云鹏程氏校勘。

## 3. 制我祖行光昭茂绪（清光绪二十五年，1899）

制我祖行光昭茂绪（隶额）

州治下北渠袁母王太儒人节孝坊记略

族孙金玉自记。

乾隆间，族有袁文学者，配王氏。夫妇均以孝闻。既而文学早世，遗孤曰恒。王氏时年二十一。父母虑其幼，欲嫁之，王氏执不可。家贫，冬夏纺织，上事舅姑，下抚弱子，虽至亲，不得见其面者三十有九年。恒既成名，厥孙继昌、继先亦读书有进，戚邻感其母子苦节，为之请于甘藩司王文涌题奏，奉旨以"大节显扬"四字建坊旌表焉。吁！若王氏者，固吾家之光，亦乡里之荣也。第恐坊有时而坍，

图 9-87　制我祖行光昭茂绪

则大节终于不显。金玉特于《先代事略碑》附记数语，俾潜德幽光，永垂不朽云。

## 4. 袁氏派行序（清光绪二十五年，1899）

袁氏派行序

粤自黄帝正名百物，凡天下之物皆有专名，飞潜动植，各以其类，而后无混淆之虞。物固如是，人亦宜然。祖孙父子，各以其派，而后无侵复之患。孔子论卫政，曰："必也正名乎？"其旨微矣。吾乡袁氏，望族也。自始迁祖桂至中叶气正，凡十余世。其谱既失，其行派遂不可考。自气正至于今刑科典吏金玉，亦十余世，其间虽有"孔、鸣（或作铭）、缋、生、忠、登、文、继、丕、金"十字之派，然皆信手占〔拈〕来，毫无义例，不可为训也。今年春，袁氏族人有两"廷栋"者，因互混钱粮，被摧租人禀揭。金玉为确查而讲和之，始知"廷栋"与"廷栋"为祖孙行，粮为孙之粮，而误混于祖焉。因思袁氏族繁户巨，行辈有远至六世者，若非创立宗派，任其各自命名，不惟侄占叔，孙侵祖梦焉，罔知且恐混粮之弊，不只一"廷栋"已也。金玉乃于清明日聚族人而约之，皆曰："诺！"始请于予而立派焉。予念袁氏望出于陈，陈乃舜后。因以"光华钦虞治，功名振舜裔。德政朝廷重，仁风黎庶杨"二十字命之。俾自"丕、金"以后始，又于中埭一户以"上怀祖泽，远联同支。显谟承烈，庆衍蠡斯"十六字名之，俾自"德、保"以下始，今金玉将列诸谱，昭示来许，因略述其原起如是。

大清光绪二十五年秋八月，郡贡生邢维屏潘臣氏撰。

## 5. 五门派名

五门派名

峤生五子，曰芝，曰檀，曰堉，曰嵒，曰杰。气正生五子，曰鸣瑄，曰鸣珣，曰鸣玑，曰鸣玱，曰鸣瑜。益秀生五子，曰铭杰，曰铭诚，曰铭基，曰铭义，曰铭魁。芝门：生员袁孔裕，农官袁鸣瑄，袁继信，袁继顺，袁继生，袁继盖，袁丕林，袁丕辉，袁金润，袁金珋，袁金瑶，监生袁光模，袁铭杰，袁德运。檀门：生员袁孔祥，生员袁鸣瑜，世袭袁铭珣，袁铭玑，世袭袁缋，文县守御袁裔杰，阴阳袁继志，袁丕库，袁丕荣，水师袁金瑨，袁金珤，袁金珨，袁金琅，袁金璋，袁金玗，袁金沁，袁金琨，袁金瑚，袁金璜，龙凤名山功德主袁金珩，典吏袁金玉，袁金瑶，袁金瑊，袁金璜，袁金珀，袁金玗，袁光运，袁光兴，袁光照，袁光雨，生员袁铭诚，袁德应，袁凤祥。堉门：生员袁鸣璯，袁丕章，袁金玘，袁金瑰，袁金瑝，袁金玥，袁金玥，袁金珆，袁金琇，袁金珎，袁金潭，袁金璧，袁鸣基，袁德钤。嵒门：袁鸣玱，袁继

孝，袁继第，袁继英，袁继福，袁丕碄，袁铭义，袁德成。杰门：生员袁鸣瑾，袁丕
韶，袁丕砖，袁丕磅，袁丕碻，袁丕蠢磲，袁金珌，袁金璘，袁金珏，袁金琚，袁金
瑠，袁金玧，生员袁铭魁，袁德磘。

## 6. 附泐

附泐：先代事略碑既成，吾子孙岁时浏览，亦可以展孝思。兹更有记者，祖
宗邱墓，散见于各处。如气正墓在水子山青山庙右一里许，附生鉴清之秋地内，
尚有碑记可查。其他如旧城山接官厅，大庄头，魏家坡，柏林寺，沟门，扇子沟，
门前嘴儿，上张沟里，砟子上等处，均无碑记。诚恐代远年湮，子孙或如数典之忘，
故逐一附此。庶寒食拜扫，不至有邹曼氏之问云。再始祖《乐化庵碑》，成于大
宋嘉泰元年己酉，没于地下，后见于大清宣统元年己酉，今此碑石，亦得于宣统二
年六月己酉，故其立也，即择用明年八月己酉。嗟乎，祖宗远矣，己酉成者复于己
酉而见，故己酉得者即于己酉而立，是其间殆有莫之为而为者，不然何相遇之奇
也？因并附数语，后之览者，其将有感于斯文。嗣孙金玉自记。

先母谈儒人行状，柱臣再书。先母在日，家贫，昼耕夜续，未尝稍暇，生金玉
兄弟姊妹各三，尝谓父曰："若辈何时成人，得享安闲耶？"今金玉奉养有资，而
母不我待。嗟乎！此所谓"子欲养而亲不存"，痛哉！

金玉自志。门生李国权子衡、赵瀛洲海珊氏襄校。

《袁氏先代事略碑记》，清宣统三年（1911）立，今存武都区柏林乡袁家坝村。碑
纵174厘米，横91厘米，厚52厘米，四面刻字，楷书。《袁氏先代事略碑记》刊于碑
阳（图9-84）与碑左侧（图9-85），刘士猷撰文，雷国栋书丹。篆额"袁氏先代事略
碑记"8字，字径10厘米；正文凡42行，行50字，字径2.5厘米。碑右侧刊《袁氏
文庙世袭部照文》（图9-86），王步云校勘。正文14行，满行52字，字径2.5厘米，此
文虽颁于清康熙四十七年（1708），实为雷国栋一手所书，当为宣统三年泐石。碑阴
刊《制我祖行光昭茂绪》（图9-87），隶额书"制我祖行光昭茂绪"，字径8厘米。正
文分三层，每层28行，字径2.5厘米。第一层，行22字。右9行为《袁母王太儒人节
孝坊记略》，袁金玉撰文；左19行为《袁氏派行序》，光绪二十五年（1899）邢维屏撰
文。第二层为《五门派名》，袁金玉撰文，行13字。第三层为"附泐"，袁金玉撰文，
行13字。

刘士猷（1865—1931），字允升，武都蒲池高家村人，光绪二十七年（1901）辛丑
补行庚子恩正科乡试举人，敕授文林郎奉秘大夫截取知县衔。工诗文，善书法，尤长篆
隶。终身从教，未仕。

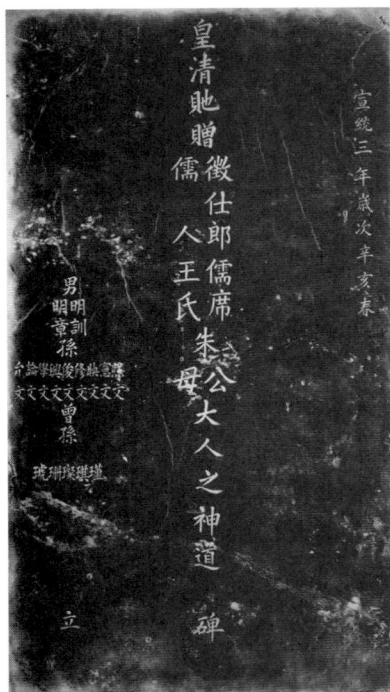

图 9-88　朱儒席神道碑碑阳

## （七四）成县·清《朱儒席神道碑》（宣统三年，1911）

### 碑阳

皇清貤赠<sup>征仕郎儒席</sup>朱公<sup>公</sup>大人之神道碑<sup>儒　人王氏　母</sup>

宣统三年岁次辛亥春。

男：明训、明章，孙：照文、宪文、映文、修文、俊文、兴文、学文、论文、允文，曾孙：瑾、琪、璨、珊、琥，立。

### 碑阴

例赠<sup>征仕郎儒人</sup>朱翁<sup>儒席母王氏</sup>大人神道碑铭并序

成邑朱君照文以宣统己酉科拔贡赴考来京，乃手其先人状，请曰："吾祖父母弃养已有年矣，窀穸之事，家父粗为告成，尚未有以铭幽室，子其为我铭之？"固辞不获。按状，公姓朱氏讳上珍，字儒席，世居西乡之下榛椤。父则裕翁，以愿谨称，母杨氏，生有五子，公其四也。既而嗣于三叔优斋先生，幼失怙恃，仍赖则裕翁之顾复，以至成立。性孝友，践履笃实，不苟言笑。长而折节，曾用力于读书，因乱乃止，专以务农为事，律身勤俭，处事端详。娶室王淑配，生有二男，长明训，次明章，均入武庠。长君后因子贵，荣膺七品，封典当。公经营家务，手足拮据，不惮劳悴，久之日甚一日，浸浸乎尔宇之大启焉。生前得有九孙二曾，殁后至今又育曾孙三，其名各载碑阳。姑勿论曾孙之少者何如？诸孙自行一拔贡照文下，或名列太学生，或学及毕业生。人见孙谋日起，咸谓崔氏金昆，谢家玉树之选。凡此子孙荣升，若非公内施庭训，外礼师儒，曷克致此？晚年犹善养身，故寿跻杖朝而发黑齿白，挺然如五十许人，于宣统元年夏卒，春秋八十有三。葬于马家山之原，与王淑配合葬焉。淑配少公有四岁，既来归，扶持斑白，知儒门之事。亲勤劳，女红尽妇工以率下。不惟母仪，一节允足，矜式闺内，抑且勤谨之能，公尝赖其力，以时裨家计。持以用力过劳而精神易衰，光绪三十二年秋以疾卒，春秋七十有六，较公殁已早二年焉。厥后，其孙照文以本职直隶州州判，请旨貤封公徵仕郎，王淑配儒人。噫嘻，何其伟欤！夫人生斯世，有所食报于后，必先种德于前。以公存心惠爱，无论同姓亲疏，固能一视同仁。即邻里乡党，凡有亲不能葬、子女不能婚嫁者，咸

图 9-89 朱儒席神道碑碑阴（杨雷 协拓）

资助之。而复举废庙以祈众福，散余粮以救饥民。平争讼，讲生计，以厚风俗，儆游惰。一切利济之事，见闻所及，知无不为。语云"仁者爱人"，其斯之谓欤！淑配至儒人，又能自敦妇德，无违夫子。观于恩情所及，一遇无力。纺绩之妇，往往乐为惠施，在昔，欧母仁厚之旨，于兹有焉。信乎德，以济德而有是倡，乃有是随。宜其富贵寿考与子孙，文物之盛，毕集其躬也。是宜铭。铭曰：

上而克家宗祖光，下而启后子孙昌，中而淑身贤且良。贤乎？良乎？敦善行者扬乎。加之、宜之、好之、报之，夫子之得，好逑以造之。瑶阶霭霭，有桂有兰，我铭诸石，以期无已，以表厥宅里。

赐进士出身、翰林院编修、内阁侍读、街泉安维峻[一]顿首拜撰。

赐进士出身、军机处领班章京、枝阳刘庆笃[二]顿首拜校。

赐进士出身、内阁中书、天水任承允[三]顿首拜书。

赐进士出身、礼部主政、陇西祁荫杰[四]顿首拜赠。

宣统三年岁次辛亥春。石工广元罗廷权镌。

[一]安维峻（1854—1925）：字晓陆，号晓峰，又号渭襟，晚年自号柏崖、槃阿道人，甘肃秦安人。光绪元年（1875）举人，六年进士，由翰林院庶吉士授编修。光绪十九年，转都察院福建道监察御史。甲午战争失败后，上疏请诛"卖国强臣"李鸿章，并指责慈禧："皇太后既归政，若仍遇事牵制，将何以上对祖宗，下对天下臣民？"（《请诛李鸿章疏》）光绪帝"恐开离间之端"，谕令革职，发往军台。被誉为"陇上铁汉"。《清史稿·安维峻传》载："维峻以言获罪，直声震中外，人多荣之。访问者萃于门，饯送者塞于道，或赠以言，或资以赆，车马饮食，众皆为供应。"[①]光绪二十五年遇赦回归故里。

[二]刘庆笃（1870—1936）：字吉甫，甘肃会宁县城东关人。清光绪二十年甲午科进士，授内阁中书，继升军机章京。光绪二十六年六月，八国联军侵入北京，慈禧、光绪西逃，护驾至西安，议和后又护驾返京，钦赐二品衔，任外务部兼行内阁承宣厅佥事。辛亥革命后，以甘肃民意代表身份赴上海公议国事。民国三年（1914），回归故里，十二年纂辑《会宁县续志》。博览群书，擅长诗赋，著有《镜仁堂诗抄》，今无存。

[三]任承允（1864—1941）：字文卿，号上邽山人，秦州直隶州（天水市）人，任其昌长子。清光绪二十年（1894）甲午科进士，同年五月授内阁中书，后主讲陇南书院，著有《桐自生斋文集》《秦州直隶州新志续编》等。冯国瑞即其门下高足。

[四]祁荫杰（1882—1945）：字少潭，号漓云，陇西北关人。清光绪进士，任礼部

① 赵尔巽等：《清史稿》卷四四五，中华书局，1977年，第12467页。

主事，袭云骑尉世职。辛亥革命后托疾辞官回乡。少有诗才，诗作清逸隽永。著有《漓云诗存》三卷。

《朱儒席神道碑》，清宣统三年（1911）安维峻撰文，任承允书，今嵌于成县抛沙镇东罗村关帝庙南院墙壁。碑纵210厘米，横120厘米。碑阳（图9-88）面朝马路，正中竖题"皇清驰赠征仕郎儒席儒人王氏朱公母大人之神道碑"，字径9厘米；右题"宣统三年岁次辛亥春"，字径6.5厘米；左题立碑子孙16人姓名。碑阴（图9-89）面朝关帝庙院内，书神道碑铭，楷书26行，满行48字，字径3.5厘米。

## （七五）成县《□蘅谒杜工部祠四首》（无年月）

图9-90　□蘅谒杜工部祠四首（石贵平、费昌明　拓赠）

岁次壬戌，蘅随任仓泉，维时年届星纪之终尚距其一焉。县治之东，闻有子美草堂，为一邑胜景。即欲往游，久而未果。咫尺天涯，常怏怏也。丙寅春，因游览郊原，纵步而往，遂得登堂而访陈迹焉。栋宇云蒸，碑碣棋布，低徊留之不能去云。夫志士怀古不可无诗，况蘅性耽韵语，且又数载以来欲一至而不能。而一旦得睹遗迹，欣感相寻，有不能自已者，爰作七律四首以志其事。夫因欣于所遇，感慨亦即系之矣。古人可作其许把臂否耶。

春日迟迟春雨晴，寻芳峡口不知名。波涛可助吟思壮，草木犹含羁客情。大笑仰天称后死，论诗扑地拜先生。优游直欲忘归去，四面滩声逼我行。

忽然天外别开天，峭壁悬崖到面前。风弄树声疑虎啸，石横水底似龙眠。山真世上无双品，公是人间第一仙。我欲卜邻建茅屋，知君嫌俗不嫌颠。

　　山头古洞色仓黄，危石巉岩大道旁。三峡烟云迷野树，无□□景入诗囊。不闻鸡犬吠门外，止请蛟龙护草堂。若遇□□□□□，可怜同是忆君王。

　　□□□□□流，有客亭前物色幽。□□□□□无□……

　　《□蘅谒杜工部祠四首》（图9–90），无年月，碑原在成县杜甫草堂，后流落到农户家。碑左残断，字迹磨泐。残碑纵46厘米，横70厘米，存诗文楷书18行，满行24字，字径2厘米。诗碑"小序"云"岁次壬戌，蘅随任仓泉"。知诗碑作者名蘅，而不知其姓。今存成县鸡峰镇大蟒村雷祖庙刊于清道光元年（1821）的《大清碑记》其碑阴额题"武都仓泉"4字；又同地刊于清同治十二年（1873）的《重修雷祖庙碑记》有云"仓泉生员同德孔广恕"。由此可见，仓泉即在今成县鸡峰镇境内。

# 附录一　陇南碑铭补遗 13 品

## （一）徽县·宋《何府君买地券》（元符二年，1099）

谨维岁次己卯元符二年八月十四日，今有凤州河池县塔俗社殁故亡人何府君，今用钱万万九千九佰九十文，就此皇天父、后土母、社稷、十二边买得前件墓田，周流一顷。东至青龙，南至朱雀，西至白虎，北至玄武，上至苍天，下至黄泉，四至分明。即日钱财分付，天地神明了。保人：张坚故、李定度。知见人：东王公、西王母。书契人：石功曹、金主簿。读契人飞上天，书契人入黄泉。急急如律令。

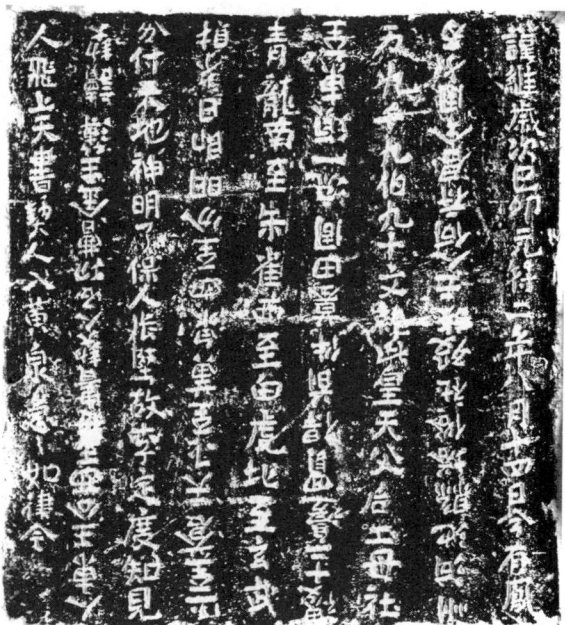

图补遗 -1　何府君买地券（张驰　赠拓）

《何府君买地券》（图补遗 -1），砖铭，北宋元符二年（1099）刊，徽县境内出土。砖纵 28 厘米，横 24 厘米，铭文 9 行，自右至左刻写，顺逆相间。图文原载 2005 年 6 月 8 日《书法导报》第三版，陈华春先生有专文介绍。伏羌张驰先生赠拓影，即补录于此。

## （二）徽县·宋《大宋凤州河池县碧云溪宋居士寿堂记》（元符三年，1100）

大宋凤州河池县碧云溪宋居士寿堂记

进士东海徐镐撰。

居士名羲叟，字逸老，养遁于凤集河池邑里碧云溪，行年七十，神宇益康。居士少不羁，落魄蜀汉。喜游艺，慕青编，故善谈古评今。刊珉染翰，谱研晖鬈，时资讽吟，居虽贫窭，终亡陨获。浮沉阛阓，未尝饀物。居士既老，一日遇仆。谓仆曰："生死循环，代谢转丸，孰究端倪。我将齐以一致，等以一概，我之生年犹死日也。今先陈空所，目以'寿堂'，穴地垒甓，虑土亲肤，时游时息，拭巾待终而已。则此形之累，了无芥蒂于身后矣，子盍为我文以志乎？"仆曰："噫，居士何名逸而体之劳，年长而意之短乎？居士避世不如韩康而言隐；鼓曲不如伯牙而言琴；谈天不如庄周而言命；难老不及笺铿而言寿；无龙跳天门、虎卧凤阁之能

大宋鳳州河池縣碧雲谿宋居士壽堂記

進士東海徐鍇撰

居士名羲叟字逸老養逾河池邑里碧雲谿縣行年七十神守益康居士少不
落魄蜀漢喜游藝慕青編逄於鳳凰旣老一日遇僕謂僕曰陳寔斬暉循環代謝地雖爽壙之
居士隨將游時息抎巾何以等物我之生年猶累于無累常於身後矣以壽堂誌不佯如曰親視汝
薑以一致故善談古評今刊珉染翰譜斷暉斬循環代謝以壽誌不佯
我時將游時息抎巾待終而已則此年長而難言命之矣然死目也今先陳寔後死不矣以壽堂代誌地
噫乎居士何名逸而體莊勞轉而言長開音猶累于無累常於身後

終我詳說相與糟魄何會詺芳寄壽崔氏列俗柱傳家弦歌亦傳家吾趙徐鍇記

而言书；无木雕独飞、三轮自转之技而言巧，既齐生死，何必拭巾待终？乌鸢蝼蚁，夺彼与此，何必虑土亲肤！颜氏短不幸，殇子夭不悲，居士以寿自矜，为终焉之计，忘上世委蜕之高踪，循末流逆设之俗轨，名以'寿堂'，取嗤达者，事不足多，文志请辞。"居士曰："恶！是何言也？子知韩康善隐，逃名而名益彰；伯牙善琴，子期死而绝弦；庄周有蔽天之非；篯铿有不足多之讥；必欲如龙跳虎卧之能，则几于绝书；必欲如木雕三轮之投，则几于绝巧。拭巾待终，孰知终之非始；虑土亲肤，孰知土之非肤；委蜕者不足多，逆设者未为失。子贵难而尚怪，我尚易而道常；子嗤我未达，我笑子蒙蔽；子谓事不足多，我谓事有所得。知我者，目击而道存，神契而心悟，文志余事，亦胡用子为？"仆乃若失若坠，忸怩彷徨，唯唯而退。居士乃傲然箕踞，扬衡括笑，援琴而歌曰：

汨罗何清兮，糟滴何浊；首阳匪工兮，柱下匪拙。倾侧里闬兮，我迹诚污；冰霜灵台兮，我心终洁。考证简籍兮，义亦传家；陈馔图终兮，寿堂题空。顾我行礼兮，与俗推迁；逢子排诋兮，干我详说。相与归休兮，寄焦尾之七弦；谁继知音兮，问燃桐之火烈。

大宋元符三年庚辰岁十二月初五日，表侄徐镐谨记。

《大宋凤州河池县碧云溪宋居士寿堂记》（图补遗-2），北宋元符三年（1100）徐镐撰文，宋大安书丹、镌刻，徽县城关出土，今由谢建生先生收藏。寿堂记纵58厘米，横38厘米，楷书22行，满行34字，字径2厘米。其碑阴为《大宋凤州河池县碧云溪宋居士寿堂后序》。

### （三）徽县·宋《大宋凤州河池县碧云溪宋居士寿堂后序》（大观元年，1107）

大宋凤州河池县碧云溪宋居士寿堂后序

愚与居士乃甥舅亲。少之时，母氏尝道其世，五代祖禄也□□□□日，卜居于两当之西，地名平作墅，子孙迫农桑之急，其名与字，传之不的□焉。世□□游，耻耕耨，放荡歧雍、邛蜀之郊，所与游从者，皆一时达官。周览胜迹，凡十年乃归，书艺该博，殆过曩昔，善琴操，精刊石，尤长草隶古篆，为士大夫爱焉。迁居碧云溪，有宅一区，有田数亩。岁时祭祀之余，仅庸活身。其意气舒迟，未尝减，时人皆疑其饵丹化金，深得神仙之术。晚年，请徐生作《寿堂记》，颇志其理性之说，愚既爱徐生文辞绮丽，不遗幽隐，又喜居士终始一节，不累贪污续终，因叙其本末云。噫嘻！愚尝钩赜今古，考核人物。所谓寿也者，为五福之首。养生之先，然卒不得其寿者有矣。彼排空而飞者，宜莫寿于鹤，时天网罗倚；渊而潜者，宜莫

图补遗 -3　大宋凤州河池县碧云溪宋居士寿堂后序（谢建生　藏石）

寿于龟，时大钻灼；物之走者，莫寿于麂，而弓矢害焉；物之植者，莫寿于松，而斤斧戕焉。此四者，岂天性然哉，直以奇毛、灵骨、美肌、劲节，有当时用也。今居士有智不用，有才不施，择深谷以养天性。块然莫观其文彩，颓然莫窥其□为。临溪流而盥嗽，倚怪石以箕踞。昼啸清风，夜对明月。抹宫、历商、勾角、挑徵，放意丝桐，以乐情性。居士所养寿也！既如此，卜千岁之宅，预百年之计。其终也，神游太清之虚，魄藏九泉之渊，以传无穷，以兴无极。居士所置堂也，又如彼然，则居士岂非达理者钦！且富贵有得丧之悲，姑致而不求死生，如昼夜之常，先穴而欲待与。夫身已贵，家已富，拘恋白首，吃吃为千百年活者有闻矣，愚安得不序。

时元符庚辰季冬上瀚日，东溪吴肃敬序。

徐成叔为羲叟作寿堂记，吴子常广其说而继后序羲叟。自顾衰之，何以当二公之意，敬其文，不敢假手于人，因自书丹而亲刊焉。

至丁亥九月十九日亡逝入葬，男大安庀记。

《大宋凤州河池县碧云溪宋居士寿堂后序》（图补遗 -3），北宋大观元年（1107）吴肃撰文，宋大安书丹、镌刻，徽县城关出土，今由谢建生先生收藏。碑纵 58 厘米，横 38 厘米，楷书 21 行，满行 32 字，字径 2 厘米。其碑阳为《大宋凤州河池县碧云溪宋居士寿堂记》。

## （四）徽县·宋《某氏娘子买地券》（宣和四年，1122）

惟宣和四年岁次壬寅正月二十四日甲申朔，氏娘子用金钱银钱万万九千九百九十九贯文足，于此岷州长道县盐官社西北山下，买得墓田一所，周遭一。东青龙，西至白虎，南……。

《某氏娘子买地券》（图补遗 -4），砖铭，北宋宣和四年（1122）刊，礼县盐官镇境内出土。砖纵 28.5 厘米，横 28.5 厘米，券文 5 行，自右至左刻写，顺逆相间，砖左尚有空地，似刊

图补遗 -4　某氏娘子买地券

文不完整。此砖由仰澍斋张驰先生提供拓影。

### （五）徽县·南宋《张公美墓志》（绍兴十九年，1149）

宋故张君墓志（楷额）

成州栗亭县泥阳镇居士清河郡职医张君先生，讳直众户戈，字公美，元祐甲戌正月念九日生。其为人也，刚正而辨，世业医术，博施济众，不二其心，教子治家，率近于义。公侯大臣之门，常常见召。与为诊治，预告死生，皆如其言。绍兴丁卯十一月初二日酒病，终于家，其年五十有四。娶辛未生何氏，子男四人，曰经、

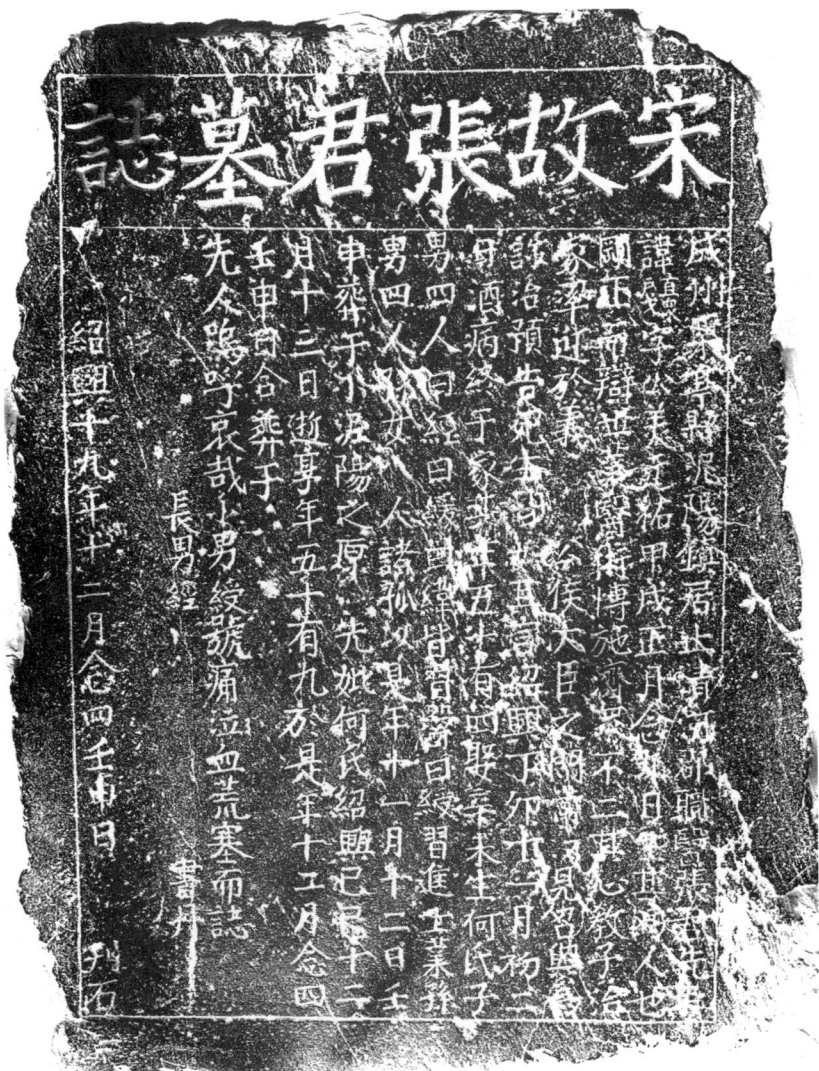

图补遗-5　张公美墓志（张驰、童强　协拓）

曰缓、曰纬,皆习医;曰缓,习进士业。孙男四人,孙女八人。诸孤以是年十一月十二日壬申葬于小泥阳之原。先妣何氏,绍兴己巳十二月十三日逝,享年五十有九,于是年十二月念四壬申日合葬于先人。呜呼哀哉! 小男缓号痛泣血,荒塞而志;长男经书丹。

　　绍兴十九年十二月念四壬申日刊石。

《张公美墓志》(图补遗 –5),南宋绍兴十九年(1149)张缓撰文,张经书丹。徽县泥阳镇乔王村龚建民家院内出土,今由李彬彬女士收藏。墓志纵 65 厘米,横 50 厘米。额楷书“宋故张君墓志”6 字,字径 5 厘米;正文楷书 14 行,满行 19 字,字径 1.5 厘米。

## (六)徽县·南宋《宋故符隐君墓志铭》(淳熙十四年,1187)

　　宋故符隐君墓志铭(隶额)

　　宋故隐君符公墓志铭

　　公讳行远,字孝先,其远祖汉党锢伟明公之后,伟明老于陈留,子孙散处陈蔡间,族系昌盛。至五代,右司马道昭事梁太祖;节度使审知事唐庄宗。子彦迢、彦饶、彦卿,皆显仕。为晋高祖所逼,其家避祸于陇右,因居于西康。彦饶之六世孙良,即公之曾太父。七世孙穆,八世孙荣。九世孙安信,即公之太父也,世有贤德,高尚不仕。公妙年攻书,聪敏过人,侍双亲,供甘旨,承顺颜色,一以孝闻;方弱冠,公父试问治家之道,公曰:“惟勤惟俭,积粟防饥,可也! ”父默知其善,委以家事。左右经画,无不合父之意。昼则维持于严父之纪刚,夜则苦阅于先王之典教,少无怠惰。凡治家道而家道益昌,掌帑癏而帑癏益实,富名播于川陕。绍兴之初,戎马犯乱,公修南庄岩穴,挈家避祸,穿大坑窖,收蓄物帛。公守其家茅,被虏所执,常加考掠,匿而不言其实。虏见其富,异:“汝乃一乡之巨室,名闻四方,汝何诡耶? 我令汝死,量发币帛,欲免其苦。”再逼之,以雪刃当心。至夜,公仰天而誓曰:“家有垂白之老,内外仅及五百余口,若将所积金帛活我一身,使老弱转乎沟壑? ”由是孝诚,获免斯难。金人遁据秦陇,大军屯边,师旅数兴。公父命二子曰:“予观今日之势,国用浩大,汝等将何应办耶? ”长曰行通:“可以酌度而输送之。”公曰:“大军经过,必有凶年! 但可积粟,别以钱帛应办。外不惧官军支费,内亦足以事父母、养老幼。”父曰:“善哉言乎! ”父怡然安枕,谓其妻李氏曰:“吾有二子如梁栋焉,可恢大其家计,不必虑也! ”是年,果大凶歉,凡邑之豪民,无不破坏,独公发所蓄谷麦。不五六年,田原迷望、台榭鼎新,真所谓知者达于未萌之事也! 遭父丧,公尽心于送终之礼,侍偏亲,冬温夏清,孝养日严。奉兄长有礼，教子侄有规，齐身谨行，毫发无私。诸子侄辈无或敢有欺弊者。不数年，又遭母丧，公蹭踊哭泣，日夜不止，勉于丧事，逾父之前丧也。公洞晓方书、谙诸药性，委子修剂，施及四方，远迩请药求济者尝集于门庭，悦而周急，以此济众，用报于亲，乡人皆曰"长者"，释子曰"菩萨行"也。一日，二侄告请析居，公知其意，哭泣不已。公曰："财非我所惜，但成不义之名尔。"议论了无咎色，二侄德公不已。公谓二侄曰："予兄幼自军兴起家，当其门户，辛苦万状，笔舌难尽。"欲割地伍伯亩，用报于兄，兄弗受也。辞谢益坚，公意遂止。公田原取其荒颓，器皿取其腐败，复付于子。子亦有起家之志，巨细更不少劳其心。公隐居东閤，教子训孙，皆以礼义。其意自娱，花朝月夕，邀兄命侄，略不相遗，尽欢而散。若亲姻交友，道合志同，终日无欠伸之劳；高谈阔论，时儒皆不可企及也。公奉身轻约，饮酒，终日不过三杯，其始终如是。知己屡劝："何不痛饮？"公曰："予观古之君子，为酒亡家失禄，以此为戒。乃称（竹林）七贤，梅溪三友。彼独何人哉，有为者亦若是。"公虽居家，故忠可移于君。时淳熙丙午，朝廷颁降庆寿赦文："内士庶之家，四代俱全，理宜优异，曾孙年十五以上，除合纳二税外，与免应干科敷。"公家当得此恩例，东首焚香而再拜谢之。公平昔，于家尽孝，于国尽忠，乃有□□之应。公享年八十有六，丙午七月二十五日，微疾而逝。远近闻之，莫不悲怆。公娶邹氏，亦巨族，（敬）翁姑，奉祭祀，蚕丝杼柚，□□其心。□公敬□之，享年八十四岁，是年四月二十一日先卒。有子二人：长曰天裕，有文行称；次曰天骥，早亡。女二人，皆归士族。孙男七人：曰开祖、曰延祖、曰绍祖、曰□祖、曰德祖、曰敬祖、曰申祖，皆效箕裘之业。孙女六人。曾孙十人，长曰国宝，应淳熙丙午科举，考中待补太学生，次皆幼小。曾孙女二人。公以丁未岁冬十月十八日乙酉，葬于祖茔之侧，厝安辛穴，礼也。公之葬，乡人云集，举棺者无不恻伤，皆由公德之所致也。其孤天裕泣血求铭于潮曰："天裕荒迷之次，实无才大，惧不能显亲之名。先人操履，惟吾亲知之，愿乞一字之褒，使□□受赐父……"门下深知公平昔，洒泣以念之，然晚进不才，讵无文辞以称美，坚诉不及，略陈管见，以志于前。又为之铭曰：

凡人之生，必禀其异。惟公处富，乐于兼济。谨身节用，忠（国孝）悌。教子训孙，咸归礼义。四代俱全，圣恩肃备。百年夫妇，终老同逝。儿孙迁穴，□□瀽泪。兹铭勒石，以传后世。

敕赐旌表门闾、郡庠直学、侄孙婿赵潮撰。保义郎、定差金州石泉县巡检杨大猷书丹。迪功郎、新定差成州天水县主簿王昺篆盖。

男天裕立石。寓居泥阳吕全刊。

图补遗 -6　宋故符隐君墓志铭（谢建生　藏石）

《宋故符隐君墓志铭》（图补遗 –6），南宋淳熙十四年（1187）赵潮撰文，杨大猷
书丹。徽县泥阳镇出土，今由谢建生先生收藏。墓志纵 138 厘米，横 75 厘米，额隶书
"宋故符隐君墓志铭" 8 字，字径 9 厘米，正文楷书 32 行，满行 51 字，字径 2 厘米。

### （七）成县·南宋《六字真言暨造像题名》（嘉泰二年，1202）

唵部临。唵摩尼达理吽。□。唵齿临。

嘉泰二年六月初一日，石匠苟智开施。

《六字真言暨造像题名》，南宋嘉泰二年（1202）刊，在成县二郎乡安子村白马洞。

图补遗 –7　六字真言题刻

图补遗 –8　古佛造像

图补遗 –9　嘉泰二年题刻（满正人　拓）

六字真言摩崖（图补遗 –7）位于洞右侧距地面 1.2 米的折角处，刊楷书 3 行，约 14 字，摩崖纵 35 厘米，横 21 厘米，字径 3 厘米。洞内保留古佛造像一区（图补遗 –8）。洞门右侧崖壁底部，凿有石磨形，磨盘旁刊 15 字楷书："嘉泰二年六月初一日，石匠苟智开施。"（图补遗 –9）字径 2 厘米。

### （八）徽县·南宋《王福买地券砖文》（嘉定八年，1215）

维大宋岁次乙亥嘉定八年九月初一日丁巳朔二十六日壬午，殁故王福，以嘉定八年九月二十一日身化，宜于利州路凤州河池县永宁乡齐村社墓多谷西北山下……九百九十贯文，买地壹段……东至青竜，西至白虎，南至朱雀，北至玄武……承墓伯，封步界畔，道路将军，齐整阡陌，千秋万岁，永无殃咎。若辄干犯词禁者，将军亭长，收付河伯。今以牲牢……共为信契。财地交相分付，工匠修营，安厝已后，永保休吉。知见人：岁月主，保人：今日值符。故气邪精，不得忏惟……

图补遗 –10　王福买地券砖文（张驰　藏）

《王福买地券砖文》（图补遗 –10），墨书砖，南宋嘉定八年（1215）随葬，徽县永宁镇境内出土。砖纵 35.5 厘米，横 35 厘米，可辨墨书 9 行。砖右侧半书"合同"二字。此砖今由仰澍斋张驰先生收藏。

### （九）徽县·明《徽州修城碑》（约嘉靖二十二年，1543）

徽州督工判官王静庵（楷额）

铁山里管工老人白如玉。原管夫三十二名，无一名失。该修城六尺五寸。东门向南、西、北兼行，逆城修过三百三十尺。二十年七月二十五起，二十二年八月吉日立完。

《徽州修城碑》（图补遗 –11），无朝代年号，仅载"二十二年八月吉日立完"，碑

图补遗-11　徽州修城碑（谢建生　藏）

出土于徽县城关镇，今由谢建生先生收藏。碑纵72厘米，横45厘米。额楷书，"徽州，督工判官王静庵"，字径5厘米；正文楷书6行，行10—11字，字径4厘米。从字体特征及碑铭中"徽州""铁山里"词句可知此为明代碑刻。明《徽郡志》卷二《城池》载："宋元土城，国朝增修……嘉靖元年府同知丁浚偕知州白松奉御史许公、凤翔刘公翀檄增筑，高二丈，厚一丈，土性善崩，随即坍塌，环城置屋八百余间，门楼加葺，东望京，南通蜀，西镇羌，北眺陇，有进士王麒《记》。嘉靖二十二年，屋复渐敝，知州许钊撤而崇之，增置四关门楼。有知府贾士元《记》。""知府贾士元《记》"者，即贾士元《重修城郭记》。清张伯魁《徽县志》卷八《艺文志上》有载："宁阳许公钊，以世荫擢京官，寻守徽州。视篆之余，察瘁举弊。见其城垣卑且圮，喟然曰：'此固有司之责也！'……乃讦谋协虑，储材蓄食，既备乃事，且次第其事。不骤不悚，而城咸备……公为之兹役也，州有旧城，仅二丈余。缮完葺墙，高增三分之一。城有板屋一千三百二十七间，创建者过半。上设逻卒，外建月城。又引长峪、峡口二水，民环卫焉。城外谓之郭，主客人止旅乃密，各建郭门，规制视城为三之二，坚致牢固相称。"综上所载，此碑当为此役筑城所立，应是嘉靖二十二年（1543）刊石。

## （一○）徽县·明《张子修及李氏合葬墓志铭》（嘉靖二十九年，1550）

明故处士张公孺人李氏合葬墓志铭（篆盖）

明故处士张公孺人李氏合葬墓志铭

奉政大夫、奉敕整饬毕节等处兵备、贵州按察司佥事、前户部员外郎、郡人省亭郭从道撰。

儒林郎、同知石州事、郡人凤山任继贤篆。

迪功郎、知会川卫事、郡人双溪高克己书。

嘉靖戊申，郡人张子修氏没，越辛亥岁，其弟子由，偕举子修之配李，谋合葬焉，执状征余铭。余与子修兄弟交谊甚密。前岁，余解官归，计与子修话旧剧饮，乐此余年也，岂意子修竟逝也耶！呜呼！子修笃厚倜傥，少业儒，缘父早没，家务业积遂以商贾治生产，克持勤俭，家道渐丰，往来河湟、蜀汉间，垂三十年，与人一无所欺，平生与子由未尝有毫发嫌隙，且极其友爱。子由之子鹤年、永年，皆为郡庠生，每教二子，以读书循理，以昌家世，故二子勤学向上，卓有成立，至今思之不忘。居乡恒谦逊，见窘迫者，亦往往济施，人多感之。噫！子修君履善修德，不愧大伦，至于爱弟如妻、爱侄如子，此尤叔世人情所极难者。谓子修君但为一富人浅乎，其知子修者矣！配李氏，内助成家，相夫训子，各尽其道。育次侄延年于甫岁，失怙之余，极其调护，实成贤妇焉。子二：彭年，聘宋氏，侧室赵氏出；乔年，娶李氏，侧室刘氏出。女一，适里人刘恩元。子修生于弘治二年十月十一日，卒于嘉靖二十七年七月初七日，享年六十。李氏生于成化二十三年七月十二日，卒于嘉靖二十九年四月十四日，享年六十四。卜于是年十一月二十五日，合葬于祖茔之次，其先世履历见子修先考公墓志中，兹不复载云。铭曰：

嗟嗟子修，老景胡道。有善流馨，以蕃松楸。

郡人张效贤镌。

《张子修及李氏合葬墓志铭》，盖（图补遗 -12）志（图补遗 -13）一合，明嘉靖二十九年（1550）郭从道撰文，任继贤篆盖，高克己书志铭。出土于徽县城关，出土时墓盖被挖掘机损伤，今由谢建生先生收藏。墓盖纵 47 厘米，横 57 厘米，小篆 3 行

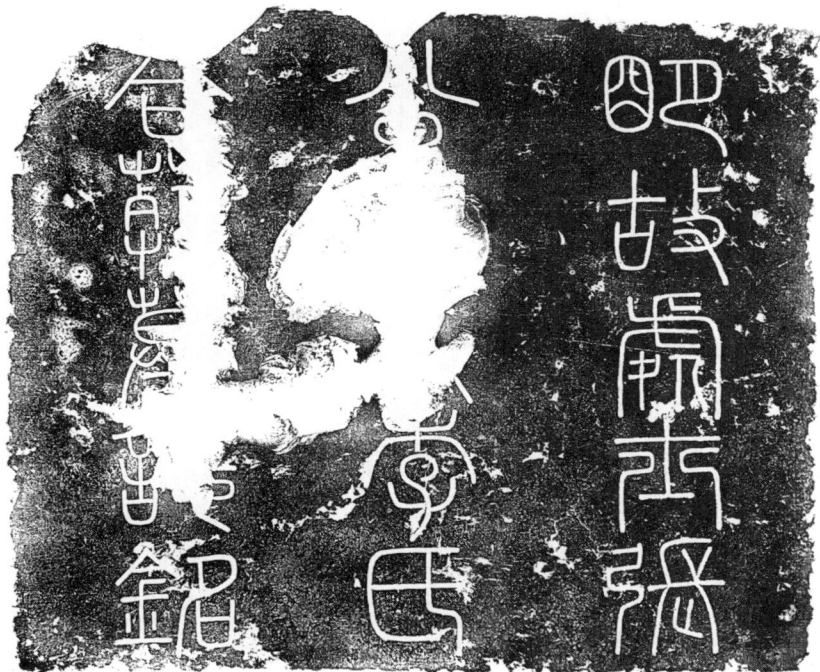

图补遗 -12　张子修及李氏合葬墓志铭篆盖

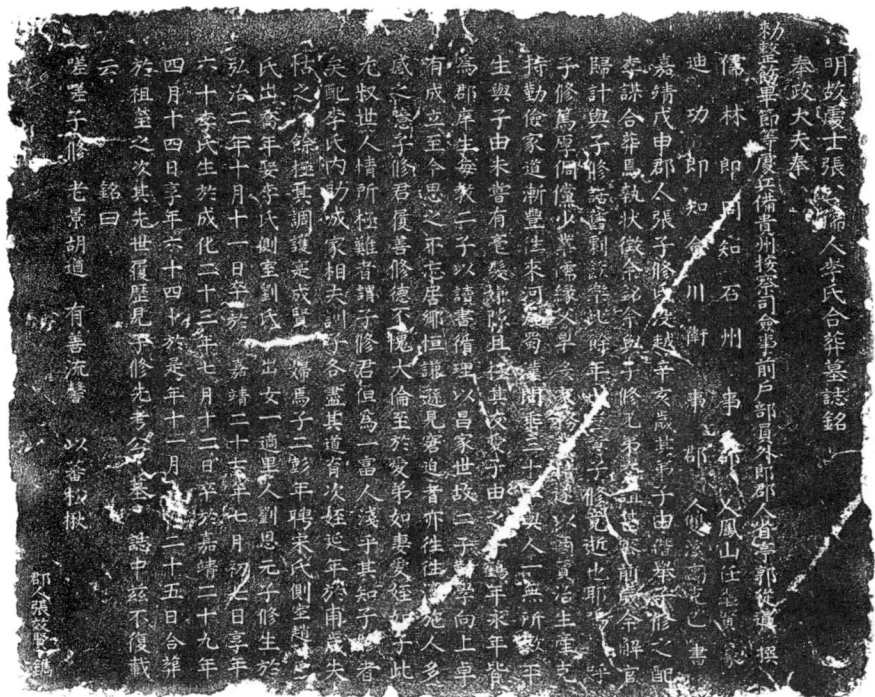

图补遗 -13　张子修及李氏合葬墓志铭（谢建生　协拓）

15 字"明故处士张公孺人李氏合葬墓志铭"，字径 9.5 厘米。志铭纵 47 厘米，横 57 厘米，楷书 25 行，满行 31 字，字径 2 厘米。清张伯魁《徽县志·人物》载："郭从道，字省亭，玑之子。早失怙，事母至孝。母疾，日侍寝侧，衣不解带，焚香拜祷，请以身代。正德间，举于乡，任大名府判，升应州知州，转潞安，值内艰回。服除，补顺德同知，时古北口常有边警，捐俸修关，民得安堵，人以郭公名关，刻石记功，有'宇宙不雕经国绩，姓名永勒郭公关'之句。行取户部员外，转贵州按察司兵备佥事，进阶参议，以老致仕。归家值秋霖，方食缀箸，家人问其故，曰：'转潞安修应城，一工未坚，今如此雨，恐圮矣！'怅然久之。其轸念民瘼类如此。平生痛母氏苦节，凡里中嫠妇孤儿，无不馈济。有为粮役所迫者，必助给之。家居创修郡志，郡之有志自郭始。其一生性成忠孝，事协圣贤，崇祀乡贤，宜哉！"

## （一一）徽县·明《汤氏买地券砖文》（万历二年，1574）

维大明（万）历二年岁次甲戌（十）一月辛未朔二十一日庚寅，□□安□今具陕西巩昌府徽州永宁里大庄头住居，奉□□命，丈宅汤氏，出备钱财九万九千九百贯文，买甲寅穴。（上）合天皇，下合地理，中合人民。（上）至青天，下至黄泉。□□□收契（葬）身，准照。

《汤氏买地券砖文》（图补遗-14），明万历二年（1574）朱砂书写，地券砖出土于徽县永宁镇境内，后流落到天水古玩市场，被天水周宇春先生购得，并提供照片。砖纵25厘米，横25厘米，券文楷书9行，行约11字。

图补遗-14　汤氏买地券砖文（周宇春　藏）

## （一二）徽县·明《张子由墓志铭》（万历八年，1580）

明侯府伴读西岗张公墓志铭（篆盖）

明侯府伴读西岗张公墓志铭

赐进士出身、提督军务巡抚南赣地方都察院右副都御史、蜀广汉受庵周满撰。

乡进士、山东兖州府总理马政粮储兼管屯田捕务通判、郡人环碧郭维价篆书。

余往岁任古秦藩右使，迁秩归蜀，取道徽州，闻逸德伴读公贤，既而家食，公之冢嗣罗川先生鹤年者，由岁选授马湖校训，擢德阳县谕，声教敷溢我汉，洋洋有文翁作蜀风，继擢秦府纪善，忽闻讣外艰，欲归图襄事，持奉直大夫、德阳人杜可教状，征铭于余。按状，公讳大常，字子由，西岗别号也。先世徽州茂族，渊履高祖志已详矣，曾太父鉴，太父全，父睿、母段氏，生兄大纪并公，早孤，其兄抚教，尚择良师导诱，公性孝友，思亲每涕泗，事兄嫂不异父母。及壮，贸易中国家茶法济边，恒汲汲报完，钦差御史台重其劳异，屡嘉赏之，由兹家计日充，乃奋然追忆幼学未获，遂志援例拜侯府伴读，崇儒重义，遇缙绅大夫，辄讲古今治乱、人事兴替。见贫困，即输金帛周恤之。犹好览《三国演义》《九经要语》，其训子孙读书，必以科甲督责，无少姑息。当罗川适马湖，念公年邵，依依不忍去，公慰之曰："忠孝不两全，若既委质人臣，以公为急，勿为老夫虑。但移禄养志足矣！"罗川承命莅任，犹恐思切乌鸟懒厥职，频赐手书勉慰，缘此得久任两庠，毕志覃教，上不负朝廷，下不负生儒，内不负亲命。公可谓善成厥子矣。□□□□□□疾作，即呼子孙嘱以家事，遂终正寝，闻者罔不感痛。公生于弘治五年七（月）□□□（卒于）万历五年五月二十一日，享年八十有六，卜于万历八年正月廿一日葬□□□□□□配李氏，继配梁氏，又配李氏。子三：长即鹤年，配刘氏；次延年，配史氏，继配□□□□□□；季永年，庠廪生，配刘氏，梁氏出。孙男七：执敬，廪生，配刘氏；执教，配高氏；执敏，庠生，配□氏，执敦，配蔡氏。俱出鹤年。执宽，配李氏；执厚，配徐氏；执谦，未配。俱出延年。孙女六：一适郡人宋安，鹤年出；一适郡人高守愚，一适郡人梁创业，一聘郡人任通，俱延年出；一适庠生梁桥梓，一未聘，俱永年出。曾孙男四：曰统、曰绍，执敬出；曰缙，执宽出；曰绅，执敏出。曾孙女四：执敬二，一聘郝氏、一聘许氏；执宽二，未聘。呜呼！公德寿名俱，子孙绳蛰；当世伟人，舍斯其谁？与归因毁，以纪诸左。铭曰：

徽岊苍苍，河溪溶溶。钟渊毓崒，诞祥冈公。凤嗣鸣岐，龙孙起聘。伟矣张胄，横世同封。蜀管勒铭，秦琳永□，千百斯载，瑞蔼无□。

《张子由墓志铭》，盖（图补遗–15）志（图补遗–16）一合，明万历八年（1580）

图补遗–15　张子由墓志铭篆盖

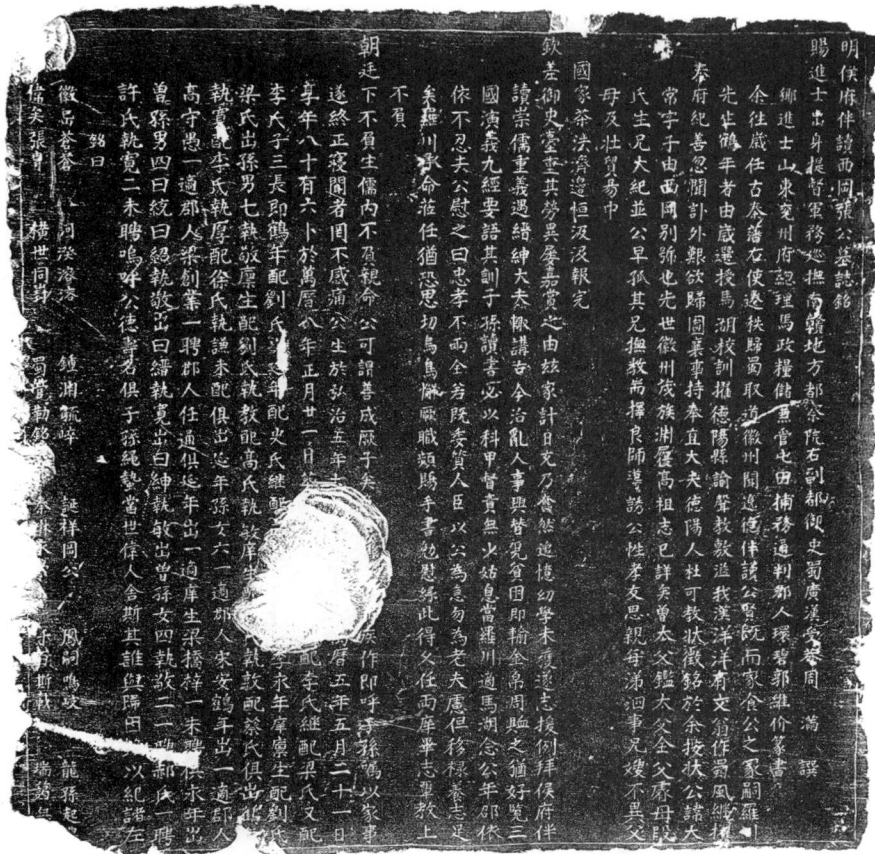

图补遗 -16　张子由墓志铭（谢建生　协拓）

周满撰文，郭维价篆盖书铭。墓志出土于徽县城关镇，今由谢建生先生收藏。墓盖纵 57 厘米，横 58 厘米，小篆 3 行 12 字"明侯府伴读西岗张公墓志铭"，字径 10.5 厘米。志铭纵 57 厘米，横 58 厘米，楷书 27 行，满行 36 字，字径 1.5 厘米。周满，字谦之，号拘虚子，四川广汉人，嘉靖十一年 (1532) 进士。

## （一三）徽县·清《永凝河口摆渡章程碑》（道光二十一年，1841）

永远遵行（隶额）

知秦州直隶州徽县正堂加五级纪录十次郭，为定立章程，以利行□事。

照得永凝河口系徽两孔道、川陕通衢，商旅行人络绎不绝。该□向有渡船，摆渡之人自应量取渡钱，以利往来。乃近，因该渡船户□勒掯，多索船钱，竟致争斗滋事，殊属不法。除将该船户惩处外，（经）本县悉心斟酌，定立章程，合行示谕，为此仰该渡船户及行旅人等知悉。自示之后，尔等各当遵照后开章程，永远

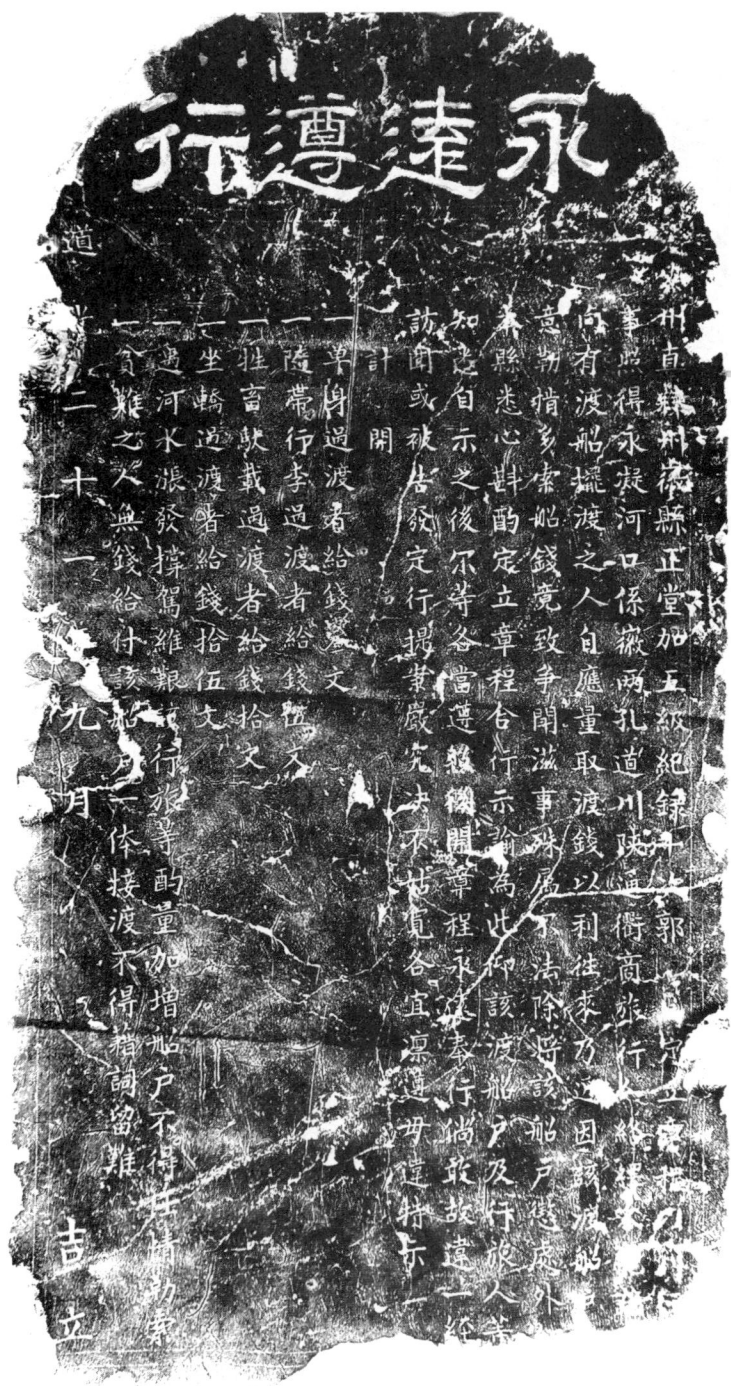

永遠遵行

徽州直隸州徽縣正堂加五級紀錄十郭……
事照得永凝河口係徽兩孔道川陝通衢商旅行旅……
向有渡船擺渡之人自應量取渡錢以利往來乃該船戶……
意勒掯多索酌定章程合行示諭為此仰該渡船戶及行旅人等……
來縣悉心群酌定立章程合行示諭……行……
知悉自示之後……尔等各當遵照開章程永遠奉行……致故違……
訪聞或被告發定行摄究厳究……女不…覧各宜凛遵毋違特示……

一計開……或開章程各宜凛遵……
一隨帶行李過渡者給錢……
一牲畜馱載過渡者給錢拾文……
一坐轎過渡者給錢拾文……
一…遇河水漲發擺駕維艱…行旅尊酌量加增船戶不得相調留難……
一…貧難之人無錢給付該…一體接渡不得留難……
…二十一…年九月……吉立

图补遗-17　永凝河口摆渡章程碑（谢建生　拓）

奉行。倘敢故违，一经访闻，或被告发，定行提案严究，决不姑宽。各宜凛遵毋违，特示计开。

一、单身过渡者，给钱叁文。

一、随带行李过渡者，给钱伍文。

一、牲畜驮载过渡者，给钱拾文。

一、坐轿过渡者，给钱拾伍文。

一、遇河水涨发，撑驾维艰，该行旅等酌量加增，船户不得任情勒索。

一、贫难之人无钱给付，该船户一体接渡，不得藉词留难。

道光二十一年九月吉立。

《永凝河口摆渡章程碑》（图补遗 -17），清道光二十一年（1841）镌立于徽县永宁镇永宁河摆渡口，2018 年 11 月，永宁镇干部曹珍鹏、岳伟奇在永街村民家发现，并移入镇政府。章程碑纵 93 厘米，横 46 厘米，额隶书 4 字"永远遵行"，字径 9 厘米；正文楷书 15 行，满行 27 字，字径 2.5 厘米。

# 附录二　陇南金石题壁存目

（注：标"*"者见录于《陇右金石录》，以下简称"金石录"）

| 序号 | 名称 | 时间 | 出土·收藏地 | 页码·备注 |
|---|---|---|---|---|
| （一）夏、商、周（约公元前2070—前771年）（2品） | | | | |
| 01 | 亚父辛鼎 | 商 | 礼县城关西山 | P3 |
| 02 | 乳丁纹无耳簋 | 西周 | 礼县出土 | P3 |
| （二）春秋战国、秦（公元前770—前206年）（40品） | | | | |
| 01 | 黄渚关太山岩画 | 约春秋 | 成县黄渚 | P4 |
| 02 | 窃曲纹秦公鼎（列鼎4件） | 春秋 | 上海博物馆 | P5 |
| 03 | 垂鳞文秦公鼎（3件） | 春秋 | 甘肃省博物馆 | P7 |
| 04 | 瓦棱纹秦公簋（列簋3件） | 春秋 | 上海博物馆 | P7 |
| 05 | 秦公鼎（列鼎3件） | 春秋 | 范季融捐赠 | P9 |
| 06 | 秦公簋（2件） | 春秋 | 范季融捐赠 | P10 |
| 07 | 秦公壶（对壶） | 春秋 | 展于美国纽约 | P10 |
| 08 | 秦公鼎残片 | 春秋 | 铭文："（秦）公作铸用鼎。"今存西和县。《西和县志》有影印残片。 | |
| 09 | 秦子戈 | 春秋 | 澳门萧春源藏 | P11 |
| 10 | 秦子戈 | 春秋 | 故宫博物院 | P11 |
| 11 | 秦子戈 | 春秋 | 香港私人藏 | P11 |
| 12 | 秦子元用戈 | 春秋 | 陕西历史博物馆 | P13 |
| 13 | 秦子簋盖 | 春秋 | 澳门萧春源藏 | P13 |
| 14 | 秦子镈 | 春秋 | 礼县大堡子山 | P14 |
| 15 | 秦子钟 | 春秋 | 日本MIHO博物馆 | P14 |
| 16 | 秦子盉 | 春秋 | 现藏美国 | P15 |
| 17 | 秦公簋 | 春秋 | 中国国家博物馆 | P15 |
| 18 | 西祠豆 | 春秋 | 马建营藏 | P17 |
| 19 | 右库工师戈 | 战国·秦 | 礼县红河乡 | P18 |
| 20 | "一珠重一两"圜钱 | 战国·秦 | 秦文化博物馆 | P18 |
| 21 | "西盐"封泥 | 秦 | 陕西历史博物馆 | P19 |
| 22 | "西采金印"封泥 | 秦 | 陕西历史博物馆 | P19 |
| 23 | "西共"封泥 | 秦 | 陕西历史博物馆 | P20 |
| 24 | "西共丞印"封泥 | 秦 | 陕西历史博物馆 | P22 |
| 25 | "西丞之印"封泥 | 秦 | 陕西历史博物馆 | P23 |

| 序号 | 名称 | 时间 | 出土·收藏地 | 页码·备注 |
|---|---|---|---|---|
| 26 | "下辨丞印"封泥 | 秦 | 杨广泰藏 | 《西北大学学报》（2005.4） |
| 27 | "故道丞印"封泥 | 秦 | 杨广泰藏 | 《西北大学学报》（2005.4） |
| 28 | "沮丞之印"封泥 | 秦 | 杨广泰藏 | 《西北大学学报》（2005.4） |
| 29 | "半两"圜钱 | 秦 | 礼县 | 见录《秦西垂陵区》 |
| 30 | "半两"铁钱 | 秦 | 文县铁楼乡 | 《中国钱币》（2011.1） |
| （三）汉代（公元前206—220年）（55品） | | | | |
| 01 | 天水家马鼎一 | 西汉 | 礼县永兴乡 | P25 |
| 02 | 天水家马鼎二 | 西汉 | 礼县永兴乡 | P26 |
| 03 | 天水人家鼎 | 西汉 | 礼县盐关镇 | 铭文：天水人家。已佚。 |
| 04 | 武都汉简 | 阳朔元年（前24） | 武都琵琶乡 | P26 |
| 05 | 曹氏铞 | 西汉 | 孟小为收藏 | P27 |
| 06 | 卷云纹网格瓦当 | 西汉 | 礼县 | P28 |
| 07 | "长乐未央"瓦当（9件） | 西汉 | 礼县鸾亭山遗址 | P28 |
| 08 | "一刀平五千"刀币 | 新莽 | 武都刘可通藏 | P29 |
| 09 | "大布黄千"布币（2枚） | 新莽 | 武都刘可通藏 | P29 |
| 10 | 大云寺石碑* | 东汉永平十二年（69） | 成县大云寺 | 王象之《舆地碑记目》卷四。 |
| 11 | 汉将题刻 | 东汉元和二年（85） | 成县西狭 | P30 |
| 12 | 永元十五年铜铣 | 东汉永元十五年（103） | 文县铁楼乡 | P33 |
| 13 | 西和弩机 | 东汉永寿二年（156） | 西和县文化馆 | P33 |
| 14 | 西狭颂* | 东汉建宁四年（171） | 成县西狭 | P33 |
| 15 | 五瑞图摩崖画像* | 东汉建宁四年（171） | 成县西狭 | P39 |
| 16 | 天井道记 | 东汉建宁五年（172） | 成县西狭 | P42 |
| 17 | 郙阁颂 | 东汉建宁五年（172） | 陕西略阳 | P43 |
| 18 | 耿勋表* | 东汉熹平三年（174） | 成县西狭 | P50 |
| 19 | 仇池碑* | 东汉 | 原在西和仇池山，今佚。《方舆胜览》：许靖过仇池，树下有碑，一览不遗（《英雄记》）。 | |
| 20 | 武都太守题名残石 | 汉 | 《关中金石记》：碑在陕西华岳庙，无年月，隶书。 | |
| 22 | "武都太守章"封泥（6枚） | 汉 | 吴式芬、陈介祺藏 | P57 |

续表

| 序号 | 名称 | 时间 | 出土·收藏地 | 页码·备注 |
|---|---|---|---|---|
| 23 | "阴平道长"封泥 | 汉 | 陈介祺旧藏 | P57 |
| 24 | 下辨令印 | 汉 | 不详 | P57 |
| 25 | 故道令印 * | 汉 | 不详 | 今佚 |
| 26 | "磨阳侯相"印 | 汉 | 礼县 | 《礼县金石集锦》（P87） |
| 27 | "强弩假侯"印 | 汉 | 礼县 | 《礼县金石集锦》（P87） |
| 28 | 军司马印 | 汉 | 礼县石桥 | 《礼县金石集锦》（P87） |
| 29 | "军假司马"印 | 汉 | 礼县 | 《礼县金石集锦》（P87） |
| 30 | 羌王印 * | 汉 | 武都 | 据《金石录》。 |
| 31 | 荆王玺 * | 汉 | 武都 | 《金石录》：出于武都，湖南黄氏藏。 |
| 32 | 蜀汉铜弩 * | 汉 | 武都 | 《金石录》：出于武都，今佚。 |
| 33 | 鎏金棺饰 | 东汉 | 成县石碑坝 | P57 |
| 34 | 双鱼铜铣 | 东汉 | 成县石碑坝 | P58 |
| 35 | 规矩铜镜一 | 东汉 | 成县西高桥 | P59 |
| 36 | 规矩铜镜二 | 东汉 | 成县西高桥 | P59 |
| 37 | "长宜子孙"铜镜 | 东汉 | 成县西高桥 | P60 |
| 38 | 陶盖朱书 | 汉 | 文县 | P60 |
| 39 | 善不得取砖铭 | 汉 | 成县博物馆 | P61 |
| 40 | 寿万年吉语砖 | 汉 | 礼县 | P61 |
| 41 | 李夏墓室题记 | 汉 | 西和大桥乡 | P62 |
| （四）魏晋南北朝（220—581年）（19品） | | | | |
| 01 | "晋归义羌侯"印 | 晋 | 西和西高山 | P65 |
| 02 | "晋归义氐王"印 | 晋 | 西和 | 甘肃省博物馆藏。 |
| 03 | "魏归义氐侯"印 | 北魏 | 西和 | 甘肃省博物馆藏。 |
| 04 | "魏率善羌仟长"印 | 北魏 | 宕昌化马 | 甘肃省博物馆藏。 |
| 05 | 仇池镇封道珍铭 | 北魏承明元年（476） | 西和境内 | P65 |
| 06 | 杨文弘墓志 | 约齐建元四年（482） | 陕西略阳县 | P66 |
| 07 | 姜太妃之墓志颂 | 北魏正始元年（504） | 陕西略阳县 | P67 |
| 08 | 郭奴墓志砖铭 | 北魏太和十九年（495） | 礼县 | P69 |
| 09 | 卢苌墓志砖铭 | 北魏正始元年（504） | 礼县永兴 | P70 |

续表

| 序号 | 名称 | 时间 | 出土·收藏地 | 页码·备注 |
|---|---|---|---|---|
| 10 | 薛广智墓志砖铭 | 北魏正光二年（521） | 礼县石桥 | P71 |
| 11 | 杨大眼造像记 | 北魏太和末 | 河南龙门石窟 | P72 |
| 12 | 大云寺经阁题字 * | 梁大同九年（543） | 成县大云寺 | 王象之《舆地碑记目》卷四。 |
| 13 | 建德二年题名 | 北周建德二年（573） | 武都万象洞 | 墨书题壁：建德二年，主簿姜木。 |
| 14 | 贺娄慈题壁 | 北周建德三年（574） | 武都万象洞 | P74 |
| 16 | 刘迁题名一 | 北周建德三年（574） | 武都万象洞 | 墨书题壁：建德三年，刘迁至此。 |
| 16 | 刘迁题名二 | 北周建德三年（574） | 武都万象洞 | 墨书题壁：刑狱曹刘迁。 |
| 17 | 华严经摩崖 | 魏晋南北朝 | 成县大云寺 | P74 |
| 18 | 凤山题刻 | 约魏晋南北朝 | 成县大云寺 | P76 |
| 19 | 白石题字 | 约魏晋南北朝 | 成县大云寺 | 墨书题壁：白石□（头？）。 |
| | (五) 隋代（581—618年）（4品） | | | |
| 01 | 张晓题壁 | 开皇十年（590） | 武都万象洞 | P79 |
| 02 | 开皇题字 | 开皇十八年（598） | 武都万象洞 | P79 |
| 03 | 田长钦题壁 | 开皇二十年（600） | 武都万象洞 | P79 |
| 04 | 隋杨将军墓碑 * | 隋 | | 王象之《舆地碑记目》：在（成）州西十里。《旧图经》载：隋大将军岩州总管茂陵杨氏墓碑，□祐中州是庠取以刻文，会得他石，乃再立于将军墓侧。 |
| | (六) 唐代（618—907年）（25品） | | | |
| 01 | 新路颂并序摩崖 | 开元年间(713—741) | 西和石峡乡 | P80 |
| 02 | 开元题壁 | 开元十二年（724） | 武都万象洞 | P84 |
| 03 | 唐汉阳太守赵承碑 * | 开元十二年（724） | | 王象之《舆地碑记目》：成州。秦府法曹杨景撰，开元十二年建。 |
| 04 | 同昌郡驿碑 * | 天宝四年（745） | | 王象之《舆地碑记目》：在（文）州西四十里，唐天宝四年载置。同昌县主簿赵齐记，有碑。 |
| 05 | 魏达题名 | 天宝六年（747） | 武都万象洞 | 墨书题壁：天宝六载大澍魏达。 |
| 06 | 天宝六载题字 | 天宝六年（747） | 武都万象洞 | 墨书题壁：天宝六载，同□于此。 |
| 07 | 进玑泉题石 * | 天宝六年（747）前后 | | 《天下金石志》：唐进玑泉题石，哥舒翰作。在成县。 |

续表

| 序号 | 名称 | 时间 | 出土·收藏地 | 页码·备注 |
|---|---|---|---|---|
| 08 | 汉源县令厅壁记 * | 乾元三年（760） | 西和 | P84 |
| 09 | 刘暄题诗 | 贞元元年（785） | 武都万象洞 | P85 |
| 10 | 兴州江运记 | 贞元十六至二十年 | 徽县与略阳间 | P86 |
| 11 | 圣德寺记 * | 贞元二十年（804） | 王象之《舆地碑记目》；《集古录》：唐戴正伦撰，梁肃书。碑以正元二十年立，在凤州。蔡按，欧阳修《集古录》未收此碑。 |
| 12 | 王进兴题字 | 元和八年（813） | 武都万象洞 | P89 |
| 13 | 元和八年题字 | 元和八年（813） | 武都万象洞 | P89 |
| 14 | 李叔政题壁 | 元和九年（814） | 成县大云寺 | P89 |
| 15 | 尊胜陁罗尼经残幢 | 约元和九年（814） | 成县大云寺 | P91 |
| 16 | 大和八年题字 | 大和八年（834） | 武都万象洞 | 墨书题壁：大和八年三月…… |
| 17 | 和太尉墓碑 * | 大中五年（851） | 王象之《舆地碑记目》：墓在今（文州）城西大渡坝。伪蜀殿中侍御史文暮碑。太尉名文，为唐兴德军节度使，文州兵马步军都虞候，大中五年卒，葬于此。 |
| 18 | 省仓梁记 * | 咸通三年（862） | 王象之《舆地碑记目》：文州。唐咸通三年，刺史秦述譔建谯门外。 |
| 19 | 刺史刘公重修水亭记 * | 大顺元年（890） | 王象之《舆地碑记目》：成州。大顺元年，节度副使刘崇鲁建。 |
| 20 | 同谷残碑 * | 无年月 | 成县 | P94 |
| 21 | 吴道子画观音像碑 * | 无年月 | 成县广化寺 | P94 |
| 22 | 圣善院造像 * | 无年月 | 《金石录》：在徽县陈家山，今存。《徽县志》：圣善院，在县东三十里陈家山，石佛甚古，明弘治时重修记云：唐前古刹。 |
| 23 | 碧峰插天题字 | 唐 | 西和石峡乡 | 原在坦途村，已毁，《西和县志》存目。 |
| 24 | 轨级贾道记 | 无年月 | 西和十里乡 | 原在横岭山，《西和县志》存目。 |
| 25 | 唐万安之院题刻 | 无年月 | 徽县铁山 | 摩崖题刻"唐万安之院"5字。 |
| （七）五代（907—960年）（3品） | | | | |
| 01 | 李彦琛修经阁碑 * | 唐天祐四年（后梁开平元年，907） | 王象之《舆地碑记目》：在凤山，有唐天复七年，天雄军指挥使知成州李彦琛修经阁碑。判官马汶撰，天复七年，即天祐四年，是年二月，唐禅于梁，彦琛称天复七年，犹禀唐之正朔也，亦可尚也。 |
| 02 | 沙州僧题壁 | 后唐天成四年（929） | 武都万象洞 | P96 |

| 序号 | 名称 | 时间 | 出土·收藏地 | 页码·备注 |
|---|---|---|---|---|
| 03 | 应顺元年题壁 | 后唐应顺元年（934） | 武都万象洞 | P96 |
| （八）北宋（960—1127年）（98品） | | | | |
| 01 | 龙门寺尊胜陁罗尼经石幢* | 开宝二年（969） | 成县府城镇 | P99 |
| 02 | 王仁裕神道碑* | 雍熙三年（986） | 礼县碑楼川 | P99 |
| 03 | 礼县尊胜陁罗尼经石幢 | 雍熙三年（986） | 礼县石桥乡 | P109 |
| 04 | 淳化御赐银牌 | 淳化间（990—994） | 武都 | 铭文：大宋淳化年，御赐精银。王智新收藏。 |
| 05 | 长安僧题刻* | 咸平元年（998） | 两当 | P110 |
| 06 | 卢江子题诗 | 天禧五年（1021）前 | 武都万象洞 | P111 |
| 07 | 成州题名记* | 景祐间（1034—1038） | 原在成县宝井山，今佚。《金石录》：《题名记》云长庆始迁至宝井。据《方舆胜览》为石洵直撰。 | |
| 08 | 曹渐题壁 | 景祐五年（1038） | 武都万象洞 | P112 |
| 09 | 石待问题壁 | 庆历二年（1042） | 武都万象洞 | P112 |
| 10 | 张景伯题壁 | 庆历三年（1043） | 武都万象洞 | P113 |
| 11 | 高宝臣题诗一 | 庆历五年（1045） | 武都万象洞 | P113 |
| 12 | 高宝臣题诗二 | 庆历五年（1045） | 武都万象洞 | P114 |
| 13 | 王钦若韩琦王拱辰留题* | 无年月 | 西和 | P114 |
| 14 | 成州学记* | 庆历五年（1045） | 成县 | P115 |
| 15 | 吕贲题名 | 皇祐三年（1051） | 成县西狭 | P116 |
| 16 | 朱处仁题记 | 皇祐四年（1052） | 舟曲县大川镇 | P117 |
| 17 | 朱处仁题壁 | 皇祐四年（1052） | 武都万象洞 | P119 |
| 18 | 向宣题壁 | 皇祐四年（1052） | 武都万象洞 | P119 |
| 19 | 王弘莫题壁 | 皇祐四年（1052） | 武都万象洞 | P119 |
| 20 | 李化清题壁 | 皇祐四年（1052） | 武都万象洞 | P120 |
| 21 | 石笋铭一* | 嘉祐元年（1056） | 文县 | P120 |
| 22 | 新修白水路记* | 嘉祐二年（1057） | 徽县大河店乡 | P121 |
| 23 | 李孝先题壁 | 嘉祐三年（1058） | 武都万象洞 | P124 |
| 24 | 张雍延题壁 | 嘉祐四年（1059） | 武都万象洞 | P124 |
| 25 | 福津尉题壁 | 嘉祐四年（1059） | 武都万象洞 | P125 |
| 26 | 柴元谨留题凤凰寺 | 嘉祐五年（1060） | 成县大云寺 | P125 |
| 27 | 李周题诗残诗碑 | 嘉祐五年（1060） | 成县大云寺 | P126 |

续表

| 序号 | 名称 | 时间 | 出土·收藏地 | 页码·备注 |
|---|---|---|---|---|
| 28 | 留题独石山院 * | 嘉祐五年（1060） | 康县 | P127 |
| 29 | 县吏题壁 | 治平四年（1067） | 武都万象洞 | P127 |
| 30 | 吕大忠题记 | 熙宁三年（1070） | 成县西狭 | P116 |
| 31 | 秉司题壁 | 熙宁六年（1073） | 武都万象洞 | P128 |
| 32 | 仁济院赐额牒 * | 熙宁六年（1073） | 康县周家坝 | P128 |
| 33 | 杨六郎题壁 | 熙宁十年（1077） | 武都万象洞 | P130 |
| 34 | 杨式题壁 | 熙宁十年（1077） | 武都万象洞 | P130 |
| 35 | 圣寿院碑 * | 熙宁中 | | 《金石录》引《徽县志》云：《圣寿院碑》在徽县栗亭。宋端拱中建院，熙宁敕赐寺额，有残碑题曰："敕赐褒功崇孝之碑"。 |
| 36 | 广严院赐额牒 * | 元丰元年（1078） | 武都三河乡 | P131 |
| 37 | 阶州福津县广严院记 * | 元丰元年（1078） | 武都三河乡 | P132 |
| 38 | 元丰三年题刻 | 元丰三年（1080） | 成县大云寺 | P133 |
| 39 | 蒋之奇大云寺题名 | 元丰四年（1081） | 成县大云寺 | P134 |
| 40 | 蒋之奇狮子洞题名 * | 元丰四年（1081） | 成县狮子洞 | P134 |
| 41 | 何几题名 | 元丰六年（1083） | 武都万象洞 | P135 |
| 42 | 紫金山人残诗碑 | 元祐三年（1088） | 成县大云寺 | P135 |
| 43 | 喻陟栖真洞题记 | 元祐四年（1089） | 徽县青泥村 | P136 |
| 44 | 游师雄普明寺题名 | 元祐四年（1089） | 西和长道镇 | P137 |
| 45 | 游师雄大云寺题名 | 元祐六年（1091） | 成县大云寺 | P138 |
| 46 | 游师雄狮子洞题名 | 元祐六年（1091） | 成县狮子洞 | P138 |
| 47 | 游师雄仙人崖题诗 | 约元祐六年（1091） | 成县仙人崖 | 碑佚，诗文见元《重修北极宫记》。P344 |
| 48 | 游师雄杨家崖题名 | 元祐六年（1091） | 武都汉王镇 | P139 |
| 49 | 游师雄万象洞题名 | 元祐六年（1091） | 武都万象洞 | P139 |
| 50 | 张尊题壁 | 元祐六年（1091） | 武都万象洞 | P140 |
| 51 | 宪使黄公题独石寺 * | 元祐六年（1091） | 康县 | P140 |
| 52 | 刘思道狮子洞题记（一） | 元祐六年（1091） | 成县狮子洞 | P141 |
| 53 | 刘思道狮子洞题记（二） | 元祐六年（1091） | 成县狮子洞 | P141 |
| 54 | 刘思道西狭题记 * | 元祐八年（1093） | 成县西狭 | P142 |
| 55 | 成州重建学记 * | 元祐八年（1093） | 成县 | P142 |
| 56 | 胜相塔石刻 * | 绍圣初（1094—1096） | 西和 | P143 |
| 57 | 王公仪神道碑 * | 绍圣三年（1096） | 西和仇池碑林 | P148 |
| 58 | 姚雄题记 | 绍圣三年（1096） | 礼县 | P105 |

| 序号 | 名称 | 时间 | 出土·收藏地 | 页码·备注 |
|---|---|---|---|---|
| 59 | 宋故祁君墓志铭 | 绍圣四年（1097） | 礼县 | P153 |
| 60 | 刘景文题张真人洞 | 绍圣四年之前 | 两当登真洞 | P154 |
| 61 | 智诠题名 | 元符二年（1099） | 成县西狭 | P155 |
| 62 | 何府君买地券 | 元符二年（1099） | 徽县 | 张驰先生收藏。 |
| 63 | 大宋凤州河池县碧云溪宋居士寿堂记 | 元符三年（1100） | 徽县 | 徐镐撰，谢建生先生藏。 |
| 64 | 张从墓志铭 * | 元符三年（1100） | 西和汉源镇 | P155 |
| 65 | 福津尉题壁 | 建中靖国元年（1101） | 武都万象洞 | P157 |
| 66 | 马博题名 | 崇宁元年（1102） | 成县西狭 | P157 |
| 67 | 王仁裕墓志铭 | 崇宁三年（1104） | 礼县石桥乡 | P106 |
| 68 | 大宋凤州河池县碧云溪宋居士寿堂后序 | 大观元年（1107） | 徽县 | 吴肃撰，谢建生先生藏。 |
| 69 | 大观己丑题字 | 大观三年（1109） | 成县大云寺 | P158 |
| 70 | 石笋铭二 * | 大观四年（1110） | 文县 | P158 |
| 71 | 上清洞题名 * | 大观间 | 原在文县，今佚。《阶州志》：上清洞在文县旧所城北四十里，石壁有大观间题名。 | |
| 72 | 白云诗碑 | | 武都安化镇 | P159 |
| 73 | 宋故耿公墓志铭 | 政和元年（1111） | 西和长道镇 | P160 |
| 74 | 鲁公题登真洞诗 | 政和二年（1112） | 两当登真洞 | P160 |
| 75 | 仇池题壁 | 政和三年（1113） | 武都万象洞 | P163 |
| 76 | 任崇道题壁 | 政和七年（1117） | 徽县首阳洞 | P163 |
| 77 | 宣和题壁 | 宣和年间 | 武都万象洞 | 墨书题壁：宣和□年正月初□□□戟□李□王…… |
| 78 | 蒙元功题壁 | 宣和二年（1120） | 武都万象洞 | P163 |
| 79 | 李安道题壁 | 宣和三年（1121） | 徽县首阳洞 | P164 |
| 80 | 某氏娘子买地券 | 宣和四年（1122） | 礼县盐官镇 | 张驰先生收藏。 |
| 81 | 王知彰妻李氏墓志铭 | 宣和五年（1123） | 西和仇池碑林 | P164 |
| 82 | 宋京游鹭鸶山登真洞二首 | 宣和五年（1123） | 两当登真洞 | P166 |
| 83 | 晁说之狮子洞题记 * | 宣和四年（1122） | 成县狮子洞 | P167 |
| 84 | 濯风轩记 | 宣和四年（1122） | 成县 | P168 |
| 85 | 成州同谷县杜工部祠堂记 | 宣和五年（1123） | 成县杜甫草堂 | P169 |
| 86 | 清风轩记 * | 宣和五年（1123） | 成县 | P170 |
| 87 | 成州净因院新殿记 | 宣和五年（1123） | 成县 | P172 |

| 序号 | 名称 | 时间 | 出土·收藏地 | 页码·备注 |
|---|---|---|---|---|
| 88 | 成州新修大梵寺记 | 宣和六年（1124） | 成县 | P173 |
| 89 | 成州龙池利泽庙碑 * | 宣和六年（1124） | 成县北 | P175 |
| 90 | 发兴阁记 | 宣和六年（1124） | 成县杜甫草堂旁 | P176 |
| 91 | 雷夏题壁 | 宣和六年（1124） | 徽县首阳洞 | P177 |
| 92 | 靖康元年题壁 | 靖康元年（1126） | 徽县首阳洞 | P177 |
| 93 | 大悲心陁罗尼经石幢 | 无年月 | 礼县阳坡乡 | P178 |
| 94 | 文同任师张浮休留题 * | 年月无考 | 西和兴唐寺 | 王象之《舆地碑记目》：在西和州兴唐寺。 |
| 95 | "千峰洞隐"残石 | 无年月 | 成县大云寺 | P181 |
| 96 | "西陲"残碑 | 无年月 | 成县大云寺 | P182 |
| 97 | "游凤"残碑 | 无年月 | 成县大云寺 | P181 |
| 98 | 心捐舍残碑 | 无年月 | 成县大云寺 | P182 |
| （九）南宋（1127—1279年）（149品） | | | | |
| 01 | 台宗孟狮子洞题名 | 建炎二年（1128） | 成县狮子洞 | P187 |
| 02 | 段永忠亡父葬记 | 建炎二年（1128） | 西和长道镇 | P187 |
| 03 | 辛彦宗飞龙峡题名 * | 建炎三年（1129） | 成县飞龙峡 | P188 |
| 04 | 席彦儒题壁 | 建炎四年（1130） | 武都万象洞 | P189 |
| 05 | 宋故崔公墓志铭 | 绍兴元年（1131） | 陕西凤县出土 | P189 |
| 06 | 鲁班阁摩崖 | 绍兴二年（1132） | 宕昌鲁班阁 | 摩崖已毁。 |
| 07 | 重修阁道摩崖 | 绍兴二年（1132） | 摩崖原在武都两河口北，今佚《武阶备志》字大二寸，在州西两河口北三十余里栈道石岩上，文磨灭不可辨，唯末数行题名云"从义郎汉源县尉赵彦于绍兴二年十月十二日重修阁道记"。 | |
| 08 | 仇池碑记 * | 绍兴四年（1134） | 西和仇池山 | P191 |
| 09 | 宋故王正吕并妻雍氏墓志铭 | 绍兴四年（1134） | 徽县大河店乡 | 今存。 |
| 10 | 郭子卿狮子洞题记 | 绍兴八年（1138） | 成县狮子洞 | P194 |
| 11 | 宋故开府吴公墓志铭 * | 绍兴九年（1139） | 徽县吴山 | P194 |
| 12 | 杨政母程氏墓志铭 | 绍兴十年（1140） | 徽县 | P205 |
| 13 | 元涤墓志铭 | 绍兴十年（1140） | 西和 | P207 |
| 14 | 宋忠烈吴公祠记 * | 绍兴十二年（1142） | 徽县 | P201 |
| 15 | 程俊札子碑 * | 绍兴十三年（1143） | 徽县 | P209 |
| 16 | 杨岷杰狮子洞题名 | 绍兴十六年（1146） | 成县狮子洞 | P210 |
| 17 | 靖共堂碑记 * | 绍兴十九年（1149） | 西和 | P203 |

续表

| 序号 | 名称 | 时间 | 出土·收藏地 | 页码·备注 |
|---|---|---|---|---|
| 18 | 胡彦贞题壁 | 绍兴二十年（1150） | 徽县首阳洞 | P210 |
| 19 | 杨从义射虎摩崖 | 绍兴二十一年（1151） | 徽县 | P211 |
| 20 | 鸡头山下生佛阁记* | 绍兴二十二年（1152） | 成县鸡峰山 | P212 |
| 21 | 唐无隅题壁 | 绍兴二十五年（1155） | 徽县首阳洞 | P214 |
| 22 | 郭念六郎题壁 | 绍兴二十五年（1155） | 徽县首阳洞 | P214 |
| 23 | 德政堂记 | 绍兴二十六年（1156） | 西和 | P214 |
| 24 | 孙志朋买地券砖铭 | 绍兴二十七年（1157） | 康县平洛镇 | P215 |
| 25 | 太守鲁公观察祠堂记* | 绍兴二十八年（1158） | 文县 | P216 |
| 26 | 绍兴题壁 | 绍兴二十九年（1159） | 武都万象洞 | P218 |
| 27 | 高英万象洞题记 | 绍兴二十九年（1159） | 武都万象洞 | P218 |
| 28 | 汉卿题刻 | 无年月 | 武都万象洞 | 右邻高英万象洞题记，今存。 |
| 29 | 杨进墓志铭 | 绍兴二十九年（1159） | 西和 | P223 |
| 30 | 修路记 | 绍兴 | 西和六巷乡 | 原存六巷柱腰峡，1989年修路毁。 |
| 31 | 宋故知阶州高公墓志铭 | 绍兴三十年（1160） | 武都 | P219 |
| 32 | 袁执中墓志砖铭 | 绍兴三十年（1160） | 徽县 | P225 |
| 33 | 袁母郭氏墓志砖铭 | 绍兴三十年（1160） | 徽县 | P225 |
| 34 | 田议题壁 | 乾道元年（1165） | 武都万象洞 | P226 |
| 35 | 乾道二年题刻 | 乾道二年（1166） | 两当观音堂 | P226 |
| 36 | 乾道闲人题刻 | 乾道二年（1166） | 两当观音堂 | P226 |
| 37 | 十方法界偈颂诗 | 乾道二年（1166） | 康县王坝镇 | P227 |
| 38 | 同谷礼殿图碑 | 乾道三年（1167） | 成县 | P227 |
| 39 | 马真右墓志铭 | 乾道四年（1168） | 礼县石桥乡 | P228 |
| 40 | 杨白起题壁 | 乾道四年（1168） | 徽县首阳洞 | P228 |
| 41 | 杨实墓志铭 | 乾道四年（1168） | 武都东江镇 | P229 |
| 42 | 重修赤沙祥渊庙记 | 乾道四年（1168） | 武都安化镇 | P231 |
| 43 | 王师雄题壁 | 乾道四年（1168） | 武都万象洞 | P233 |
| 44 | 杜亮题壁 | 乾道六年（1170） | 武都万象洞 | P234 |
| 45 | 王师雄题记* | 乾道七年（1171） | 成县西狭 | P234 |
| 46 | 王子直甘露颂* | 乾道八年（1172） | 成县南山 | P235 |
| 47 | 盐官镇重修真武殿记* | 乾道八年（1172） | 礼县盐关镇 | P236 |
| 48 | 朱从买地券文 | 乾道八年（1172） | 徽县永宁镇 | P238 |

| 序号 | 名称 | 时间 | 出土·收藏地 | 页码·备注 |
|---|---|---|---|---|
| 49 | 广化寺记 * | 乾道九年（1173） | 成县抛沙镇 | P239 |
| 50 | 乾道墓砖铭 | 乾道九年（1173） | 两当文化馆 | P240 |
| 51 | 仲吕首阳洞题诗 | 乾道间 | 徽县首阳洞 | P241 |
| 52 | 仁爱堂碑 | 乾道间 | 西和 | 碑中有"李公""同谷居纯"，疑与《重修真武殿记》同时。 |
| 53 | 库彦威题记 * | 淳熙间 | 成县西狭 | P234 |
| 54 | 荣公和尚墓记 | 淳熙二年（1175） | 武都 | P242 |
| 55 | 普通塔记 * | 淳熙二年（1175） | 武都 | P242 |
| 56 | 田成墓志铭 | 淳熙二年（1175） | 成县抛沙镇 | P244 |
| 57 | 田公刺虎记 * | 淳熙三年（1176） | 武都马街 | P248 |
| 58 | 杨元礼题记 | 淳熙三年（1176） | 徽县虞关 | P252 |
| 59 | 淳熙丙申题壁 | 淳熙三年（1176） | 武都万象洞 | P253 |
| 60 | 贺炳同题壁 | 淳熙四年（1177） | 徽县首阳洞 | P253 |
| 61 | 杨小一题壁 | 淳熙四年（1177） | 徽县首阳洞 | P253 |
| 62 | 彦辅继题壁 | 淳熙四年（1177） | 徽县首阳洞 | P254 |
| 63 | 马义夫题记 * | 淳熙五年（1178） | 成县西狭 | P254 |
| 64 | 马琥题名 | 淳熙五年（1178） | 成县西狭 | P255 |
| 65 | 阶州新建威显宙家庆楼碑 * | 淳熙五年（1178） | 武都 | P255 |
| 66 | 刘渌有题壁 | 淳熙六年（1179） | 徽县首阳洞 | P257 |
| 67 | 万钟游万象洞天长短句 | 淳熙七年（1180） | 武都万象洞 | P257 |
| 68 | 王庾题壁 | 淳熙七年（1180） | 武都万象洞 | P258 |
| 69 | 汉嘉题壁 | 淳熙九年(1182) | 武都万象洞 | P258 |
| 70 | 姚同简题壁 | 淳熙九年（1182） | 武都万象洞 | P258 |
| 71 | 张茂之题壁 | 淳熙九年（1182） | 武都万象洞 | P259 |
| 72 | 祥渊庙告敕碑 * | 淳熙十年（1183） | 武都安化镇 | P259 |
| 73 | 祥渊庙碑 * | 淳熙十年（1183）后 | 武都安化镇 | P261 |
| 74 | 王公买地券文 | 淳熙十一年(1184) | 西和长道镇 | P264 |
| 75 | 宋太宜人刘氏墓志 | 淳熙十二年（1185） | 成县抛沙镇 | P264 |
| 76 | 张普题壁 | 淳熙十二年（1185） | 武都万象洞 | P266 |
| 77 | 李显祖题壁 | 淳熙十二年（1185） | 武都万象洞 | P266 |
| 78 | 杜清题壁 | 淳熙十三年（1186） | 武都万象洞 | P267 |

| 序号 | 名称 | 时间 | 出土·收藏地 | 页码·备注 |
|---|---|---|---|---|
| 79 | 宋故符隐君墓志铭 | 淳熙十四年（1187） | 徽县 | 赵潮撰，谢建生先生藏。 |
| 80 | 卑牧西狭题记* | 淳熙十四年（1187） | 成县西狭 | P267 |
| 81 | 卑牧狮子洞题记* | 淳熙十五年（1188） | 成县狮子洞 | P268 |
| 82 | 卑牧大云寺题诗碑 | 淳熙十四年前 | 成县支旗乡 | P268 |
| 83 | 新修广严院记* | 淳熙十五年（1188） | 武都三河乡 | P269 |
| 84 | 郭詸万象洞题记 | 淳熙十五年（1188） | 武都万象洞 | P272 |
| 85 | 王正嗣题记* | 淳熙十五年（1188） | 成县西狭 | P273 |
| 86 | 孝宗御书碑* | 淳熙间 | 《金石录》：淳熙御书。在武都，今佚。 | |
| 87 | 毌丘恪、宇文景仁万象洞题诗并跋 | 绍熙元年（1190） | 武都万象洞 | P274 |
| 88 | 毌丘厚卿题壁 | 绍熙元年（1190） | 武都万象洞 | P275 |
| 89 | 钧承之题壁 | 绍熙元年（1190） | 武都万象洞 | P275 |
| 90 | 宇文子震赋龙狭草堂* | 绍熙四年（1193） | 成县杜甫草堂 | P276 |
| 91 | 宇文子震王氏园诗 | 绍熙间 | 成县飞龙峡 | P277 |
| 92 | 将利县志民坊记* | 绍熙四年（1193） | 成县镡河乡 | P277 |
| 93 | 灵应泉记* | 约绍熙五年（1194） | 两当 | P278 |
| 94 | 大潭皇觉寺留题 | 庆元元年（1195） | 礼县太塘乡 | P278 |
| 95 | 梁均同题壁 | 庆元元年（1195） | 武都万象洞 | P282 |
| 96 | 两县二八分科后记 | 庆元二年（1196） | 礼县太塘乡 | P279 |
| 97 | 长孙孝先题壁 | 庆元二年（1196） | 武都万象洞 | P282 |
| 98 | 庆元二年题壁 | 庆元二年（1196） | 武都万象洞 | P283 |
| 99 | 妙胜院敕碑 | 庆元二年（1196） | 礼县草坝乡 | P283 |
| 100 | 庆元三年买地券文 | 庆元三年（1197） | 徽县大河店乡 | P285 |
| 101 | 张迪墓志铭（碑阳） | 庆元三年（1197） | 武都 | P286 |
| 102 | 祥渊庙加封碑* | 庆元四年（1198） | 武都安化镇 | P288 |
| 103 | 张存买地券砖铭 | 庆元四年（1198） | 徽县永宁镇 | P290 |
| 104 | 石笋铭三* | 约庆元四年（1198） | 文县 | P158 |
| 105 | 万寿山观音祠记* | 庆元五年（1199） | 武都 | P291 |
| 106 | 城隍庙残碑* | 庆元五年（1199） | 武都 | 据叶昌炽《缘督庐日记》。 |
| 107 | 苏皋题壁 | 庆元五年（1199） | 武都万象洞 | P293 |
| 108 | 庆元六年题壁 | 庆元六年（1200） | 武都万象洞 | P293 |

| 序号 | 名称 | 时间 | 出土·收藏地 | 页码·备注 |
|---|---|---|---|---|
| 109 | 嘉泰二年题壁 | 嘉泰二年（1202） | 武都万象洞 | P294 |
| 110 | 嘉泰掩茂题壁 | 嘉泰二年（1202） | 武都万象洞 | P294 |
| 111 | 六字真言暨造像题名 | 嘉泰二年（1202） | 成县二郎乡 | 满正人等发现。 |
| 112 | 世功保蜀忠德之碑* | 嘉泰三年（1203） | 成县北郊 | P294 |
| 113 | 故孺人马氏埋铭 | 嘉泰三年（1203） | 徽县文化馆 | P311 |
| 114 | 赵鼎题壁 | 开禧元年（1205） | 武都万象洞 | P311 |
| 115 | 五仙洞记* | 开禧元年（1205） | 成县五仙洞 | P312 |
| 116 | 遵奉圣旨住庵文据 | 开禧二年（1206） | 成县五仙洞 | P313 |
| 117 | 裴俊夫妇买地券文 | 开禧二年（1206） | 礼县 | P317 |
| 118 | 嘉定题刻 | 嘉定元年（1208） | 礼县石桥乡 | P318 |
| 119 | 安丙生祠记* | 嘉定二年（1209） | 徽县 | P318 |
| 120 | 潘祖安题壁 | 嘉定七年（1214） | 徽县首阳洞 | P321 |
| 121 | 杨兴宗题壁 | 嘉定七年（1214） | 徽县首阳洞 | P322 |
| 122 | 王师颜墓志铭 | 嘉定七年（1214） | 西和 | P322 |
| 123 | 孚泽庙赐额牒* | 嘉定八年（1215） | 成县五仙洞 | P324 |
| 124 | 王福买地券 | 嘉定八年（1215） | 徽县永宁镇 | 墨书。张驰先生藏。 |
| 125 | 鼎勋堂记 | 嘉定十三年（1220） | 礼县太塘乡 | P325 |
| 126 | 重建安丙生祠记 | 嘉定十四年（1221） | 徽县吴王城 | P319 |
| 127 | 张迪墓志铭（碑阴） | 嘉定十五年（1222） | 武都 | P286 |
| 128 | 李林等买地券文 | 嘉定十七年（1224） | 徽县永宁镇 | P328 |
| 129 | 移治白石镇碑记* | 嘉定十七年（1224） | 西和 | P329 |
| 130 | 白雀寺残碑 | 嘉定 | 西和西峪乡 | 碑残存白雀寺中院。据《西和县志》。 |
| 131 | 灵济庙碑* | 绍定二年（1229） | 西和 | 文存碑佚，周公瑛撰。据《西和县志》。 |
| 132 | 移建后土祠碑记 | 绍定二年（1229） | 西和 | P331 |
| 133 | 净严院砌法堂基阶记 | 绍定二年（1229） | 西当鱼池乡 | P332 |
| 134 | 郭镒飞龙峡题记* | 绍定三年（1230） | 成县飞龙峡 | P333 |
| 135 | 郙阁颂仿刻 | 绍定三年（1230） | 略阳灵岩寺 | P47 |
| 136 | 田克仁题记 | 绍定三年（1230） | 略阳灵岩寺 | P48 |
| 137 | 重修慈霈庙记* | 绍定三年（1230） | 文县城关桥南 | P334 |
| 138 | 杨典题壁 | 绍定六年（1233） | 徽县首阳洞 | P335 |
| 139 | 玉绳泉题名* | 端平二年（1235） | 成县飞龙峡 | P336 |

| 序号 | 名称 | 时间 | 出土·收藏地 | 页码·备注 |
|---|---|---|---|---|
| 140 | 魏涓题壁 | 淳祐十一年（1251） | 徽县首阳洞 | P336 |
| 141 | 雷王庙碑 * | 咸淳四年（1268） | 礼县 | 《金石录》：据《礼县志》。 |
| 142 | 张延世狮子洞题记 | 无年月 | 成县狮子洞 | P336 |
| 143 | 罗汉洞石佛造像 * | 无年月 | 徽县 | 《金石录》：在徽县，今存。 |
| 144 | 祁山神庙碑 * | 无年月 | | 原在礼县祁山，今佚。《金石录》：《西和县志》：《祁山神庙记》，在县北四十里屏风峡，郭恩撰文。以屏风为祁山也。 |
| 145 | "禅春岩"题刻 * | 无年月 | 成县狮子洞前 | 摩崖阳刻，今存。 |
| 146 | 铁罗汉造像 * | 无年月 | 徽县 | 《金石录》：在徽县，今存。 |
| 147 | 石佛造像 * | 无年月 | 成县 | 《金石录》：在成县，今存。 |
| 148 | 邓子正题壁 | 无年月 | 武都万象洞 | P337 |
| 149 | 辛卯题壁 | 无年月 | 武都万象洞 | P337 |
| （十）元代（1206—1368年）（26品） | | | | |
| 01 | 赵璧题壁 | 中统五年（1264） | 武都万象洞 | P341 |
| 02 | 重修三清阁记 | 中统五年（1264） | 两当 | P341 |
| 03 | 渔关醮提领印 | 世祖至元五年（1268） | 徽县 | P343 |
| 04 | 重修北极宫记 * | 至元十二年（1275） | 成县仙人崖 | P344 |
| 05 | 大德三年题壁 | 大德三年（1299） | 武都万象洞 | P347 |
| 06 | 感应金莲洞记 | 大德六年（1302） | 成县店村乡 | P347 |
| 07 | 松树林石碣 * | 大德 | 礼县 | 《金石录》：大德。在礼县，今存。 |
| 08 | 宣灵王庙碑 * | 皇庆二年（1313） | 徽县 | P353 |
| 09 | 建西江庙记 * | 约延祐三年（1316） | 礼县碑楼川 | P354 |
| 10 | 雍古氏家庙碑 * | 至元三年（1337） | 礼县城关 | P356 |
| 11 | 大元崖石镇东岳庙之记 * | 至元五年（1339） | 礼县崖城乡 | P363 |
| 12 | 香焚宝鼎 | 至元五年（1339） | 礼县石桥乡 | P368 |
| 13 | 玉楼宝鼎 | 至元五年（1339） | 礼县石桥乡 | P369 |
| 14 | 西江祠庙残碑 | 约至元五年（1339） | 礼县石桥乡 | P370 |
| 15 | 严惠昭买地券砖铭 | 至正四年（1344） | 礼县崖城乡 | P371 |
| 16 | 同知哈石公遗爱记 | 至正五年（1345） | 礼县食品公司 | P372 |
| 17 | 湫山观音圣境之碑 | 至正九年（1349） | 礼县湫山乡 | P375 |

续表

| 序号 | 名称 | 时间 | 出土·收藏地 | 页码·备注 |
|---|---|---|---|---|
| 18 | 敕封太祖山灵源庙一祠记 | 至正十年（1350） | 西和兴隆乡 | P379 |
| 19 | 礼店东山长生观碑记* | 至正十一年（1351） | 礼县 | P382 |
| 20 | 善济王灵湫记 | 至正十一年（1351） | 礼县太塘 | P383 |
| 21 | 黑池广济王神道碑记* | 至正十六年（1356） | 礼县 | P385 |
| 22 | 齐天显圣崇宁广福乾元宣烈盖国大天帝本末之记（石刻） | 至正十六年（1356） | 西和苏合乡 | P386 |
| 23 | 齐天显圣崇宁广福乾元宣烈盖国大天帝本末之记（长卷） | 至正十六年（1356） | 西和苏合乡 | P392 |
| 24 | 李思齐题壁 | 至正二十八年（1368） | 武都万象洞 | P395 |
| 25 | 石麟纪功碑* | 至正年间 | 礼县 | 《金石录》：至正。在礼县，今存。 |
| 26 | 祥渊庙碑题记 | 无年月 | 武都安化镇 | 碑佚，碑末云"都总帅府同知总帅守备"。 |
| （十一）明代（1368—1644年）（273品） | | | | |
| 01 | 宋濂水濂洞题壁 | 洪武六年（1373） | 武都 | 原在武都水濂洞，今佚。 |
| 02 | 大明重建梓潼文昌帝君庙记 | 洪武十六年（1383） | 宕昌县沙湾镇 | P399 |
| 03 | 谕祭门尚书文* | 洪武二十九年（1396） | 礼县 | 雷文渊《礼县新志》有录文。 |
| 04 | 张三丰万象洞题句 | 约永乐五年（1407） | 武都万象洞 | 今佚。 |
| 05 | 张三丰金莲洞题诗 | 永乐五年（1407） | 成县金莲洞 | P401 |
| 06 | 胡濙题壁 | 永乐五至七年 | 武都万象洞 | P402 |
| 07 | 王道和题壁 | 永乐六年（1408） | 武都万象洞 | P403 |
| 08 | 李缶题壁 | 永乐六年（1408） | 武都万象洞 | P403 |
| 09 | 委官题壁 | 永乐七年（1409） | 武都万象洞 | P404 |
| 10 | 鲜原题壁 | 永乐七年（1409） | 武都万象洞 | P404 |
| 11 | 威显神君灵应谶记 | 永乐二十二年（1422） | 武都城北 | 《武阶备志》：在阶州城北，正书，学正陈珍、张衡立，永乐壬寅。 |
| 12 | 杨冕题壁 | 正统七年（1442） | 武都万象洞 | P405 |

| 序号 | 名称 | 时间 | 出土·收藏地 | 页码·备注 |
|---|---|---|---|---|
| 13 | 威显神君灵应谶记 | 天顺五年（1461） | 武都城北 | 《武阶备志》："在阶州城北，正书，学正赵纯撰，百户苏琏立。天顺五年。"碑佚。 |
| 14 | 虞关巡检许清修路记 | 成化三年（1467） | 徽县虞关 | P405 |
| 15 | 西凉僧题壁 | 成化九年（1473） | 武都万象洞 | P406 |
| 16 | 明故大善知识端竹省告脱化记 | 成化十六年（1480） | 武都朝阳洞 | P406 |
| 17 | 北禅寺铁钟铭 | 成化十六年（1480） | 徽县伏镇 | P408 |
| 18 | 祭雍国公墓题 | 成化二十一年（1485） | 礼县 | 《礼县金石集锦》：人生天地，莫大于忠孝。明成化廿一年雍国公石连吉后裔石铣题。 |
| 19 | 重修福庆寺碑阴记 | 成化二十三年（1487） | 武都 | P409 |
| 20 | 张善墓志铭 | 弘治二年（1489） | 宕昌 | P410 |
| 21 | 刘健徽州重修庙学之记 * | 弘治二年（1489） | 徽县 | P415 |
| 22 | 阳汤老龙王题壁 | 弘治二年（1489） | 武都万象洞 | P417 |
| 23 | 宋陈公忠节记 | 弘治五年（1492） | 西和 | 李熙撰，碑佚。 |
| 24 | 赵氏寿考墓碑 | 弘治七年（1494） | 礼县 | P417 |
| 25 | 题立禅林碑记 | 弘治七年（1494） | 两当县云坪乡 | P418 |
| 26 | 报恩寺碑记 | 弘治九年（1496） | 康县 | P419 |
| 27 | 胡文通墓志铭 | 弘治十年（1497） | 武都东郊胡家坪 | P421 |
| 28 | 重修金莲洞三元圣像记 | 弘治十一年（1498） | 成县金莲洞 | P423 |
| 29 | 题立禅林竖塔记 | 弘治十四年（1501） | 两当县云坪乡 | P426 |
| 30 | 亡妻孔孺人墓志铭 | 弘治十四年（1501） | 武都旧城山 | P427 |
| 31 | 赵氏寿母墓志 | 弘治十五年（1502） | 礼县石桥乡 | P428 |
| 32 | 张镐题壁 | 弘治十七年（1504） | 武都万象洞 | P431 |
| 33 | 赵瑢题壁 | 弘治十七年（1504） | 武都万象洞 | P432 |
| 34 | 陈冕题壁 | 弘治十七年（1504） | 武都万象洞 | P432 |
| 35 | 重修文县儒学记 * | 弘治十八年（1505） | | 《金石录》：在文县文庙，今存。按，此碑弘治十八年所立，文载县志而碑刻漫漶，撰人失考。 |
| 36 | 重修千户所记 | 弘治间 | 文县 | 荆锐撰。碑佚。 |

续表

| 序号 | 名称 | 时间 | 出土·收藏地 | 页码·备注 |
|---|---|---|---|---|
| 37 | 真空寺铁佛相 * | 弘治间 | 张伯魁《徽县志》：东北八十里有江口川，无寺宇。洞中铁佛三十有一，悬崖皆有佛像，宏治中修。 | |
| 38 | 圣善院石佛碑 * | 弘治间 | 张伯魁《徽县志》：东南三十里有陈家山。石佛甚古，明宏治间《重修记》云：唐以前古庙。又有圣善寺在铁山东。 | |
| 39 | 新修九皇洞记 | 正德二年（1507） | 成县金莲洞 | P432 |
| 40 | 与东渠访杜少陵祠址有述 | 正德八年（1513） | 成县杜甫草堂 | P435 |
| 41 | 汪继祖题壁一 | 正德八年（1513） | 武都万象洞 | P436 |
| 42 | 汪继祖题壁二 | 正德八年（1513） | 武都万象洞 | P437 |
| 43 | 汪继祖题壁三 | 正德八年（1513） | 武都万象洞 | P437 |
| 44 | 汪廷益题壁 | 正德八年（1513） | 武都万象洞 | P438 |
| 45 | 庞寿题壁 | 正德八年（1513） | 武都万象洞 | P438 |
| 46 | 庞寿题诗 | 正德八年（1513） | 武都万象洞 | P439 |
| 47 | 诘永题壁 | 约正德八年（1513） | 武都万象洞 | 墨书：岷州舍人诘永，西固道士赵连随行。 |
| 48 | 正德癸酉题壁 | 正德八年（1513） | 武都万象洞 | P439 |
| 49 | 敕立九莲山万峰院重修记 | 正德八年（1513） | 康县平洛刘河 | P439 |
| 50 | 樊文题壁 | 正德九年（1514） | 武都万象洞 | P443 |
| 51 | 辛东山题壁 | 约正德九年（1514） | 武都万象洞 | P443 |
| 52 | 紫金洞摩崖 * | 正德 | 《徽县续志》：紫金洞在县北三十里云烟峡。石壁镌"龙洞朱云，仙崖萝月"八字。明金事李昆书。 | |
| 53 | 重修儒学记 * | 正德十一年（1516） | 文县 | 碑佚。 |
| 54 | 修阶州城隍庙记 | 正德十二年（1517） | 武都 | 《武阶备志》：正书，郡人李文明撰。 |
| 55 | 重修阶州城隍庙记 | 正德十四年（1519） | 武都 | 《武阶备志》：正书，郡人崔观撰。 |
| 56 | 罗玉游万象洞诗碑 | 正德十四年（1519） | 武都万象洞 | P443 |
| 57 | 熊载游万象洞诗碑 | 正德十四年（1519） | 武都万象洞 | P445 |
| 58 | 李璋生祠记 * | 正德十五年（1520） | 徽县 | P445 |
| 59 | 重修三教寺檩梁题记 | 正德十六年（1521） | 文县石坊柳园 | P449 |
| 60 | 重修甘泉公馆碑记 | 正德十六年（1521） | 《武阶备志》：正书。正德辛巳，守备周尚文立。 | |

| 序号 | 名称 | 时间 | 出土·收藏地 | 页码·备注 |
|---|---|---|---|---|
| 61 | 重修文王庙记 * | 正德 | 文县 | 正德元年任文县令黄渊撰。 |
| 62 | 两当高县令生祠碑 * | 正德 | | 德俊《两当县志》：高腾，河南伊阳人，正德乙亥来。民甚德之，立生祠于儒学之左，兵部职方主簿长安田澜为记。 |
| 63 | 重修庙学记 * | 嘉靖四年（1525） | 徽县 | 唐龙撰，碑佚。 |
| 64 | 周岚题壁 | 嘉靖五年（1526） | 武都万象洞 | P449 |
| 65 | 徽州重修庙学之记 | 嘉靖六年（1527） | 徽县 | P450 |
| 66 | 明世宗注程子四箴碑（5通） | 嘉靖六年（1527） | 徽县、成县 | P452 |
| 67 | 徽州重修石梯崖路记 | 嘉靖六年（1527） | 徽县水阳镇 | 今存泰山村十字坪社。 |
| 68 | 圆钵塔题记 | 嘉靖六年（1527） | 两当县云坪乡 | P458 |
| 69 | 古佛贴金题刻 | 嘉靖六年（1528） | 武都佛崖镇 | P459 |
| 70 | 樊汝器题壁 | 嘉靖八年（1529） | 武都万象洞 | 墨书：嘉靖八年十二月十日，武都樊汝器书。 |
| 71 | 龙门等题壁诗 | 嘉靖八年（1529） | 武都万象洞 | P460 |
| 72 | 司昶题壁 | 嘉靖八年（1529） | 武都万象洞 | P460 |
| 73 | 刘勋题壁 | 嘉靖八年（1529） | 武都万象洞 | P461 |
| 74 | 赵守正题名 | 嘉靖八年（1529） | 武都万象洞 | P461 |
| 75 | 赵云汉题名 | 嘉靖八年（1529） | 武都万象洞 | P461 |
| 76 | 胡明善游万象洞题壁诗 | 嘉靖八年（1529） | 武都万象洞 | P462 |
| 77 | 胡明善春日谒杜少陵祠 | 嘉靖九年（1530） | 成县杜甫草堂 | P462 |
| 78 | 启圣公祠碑 * | 嘉靖十年（1531） | 徽县 | 康海撰，碑佚。 |
| 79 | 刘珮题壁 | 嘉靖十一年（1532） | 武都万象洞 | P463 |
| 80 | 范旸题壁 | 嘉靖十三年（1534） | 武都万象洞 | P463 |
| 81 | 任朝用题壁诗 | 约嘉靖十三年（1534） | 武都万象洞 | P464 |
| 82 | 武德将军梁公墓志铭 | 嘉靖十三年（1534） | 武都城郊 | P464 |
| 83 | 赵守正次胡两河韵 | 嘉靖十五年（1536） | 武都万象洞 | P466 |
| 84 | 赵守正题诗 | 嘉靖十五年（1536） | 武都万象洞 | P466 |
| 85 | 赵云汉题壁 | 嘉靖十五年（1536） | 武都万象洞 | P467 |
| 86 | 赵东周题壁一 | 嘉靖十五年（1536） | 武都万象洞 | P467 |
| 87 | 赵东周题壁二 | 嘉靖十五年（1536） | 武都万象洞 | P467 |
| 88 | 张怀仁题壁 | 嘉靖十五年（1536） | 武都万象洞 | P468 |
| 89 | 陈恕题壁 | 嘉靖十五年（1536） | 武都万象洞 | P468 |

续表

| 序号 | 名称 | 时间 | 出土·收藏地 | 页码·备注 |
|---|---|---|---|---|
| 90 | 重修宣灵王庙碑 * | 嘉靖十五年（1536） | 徽县 | 任伦撰。碑佚。 |
| 91 | 任伦题钟山 | 嘉靖十五年（1536） | 徽县 | P468 |
| 92 | 白镒过杜子祠 | 嘉靖十六年（1537） | 成县杜甫草堂 | P469 |
| 93 | 增修徽山书院记 * | 嘉靖十六年（1537） | 徽县 | 龚守愚撰。碑佚。 |
| 94 | 观禾亭记 * | 嘉靖十六年（1537） | 徽县 | 王时雍撰，碑佚。 |
| 95 | 康海重修庙学记 | 嘉靖十六年（1537） | 武都 | P470 |
| 96 | 重修东岳神祠碑 | 嘉靖十七年（1538） | 徽县城南 | 任伦撰，碑今存徽县城南泰山庙内。 |
| 97 | 新修巡茶察院行台记 | 嘉靖十九年（1540） | 徽县 | P470 |
| 98 | 刘璜诗八首并跋 | 嘉靖十九年（1540） | 成县杜甫草堂 | P472 |
| 99 | 云轩子题壁 | 嘉靖十九年（1540） | 武都万象洞 | P474 |
| 100 | 府城里公馆记 * | 嘉靖二十三年（1544） | | 原在成县府城，今佚。《金石录》：碑内侍御朱君、张君即巡按御史南阳朱征、东光张坪参知；高君即分守陇右道武域高弼宪金；贾君，即巡道商河贾枢。甲辰，为嘉靖二十三年。 |
| 101 | 清凉寺梁栋题名 | 嘉靖二十三年（1544） | 武都 | P474 |
| 102 | 重修城郭记 * | 嘉靖二十四年（1545） | 徽县 | 贾士元撰。碑佚。 |
| 103 | 郭宜人碑 | 嘉靖二十四年（1545） | 徽县 | 韩邦奇撰，碑佚。 |
| 104 | 重修州堂碑 | 嘉靖二十四年（1545） | 徽县 | 高光撰，碑佚。 |
| 105 | 通北口题壁 | 嘉靖二十四年（1545） | 宕昌 | P475 |
| 106 | 盐井碑记 | 嘉靖二十六年（1547） | 礼县 | P475 |
| 107 | 石友会墓志铭 | 嘉靖二十六年（1547） | 武都 | P476 |
| 108 | 重修阶州城隍庙记 | 嘉靖二十八年（1549） | 武都 | 《武阶备志》：正书，郡人袁金书。 |
| 109 | 王调元题记 | 嘉靖二十八年（1549） | 礼县 | P478 |
| 110 | 张勖题壁一 | 嘉靖二十九年（1550） | 武都万象洞 | P478 |
| 111 | 张勖题壁二 | 嘉靖二十九年（1550） | 武都万象洞 | P479 |
| 112 | 张勖题壁三 | 嘉靖二十九年（1550） | 武都万象洞 | P479 |
| 113 | 张子修及孺人李氏合葬墓志铭 | 嘉靖二十九年（1550） | 徽县 | 郭从道撰。谢建生先生藏。 |
| 114 | 杨贤成县五言律一首 | 嘉靖三十二年（1553） | 成县杜甫草堂 | P479 |
| 115 | 谒杜工部祠七言律一首 | 嘉靖三十二年（1553） | 成县杜甫草堂 | P480 |
| 116 | 肇建玄帝观碑记 | 嘉靖三十三年（1554） | 武都马街宣阳山 | P481 |
| 117 | 孝友堂记 | 嘉靖三十五年（1556） | 徽县 | 贾士元撰，碑佚。 |

续表

| 序号 | 名称 | 时间 | 出土·收藏地 | 页码·备注 |
|---|---|---|---|---|
| 118 | 谒少陵祠二首 | 嘉靖三十六年（1557） | 成县杜甫草堂 | P482 |
| 119 | 孝子石溪李公墓志 | 约嘉靖三十五年 | 文县 | 文存光绪《文县志》。 |
| 120 | 甄敬题记 * | 嘉靖三十八年（1559） | 成县西狭 | P483 |
| 121 | 陈克能题壁 | 嘉靖三十九年（1560） | 武都万象洞 | P484 |
| 122 | 陈力题壁（4帧） | 嘉靖三十九年（1560） | 武都万象洞 | P485 |
| 123 | 蹇郑兴墓志铭 | 嘉靖四十年（1561） | 武都 | P485 |
| 124 | 王明题壁 | 嘉靖四十二年（1563） | 武都万象洞 | 墨书题壁：嘉靖四十二年三月十四日，军政□来此……百户……凉州卫人王明。 |
| 125 | 庞礼题壁一 | 嘉靖四十二年（1563） | 武都万象洞 | P487 |
| 126 | 庞礼题壁二 | 嘉靖四十二年（1563） | 武都万象洞 | P488 |
| 127 | 尹继祖题壁 | 嘉靖四十三年（1564） | 武都万象洞 | P489 |
| 128 | 尹继祖题句 | 嘉靖四十三年（1564） | 武都万象洞 | P489 |
| 129 | 尹继征题壁 | 嘉靖四十三年（1564） | 武都万象洞 | P490 |
| 130 | 张应及室人马氏合葬墓志铭 | 嘉靖四十四年（1565） | 礼县 | P490 |
| 131 | 三天山玄帝庙碑记 | 嘉靖四十四年（1565） | 成县太祖山 | 碑载:守备都指挥司永。文林郎知成县事薛祯。残碑存。 |
| 132 | 松树林石碣 * | 嘉靖四十八年（1569） | 礼县东台山 | 今佚，《金石录·补》存目。 |
| 133 | 重庆寺碑 | 嘉靖 | 西和六巷乡 | 僧圆果撰，碑存上六巷。据《西和县志》。 |
| 134 | 晋元寺碑 * | 嘉靖 | 徽县小厂坝 | 《金石录》：在徽县小河厂，今存。 |
| 135 | 户部郎中史卫墓表 * | 嘉靖 | 清《两当县志》：《史卫墓志》，嘉靖时康浩所撰，卫字康斋，举人。 | |
| 136 | 卯孝子碑 * | 嘉靖 | 《阶州志》：卯孝子碑，在州城北。明嘉靖中为孝子卯应辰立。 | |
| 137 | 创修玄帝观碑 * | 嘉靖 | 文县 | 《金石录》:《文县志》：嘉靖。在文县，今存。 |
| 138 | 明故马母赵氏墓志铭 | 隆庆元年（1567） | 武都 | P491 |
| 139 | 明故硕人王氏墓志铭 | 隆庆二年（1568） | 武都 | P493 |
| 140 | 戚全海题壁 | 隆庆五年（1571） | 成县张果老洞 | P495 |
| 141 | 马守阳墓志铭 | 万历元年（1573） | 武都 | P495 |

| 序号 | 名称 | 时间 | 出土·收藏地 | 页码·备注 |
|---|---|---|---|---|
| 142 | 佛孔寺钟 * | 万历二年（1574） | 《甘肃新通志稿》：西和县佛孔寺有铁钟，高八尺三寸，圆径五尺四寸，万历二年铸。文字多布施者姓名。 | |
| 143 | 汤氏买地券砖文 | 万历二年（1574） | 徽县永宁镇 | 天水周宇春先生藏。 |
| 144 | 范道士题壁 | 万历二年（1574） | 武都万象洞 | P497 |
| 145 | 范祖舜题壁 | 万历二年（1574） | 武都万象洞 | P498 |
| 146 | 刘宜题壁 | 万历四年（1576） | 武都万象洞 | P498 |
| 147 | 高田题壁 | 万历四年（1576） | 武都万象洞 | P498 |
| 148 | 刘伯燮题壁 | 万历四年（1576） | 武都万象洞 | P499 |
| 149 | 王三锡游天池记 | 约万历四年（1576） | 文县天池乡 | 见光绪《文县志》。 |
| 150 | 登祁山武侯祠漫赋 | 万历七年（1579） | 礼县祁山堡 | P500 |
| 151 | 阎王砭修路摩崖 | 万历八年（1580） | 成县宋坪乡 | 今存格楼坝村北阎王砭。 |
| 152 | 张子由墓志 | 万历八年（1580） | 徽县 | 周满撰。谢建生先生藏。 |
| 153 | 叶青青题壁 | 万历九年（1581） | 武都万象洞 | P501 |
| 154 | 张大俨题壁 | 万历九年（1581） | 武都万象洞 | P501 |
| 155 | 修甘泉平落太石山堡城碑记 | 万历十年（1582） | 武都甘泉乡 | 《武阶备志》：正书，名缺。在阶州北甘泉街西。万历十年。 |
| 156 | 重修郡路摩崖 | 万历十三年（1585） | 西和六巷乡 | P501 |
| 157 | 重修火烧关栈道摩崖 | 万历十四年（1586） | 文县火烧关 | P502 |
| 158 | 重修礼拜寺碑记 | 万历十四年（1586） | 徽县 | P502 |
| 159 | 重修阶州城隍庙记 | 万历十五年（1587） | 武都 | 《武阶备志》：正书，郡人赵孔夷撰。 |
| 160 | 重修广化寺记 | 万历十六年（1588） | 成县抛沙镇 | P503 |
| 161 | 钟公路摩崖 | 万历十六年（1588） | 略阳、徽县交界 | P505 |
| 162 | 白水石路记 | 万历十七年（1589） | 徽县大河乡 | P505 |
| 163 | 镡公开荒四至摩崖 | 万历十七年（1589） | 徽县榆树乡 | P506 |
| 164 | 莲池亭碑 * | 万历十七年（1589） | 成县 | 《金石录》：张舜乐文，在成县，今存。 |
| 165 | 重修万寿山西禅寺记 | 万历十七年（1589） | 武都万寿山 | 蹇来亨撰，《武阶备志》有载。 |
| 166 | 像佛岩寺碑 | 万历十七年（1589） | 武都佛岩寺 | 蹇来亨撰，《武阶备志》有载。 |

| 序号 | 名称 | 时间 | 出土·收藏地 | 页码·备注 |
|---|---|---|---|---|
| 167 | 滴水崖摩崖 | 万历十九年（1591） | 文县城北 | 今存城关镇滴水崖火烧关。 |
| 168 | 忠节祠碑 | 万历二十年（1592） | 西和 | 碑佚，成倡□撰。据《西和县志》。 |
| 169 | 莲花亭碑记 | 万历二十年（1592） | 成县莲湖 | 张乐舜撰，碑佚。 |
| 170 | 过白水硖读磨崖碑一首 | 万历二十一年（1593） | 徽县大河乡 | P507 |
| 171 | 乡贤梅溪张公墓志铭 | 万历二十一年（1593） | 文县 | P574 |
| 172 | 柳林东岳祠碑 | 万历二十一年（1593） | 武都马街乡 | 《武阶备志》有载，碑佚。 |
| 173 | 刘弘业题壁 | 万历二十一年（1593） | 武都万象洞 | P508 |
| 174 | 圣母殿醮币盆题记 | 万历二十一年（1593） | 礼县 | P509 |
| 175 | 明故王公张氏墓志铭 | 万历二十二年（1594） | 武都清水沟 | P509 |
| 176 | 邑侯王公生祠碑* | 万历二十三年（1595） | 成县 | 杨多闻记，碑佚。 |
| 177 | 五只窑砖铭 | 万历二十五年（1597） | 徽县嘉陵镇 | P511 |
| 178 | 安化庆寿寺碑 | 万历二十五年（1597） | 武都安化镇 | 《武阶备志》：赵孔夫撰，蹇来亨正书。 |
| 179 | 李光阳题壁 | 万历二十六年（1598） | 武都万象洞 | P512 |
| 180 | 王登云题名 | 万历二十六年（1598） | 武都万象洞 | P512 |
| 181 | 新刊修路碑记 | 万历二十九年（1601） | 徽县大河店乡 | P513 |
| 182 | 重建桥寺碑记 | 万历二十九年（1601） | 礼县龙林桥 | P513 |
| 183 | 郭玉衡龙槐诗碑 | 万历三十年（1602） | 礼县永兴乡 | P515 |
| 184 | 游金瓜山二首 | 约万历三十年（1602） | 礼县城关镇 | P516 |
| 185 | 重修城隍庙碑* | 万历三十年（1602） | 徽县 | 旧《徽县续志》：刘子静文，在徽县，今存。 |
| 186 | 裁革改辖告示碑 | 万历三十年（1602） | 礼县博物馆 | P516 |
| 187 | 杜贞遇题壁 | 万历三十三年（1605） | 武都万象洞 | P518 |
| 188 | 重修镇番寺记 | 万历三十三年（1605） | 武都角弓镇 | P518 |
| 189 | 重修广济侯祠碑 | 万历三十四年（1606） | 武都东北 | 《武阶备志》：正书，在阶州东北百五十里，萧籍撰。 |
| 190 | 成县鸡山洞祷雨灵应记* | 万历三十五年（1607） | 成县鸡峰山 | P519 |
| 191 | 重修徽州文庙学宫碑记* | 万历三十五年（1607） | 徽县 | P521 |
| 192 | 陈忠炳题诗 | 万历三十五年（1607） | 武都万象洞 | P523 |
| 193 | 杨承栋题诗一 | 万历三十五年（1607） | 武都万象洞 | P524 |
| 194 | 杨承栋题诗二 | 万历三十五年（1607） | 武都万象洞 | P525 |

| 序号 | 名称 | 时间 | 出土·收藏地 | 页码·备注 |
|---|---|---|---|---|
| 195 | 重修城隍庙记 * | 万历三十六年（1608） | 文县 | 王耀撰，碑佚。 |
| 196 | 重修文王庙碑 | 万历三十六年（1608） | 文县 | 王耀撰，碑佚。 |
| 197 | 青泥题壁 | 万历三十六年（1608） | 徽县首阳洞 | 墨书题壁今存。 |
| 198 | 建修关庙碑 * | 万历三十七年（1609） | 礼县 | 岳呈玉文。据旧《礼县志》。 |
| 199 | 苟氏重建武安王庙碑记 | 万历三十八年（1610） | 武都西关小学 | P525 |
| 200 | 张自让墓志铭 | 万历三十八年（1610） | 文县 | P526 |
| 201 | 高大爷升任保厘永恩记 | 万历三十八年（1610） | 成县黄渚镇 | 今存黄渚镇关山垭豁。 |
| 202 | 明逸士杜公门族神道之碑 | 万历三十六年（1608） | 徽县大河店乡 | 今存。 |
| 203 | 重修佛洞寺碑记 | 万历三十九年（1611） | 成县西狭西口 | P528 |
| 204 | 重修孔佛寺碑记 | 万历三十九年（1611） | 西和晒经乡 | 今存孔佛寺。 |
| 205 | 明故承使香泉陈公墓志铭 | 万历四十年（1612） | 成县 | P530 |
| 206 | 铸金像碑记 | 万历四十年（1612） | 文县 | P533 |
| 207 | 余庆题壁 | 万历四十一年（1613） | 武都万象洞 | P535 |
| 208 | 崇建珠临寺院舍地摩崖 | 万历四十一年（1613） | 徽县榆树乡 | P536 |
| 209 | 虞关石硖路摩崖 | 万历四十三年（1615） | 徽县虞关 | P537 |
| 210 | 徽州重修庙学碑记 | 万历四十四年（1616） | 徽县 | P537 |
| 211 | 阶州创修三官殿功成碑记 * | 万历四十四年（1616） | 武都 | P539 |
| 212 | 王用予题诗 | 万历四十至四十四年（1612—1616） | 武都万象洞 | P541 |
| 213 | 窦铠题壁 | 万历四十六年（1618） | 武都万象洞 | P541 |
| 214 | 重修延寿寺记 | 万历四十五年（1617） | 武都延寿寺 | 赵延伋撰，《武阶备志》有载，碑佚。 |
| 215 | 赵相宇春日谒杜少陵祠 | 万历四十六年（1618） | 成县杜甫草堂 | P542 |
| 216 | 管应律重修杜工部祠记 | 万历四十六年（1618） | 成县杜甫草堂 | P542 |
| 217 | 谢清源墓志铭 | 万历四十八年（1620） | 文县 | P544 |
| 218 | 玄帝观造相碑 * | 无年月 | | 《金石录》：在文县，今存。按，此碑万历时所立。而玄帝相有四，其大者高五尺余，极见精巧，文县又有关侯及灵官铜相，皆明时铸。铁钟亦有明嘉靖时铸者。 |
| 219 | 重修福庆寺碑记 | 万历间 | 武都干间坝 | 《武阶备志》有载，碑佚。 |

| 序号 | 名称 | 时间 | 出土·收藏地 | 页码·备注 |
|---|---|---|---|---|
| 220 | 重修江南桥记 | | 武都 | 《武阶备志》：正书，文载《陈志》。 |
| 221 | 千佛洞碑 * | 万历 | 西和十里乡 | 崔仁、童代撰立，碑存青羊峡。 |
| 222 | 透明碑 | 万历 | 西和马元乡 | 存佛孔寺，张孟元撰。据《西和县志》。 |
| 223 | 重修郡路记 | 万历 | 西和六巷乡 | 原存六巷柱腰峡，1989年修路毁。 |
| 224 | 重修福兴寺碑 * | 万历 | 徽县 | 旧《徽县志》：福兴寺在县北七十里泥阳川广视院。 |
| 225 | 石佛山佛相 * | 万历 | 西和 | 旧《西和县志》：在西和，今存。 |
| 226 | 圆通寺记 | 万历间 | 礼县宽川乡 | P546 |
| 227 | 重修城隍庙记 | 万历 | 文县 | 《金石录》：王耀文，在文县。今佚。 |
| 228 | 孙烈妇碑 | 无年月 | 徽县 | 万历戊午科举人郭师游撰，碑佚。 |
| 229 | 李位化及夫人合葬墓碑 | 天启元年（1621） | 文县铁楼乡 | P549 |
| 230 | 翠峰山重建殿宇碑记 | 天启元年（1621） | 礼县 | P547 |
| 231 | 萧时雍及夫人谢氏合葬墓志铭 | 天启二年（1622） | 文县鹄依坝 | P549 |
| 232 | 萧图暨配孺人刘氏合葬墓志铭 | 天启二年（1622） | 文县鹄依坝 | P551 |
| 233 | 明敕赠孺人张氏墓志铭 | 天启二年（1622） | 文县鹄依坝 | P553 |
| 234 | 新建关圣庙碑 | 天启三年（1623） | 礼县一中 | P555 |
| 235 | 重修阶州城隍庙记 | 天启三年（1623） | 武都 | 《武阶备志》：正书，蹇逢泰撰。 |
| 236 | 引水入泮池叙 * | 天启四年（1624） | 文县 | 长赟《文县志》有录文。 |
| 237 | 刘泽深题诗 | 天启六年（1626） | 徽县 | P556 |
| 238 | 萧籍羡里辩 | 天启间 | 文县 | 长赟《文县志》有录文。 |
| 239 | 张明玺萧氏合葬墓志铭 | 崇祯元年（1628） | 文县鹄依坝 | P557 |
| 240 | 重修金莲洞记 | 崇祯二年（1629） | 成县店村乡 | P559 |
| 241 | 添喜寺钟 * | 崇祯三年（1630） | | 《甘肃新通志稿》：西和县添喜寺钟，高七尺六寸，圆径五尺，崇祯三年铸。有大明国陕西巩昌府西和县等字。 |
| 242 | 张禄我墓志铭 | 崇祯三年（1630） | 文县 | P561 |

| 序号 | 名称 | 时间 | 出土·收藏地 | 页码·备注 |
|---|---|---|---|---|
| 243 | 重修玉虚山玄帝殿碑记 * | 约崇祯四年（1631） | 文县玉虚山 | 长赞《文县志》有录文。 |
| 244 | 重修柏林寺工完记 * | 崇祯四年（1631） | 礼县石桥乡 | P563 |
| 245 | 重修礼拜寺碑记 | 崇祯四年（1631） | 武都城关 | P565 |
| 246 | 路帝碑记摩崖 | 崇祯五年（1632） | 成县王磨乡 | 摩崖位于徽县江洛镇大岭村和成县王磨乡交界之处的浪窟窿峡。 |
| 247 | 邓邓桥摩崖题记 | 崇祯九年（1636） | 宕昌官亭乡 | P567 |
| 248 | 重修阶州城隍庙记 * | 崇祯十年（1637） | | 《武阶备志》：正书，郡人王良栋撰。《金石录》：此碑文未全录，中云：崇祯九年腊月廿六日夜未半，流寇陷城，三百年翕聚之气片时灰烬。明年闰四月，参将柳应时至州，贼党四散，残部以次剿除，始补葺城皇庙。考之史志，阶州自崇祯元年周大旺等贼起，州城数陷数复，至十三年群贼始东去，生民涂炭，于兹为极。读此碑所叙，乱后情状使人恻然。 |
| 249 | 补修城隍庙功成碑 * | 崇祯十年（1637） | 武都 | 蹇逢泰文，碑佚。 |
| 250 | 非人间题刻 | 约崇祯十年（1637） | 武都万象洞 | P567 |
| 251 | 和郭玉衡老寅翁韵 | 崇祯十一年（1638） | 礼县永兴乡 | P568 |
| 252 | 广化寺建修慈圣宫记 | 崇祯十三年（1640） | 成县抛沙镇 | P569 |
| 253 | 知县王定国德政碑 * | 崇祯十五年（1642） | 礼县 | 据旧《礼县志》：在礼县，今存。 |
| 254 | 新建上城县治碑 * | 崇祯十五年（1642） | 成县上城 | 谢镛撰《金石录》有录文。 |
| 255 | 摹刻吴道子画观音像碑 * | 崇祯 | 成县 | P94 |
| 256 | 邑侯谢公去思德政碑 * | 崇祯十六年（1643） | 成县 | 李景廉撰，黄泳《成县新志》有录文。 |
| 257 | 萧籍墓志铭 | 崇祯十六年（1643） | 文县鹄依坝 | P571 |
| 258 | 湫山如来菩萨碑记 | 崇祯十六年（1643） | 礼县湫山乡 | P575 |
| 259 | 重修玄帝观碑 * | 崇祯 | 文县 | 《文县志》：萧籍文，在文县，今存。 |
| 260 | 薛厍生神道碑 | 崇祯 | 西和卢河乡 | 崇祯年巡方使立，今存薛集村。 |
| 261 | 应公题记 | 崇祯 | 成县西狭 | P576 |
| 262 | 茶马古道条告碑 | 无年月 | 康县望关 | P576 |
| 263 | 门尚书祠堂记 | 无年月 | 礼县 | 碑佚。 |
| 264 | 题石吉连墓 | 无年月 | 礼县 | 碑佚。 |

| 序号 | 名称 | 时间 | 出土·收藏地 | 页码·备注 |
|---|---|---|---|---|
| 265 | 重修桥梁记 | 无年月 | 礼县祁山村 | 碑残存祁山村西北潦水沟。 |
| 266 | 希仁亭记 | 无年月 | 徽县 | 杨美益撰，碑佚。 |
| 267 | 敕阶儒林郎新泉李公墓表 | 无年月 | 文县 | 杨嗣昌撰，碑佚。 |
| 268 | 乡贤节斋王公行状 | 无年月 | 文县 | 钱照撰，碑佚。 |
| 269 | 飞霞阁摩崖 * | 无年月 | 文县 | 《文县志》：在文县，今佚。 |
| 270 | 少陵钓台题刻 | 无年月 | 徽县栗川乡 | 今存栗川乡元观峡。 |
| 271 | 安居罗候德政录序 | 无年月 | 两当 | 德俊《两当县志》有录文。 |
| 272 | 观音像摩崖 | 无年月 | 宕昌 | 今存贾河乡路远村咀上社。 |
| 273 | 文县柴门关摩崖 * | 无年月 | | 《金石录》引《文县志》云：柴门关在县西南一百里哈南寨，与四川界，势极险隘，峭壁上镌"秦蜀咽喉"四大字。 |
| 274 | 飞仙阁摩崖 * | 无年月 | | 《金石录》：《文县志》：飞仙阁，在旧城西二十里山，刻"飞仙阁"三字。《一统志》云：旧有阁，今废。按，此刻今不可考，惟文县西十余里江潍水西岸间镌有"高峰岭分界"五字，余刻尚多，而俱已录落。 |
| （十二）清代（1644—1911 年）（355 品） | | | | |
| 01 | 赵光瑞题名 | 顺治二年（1645） | 武都万象洞 | P581 |
| 02 | 重修清凉寺记 | 顺治六年（1649） | 武都安化镇 | 碑存安化镇清凉寺。 |
| 03 | 江河纪略 | 顺治七年（1650） | 徽县 | 杨三辰撰，碑佚。 |
| 04 | 徽州调停驿站碑记 | 顺治八年（1651） | 徽县 | 杨三辰撰，碑存州主山。 |
| 05 | 重建广福碑记 | 顺治八年（1651） | 礼县石桥乡 | P581 |
| 06 | 重修庙学记 | 顺治八年（1651） | 两当 | 江中楫撰，德俊《两当县志》有录文。 |
| 07 | 重修祁山武侯庙并建祀田记 | 顺治十年（1653） | 礼县祁山 | P583 |
| 08 | 元宵题壁 | 顺治十一年（1654） | 武都万象洞 | 墨书：顺治甲午，孟春元宵日。西吴道人青鸣子笔。 |
| 09 | 重修学宫记 | 顺治十三年（1656） | 文县 | 李硕馥撰，长赟《文县志》有录文。 |
| 10 | 重修文王庙记 | 顺治十五年（1658） | 文县 | 陶庚起撰，碑佚。 |

| 序号 | 名称 | 时间 | 出土·收藏地 | 页码·备注 |
|---|---|---|---|---|
| 11 | 顺治己亥题壁 | 顺治十六年（1659） | 武都万象洞 | 墨书：顺治己亥四月望日，阶州协……罗映□太守…… |
| 12 | 御制训饬士子文碑 | 顺治 | 西和文庙 | 大成门之西，已佚，据《西和县志》。 |
| 13 | 复建殿卷牌坊碑记 | 康熙元年（1662） | 礼县龙林乡 | 今存龙林桥寺侧。 |
| 14 | 重修阴平桥碑记 | 康熙二年（1663） | 文县 | 吴永谦撰，碑佚。 |
| 15 | 马朝阳题诗 | 康熙三年（1663） | 武都 | 今存武都朝阳洞。 |
| 16 | 李母赵氏太夫人墓志铭 | 康熙五年（1666） | 武都 | P585 |
| 17 | 重建武阶南浮桥碑 | 康熙六年（1667） | 武都 | 侯于唐撰，碑佚。 |
| 18 | 五仙题句一 | 康熙六年（1667） | 武都万象洞 | 墨书：康熙丁未。点睛□去到海平，翻身直上九霄宫。五仙题。 |
| 19 | 五仙题句二 | 无年月 | 武都万象洞 | 墨书：卧龙闻雷起毫光。五仙。 |
| 20 | 五仙题句三 | 无年月 | 武都万象洞 | 窍通十万八千里，惟有清风常往来。五仙。 |
| 21 | 李兆乾梁氏合葬墓志铭 | 康熙八年（1669） | 武都 | P587 |
| 22 | 重修学宫碑记 | 康熙九年（1670） | 武都 | P589 |
| 23 | 连登科题诗 | 康熙九年（1670） | 武都万象洞 | 墨书：清灵开玉府，我辈地中仙。步□乘龙去，悠悠望月还。 |
| 24 | 尚书碑记 | 康熙十年（1671） | 武都汉王镇 | P591 |
| 25 | "飞龙"榜书题字 | 康熙十年（1671） | 武都 | 存水帘洞红女祠旁。 |
| 26 | "瀑布"榜书题字 | 康熙十年（1671） | 武都 | 存水帘洞红女祠旁。 |
| 27 | 姚白启题壁 | 康熙十二年（1673） | 武都万象洞 | 墨书：康熙癸丑年，道正司姚白启，男姚大统、创统到此。姚司□、罗仙鸣、魏良忠同年到此。 |
| 28 | 盐官铁钟铭 | 康熙十三年（1674） | 礼县盐关镇 | 铁钟今存。 |
| 29 | 重修普贤殿碑 | 康熙十八年（1679） | 成县鸡峰山 | P594 |
| 30 | 复建五台山发境寺碑文叩献 | 康熙二十七年（1688） | 西和 | P596 |
| 31 | 威显昭应神君亲降碑 | 康熙二十七年（1688） | 武都 | 《阶州志》有录，碑佚。 |
| 32 | 李甲璧题记 | 康熙二十八年（1689） | 成县西狭 | P597 |
| 33 | 邑侯邹公祷雨碑记 | 康熙三十年（1691） | 文县 | 何帝锡撰，碑佚。 |

续表

| 序号 | 名称 | 时间 | 出土·收藏地 | 页码·备注 |
|---|---|---|---|---|
| 34 | 李兆鼎墓志铭 | 康熙三十年（1691） | 武都 | P597 |
| 35 | 邑侯邹公建阁碑记 | 康熙三十二年（1693） | 文县 | 陈协哲撰，碑佚。 |
| 36 | 徽山试院记 | 康熙三十五年（1696） | 徽县 | 武之亨撰，碑佚。 |
| 37 | 新建官衙碑 | 康熙三十五年（1696） | 成县 | 卢士鸥撰，碑佚。 |
| 38 | 重修镇江桥碑 | 康熙三十七年（1698） | 武都石门乡 | 残碑存石门乡小山坪村。 |
| 39 | 圣寿寺常住引 | 康熙三十八年（1699） | 文县 | 江景瑞撰，碑佚。 |
| 40 | 迁忠节刘赵二公暨刘童子附名宦祠 | 康熙三十八年（1699） | 文县 | 江景瑞撰，碑佚。 |
| 41 | 江公创建社学碑记 | 康熙三十九年（1700） | 文县 | 陈协哲撰，碑佚。 |
| 42 | 重修城隍庙碑记 | 康熙三十九年（1700） | 武都 | P598 |
| 43 | 重修学宫碑 | 康熙三十九年（1700） | 武都 | 司加民撰，碑佚。 |
| 44 | 邑侯江公重修城隍庙碑记 | 康熙四十年（1701） | 文县 | 陈协哲撰，碑佚。 |
| 45 | 火烧关重修道路摩崖 | 康熙四十一年（1702） | 文县 | 摩崖存锡园村。 |
| 46 | 移建文庙碑 | 康熙四十三年（1704） | 西和 | 董贞撰，碑佚。 |
| 47 | 天沆永博摩崖 | 康熙四十四年（1705） | 宕昌化马乡 | 摩崖：天沆永博。山右武乡赵牧题。大清康熙乙酉。慧多祥、刘星住刊。 |
| 48 | 重修学宫记 | 康熙四十四年（1705） | 两当 | 江中楫撰，碑佚。 |
| 49 | 法禁寺碑 | 康熙四十六年（1707） | 西和法镜寺 | 今存石堡乡五台山。 |
| 50 | 创建义学记 | 康熙四十六年（1707） | 武都 | 何道升撰，碑佚。 |
| 51 | 创修学宫碑记 | 康熙四十七年（1708） | 成县 | 刘瑜撰，碑佚。 |
| 52 | 五峰山一会塑像碑 | 康熙四十八年（1709） | 武都 | 刘兴沛撰，碑佚。 |
| 53 | 重修圣泉寺记 | 康熙四十九年（1710） | 礼县 | 罗廷璋撰，碑佚。 |
| 54 | 创建护城石堤记 | 康熙五十年（1711） | 武都 | 何道升撰，碑佚。 |
| 55 | 牛尾关槲梯崖修路记 | 康熙五十五年（1716） | 礼县沙金乡 | 今存。 |
| 56 | 建明伦堂记 | 康熙五十五年（1716） | 成县城关 | 曹增彬撰，碑佚。 |
| 57 | 重修温凉寺碑记 | 康熙五十六年（1717） | 成县飞龙峡 | 今存长丰河村。 |
| 58 | 山西浑源知州顺斋赵公墓志铭 | 康熙五十六年（1717） | 礼县北关小学 | 今存礼县秦文化博物馆。 |
| 59 | 观音殿一会碑序 | 康熙五十七年（1718） | 武都 | 刘兴沛撰，碑存。 |
| 60 | 凝禧寺碑 | 康熙五十七年（1718） | 西和 | 萧涵馨撰，碑佚。 |
| 61 | 重建杜少陵先生祠堂记 | 康熙五十八年（1719） | 徽县 | P600 |

| 序号 | 名称 | 时间 | 出土·收藏地 | 页码·备注 |
|---|---|---|---|---|
| 62 | 石桥惠远碑 | 康熙五十九年（1720） | 武都甘泉乡 | 碑存甘泉小学南墙外。 |
| 63 | 宋西和州知州陈襄节公暨推官贾公神道碑 | 康熙五十九年（1720） | 西和 | 冯念祖撰，碑佚。 |
| 64 | 五峰山□□运水碑 | 康熙六十年（1721） | 武都 | 赵璟撰，碑佚。 |
| 65 | 三建惠觉寺碑记 | 康熙六十年（1721） | 武都卧虎寺 | 赵璟撰，碑存柳林卧虎寺。 |
| 66 | 皇清待封孺人王氏墓志铭 | 康熙六十年（1721） | 武都 | P602 |
| 67 | 新修山路记 | 康熙六十一年（1722） | 西和六巷乡 | 残断作两截，分存王台村村民家。 |
| 68 | 置义学田记 | 康熙 | 成县 | 曹增彬撰，《成县新志》有载。 |
| 69 | 关帝庙常灯碑记 | 康熙 | 文县 | 何帝锡撰，碑佚。 |
| 70 | 石盘山神庙记 | 康熙 | 成县 | 康熙庚子科举人汪仍撰文，碑佚。 |
| 71 | "龙吟虎啸"摩崖 | 康熙 | 宕昌 | 今存宕昌尖佛嘴。 |
| 72 | 铁山铸钟记 | 康熙 | 徽县 | 张绶撰，碑佚。 |
| 73 | 凝禧寺碑记 | 康熙 | 西和 | 肖涵馨撰，文存碑佚，据《西和县志》。 |
| 74 | 邓邓桥悬崖题壁 | 无年月 | 宕昌 | 存宕昌邓邓桥古迹遗址崖壁。 |
| 75 | 张公神道碑 | 雍正二年（1724） | 成县红川镇 | 碑存东槐政村。 |
| 76 | 建修朝阳观音洞碑记 | 雍正二年（1724） | 武都朝阳洞 | P603 |
| 77 | 重建五台山法镜寺碑 | 雍正三年（1725） | 西和石堡乡 | 杜启运撰，今存石堡乡五台山。 |
| 78 | 重修寺观碑记 | 雍正三年（1725） | 武都卧虎寺 | 今存。 |
| 79 | 功德碑记 | 雍正三年（1725） | 武都 | 今存武都佛堂寺。 |
| 80 | 秦蜀交界摩崖 | 雍正七年（1729） | 文县边地坪西 | P604 |
| 81 | 耿氏三节烈墓表 | 雍正九年（1731） | 西和 | 马履忠撰，碑佚。 |
| 82 | 凤凰山碑 | 雍正九年（1731） | 西和县长道乡 | 碑存长道乡凤凰山。 |
| 83 | 葛公祖清厘屯田亩草碑 | 雍正 | 武都 | 清雍正间王言撰，碑佚。 |
| 84 | 南崖寺碑记 | 雍正 | 文县 | 何宗韩撰，碑佚。 |
| 85 | 创修奎楼记 | 乾隆元年（1736） | 成县奎楼 | 汪于雍撰，碑佚。 |
| 86 | 城隍庙重修莲桥记 | 乾隆 | 成县 | 汪于雍撰。 |
| 87 | 重修至圣庙记 | 乾隆五年（1740） | 礼县 | 牛运震撰，碑佚。 |

| 序号 | 名称 | 时间 | 出土·收藏地 | 页码·备注 |
|---|---|---|---|---|
| 88 | 杜善神道碑 | 乾隆五年（1740） | 礼县湫山乡 | 碑存湫山乡下坪村。 |
| 89 | 修理黑峪河道路记 | 乾隆五年（1740） | 成县北 | 黄泳撰，碑佚。 |
| 90 | 重修莲池亭记 | 乾隆五年（1740） | 成县莲湖 | 黄泳撰，碑佚。 |
| 91 | 黄沛题记 | 乾隆六年（1741） | 成县西狭 | P605 |
| 92 | 重修广化寺记 | 乾隆六年（1741） | 成县抛沙镇 | 今存广化寺。 |
| 93 | 重修广化寺大殿记 | 乾隆六年（1741） | 成县抛沙镇 | 今存广化寺。 |
| 94 | 杜公祠记 | 乾隆六年（1741） | 徽县 | 牛运震撰，张伯魁《徽县志》存文。 |
| 95 | 同结良缘碑 | 乾隆七年（1742） | 西和长道乡 | 碑存长道乡凤凰山。 |
| 96 | 重修文昌祠碑 | 乾隆七年（1742） | 成县 | 黄泳撰并书，存成县文化馆。 |
| 97 | 重修至圣庙碑 | 乾隆八年（1743） | 礼县 | 朱元裕撰，碑佚。 |
| 98 | 黄公德政去思碑 | 乾隆八年（1743） | 成县 | 杨圣撰，黄泳《成县新志》存文。 |
| 99 | 黄泳题记 | 乾隆八年（1743） | 成县西狭 | P606 |
| 100 | 钟运兴题名 | 乾隆八年（1743） | 成县西狭 | P607 |
| 101 | 三天门增修施粮碑 | 乾隆八年（1743） | 武都 | 王衡撰并书，碑佚。 |
| 102 | 创建义学记 | 乾隆十一年（1746） | 礼县 | 方嘉发撰，碑佚。 |
| 103 | 礼县义学记 | 乾隆十二年（1747） | 礼县 | 刘方霭撰，碑佚。 |
| 104 | 义置文昌香灯碑 | 乾隆十四年（1749） | 礼县 | 碑佚。 |
| 105 | 西和城隍庙铁鼎 | 乾隆十八年（1753） | 西和 | 今佚。 |
| 106 | 捐建董公祠碑 | 乾隆十九年（1754） | 西和 | 刘殿英撰，碑佚。 |
| 107 | 雷赞化题名 | 乾隆十九年（1754） | 成县西狭 | P607 |
| 108 | 萨真人墓表 | 乾隆十九年（1754） | 西和赵五乡 | 今存赵五乡张河村。 |
| 109 | 重修盘溪洞碑记 | 乾隆十九年（1754） | 文县 | 何浑撰，碑佚。 |
| 110 | 清皇恩浩荡碑 | 乾隆二十年（1755） | 成县南大街 | 陶万达撰，碑存。 |
| 111 | 重修文庙碑记 | 乾隆二十一年（1756） | 文县 | 张曾英撰，碑佚。 |
| 112 | 建修崛峪山圣殿记 | 乾隆二十一年（1756） | 成县鸡峰山 | 今存。 |
| 113 | 柏林寺重修碑记 | 乾隆二十三年（1758） | 成县北郊 | P607 |
| 114 | 陶万达甸山题诗 | 乾隆二十四年（1759） | 成县红川镇 | P609 |
| 115 | 王氏孺人墓志铭 | 乾隆二十五年（1760） | 西和 | 碑佚。 |
| 116 | 奎阁讲堂公捐地亩记 | 乾隆二十五年（1760） | 成县 | P610 |
| 117 | 城隍庙铁碑 | 乾隆二十六年（1761） | 西和 | 鱼志贤撰，碑佚。 |
| 118 | 西和城隍庙铁钟 | 乾隆二十六年（1761） | 西和 | 《西和县志》存文。 |

| 序号 | 名称 | 时间 | 出土·收藏地 | 页码·备注 |
|------|------|------|------------|-----------|
| 119 | 邑侯孙公重修临江桥碑记 | 乾隆二十七年（1762） | 文县 | 张尔翮撰，碑佚。 |
| 120 | 海如卢先生墓表 | 乾隆二十九年（1764） | 西和何坝乡 | 何廷楠撰，今存何坝乡黄江村。 |
| 121 | 重修普贤大殿碑记 | 乾隆三十年（1765） | 成县鸡峰山 | 今存。 |
| 122 | 皆山堂记 | 乾隆三十一年（1766） | 两当 | 秦武域撰，德俊《两当县志》录文。 |
| 123 | 高桥碑记 | 乾隆三十一年（1766） | 礼县燕河乡 | 碑存新田村。 |
| 124 | 段煜题壁 | 乾隆三十一年（1766） | 武都万象洞 | P611 |
| 125 | 毓龙泉石刻诗并序 | 乾隆三十二年（1767） | 西和赵五乡 | P611 |
| 126 | 永利渠记 | 乾隆三十二年（1767） | 两当 | 秦武域撰，德俊《两当县志》有录文。 |
| 127 | 徐松阳传 | 乾隆三十三年（1768） | 西和 | 邱大英撰，碑佚。 |
| 128 | 晒经寺重建碑记 | 乾隆三十三年（1768） | 西和 | P613 |
| 129 | 大雅今何在诗并跋 | 乾隆三十三年（1768） | 成县杜甫草堂 | P614 |
| 130 | 大理寺左少卿崇祀乡贤对溪何公墓道碑 | 乾隆三十六年（1771） | 文县 | 吴省钦撰，碑佚。 |
| 131 | 董公祠堂记 | 乾隆三十九年（1774） | 西和 | 赵维元撰，碑佚。 |
| 132 | 普济金轮碑记 | 乾隆四十七年（1782） | 成县鸡峰山 | 夏之质撰文，夏祭盛书。 |
| 133 | 王兑山先生教泽碑 | 乾隆五十五年（1790） | 西和 | 任尚蕙撰，碑佚。 |
| 134 | 关帝庙香火碑 | 乾隆五十六年（1791） | 成县城关 | 末署"邑令汪鸣记"，碑佚。 |
| 135 | 补修礼县大北门外关帝庙莲池游廊记 | 乾隆五十九年（1794） | 礼县招待所 | 徐寅撰，今存。 |
| 136 | 重修广化寺大殿记 | 乾隆六十年（1795） | 成县抛沙广化寺 | P617 |
| 137 | 尊经阁记 | 嘉庆二年（1797） | 礼县 | 潘廷凤撰，碑佚。 |
| 138 | 差务章程碑 | 嘉庆二年（1797） | 西和 | 周宅仁撰，今存西和仇池碑林。 |
| 139 | 王烈士祠堂石刻 | 嘉庆四年（1799） | 西和 | 周宅仁、田均晋诗，诗刻今毁。 |
| 140 | 重修五台山观音殿碑 | 嘉庆四年（1799） | 武都 | 周卜年撰，唐连禄刊，碑存五台山。 |
| 141 | 龙溪洞碑记 | 嘉庆七年（1802） | 文县 | 张临撰，碑佚。 |
| 142 | 重修圣庙记 | 嘉庆七年（1802） | 徽县 | 党慎修撰，碑佚。 |
| 143 | 重建文昌宫碑 | 嘉庆八年（1803） | 西和 | 邹鲁纯撰，碑佚 |

续表

| 序号 | 名称 | 时间 | 出土·收藏地 | 页码·备注 |
|---|---|---|---|---|
| 144 | 吊烈士诗碑 | 嘉庆八年（1803） | 西和 | 朱绣梓《重修西和县志》存文。 |
| 145 | 刘仲元题壁 | 嘉庆十年（1805） | 武都万象洞 | 墨书：嘉庆十年正月十九日，同游十人：刘仲元、尹德、赵连举、刘德全、郭斌、郭俊、郭恕、郭祥、郭继栋、郭继柱。 |
| 146 | 创建吕祖庙碑 | 嘉庆十二年（1807） | 西和 | 周宅仁建并撰文，碑佚。 |
| 147 | 重修城隍庙碑记 | 嘉庆十二年（1807） | 两当 | 韩阶撰，碑佚。 |
| 148 | 重修飞龙峡栈道碑记 | 嘉庆十二年（1807） | 成县飞龙峡 | P619 |
| 149 | 创修祖师庙宇记 | 嘉庆十二年（1807） | 成县红川镇 | 郭呈祥书，今存甸山达摩洞。 |
| 150 | 五贤祠记 | 嘉庆十二年（1807） | 徽县 | 张伯魁撰，碑佚。 |
| 151 | 戊辰中秋得吴王玠墓碑纪之以诗 | 嘉庆十三年（1808） | 徽县吴山 | P200 |
| 152 | 嘉庆十三年修庙功德碑记 | 嘉庆十三年（1808） | 徽县高桥镇 | 今存。 |
| 153 | 重修东岳庙碑 | 嘉庆十四年（1809） | 西和东岳庙 | 张秩撰，碑佚。 |
| 154 | 吕祖入祀典碑 | 嘉庆十四年（1809） | 西和 | 张秩撰，碑佚。 |
| 155 | 重修杜少陵祠堂记 | 嘉庆十四年（1809） | 徽县栗亭 | 张伯魁《徽县志》存文。 |
| 156 | 凤山书院记 | 嘉庆十四年（1809） | 徽县 | 陈文骏撰，碑佚。 |
| 157 | 章程碑 | 嘉庆十四年（1809） | 西和 | 张秩撰，存西和仇池碑林。 |
| 158 | 创建奎星阁碑 | 嘉庆十五年（1810） | 西和奎星阁 | 张秩撰，存西和仇池碑林。 |
| 159 | 盘龙洞题诗摩崖 | 嘉庆十五年（1810） | 西和赵五乡 | P621 |
| 160 | 建修文昌宫碑 | 嘉庆十五年（1810） | 礼县招待所 | 秦瑷撰，今存。 |
| 161 | 新建广香书院碑记 | 嘉庆十六年（1811） | 两当 | 周邦倚撰，碑佚。 |
| 162 | 远通吴楚碑 | 嘉庆十六年（1811） | 徽县水阳乡 | P623 |
| 163 | 修路碑记 | 嘉庆十六年（1811） | 徽县水阳乡 | 程济昶撰书，存青泥店子村。 |
| 164 | 重修明伦堂碑记 | 嘉庆十七年（1812） | 两当 | 李佩玉撰，碑佚。 |
| 165 | 万寿台修建碑记 | 嘉庆十八年（1813） | 武都 | 罗佩锦撰，碑佚。 |
| 166 | 重修关帝庙献殿记 | 嘉庆二十一年（1816） | 两当 | 韩阶撰，碑佚。 |
| 167 | 罗氏家佛殿记 | 嘉庆二十一年（1816） | 武都 | P624 |

续表

| 序号 | 名称 | 时间 | 出土·收藏地 | 页码·备注 |
|---|---|---|---|---|
| 168 | 嘉庆题名砖 | 嘉庆二十二年（1817） | 两当 | P627 |
| 169 | 观风引 | 嘉庆二十二年（1817） | 两当 | 胡之铣撰，碑佚。 |
| 170 | 萧公墓碑 | 嘉庆二十五年（1820） | 徽县 | 今存太白乡梨树村黄家湾。 |
| 171 | 创修文峰碑记 | 嘉庆二十五年（1820） | 两当 | 韩塘撰，碑佚。 |
| 172 | 重修龙王庙碑记 | 嘉庆间 | 文县 | 邹应升撰，碑佚。 |
| 173 | 重修观音寺记 | 嘉庆间 | 徽县 | 徐文贲撰，张伯魁《徽县志》有载。 |
| 174 | 董□题壁 | 嘉庆间 | 武都万象洞 | 题壁今存。墨迹模糊，时日不可辨。 |
| 175 | 大清碑记 | 道光元年（1821） | 成县鸡峰镇 | 赵惟幹撰，今存雷祖庙。 |
| 176 | 三官殿补修碑记 | 道光三年（1823） | 武都 | 罗佩锦撰，碑佚。 |
| 177 | 儒学训导东翁周公老先生墓志铭 | 道光四年（1824） | 西和汉源镇 | 徐振声撰，今存西和仇池碑林。 |
| 178 | 重修文昌宫碑记 | 道光四年（1824） | 两当 | 赵英撰，碑佚。 |
| 179 | 重修太山庙诸碑志奥秸 | 道光四年（1824） | 徽县 | 程显祖撰，碑佚。 |
| 180 | 清真寺修建市房碑记 | 道光四年（1824） | 徽县东关 | 马尚德撰，今存东关清真寺。 |
| 181 | 徽县严坪募化修路碑 | 道光四年（1824） | 徽县嘉陵镇 | 碑存严坪村东南崖壁。 |
| 182 | 功德总录碑 | 道光四年（1824） | 徽县宝凤山 | 碑存泰山庙。 |
| 183 | "潭云厓石"摩崖 | 道光四年（1824） | 成县杜甫草堂 | 今存杜甫草堂后山崖壁。 |
| 184 | 黄文炳道光五年题诗 | 道光五年（1825） | 成县杜甫草堂 | P628 |
| 185 | 山水乾坤题句 | 道光六年（1826） | 武都万象洞 | P629 |
| 186 | 礼兴书院记 | 道光六年（1826） | 礼县 | 朱榗撰，碑佚。 |
| 187 | 重修关帝庙大殿碑记 | 道光七年（1827） | 两当 | 韩塘撰，碑佚。 |
| 188 | 禁赌碑记 | 道光八年（1828） | 两当 | P630 |
| 189 | 建修关帝庙并诸佛殿引 | 道光八年（1828） | 礼县宽川乡 | 今存廖寺村圆通寺 |
| 190 | 重建五台山碑记 | 道光八年（1828） | 武都五台山 | 杨中选撰书，碑存五台山。 |
| 191 | 重新无量祖师神像碑记 | 道光九年（1829） | 徽县铁山顶 | 刘启宇志。 |
| 192 | 名山老殿护栽树木碑 | 道光十年（1830） | 武都五峰山 | 碑存五峰山顶真武殿。 |
| 193 | 严坪修补桥梁碑 | 道光十年（1830） | 徽县谈家庄 | 碑存谈家庄严坪村大东沟。 |

| 序号 | 名称 | 时间 | 出土·收藏地 | 页码·备注 |
|---|---|---|---|---|
| 194 | 道光三年重修关帝庙碑记 | 道光十一年（1831） | 徽县麻沿河镇 | 张图南撰，存新店村关帝庙。 |
| 195 | 重修金莲洞碑记 | 道光十二年（1832） | 成县金莲洞 | P632 |
| 196 | 重修莲花洞庙落成碑记 | 道光十二年（1832） | 徽县大河店镇 | 碑存。 |
| 197 | 高家村民事诉讼碑 | 道光十三年（1833） | 武都蒲池乡 | 刘仲遴撰，王守先书，碑存高家村。 |
| 198 | 宾兴费记 | 道光十三年（1833） | 两当 | 刘诗撰，碑佚。 |
| 199 | 重修关圣帝君庙乐楼碑记 | 道光十四年（1834） | 徽县麻沿河镇 | 存新店村关帝庙。 |
| 200 | 重修香泉寺碑记 | 道光十四年（1834） | 两当 | 罗新邦撰，碑佚。 |
| 201 | 万言先生墓志序 | 道光十四年（1834） | 成县店村 | P633 |
| 202 | 透坊峪栈道碑 | 道光十五年（1835） | 武都透坊乡 | 原在白龙江岸古栈道旁，后移入城。 |
| 203 | 募修城中街衢及疏通水道引 | 道光十六年（1836） | 两当 | 莫启新撰，碑佚。 |
| 204 | 重修八蜡庙及祭赀生息记 | 道光十七年（1837） | 两当 | 李怀庚撰，碑佚。 |
| 205 | 除害安良碑记 | 道光十八年（1838） | 徽县 | P635 |
| 206 | 重修奎文阁碑 | 道光十九年（1839） | 西和 | 魏玉峰记，碑佚。 |
| 207 | 创修圣母行宫碑记 | 道光十九年（1839） | 徽县麻沿河镇 | 存麻沿河清凉寺，锁邦玙撰并书。 |
| 208 | 杨威神道碑 | 道光十九年（1839） | 徽县伏镇乡 | 杨时秀立，碑存。 |
| 209 | 续捐赠广香书院山长伙食碑记 | 道光十九年（1839） | 两当 | 德俊撰，碑佚。 |
| 210 | 重修大夫山奎星阁序 | 道光二十年（1840） | 两当 | 张垌撰，碑佚。 |
| 211 | 创建水南书院碑 | 道光二十年（1840） | 西和 | 碑佚。 |
| 212 | 黄氏家祠碑 | 道光二十年（1840） | 礼县永平乡 | P638 |
| 213 | 重修关帝庙碑记 | 道光二十一年（1841） | 成县西狭 | P643 |
| 214 | 冈陵并固碑 | 道光二十三年（1843） | 徽县 | 今存太白乡梨树村，张士元叙并书。 |
| 215 | 王怀智题壁 | 道光二十三年（1843） | 武都万象洞 | 墨书：道光二十三年正月十二日，王怀智、王丕显、刘光违、王丕承、徐灵咥子。 |
| 216 | 鱼池寺残碑 | 道光二十三年（1843） | 两当鱼池乡 | 残碑今存鱼池寺。 |
| 217 | 温凉寺残碑 | 道光二十四年（1844） | 成县大坪乡 | 存大河村，碑残。 |

| 序号 | 名称 | 时间 | 出土·收藏地 | 页码·备注 |
|---|---|---|---|---|
| 218 | 碧峪镇南帮药船板主新会塑像小引 | 道光二十五年（1845） | 文县碧口 | 蒋玉成撰，碑佚。 |
| 219 | 大河小地坝洞沟碑记 | 道光二十五年（1845） | 徽县 | 碑佚。 |
| 220 | 邑侯桂公德政碑 | 道光二十五年（1845） | 西和 | 碑佚。 |
| 221 | 严坪重修世德桥碑 | 道光二十六年（1846） | 徽县谈家庄 | 张显渠撰，存谈家庄严坪村。 |
| 222 | 道光二十六年题壁 | 道光二十六年（1846） | 武都万象洞 | 墨书：道光二十六年正月十一日。同游人：杨禄祥、武靖、武元、冯生辉。 |
| 223 | 张太宜人墓志铭 | 道光二十七年（1847） | 礼县 | 碑今存礼县秦文化博物馆。 |
| 224 | 重修雷祖庙序 | 道光二十七年（1847） | 成县鸡峰镇 | 吕崇朴撰，今存雷祖庙。 |
| 225 | 莲花洞功德碑 | 道光二十八年（1848） | 徽县大河店镇 | 碑存。 |
| 226 | 清凉寺功德碑 | 道光二十九年（1849） | 徽县大河店镇 | 存麻沿河清凉寺。 |
| 227 | 重建阶州城碑记 | 道光二十九年（1849） | 武都 | P644 |
| 228 | 玉皇楼达摩殿碑记 | 道光间 | 文县 | 吕文锦撰，碑佚。 |
| 229 | 张公暨德配俱太安人墓表 | 道光间 | 文县 | 胡荐夔撰，碑佚。 |
| 230 | 补修文昌宫碑记 | 道光间 | 文县 | 张培兰撰，碑佚。 |
| 231 | 重修阴平桥记 | 道光间 | 文县 | 张培兰撰，碑佚。 |
| 232 | 补修城隍庙碑记 | 道光间 | 文县 | 张培兰撰，碑佚。 |
| 233 | 续增宾兴费碑记 | 道光间 | 两当 | 德俊撰，碑佚。 |
| 234 | 鱼洞子小序 | 道光间 | 两当 | 韩塘撰，碑佚。 |
| 235 | 镇北崖小序 | 道光间 | 两当 | 碑佚，德俊《两当县志》有载。 |
| 236 | 香泉寺记 | 道光间 | 两当 | 史诚直撰，碑佚。 |
| 237 | 修新街文昌楼序 | 道光间 | 两当 | 周显志撰，碑佚。 |
| 238 | 重修元通寺碑记 | 道光间 | 康县 | 柳万载撰，碑佚。 |
| 239 | 关圣帝君庙碑记 | 道光间 | 康县 | 柳万载撰，碑佚。 |
| 240 | 永赐佳城碑 | 咸丰元年（1851） | 成县黄渚镇 | 今存。 |
| 241 | 严坪石关硖筑路碑 | 咸丰三年（1853） | 徽县嘉陵镇 | 严□陵题书，碑存严坪村孙芳家中。 |
| 242 | 重修头门记 | 咸丰三年（1853） | 成县支旗乡 | 今存泰山庙。 |

| 序号 | 名称 | 时间 | 出土·收藏地 | 页码·备注 |
|---|---|---|---|---|
| 243 | 李文炳题壁 | 咸丰三年（1853） | 武都万象洞 | 墨书：咸丰五年，正月十五早大吉，同游人看洞人李文炳题。 |
| 244 | 南子英处士懿行序 | 咸丰四年（1854） | 西和 | 方扬祖撰，碑佚。 |
| 245 | 石泉寺古柏碑 | 咸丰五年（1855） | 成县 | P646 |
| 246 | 李林题诗 | 咸丰五年（1855） | 武都万象洞 | P629 |
| 247 | 创修乐楼碑记 | 咸丰五年（1855） | 成县鸡峰镇 | 柳万戴撰，今存雷祖庙。 |
| 248 | 重建关帝庙碑记 | 咸丰七年（1857） | 徽县麻沿河镇 | 存新店村关帝庙。 |
| 249 | 关帝庙重修碑记 | 咸丰八年（1858） | 文县 | 王权撰，碑佚。 |
| 250 | 凤凰山水源碑记 | 咸丰十年（1860） | 武都 | 今存武都凤凰山。 |
| 251 | 卧虎残碑 | 咸丰间 | 成县卧虎崖 | 今存。 |
| 252 | 莲花洞功德碑 | 同治元年（1862） | 徽县大河店镇 | 今存。 |
| 253 | 重修大悲阁古龙洞记 | 同治二年（1863） | 文县 | 刘健撰，碑佚。 |
| 254 | 邑侯常公新置义园碑记 | 同治五年（1866） | 文县 | 张清铨撰，碑佚。 |
| 255 | 邑侯常公遗爱碑记 | 同治间 | 文县 | 张清铨撰，碑佚。 |
| 256 | 皇清故刘公并陈孺人大人墓志铭 | 同治九年（1870） | 西和六巷乡 | 段兑选撰，今存。 |
| 257 | 洞清沟蔺家堡碑 | 同治十年（1871） | 礼县 | 吴建春撰，碑佚。 |
| 258 | 李文炳题诗 | 同治十年（1871） | 武都万象洞 | P648 |
| 259 | 武都郡城南北堤记 | 同治十二年（1873） | 武都 | P648 |
| 260 | 重修雷祖庙碑记 | 同治十二年（1873） | 成县鸡峰镇 | 孔广恕撰，今存雷祖庙。 |
| 261 | 葆翁观察洪老公祖大人教育保民功德碑 | 同治十二年（1873） | 康县 | 李东华撰，碑佚。 |
| 262 | 重修临江桥碑记 | 同治十三年（1874） | 文县临江 | 刘健撰，碑佚。 |
| 263 | 重修养济院记 | 同治十三年（1874） | 文县 | 刘健撰，碑佚。 |
| 264 | 刘彭城碑文 | 同治十三年（1874） | 西和河口乡 | 刘起汉书，今存河口乡刘家沟。 |
| 265 | 关山书院罗星翁别驾德政碑 | 同治十三年（1874） | 康县 | 柳万年书，碑佚。 |
| 266 | 重建黑池龙王庙序 | 约同治间 | 礼县 | 同治十二年举人林含华撰，碑佚。 |
| 267 | 顾太尊公祖大人惠商德政碑 | 光绪二年（1876） | 武都 | P649 |

| 序号 | 名称 | 时间 | 出土·收藏地 | 页码·备注 |
|---|---|---|---|---|
| 268 | 文令题名记 | 光绪二年（1876） | 文县 | 长赟撰，碑佚。 |
| 269 | 重修金山寺碑记 | 光绪二年（1876） | 文县 | 张钧撰，碑佚。 |
| 270 | 重修明伦堂 | 光绪间 | 文县 | 刘健撰，碑佚。 |
| 271 | 武信骑尉王公墓表 | 光绪间 | 文县 | 长赟撰，碑佚。 |
| 272 | 玉虚山三元宫新筑水藏记 | 光绪间 | 文县 | 刘玠撰，碑佚，长赟《文县志》有载。 |
| 273 | 玉峰韩公暨张安人墓志铭 | 光绪间 | 文县 | 张临撰，长赟《文县志》有载。 |
| 274 | 凤凰仙山会器碑铭 | 光绪三年（1877） | 西和大柳乡 | 包尚德序，今存大柳乡凤凰山。 |
| 275 | 重修天嘉福地碑 | 光绪四年（1878） | 礼县一中 | 东瞻泰撰，今存。 |
| 276 | 重修圣泉寺关帝殿并龙王庙池之碑 | 约光绪四年（1878） | 礼县 | 清光绪四年邑进士李应紫代邑令东瞻泰作，碑佚。 |
| 277 | 谭公遗爱碑 | 光绪六年（1880） | 文县天池庙 | P651 |
| 278 | 公议严禁山林碑记 | 光绪六年（1880） | 武都安化镇 | 碑今存安化中学。 |
| 279 | 重修杀贼桥碑记 | 光绪七年（1881） | 武都沙湾镇 | P653 |
| 280 | 尚德龙津桥碑记 | 光绪七年（1881） | 文县尚德 | 湛宗和撰，今存尚德乡田家坝。 |
| 281 | 关帝庙碑 | 光绪七年（1881） | 礼县盐官镇 | 蒲右芝撰，今存盐官镇关帝庙。 |
| 282 | 关圣帝君庙序 | 光绪七年（1881） | 康县 | 陈再益撰，碑佚。 |
| 283 | 建修傅王庙碑 | 光绪七年（1881） | 武都 | P654 |
| 284 | 重建碑记 | 光绪七年（1881） | 武都 | P656 |
| 285 | 建造柳家河石路碑记 | 光绪七年（1881） | 徽县虞关镇 | 今存。 |
| 286 | 陈鸿章题诗碑 | 光绪七年（1881） | 徽县铁山顶 | P657 |
| 287 | 建修白马关城垣碑记 | 光绪八年（1882） | 康县 | 杨作舟撰，碑佚。 |
| 288 | 重修泥功山云梯岩全寺全观略序 | 光绪八年（1882） | 成县陈院乡 | 增寅撰，今存泥功山云梯寺。 |
| 289 | 重修明月山禅院序 | 光绪九年（1883） | 康县 | 叶沛恩撰，碑佚。 |
| 290 | 叶恩沛游万象洞诗碑 | 光绪九年（1883） | 武都 | P657 |
| 291 | 仙源有路摩崖 | 光绪九年（1883） | 武都万象洞 | P659 |
| 292 | 永垂不朽碑 | 光绪九年（1883） | 武都城关 | P659 |
| 293 | 重建圣母碑记 | 光绪十年（1884） | 武都石门 | P662 |
| 294 | 重修临江桥碑 | 光绪十年（1884） | 武都 | 叶恩沛撰，碑佚。 |

续表

| 序号 | 名称 | 时间 | 出土·收藏地 | 页码·备注 |
|---|---|---|---|---|
| 295 | 李炳麟七言诗四首并跋 | 光绪十一年（1885） | 成县杜甫草堂 | P663 |
| 296 | 秦川锁钥暨德政流芳摩崖 | 光绪十一年（1885） | 文县九寨县交界 | P664 |
| 297 | 开新路记 | 光绪十一年（1885） | 文县九寨县交界 | P666 |
| 298 | 白衣堂募化文 | 约光绪十一年（1885） | 礼县 | 光绪十一年拔贡焦志贤撰，碑佚。 |
| 299 | 改修犹龙观记 | 光绪十二年（1886） | 武都 | 叶恩沛撰，碑佚。 |
| 300 | 大河店重修道路德政碑 | 光绪十二年（1886） | 徽县 | 碑存王家河村之白水江北岸崖壁上。 |
| 301 | 重建钟楼记 | 光绪十二年（1886） | 武都 | 叶恩沛撰，碑佚。 |
| 302 | 不夜坛刊神仙昌言碑记 | 光绪十三年（1887） | 武都 | 刘校书撰文，碑存。 |
| 303 | 重修北禅寺碑 | 光绪十四年（1888） | 武都北山 | 王室平书，今武都城北山莲花寺。 |
| 304 | 南岑庵碑 | 光绪十四年（1888） | 武都 | 赵一德撰，碑佚。 |
| 305 | 重修北岩寺碑记 | 光绪十四年（1888） | 武都 | 王室平书，碑存北岩寺。 |
| 306 | 崔氏山庄序 | 光绪十五年（1889） | 康县 | 苏蕴芬撰，碑佚。 |
| 307 | 凤凰堡地租储支庙费以公济公碑志 | 光绪十五年（1889） | 西和岷郡山 | 王仁育撰，今存岷郡山萨真人祠。 |
| 308 | 关帝庙功德碑 | 光绪十五年（1889） | 徽县麻沿河镇 | 存新店村关帝庙。 |
| 309 | 四抓官据 | 光绪十五年（1889） | 礼县沙金乡 | 今存沙金村。 |
| 310 | 重修石骨寺碑序 | 光绪十六年（1890） | 成县抛沙镇 | 今存丰泉村。 |
| 311 | 邑侯陈公德政碑 | 光绪十七年（1891） | 西和 | 铁文谟撰，碑佚。 |
| 312 | 刘特庵先生懿行序 | 光绪十七年（1891） | 西和 | 刘兆运撰，碑佚。 |
| 313 | 长灯序碑 | 光绪十八年（1892） | 武都 | 刘写如撰并书，碑存。 |
| 314 | 徽县大河店修路碑 | 光绪二十年（1894） | 徽县大河店乡 | P666 |
| 315 | 祀先堂碑 | 光绪二十年（1894） | 徽县麻沿河镇 | 张映川撰，冯自明书。存党政村柴家老宅。 |
| 316 | 重修兴龙庵碑记 | 光绪二十一年（1895） | 徽县 | 李九香撰并书。 |
| 317 | 刘世安题记 | 光绪二十二年（1896） | 成县西狭 | P668 |
| 318 | 李骘题记 | 光绪二十二年（1896） | 成县西狭 | P669 |
| 319 | 重修北堤碑记 | 光绪二十二年（1896） | 武都城关 | P669 |
| 320 | 王明道先生墓志铭 | 光绪二十二年（1896） | 武都城关 | P671 |
| 321 | 重修广化寺各殿庙碑记 | 光绪二十三年（1897） | 成县抛沙镇 | 今存广化寺。 |
| 322 | 谒祁山武侯祠诗二首并跋 | 光绪二十四年（1898） | 礼县祁山 | P672 |

续表

| 序号 | 名称 | 时间 | 出土·收藏地 | 页码·备注 |
|---|---|---|---|---|
| 323 | 徽州裁革告示碑 | 光绪二十五年（1899） | 徽县东关 | 杨永春书，碑存东关清真寺。 |
| 324 | 凤凰仙山观音碑志 | 光绪二十五年（1899） | 西和长道乡 | 包进桂撰，今存凤凰山。 |
| 325 | 古洪化县碑 | 光绪二十五年（1899） | 武都安化镇 | P673 |
| 326 | 重修杜少陵先生祠堂记 | 光绪二十六年（1900） | 徽县栗川乡 | P674 |
| 327 | 御题颂圣碑 | 光绪二十七年（1901） | 武都城关 | 木刻板，者宝书书，今存城关清真寺。 |
| 328 | 重修关帝庙碑记 | 光绪二十八年（1902） | 成县陈院乡 | 碑存云梯寺。 |
| 329 | 岳世英题记 | 光绪二十九年（1903） | 成县南山 | P676 |
| 330 | 邑侯姚公德政碑 | 光绪三十年（1904） | 西和 | 赵元鹤撰，碑佚。 |
| 331 | 重建关帝庙碑 | 光绪三十年（1904） | 武都西关 | P676 |
| 332 | 崔又若墓志 | 光绪三十二年（1906） | 康县 | 黄允中撰，碑佚。 |
| 333 | 蒙颁赐德教碑 | 光绪三十四年（1908） | 礼县城关镇 | 梁士选撰，焦志贤书丹，今存土山村。 |
| 334 | "秦蜀锁钥"摩崖 * | 光绪间 | 文县九寨交界 | 摩崖残，今存柴门关东。 |
| 335 | 漾源书院出入款项碑 | 无年不明 | 西和 | 清光绪间刻，碑佚。 |
| 336 | 重修西洞碑记 | 无年月 | 文县 | 碑佚，清长赟《文县志》有载。 |
| 337 | 重修金莲洞神像庙宇记 | 无年月 | 成县金莲洞 | 今存金莲洞。 |
| 338 | 祝黄国瑞之德暨二子食饩文 | 光绪间 | 康县 | 陈敏撰，碑佚。 |
| 339 | 草坝修路碑 | 无年月 | 礼县间井里 | 碑佚。 |
| 340 | 王夫子大人德教碑 | 宣统元年（1909） | 武都柏林 | 曹建章题额，今存柏林小学西。 |
| 341 | 新铸东胜侯庙钟记 | 宣统元年（1909） | 文县 | P678 |
| 342 | 重修纸坊镇桥坊序 | 宣统二年（1910） | 成县 | 王运夏撰，红绸墨迹，村民苏敬贤藏。 |
| 343 | 建修龙王大殿过厅以及山门等碑 | 宣统二年（1910） | 西和县兴隆乡 | 王揆撰，今存象驼山。 |
| 344 | 袁氏先代事略碑记 | 宣统三年（1911） | 武都区柏林乡 | P680 |
| 345 | 朱儒席神道碑 | 宣统三年（1911） | 成县抛沙镇 | P688 |
| 346 | 培修岷峪山普贤老殿记 | 宣统三年（1911） | 成县鸡峰山 | 今存。 |
| 347 | 官店筑路碑 | 时间作"丁巳" | 成县王磨乡 | 摩崖在官店村北官子沟口古道西侧。 |

续表

| 序号 | 名称 | 时间 | 出土·收藏地 | 页码·备注 |
|---|---|---|---|---|
| 348 | 夫子家训碑 | 无年月 | 武都城关 | 今存城关清真寺。夫子即朱柏庐（1627—1698），清初江南昆山人。 |
| 349 | 重修明月山三星殿众姓功德碑序 | 无年月 | 康县 | 刘峻德撰，碑佚。王士敏《新纂康县县志》有载。 |
| 350 | 游明月山记 | 无年月 | 康县 | 张劭谦撰，碑佚。 |
| 351 | 善意功德碑 | 丁巳仲春 | 成县黄渚镇 | 今存。 |
| 352 | 古迹玉阳宫记摩崖 | 无年月 | 成县红川镇 | 今存甸山，摩崖刻石，漶损不可辨。 |
| 353 | □蕳谒杜工部祠四首 | 年月不明 | 成县 | P691 |
| 354 | 利用通宝画像 | 无年月 | 文县石坊乡 | 今存柳园村。 |
| 355 | 逍遥子题诗摩崖 | 年代不明 | 成县飞龙峡 | 摩崖阳刻：峡道甚崎哉，□平徒□来。我今聊补葺，留与后人培。丁卯年，逍遥子题。 |
| **（十三）中华民国（公元 1912—1949 年）（62 品）** | | | | |
| 01 | 邑侯蒋公德政碑 | 民国三年（1914） | 西和 | 赵元鹤撰，碑佚。 |
| 02 | 李华翼南甫题诗 | 民国五年（1916） | 武都万象洞 | 题壁今存。 |
| 03 | 李凤章留题 | 民国五年（1916） | 武都万象洞 | 题壁今存。 |
| 04 | 中寨拐筏岩修路碑 | 民国五年（1916） | 文县中寨乡 | 张必价撰，碑存中寨乡黄土地村。 |
| 05 | 建修浪沟峡道碑记 | 民国五年（1916） | 成县浪沟峡 | 今存。 |
| 06 | 重修滴水崖三官殿修路序 | 民国六年（1917） | 成县陈院乡 | 今存陈院马坝滴水崖下山沟边。 |
| 07 | 重修金莲洞碑序文 | 民国六年（1917） | 成县金莲洞 | 今存金莲洞。 |
| 08 | 凤凰仙山碑 | 民国七年（1918） | 西和县长道乡 | 碑存凤凰山。 |
| 09 | 刘朝陛香水洞纪行诗 | 民国七年（1918） | 成县陈院乡 | 今存香水洞旁。 |
| 10 | 重修温凉寺碑记 | 民国七年（1918） | 成县大坪乡 | 今存长丰河村。 |
| 11 | 申庭顺碑文 | 民国八年（1919） | 西和喜集乡 | 申庭现撰，今存申家洞村。 |
| 12 | 建凌霄阁碑 | 民国八年（1919） | 西和 | 朱绣梓撰，碑佚。 |
| 13 | 清封安人石太母张太安人懿行序 | 无年月 | 西和 | 朱绣梓撰，碑佚。 |
| 14 | 重建清凉寺碑 | 民国十年（1921） | 礼县乔川乡 | 乔树森撰并书，今存清凉寺。 |

续表

| 序号 | 名称 | 时间 | 出土·收藏地 | 页码·备注 |
|---|---|---|---|---|
| 15 | 重修雷王庙碑 | 民国十年（1921） | 礼县雷王乡 | 田向荣撰并书，今存薛河村雷王庙。 |
| 16 | 重修方口寺碑 | 民国十年（1921） | 礼县 | 任承允撰，碑佚。 |
| 17 | 民国十一年修路摩崖 | 民国十一年（1922） | 徽县高桥镇 | 存高桥乏牛坡。 |
| 18 | 建修盐官盐神庙碑 | 民国十三年（1924） | 礼县 | 姚启飞撰，碑佚。 |
| 19 | 临时执政题褒张赵氏文 | 民国十三年（1924） | 礼县 | 许以栗题，碑佚。 |
| 20 | 邑侯何公去思碑 | 民国十四年（1925） | 西和 | 王访卿撰，碑佚。 |
| 21 | 林钟节仙岩留迹 | 民国十四年（1925） | 武都万象洞 | 题壁今存。 |
| 22 | 修建方口古寺戏楼竣工碑 | 民国十六年（1927） | 礼县红河乡 | 赵昌业撰，今存红河村。 |
| 23 | 明故大善知识端竹大士省告脱化碑记 | 民国十六年（1927） | 武都朝阳洞 | P407 |
| 24 | 灵应宫碑 | 民国十六年（1927） | 武都 | 汉王镇麻池村大爷庙。 |
| 25 | 移建奎星阁碑 | 民国十七年（1928） | 西和 | 王访卿撰，碑佚。 |
| 26 | 重修东堤碑 | 时间不详 | 西和 | 王访卿撰，碑佚。 |
| 27 | 徐子升先生德教碑 | 时间不详 | 西和 | 王访卿撰，碑佚。 |
| 28 | 重修九龙山诸圣庙宇碑 | 民国十八年（1929） | 西和 | 祁蕴灵撰，碑佚。 |
| 29 | 禁烟记事碑 | 民国十九年（1930） | 西和 | 祁蕴灵撰，碑存仇池碑林。 |
| 30 | 龙兴寺碑 | 民国十九年（1930） | 西和龙兴寺 | 吕向离撰，今存。 |
| 31 | 铁索桥碑 | 民国二十一年（1932） | 西和 | 李友桃书，碑存仇池碑林。 |
| 32 | 创建校舍原委叙 | 民国二十二年（1933） | 礼县宽川中学 | 冯宪撰并书，今存宽川中学。 |
| 33 | 继成象龟寺序 | 民国二十三年（1934） | 西和兴隆乡 | 刘铭护撰，今存象龟寺。 |
| 34 | 重建象龟寺序 | 民国二十三年（1934） | 西和兴隆乡 | 王廷干撰，今存象龟寺。 |
| 35 | 西狭记事碑 | 民国二十三年（1934） | 成县西狭 | 今存西狭西口。 |
| 36 | 虞关义渡记碑 | 民国二十三年（1934） | 徽县虞关 | 今存虞关中学。 |
| 37 | 补修圣母地师金像碑记 | 民国二十四年（1935） | 西和大柳乡 | 精乐子撰并书，今存大柳乡凤凰山。 |
| 38 | 刘春浦题名 | 民国二十五年（1936） | 武都万象洞 | 题壁今存。 |
| 39 | 王铭章题名 | 民国二十五年（1936） | 武都万象洞 | 题壁今存。 |

| 序号 | 名称 | 时间 | 出土·收藏地 | 页码·备注 |
|---|---|---|---|---|
| 40 | 陇南修治道里记 | 民国二十五年前 | 礼县 | 民国《天水县志》有载，碑佚。 |
| 41 | 重修义士薛庠生神道碑 | 民国二十六年（1937） | 西和 | 卢继善撰，碑佚。 |
| 42 | 重修莲花洞庙宇碑记 | 民国二十七年（1938） | 徽县大河店镇 | 今存。 |
| 43 | 莲花洞置地碑记 | 民国二十七年（1938） | 徽县大河店镇 | 今存。 |
| 44 | 邑侯马公德政碑 | 民国二十八年（1939） | 西和 | 何其慧撰，碑佚。 |
| 45 | 开设集市暨置香地碑 | 民国二十八年（1939） | 武都 | 袁锦臣撰，碑佚。 |
| 46 | 杨少西题名 | 民国二十八年（1939） | 武都万象洞 | 题壁今存。 |
| 47 | 甘泉学校记 | 民国二十九年（1940） | 礼县城关镇 | 廖元佶撰，今存城关镇石碑村。 |
| 48 | 西狭王正直题记 | 民国二十九年（1940） | 成县西狭 | 今存西狭《西狭颂》摩崖西壁。 |
| 49 | 杜公祠为创修乐楼并历述建祠始末序 | 民国二十九年（1940） | 徽县栗川 | 今存。 |
| 50 | 礼县碧玉乡中心学校落成记 | 民国三十年（1941） | 礼县中坝小学 | 刘继贤撰，今存。 |
| 51 | 礼县县立初级中学校舍落成记 | 民国三十一年（1942） | 礼县一中 | 刘文郁撰，今存。 |
| 52 | 陶自强西狭题记 | 民国三十一年（1942） | 成县西狭 | 今存西狭《西狭颂》碑亭下。 |
| 53 | 陶自强匋山题诗 | 民国三十一年（1942） | 成县红川镇 | 今存。 |
| 54 | 陶自强谒杜工部祠 | 民国三十一年（1942） | 成县杜甫草堂 | 今存。 |
| 55 | 整修教育馆碑 | 民国三十一年（1942） | 西和 | 王汉杰撰，碑佚。 |
| 56 | 礼县忠烈祠记 | 民国三十二年（1943） | 礼县 | 刘剑白撰，碑佚。 |
| 57 | "永兴"题字 | 民国三十三年（1944） | 武都 | 高一涵书，今存武都莲湖公园。 |
| 58 | "别有洞天"摩崖 | 民国三十三年（1944） | 武都万象洞 | 今存。 |
| 59 | "镜花奇缘"题字 | 民国三十七年（1948） | 武都万象洞 | 题壁今存。 |
| 60 | 建修寄骨塔碑 | 民国 | 礼县 | 民国祁蕴灵撰，碑佚。 |
| 61 | 新修高小学校记 | 民国 | 康县 | 吕钟祥撰，碑佚。 |
| 62 | 王侮事题壁 | 民国 | 武都万象洞 | 题壁今存。 |

# 主要参考文献

一　金石类

1. 欧阳修:《集古录跋尾》,载《石刻史料新编》(第一辑第 24 册),台北新文丰出版公司,1982 年。

2. 赵明诚:《金石录校证》,金文明校证,上海书画出版社,1985 年。

3. 曾巩:《元丰题跋》,载《石刻史料新编》(第一辑第 24 册),台北新文丰出版公司,1982 年。

4. 王象之:《舆地碑记目》,商务印书馆,1939 年。

5. 娄机:《汉隶字源》,光绪三年(1877)咫进斋刻本。

6. 洪适:《隶释·隶续》,中华书局,1986 年。

7. 翁方纲:《两汉金石记》,载《石刻史料新编》(第一辑第 10 册),台北新文丰出版公司,1982 年。

8. 钱大昕:《潜研堂金石文跋尾》,载《石刻史料新编》(第一辑第 25 册),台北新文丰出版公司,1982 年。

9. 王昶:《金石萃编》,陕西人民美术出版社,1921 年影印扫叶山房本。

10. 洪颐煊:《平津读碑记》,载《石刻史料新编》(第一辑第 26 册),台北新文丰出版公司,1982 年。

11. 冯云鹏、冯云鹓:《金石索》,载《续修四库全书》(第 894 册),上海古籍出版社,2002 年。

12. 孙星衍、邢澍:《寰宇访碑录》,商务印书馆,1937 年。

13. 邢澍:《金石文字辨异》,载《石刻史料新编》(第一辑第 29 册),台北新文丰出版公司,1982 年。

14. 杨守敬:《杨守敬评碑评帖记》,文物出版社,1990 年。

15. 康有为:《艺广舟双楫注》,崔尔平校注,上海书画出版社,2006 年。

16. 元明善:《雍古公神道碑铭》,载《永乐大典》卷一〇八九九,中华书局,1986 年。

17. 朱士端:《宜禄堂收藏金石记存》,载《石刻史料新编》(第二辑第 5 册),台北新文丰出版公司，1982年。

18. 方朔：《枕经堂金石书画题跋》，载《石刻史料新编》（第二辑第19册），台北新文丰出版公司，1979年。

19. 欧阳辅：《集古求真》，载《石刻史料新编》（第一辑第11册），台北新文丰出版公司，1982年。

20. 张维：《陇右金石录》，载《石刻史料新编》（第一辑第21册），台北新文丰出版公司，1979年。

21. 吴幼潜编：《封泥汇编》，上海古籍书店，1984年。

22. 吴式芬、陈介祺：《封泥考略》，载《续修四库全书》（第1109册），上海古籍出版社，2002年。

23. 叶昌炽：《语石·语石异同评》，柯昌泗评，中华书局，1994年。

24. 王国维：《宋代金文著录表》，载《北平北海图书馆月刊》（第一卷·第五号），1928年。

25. 王国维：《简牍检署考》，胡平生校注，上海古籍出版社，2004年。

26. 马衡：《中国金石学概要》，载《凡将斋金石丛稿》，中华书局，1977年。

27. 朱剑心：《金石学》，文物出版社，1981年。

28. 阮元：《积古斋钟鼎彝器款识》，商务印书馆，1937年。

29. 梁启超：《清代学术概论》，上海古籍出版社，1998年。

30. 吴镇烽编：《金文人名汇编》，中华书局，1987年。

31. 祝中熹、李永平：《甘肃考古文化丛书——青铜器》，敦煌文艺出版社，2004年。

32. 礼县博物馆、礼县秦西垂文化研究会编：《秦西垂陵区》，文物出版社，2004年。

33. 礼县秦西垂文化研究会、礼县博物馆：《秦西垂文化论集》，文物出版社，2005年。

34. 杜大珪：《名臣碑传琬琰之集》，台北文海出版社，1969年。

35. 冯国瑞：《天水出土秦器汇考》，陇南丛书编印社，1944年。

36. 来一石编：《古印集萃·秦汉魏晋南北朝卷一》，荣宝斋出版社，2000年。

37. 吴景山：《丝绸之路交通碑铭》，民族出版社，1995年。

38. 李龙文主编：《兰州碑林藏甘肃古代碑刻拓片菁华》，甘肃人民美术出版社，2010年。

39. 郭荣章编著：《石门石刻大全》，三秦出版社，2001年。

40. 高天佑：《西狭摩崖石刻群研究》，兰州大学出版社，1999年。

41. 高天佑编译：《西狭颂研究在日本》，兰州大学出版社，2000年。

42. 唐晓军:《甘肃古代石刻艺术》,民族出版社,2007 年。

43. 魏礼、金作砺主编:《礼县金石集锦》(内部资料),天水新华印刷厂,2000 年。

44. 礼县文物局、礼县收藏家协会编:《礼县古陶器鉴赏》,甘肃人民出版社,2008 年。

45. 甘肃省武都地区文化教育局编:《武都地区文物概况》(内部资料),西安市第三印刷厂,1982 年。


二　史地类

1. 皇甫谧:《帝王世纪》,载《丛书集成初编》,商务印书馆,1936 年。

2. 班固:《汉书》,中华书局,1962 年。

3. 范晔:《后汉书》,中华书局,1965 年。

4. 魏收:《魏书》,中华书局,1974 年。

5. 房玄龄等:《晋书》,中华书局,2005 年。

6. 沈约:《宋书》,中华书局,1974 年。

7. 萧子显:《南齐书》,中华书局,1972 年。

8. 令狐德棻等:《周书》,中华书局,1971 年。

9. 常璩:《华阳国志》,刘琳校注,巴蜀书社,1984 年。

10. 魏徵、令狐德棻:《隋书》,中华书局,1973 年。

11. 李吉甫:《元和郡县图志》,中华书局,1983 年。

12. 欧阳修、宋祁:《新唐书》,中华书局,1975 年。

13. 薛居正修:《旧五代史新辑会证》,陈尚君辑纂,复旦大学出版社,2005 年。

14. 脱脱等:《宋史》,中华书局,1977 年。

15. 司马光编著:《资治通鉴》,中华书局,1956 年。

16. 宋濂:《元史》,中华书局,1976 年。

17. 柯劭忞:《新元史》,开明书店,1935 年。

18. 张廷玉等:《明史》,中华书局,1974 年。

19. 刘健等:《明孝宗实录》,台北中研院历史语言研究所校印,1962 年。

20. 张居正等:《明世宗实录》,台北中研院历史语言研究所校印,1962 年。

21. 赵尔巽等:《清史稿》,中华书局,1977 年。

22. 顾祖禹:《读史方舆纪要》,中华书局,2005 年。

23. 袁珂校译:《山海经校译》,上海古籍出版社,1985 年。

24. 郦道元注:《水经注疏》,杨守敬、熊会贞疏,江苏古籍出版社,1989 年。

25. 祝穆:《方舆胜览》,中华书局,2003 年。

26. 王象之:《舆地纪胜》,江苏广陵古籍刻印社,1991 年。

27. 李心传:《建炎以来系年要录》,中华书局,1956 年。

28. 李祖桓编著:《仇池国志》,书目文献出版社,1986 年。

29. 陆心源:《元祐党人传》,载《续修四库全书》(第 517 册),上海古籍出版社,
1995 年。

30. 陈直:《汉书新证》,天津人民出版社,1959 年。

31. 李之亮:《宋川陕大郡守臣易替考》,巴蜀书社,2001 年。

32. 罗卫东:《陇南史话》,甘肃文化出版社,2007 年。

33. 张忠:《成州春秋》,甘肃文化出版社,2007 年。

34. 田佐:《话说西汉水》,中国文联出版社,2007 年。


三　文艺类

1. 许慎:《说文解字注》,段玉裁注,上海古籍出版社,1988 年。

2. 应劭:《汉官仪》,商务印书馆,1939 年。

3. 庾信:《庾开府集》,载《六朝四家全集》,永康胡氏退补斋 1915 年刻本。

4. 柳宗元:《柳河东集》,上海人民出版社,1974 年。

5. 董诰等编:《全唐文》,中华书局,1983 年。

6. 王珪:《华阳集》,载《文渊阁四库全书》(第 1093 册),台湾商务印书馆,
1986 年。

7. 晁说之:《嵩山文集》,载《四部丛刊续编》,上海书店出版社,1934 年。

8. 杨亿等:《西崑酬唱集注》,王仲荦注,上海书店出版社,2001 年。

9. 谈钥:《朱公晞颜行状》,载《文渊阁四库全书》(第 1376 册),台湾商务印书馆,
1986 年。

10. 张之翰:《西岩集》,载《文渊阁四库全书》(第 1204 册),台湾商务印书馆,
1986 年。

11. 程钜夫:《雪楼集》,载《文渊阁四库全书》(第 1202 册),台湾商务印书馆,
1986 年。

12. 邵博:《邵氏闻见后录》,中华书局,1983 年。

13. 刘熙:《释名》,中华书局,1985 年。

14. 戴侗:《六书故》,载《文渊阁四库全书》(第 226 册),台湾商务印书馆,
1986 年。

15. 佚名：《宣和书谱》，云告译注，湖南美术出版社，1997 年。

16. 智圆：《闲居编》，载《卍续藏经》（第 101 册），台北新文丰出版公司，1994 年。

17. 朱长文：《墨池编》，载《文渊阁四库全书》（第 812 册），台湾商务印书馆，1986 年。

18. 黄瑜：《双槐岁钞》，中华书局，1999 年。

19. 刘伯燮：《平番纪事》，载《中国野史集成》（第 25 册），巴蜀书社，1993 年。

20. 朱彭寿：《旧典备征》，中华书局，1982 年。

21. 李慈铭：《越缦堂文集》，载《近代中国史料丛刊续编》（第十七辑），台北文海出版社，1982 年。

22. 俞樾：《儿笘录》，载《春在堂全书》，凤凰出版社，2010 年。

23. 叶昌炽：《缘督庐日记》，江苏古籍出版社，2002 年。

24. 王国维：《观堂集林》，河北教育出版社，2003 年。

25. 王国维：《古史新证》，清华大学出版社，1994 年。

26. 徐中舒：《秦汉魏晋篆隶字形表》，四川辞书出版社，1985 年。

27. 刘正成主编：《中国书法全集 92·先秦玺印》，荣宝斋出版社，2003 年。

28. 潘荣胜主编：《明清进士录》，中华书局，2006 年。

29. 陈松长：《玺印鉴赏》，漓江出版社，1993 年。

30. 崔尔平选编：《历代书法论文选》，上海书画出版社，2004 年。

31. 周采泉：《杜集书录》，上海古籍出版社，1986 年。

32. 韩婴：《韩诗外传集释》，许维遹校释，中华书局，2009 年。

33. 蒲向明：《玉堂闲话评注》，中国社会出版社，2007 年。

## 四　方志类

1. 许容监修，李迪等纂：《甘肃通志》，乾隆元年（1736）刻本。

2. 安维峻纂：《甘肃新通志》，江苏广陵古籍刻印社影印，1989 年。

3. 纪元：《巩昌府志》，载《中国地方志集成》（甘肃府县志辑 2），凤凰出版社，2008 年。

4. 费廷珍：《直隶秦州新志》，载《中国方志丛书》（华北地方·第五六三号），台北成文出版社，1970 年。

5. 汪元绚：《岷州志》，载《中国地方志集成》（甘肃府县志辑 39），凤凰出版社，2008 年。

6. 佚名：《新增岷州志》，载《陇右稀见方志三种》，上海书店出版社，1984 年。

7. 余谠:《岷州志》,载岷县志编纂委员会校注《岷州志校注》(内部资料),1988 年。

8. 余新民修,蹇逢泰纂:《阶州志》,万历四十四年(1616)抄本。

9. 祖肇庆:《阶州志》,载曾礼校注《阶州志集校笺注》,甘肃人民出版社,2013 年。

10. 葛时政:《直隶阶州志》,载曾礼校注《阶州志集校笺注》,甘肃人民出版社,2013 年。

11. 吴鹏翱:《武阶备志》,载《中国地方志集成》(甘肃府县志辑 10),凤凰出版社,2008 年。

12. 叶恩沛修,吕震南纂:《阶州直隶州续志》,曾礼校点,兰州大学出版社,1987 年。

13. 曾礼校注:《阶州志集校笺注》,甘肃人民出版社,2013 年。

14. 武都县志编纂委员会:《武都县志》,生活·读书·新知三联书店,1998 年。

15. 黄泳:《成县新志》,载《中国方志丛书》(华北地方·第三三二号),台北成文出版社,1970 年。

16. 成县志编纂委员会:《成县志》,西北大学出版社,1994 年。

17. 孟鹏年修,郭从道纂:《徽郡志》,载《中国方志丛书》(华北地方·第三二九号),台北成文出版社,1970 年。

18. 李遇春:《略阳县志》,上海古籍书店,1963 年。

19. 张伯魁:《徽县志》,载《中国方志丛书》(华北地方·第五六二号),台北成文出版社,1976 年。

20. 邓天栋:《徽州志》,载梁晓明等点校《清代徽县志集校》,中国文化出版社,2013 年。

21. 徽县志编纂委员会:《徽县志》,陕西人民出版社,2003 年。

22. 雷文渊:《礼县新志》,载《中国地方志集成》(甘肃府县志辑 22),凤凰出版社,2008 年。

23. 方嘉发:《礼县志略》,载《中国地方志集成》(甘肃府县志辑 22),凤凰出版社,2008 年。

24. 邱大英:《西和县志》,载《中国方志丛书》(华北地方·第三三一号),台北成文出版社,1970 年。

25. 王殿元:《西和县志》,载西和县志办公室校点《西和县志》(内部资料),2006 年。

26. 朱绣梓:《重修西和县志》,载西和县志办公室校点《西和县志》(内部资料),

2006 年。

27. 王访卿:《重修西和县新志》,甘肃文化出版社影印, 2018 年。

28. 西和县志编纂委员会:《西和县志》,陕西人民出版社, 1997 年。

29. 西和县志编纂委员会:《西和县志》,甘肃文化出版社, 2014 年。

30. 王士敏修,吕钟祥纂:《新纂康县县志》,载《中国方志丛书》(华北地方·第五五三号),台北成文出版社, 1976 年。

31. 德俊:《两当县志》,载《中国方志丛书》(华北地方·第三四二号),台北成文出版社, 1970 年。

32. 长赟:《文县志》,载《中国地方志集成》(甘肃府县志辑 38),凤凰出版社, 2008 年。

33. 宕昌县志编纂委员会:《宕昌县志》,甘肃文化出版社, 1995 年。

34. 舟曲县志编纂委员会:《舟曲县志》,生活·读书·新知三联书店, 1996 年。

35. 武汉地方志编纂委员会:《武汉市志·文物志》,武汉大学出版社, 1990 年。

36. 贾汉复修,沈荃编纂:《河南通志》,顺治十七年(1660)刻本。

37. 阮升基修,宁楷等纂:《宜兴县志》,载《中国方志丛书》(华中地方·第二二号),台北成文出版社, 1970 年。

38. 余友林等修,王照青纂:《高密县志》,载《中国方志丛书》(华北地方·第六三号),台北成文出版社, 1968 年。

39. 龚崧林:《洛阳县志》,载《中国方志丛书》(华北地方·第四七六号),台北成文出版社, 1976 年。

40. 宋廷贞等修,黄靖图等纂:《富顺县志》,道光七年(1827)刻本。

41. 姚延福修,邓嘉辑等纂:《光绪临朐县志》,载《中国方志丛书》(华北地方·第三八九号),台北成文出版社, 1976 年。

42. 朱希白等修,沈用增纂:《孝感县志》,载《中国方志丛书》(华中地方·第三四九号),台北成文出版社, 1975 年。

43. 李培谦监修,阎士骧纂辑:《阳曲县志》,载《中国方志丛书》(华北地方·第三九六号),台北成文出版社, 1976 年。

44. 魏县志编纂委员会:《魏县志》,方志出版社, 2003 年。

45. 陈之骥:《靖远县志》,载《中国方志丛书》(华北地方·第五五一号),台北成文出版社, 1976 年。

46. 怀荫布修,黄任等纂:《乾隆泉州府志》,上海书店出版社, 2000 年。

47. 平翰等修,郑珍等纂:《遵义府志》,道光二十一年(1841)刻本。

48. 李汝为等修, 潘澍棠等纂:《永康县志》, 载《中国方志丛书》(华北地方·第六八号), 台北成文出版社, 1970 年。

49. 赵定邦等修, 丁宝书等纂:《长兴县志》, 载《中国方志丛书》(华北地方·第五八六号), 台北成文出版社, 1983 年。


**五　论文类**

1. 孔祥熙:《西北文化》,《说文月刊》1943 年第三卷第十期。

2. 黄永年:《碑刻学》,《新美术》1999 年第 3 期。

3. 李朝远:《新出秦公器铭文与籀文》,《考古与文物》1997 年第 5 期。

4. 李朝远:《上海博物馆新获秦公器研究》,《上海博物馆集刊》1996 年第 7 期。

5. 李学勤、艾兰:《最新出现的秦公壶》, 1994 年 10 月 30 日《中国文物报》。

6. 李学勤:《"秦子"新释》,《文博》2003 年第 5 期。

7. 李学勤:《论秦子簋盖及其意义》,《故宫博物院院刊》2005 年第 6 期。

8. 李学勤:《包山楚简"鄟"即巴国说》,《四川师范大学学报》2006 年第 11 期。

9. 李学勤:《战国时代的秦国铜器》,《文物参考资料》1957 年第 8 期。

10. 吴镇烽:《秦子与秦子墓考辨》,《文博》2012 年第 1 期。

11. 吴镇烽:《秦兵新发现》, 载《容庚先生百年诞辰纪念文集》, 广东人民出版社, 1998 年。

12. 张光裕:《新见秦子戈二器跋》, 载《屈万里先生百岁诞辰国际学术研讨会论文集》, 台北市"行政院"建会, 2006 年。

13. 王辉、萧春源:《新见铜器铭文考跋二则》,《考古与文物》2003 年第 2 期。

14. 周晓陆、路东之、庞睿:《秦代封泥的重大发现》,《考古与文物》1997 年第 1 期。

15. 周晓陆、路东之、庞睿:《西安出土秦封泥补读》,《考古与文物》1998 年第 2 期。

16. 中国社会科学院考古研究所汉长安城工作队:《西安相家巷遗址秦封泥的发掘》,《考古学报》2001 年第 4 期。

17. 刘庆柱、李毓芳:《西安相家巷遗址秦封泥考略》,《考古学报》2001 年第 4 期。

18. 陈平:《〈秦子戈、矛考〉补议》,《考古与文物》1990 年第 1 期。

19. 陈泽:《秦子钟与西垂嘉陵》, 2000 年 10 月 9 日《天水日报》。

20. 王辉、萧春源:《新见铜器铭文考跋二则》,《考古与文物》2003 年第 2 期。

21. 赵丛苍:《金元明印章五方》,《考古与文物》1987 年第 1 期。

22. 史党社、田静:《从称谓角度说"秦子"》,《中国历史文物》2010 年第 4 期。

23. 梁云:《"秦子"诸器的年代及有关问题》, 载《古代文明》卷五, 文物出版社,

2006 年。

24. 王子今、申秦雁：《陕西历史博物馆藏武都汉简》，《文物》2003 年第 4 期。

25. 方维甫：《范季融及其捐赠的九件青铜器》，《收藏家》2010 年第 2 期。

26. 晏波、雍际春：《天水家马鼎的年代及其用途》，《文物世界》2013 年第 2 期。

27. 早期秦文化联合考古队：《2004 年甘肃礼县鸾亭山遗址发掘主要收获》，《中国历史文物》2005 年第 5 期。

28. 早期秦文化联合考古队：《2006 年甘肃礼县大堡子山祭祀遗迹发掘简报》，《文物》2008 年第 11 期。

29. 毛阳光：《洛阳新出土唐代粟特人墓志考释》，《考古与文物》2009 年第 5 期。

30. 乌其拉图：《〈南齐书〉中部分拓跋鲜卑语名词的复原考释》，《内蒙古社会科学》2002 年第 6 期。

31. 冯岁平：《论〈新修白水路记〉的几个问题——兼与熊国尧先生商榷》，《西北史地》1994 年第 2 期。

32. 孙晓峰：《甘肃省两当县西姑庵佛教遗址考察》，《石窟寺研究》2012 年第 3 期。

33. 蒲向明：《〈西狭颂〉摩崖题记人物补说》，《甘肃理论学刊》2005 年第 2 期。

34. 李逸友：《介绍两枚元代官印》，《文物》1965 年第 12 期。

35. 李国玲：《北宋宋构宋京父子墓志偶识》，《西南民族大学学报》2003 年第 6 期。

36. 李成富：《郭思事迹考述》，《南京艺术学院学报》（美术与设计版）2012 年第 1 期。

37. 张学荣：《麦积山石窟的新通洞窟》，《文物》1972 年第 12 期。

38. 赵子贤：《形天葬首仇池山说》，《甘肃民族研究》1988 年第 1 期。

39. 吴景山：《武都清真寺中现存的碑石文书档案资料》，《回族研究》1993 年第 4 期。

40. 吴景山：《甘肃成县〈世功保蜀忠德碑〉校读记》，《古籍整理研究学刊》2001 年第 2 期。

41. 赵文汇：《天水家马鼎释考》，《礼县文史资料》第三辑（内部资料），1997 年。

42. 马建营：《秦西垂都邑故址考述》，《天水师范学院学报》2009 年第 6 期。

43. 崔阶：《张维〈陇右金石录〉录文校勘二则》，《社会纵横》2008 年第 1 期。

44. 崔阶：《〈阶州直隶州续志〉载叶恩沛〈游万象洞〉四首律诗与其原诗碑异同新考》，《陇南文史》（第七辑），甘肃人民出版社，2012 年。

45. 张忠：《历史上的成县杜甫草堂》，2009 年 9 月 16 日《陇南日报》（周末特刊）。

46. 张令煊：《〈甘肃新通志稿〉校读记》，《西北史地》1986 年第 2 期。

47. 张一弛、张士伟:《曹魏使者李夏舍墓及其壁画研究》,《西北美术》2016 年第 1 期。

48. 蔡副全:《新发现武兴国主杨文弘与姜太妃夫妇墓志考》,《考古与文物》2014 年第 2 期。

49. 蔡副全:《唐〈李叔政题壁〉墨迹考略》,《敦煌研究》2009 年第 2 期。

50. 蔡副全:《吴大澂石门、西狭访碑始末》,《书法》2015 年第 6 期。

51. 蔡副全:《张三丰、胡濙陇南踪迹考》,《世界宗教研究》2016 年第 1 期。

52. 蔡副全:《〈妙胜院敕碑〉释考——兼论天水、昧谷、西、邽之地望》,《中国边疆史地研究》2016 年第 4 期。

53. 蔡副全:《论题壁书》,《中国书法》2010 年第 5 期。

54. 蔡副全:《南宋隶书的觉醒——以陇南、陕南遗存的刻石隶书为例》,《中国书法》2011 年第 4 期。

55. 蔡副全:《1879 年武都南 8 级地震新资料的发现与应用》,《地震工程学报》2013 年第 2 期。

56. 蔡副全:《〈西狭颂〉摩崖现状考》,《文博》2009 年第 4 期。

57. 蔡副全:《西狭〈汉将题刻〉摩崖略考》,《天水师范学院学报》2012 年第 3 期。

58. 蔡副全:《唐〈新路颂并序〉摩崖释考》,《天水师范学院学报》2011 年第 6 期。

59. 蔡副全:《西狭〈吕蕡题名〉〈吕大忠题记〉考》,《兰州文理学院学报》2014 年第 5 期。

60. 蔡副全:《石门沟古栈道遗迹与宋代茶马交易》,《农业考古》2014 年第 2 期。

61. 蔡副全:《西狭〈王师雄题记〉〈库彦威题记〉考辨》,《天水师范学院学报》2013 年第 1 期。

62. 蔡副全:《赵孟頫书〈雍古氏家庙碑〉释考》,《中国书法》2018 年第 5 期。

63. 崔峰、蔡副全:《新发现〈宋拱卫大夫康州刺史田公墓碑〉及其相关问题考释》,《史学集刊》2013 年第 2 期。

64. 蔡副全:《南宋赋役碑刻〈两县二八分科后记〉释考》,《农业考古》2015 年第 3 期。

65. 蔡副全:《成县杜甫草堂历代诗碑考述》,《杜甫研究学刊》2009 年第 1 期。

66. 蔡副全:《成县杜甫草堂刘墦刘墫诗碑考》,《丝绸之路》2009 年第 10 期。

67. 蔡副全:《北魏"飞人"杨大眼速度考证》,《丝绸之路》2009 年第 12 期。

68. 蔡副全:《栗亭杜少陵祠考述》,《兰州文理学院学报》2016 年第 4 期。

69. 蔡副全:《郇庄宋代砖塔小考》,《甘肃高师学报》2013 年第 3 期。

70. 蔡副全：《杜甫陇右诗两地名考辨》，《天水师范学院学报》2010 年第 3 期。

71. 蔡副全：《杜甫与赞上人交游在同谷考》，《前沿》2009 年第 7 期。

72. 蔡副全：《黄渚关太山岩画及相关遗迹考证——兼论嬴秦黄金来源》，《民族艺术》2016 年第 5 期。

# 后　记

因为喜好书法，因为久居成县，所以特意关注《西狭颂》。20 世纪 80 年代末，我还在成县师范上学，每逢周末，便约三两知己到《西狭颂》面前摩挲，壁面油光闪亮，如青铜一般，雄强朴厚的汉隶书风让人激动不已。由《西狭颂》到《耿勋表》，进而搜寻《天井道记》、手录宋人题刻。

1995 年到成县师范工作，又在大云寺、狮子洞、杜甫草堂等地看到唐《李叔政题壁》墨迹和一些残碑断碣。我一边补读金石著作，一边摸索椎拓技巧。渐渐地，拓工愈做愈精，拓片愈累愈多。90 年代，礼县大堡子山秦先公陵区意外发现，大量珍贵文物流失海外。引起国内外考古学界和古史学者的极大关注，围绕礼县大堡子山、圆顶山所出器物的研究文章层出不穷。秦西垂陵区出土的青铜器、玉器，令人叹为观止，而重要文物的被盗掘又让人义愤填膺。

金石之学，肇于汉，盛于宋，中衰于元明，复兴于清代。陇南，地处西北边陲，南宋以后渐被世人淡漠。清代金石名家多集于山东及江浙一带，著述虽丰，但所收陇南金石碑刻却寥寥无几。阶州邢澍，博学洽闻，由于长期宦游江浙，两部金石著作《金石文字辨异》《寰宇访碑录》对陇南金石的关注也十分有限。光绪初，陕甘学政吴大澂曾亲访《西狭》《耿勋》诸刻；光绪末年，甘肃学政叶昌炽曾两度至阶州按学，途经西和、礼县、成县、康县，搜访大量金石碑拓。民国张维《陇右金石录》是陇右金石文献力作，收录陇南金石近 160 品。然而，张维所得陇南金石拓本多为地方官员及友人代集或转抄，著录亦难免疏误。

如此看来，陇南金石只是外地学者在附带著述，一些地方志书虽有收录，总觉得零散而不系统，一种历史的责任感便油然而生。凡此皆人所当为而不欲为，欲为而不能为，能为而不肯为者。我是属于欲为而不能为却强为者，论考据实力和文史功底，我是先天不足，又是半路出家，凭的只是一腔热情。2007 年 7 月，我申报了甘肃省教育厅课题“陇南金石墨迹的整理与研究”，从而全面展开了陇南金石、题壁的搜集整理工作。2008 年，经袁静安老师介绍，电话里结识西北师大赵逵夫先生，先生请我补充成县境内金石资料信息，并推荐认识了他的硕士崔阶先生，还将前期书稿与目录转发给我。我想，赵先生他们是以文献学的方式搜集整理陇南碑刻，而我要利用地缘之便，从金石传拓的角度去展示陇南金石、题壁文化的另一面，随后我把自己椎到的拓片和掌握的陇南金石资料也传送给了他们，并约崔阶兄至武都城关及周边安化、马街、三河等地拓碑，向他面授椎拓技巧。陇南文化的博大精深，呼唤更多陇南人去发现她，展示她，研究她！

2012年，拙著《陇南金石研究》辑成，全书共分四编：综论、吉金、刻石、陇南金石存目，图文并茂，合约80万字，拟由中国社会科学出版社出版。即将付梓印行之际，蒲向明教授建议申报国家社科基金后期资助，抱着试试看的态度与出版社合作申报。2013年7月，国家社科基金后期资助项目公布，拙著忝列其中，可是评审专家已将项目名称更改为"陇南金石释录"（13FZS012）。于是我只好调整思路，又开始了新一轮的补拓、校订工作。

吴大澂秦陇访古有石门张茂功代为椎拓，叶昌炽度陇有徐廷桢和陕西李估随行搜讨。我的搜集整理工作则显得异常艰辛，好在勤能补拙，又有师友相助。依崖缚架，临空毡蜡，滑落壁下时有发生。拂尘见碑，剔藓得字，发现的喜悦又会将平日的疲惫驱赶得一干二净。事实证明，陇南金石、题壁埋于地下的、蔽于地上的、书于岩壁的，其数量、其价值总会超乎想象。每一张拓片背后，都有一个访碑椎拓的故事。陇南八县一区的山水旷野，我们曾一起走过。文县，在文化馆罗愚频馆长的帮助下，与刘欣治、杨治平、杨雷、蔡玉福、蔡小龙、蔡旭东等人，先后到文化馆、玉虚山、火烧关、柴门关、天池庙、中寨等地拓碑。武都，在李平生区长、陇南市博物馆李冰馆长、万象洞管理所庞福顺所长、博物馆杨万华馆长、原图书馆李素娟馆长的帮助下，与刘可通、张惠中、杨瑞、李婷婷、桑子、郭文辉、王旭东、冉创昌、陈正付、王锐平、刘永忠、刘钊铭等人，先后到区博物馆、莲湖公园、清真寺、万象洞、杨家崖、麻池、广严院、福庆寺、安化、马街、袁家坝、朝阳洞、傅王庙、宣阳山、石门沟等地拓碑拍照。宕昌，在组织部胡洁主任的帮助下，与杨瑞、李彬彬、杨广文、杨和安、杨志洁、侯敏等人，先后到文化馆、梓潼庙、杀贼桥、通北口、石佛崖等地拓碑。康县，在文联李永康主席、文化馆杨清军馆长的帮助下，与郭应中、周贵仁、李正宏、安维东、尚宁、满正人、王虎强、白玉海等人，先后到文化馆、望子关、犀牛寺、九莲山、阳光寺等地拓碑。徽县，在政协张承荣主席、纪检委方金娥书记、文体局王新田局长、文化馆马存良馆长、博物馆曹鹏雁馆长、伏镇刘长安镇长的帮助下，与宋涛、李杰、谢建生、王义、唐银生、王鸿翔、郭向雷、章海伦、张朝阳等人，先后到文化馆、原政府后院、吴山、青泥岭、栖真洞、大河店、火钻、高桥、栗川、八渡沟、虞关等地拓碑。两当，在文体局成仁才、左敏局长的帮助下，与刘长安、熊双平、杨雷、王义、王炎、张辉、李辉等人，先后到文化馆、博物馆、西姑峡、果老洞、鱼池寺、观音堂等地拓碑。成县，在县委李祥书记，文体局郑慧权、张培龙局长，博物馆刘恒馆长的帮助下，与石贵平、满正人、杨雷、章海伦、曹旭、费昌明、张金峰、朱金旭、白望长、刘亚刚、曾小旺等人，先后到西狭、五仙洞、鸡峰山、雷祖庙、仙人崖、飞龙峡、杜甫草堂、大云寺、卧虎崖、狮子洞、太山、金莲洞、广化寺、甸山、柏林寺等地拓碑。西和，在县政府王卫东县长的帮助下，与郑虎林、胡询之、满正人、张彩民、王小舟、王锦江、杨嘉雄、魏泽民、赵小岩、张霖、刘高才等人，先后到坦途关、仇池碑林、太皇山、晒金寺、盘龙洞、石堡、长道镇等地拓碑。礼县，在专职常委方金娥、秦文化博物馆王刚馆长的帮助下，与李怡、郭建康、南昇钧、柏小辉、蒲丹、陈亚锋、何玉柏、赵志雄、独亚锋、赵永峰等人，先后到秦文化博物馆、石桥镇、龙槐、太塘、杨山、盐井祠、祁山堡、草坝、圆通寺、西江祠、漱山、崖城、龙鳞桥、白河镇等地拓碑。

我是如此平凡，却又如此幸运。2007 年司跃宁先生出任陇南师专校长，他重视陇南文化的开发与建设，从一开始就对我的课题和研究方向表现出极大兴趣，提出了很好的意见和建议。后来，赵文博同志到陇南师专任党委书记，从而有了两位领导的关怀与帮助，他们不仅多方联系为我到各县区拓碑疏通关系，还将家藏善本相赠。科研处处长蒲向明、教务处处长王建礼在研究方法、图书出版、课程建设等方面给予了指导与热情帮助。美术学院领导与同事张彩民、宋涛、李怡、达洁昀、杨广文、刘吉平等在田野考察中给予大力协助。

我要感谢我的老师。已故著名金石文字学家、书法篆刻家靳鉴先生，他为人刚直，淡泊名利，精通古文，长于籀篆，作字老辣拙朴，用浓墨作飞白，以侧锋得婉通，在甘肃书坛上，先生古文大篆上所取得的成就目前尚无人超越。先生在我的成长道路上倾注了大量心血，昔日教诲，历历在目，可惜先生不能见我书册。已故方志专家、陇南文史学者胡祥庆先生，在我的书稿撰写过程中给予指点与帮助。在此一并缅怀！感谢我的老师杨立强、翟万益、李士熙、刘可通、陈廷栋、杨清汀、高天佑、秋子、冯岁平等先生的悉心教导和帮助！尤其感谢西北师大赵逵夫教授的特别照顾与关怀！

感谢中华书局编审柴剑虹老师、学术著作编辑室主任罗华彤先生的厚爱与信任；本书责任编辑吴爱兰，治学严谨，精益求精，给我留下了深刻印象。浙江大学冯培红教授、甘谷张驰先生曾仔细校读拙稿，并提出书面意见，辨识、校正释文多处；熊双平、王义二兄也曾通读全稿，校订铭文。在此我向你们深深地鞠一个躬，真诚地说声：谢谢！

最后，我要感谢的是妻子滕雪和家人，她们为我付出了太多太多。特别是 2010 年6 月，家中被盗，两台电脑、移动硬盘被洗劫一空。一夜之间，我的前期书稿荡然无存。是我妻一字一句帮我重新输入和校对几十万字的文本。

　　感谢给了我帮助和即将给我帮助的所有人！此书虽然即将付梓印行，可陇南金石、题壁的整理研究还将继续，陇南金石还在不断出土与发现，另有十三品新见重要宋明碑铭只能以"附录"形式补录于后。我期待更多人关注陇南文化，提供新的金石线索，并参与到陇南文化建设的行列中来。殷切希望各位师长同道指出书中脱误，以便做进一步的补充与修订。

2021 年 4 月，柳园副全记于同谷